《苏州通史》编纂委员会 ◇ 编

苏州通史

秦汉至隋唐卷

孙中旺　刘　丽 ◇ 著

学术总顾问

戴　逸

学术顾问

李文海　张海鹏　朱诚如　汝　信
茅家琦　段本洛　熊月之

总主编

王国平

苏州大学出版社
Soochow University Press

图书在版编目(CIP)数据

苏州通史. 秦汉至隋唐卷/《苏州通史》编纂委员会编；孙中旺，刘丽著. —苏州：苏州大学出版社，2019.3
ISBN 978-7-5672-2505-3

Ⅰ.①苏… Ⅱ.①苏… ②孙… ③刘… Ⅲ.①苏州—地方史－秦汉时代-隋唐时代 Ⅳ.①K295.33

中国版本图书馆 CIP 数据核字(2018)第 270249 号

苏州通史 秦汉至隋唐卷

著　　者	孙中旺　刘　丽
篆　　刻	陈道义
责任编辑	史创新
装帧设计	唐伟明　吴　钰
出版发行	苏州大学出版社
地　　址	苏州市十梓街 1 号
邮　　编	215006
电　　话	0512-67481020　65222617(传真)
网　　址	http://www.sudapress.com
邮　　箱	sdcbs@suda.edu.cn
印　　刷	苏州工业园区美柯乐制版印务有限责任公司
开　　本	787 mm×1 092 mm　1/16　印张 24.75　字数 445 千
版　　次	2019 年 3 月第 1 版 2019 年 3 月第 1 次印刷
书　　号	ISBN 978-7-5672-2505-3
定　　价	120.00 元

版权所有　侵权必究

序

在苏州市委、市政府领导和市委宣传部的组织实施下,经过长达十年的努力,皇皇16卷本的《苏州通史》即将出版,实在可喜可贺。

盛世修史,是中华民族的优良传统。伴随着经济的发展和社会的进步,2002年8月,党中央、国务院郑重做出了启动国家清史纂修工程的重大决定。在国家清史纂修工程的成功示范下,不少地方政府也开始组织力量,对本地区的历史文化进行深入挖掘和梳理,编纂区域性通史即是其中的重要途径。

苏州是我国重要的历史文化名城,在2 500多年的发展史上,苏州先民创造了光辉灿烂的地方文化,成为中华文化的重要组成部分。宋代以来,苏州就有"人间天堂"的美誉。明清时期的苏州,在很多方面都达到了中国封建社会发展的顶峰。当今的苏州,作为改革开放的前沿,在经济、社会和文化诸方面都取得了令人瞩目的成就,综合实力位居全国前列。深入挖掘苏州的历史文化内涵,总结苏州发展的得失成败,是历史赋予当今苏州人的光荣使命。《苏州通史》在这种背景下应运而生。

十年来,在苏州市委、市政府和市委宣传部的大力支持下,总主编王国平教授带领课题组的数十位专家学者,心怀高度的历史责任感,反复切磋,努力钻研,通力合作,高质量地完成了《苏州通史》的撰写,堪称"十年磨一剑"。可以说,这部《苏州通史》系统地厘清了苏州发展的历史脉络,全面展现了苏州丰厚的文化积淀,是第一部完全意义上的苏州通史。我认为,这部《苏州通史》不但可以作为苏州城市的文化名片,也可以作为爱国主义教育的乡土教材。

古人云:"鉴于往事,有资于治道。"对于一个国家如此,对于一个地区何尝不是如此。相信《苏州通史》的出版,必将会为苏州的进一步发展提供强大精神力量。

苏州是我魂牵梦萦的家乡。八年前,我曾为《苏州史纲》作序;八年后的今天,又躬逢《苏州通史》出版的盛事,何其幸哉!对于家乡学术界在苏州历史文化研究方面取得的历史性跨越,我感到由衷的喜悦,故赘述如上,谨以为序。

戴逸

2017年10月25日

绪　言

苏州是中国重要的历史文化名城。早在一万多年前，太湖的三山岛就已出现了光辉灿烂的旧石器文化，成为中华文明的摇篮之一。商代末年，泰伯奔吴，带来了先进的中原文化。此后，吴国在此立国。吴王阖闾时期，兴建了吴大城，吴国也渐臻强盛，最终北上称霸。秦汉时期，今苏州地区纳入统一王朝的治理，经过孙吴政权的经营和东晋南朝的发展，到唐代中叶，苏州已经成为中国的经济中心之一。宋元时期，苏州的经济文化得到长足发展。到明清时期，苏州的发展水平已臻历史巅峰，成为全国著名的经济和文化中心，影响直至今日。晚清至民国时期，苏州逐渐从传统走向现代。中华人民共和国成立后，特别是改革开放以来，苏州再度强势崛起，成为当今中国发展最快、率先基本建成高水平全面小康社会的地区之一，创造了新的奇迹。这是苏州历史进程的主要脉络，构成了《苏州通史》的主线。

作为第一部完全意义上的苏州通史，我们希望能够以16卷的体量，系统完整地厘清苏州历史发展的脉络，全方位地展现苏州政治、军事、经济、社会、文化各方面的历史风貌。《苏州通史》撰写所涉及的主要内容与问题说明如下：

一、《苏州通史》的时空界定

1. 时间界定：苏州的历史包括这一区域的史前史。今日苏州所辖吴中区的太湖三山岛，早在一万多年前就出现了旧石器文化，这就成了《苏州通史》的起点。《苏州通史》的时间下限为公元2000年。

2. 政区空间界定：兼顾政区空间的现状与历史，以现行行政区域为基准，详写；历史行政区域超越现行行政区域部分，在相关历史时期中略写。

二、《苏州通史》的体例

参照中国传统史书编撰体例,借鉴国家清史纂修工程的《清史》主体设计,《苏州通史》主体部分为导论以及从先秦至中华人民共和国时期的历史(分为若干阶段的断代史),另设人物、志表、图录等三部分。人物、志表、图录中的内容是对通史部分相关内容的补白与补强。

《苏州通史》共分16卷。第1卷为导论卷,第2卷为先秦卷,第3卷为秦汉至隋唐卷,第4卷为五代宋元卷,第5卷为明代卷,第6卷为清代卷,第7卷为中华民国卷,第8卷为中华人民共和国卷(1949—1978),第9卷为中华人民共和国卷(1978—2000);第10卷为人物卷(上),第11卷为人物卷(中),第12卷为人物卷(下),第13卷为志表卷(上),第14卷为志表卷(下),第15卷为图录卷(上),第16卷为图录卷(下)。

三、"导论卷"的结构与内容

"导论卷"为丛书首卷,包括苏州历史地理概要、苏州史研究概述以及苏州史论三个部分。

"导论卷"上篇为苏州历史地理概要。在对苏州各历史时期地理环境要素演变做分期分类的基础上,重点对苏州历史沿革地理和苏州历史自然地理演变做概要性叙述,主要包括苏州历史气候与生态变迁、苏州地质与地貌变迁、苏州古城水道变迁、苏州历史建置沿革以及苏州城池防务沿革。

"导论卷"中篇为苏州史研究概述。《苏州通史》是学术界业已取得的研究成果的集中体现。对于苏州各个时期历史的研究,学术界已有或多或少的成果,并以著作、论文等为载体展现世间。《苏州通史》的作者们充分关注和汲取了这些宝贵的学术营养。"导论卷"的苏州史研究概述,分别列举并适当评述了先秦、秦汉至隋唐、五代宋元、明代、清代、中华民国、中华人民共和国等历史时期苏州史的研究成果。

"导论卷"下篇为苏州史论。按照通史的体例,正文中不可能就论题展开详细的专题性论述,这些相关论述即构成了"导论卷"下篇的苏州史论。这些专题论述有:《春秋吴国国号及苏州城市符号的"吴"及其溯源》《秦汉至隋唐时期吴城所辖行政区域及政治地位的变迁》《五代宋元时期来苏移民问题》《明代苏州地位论纲》《晚清苏州的现代演进》《民国以降苏州经济社会发展的传统规定性》《人民公社时期苏州农村社队工业的兴起与发展》《改革开放时期苏州经济发展的三次跨越》,大体上覆盖了苏州历史发展进程中的一些重要节点。

四、自先秦至中华人民共和国各卷的章节体系

自先秦至中华人民共和国各卷是通史的主体,分为8卷断代史。各卷采用纵横结合的结构,根据本卷所跨时段的政治经济发展状况,划分若干客观发展阶段为若干章,主要写政治、军事、经济状况;另设社会一章,主要写整个时段苏州人口家族、宗教信仰、民风节俗等;另设文化一章,主要写科学技术、教育、文化艺术等。这样,以"X+2"模式架构和贯通8卷断代史。

自先秦至中华人民共和国共8卷的章节体系,展示了苏州历史进程的主要脉络,体现了《苏州通史》的主线。各卷设章如下:

先秦卷 第一章,远古文明;第二章,泰伯南奔与立国勾吴(泰伯至寿梦);第三章,从徙吴至强盛(诸樊至吴王僚时期);第四章,"兴霸成王"与吴大城建筑(阖闾时期);第五章,从称霸到失国(夫差时期);第六章,战国时期的吴地;第七章,吴国社会状况;第八章,吴国的文化。

秦汉至隋唐卷 第一章,秦汉时期的苏州;第二章,六朝时期的苏州;第三章,隋唐时期的苏州;第四章,秦汉至隋唐时期的苏州社会;第五章,秦汉至隋唐时期的苏州文化。

五代宋元卷 第一章,五代苏州从混战走向稳定;第二章,北宋苏州的稳固与发展;第三章,南宋苏州的复兴与繁华;第四章,元代苏州的持续发展;第五章,五代宋元时期苏州的社会组织与社会生活风俗;第六章,五代宋元时期苏州的文化。

明代卷 第一章,洪武时期苏州社会恢复性发展;第二章,建文到弘治时期苏州社会持续性发展;第三章,正德到崇祯时期苏州社会转型性发展;第四章,明代苏州社会生活;第五章,明代苏州文化。

清代卷 第一章,恢复、发展与繁荣(顺治至乾隆年间);第二章,衰退与剧变(嘉庆至同治初年);第三章,变革与转型(同治初年至宣统年间);第四章,社会风貌;第五章,文化成就。

中华民国卷 第一章,民初情势;第二章,革命洗礼;第三章,近代气象;第四章,战争浴火;第五章,社会生活;第六章,文化教育。

中华人民共和国卷(1949—1978) 第一章,向社会主义过渡;第二章,全面探索的十年;第三章,"文化大革命"的十年内乱;第四章,在徘徊中前进的两年;第五章,社会变迁;第六章,文教、卫生事业的曲折发展。

中华人民共和国卷（1978—2000） 第一章,全面拨乱反正和改革开放启动时期;第二章,推进改革开放和加快发展时期;第三章,深入改革开放和现代化建设勃兴时期;第四章,和谐多彩的社会生活;第五章,与时俱进的文化建设。

五、人物、志表、图录各卷的编排

人物卷 《苏州通史》第10—12卷为人物卷（上）（中）（下），所录人物共1 600余人（含附传），包括苏州籍人士、寓居苏州有影响的非苏州籍人士，以及主要活动在外地的有影响的苏州籍人士。所录人物主要按人物生卒年排序。

志表卷 《苏州通史》第13—14卷为志表卷（上）（下），志表合一，分为建置、山川、水利、城市、街巷桥梁、园林、乡镇、人口、财政、职官、教育、藏书、文学、新闻出版、绘画、书法篆刻、音乐、昆曲、评弹、工艺美术、宗教、物产、风俗、古建筑、会馆公所、古迹等共26章。

图录卷 《苏州通史》第15—16卷为图录卷（上）（下），所录历史图片按政区舆图、军政纪略、衙署会所、城池胜迹、乡镇名景、水陆交通、市政设施、农林水利、工矿企业、店铺商社、苏工苏作、园林园艺、科学技术、科举教育、文学艺术、报纸杂志、书法绘画、文献藏书、文化设施、文娱体育、医疗卫生、风俗民情、宗教信仰、慈善救济、人物图像、故居祠墓等共26类编排。各类图片基本按图片内容发生时间排序。图录卷共收录图片2 000余幅,每幅图片均附扼要的文字说明。

《苏州通史》的人物、志表、图录等卷与其他相关的人物传记、方志、专业志、老照片等著作体裁有别，详略不同，其内容取舍取决于丛书的学术需求。

六、苏州元素的体现

苏州通史，所以能区别于其他地区的通史，在于展现了苏州悠久的历史发展过程中形成的历史文化特色，这些特色又是通过其独特的元素来体现的。为此，《苏州通史》的撰写，对历史进程中的苏州元素予以重点关注与剖析。诸如三山旧石器文化、太湖与苏州水系、伍子胥建城、三国东吴、范仲淹与"先天下之忧而忧，后天下之乐而乐"、苏州府学、"苏湖熟，天下足"、"上有天堂，下有苏杭"、吴门画派、吴门医派、昆曲评弹、园林、丝绸、顾炎武与"天下兴亡，匹夫有责"、姑苏繁华、明清苏州状元、苏福省、冯桂芬与"中学为体，西学为用"、苏州洋炮局、东吴大学、社队企业、"苏南模式"、苏州工业园区等，都会在相关各卷进行重点论述。

绪 言

从2007年撰写《苏州史纲》算起,至2010年《苏州通史》立项,再至2018年《苏州通史》付梓,整整十一年。若谓十年磨一剑,绝非虚语。

十余年里,我们怀抱美好的愿望,希望这部《苏州通史》能够成为第一部完全意义上的苏州通史,系统完整地厘清苏州历史发展的脉络,全方位地展现苏州政治、军事、经济、社会、文化各方面的历史风貌。希望这部《苏州通史》能够成为苏州城市的一张靓丽名片,展现苏州历史文化的丰厚积淀,展现当今苏州发展的辉煌成就,也在一定程度上展现苏州社会科学界在本土历史文化研究方面的学术成就。希望这部《苏州通史》能够成为苏州历史文化资源开发利用的一个坚实基础。

为此,《苏州通史》作者力求城市通史体系创新,力求新史料应用及史实考证的创新,力求观点提炼与论述创新,力求《苏州通史》能够达到同类通史的最高水平。

为此,《苏州通史》作者严格把握了保障学术水平的几个环节,诸如开题研讨、专题研讨、结项研讨、书稿外审、总主编审定、编委会审定等。在通史撰写过程中,熊月之、崔之清、姜涛、周新国、范金民、李良玉、戴鞍钢、马学强、张海林、王健、王永平、孟焕民、徐伟荣、汪长根、吴云高、卢宁、邓正发、涂海燕、陈其弟、陈嵘、尹占群、林植霖、张晓旭等专家学者参与了书稿的审阅,并提出了宝贵的意见与建议。

为此,苏州市领导还聘请了全国史学界及相关领域权威学者戴逸、李文海、张海鹏、朱诚如、汝信、茅家琦、段本洛、熊月之等先生担任学术顾问,并聘请戴逸先生担任总顾问。非常感谢他们听取相关事宜的汇报,并不吝赐教。

《苏州通史》作为市属重大社科研究项目,十余年来,得到苏州市委、市政府的高度重视和大力支持。先后担任中共苏州市委书记的王荣同志、蒋宏坤同志、石泰峰同志、周乃翔同志,以及先后担任苏州市市长的阎立同志、曲福田同志、李亚平同志等,都对《苏州通史》的研究编纂工作给予关心、指导和帮助。作为《苏州通史》编纂的主管部门,苏州市委宣传部历任部长徐国强同志、蔡丽新同志、徐明同志、盛蕾同志、金洁同志,历任分管副部长高志罡同志、孙艺兵同志、陈雪嵘同志、黄锡明同志等接续发力,从各方面为《苏州通史》编纂团队排忧解难,提供条件,创造了从容宽松的工作氛围。苏州市委宣传部副部长、市文明办主任缪学为同志和市社科联主席刘伯高同志积极支持项目立项和研究,并从资金等方面提供保障。苏州市委宣传部工作人员洪晔、吕江洋、徐惠、刘纯、刘锟、陆怡、盛征、陈华等同志先后参与了具体组织和协调推进工作。谨此致谢。

《苏州通史》杀青之际,掩卷而思著作之艰辛,能不感慨系之?感慨于《苏州通史》课题组各位同仁十余年来付出的难以言表与计量的刻苦与辛劳,感慨于众多学者专家审读各卷书稿所给评价与建议的中肯与宝贵,感慨于苏州市委宣传部历任领导对《苏州通史》从立项到出版全程的悉心呵护与大力支持,感慨于苏州大学领导从我们承接任务到付梓出版所给予的支持和关心,感慨于社会各界对《苏州通史》方方面面的关注与期待。

　　历经十余年打磨,《苏州通史》即将面世。果能得如所愿,不负领导希望,不负社会期待,不负同仁努力,则不胜欣慰之至!

王国平
2018年10月于自在书房

目 录

前　言 / 001

第一章　秦汉时期的苏州 / 001

第一节　秦汉时期苏州的政治概况 / 004
一、秦王朝在苏州的统治 / 004
二、项羽起兵吴中 / 010
三、汉代苏州的政治变迁 / 014
四、汉代苏州的循吏及士人的政治活动 / 020

第二节　秦汉时期的苏州经济 / 026
一、自然条件与人口状况 / 026
二、农　业 / 032
三、工商业 / 037
四、秦汉王朝的政策对吴地经济发展的影响 / 043
五、苏州的汉代考古发现 / 045

第二章　六朝时期的苏州 / 049

第一节　六朝时期苏州的政治概况 / 052
一、政区建制 / 052
二、吴郡与孙吴政权的兴亡 / 057
三、吴郡与两晋政治 / 066
四、南朝吴郡政治变迁 / 075

第二节　六朝时期的苏州经济 / 083
一、农　业 / 083

二、手工业 / 093
　　三、商业与城市 / 097
　　四、园　　林 / 104
　　五、水利与交通 / 108

第三章　隋唐时期的苏州 / 113

第一节　隋唐时期苏州的政治概况 / 116
　　一、政区建制 / 116
　　二、隋王朝在苏州的统治及覆灭 / 118
　　三、唐代苏州的政治局势 / 121
　　四、唐末各势力对苏州的争夺 / 126
　　五、唐代的苏州刺史及其治绩 / 130
　　六、从区域政治中心到区域经济中心 / 140

第二节　隋唐时期的苏州经济 / 143
　　一、户口、赋税及属县等级 / 144
　　二、农　　业 / 155
　　三、手工业 / 178
　　四、商业与城市 / 188
　　五、水利与交通 / 200

第四章　秦汉至隋唐时期的苏州社会 / 213

第一节　世家大族 / 215
　　一、吴郡大族的形成及演变 / 216
　　二、吴郡四姓 / 221
　　三、吴郡大族的文化特质 / 229
　　四、吴郡大族的地方影响 / 233
　　五、科举制的发展与吴郡大族的转型 / 235

第二节　社会生活与风俗 / 243
　　一、由尚武到崇文的民风变迁 / 243
　　二、饮食风俗 / 248

　　　　　三、婚姻风俗 / 254
　　　　　四、丧葬风俗 / 260
　　　　　五、游览风尚 / 265

　　第三节　宗教信仰 / 268
　　　　　一、佛　　教 / 268
　　　　　二、道　　教 / 275
　　　　　三、民间信仰 / 280

第五章　秦汉至隋唐时期的苏州文化 / 285

　　第一节　学　术 / 287
　　　　　一、经　　学 / 287
　　　　　二、玄　　学 / 293
　　　　　三、地　　志 / 295

　　第二节　文　学 / 297
　　　　　一、汉代苏州文学 / 297
　　　　　二、六朝苏州文学 / 299
　　　　　三、唐代苏州文学 / 303

　　第三节　艺　术 / 317
　　　　　一、书　　法 / 317
　　　　　二、绘　　画 / 323
　　　　　三、雕　　塑 / 328
　　　　　四、乐　　舞 / 329

　　第四节　教　育 / 335
　　　　　一、秦汉苏州教育 / 335
　　　　　二、六朝苏州教育 / 338
　　　　　三、隋唐苏州教育 / 341

大事记 / 347

参考文献 / 358

后　记 / 374

前 言

本卷论述的是秦汉至隋唐时期以今苏州市行政区域为主要地域范围的发展历史,上起秦王嬴政二十六年(前221)秦统一六国,下至唐哀帝天祐四年(907)唐朝灭亡,共计1 128年。

一

秦汉至隋唐时期是苏州发展史上的重要阶段,在这1 100余年的历史进程中,今苏州地区在政治、经济、社会、文化诸方面都得到了较快发展,由秦汉时期偏处一隅的落后之区一跃而成为安史之乱后唐王朝赖以立足的财赋重地,为以后苏州的进一步发展奠定了坚实的基础。同时,苏州由秦至东汉中期江东地区的行政中心,降为唐末的普通州郡,社会风俗由秦汉时期的尚武转变为六朝以后的崇文,均对后世产生了至关重要的影响。

但迄今为止,学术界关于秦汉至隋唐时期苏州地区发展状况的研究还比较薄弱。苏州区域史的研究时段主要集中在两头:一是先秦时期,尤其是对吴国的研究;二是宋元以后,尤其是对明清以来的研究。而在苏州发展史上占据重要地位的秦汉至隋唐时期却非常薄弱,由于史料的缺乏,相关研究成果大多集中在对江南或太湖流域的总体描述上,针对苏州地区的研究成果寥寥无几,严重影响了我们对这一重大转折时期苏州发展过程的整体认识。

有鉴于此，在深入挖掘、解读相关史料的基础上，尽可能填补研究空白，厘清这千余年间苏州区域的发展脉络，总结出其发展特点和趋势，就成为本卷面临的主要学术任务。

二

顾名思义，《苏州通史》是以今天的苏州市行政范围为记述地域空间，但苏州这一地名在隋朝统一全国后方才出现，秦汉至隋唐时期以今苏州城为治所的行政区所辖区域远比今天的苏州市行政范围为大，这就导致了在论述过程中无法严格按照现行苏州市行政范围的问题，另外在此时期，今天的苏州市行政范围有时也不在同一行政区域内，在行文中如何恰当地表达也颇受困扰，缕述如下。

秦至东汉中前期，今天的苏州市行政范围均位于会稽郡内，而东汉中后期会稽郡和吴郡分治后，今天的苏州市行政范围又位于吴郡内。若严格按照历史地名，行文中则无法兼顾，若用"秦汉时期的会稽郡"，则无法兼顾东汉中后期的吴郡，若用"秦汉时期的会稽郡和吴郡"，则又无法剔除东汉中后期的会稽郡。同样的情况出现在六朝时期，当时今苏州市行政范围内除了吴郡外，还有晋陵郡和信义郡辖区，并且吴郡、晋陵郡、信义郡的辖区均跨越今苏州市行政范围。为了解决此问题，本卷在章节标题中多采用晚出的苏州概念，在行文中或表达为"今苏州一带"。概而言之，本卷是以今天的苏州市行政范围为主要记述地域空间，行文中有时兼及秦汉至隋唐时期以今苏州城为治所的行政区辖区。

除了地域概念外，本卷中涉及的六朝概念在此也予以说明。六朝习惯上指三国两晋南北朝时期建都于今天南京市的孙吴、东晋、宋、齐、梁、陈六个朝代，若以此为标准，则西晋灭吴后的37年（公元280年至316年）不应纳入六朝时间范围，这就造成六朝在时间上间断为孙吴和南朝两个时期。但早在西晋末年，以吴郡顾荣为首望的江东大族，就先后平定了石冰之乱（公元303年）和陈敏之乱（公元305年），接引司马睿南渡，并引荐江东才俊参与东晋政权，促进了侨姓士族和吴姓士族的联合，奠定了东晋在东南的偏安之业。西晋的短暂统一并没有打乱孙吴故地独立发展的步伐，东晋南朝与孙吴之间仍然保持着相对的共通性，因此国内外学者尤其是日本学者也有把自三国至隋统一的历史时期泛指六朝的，等同于常用的魏晋南北朝概念，这样不但六朝在时间上并未间断，而且可以南北兼指。本卷中亦采用上述的六朝概念，故把西晋的短暂统一时期也放入六朝中论述。

关于六朝时间的起讫，按照南宋张敦颐《建康实录》的说法，应为"起吴大帝，讫陈后主"，即自吴大帝孙权黄武元年（222），至陈后主陈叔宝祯明三年

（589）。针对本卷而言，六朝起自黄武元年（222）的这种传统说法并不妥当，孙权虽然是孙吴的开国之君，但他继承的是长兄孙策的事业。孙策割据江东，奠定孙氏基业，始于兴平二年（195）过江。而孙策过江所率武装，主要是其父孙坚的旧部，孙坚势力的形成，则始于熹平元年（172）以吴郡司马的名义招募的千余名精勇。故本卷六朝时期的开端，上溯至孙坚、孙策时期。

三

对于苏州区域史研究而言，秦汉至隋唐时期不仅时间跨度长，占了苏州建城以来历史的将近一半，更重要的是，在这一历史阶段，今苏州一带在政治、经济、社会、文化诸方面均有十分清晰的发展脉络，甚至可以说是天翻地覆的变化，为宋元以后苏州的发展奠定了基调，其影响至今未绝。

首先是政治地位的渐趋下降，由秦至东汉中期江东地区的行政中心，降为唐代末年的普通州郡。

秦至东汉中期，在幅员辽阔的江南吴越故地，仅设了会稽一郡，最大管辖范围大致相当于今江苏长江以南、安徽东南、上海及浙江全部、福建中北部的广大地区，而今苏州城作为会稽郡的治所，可以说是当时江东地区的行政中心。[1]东汉中期以后，吴郡和会稽郡分治，以今苏州城为治所的吴郡管辖范围退到今钱塘江以西。六朝时期，伴随着江东政治经济形势的变化，在东汉时原吴郡辖区内，先后分立出吴兴郡、毗陵郡、信义郡、钱塘郡等，吴郡的辖区越来越小。在唐代中后期，苏州仅辖吴、长洲、嘉兴、海盐、常熟、昆山、华亭七县，大体相当于今苏州市域、嘉兴市域和上海市域，在管辖范围上和秦汉时期已不可同日而语。

当然，苏州城政治地位的下降也是个动态的过程，其中也有过反复。如东汉末期的建安四年（199）至建安十四年（209），孙策及孙权驻扎于吴郡城经略四方，在这里渐渐从弱小走向强大，在此十余年间，吴郡城是孙吴政权实际上的首都，其政治地位在江南城市中是首屈一指的。唐代中叶的开元二十一年（733）至建中二年（781），苏州城先后作为江南东道、浙江西道及浙江东西道的治所，在这四十余年间，苏州城重新成为江南地区首要的行政中心。但这些短时期政治地位的上升，并不能挽回苏州城市政治地位渐趋下降的历史趋势。

其次是经济地位的渐趋上升，由秦及西汉时期地广人稀、"火耕水耨"的落后之地，一跃而成为唐代中晚期江南地区的经济中心和唐王朝赖以生存的财赋重

---

[1] 在此期间，会稽郡治所仅在汉文帝前元九年至十六年（前171—前164）短暂迁于故鄣。

地之一,成为中国经济重心南移过程中的典型城市。

秦汉时期,今苏州一带所在的扬州区域生产力发展水平极为低下,班固在《汉书》卷二十八《地理志》中对当时全国各地的田与赋均有九个等级的详细评价,把扬州的田列入最末等,赋列入倒数第三等,其经济发展状况可以想见。而唐代末年苏州户数已突破十四万,位居江南诸州首位,赋税收入在全国范围内已经非常突出,成为江南唯一的雄州。和秦汉时期相比,可谓天壤之别。

秦汉至隋唐时期苏州一带经济由落后走向繁荣的原因很多,其中最重要的是和战乱频仍的北方相比,相对安定的社会环境吸引了大量南迁人口。从秦统一后项梁、项羽等人流亡今苏州一带开始,到两汉之际及东汉末年的战乱,西晋八王之乱后的永嘉南渡,一直到唐代的安史之乱,这些战乱均造成大量北方人民迁居苏州,不仅为苏州兴修水利、开展屯田等方面提供了充足的劳动力,而且带来了北方先进的生产经验和技术,促进了苏州经济的飞速发展。

秦汉至隋唐时期苏州经济的发展有几个重要的历史节点。一是西汉吴王刘濞时期,在此开山铸铜,煮海为盐,减免赋税,与民休息,促进了地方发展,故司马迁认为刘濞对吴城发展的贡献可以和春秋时期阖闾都吴、战国时期春申君治吴相提并论。二是孙吴时期,作为龙兴之地和前期的都城,孙吴政权在此悉心经营,除了吸引流民外,对北方及山越战争掠夺的人口不少都安置于吴郡,先后多次在吴郡一带进行大规模的屯田,在开拓太湖流域水网、围垦湖田、兴修水利等方面,做出了开创性的努力,尤其是破冈渎的开通,使吴郡渐趋成为太湖流域的交通中心,奠定了六朝时期发展的基础。三是唐代中后期,尤其是大历年间的浙西屯田,主要在苏州境内实施,使大量荒地变为良田,苏州的田亩数量由此激增,一跃成为江南唯一的雄州。

应该指出的是,秦汉至隋唐时期今苏州一带虽然局势相对比较稳定,但经济发展进程也曾多次遭到战乱的破坏。一是东晋末年的孙恩之乱。当时孙恩屡次进攻以今苏州为中心的三吴地区,"所在多被破亡。诸贼皆烧仓廪,焚邑屋,刊木堙井,虏掠财货"[1],一些领兵进剿的东晋将领也"放纵其下,虏暴纵横"[2],再加上天灾不断,三吴地区一时满目疮痍,"浙江东饿死流亡十六七,吴郡、吴兴户口减半"[3],甚至出现了"人相食"的惨状。二是南朝梁末的侯景之乱。侯景叛军攻占吴郡后,纵兵大掠,"掠金帛既尽,乃掠人而食之,或卖于北境,遗民殆尽

---

[1] 房玄龄等:《晋书》卷一〇〇《孙恩传》,中华书局1974年,第2633页。
[2] 沈约:《宋书》卷一〇〇《自序》,中华书局1974年,第2453页。
[3] 沈约:《宋书》卷二十五《天文志三》,中华书局1974年,第729页。

矣"[1]。又逢旱、蝗之灾,"百姓流亡,死者涂地,父子携手共入江湖,或弟兄相要俱缘山岳,芝实荇花,所在皆罄,草根木叶,为之凋残。虽假命须臾,亦终死山泽"。经过侯景叛军短短几年的蹂躏,富庶的三吴地区就变成了"千里绝烟,人迹罕见,白骨成聚如丘陇焉"的萧条之区[2],社会经济遭到严重破坏。三是唐朝末年三十余年的战乱。当时藩镇之间相互攻杀,唐王朝已经名存实亡,经济富庶并且战略地位重要的苏州,成为江东各势力争夺的重要目标,控制权多次在浙西道内部各势力及北方军阀之间易手,破坏极大,正如《吴郡图经续记》卷下所云:"民困于兵火,焚掠赤地,唐世遗迹殆尽。"[3]

再次是社会风俗由秦汉时期的好勇尚武,转变为隋唐时期的敦礼崇文。

秦汉时期今苏州一带延续了先秦时期好勇尚武的民风,秦末项羽在吴中招募了八千江东子弟起兵,最终埋葬了秦王朝,汉高祖刘邦也曾"患吴、会稽轻悍"[4]。六朝初期,从今苏州一带起家的孙吴政权仍旧以兵卒精勇闻名于世,以至于有"欲以十卒,当东一人"[5]的说法。西晋灭吴后,晋武帝仍认为"吴人轻锐,难安易动"[6]。可见在西晋以前,今苏州一带民风的强悍。但东晋南朝以后,伴随着经济的发展,血亲复仇等风俗在今苏州一带失去了存在的土壤,再加上占社会主流的侨姓士族鄙薄武事、广泛流行的佛教提倡非暴力,以及社会环境的相对安定等影响,吴人的尚武精神逐渐消靡,而向崇文重教方面转化。东晋末年孙恩之乱时,就有"吴人不习战"的评价出现,刘宋时期的吴郡士族顾觊之还被侨姓士族袁淑以"卿南人怯懦,岂办作贼"[7]之语嘲笑。隋唐时期,敦礼崇文的民风在今苏州一带已大体定型,故《隋书》记载云:"其人君子尚礼,庸庶敦庞,故风俗澄清,而道教隆洽,亦其风气所尚也。"[8]与秦汉及孙吴、西晋时期相比,已有了根本性的变化。

最后是文化由秦汉时期的落后走向隋唐时期的繁荣。

秦汉时期,和中原地区相比,今苏州地区的文化发展相对落后,除了偶尔流寓的北方文士外,本土文士寥寥无几。六朝时期,伴随着经济的发展以及以吴郡

---

[1] 司马光:《资治通鉴》卷一六三《梁纪十九·简文帝大宝元年》,中华书局1956年,第5045页。
[2] 李延寿:《南史》卷八十《贼臣·侯景传》,中华书局1975年,第2009页。
[3] 朱长文:《吴郡图经续记》卷上《城邑》,江苏古籍出版社1999年,第6页。
[4] 司马迁:《史记》卷一〇六《吴王濞列传》,中华书局1982年,第2821页。
[5] 陈寿:《三国志》卷六十五《吴书·贺邵传》,中华书局1982年,第1467页。
[6] 房玄龄等:《晋书》卷五十二《华谭传》,中华书局1974年,第1450页。
[7] 沈约:《宋书》卷八十一《顾觊之传》,中华书局1974年,第2079页。
[8] 魏徵、令狐德棻:《隋书》卷三十一《地理志下》,中华书局1973年,第887页。

四姓为代表的世家大族的崛起,今苏州地区的文士不断涌现,在经学、玄学、地志以及文学艺术等方面都取得了突出成就。隋唐时期,苏州已经形成了敦礼崇文的民风,官学和私学教育发达,成为全国的文化中心之一,在很多文化领域中均大家辈出,成果丰硕,对中国文化史影响深远,也为后世苏州文化的繁荣奠定了坚实的基础。

四

近年来,关于秦汉至隋唐时期的苏州史研究有了一定的进展,涉及这一时期苏州地区的相关内容也成为一些硕士及博士毕业论文的研究选题。但总体来说,还存在着不少不足,如在研究时段上,侧重于对孙吴政权及唐代中后期的考察,而对其他时段缺乏关注。在研究内容上,侧重于苏州的文学及世家大族的研究,而其他方面的研究比较薄弱。尤其是专门研究苏州的论著极少,不少研究成果侧重于从吴地或江南整体进行考察,难以准确把握苏州区域的发展轨迹。

鉴于上述原因,本卷在撰写过程中,除积极借鉴秦汉至隋唐时期苏州史研究的相关成果外,还尽最大努力挖掘史料,力图弥补在研究时段和研究内容上的薄弱环节。与此同时,本卷所用史料尽可能为涉及今苏州市行政范围的直接史料,以彰显苏州个性。秦汉至隋唐时期以苏州为治所的行政区辖区广大,有时甚至涉及今江苏、上海、浙江、福建诸省市,地区差异巨大,不能用同一行政区内的其他史料说明苏州地区的情况,不能把秦汉至隋唐时期的苏州史写成太湖史、吴地史甚至江南史。因此,本卷的撰写原则上宁缺毋滥,不追求面面俱到,一切视史料情况而定,有史料支撑的部分就多写,史料较少甚至缺失的部分就少写甚至略过,有些单个的史料虽然很有价值,因未能成篇也不得不舍弃。比如社会和文化部分,由于史料所限,就仅涉及几个方面。另外,秦汉至隋唐时期,苏州的世家大族对当地的政治、经济、社会、文化诸方面均产生了重要影响,留下的史料比较丰富,为了本卷内容的相对平衡,除了在世家大族专节外,相关史料亦散见于其他各章节中。

由于作者水平所限,再加上基本史料和相关研究成果的缺乏,本卷仅勾勒出秦汉至隋唐时期苏州历史发展的大体脉络,在不少方面均有可继续深入研讨的空间。期待着更多研究者能够投入秦汉至隋唐时期的苏州史研究,在史料发掘、内容拓展、观点提炼诸方面进一步补充完善,切实改变苏州史研究的这一薄弱环节。若能起到抛砖引玉之效,本卷编纂出版的目的即已达到。

第一章 秦汉时期的苏州

第一章 秦汉时期的苏州

秦朝统一后,今苏州一带纳入了秦王朝整体的运行轨道中,从此终止了原来相对独立的发展状态。秦朝在此设立了吴县,作为会稽郡治,并修筑驰道,便利交通。秦始皇还出巡会稽,并曾在吴县及其附近巡游,以整饬地方风俗,威慑反抗势力,促进了今苏州一带和中原地区的整合。秦朝末年,起兵于吴中的项羽率领八千江东子弟南征北战,最终推翻了秦二世的残暴统治,为苏州历史写下了光辉的一页。

西汉时期,今苏州一带曾为荆国都城和吴国的封地,吴王刘濞曾在此开山铸铜,煮海为盐,减免赋税,与民休息,促进了地方发展。今苏州一带所在的会稽郡还是当时与诸越战事频繁的军事前线,地理位置十分重要,汉王朝也采取了移民实边、添置都尉等措施来巩固边防。汉代的苏州一带出现了不少循吏,他们在任时采取了许多措施,促进了当地经济、文化的发展及风俗的转变。今苏州一带的士人开始走上历史舞台,在品德修养、学识积累、从政业绩等方面均有突出表现。

秦汉时期,今苏州一带的经济也在不断发展中。气候条件的改善以及相对稳定的社会环境,吸引了来自中原地区的大批移民,尤其是两汉之际及东汉末年北方的战乱,使得今苏州一带的人口显著增长,改变了地广人稀的局面。这些移民带来了北方先进的农业技术,铁制农具和牛耕渐趋推广,取代了当地原来粗放的"火耕水耨"的耕作方法,促进了农业的发展。与此同时,今苏州一带的纺织业、煮盐业、铜器制造业等手工业也有了较快发展,货币使用也比较普遍,作为江东地区首屈一指的区域性商业都会的吴城,在经济和社会功能上都得到了进一步的发展,世家大族也开始出现。到东汉末年,今苏州所在的江东一带,已由秦及西汉时期所谓的"卑湿贫国",发展成为"沃野万里,民富兵强"的"乐土",为孙吴政权在此崛起打下了坚实的基础。

第一节 秦汉时期苏州的政治概况

一、秦王朝在苏州的统治

1. 郡县制的确立

秦王政二十六年(前221),经过长达十余年的战争,秦国最终统一六国,结束了春秋战国以来诸侯割据混战的局面,在中国历史上建立起第一个中央集权的君主专制帝国。

秦在统一六国的过程中,与今苏州地区所属的楚国之战最为艰辛。秦王政先派青年将领李信为主将率二十万大军伐楚,李信轻敌冒进,不久就被楚将项燕所败。秦王政改派老将王翦率领六十万大军进攻楚国,王翦吸取了李信失败的教训,采取屯兵练武、以逸待劳的战略,经过一年多的相持,楚军的斗志日渐松懈,而且粮草不足,难以支持,不得不撤退,王翦趁机率秦军追击,很快消灭了楚军主力,攻破楚都寿春(今安徽寿县),楚王被俘。秦王政二十五年(前222),王翦又率军渡过长江,平定了楚国的江南地区,楚国灭亡,今苏州地区从此纳入了秦国的版图。

秦王政统一六国后,自称始皇帝,确立了至高无上的皇权,并采取一系列措施,强化了中央集权的政治制度。废除古代的封国建藩制度,全面推行郡县制即是其中之一。郡县制出现于"礼崩乐坏"的春秋时期,当时各诸侯国都在不同程度上用郡县制取代了原来的分封制。[1] 统一六国后,秦国全面推行郡县制,把全国分为三十六郡,后增至四十余郡。郡设郡守,为一郡的最高长官,掌管全郡,直接受中央政府管辖。郡守之下,设郡尉,辅佐郡守掌管全郡军事。又设监御史,负责监察。一郡之内辖若干县,万户以上的县设县令,不足万户的设县长,统治全县人民。县令、县长之下设县尉,掌管全县军事,并设县丞,助理县令、县长,负责司法裁判。一县之内设若干乡,乡设三老,掌教化,进行思想统治,另有啬夫负

---

[1] 值得注意的是,定都于今苏州城的吴国也较早推行了郡县制,如吴王馀祭三年(前545),齐相庆封有罪,"自齐来奔吴,吴予庆封朱方之县,以为奉邑"。裴骃集解引《吴地记》曰:"朱方,秦改曰丹徒。"(司马迁:《史记》卷三十一《吴太伯世家》,中华书局1982年,第1452页。)可见当时的吴国在今江苏镇江地区就有县的设置。吴王阖闾死后(前496),葬于今苏州虎丘山,"发五郡之人作冢"。(陆广微:《吴地记》,江苏古籍出版社1999年,第62页。)又如吴王夫差十二年(前484),吴国伐齐时曾"发九郡兵"。(司马迁:《史记》卷六十七《仲尼弟子列传》,中华书局1982年,第2200页。)从这些史料中可以看出当时的吴国已经至少设有九郡之多,有重大劳役或军事行动时,也是以郡为行政单位来征发兵丁的。

责征收租税和征发徭役,游徼负责地方治安。乡之下有亭、里等,亭设亭长,里设里正,构成了一套严密的地方机构。

在原来楚国的江南吴越故地,秦国设立了会稽郡,辖二十四县,管辖范围大致相当于今江苏省长江以南、安徽省东南、上海西部以及浙江省北部。在原吴国的故都设吴县,作为会稽郡治,吴县因此成为江南地区的行政中心。当时的吴县辖区广大,除包括今苏州市区外,还管辖今常熟等地。另外在今昆山、太仓一带,秦王朝还设置了娄县,因境内有娄水而得名,一名疁县,据《汉书》卷二十八上《地理志上》记载,娄县"有南武城,阖闾所起以候越",可见该地在先秦时期已有所开发。由于史料缺乏,终秦之世,见于记载的会稽郡行政人员寥寥,仅有会稽郡守殷通及吴县令郑昌等人。20世纪90年代下半叶,在陕西省西安市北郊汉长安城遗址内出土的秦封泥中,就包含有"吴丞之印"的秦封泥,为当时吴县丞用印的珍贵文物。[1]

2. 驰道的修筑

郡县制外,秦始皇还采取了统一文字、货币和度量衡等一系列措施,促进了全国各地的文化交流和经济发展。为了加强对全国的控制,秦始皇二十七年(前220),下令修筑以首都咸阳为中心的驰道,又称为"天子道",可以说是我国最早的国道。这些驰道通达天下,"东穷燕齐,南极吴楚,江湖之上,濒海之观毕至"。驰道有统一而严格的修筑标准,宽达五十步,道旁每隔三丈就栽青松一株,并且"厚筑其外,隐以金椎"。[2]今苏州地区正处于"南极吴楚"的驰道干线上,当时这里的吴、娄等县都开凿有驰道,西晋左思的《吴都赋》中就有当时吴郡附近"驰道如砥,树以青槐"的记载,可见当时不仅驰道仍完好,而且道旁的"青槐"可能尚有留存。另据南宋绍熙《云间志》卷上《古迹》"秦始皇驰道"条记载,在当时华亭县西北的昆山南四里,"相传有大堽路,西通吴城,即驰道也"[3]。这条驰道的走向大体为从今天的苏州城向东穿越昆山到达上海的青浦一带,为当时苏州地区的驰道之一。该驰道在宋代可能还留有遗迹,成为当时不少文人墨客吟咏

---

[1] 古封泥是用公私玺印加盖于黏土之上,用于封缄文件、财货、管钥、土方、钱币、仓廪等的遗存,所以成为反映古代政治经济制度的重要文物。详见周晓陆著《秦封泥所见江苏史料考》,载《江苏社会科学》2003年第2期。

[2] 班固:《汉书》卷五十一《贾山传》,中华书局1962年,第2328页。

[3] 杨潜:绍熙《云间志》卷上《古迹》,《续修四库全书》第687册,上海古籍出版社1996—2003年影印本,第17页。

的对象。[1]

3. 秦皇东巡

在统一全国的过程中,地处东南的楚国成为抵抗最顽强最激烈的地区,给秦始皇留下极为深刻的印象。虽然灭楚后秦王朝在江南的吴越故地设置了会稽郡进行统治,但由于这一地区与都城咸阳距离遥远,中央政府的控制力很弱,楚国的残余势力一直伺机而动,散布诸如"亡秦必楚"的言论,因此东南地区一直被秦始皇视为潜在的隐患,以至于常说"东南有天子气",[2]可见其对东南地区的关注,随时提防该地发生反秦暴乱。当时的一些方士为迎合秦始皇的心理,还散布"五百年后,江东有天子气出于吴,而金陵之地,有王者之势"的谣言,[3]秦始皇对此深信不疑,因此决定借东巡来抑制东南地区的天子之气,以起到威慑反抗势力的效果。

秦始皇三十七年(前210)十月,出巡会稽郡,随行人员有左丞相李斯和中车府令赵高等高官,还有秦始皇的小儿子胡亥等人。巡行的队伍从咸阳向东进发,途经武关(今陕西丹凤南)、宛县(今河南南阳),然后南下到达云梦地区(在今汉水、长江交汇处至洞庭湖一带),在这里举行了祭奠葬于九嶷山的虞舜的仪式。祭祀完毕后沿长江东下,在长江南岸的牛渚(今安徽马鞍山一带)登陆,沿丹阳、溧阳,到达浙江北岸的钱唐,因风大浪急,"所不能渡,故道余杭之西津也"[4]。渡过浙江后,秦始皇登上会稽山祭祀大禹冢,留下了有名的《会稽刻石》,宣扬了"平一宇内"的历史功绩,针对当时出现的动荡局势和会稽郡的淫泆之风,强调"贵贱并通,善否陈前,靡有隐情。饰省宣议,有子而嫁,倍死不贞。防隔内外,禁止淫泆,男女絜诚"[5]。企图整肃社会秩序和当地的民风。秦始皇又将越民迁到浙江以北的余杭及故鄣等地,并"徙天下有罪适吏民,置海南故大越处,以备东海外越"[6],并更名大越为山阴,以此来削弱越地的反抗势力。

从会稽山返回钱唐后,秦始皇取道吴中地区,"还过吴,从江乘(今江苏句容

---

[1] 如北宋著名诗人梅尧臣在《依韵和唐彦猷华亭十咏》中有专门的《秦始皇驰道》诗云:"秦帝观沧海,劳人何得修。石桥虹霓断,驰道鹿麋游。车辙久已没,马迹亦无留。骊山宝衣尽,万古空冢丘。"宋代另一诗人许尚在《华亭百咏》中也为此作有《秦皇驰道》诗怀古曰:"叹昔秦皇帝,何年此逸游。迢迢大堙路,千古为嗟羞。"
[2] 司马迁:《史记》卷八《高祖本纪》,中华书局1982年,第348页。
[3] 沈约:《宋书》卷二十七《符瑞志上》,中华书局1974年,第780页。
[4] 郦道元:《水经注》卷四十《浙江水》,浙江古籍出版社2001年,第621页。
[5] 司马迁:《史记》卷六《秦始皇本纪》,中华书局1982年,第262页。
[6] 袁康:《越绝书》卷八《越绝外传记地传第十》,武汉大学出版社1992年,第204页。

北)渡"[1]。在吴中期间,秦始皇多次在会稽郡的治所吴(今苏州市)及其附近属县巡游,留下了许多遗迹和传说。在吴,秦始皇上姑苏台,"治射防于宅亭、贾亭北"[2]。吴县西北三十里的阳山有"大峰十二,箭阁独最高",相传秦始皇也曾在此射箭,"下为射渎",阳山因而一名"秦余杭山"。天平山之右的秦台山,"相传始皇游会稽尝登此",因此而得名。[3]虎丘山的剑池和试剑石,据说也与秦始皇到此发吴王阖闾墓,凿山"求吴王宝剑"有关。今昆山千灯的秦柱山相传也因秦始皇的这次东巡而得名,《古今图书集成》引《吴录》云:"一名秦望山,秦始皇尝登此望海,故名。"[4]另外,当时位于吴县的会稽太守府大殿也是因为"秦始皇刻石所起",一直到西汉末的更始元年(23),才被当时的会稽太守许时所烧。[5]《吴郡志》卷十五还记载吴郡的长樯山是因"秦始皇凿山以造帆樯"而得名。[6]秦始皇在今苏州地区停留很久,以至于后人说他在首都咸阳"四方奇丽,天下珍玩,无所不有,犹以不如吴会也"[7]。

秦始皇这次东巡,还在今苏州的周边地区进行了大规模破坏所谓的"王气"活动。今南京地区在秦时为金陵,据说秦始皇东巡过江时,有望气者预言"五百年后,江东有天子气出于吴,而金陵之地,有王者之势",因此秦始皇"乃改金陵曰秣陵,凿北山以绝其势"。[8]在今镇江地区秦始皇也进行了类似活动,《元和郡县图志》记载:"丹徒县,本朱方地,后名谷阳……秦以其地有王气,始皇遣赭衣徒三千人凿破长陇,故名丹徒。……丹阳县,本旧云阳县地,秦时望气者云有王气,故凿之以败其势,截其直道,使之阿曲,故曰曲阿。"[9]在今嘉兴地区也不例外,《宋书》卷二十七《符瑞志上》载秦始皇至吴后,"令囚徒十余万人掘污其地,表以恶名,故曰囚卷县,今嘉兴县也"[10]。《水经注·沔水》注引《神异传》亦载:"由卷县,秦时长水县也。秦始皇恶其势王,囚徒十余万人污其土表,以污恶

---

[1] 司马迁:《史记》卷六《秦始皇本纪》,中华书局1982年,第263页。
[2] 袁康:《越绝书》卷八《越绝外传记地传第十》,武汉大学出版社1992年,第204页。
[3] 陈梦雷:《古今图书集成·职方典》卷六七〇《苏州府部汇考二·苏州府山川考》引《府志》,1934年上海中华书局影印本。
[4] 陈梦雷:《古今图书集成·职方典》卷六七〇《苏州府部汇考二·苏州府山川考》引《府志》,1934年上海中华书局影印本。
[5] 袁康:《越绝书》卷二《越绝外传记吴地传第三》,武汉大学出版社1992年,第36页。
[6] 范成大:《吴郡志》卷十五《山》,江苏古籍出版社1986年,第218页。
[7] 陆云:《答车茂安书》,收入《全晋文》卷一〇三,见清严可均辑《全上古三代秦汉三国六朝文》,中华书局1958年,第2049页。
[8] 沈约:《宋书》卷二十七《符瑞志上》,中华书局1974年,第780页。
[9] 李吉甫:《元和郡县图志》卷二十五《江南道一》,中华书局1983年,第590—592页。
[10] 沈约:《宋书》卷二十七《符瑞志上》,中华书局1974年,第780页。

名,改曰囚拳,亦曰由拳也。"[1]在大规模凿毁天子地脉活动的基础上,秦始皇还开凿了今天丹阳至镇江的丹徒(曲阿)水道和今天杭州至嘉兴的陵水道,初步形成了江南运河的雏形,既促进了太湖平原的水上交通,又加强了江南地区与中原地区的经济、文化往来和交流。[2]

在吴中巡游之后,秦始皇"从江乘渡,并海上,北至琅邪"[3],不久就病死于沙丘平台(今河北平乡东北)。左丞相李斯和中车府令赵高矫诏立随行的胡亥为帝,即秦二世。胡亥即位后,为了巩固自己的统治,效法秦始皇巡行郡县,以达到"威服海内"的效果。二世元年(前209)春,率领丞相李斯及大臣冯去疾等东行郡县,"到碣石,并海,南至会稽,而尽刻始皇所立刻石"[4]。秦二世这次巡行也到达了会稽郡,应该也经过了今苏州地区,但具体活动史无明载。

4. 秦朝统一对吴地的影响

秦朝的统一虽然短暂,但对以今苏州地区为中心的吴地影响深远。秦朝是第一个对吴地实行有效统治的统一王朝,吴地的经济文化从此也终止了原来独立的发展状态,纳入国家统一的运行轨道中。秦朝统治者采取了一系列措施对吴地的经济文化进行统一整合和管理,客观上缩小了吴地经济文化与中原的差距,对吴地的社会结构和生活风俗带来了广泛而深刻的影响。

战国时期,各个诸侯国进行了旷日持久的混战,特别是为了和秦国抗衡,曾在不少地方修筑城郭,设关立塞,以邻为壑,阻碍了各地的经济发展和交流。秦始皇统一全国后,为了消除六国旧贵族凭借这些旧有城郭川防反秦的可能性,下令"堕坏城郭,决通川防,夷去险阻",并修建驰道便利往来。据《越绝书》卷二《越绝外传记吴地传第三》记载:"秦始皇帝三十七年,坏诸侯郡县城。"[5]苏州的吴大城在此期间可能也被破坏,而驰道和运河的修建也促进了苏州地区和中原地区的相互交流。

以苏州为中心的吴地自春秋战国以来就接受了不少移民,如楚国亡臣伍子胥和齐人孙武奔吴都受到了重用。战国后期治吴的春申君黄歇不拘一格吸纳人才,广揽门客达三千余人之多。[6]秦朝统一后,吴地远离政治经济中心,中央对吴地的控制鞭长莫及,不仅楚国的宗室贵族如项梁、项羽叔侄等逃亡吴中,其他

---

[1] 郦道元:《水经注》卷二十九《沔水》注引《神异传》,浙江古籍出版社2001年,第460页。
[2] 张承宗、李家钊:《秦始皇东巡会稽与江南运河的开凿》,《浙江学刊》1999年第6期。
[3] 司马迁:《史记》卷六《秦始皇本纪》,中华书局1982年,第263页。
[4] 司马迁:《史记》卷六《秦始皇本纪》,中华书局1982年,第267页。
[5] 袁康:《越绝书》卷二《越绝外传记吴地传第三》,武汉大学出版社1992年,第36页。
[6] 司马迁:《史记》卷七十八《春申君列传》,中华书局1982年,第2395页。

国家的宗室和贵族逃亡吴中的也不在少数。尽管因为资料的缺略,无法知道秦朝避乱吴地的六国人口的精确数字和人口构成,但可以肯定的是逃亡吴地的六国人口中,既有贵族,也有平民,贵族逃亡时往往还有一定数量的随从和依附人口。如跟随项梁、项羽叔侄二人避难吴中的,就还有众多的项氏宗族成员以及其他随从,项羽反秦所率领的江东子弟中就有不少项氏族人。[1]这些数量庞大的移民多来自当时经济比较发达的中原及淮北地区,他们带来了先进的生产技术和文化风尚,对吴地的开发起到了重要推动作用。

秦朝统一后,针对六国所辖地区不同的民风民俗和价值观念,采取了一系列"匡饬异俗"的措施,试图整合全国的风俗文化。今苏州所在的吴地当时属于东楚地区,[2]该区域涵盖淮河下游及其以南的吴越地区,因地处楚国东部而得名。其中彭城以东的淮河下游地区"其俗类徐、僮",北边则和齐俗接近。长江下游及其以南的吴越地区又有显著特点,自身物产丰富,有铜盐之利,而吴王阖闾、楚相春申君"招至天下之喜游子弟",其俗尚气力,班固称之为"吴、粤之君皆好勇,故其民至今好用剑,轻死易发"。[3]尤其是男女关系方面相对比较自由,《孔丛子·刑论》中有托名孔子的一段话曰:"夫吴越之俗,男女无别,同厕而浴,民轻相犯。"[4]当地风俗可见一斑。越王勾践卧薪尝胆之时,曾采取各种方式增加人口,"当其时,盖欲民之多而不复禁其淫泆"[5],后来越国攻占吴国,此风也流传吴地。故在中原看来,吴越地区的民风"好淫"。秦始皇巡游吴越时,在会稽山刻石曰:"饬省宣义,有子而嫁,倍死不贞。防隔内外,禁止淫泆,男女絜诚。夫为寄豭,杀之无罪,男秉义程。妻为逃嫁,子不得母,咸化廉清。"[6]秦始皇共有五次出巡,有七次刻石,即峄山、泰山、琅琊、东观、之罘、碣石和会稽,前六种刻石都是宣扬自己的丰功伟绩,如统一文字、统一制度等,均没有提到风俗事宜,只有会稽刻石专门讲述了这一问题,这是因为吴越地区文化传统悠久,个性突出,且距离中央政权遥远,又是亡国之余聚居之地,故有较强的对抗性,统一进程缓慢。故秦始皇巡视会稽郡时,特别强调风俗问题,把吴越地区原有的风俗习惯统一于固定的秩序之内,提倡礼法道德,试图按照新的礼俗来规范江南

---

[1] 臧知非等:《周秦汉魏吴地社会发展研究》,群言出版社2007年,第51页。
[2] 司马迁:《史记》卷一二九《货殖列传》曰:"彭城以东,东海、吴、广陵,此东楚也。"中华书局1982年,第3267页。
[3] 班固:《汉书》卷二十八下《地理志下》,中华书局1962年,第1667页。
[4] 孔鲋:《孔丛子》卷上《刑论第四》,中华书局1985年,第25页。
[5] 顾炎武:《日知录》卷十三《秦纪会稽山刻石》条,花山文艺出版社1990年,第586—587页。
[6] 司马迁:《史记》卷六《秦始皇本纪》,中华书局1982年,第262页。

地区。

二、项羽起兵吴中

1. 起兵吴中及发展壮大

秦朝末年,统治非常残暴,田租、口赋、徭役和兵役给劳动人民造成了沉重负担,尤其是阿房宫和骊山陵墓的修建,使广大百姓陷入了苦难的深渊,造成了"丁男被甲,丁女转输,苦不聊生,自经于道树,死者相望"的悲惨景象。[1]大量劳动力脱离生产,社会经济遭到了严重破坏,阶级矛盾不断激化。秦朝的刑罚非常严酷,人民动辄陷刑,一人犯法,罪及三族,一家犯法,邻里连坐,全国变成了一个监狱,到处出现"赭衣塞路,囹圄成市"的惨状。[2]以吴县为治所的会稽郡也有很多人沦为刑徒,如秦始皇东巡行经会稽郡长水县时,因"恶其势王",一次就发囚徒十余万人"污其土表",[3]可见当时会稽郡刑徒之多。这些刑徒除了在本地承担繁重的劳役外,有的还被发往秦都咸阳修筑骊山陵墓。如九江郡六县(今安徽六安)人英布在秦始皇统治时就"坐法黥"为刑徒,与会稽郡刑徒一起被输送到骊山造陵,后逃亡到江中为"群盗"。[4]

秦始皇死后,秦二世的统治更加昏庸腐朽,农民起义席卷全国,秦王朝最终覆灭于在吴中起兵的项羽(前232—前202)手中。

项羽名籍,字羽,下相(今江苏宿迁)人,出身于楚国旧贵族,为楚国名将项燕之孙。项氏世代为楚将,封于项(今河南项城东北),故以项为氏。项羽的叔父项梁因杀人犯罪,带着项羽逃到吴中(今苏州一带)避难,得到了吴中子弟的拥戴。吴中每有大徭役及丧葬大事,项梁常为主办,暗以兵法部勒宾客及子弟,吴中人士皆知其能,"贤士大夫皆出项梁下"。项羽少时学书、学剑不成,但他身长八尺余,体壮有力,"力能扛鼎,才气过人",愿"学万人敌",[5]反抗秦始皇的残暴统治。在秦始皇东巡会稽渡浙江时,项羽曾与项梁前往观看,当时就起了"彼(秦始皇)可取而代也"之心,暗中进行反秦的准备活动。

二世元年(前209)七月,陈胜、吴广在大泽乡发动戍卒起义,"斩木为兵,揭竿为旗",一时四方响应,迅速形成了燎原之势。当时不少官员也看出秦朝的灭

---

[1] 班固:《汉书》卷六十四《严安传》,中华书局1962年,第2812页。
[2] 班固:《汉书》卷二十三《刑法志》,中华书局1962年,第1096页。
[3] 郦道元:《水经注》卷二十九《沔水》注引《神异传》,浙江古籍出版社2001年,第460页。
[4] 司马迁:《史记》卷九十一《黥布列传》,中华书局1982年,第2597页。
[5] 司马迁:《史记》卷七《项羽本纪》,中华书局1982年,第296页。

亡已不可避免,纷纷自谋出路。同年九月,会稽郡守殷通想起兵响应,[1]于是召见在吴中颇有声望的项梁商议,打算委派项梁和桓楚为将军。当时桓楚逃亡在大泽中,项梁称只有项羽知道桓楚的下落,让殷通召见项羽。项羽应召而来,在项梁的指使下,拔剑砍下殷通的脑袋,夺其印绶,并击杀"数十百"府兵,"一府中皆慴伏,莫敢起"。顺利控制会稽郡府后,项梁又"召故所知豪吏,谕以所为起大事",项梁自任会稽郡守,项羽为裨将,派人接管了会稽郡所辖各县,得到精兵八千人,任命吴中当地豪杰之士为校尉、候、司马等职。有一人不得任用,言于项梁,项梁曰:"前时某丧使公主某事,不能办,以此不任用公。"[2]众人皆叹服。于是项梁、项羽在吴中起兵,响应陈胜、吴广起义。

二世二年(前208)正月,广陵人召平奉陈胜令攻广陵,久攻未下,听说陈胜在与秦军主力战斗时败走,秦兵将东来,于是渡江到吴中,假称陈胜命令,封项梁为上柱国,要项梁率领队伍向西进击秦军。二月,项梁、项羽率领八千江东子弟渡江北上,沿途收编了陈婴、英布、蒲将军等各支义军,迅速扩大到六七万人,扎营下邳(今江苏宿迁西北),不久,吕臣和刘邦也率领起义军前来会合。此时一贯不服从陈胜领导的秦嘉立楚国旧贵族景驹为楚王,欲与项梁对抗,项梁派兵击杀了秦嘉,并将其部众收编,进一步壮大了力量,兵力发展到十余万人,成为当时实力最强的农民起义军统帅。

二世二年(前208)六月,项梁得知陈胜遇害后,召集刘邦等起义军将领到薛商讨立国伐秦大计,后来采纳范增的建议,在民间找到了为人牧羊的前楚怀王的孙子心,拥立为王,仍号楚怀王,都于盱眙,继陈胜的张楚政权之后建立了楚政权。项梁自号武信君,以陈婴为楚上柱国。在楚政权建立以后的几个月内,项梁就统帅诸将对章邯、李由、王离等率领的秦国大军发动了进攻,连败秦军。但在此时,项梁产生了骄傲轻敌情绪,对秦军疏于防备。此年九月,章邯率秦军夜袭定陶,大破项梁军,项梁战死。这时项羽正在陈留与秦军战斗,听到项梁败亡的消息后,从陈留撤回,与诸军集结于彭城,互相呼应,等待时机,继续战斗。

2. 钜鹿之战与灭秦

章邯击破项梁军后,误以为楚地的起义军主力已被消灭,于是渡河向张耳、陈余所率领的赵军进攻,此时张耳、陈余拥立赵国旧贵族赵歇为王,退至钜鹿城(今河北平乡),又被秦军王离围困,粮少兵单,危在旦夕,乃派使者向楚怀王求

---

[1] 按:《史记集解》引《楚汉春秋》云殷通为"会稽假守",《史记正义》云:"言假者,兼摄也。"可见当时殷通为会稽郡代理郡守。见《史记》卷七《项羽本纪》,中华书局1982年,第297页。
[2] 司马迁:《史记》卷七《项羽本纪》,中华书局1982年,第297页。

救。起义军首领在彭城召开紧急军事会议,决定兵分两路:一路以宋义为上将军,项羽为次将,范增为末将,率主力北上救赵;另一路则由刘邦率军向西挺进,直攻关中。

二世二年(前208)秋,两路大军分别出发救赵和破秦。救赵的这路大军由宋义率领,"号为卿子冠军"。但宋义害怕秦兵强大,缓慢行军,行至安阳(今山东曹县东南)以后,即按兵不动,逗留达四十六日之久。项羽主张急速渡河,配合赵军内外夹攻,而宋义则主张让秦、赵两军相斗,以渔其利,又遣其子宋襄为齐相,"饮酒高会"。这时正值天寒大雨,士卒冻饥。项羽指责宋义"不恤士卒而徇其私,非社稷之臣",[1]杀死了宋义,并得到了军中诸将的支持。楚怀王封项羽为上将军,并令英布和蒲将军归项羽指挥。项羽立即派英布和蒲将军率领二万人为先遣部队,援救钜鹿。自己随后率领全军渡过漳水,过河即将渡船沉于水中,捣毁做饭用的锅灶,每个士兵仅带三日口粮,表示决心与秦军血战到底,义无反顾。这种"破釜沉舟"的英雄气概,一直为后人传颂。

起义军主力渡过漳水后,以迅雷不及掩耳之势,直奔钜鹿,包围了王离的部队,断绝其粮道,与秦军接连激战。楚军士卒斗志昂扬,呼声动天,英勇奋战,以一当十,九战九胜,大破秦军于钜鹿城下,并俘虏了王离,章邯败退。钜鹿之战是秦末农民战争中最激烈的一次战役,也是具有决定性的一次大战,这次战役击垮了秦军的主力,扭转了整个战争的形势,奠定了反秦斗争胜利的基础。项羽也因此战的杰出表现被推举为"诸侯上将军",成为反秦斗争中叱咤风云的英雄和领袖。

钜鹿之战后,项羽又派蒲将军击破秦军于漳水之南,接着又亲率大军破秦军于汙水(今河北临漳西)。二世三年(前207)七月,秦军主将章邯因为节节败退,受到了秦二世的猜忌,只得率兵二十万人在洹水南殷墟(今河南安阳)向项羽投降。至此,秦军主力已经完全被消灭,秦朝的灭亡已成定局。八月,秦相赵高杀二世,立二世兄子子婴为秦王。十月,项羽率领诸侯兵四十余万西向伐秦,刘邦攻到霸上(今陕西西安东南),子婴俯首投降了刘邦,秦朝至此灭亡。

3. 楚汉战争中的失败

子婴投降刘邦后不久,项羽就率军冲破函谷关,进驻咸阳附近的鸿门(今陕西临潼东),准备与刘邦决一雌雄。当时项羽拥兵四十万,号称百万,刘邦拥兵十万,号称二十万。刘邦自知寡不敌众,于是采纳张良的建议,亲自到鸿门向项羽卑辞言好。项羽设宴招待刘邦,这就是历史上著名的"鸿门宴"。"鸿门宴"后数

---

[1] 司马迁:《史记》卷七《项羽本纪》,中华书局1982年,第305页。

日,项羽率军进入咸阳,杀秦王子婴,烧秦朝宫室,收财宝妇女,然后发号施令,分割天下。他尊楚怀王为义帝,不久就将其暗杀,自立为西楚霸王,占梁、楚九郡,都于彭城(今江苏徐州),其余的土地封给刘邦、章邯等十八个王。项羽的分封,引起了一些手握重兵将领的强烈不满,其中尤以刘邦、田荣、彭越、陈余四人最为突出。不久,田荣首先在齐地起兵反抗项羽,刘邦乘机暗度陈仓,进兵关中,从此,刘邦与项羽展开了长达四年之久的楚汉战争。

刘邦进兵关中后,在三个月内消灭了项羽所分封的章邯等三秦王,挥师东出武关。项羽此时率大军集中力量攻齐,无暇西顾,任命故吴县令郑昌为韩王以拒刘邦。刘邦派韩信攻取韩地,郑昌投降。汉二年夏(前205),刘邦乘齐、楚相争之际,率军攻入项羽都城彭城。正在齐地作战的项羽得到消息后,立即率领三万精兵回击,刘邦接连溃败,但其部将韩信在北方抄项羽后路,占领了赵地。同时刘邦又派人劝说九江王英布降汉,从关中征发兵丁补充军队,使汉军重整旗鼓,继续战斗。

汉四年(前203)八月,楚汉两军在成皋一带接连作战,互有胜负。在长期相持之后,项羽退兵广武(今河南荥阳北),想与刘邦决战,而刘邦按兵不动。项羽因后援不继,粮道断绝,腹背受敌,不敢与刘邦作持久战,只得与汉讲和,约定以鸿沟为界,中分天下,其东属楚,其西属汉,约定之后项羽罢兵东归。刘邦本欲引兵而西,但其谋士张良、陈平力劝刘邦趁势灭楚,使项羽无喘息之机,得到刘邦的采纳。

汉五年(前202)十二月,刘邦会合诸军约四十万兵力,全力进击,将项羽紧紧包围。项羽连战失利,在力量悬殊的情况下,力战不敌,退至垓下,在四面楚歌声中,连夜率八百余人突围南出,汉军数千人紧追不舍。到达乌江(今安徽和县东北)边时,项羽仅剩二十余骑。当时乌江亭长驾船靠岸,劝项羽回江东为王,但被项羽拒绝,并说:"天之亡我,我何渡为!且籍与江东子弟八千人渡江而西,今无一人还,纵江东父兄怜而王我,我何面目见之?纵彼不言,籍独不愧于心乎?"[1]把战马送给乌江亭长,下马击杀汉军数百人后,自刎而死,时年32岁。

虽然项羽在楚汉战争中最终败亡,但他率领的今苏州一带八千江东子弟的起义队伍,是秦末农民大起义中最精锐的部队,促进了大江南北各支起义军的联合,使秦末农民大起义的烈火愈燃愈烈,史称"胜、广燀起,梁、籍扇烈"[2]。他们南征北战,消灭了秦军主力,为推翻秦王朝的残暴统治起到了决定性的作用,其历史功勋是应当肯定的。

---

[1] 司马迁:《史记》卷七《项羽本纪》,中华书局1982年,第336页。
[2] 班固:《汉书》卷一〇〇下《叙传下》,中华书局1962年,第4245页。

三、汉代苏州的政治变迁

1. 西汉苏州的政治局势

汉五年(前202)二月,在楚汉战争中最终取胜的刘邦即皇帝位,五月定都长安,建立了统一的西汉王朝。此前的汉五年十二月[1],汉将灌婴在垓下击败项羽后,乘胜渡江,"破吴郡长吴下,得吴守"[2],今苏州地区自此归汉。

汉五年正月,刘邦徙齐王韩信为楚王,以秦之东海郡、会稽郡、泗水郡、薛郡、陈郡置楚国,都下邳,今苏州地区属于韩信的楚国治下。这时项羽旧将锺离眛正在逃亡中,因一向与韩信友好,就投奔了韩信。锺离眛为项羽麾下大将,对其忠心耿耿,因此刘邦对其非常嫉恨,听说锺离眛投奔了韩信,诏令楚国逮捕锺离眛,但韩信并未采取行动。汉六年(前201),有人上书告发韩信谋反。刘邦采纳陈平的计谋,假托天子外出巡视会见诸侯,"实欲袭信,信弗知"。刘邦将要到楚国时,韩信曾想发兵反叛,又认为自己无罪,想朝见刘邦,又怕被擒。有人建议韩信杀了锺离眛去朝见刘邦,这样"上必喜,无患"。韩信和锺离眛商量,锺离眛说:"汉所以不击取楚,以眛在公所。若欲捕我以自媚于汉,吾今日死,公亦随手亡矣!"并骂韩信"非长者",然后自刭而死。[3]宋淳熙年间,苏州天庆观(今玄妙观)建造岳神庙,浚井时打捞出一件铁枪头,上铸有"项王将锺离眛"字样,后为苏州府甲仗库镇库铁枪。[4]由此推断锺离眛逃亡时可能曾到过今苏州地区。锺离眛自杀后,韩信持锺离眛首级去陈谒见刘邦,被刘邦逮捕后带回洛阳,废韩信为淮阴侯,今苏州地区所在的会稽郡由汉王朝直接管辖。

楚王韩信被废后,刘邦将楚国分为楚、荆二国,立刘交为楚王,刘贾为荆王。刘贾为刘邦堂兄,在楚汉战争中曾入楚地招大司马周殷叛楚归汉,又举九江英布兵在垓下共败项羽,还曾击败临江王共尉,为刘邦立下了大功。当时的荆国辖东阳郡、鄣郡、会稽郡共三郡五十二城,因吴西南的阳羡有荆山而得名,又因其建都于吴,故荆国亦称吴国。刘贾在吴为荆王六年,曾"筑吴市西城,名曰定错城,属小城,北到平门,丁将军筑治之"[5]。汉十一年(前196)十二月,淮南王英布看

---

[1] 按:汉武帝以前,一年不是以一月为岁首,而是以十月为岁首,一年的月份排序为十月、十一月、十二月、一月、二月、三月、四月、五月、六月、七月、八月、九月,故汉五年十二月在汉五年五月之前。
[2] 司马迁:《史记》卷九十五《灌婴列传》,中华书局1982年,第2671页。
[3] 司马迁:《史记》卷九十二《淮阴侯列传》,中华书局1982年,第2627页。
[4] 王鏊:正德《姑苏志》卷二十二《官署中》,《北京图书馆古籍珍本丛刊》第26册,书目文献出版社1988年影印明刻本,第330页。
[5] 袁康:《越绝书》卷二《越绝外传记吴地传第三》,武汉大学出版社1992年,第36页。

到刘邦先后杀淮阴侯韩信和梁王彭越,生怕祸及己身,起兵反汉,东并荆王刘贾地,刘贾败走富陵(今江苏盱眙),为英布军所杀,荆国灭亡,今苏州地区被纳入淮南国。次年十月,刘邦讨灭英布,今苏州地区重归西汉中央政府治下。

刘邦率军击败英布后,因荆王刘贾已被英布所杀,无后继封为王,再加上考虑到今苏州所在的吴会地区民风轻悍,"无壮王以填之",而其子均年少,难当此任,故分封其"有气力"的兄子刘濞为吴王,"王三郡五十三城",[1]管辖范围基本上还是荆国故地,但都城却从吴县移置广陵。刘濞来到封地后,利用当地的有利条件,开山铸铜,煮海为盐,并且免除了老百姓的赋税,与民休息,通过这些措施,吴国的经济得到了突飞猛进的发展,成为一个实力雄厚的诸侯国,当时枚乘就称:"夫吴有诸侯之位,而实富于天子;有隐匿之名,而居过于中国。夫汉并二十四郡,十七诸侯,方输错出,运行数千里不绝于道,其珍怪不如东山之府(吴王的府藏)。转粟西乡,陆行不绝,水行满河,不如海陵之仓(吴国的太仓)。修治上林,杂以离宫,积聚玩好,圈守禽兽,不如长洲之苑(吴国的苑囿)。游曲台,临上路,不如朝夕之池。深壁高垒,副以关城,不如江淮之险。"[2]可见吴国的富庶和境内经济发展水平之高。作为吴国核心区之一的今苏州一带也得到了较快发展,以至于司马迁把刘濞治吴时期的贡献,与春秋时期的吴王阖闾、战国时期的春申君黄歇二人相提并论。[3]刘濞曾"东渡之吴,十日还去",还曾在城东五里的"匠门外信士里东广平地"修筑刘氏宗庙,"太公、高祖在西,孝文在东"。[4]该宗庙在永光四年(前40)方才被汉政府拆除。[5]另外还在平门西北三里筑酱

---

[1] 司马迁:《史记》卷一〇六《吴王濞列传》,中华书局1982年,第2821页。
[2] 班固:《汉书》卷五十一《枚乘传》,中华书局1962年,第2363页。
[3] 司马迁:《史记》卷一二九《货殖列传》,中华书局1982年,第3267页。
[4] 袁康:《越绝书》卷二《越绝外传记吴地传第三》,武汉大学出版社1992年,第36—37页。
[5] 1936年秋,江苏省立苏州图书馆曾协同上海博物馆,对位于相门(古称匠门)与苏嘉铁路皇卦桥车站之间的汉代古祠遗址进行了发掘,该古祠疑即为刘氏宗庙。时任上海博物馆董事会董事长叶恭绰(一字玉虎)、首任上海博物馆馆长胡肇椿也一并到场,实地考察。顾颉刚先生《苏州史志笔记·张凤论吴中古迹》记载了当时的有关情况:"匠门外方面获得古祠址之一部分,曾协同上海博物馆从事清理(叶玉虎、胡肇椿到场),获得护墙地脚砖数十块,长方形,有图案。其墙根延展处直达农民房屋基下,工事因而中止。砖块外有当时泥工陶镘两柄。砖移至吴县图书馆,计划重新陈列,修复后倭难破坏。在祠后得一厨房废址,地较低于祠址,有一大陶锅烹饪器,圆腹无足,径二尺以上,及石磨二层,一已断碎。"这次发掘所得的部分器物,如相门外出土的汉砖、瓦当、版瓦、残陶器等,平门外出土的汉"千秋万岁"残片、陶鉴、陶釜、陶壶等,以及绘制的《相门外之汉代建筑残迹图》和拍摄的残迹照片等,曾在次年2月开幕的吴中文献展览会上公开展出。王謇先生(号瓠庐)在《吴中文献展览会出品目录叙例引言》中记述了鉴审委员会的审定意见"匠门宗庙,濞国有长生之当",即相门外的古祠遗址,原为汉初吴王刘濞时的宗庙;平门外出土的"千秋万岁"残片,亦是刘濞时建筑的瓦当。详见张维明《吴王阖闾都城考——关于苏州木渎春秋古城遗址的讨论》,《苏州科技学院学报》2010年第3期。

醋城。[1]汉文帝前元九年(前171),会稽并故鄣郡,太守由吴县迁治故鄣,都尉迁治山阴。前元十六年(前164),会稽太守归治吴县,都尉迁治钱唐。

吴国势力强大后,刘濞图谋篡夺帝位,并为此进行了多年的准备。景帝前元三年(前154),为了消除诸侯国对中央政权的威胁,汉景帝采纳御史大夫晁错的建议,削夺王国封地,下诏削去吴国的会稽郡和豫章郡。刘濞乘机串通楚王戊、赵王遂、济南王辟光、菑川王贤、胶西王卬及胶东王雄渠,以"请诛晁错,以清君侧"为名,发动叛乱,史称"七国之乱"。刘濞发兵二十万,号称五十万,又派人与匈奴、东越、闽越贵族勾结,举兵西向。景帝派太尉周亚夫等率大军前去迎击,同时又杀掉晁错,派人劝刘濞退兵。但刘濞不仅不退兵,还公开声称要夺取皇位,并攻至梁国(治今河南商丘),于是景帝决定武力平叛。周亚夫率领大军迎击叛军,采用重兵坚守,用奇兵断绝叛军粮道的策略,使叛军不能持久作战。只用了三个月的时间,周亚夫就大破叛军。刘濞逃到东越,为东越人所杀,吴国被废除。汉景帝以吴国故地封刘非为江都王,今苏州地区所在的会稽郡属江都国,但不久就直接隶于西汉政府。[2]吴县仍为会稽郡治。

元狩四年(前119)冬,因关东地区遭受到非常严重的水灾,以致"人或相食,方一二千里",西汉政府徙关东贫民七十二万五千口于陇西、北地、西河、上郡、会稽五郡,"县官衣食振业,用度不足,请收银锡造白金及皮币以足用"。[3]大批北方移民迁入会稽,不但加速了中原的农业技术和文化在江南的传播扩散进程,而且巩固了与诸越战事频仍的东南边防。[4]

西汉时期的会稽郡地理位置非常重要,"东接于海,南近诸越,北枕大江"[5],有户二十二万三千三十八,口百三万二千六百四,始辖二十四县,即吴、曲阿、乌伤、毗陵、余暨、阳羡、诸暨、无锡、山阴、丹徒、余姚、娄、上虞、海盐、剡、由拳、大末、乌程、句章、余杭、鄞、钱唐、鄮、富春。后相继于闽越故都东冶之地置冶县(今福建福州),于东瓯故地置回浦县(今浙江台州一带),这样会稽郡就辖二十六县,地域广大,为当时郡国之冠。当时会稽郡南为闽越故地,即秦代闽中郡。高祖五年(前202),封无诸为闽越王,其领地在今福建一带。惠帝三年(前192),封闽君摇为东海王,建都东瓯,故又称东瓯王,统辖今浙江南部地区。汉与

---

[1] 陆广微:《吴地记》,江苏古籍出版社1999年,第31页。
[2] 《汉书》卷二十八上《地理志上》载会稽郡"景帝四年属江都"。但《越绝书》卷二《越绝外传记吴地传第三》载"汉孝景帝五年五月,会稽属汉",见武汉大学出版社1992年,第37页。
[3] 班固:《汉书》卷六《武帝纪》,中华书局1962年,第178页。
[4] 辛德勇:《汉武帝徙民会稽史事证释》,《历史研究》2005年第1期。
[5] 班固:《汉书》卷六十四上《严助传》,中华书局1962年,第2789页。

闽越间屡次进行战争,如武帝建元三年(前138),吴王刘濞之子刘子驹煽动闽越北击东瓯,武帝遣中大夫严助发会稽郡兵渡海往救。严助到会稽发兵时,会稽太守开始"距不为发兵",直到严助杀掉他的一名司马后,方才顺从。[1] 汉兵未至,闽越已退兵。东瓯王请求举国内迁,武帝将其人口安置于长江、淮河之间。建元六年(前135),闽越王郢反,汉朝从多个方向同时发兵,其中大司农韩安国率领的一路,也是从会稽出兵。汉灭闽越后,立无诸之孙繇君丑为越繇王,又立郢之弟余善为东越王。元鼎六年(前111)秋,东越王余善反,"攻杀汉将吏",汉廷"遣横海将军韩说、中尉王温舒出会稽",征讨东越。后东越杀余善投降,东越平定,为避免东越"险阻反覆,为后世患",西汉政府迁东越部众于江淮间,"遂虚其地"。[2] 这些战争大多都通过会稽郡进行,有时候直接发的"会稽郡兵"。因会稽郡位置重要,故汉政府除在钱唐设西部都尉外,还在回浦设立了南部都尉。[3]

西汉末年,外戚王莽篡汉,改国号为新,进行了一系列的所谓改制措施,行政区划也多有改名,"岁复变更,一郡至五易名",以至于"吏民不能纪,每下诏书,辄系其故名"。[4] 辖境在今苏州地区的吴县和娄县也被波及,吴县被王莽改称为泰德,而娄县也被改为娄治,直到更始元年(23)王莽伏诛后,吴县和娄县才恢复旧称。王莽的这些改革激化了早已存在的社会矛盾,农民起义此起彼伏。天凤四年(17),临淮(今江苏盱眙)人瓜田仪在会稽长州(今苏州一带)起义,所部达万余人。地皇二年(21),王莽派遣中郎储夏前往劝降,阴谋分化,乘瓜田仪死,特"求其尸葬之,为起冢、祠室",并谥为"瓜宁殇男",企图以此招抚其余起义群众,但"无肯降者"。[5]

2. 东汉时期关于苏州的重大政治事件

建武元年(25)六月,在反抗王莽起义中发展壮大的刘秀称帝,后定都洛阳,建立了东汉政权,并通过十多年的征战,镇压了各地的农民起义,消灭了封建割据势力,完成了全国的统一,今苏州地区也纳入了东汉王朝治下。

永平十三年(70),"好游侠,交通宾客"的楚王英被人以谋反罪告发,汉明帝借此大兴诏狱。凡和楚王英有来往的一律下狱,牵连到此案中的先后有数千人之多,当时的会稽郡太守尹兴也牵涉其中,被送到洛阳的廷尉狱审讯。其属官吴

---

[1] 司马迁:《史记》卷一一四《东越列传》,中华书局1982年,第2980页。
[2] 班固:《汉书》卷六《武帝纪》,中华书局1962年,第189—190页。
[3] 班固:《汉书》卷二十八上《地理志上》,中华书局1962年,第1591页。
[4] 班固:《汉书》卷九十九中《王莽传中》,中华书局1962年,第4137页。
[5] 班固:《汉书》卷九十九中《王莽传下》,中华书局1962年,第4168页。

人陆续与主簿梁宏、功曹史驷勋及掾史五百余人也一同被逮捕入洛阳狱中,经过严刑拷打,"诸吏不堪痛楚,死者大半,唯续、宏、勋掠考五毒,肌肉消烂,终无异辞"。后明帝感于陆续孝行,赦免了尹兴案的涉案人员,"还乡里,禁锢终身"。[1]

当时任河东太守的会稽郡人焦贶也牵涉入楚王英谋反之事中,在被逮捕后押解洛阳的途中"疾病于道亡没",其妻子"闭系诏狱,掠考连年"。门生故人因为害怕被牵连,"皆改变名姓,以逃其祸",只有其学生会稽山阴人郑弘"髡头负铁锧,诣阙上章,为贶讼罪"。汉明帝因此赦免了焦贶的家属,郑弘后"躬送贶丧及妻子还乡里"。[2] 可见楚王英之狱对会稽郡影响之大。

东汉顺帝永建四年(129),"以县远,赴会至难",阳羡令周喜和山阴令殷重上书东汉政府,"求得分置",[3] 东汉政府接受了建议,以浙江(今钱塘江)为界分会稽郡为二郡,以东为会稽,以西为吴郡。[4] 吴郡辖吴、海盐、乌程、余杭、毗陵、丹徒、曲阿、由拳、富春、阳羡、无锡、娄、钱唐十三县,[5] 大体相当于今长江以南,镇江以东,钱塘江以西的江浙沪广大地区,仍以吴县为郡治。

吴郡设立后,很快就受到了农民起义的冲击。永建七年(132),"会稽海贼"曾旌等千余人率先起事,烧句章,杀长吏,又杀鄞、鄮长,取官兵,拘杀吏民,攻东部都尉,掀起了起义的浪潮。"逆贼"章何等称将军,声势浩大,纵横扬州六郡,犯四十九县,"大攻略吏民",[6] 吴郡及所属县城也被攻略。永和三年(138)五

---

[1] 范晔:《后汉书》卷八十一《独行·陆续传》,中华书局1965年,第2682—2683页。
[2] 范晔:《后汉书》卷三十三《郑弘传》,中华书局1965年,第1155页。
[3] 李吉甫:《元和郡县图志》卷二十五《江南道一》,中华书局1983年,第600页。另外《三国志》卷五十七《吴书·虞翻传》注引《会稽典录》又云:"永建四年,刘府君上书,浙江之北,以为吴郡,会稽还治山阴。"可见当时为此上书者,不止周、殷二人。
[4] 吴郡之名在秦汉间已有,《史记》卷九十五《灌婴列传》载汉高祖五年(前202)十二月,灌婴败项羽于垓下后,"渡江,破吴郡长吴下,得吴守,遂定吴、豫章、会稽郡,还定淮北,凡五十二县"。有论者据此认为此时已经分别有吴郡和会稽郡(见郑炳林《秦汉吴郡会稽郡建置考》,《兰州大学学报》1988年第3期),但若当时吴、会稽为二郡,则灌婴应定"吴、豫章、会稽郡"三郡,而同传中却载灌婴"定国一,郡二,县五十二"。可见当时吴与会稽为一郡。另《汉书》卷一下《高帝纪下》载"韩王信等奏请以故东阳郡、鄣郡、吴郡五十三县立刘贾为荆王",曹魏时人文颖注云:"吴郡,本会稽也。"清人何焯在《义门读书记》中释云:"当以会稽治吴,故亦得称吴郡。"
[5] 按司马彪《后汉书志》第二十二《郡国四》,吴郡所辖十三县中,有安而无钱唐,但安所在不明。关于此问题,钱大昕在《十驾斋养新录》卷六"安县即娄县之讹"条谓前汉、晋、宋志皆无此县,本志又不言何年所置,前无所承,后无所并,疑即"娄"之讹,因"娄"脱其半而为"安",校者不能是正,疑有脱漏,又增"娄"于"无锡"后,并改"十二"城为"十三",此说颇得后世史家赞同。钱唐为西汉旧县,且为会稽西部都尉治,不见于《后汉书志》,可能是东汉初年撤并。但在吴、会稽分治后不久,钱唐县可能就再次恢复,并出现于《后汉书》所载的相关史实中,东汉末年为吴郡都尉治,故吴郡仍领十三县。
[6] 司马彪撰,刘昭注补:《后汉书志》第十一《天文中》,中华书局1965年,第3244页。

月,吴郡太守行丞事羊珍与越兵弟叶、吏民吴铜等二百余人也起兵反汉,杀吏民,烧官亭民舍,攻太守府。后被吴郡太守王衡镇压,羊珍等人也被吏兵格杀。[1]

东汉桓帝年间(147—167),位高权重的中常侍徐璜之弟徐参任吴郡太守,在吴郡仗势贪秽,被时任扬州刺史的陈翔上书桓帝弹劾,徐参被征诣廷尉审判,陈翔也因不畏权势而"威名大振"。[2]

东汉末年,爆发了声势浩大的黄巾军大起义,"自青、徐、幽、冀、荆、杨、兖、豫八州之人,莫不毕应",起义军"燔烧官府,劫略聚邑",使得"州郡失据,长吏多逃亡",沉重打击了东汉政权。今苏州地区所在的扬州也卷入起义的洪流中,早在起义开始的中平元年(184),黄巾军首领张角的弟子马元义等就曾"先收荆、杨数万人,期会发于邺"。[3]此后近二十年间,江南地区一直有黄巾军余部活动,直到建安七年(202),孙权大将朱治任吴郡太守后,还在吴郡一带"禽截黄巾余类陈败、万秉等"[4]。

苏州地区在东汉时期还经历过几次瘟疫的侵袭。光武帝建武十三年(37),"扬徐部大疾疫,会稽、江左甚"[5]。建武十四年(38),"会稽大疫"[6]。《后汉书》卷四十一《钟离意传》更是详细记载此次疫病导致会稽郡"死者万数",造成了相当大的损失。安帝元初六年(119)夏四月,"会稽大疫"。发生疫病后,东汉政府也采取了应对措施,一是减免税收,减轻百姓负担,如光武帝建武十四年(38),会稽大疫,会稽郡官员钟离意"独身自隐亲,经给医药,所部多蒙全济"[7]。上述安帝元初六年四月的会稽大疫,政府一方面"遣光禄大夫将太医循行疫病,赐棺木",到乡村为老百姓治病,另一方面还"除田租、口赋",[8]减轻百姓的赋税负担。

除了瘟疫时的政府救助外,在灾荒时期,政府也采取了不少措施。如《后汉书》卷六《顺帝纪》载,阳嘉二年(133)春二月甲申,"诏以吴郡、会稽饥荒,贷人种粮"[9]。而吴人陆续在出仕郡户曹史时,值岁荒民饥,会稽太守尹兴派陆续"于

---

[1] 司马彪撰,刘昭注补:《后汉书志》第十一《天文中》,中华书局1965年,第3245页。按:《后汉书》卷六《顺帝纪》作"吴郡丞羊珍",见中华书局1965年,第267页。
[2] 范晔:《后汉书》卷六十七《党锢·陈翔传》,中华书局1965年,第2213页。
[3] 范晔:《后汉书》卷七十一《皇甫嵩传》,中华书局1965年,第2299页。
[4] 陈寿:《三国志》卷五十六《吴书·朱治传》,中华书局1982年,第1303—1304页。
[5] 司马彪撰,刘昭注补:《后汉书志》第十七《五行志》注,中华书局1965年,第3350页。
[6] 范晔:《后汉书》卷一下《光武帝纪》,中华书局1965年,第64页。
[7] 范晔:《后汉书》卷四十一《钟离意传》,中华书局1965年,第1406页。
[8] 范晔:《后汉书》卷五《安帝纪》,中华书局1965年,第230页。
[9] 范晔:《后汉书》卷六《顺帝纪》,中华书局1965年,第262页。

都亭赋民馆粥"[1]。无论是中央政府下诏贷给灾民粮种,还是地方政府为民施粥,都是行之有效的救荒措施。

四、汉代苏州的循吏及士人的政治活动

1. 汉代苏州的循吏

"循吏"之名最早见于《史记》的《循吏列传》,后为《汉书》《后汉书》直至《清史稿》所承袭,成为正史中记述优秀地方官的固定体例。汉代的循吏集吏、师于一身,重名节大义,倡行教化,移风易俗。除了维护正常的统治秩序外,循吏在文化传播中也起到了重要作用。在汉代的苏州地区也出现了不少循吏,他们在任时采取许多有力措施促进了当地经济、文化的发展及风俗的转变,其中著名的有任延、第五伦及张霸等人。

任延,字长孙,南阳宛县(今河南南阳)人,年十二学于长安,通《诗》《易》《春秋》诸书,显名太学,有"任圣童"之誉。更始元年(23),任延以大司马属官的身份,被任命为会稽都尉,年仅十九岁,以至于"迎官惊其壮"。到会稽上任后,静泊无为,"唯先遣馈礼祠延陵季子"。当时天下新定,道路未通,因西汉末年动乱避居江南一带的士人还未还乡,"会稽颇称多士"。任延到任后,礼贤下士,皆"聘请高行如董子仪、严子陵等,敬待以师友之礼"。当时吴县有龙丘苌者,隐居太末(今浙江龙游),"志不降辱",在王莽统治时期,"四辅三公连辟不到"。掾史请任延召见龙丘苌,任延认为:"龙丘先生躬德履义,有原宪、伯夷之节。都尉扫洒其门,犹惧辱焉,召之不可。"因此接连"遣功曹奉谒,修书记,致医药,吏使相望于道",经过一年多的努力,终于感动了龙丘苌,龙丘苌亲自"乘诣府门,愿得先死备录",被任延任命为议曹祭酒。不久龙丘苌病卒,任延又"自临殡,不朝三日"。任延对龙丘苌的谦恭态度,使观望的士人们解除了后顾之忧,"是以郡中贤士大夫争往宦焉"。除了延揽人才外,任延也勤于吏事,"省诸卒,令耕公田,以周穷急。每时行县,辄使慰勉孝子,就餐饭之",并且还拿出自己的俸禄,赈济会稽郡中的"掾吏贫者"。[2]建武初年,任延上书"愿乞骸骨,归拜王庭",得到了批准,离开会稽郡任时,当地人民"攀持毂涕泣"。[3]

建武二十九年(53),东汉政府委派名宦第五伦为会稽太守。第五伦,字伯

---

[1] 范晔:《后汉书》卷八十一《独行·陆续传》,中华书局1965年,第2682页。
[2] 范晔:《后汉书》卷七十六《循吏·任延传》,中华书局1965年,第2460—2461页。按:"延陵季子"即季札,因封于延陵,故号曰延陵季子。
[3] 刘珍等:《东观汉记》卷十八《任延》,中州古籍出版社1987年吴树平校注本,第77页。

鱼,京兆长陵(今陕西咸阳东北)人。到郡治吴县上任后,清廉自守,"躬自斩刍养马,妻执炊爨。受俸裁留一月粮,余皆贱贸与民之贫羸者"。当时今苏州一带"俗多淫祀,好卜筮",尤其是杀牛祭神之风盛行,百姓因此贫困,那些吃牛肉而不祭祀鬼神的人,生病将死时据说会先作牛叫,前后几任郡守都不敢禁止。第五伦到任后,"移书属县,晓告百姓。其巫祝有依托鬼神诈怖愚民,皆案论之。有妄屠牛者,吏辄行罚"。刚开始当地百姓对此很害怕,巫祝也趁机诅咒胡说,第五伦对此严加整治,终于禁绝了此陋俗,"百姓以安"。[1]此举既改变了会稽陋习,又推广了牛耕,促进了当地生产的发展。

第五伦知人善任,会稽山阴人郑弘,"为灵文乡啬夫,爱人如子",被第五伦在春天巡行属县劝课农桑时发现,"见而深奇之,召署督邮,举孝廉"。后官至太尉。[2]山阴人谢夷吾为会稽郡吏,"学风角占候",很受第五伦的看重,先是被"擢为督邮",后又署其为主簿,举孝廉,第五伦并让其子跟着谢夷吾学习《春秋》,"夷吾待之如师弟子之礼"。后来谢夷吾历官荆州刺史、钜鹿太守,"所在爱育人物,有善绩"。而对于贪赃枉法的官员,第五伦则大力惩治,如当时的乌程县长"有臧衅",第五伦就"收案其罪"。[3]

第五伦在郡十年,勤政爱民,得到了当地百姓的广泛拥护。永平五年(62),第五伦因触法被征,"老小攀车叩马,啼呼相随",以至于"日裁行数里,不得前"。第五伦只好"伪止亭舍,阴乘船去"。但百姓知道后,又追上去,"吏民上书守阙者"竟达千余人。针对这种情况,汉明帝颇"患之",特下诏公车,所有为会稽太守上书者"勿复受",后来第五伦得以免罪放归。[4]

汉和帝永元年间(89—105),蜀郡成都人张霸出任会稽太守。张霸字伯饶,七岁通《春秋》,后就学于当时著名经师樊鯈,"受《严氏公羊春秋》,遂博览《五经》。诸生孙林、刘固、段著等慕之,各市宅其傍,以就学焉",形成了学术传习群体。后来张霸因樊鯈"删《严氏春秋》犹多繁辞,乃减定为二十万言,更名《张氏学》",成为当时著名学者。在会稽太守任上,他大力倡导经学,以至于"郡中争厉志节,习经者以千数,道路但闻诵声"。张霸还积极荐举郡中士人为官,"有业行者,皆见擢用",如郡人顾奉和公孙松被其荐举后均任显职,顾奉后担任颍川太

---

[1] 范晔:《后汉书》卷四十一《第五伦传》,中华书局1965年,第1397页。
[2] 范晔:《后汉书》卷三十三《郑弘传》,中华书局1965年,第1154页。
[3] 范晔:《后汉书》卷八十二上《方术·谢夷吾传》,中华书局1965年,第2713页。
[4] 范晔:《后汉书》卷四十一《第五伦传》,中华书局1965年,第1397页。

守,公孙松为司隶校尉,"并有名称"。[1]

除积极传播文化、表荐士人外,张霸对稳定会稽郡局势也做出了重大贡献。他刚到会稽郡时,正值越人动乱,"郡界不宁",针对这种局势,张霸没有采取军事镇压的手段,而是"移书开购,明用信赏",通过这样的分化瓦解,动乱的越人不久就"束手归附,不烦士卒之力"。当时有童谣赞颂曰:"弃我戟,捐我矛,盗贼尽,吏皆休。"张霸在郡三年,治声颇著,后考虑到自己"起自孤生,致位郡守。盖日中则移,月满则亏。老氏有言:'知足不辱。'"于是称病辞去会稽太守之职。[2]

2. 汉代苏州士人的政治活动

(1) 西汉时期的苏州士人

西汉以前,和中原地区相比,今苏州地区仍然处于相对落后的状态,春秋战国时期活跃于当地的著名人士大多来自外地,如伍子胥、孙武、范蠡等人均是,秦末在吴中起兵的项梁、项羽叔侄也是由今江苏宿迁流寓于此。检索《史记》《吴越春秋》及《越绝书》等相关典籍,很少有出身于今苏州地区人士的材料,但在西汉时期,这种情况有了改观,今苏州地区人士开始走上政治舞台。他们中最有名的是严助和朱买臣。

严助为会稽吴人,据《汉书》载,他为汉初文士严忌之子,一说为其同族子弟。严助少时家贫,曾"为友婿富人所辱"。在被郡举贤良后,入都对策,汉武帝在参加对策的百余人中,特别欣赏严助,因此提拔他为中大夫。当时武帝屡兴战事,征伐四夷,受到以丞相公孙弘为代表的儒学朝臣的反对,武帝命严助等和这些大臣辩论,"中外相应以义理之文,大臣数诎",从而为武帝的一系列用兵之举提供了条件。当时武帝的诸位中官中,司马相如、东方朔等人虽然名气较大,但是因或"称疾避事",或"不根持论",所以武帝仅"俳优畜之"而已,只有严助与吾丘寿王两人常被重用,"而助最先进"。建元三年(前138),闽越举兵围东瓯,东瓯告急于汉,当时汉武帝刚即位不久,太尉田蚡认为越人相互攻击为常事,"不足烦中国往救也",被严助驳斥。汉武帝采纳了严助的意见,派严助以节发兵会稽,浮海解了东瓯之围。建元六年(前135),闽越进攻南越,武帝发兵救援,并令严助"谕意风指于南越"。后因其心怀故土,故被任命为会稽太守,后侍于内廷,每逢有异事,武帝命作赋颂。元狩元年(前122),淮南王刘安、衡山王刘衡谋反,因严助曾

---

[1] 范晔:《后汉书》卷三十六《张霸传》,中华书局1965年,第1241—1242页。
[2] 范晔:《后汉书》卷三十六《张霸传》,中华书局1965年,第1242页。

接受过淮南王刘安的"厚赂",并"交私议论",受到牵连,汉武帝爱其才,本欲"薄其罪,欲勿诛",但廷尉张汤认为严助"出入禁门,腹心之臣,而外与诸侯交私如此,不诛,后不可治",严助最终被弃市。[1]

与严助同时显名汉武帝内廷的还有朱买臣。朱买臣,字翁子,会稽吴人。家贫,不治产业,"常艾薪樵,卖以给食"。虽然贫穷,但朱买臣很喜欢读书,经常"担束薪,行且诵书"。其妻"数止买臣毋歌讴道中",但朱买臣"愈益疾歌",其妻因之离去。后来朱买臣随上计吏入京,得到同乡严助引荐,受到汉武帝召见,说《春秋》《楚词》称旨,拜中大夫,与严助同为侍中。买臣也因善于辩词,屡屈公孙弘等朝臣,极力为汉武帝兴战政策制造舆论,为汉武帝所亲信。当时东越屡叛,买臣以为发兵可以平定,武帝遂任命他为会稽太守,让他到郡后做好"治楼船,备粮食、水战具"等备战工作,等开战的诏书一到,就"军与俱进"。汉武帝并对买臣曰:"富贵不归故乡,如衣绣夜行,今子何如?"可见对其亲近程度。朱买臣回到会稽郡治吴县任职后,"见其故妻、妻夫治道。买臣驻车,呼令后车载其夫妻,到太守舍,置园中,给食之"。其妻居一月后自经而死,朱买臣还"乞其夫钱,令葬"。另外他还"悉召见故人与饮食诸尝有恩者,皆报复焉"。朱买臣任会稽太守一年多后,接到进兵诏书,与横海将军韩说等人一起击破东越,征召入京为主爵都尉,位居九卿之列。后坐法免官,复为丞相长史。廷尉张汤审理淮南王刘安反叛案,排挤陷害严助,又故意折辱朱买臣,甚至在买臣拜见时,"坐床上弗为礼"。朱买臣因此深怨张汤,"常欲死之"。元鼎二年(前115),朱买臣与另两位丞相长史王朝、边通共同告发张汤与贾人串通牟利,张汤自杀。后来朱买臣等人也被汉武帝诛杀。朱买臣有子名山拊,后来官至郡守、右扶风。[2]

值得注意的是,严助、朱买臣联袂进入武帝朝权力中心,两人以"同邑"相结。先是严助"荐买臣",后是张汤"排陷严助,买臣怨汤"。可以说他们两人在武帝

---

[1] 班固:《汉书》卷六十四上《严助传》,中华书局1962年,第2775—2791页。
[2] 班固:《汉书》卷六十四上《朱买臣传》,中华书局1962年,第2791—2794页。按:苏州地区关于朱买臣的传说很多,在清代康熙年间编订的《古今图书集成·职方典·苏州府部汇考》中记载了很多有关朱买臣的遗迹。如穹窿山"东岭下有盘石,相传朱买臣读书其上,后人号为读书台"。穹窿山南有藏书庙,"祀汉会稽太守朱买臣,世传买臣负薪往来木渎,常藏书于此。今肖像衣冠犹存汉制"。穹窿山阳的穹窿禅寺,"旧名福臻禅院。相传朱买臣故宅,梁天监二年建"。阊门外七里有死亭湾,"汉朱买臣妻弃夫再嫁后,见买臣贵,耻而自缢。故名此处"。娄门外官渎桥南有韩将军庙,"按《汉书》:横海将军韩说与朱买臣同受诏,在吴中治楼船破东越有功,故立庙祀之"。南朝刘义庆《世说新语》卷下《轻诋二十六》注引晋人谢歆的《金昌亭诗叙》记载阊门附近的金昌亭也是因朱买臣而得名,"访之耆老,曰:昔朱买臣仕汉,还为会稽内史,逢其迎吏,游旅北舍,与买臣争席。买臣出其印绶,群吏惭服自裁。因事建亭,号曰'金伤',失其字义耳"。此外,关于朱买臣与其妻"马前泼水""覆水难收"的传说经过各种戏曲小说的演绎几乎家喻户晓。

内臣中结成了一个小小的地域派别,他们与张汤的斗争,当然属"幸臣"间争权夺利的倾轧,但可能也带有地域的矛盾。论者甚至认为,"中国封建社会的南北士人的地域斗争,追根溯源,这恐怕是最早的一例"[1]。

(2) 东汉时期的苏州士人

两汉之际,北方战乱频仍,中原人民纷纷南下避祸,他们不但带来了先进的生产技术,促进了以苏州为中心的江东经济的开发,而且还传播了中原文明,加强了南北士人间的交流。东汉时期江东地区的不少循吏倡行教化,重视教育,有力地促进了当地社会风俗的变革,有些儒生也在民间办学传道,促进了江东儒学的传播与发展。江东地区的经济开发与世家大族的壮大为当地士人的成长奠定了坚实的社会基础。据统计,《后汉书》《三国志》中记载的东汉时期吴、会稽二郡的士人便有60余人。[2]并且在品德修养、学识积累、从政业绩等方面均比西汉时期有了相当大的提高。东汉时期今苏州地区也涌现出不少士人,著名的有陆续、陆康等人。另外,籍贯于吴郡的沈景和徐栩等人也颇有高名。

陆续字智初,会稽吴县人,"世为族姓"。其祖父陆闳,字子春,建武年间曾任尚书令。"美姿貌,喜着越布单衣,光武见而好之,自是常敕会稽郡献越布。"[3]陆续幼孤,后出仕郡户曹史。当时岁荒民饥,会稽太守尹兴派陆续"于都亭赋民饘粥"。陆续"悉简阅其民,讯以名氏",事情结束后,尹兴问所食几何,陆续立即回答说有六百余人,并且"皆分别姓字,无有差谬",颇得尹兴赞赏,后来被辟为别驾从事,因病去官,回到郡里任门下掾。当时楚王英谋反,暗地里搜求天下善士,永平十三年(70)十一月,楚王英谋反事发,汉明帝穷治楚狱,"所连及死徙者数千人"。会稽太守尹兴因其名在录也被征到洛阳的廷尉狱中。陆续与主簿梁宏、功曹史驷勋及会稽郡掾史五百余人也都被逮捕到洛阳诏狱严刑审讯,"诸吏不堪痛楚,死者大半",陆续与梁宏、驷勋等虽然"掠考五毒,肌肉消烂",但"终无异辞"。陆续的母亲从吴县赶到洛阳,但因"狱事特急",没有办法得到陆续的消息,其母只好做了一些饭菜,交给门卒转送陆续。陆续在被审讯时,"虽见考苦毒,而辞色慷慨,未尝易容",但看到送来的饭菜后却"悲泣不能自胜"。主审官员觉得奇怪,问他是什么缘故。陆续答曰:"母来不得相见,故泣耳。"主审官员大怒,认为门卒通传消息,要召来审讯。陆续曰:"因食饷羹,识母所自调和,故知来耳,非人告也。"主审官员问其如何知道是其母所作,续曰:"母尝截肉未尝不

---

[1] 王永平:《两汉时期江南士人行迹述略》,《中国史研究》1997年第4期。
[2] 王永平:《两汉时期江南士人行迹述略》,《中国史研究》1997年第4期。
[3] 范晔:《后汉书》卷八十一《独行·陆续传》,中华书局1965年,第2682—2683页。

方,断葱以寸为度,是以知之。"主审官员问之于谒舍,果然是陆续的母亲来了,"于是阴嘉之,上书说续行状"。汉明帝感于陆续孝行,赦免了牵连于尹兴案中的人,送还乡里,终身禁止做官。后来陆续老病而死,但其后世繁盛。陆续长子陆稠,曾任广陵太守,"有理才"。次子陆逢,曾任乐安太守。少子陆褒,力行好学,不慕荣名,连续征召不就。陆褒之子陆康最为有名。

陆康字季宁,"少仕郡,以义烈称",被刺史臧旻举为茂才,除高成县令。高成为渤海郡属县,远在边陲,"旧制,令户一人具弓弩以备不虞,不得行来。长吏新到,辄发民缮修城郭"。陆康到任后,废除了这些弊政,"百姓大悦"。陆康在任,"以恩信为治,寇盗亦息,州郡表上其状"。光和元年(178),陆康升任武陵太守,转守桂阳、乐安二郡,所在政绩卓著。当时汉灵帝欲铸铜人,而国用不足,"乃诏调民田,亩敛十钱。而比水旱伤稼,百姓贫苦"。康上疏极谏,言辞激烈,被劾大不敬,"槛车征诣廷尉"。幸得侍御史刘岱为其表陈解释,得以免归田里,后征拜议郎。当时黄巾军大起,"庐江贼黄穰等与江夏蛮连结十余万人,攻没四县",汉政府征拜陆康为庐江太守。陆康到任后赏罚分明,击破黄穰等,余党纷纷投降,立下战功。汉献帝即位后,天下大乱,陆康"蒙险遣孝廉计吏奉贡朝廷",汉献帝下诏书策劳,加其为忠义将军,秩中二千石。当时袁术屯兵寿春,部曲饥饿,遣使求委输兵甲。陆康以其叛逆,"闭门不通,内修战备,将以御之"。袁术大怒,遣其将孙策进攻陆康,围城数重。庐江军民众志成城,"吏士有先受休假者,皆逋伏还赴,暮夜缘城而入"。陆康固守庐江两年,城陷后发病卒,年七十。"宗族百余人,遭离饥厄,死者将半。"朝廷愍其守节,拜其子陆儁为郎中。陆康少子陆绩,博学善政,见称当时,仕吴为郁林太守。[1]

吴郡人沈景在汉顺帝时任侍御史,"有强能",河间孝王刘开薨后,其子惠王政嗣,"政傲佷,不奉法宪",顺帝擢沈景为河间相。到河间国谒见时,"王不正服,箕踞殿上",沈景拒不为礼,认为:"王不服,常人何别!今相谒王,岂谒无礼者邪!"直到惠王政更服后方才拜谒。沈景并请王傅责之曰:"前发京师,陛下见受诏,以王不恭,使相检督。诸君空受爵禄,而无训导之义。"上奏朝廷要求对王傅等人予以治罪,"诏书让政而诘责傅"。史载沈景在任河间相时,"捕诸奸人上案其罪,杀戮尤恶者数十人,出冤狱百余人"。正因为采取了这些措施,以前飞扬跋扈的惠王政痛改前非,"悔过自修"。[2]

---

[1] 范晔:《后汉书》卷三十一《陆康传》,中华书局1965年,第1112—1114页。
[2] 范晔:《后汉书》卷五十五《章帝八王传》,中华书局1965年,第1808页。

徐栩的事迹见于孙吴时史学家谢承所著的《后汉书》。徐栩为吴郡人,在东汉时曾担任陈留郡小黄县(今属河南开封)令,"时陈留遭蝗,过小黄,飞逝不集。刺史行部,责栩不治,栩弃官,蝗应声而至。刺史谢,令还寺舍,蝗即皆去"[1]。东晋干宝《搜神记》更记载徐栩为吴郡由拳人,"少为狱吏,执法详平"[2]。徐栩的事迹与范晔所述"可以感物而行化"的循吏形象如出一辙,可以说是东汉循吏的代表之一。

第二节 秦汉时期的苏州经济

一、自然条件与人口状况

1. 自然条件

今苏州地区所在的吴地,因战国时期被楚国所统治,故在秦汉时期属于楚地范围,司马迁在《史记》卷一二九《货殖列传》中按照方位及风俗的不同,分楚地为三部分,把彭城以东的"东海、吴、广陵"划分为东楚。并指出"夫吴自阖庐、春申、王濞三人招致天下之喜游子弟,东有海盐之饶,章山之铜,三江、五湖之利,亦江东一都会也"[3]。可见当时的吴地属于东楚地区,而吴城是东楚地区有代表性的都会。星宿分野说问世以后,人们将天上的二十八宿和地上政治文化区域相对应,吴地成为一个独立的地理单元,终两汉之世没有改变。班固在《汉书·地理志》中记载:"吴地,斗分野也。今之会稽、九江、丹阳、豫章、庐江、广陵、六安、临淮郡,尽吴分也。"[4]大体相当于今天的上海西部、江苏南部、安徽南部及浙江、江西的部分地区,今苏州地区位于吴地的中心,故有吴中之称。

当时的吴中一带和江南其他地区一样,基本还处于未开发状态,不少地区还为原始森林所覆盖,沼泽遍布,毒蛇猛兽出没。东汉初年,班固在《汉书》卷二十八《地理志》中记载豫州、青州、雍州、冀州等地"畜宜六扰(即马、牛、羊、豕、犬、鸡六畜)""畜宜鸡狗""畜宜牛马""畜宜牛羊"之时,却记载处于三江五湖之间的扬州"畜宜鸟兽"[5]。直到汉末,吴郡一带还经常能够看到老虎,据《三国志》卷四十七《吴书·吴主传》载,建安二十三年(218)十月,孙权在回吴郡的路上,

---

[1] 周天游:《八家后汉书辑注》,上海古籍出版社1986年,第241页。
[2] 干宝:《搜神记》卷十一,中州古籍出版社2010年,第193页。
[3] 司马迁:《史记》卷一二九《货殖列传》,中华书局1982年,第3267页。
[4] 班固:《汉书》卷二十八下《地理志下》,中华书局1962年,第1666页。
[5] 班固:《汉书》卷二十八上《地理志上》,中华书局1962年,第1539—1542页。

路过陵亭(今江苏丹阳东),在此"亲乘马射虎",马被虎所伤,"权投以双戟,虎却废,常从张世击以戈",[1]才把老虎擒获。当时江南的土地开发很不充分,被认为是贫瘠之区,班固在《汉书》卷二十八《地理志》中对当时全国各地的土地及物产状况做了相当全面的评价,尤其是对田与赋均有九个等级的详细评价。对扬州的记载为:"淮、海惟扬州。彭蠡既猪,阳鸟迪居。三江既入,震泽底定,筱簜既敷,草夭木乔。厥土涂泥。田下下,赋下上错。"[2]由"田下下,赋下上错"的记载可知班固把这里的田列入最末等,赋列入倒数第三等,可见当时这一带生产力水平的低下。

秦汉时期,现在的长江三角洲尚未完全形成,苏州地区的长江岸线也和现在有很大区别,当时的长江入海口在今天镇江与扬州一带,河口呈漏斗形,河口外一片汪洋,海潮壮观,广陵也成为当时著名的观潮胜地。长江口南岸,长期被波浪冲刷,自现在的常熟福山起,经太仓、嘉定、上海马桥、奉贤新寺,直至金山漕泾一线及其以东,形成数条西北至东南走向的沙堤,俗称冈身,成为限制海水入侵的天然屏障,正如清初顾祖禹在《读史方舆纪要》中所称:"自常熟福山而下,有沙冈身二百八十余里,以限沧溟。"[3]今苏州地区的张家港、常熟及太仓沿江的大片地区,当时还在海中。而太湖平原上分布着远比现在众多而深广的湖泊与河流,如吴淞江故道,与现今流向基本一致,但当时其河道宽广,旧志记载东晋时入海口尚在今上海青浦区西的沪渎村一带,唐代时河口仍宽达20里。而太湖下游的湖东地区,一直到唐代修建吴江塘路前还是汪洋一片,并无明显湖界。

秦汉时期,包括吴地在内的江南地区气候有过明显变化,据竺可桢先生的《中国近五千年来气候变迁的初步研究》,秦及西汉时平均气温较现今大约高1.5℃,东汉时平均气温较现今大约低0.7℃。平均气温上下摆动的幅度超过2℃。[4]因此秦及西汉时期,北方人往往以为江南地区最不利于生存和发展的条件是气候"暑湿",司马迁在《史记》卷一二九《货殖列传》中也有"江南卑湿,丈夫早夭"的记载。对于江南之"暑湿",当时不少人深怀疑畏之心,避之唯恐不远。据《汉书·严助传》记载,汉武帝遣严助等人从会稽将兵征伐闽越,淮南王安上书谏止,其主要理由就是会稽一带的气候恶劣,认为"南方暑湿,近夏瘴热,暴露水居,蝮蛇蠹生,疾疠多作,兵未血刃而病死者什二三,虽举越国而虏之,不

---

[1] 陈寿:《三国志》卷四十七《吴主传》,中华书局1982年,第1120页。
[2] 班固:《汉书》卷二十八上《地理志上》,中华书局1962年,第1528页。
[3] 顾祖禹:《读史方舆纪要》卷二十四《太仓州·冈身》,中华书局2005年,第1190页。
[4] 竺可桢:《竺可桢文集》,科学出版社1979年,第495、497页。

足以偿所亡",强调"中国之人不能其水土也"。[1]由此可见当时中原人对江南"暑湿"气候的畏惧。东汉前期,依然可以看到类似史例,《后汉书·马援传》记载,马防"徙封丹阳",后来"以江南下湿,上书乞归本郡,和帝听之"。[2]进入东汉以后,江南气温渐趋降低,自然灾害也随之减少,已经很少存在"江南卑湿,丈夫早夭"的情况。东汉中期以后,很少有中原士民视江南为"暑湿""瘴热"之地的记载,大约气候条件的演变,使得北人对南土的体验已与先前有所不同。[3]江南地区气候环境的改善,也使得中原先进农耕技术的迅速推广成为可能。这些无疑都是构成江南地区经济发展水平得以迅速提高的重要条件。

2. 人口状况

秦汉时期关于今苏州地区人口状况的资料较少,但详细钩稽史料后可以清楚地发现,当时今苏州地区人口发展的总体趋势是在不断增长中。增长的人口大多自北方迁入,而引起人口迁移的原因是多方面的。

今苏州地区因为是春秋时期吴国都城所在,物产丰富,再加上战国时期春申君在此经营多年,"招致天下之喜游子弟",所以在秦代就是江东地区首屈一指的都会,为会稽郡郡治所在,具有良好的人口基础。秦代规定,万户以上的县设令,不足万户的设长,而在楚汉战争中,被项羽任命为韩王以拒刘邦的郑昌就曾任过吴县令,[4]由此可见,当时的吴县户口已经超过了万户,如果按照当时正常的户均4.7口计,则吴县一县当时的人口就在4.7万人以上。[5]正因为如此,项梁、项羽叔侄在此起义后,很容易就得到了"精兵八千人",作为骨干兵力。而在项羽败于垓下后,前来接应的乌江亭长劝其避难江东时也说:"江东虽小,地方千里,众数十万人,亦足王也。"[6]

西汉末年,由于战乱频仍,全国总户口遭受了相当大的损失,据《汉书·地理志》及《后汉书·郡国志》统计,从西汉元始二年(2)到东汉永和五年(140),全国人口由59 594 978人减少到49 150 220人,138年间总计减少10 444 758人,减少幅度为17.5%。而同期的会稽郡一带户口不但没有下降,而且还有大幅度

---

[1] 班固:《汉书》卷六十四上《严助传》,中华书局1962年,第2781页。
[2] 范晔:《后汉书》卷二十四《马援传》,中华书局1962年,第858页。
[3] 王子今:《试论秦汉气候变迁对江南经济文化发展的意义》,《学术月刊》1994年第9期。
[4] 司马迁:《史记》卷七《项羽本纪》,中华书局1982年,第321页。
[5] 根据何炳棣著、葛剑雄译的《明初以降人口及其相关问题(1368—1953)》第373页表4《中国历史上登记的户口数》研究,在西汉元始二年(2),每户口数为4.87人,葛剑雄在其所著《西汉人口地理》中估计当时每户大约为4.67人。而《汉书·地理志》载当时会稽郡有223 038户、1 032 604口,户均约为4.63人。
[6] 司马迁:《史记》卷七《项羽本纪》,中华书局1982年,第336页。

的增长。史料记载,西汉元始二年(2)会稽郡有 223 038 户、1 032 604 口,东汉永和五年(140)会稽郡已经分出了吴郡,当时吴郡有 164 164 户、700 782 口,会稽郡有 123 090 户、481 196 口,两者合计比西汉元始二年增加了 64 216 户、149 374 口,增长幅度为 17.5%。具体到吴郡而言,这个幅度更为可观,根据相关学者研究,[1]东汉吴郡所领之地,在西汉元始二年仅有 516 295 人,138 年间增长了 184 487 人,增长幅度高达 35.7%,当然除了这些官方的统计数字外,隐瞒的户口估计也不会少。当时吴郡辖 13 县,辖地面积为 37 080 平方公里,人口密度为每平方公里 18.9 人,县均人口为 53 906 人,人口密度和县均人口均名列当时扬州各郡前茅。而在东汉末年,伴随着中原动荡的加剧,吴郡一带的移民更趋集中。

两汉时期,吴郡一带人口的大幅度增长,主要来自移民,而移民大量迁居吴郡,主要有如下原因:

(1) 政府有组织的人口迁移

汉武帝时期,闽越、东越等不断叛乱,为加强对越人聚居的会稽郡的控制,汉政府一方面把越人迁出会稽郡,另一方面采取移民实边的策略,徙民会稽,充实边疆地区的人力资源,以保障会稽不受越人袭扰。元狩四年(前 119),汉武帝利用关东水灾的机会,向陇西、北地、西河、上郡、会稽五郡徙民七十二万五千口,"县官衣食振业,用度不足,请收银锡造白金及皮币以足用"[2]。在这次迁移的"七十二万五千口"当中,究竟有多少人迁到了会稽,并没有具体的记载。清代学者王鸣盛《十七史商榷》卷九列有"徙民会稽"条,认为这次移民会稽郡"约增十四万五千口也",并认为"会稽生齿之繁,当始于此"。[3]大概是用"七十二万五千"这一总数,除以陇西等五郡郡数,而得出的每郡平均迁入移民数量。虽然这样把数字平均值视为会稽郡的实际移民数额不是很严谨,但不可否认,在这次移民中,还是有数量不小的中原移民迁入会稽郡一带,并对当地的社会发展产生重要影响。[4]

(2) 自然灾害的影响

两汉时期,每当中原发生自然灾害,就不断有人南迁,江南地区接受了大量

---

[1] 葛剑雄:《中国移民史》(第二卷),福建人民出版社 1997 年,第 270 页;黄今言:《秦汉江南经济述略》,江西人民出版社 1999 年,第 27 页。
[2] 班固:《汉书》卷六《武帝纪》,中华书局 1962 年,第 178 页。
[3] 王鸣盛:《十七史商榷》卷九《汉书三·徙民会稽》,《续修四库全书》第 452 册,上海古籍出版社 1996—2003 年影印本,第 232 页。
[4] 辛德勇:《汉武帝徙民会稽史事证释》,《历史研究》2005 年第 1 期。

的灾民,因为"楚越之地,地广人希,饭稻羹鱼,或火耕而水耨,果隋蠃蛤,不待贾而足,地埶饶食,无饥馑之患,以故呰窳偷生,无积聚而多贫。是故江、淮以南,无冻饿之人,亦无千金之家"〔1〕。虽然这里经济不是很发达,但是地广人稀,物产丰富,生存条件优越,灾民很容易就能够解决生存问题。因此,政府对灾民迁居江南一带采取鼓励和支持的态度,并允许在此定居。如《史记》卷三十《平准书》记载,西汉武帝元鼎二年(前115),"山东被河灾,及岁不登数年,人或相食,方一二千里。天子怜之,诏曰:'江南火耕水耨,令饥民得流就食江淮间,欲留,留处。'"〔2〕另据《后汉书》卷三十二《樊准传》载,东汉安帝永初初年,"连年水旱灾异,郡国多被饥困",樊准上疏建议灾民"尤困乏者,徙置荆、扬孰郡,既省转运之费,且令百姓各安其所",〔3〕得到了允许。所谓"荆、扬孰郡",应该也包括今苏州所在的江南地区。东汉时江南气温渐趋降低,气候好转,和中原地区相比,旱灾、蝗灾等自然灾害发生的频率更低,因此对北方灾民具有相当大的吸引力。

(3) 政治避难及逃避战乱

秦统一后,因苏州地区所在的吴地远离政治经济中心,国家力量对当地社会的控制较弱,不少人逃往吴中一带避难,促进了当地人口的增加。如项羽的叔父项梁就是因为在北方杀了人,所以就和项羽一起"避仇于吴中"。曾经为项羽帐下大将的季布之弟季心,也是因为"尝杀人",所以才"亡吴,从爰丝匿,长事爰丝,弟畜灌夫、籍福之属"。〔4〕另外,当秦始皇迁徙富商大贾、地主豪强于西北西南时,可能也有不少逃亡东南避难的。贵族逃亡时往往还有一定数量的随从和依附人口。项梁、项羽身为名将项燕之后,避难吴中时可能还带有众多的项氏宗族成员以及其他随从,项羽反秦所率领的江东子弟就有不少项氏族人。西汉时期的平原厌次(今山东陵县)人东方朔,传说其在显贵前,"久在吴中,为书师数十年",在汉宣帝初年,"弃郎以避乱世,置帻官舍,风飘之而去。后见于会稽,卖药五湖",〔5〕可能也隐居于今苏州一带。

西汉末年王莽篡位后,中原地区政局动荡,战乱频仍,北方人民大量南迁至今苏州地区。《后汉书》卷七十六《任延传》载更始元年(23),任延出任会稽都尉,"时天下新定,道路未通,避乱江南者皆未还中土,会稽颇称多士"〔6〕。这是

---

〔1〕 司马迁:《史记》卷一二九《货殖列传》,中华书局1982年,第3270页。
〔2〕 司马迁:《史记》卷三十《平准书》,中华书局1982年,第1437页。
〔3〕 范晔:《后汉书》卷三十二《樊准传》,中华书局1965年,第1128页。
〔4〕 班固:《汉书》卷三十七《季布传》,中华书局1962年,第1979页。
〔5〕 刘向:《列仙传》卷下,中华书局1985年,第36页。
〔6〕 范晔:《后汉书》卷七十六《循吏·任延传》,中华书局1965年,第2460—2461页。

东汉稳定前的情况,尽管后来可能有不少人在中原稳定后返归故里,但留居今苏州一带的也不少,比如晋代大儒范平的先辈范馥就是因"避王莽之乱适吴,因家焉"[1],后来子孙世为吴郡人。《元和姓纂》卷五也载姚氏先祖恢"避王莽乱,过江居吴郡,改妫氏"[2]。还有不少人隐居于今苏州地区,如寿春人梅福,"至元始中,王莽颛政,福一朝弃妻子,去九江,至今传以为仙。其后,人有见福于会稽者,变名姓,为吴市门卒云"[3]。唐代陆广微《吴地记》更进一步记载梅福隐于蛇门。[4]而东汉初年的名士梁鸿夫妇也隐居吴县以老,留下了"举案齐眉"的千古佳话。

东汉末年,伴随着北方黄巾军大起义的爆发以及随之而来的军阀混战,大批北方人民纷纷避乱江南,促进了吴郡一带人口的增长,相关记载史不绝书。如《后汉书》卷三十七《桓荣传》注引《东观记》载桓荣后人桓晔(一名桓严)在"初平中,天下乱"时,先"到吴郡",后来又"东适会稽"。[5]东汉末年名士蔡邕得罪宦官后,"虑卒不免,乃亡命江海,远迹吴会,往来依太山羊氏",在吴郡生活长达十二年之久。[6]《三国志·魏书·曹休传》载曹操族子曹休,"天下乱,宗族各散去乡里。休年十余岁,丧父,独与一客担丧假葬,携将老母,渡江至吴"。其祖父曾为吴郡太守。"休于太守舍,见壁上祖父画像,下榻拜涕泣,同坐者皆嘉叹焉。"[7]《三国志·魏书·华歆传》注引《谱叙》载东汉末年孙策略有扬州时,"四方贤士大夫避地江南者甚众"[8]。《三国志·吴书·全琮传》载全琮为吴郡钱唐人,"是时中州士人避乱而南,依琮居者以百数,琮倾家给济,与共有无,遂显名远近"[9]。《三国志·吴书·鲁肃传》注引《吴书》亦载,临淮人鲁肃在汉末"雄杰并起,中州扰乱"时,[10]就带着男女三百余人过江,迁居于吴郡曲阿。《三国志·魏书·蒋济传》载,建安十四年(209),曹操打算迁淮南民,使得"江淮间十余万众,皆惊走吴"[11]。另据《三国志·吴书·吴主传》载,建安十八年

---

[1] 房玄龄等:《晋书》卷九十一《儒林·范平传》,中华书局1974年,第2346页。
[2] 林宝:《元和姓纂》卷五,中华书局1994年,第557页。
[3] 班固:《汉书》卷六十七《梅福传》,中华书局1962年,第2927页。
[4] 陆广微:《吴地记》,江苏古籍出版社1999年,第23页。
[5] 范晔:《后汉书》卷三十七《桓荣传》注引《东观记》,中华书局1965年,第1260页。
[6] 范晔:《后汉书》卷六十下《蔡邕传》,中华书局1965年,第2003页。
[7] 陈寿:《三国志》卷九《魏书·曹休传》注引《魏书》,中华书局1982年,第280页。
[8] 陈寿:《三国志》卷十三《魏书·华歆传》注引《谱叙》,中华书局1982年,第402页。
[9] 陈寿:《三国志》卷六十《吴书·全琮传》,中华书局1982年,第1381页。
[10] 陈寿:《三国志》卷五十四《吴书·鲁肃传》注引《吴书》,中华书局1982年,第1267页。
[11] 陈寿:《三国志》卷十四《魏书·蒋济传》,中华书局1982年,第450页。

(213),因曹操"恐江滨郡县为权所略,征令内移",引起民众恐慌,"自庐江、九江、蕲春、广陵户十余万皆东渡江",以至于"江西遂虚,合肥以南惟有皖城"。[1]根据葛剑雄先生的研究,东汉末年,移民到吴国境内的有二十万左右,主要分布在江南地区,[2]其中应该有相当一部分迁居于吴郡一带。

(4)军事掠夺

在东汉末年孙吴政权的征战中,掠夺对方人口也成为相当重要的战略目标,先后有大量人口被掠至江东地区。如《三国志·吴书·孙破虏讨逆传》注引《江表传》载,建安四年(199),孙策袭取皖城(今安徽潜山)后,俘虏了袁术的"百工及鼓吹部曲"三万余人,"皆徙所得人东诣吴"。[3]《三国志·吴书·吴主传》载建安十二年(207),孙吴西征黄祖,"虏其人民而还"。次年复征黄祖,又"虏其男女数万口"。建安十九年(214),孙权征皖城,"获庐江太守朱光及参军董和,男女数万口"。[4]上述这几次大规模人口掠夺战争大多发生在孙吴政权屯居吴郡时期,这些掠夺来的大批人口可能有一部分就安置在吴郡一带。另外,东汉末年孙吴政权历次对山越发动战争,"强者为兵,羸者补户",也充实了吴郡的人口。

二、农 业

秦及西汉时期,和中原地区相比,今苏州所在的江南地区十分落后,汉武帝时,司马迁在《史记》卷一二九《货殖列传》中考察了战国时期至西汉初年全国各地的经济发展状况,从自然形势、物产分布及发展水平等方面把全国划分为山东、山西、江南及龙门碣石以北四大经济区。江南一带地广人稀,气候温湿多雨,河汊纵横,农业耕作粗放,广种薄收,粮食足够食用,再采集水产山果,足以生存,不像中原地区人多地少,资源贫乏,需要积极改进生产技术,在有限的土地上种出足够的粮食,所以江南农业耕作落后,经济发展水平在四大经济区中处于最后。东汉初年班固在《汉书》卷二十八《地理志》中记载的江南地区情况和《史记·货殖列传》中所载几乎一致。可见在东汉初年,江南一带的落后局面尚无改观。东汉以来,伴随着气候的好转及北方人民的南迁,江南地区开始发展起来,作为经济基础的农业和西汉时期相比也有了一定的发展。

---

[1] 陈寿:《三国志》卷四十七《吴书·吴主传》,中华书局1982年,第1118—1119页。
[2] 葛剑雄:《中国移民史》(第二卷),福建人民出版社1997年,第272—273,282页。
[3] 陈寿:《三国志》卷四十六《吴书·孙破虏讨逆传》注引《江表传》,中华书局1982年,第1108页。
[4] 陈寿:《三国志》卷四十七《吴书·吴主传》,中华书局1982年,第1117—1119页。

1. 铁器及牛耕等先进生产技术的采用

江南一带开发较晚,加上水土条件及水稻种植的原因,农业生产工具及耕作技术与中原地区相比都有不少差距。这一带的很多地方都实行"火耕水耨"的耕作方法,这在不少史料中都有所提及。关于"火耕水耨",《史记》卷三十《平准书》裴骃《集解》引东汉应劭的解释为"烧草,下水种稻,草与稻并生,高七八寸,因悉芟去,复下水灌之,草死,独稻长,所谓火耕水耨也"[1]。而《史记》卷一二九《货殖列传》注引唐代张守节《正义》的解释为"言风草下种,苗生大而草生小,以水灌之,则草死而苗无损也。耨,除草也"[2]。今天的学术界对火耕水耨的理解更是众说殊异,或主张将火耕与水耨分开,或认为二者密不可分,或以应劭注为实,或以张守节注为确,存在着不少分歧。[3]但大体上都认为"火耕水耨"是放火烧掉田中的禾蒿和杂草,以增肥力;灌水除去田中的杂草,以免其与禾苗争肥。这种耕作方式是江南人民在生产实践中,根据当地山川水网交错的具体情况,充分利用火和水这两个自然资源因地制宜地进行农业生产,并不能简单地视为落后。但毋庸讳言,火耕水耨虽然不同于"刀耕火种"的原始农业形态,也有其特定的某些功效,但毕竟是一种较为粗放的耕作方式。这种耕作方式是与当时地广人稀的状况相适应的,因人少地多,气候温润,所以没必要花大量人力去精耕细作,只要广种薄收,就可以维持生存,免于饥饿,但产量不高,所余无多,积累困难,故"无冻饿之人,亦无千金之家"。

秦汉时期铁器和牛耕等先进生产技术在江南地区还没有完全推行。铁器农具是最重要的生产工具,具有划时代的意义,其使用可以大大提高生产效率,使更大面积的农田耕作成为可能。太湖地区虽然在西汉时也出现了铁制农具,但当时南方铁器的供应相当紧张,据《汉书》卷二十八《地理志》记载,西汉在全国设铁官40多处,长江以南只有桂阳郡一处,这就大大限制了铁器工具在南方的推广和应用。在今苏州地区的汉代考古中有铁器出土的仅有娄葑天宝墩汉墓、虎丘乡汉墓、黄埭高坟墩汉墓等少数几例,并且大多为铁剑等物,几乎没有铁制农具出现,可见当时苏州地区铁制农具的使用还未普遍。

从西汉开始,江南的不少循吏重视农业,大力推广先进农业技术,对影响农

---

[1] 司马迁:《史记》卷三十《平准书》,中华书局1982年,第1437页。
[2] 司马迁:《史记》卷一二九《货殖列传》,中华书局1982年,第3270页。
[3] 相关的论著较多,可参见刘磐修《两汉六朝"火耕水耨"的再认识》(《农业考古》1993年3期),陈国灿《"火耕水耨"——兼谈六朝以前江南地区的水稻耕作技术》(《中国农史》1999年第1期),郭开农《论两汉时期的"火耕水耨"与"千金之家"》(《江汉论坛》1990年第2期)等。

业生产的地方陋俗进行了整饬,推动了当地农业的发展。汉元帝时,何武任扬州刺史五年,他广泛了解属县农业状况,"出记问垦田顷亩,五谷美恶"[1],大受吏民敬重。光武帝时,樊晔为扬州牧,"教民耕田种树理家之术,视事十余年"[2],备受欢迎。江南地区普遍"信巫鬼,重淫祀",不仅浪费钱财,还影响了利用和改造自然资源的主观能动性,甚至将耕牛作为祭品,直接影响了生产的正常进行。如会稽郡俗多淫祠,喜好卜筮,巫祝还妄言"其自食牛肉而不以荐祠者,发病且死先为牛鸣"。这种陋俗根深蒂固,对当地民众影响很大,老百姓常以牛作为祭祀品。第五伦任会稽太守后,顶住压力,"移书属县,晓告百姓。其巫祝有依托鬼神诈怖愚民,皆案论之。有妄屠牛者,吏辄行罚。民初颇恐惧,或祝诅妄言,伦案之愈急,后遂断绝,百姓以安"[3]。从上述史料可以推断当时会稽郡一带可能已经出现了牛耕技术,但尚未普遍。汉章帝时,王景任庐江太守,"先是百姓不知牛耕,致地力有余而食常不足。郡界有楚相孙叔敖所起芍陂稻田。景乃驱率吏民,修起荒废,教用犁耕,由是垦辟倍多,境内丰给"[4]。庐江和苏州所在的会稽郡同属当时扬州六郡范围,庐江的情况在一定程度上反映出了当时整个扬州的农业发展水平。东汉中后期,伴随着中原移民的大量涌入,铁制农具和牛耕技术在江南地区渐趋推广,有力地推动了农业生产的发展。

除了铁器和牛耕技术,其他先进的农业生产技术在江南地区也开始出现。东汉初年的会稽上虞人王充在其著作《论衡》中就记载了"深耕细锄,厚加粪壤,勉致人力,以助地力"的耕作技术,[5]并提出用马屎汁浸种消毒,防治螟虫,"令禾不虫",还采取"驱蝗入沟"方法消灭蝗虫。当时上虞与今苏州一带同属于会稽郡管辖,这些生产技术可能在今苏州地区也已经被普遍采用。

2. 农作物种类的增多

秦汉时期,今苏州一带的农作物种植开始多样化。据《越绝书》等史料记载,早在春秋时期,太湖地区种植的粮食作物就有粱、黍、赤豆、稻、粟、麦、大豆等,如《吴地记》记载,吴县匠门外"东二里有豆园,吴王养马处。又有鸡陂,阖闾置豆园在陂东"[6],说明春秋时豆类在今苏州地区已有成片种植。而秦汉时期,太湖地区还盛产水生蔬菜,主要有菰菜、莼菜等。菰菜即茭白,其果实名菰米,一称雕

---

[1] 班固:《汉书》卷八十六《何武传》,中华书局 1962 年,第 2586 页。
[2] 范晔:《后汉书》卷七十七《樊晔传》,中华书局 1965 年,第 2491 页。
[3] 范晔:《后汉书》卷四十一《第五伦传》,中华书局 1965 年,第 1397 页。
[4] 范晔:《后汉书》卷七十六《王景传》,中华书局 1965 年,第 2466 页。
[5] 王充:《论衡》卷二《率性篇》,上海人民出版社 1974 年,第 25 页。
[6] 陆广微:《吴地记》,江苏古籍出版社 1999 年,第 40 页。

胡,古人将其列为六谷之一。[1]西汉时今苏州一带就有菰菜种植,据《西京杂记》卷五记载,会稽郡(治今苏州)人顾翱,"少失父,事母至孝。母好食雕胡饭,常帅子女躬自采撷。还家,导水凿川,自种供养,每有赢储"[2]。顾翱家靠近太湖,传说因其孝行所感,湖中此后自生雕胡,别的任何杂草都不生长,由此可见西汉时期今苏州一带已经开始人工种植菰菜。另外东汉时期吴郡一带还有其他农业作物,据南朝沈约所著《宋书·符瑞志上》记载,东汉时期,家于吴郡富春的孙坚之祖孙钟在"遭岁荒"时,就曾"以种瓜为业"[3]。

3. 渔业和养殖业的发展

今苏州地区的渔业生产历史悠久,在吴县草鞋山的原始社会遗址中,就发现有鲤鱼、鲫鱼、蚌、草鱼、鳖等鳞介物。在吴江梅堰新石器时代遗址发现的日常器物,不但以鱼形图案为多,而且也以鱼骨、田螺及蚌壳的堆积物为最多,[4]说明当时渔业已经成为原始农业的重要补充。在公元前五、六世纪的吴国,还产生了把鱼用盐渍晒干制鲞的方法,初步解决了鲜鱼的保存问题。宋代《困学纪闻》引《吴地记》记载,制鲞的方法源于吴王阖闾,因其"思海鱼,而难于生致。治生鱼,盐渍而日干之"[5],故名为鲞。《汉书·地理志》记载江南地区人民"饭稻羹鱼",《汉书·五行志》更加明确地记载"吴地以船为家,以鱼为食"[6],可见江南食鱼早已成为日常习惯。当时不少人从事传统渔业,在王莽时,"荆、扬之民率依阻山泽,以渔采为业"[7]。江南的许多渔猎品名扬全国,产生于今苏州一带的松江鲈鱼就是其中之一。据《后汉书·左慈传》记载,东汉末年曹操在北方举宴大会宾客,席间对众宾说:"今日高会,珍馐略备,所少吴松江鲈鱼耳。"深以无松江鲈鱼为憾。在座的方士左慈应声而答:"此可得也。"因求铜盘贮水,以竹竿饵钓于盘中,不久就接连钓出两只鲈鱼,"皆长三尺余,生鲜可爱"。[8]左慈盘钓的故事,虽属荒诞不经,但从侧面说明东汉末年松江鲈鱼不仅为太湖地区的人们所尚,在北方也享有盛名了。

苏州地区的家畜饲养业发展较早。如吴国时匠门外就有"牛宫",据记载,即

---

[1]《周礼·天官·膳夫》称"食用六谷",郑玄《周礼注》曰:"六谷,稌、黍、稷、粱、麦、苽。苽,雕胡也。"
[2] 刘歆撰,葛洪辑:《西京杂记》卷五,见《四库全书笔记小说丛书》,上海古籍出版社1991年。
[3] 沈约:《宋书》卷二十七《符瑞志上》,中华书局1974年,第780页。
[4] 江苏省文物工作队:《江苏吴江梅堰新石器时代遗址》,《考古》,1983年第6期。
[5] 王应麟:《困学纪闻》卷四《周礼》,辽宁教育出版社1998年,第83页。
[6] 班固:《汉书》卷二十七中《五行志中》,中华书局1962年,第1376页。
[7] 班固:《汉书》卷九十九下《王莽传下》,中华书局1962年,第4151—4152页。
[8] 范晔:《后汉书》卷八十二下《方术·左慈传》,中华书局1965年,第2747页。

是"故吴所畜牛、羊、豕、鸡"的地方。[1]汉代家畜养殖业已比较普及,甚至连官员也参与其中,如东汉初年第五伦任会稽太守时,"虽为二千石,躬自斩刍养马"[2],并且在民间禁除以牛祭神的陋俗。可见在当时的养殖业中,牛、马等大牲畜的饲养已经成为普遍现象。

4. 南粮北调及世家大族的出现

东汉时期,中原人口大量迁入江南,改善了江南地区地广人稀的状况。劳动力的大量增加促进了江南的开发和农业生产的发展,到公元2世纪初,江南已能调出粮食赈济其他地方的灾民。当时黄河下游诸郡经常遭灾,永初元年(107)九月,东汉政府"调扬州五郡租米,赡给东郡、济阴、陈留、梁国、下邳、山阳"[3],永初七年(113)九月,又调零陵、桂阳、丹阳、豫章、会稽租米,赈南阳、广陵、下邳、彭城、山阳、庐江、九江饥民,又调滨水县谷输敖仓。短短七年间,两次从江南地区大规模调粮北运赈济黄淮地区,说明江南地区的农业生产水平和经济实力已逐渐上升。另外,东汉政府为了减少调运粮食所需的经费和时间,还把饥民迁到江南地区。永初年间御史中丞樊准曾提出"依征和元年故事,遣使持节慰安。尤困乏者,徙置荆、扬孰郡,既省转运之费,且令百姓各安其所"[4],这一提议得到政府批准。

伴随着经济的发展,东汉时期今苏州一带还出现了一批具有特殊身份的世家大族。如吴人陆续,"世为族姓,祖父闳,字子青,建武中为尚书令"[5]。吴郡皋弘,"家代为冠族"[6]。他们除政治上控制朝柄、主宰州郡外,在经济上也拥有大片土地和劳力。这些世家大族往往聚族而居,宗族、亲戚满堂,僮仆、奴婢成群。据《吴郡志》卷十七《桥梁》"百口桥"载:"东汉顾训,五世同居。族聚百口,衣食均等,尊卑有序。因其所居以名桥。俗传:子孙多不能辨架上之衣。岁朝会集,子孙悉坐,依次行酒。三岁以上者,并自知位次,不亏其礼。"[7]这是世族地主聚族而居的典型一例。

---

[1] 袁康:《越绝书》卷二《越绝外传记吴地传第三》,武汉大学出版社1992年,第37页。
[2] 范晔:《后汉书》卷四十一《第五伦传》,中华书局1965年,第1397页。
[3] 范晔:《后汉书》卷五《安帝纪》,中华书局1965年,第208页。按,此条下李贤注曰:"五郡谓九江、丹阳、庐江、吴郡、豫章也,扬州领六郡,会稽最远,盖不调也。"按顺帝永建四年(129),吴郡方从会稽析出,此前扬州仅领五郡,因会稽治吴,常以吴郡称之,故李贤谓"扬州领六郡,会稽最远,盖不调也"的推测是错误的。
[4] 范晔:《后汉书》卷三十二《樊准传》,中华书局1965年,第1128页。
[5] 范晔:《后汉书》卷八十一《陆续传》,中华书局1965年,第2682页。
[6] 范晔:《后汉书》卷三十七《桓荣传》注引,中华书局1965年,第1250页。
[7] 范成大:《吴郡志》卷十七《桥梁》,江苏古籍出版社1986年,第234页。

东汉末年,伴随着江南的开发,秦及西汉时期所谓"卑湿贫国",由于自然条件和人文条件的变化,已经发展成为"沃野万里,民富兵强"的"乐土"了。《三国志·吴书·鲁肃传》裴松之注引《吴书》载:"后雄杰并起,中州扰乱,肃乃命其属曰:'中国失纲,寇贼横暴,淮、泗间非遗种之地,吾闻江东沃野万里,民富兵强,可以避害,宁肯相随俱至乐土,以观时变乎?'其属皆从命。"[1]可见当时的江东在人们心中的地位。

三、工商业

伴随着农业的发展,今苏州一带的工商业也有了显著的进步,为六朝时期开始的全国经济重心南移奠定了基础。

1. 手工业

汉代吴越地区利用葛生产的葛麻布名闻全国。成书于西汉的《淮南子·原道训》记载"于越生葛绨",并将之归结为"地气使然"。汉人高诱注云:"于,吴也。绨,细葛布也。"[2]会稽人王充在其著作《论衡》中记载"庐宅始成,桑麻才有,居之历岁,子孙相续"[3],可见当地的桑麻种植已经十分普遍。东汉时期这一带的越布就已经成为贡品,据《后汉书·陆续传》记载,会稽吴人陆续之祖父陆闳在东汉建武年间为尚书令,"美姿貌,喜着越布单衣,光武见而好之,自是常敕会稽郡献越布"[4],可见越布之精细。这种越布,在东汉前期不多,还是一种高级的赏赐品,如《后汉书·皇后纪》载,汉明帝刘庄的马皇后贤淑有德,明帝死后曾以"白越三千端"赏赐即将离去的诸贵人,以表惜别之意。而和帝死后,邓太后也曾以"白越四千端"赏赐诸贵人,[5]古代布帛两端相向卷,合为一匹,一端为半匹,其长度相当于两丈。东汉宫廷一次就以"白越三千端"或"白越四千端"为赏赐,可见当时越布的生产不仅技术先进,品质精良,而且已经有较大规模。到东汉后期,服著白越布的人多了,但越布仍被视为贵重服装。王符《潜夫论·浮侈篇》载:"从奴仆妾,皆服葛子升越,筒中女布,细致绮縠,冰纨锦绣。"[6]所谓"升越",即越布之细者,可见越布仍是与"细致绮縠,冰纨锦绣"并列的。

---

[1] 陈寿:《三国志》卷五十四《鲁肃传》,中华书局1982年,第1267页。
[2] 刘安:《淮南子》卷一《原道训》,中华书局1954年《诸子集成》本,引汉高诱注,第6页。
[3] 王充:《论衡》卷十三《超奇篇》,上海人民出版社1974年,第215页。
[4] 范晔:《后汉书》卷八十一《独行·陆续传》,中华书局1965年,第2682页。
[5] 范晔:《后汉书》卷十上《皇后纪》,中华书局1965年,第410页、421页。
[6] 王符:《潜夫论》卷三《浮侈第十二》,中华书局1985年,第76—77页。

煮盐业是秦汉时期吴郡的重要手工业。盐为人民生活必需品，也是历代政府的重要财源之一。吴郡濒临大海，地势低平，容易引入海水或者使其天然倒灌，晒以为盐，成为秦汉时期重要产盐区域。秦代就在会稽郡设立海盐县，吴、会稽分治后，海盐县即为吴郡所辖。西汉初年，吴王刘濞在此"煮海为盐"，以至国用富饶。《水经注》卷二十九《沔水》载："吴有盐官县……谷水之右有马皋城，故司盐都尉城，吴王濞煮海为盐于此县也。"[1]七国之乱后，汉武帝为增加朝廷的财政收入，实行盐铁专卖，元狩四年（前119），盐业官营正式推行。朝廷在各产盐区和主要中转地都设立了盐官，隶属大司农。《汉书·地理志》载西汉中后期和王莽时全国设置盐官的郡县中就有会稽郡海盐县。而东汉末年，周瑜劝孙权力拒曹操的理由也是孙权赖以立足的根据地吴郡周围物产富饶，可以"铸山为铜，煮海为盐，境内富饶，人不思乱"[2]。

汉代今苏州地区的制陶业很发达，这从苏州发现的汉墓中出土的器物可以得到证实。苏州地区汉墓中出土的陶器种类极多，如礼器有壶、鼎、钫等，日用器有罐、薰、瓿等，明器有屋、仓、井、灶、鸡、牛、马、狗、案、勺等数十种，质地有几何印纹陶、釉陶、泥质灰陶、泥质红陶等，这些器物不仅造型朴实，而且质地坚固。在虎丘五队的汉墓中还出土了陶俑，有男有女。男俑头戴仆帽，身穿窄袖开襟大裇于膝，手挽水壶，两手捧鸽于怀，足履高靴，胡须满腮，体型粗壮，神态憨厚。女俑高髻于顶，发带束额，身上也穿窄袖大裇于膝，足履高靴，两手捧奁盒，朴实忠厚。另外还出土了陶制的小动物，刻画细腻，形象逼真，栩栩如生，展现出了高超的制陶工艺。[3]苏州地区考古发现了大量的汉代陶井，是用陶圈一节一节地套叠起来砌成筒状，一般井圈高度分别为27、42、70厘米三种，其中27、42厘米的井圈出土较多，每口井的井圈数量有多有少，一般为7—9圈套叠而成，每圈的尺寸都不固定，同一口井时常发现27、42、70厘米三种高度的井圈混用。井圈为泥质灰陶，火候较高，外饰绳纹，内壁基本上为素面，少数内饰圈点纹。圈径为58—100厘米不等，圈壁中部较薄为1—2厘米，口部较厚为2.5—3厘米，腹中有两个对称的渗水孔，孔径为4厘米。[4]1979年至1984年，在沙洲县（今张家港市）的乘航乡勤丰村、杨舍乡西轮窑和南沙乡高峰村曾发现了几处大型汉窑遗

---

[1] 郦道元：《水经注》卷二十九《沔水》，浙江古籍出版社2001年，第460页。
[2] 陈寿：《三国志》卷五十四《周瑜传》注引《江表传》，中华书局1982年，第1261页。
[3] 朱薇君、钱公麟：《略谈苏州汉墓》，《江苏省考古学会1982年年会论文选》，江苏省考古学会1983年编印，第48—54页。
[4] 丁金龙：《苏州城区发现的汉井》，《江苏省考古学会1982年年会论文选》，江苏省考古学会1983年编印，第125—129页。

址,其面积都在10000平方米以上,出土的陶器具有较高的制造水平。

早在春秋战国时期,吴越一带的冶铸业就很发达,有些名剑和著名冶工就出在这里。1974年在沙洲县(今张家港市)杨舍镇戴巷村东横泾附近,曾发现了一处汉代早期的冶铁遗址,出土了铁矿石、炼渣、木炭、红烧土、铁砂、铁犁等,可能是刘濞为吴王时期的冶铁作坊。[1]这一时期,苏州一带的铜矿开采及铜器制造业也有了较快发展。传说西汉时吴王刘濞曾在今太湖边光福镇铜井山采山铸钱,《太平寰宇记》卷九十一"苏州吴县"下引《吴地记》记载吴县"县西十里有铜山,周六十里。有铜坎十余,穴深者二十余丈,浅者六七丈,所谓采山铸钱之处……山东平地,有铜滓"[2]。

在铜矿开采冶炼的同时,苏州一带的铜镜制造业有了很大发展,在汉代的苏州墓葬中多有发现。苏州西汉早期墓葬中没有出土过可辨认的铜镜,到西汉中期,出土的铜镜以星云纹镜为主,如天宝墩27号墓的铜镜直径为11厘米,蓬峰钮,钮周围围绕八星成钮座,镜面外围为四乳草叶,中为四组星云纹,每组五星,十只内向连弧缘。天宝墩26号墓的铜镜,也是基本雷同的星云纹镜。西汉晚期至东汉初期的墓中,则有天宝墩22号墓出土的日光镜,直径为6.5厘米,厚仅0.2厘米。另有白洋湾汉墓的四乳四蟠螭纹镜,直径为10.5厘米,圆钮,四柿蒂座圆缘。天宝墩24号汉墓出土的四乳四蟠螭纹镜同上述各镜有很大不同,此镜为14.3厘米,圆钮,四叶纹,素缘,缘边宽2厘米。该墓还出土了带"而"字纹的昭明镜,径为9厘米,厚0.3厘米,圆钮圆座,内饰连弧纹,外缘铭文为"内而清而囮而昭而明而光象明心"等字。东汉晚期的铜镜钮大,如新塘六队汉墓铜镜为方格涡圈纹,直径7.5厘米,通体乌亮。另外在平门城墙汉墓出土了大鼻钮神兽镜,圆钮径2.8厘米。[3]

据王仲殊先生的研究,自东汉后期开始,经汉末、三国以至于西晋时期,吴县始终是江南地区铜镜铸造业的一个中心。所铸铜镜有盘龙镜、画像带镜、画像镜和神兽镜等,种类很多。铸镜的作坊集中在城内或近郊的向阳里、向里(可能是向阳里的简称)和胡阳里等处。铸镜工匠有柏氏(往往自称"柏师")、周仲、周是(即周氏)、验氏、张元、郑蔓、赵忠和"青羊"等人,其中柏氏、周氏可能各为一个作镜的家族。从出土的情形看来,吴县所铸铜镜分布在今江苏省的扬州,浙江省

---

[1] 路希羔:《试论"盐铁塘"在早期历史时期的作用》,《东南文化》1990年第5期。
[2] 乐史:《太平寰宇记》卷九十一《江南东道三》,中华书局2007年,第1826页。
[3] 朱薇君、钱公麟:《略谈苏州汉墓》,《江苏省考古学会1982年年会论文选》,江苏省考古学会1983年编印,第48—54页。

的绍兴、上虞、余姚、金华等地,湖南省的衡阳,甚至远及日本,范围很广,可见当时吴县铜镜制造业的发达。[1]

汉代苏州一带的造船业也有一定规模的发展。当地水网密布,水运发达,再加上江南一带盛产贵重木材,因此造船业的发展有其先天的优势。汉武帝时,吴县人朱买臣为会稽太守,在当地"治楼船,备粮食、水战具"[2],为征服越人做了充分的准备。吴县为当时会稽郡治所在地,这些战备工作可能就是在吴县所为。

2. 商业

秦及西汉前期,今苏州一带受经济水平所限,"无冻饿之人,亦无千金之家",司马迁在《史记》卷一二九《货殖列传》中记载的巴寡妇清、蜀卓氏、程郑、宛孔氏、鲁曹邴氏等富商大贾,无一来自江南一带,可见当时江南地区商品经济的发展还比较落后。但伴随着农业和手工业的发展,秦汉时期苏州一带的商业渐渐发展起来。

当时苏州所在的江南一带林木众多,因此木材交易颇具规模。江南的林木中不乏檽、梓、梗、柟等珍贵木材,这些珍贵木材从江南历尽艰辛运至洛阳,经过能工巧匠精心雕制成棺材后,虽价格昂贵,"计一棺之成功,将千万夫",但销售极广。王符在其著作《潜夫论》卷三《浮侈》中批评殡葬奢侈之风时,就提到"京师贵戚,必欲江南檽梓,豫章梗柟;边远下土,亦竞相仿效",甚至"东至乐浪,西至敦煌,万里之中,相竞用之",[3]可见受欢迎程度。

除珍贵木材交易之外,基于一般木材上的薪炭生产也出现了商品化的现象。如西汉名臣吴人朱买臣,家贫苦读,"常艾薪樵,卖以给食,担束薪,行且诵书"[4]。薪炭生产所需本钱较少,简单易行,可能是当时不少穷人的谋生手段。

和薪炭这种生活必需品一样,粮食贸易在当时也发展起来了。东汉初年第五伦为会稽太守时清廉自守,"受俸裁留一月粮,余皆贱贸与民之贫羸者"[5]。这是小规模的个体粮食交易。而到东汉末年,苏州一带的粮食贸易已经颇具规模,据《三国志》卷六十《吴书·全琮传》载,当时任桂阳太守的全琮之父全柔"尝使琮赍米数千斛到吴,有所市易"[6],一次性从桂阳长途贩运数千斛米到吴交

---

[1] 王仲殊:《吴县、山阴和武昌——从铭文看三国时代吴的铜镜产地》,《考古》1985年第11期;王仲殊:《"青羊"为吴郡镜工考——再论东汉、三国、西晋时期吴郡所产的铜镜》,《考古》1986年第7期。
[2] 班固:《汉书》卷六十四上《朱买臣传》,中华书局1962年,第2792页。
[3] 王符:《潜夫论》卷三《浮侈第十二》,中华书局1985年,第79—80页。
[4] 班固:《汉书》卷六十四上《朱买臣传》,中华书局1962年,第2791页。
[5] 范晔:《后汉书》卷四十一《第五伦传》,中华书局1965年,第1397页。
[6] 陈寿:《三国志》卷六十《吴书·全琮传》,中华书局1982年,第1381页。

易,可见当时市场上对粮食的需求之大。

当时苏州一带还有珠宝及药材等零散的商品交易。传说西汉初年,会稽人朱仲"常于会稽市上贩珠",汉高后时曾"赍三寸珠诣阙上书",并得到五百金的赏赐,当时鲁元公主还"私以七百金,从仲求珠",直到汉景帝时,朱仲还"复来献三寸珠数十枚"。能够不断交通皇室,可见朱仲在当时已经是比较有名的珠宝商人,以至于西汉政府还曾"下书会稽征聘"。[1]另外,《神仙传》中还记载西汉的东方朔在汉宣帝初年曾"弃郎以避乱世",后来有人见他在会稽"卖药五湖",虽然此事未必可靠,但也反映出当时苏州一带已经有了中药材交易。

在国内贸易发展的基础上,海外贸易也有所发展。秦汉时期,会稽郡的东冶县(今属福建)是东南海路的主要港口,东汉中期以前,"旧交趾七郡贡献转运,皆从东冶泛海而至,风波艰阻,沉溺相系"。一直到建初八年(83),会稽人郑弘为大司农后才"奏开零陵、桂阳峤道,于是夷通"。[2]虽然失去了转运贡输功能,但东冶仍是当时重要的海外贸易港口,《后汉书·东夷传》记载:"会稽海外有东鳀人,分为二十余国。又有夷洲及澶洲。传言秦始皇遣方士徐福将童男女数千人入海,求蓬莱神仙不得,徐福畏诛不敢还,遂止此洲,世世相承,有数万家。人民时至会稽市。会稽东冶县人有入海行遭风,流移至澶洲者。所在绝远,不可往来。"[3]据考证,澶洲就是现在的日本,可见中日贸易在当时已经有所发展。

随着商品经济的发展,货币在苏州一带也得到了广泛使用,苏州的汉墓中出土随葬货币的情况也越来越普遍,从汉初的数十枚发展到数十贯,平门城墙的东汉单室砖墓中出土的铜钱就有近百斤之多,天宝墩27号汉墓中还出土了五铢钱九百余枚。[4]常熟虞山一号汉墓中也出土了大泉五十成串,约三百二十八枚,二大布黄千五枚。[5]大量钱币的出土也反映了当时苏州一带商品交易的频繁。

3. 吴城的发展

秦汉时期,吴城是江东地区首屈一指的区域性商业都会。吴城原为春秋时期吴国都城,城区规模较大,周围23.5公里,开水陆门各8个,城中又有小城,周围6公里。至秦统一后,为会稽郡治,汉代因之,吴会分治后为吴郡郡治。吴城

---

[1] 刘向:《列仙传》卷上,中华书局1985年,第31页。
[2] 范晔:《后汉书》卷三十三《郑弘传》,中华书局1965年,第1156页。
[3] 范晔:《后汉书》卷八十五《东夷传》,中华书局1965年,第2822页。
[4] 苏州博物馆:《苏州市天宝墩二十七号汉墓清理简报》,《苏州文物资料选编》,苏州地区文化局、苏州市文物管理委员会、苏州博物馆1980年编印,第69—72页。
[5] 江苏省文化局:《常熟清理三座汉墓》,《文物参考资料》1956年第11期。

历史悠久,长期为吴越经济区的中心城市,由于地处肥沃的太湖流域,交通便捷,物产丰富,人口众多,据东汉应劭在其所著《汉官仪》卷上记载,当时长江中下游广大地区只有吴、临湘及南昌三县户数超过万户。《史记·货殖列传》载:"夫吴,自阖闾、春申、王濞三人招致天下之喜游子弟,东有海盐之饶,章山之铜,三江五湖之利,亦江东一都会也。"[1]可见当时的吴城已经是全国重要的商业城市之一。司马迁曾经亲身到今苏州一带进行游历考察,"上姑苏,望五湖"[2],他对于吴城经济文化地位的分析,应当是基本可信的。所谓"东有海盐之饶",主要是指其煮盐业发达;"章山之铜",说明铜的冶炼和铸造业先进。吴王刘濞时"居国以铜盐故,百姓无赋","国用饶足"。"三江五湖之利"说明其渔业资源十分丰富,同时交通便捷。《越绝书·吴地传》载:"吴古故水道,出平门,上郭池,入渎,出巢湖,上历地,过梅亭,入杨湖,出渔浦,入大江,奏广陵。"[3]可知其有渠道北通长江,南通江南河,沟通钱塘江。《史记·河渠书》亦云:"于吴,则通渠三江、五湖。"[4]陆路,可北循陆道直抵无锡历山,西循九曲路达于太湖。由于交通便捷,吴越之地的盐、铜、鱼、越布等产品都可以通过这些商路输出。

早在春秋时期,吴城就有吴市,并设立市吏管理市场。据《吴越春秋·王僚使公子光传》载:"子胥之吴,乃被发佯狂,跣足涂面,行乞于市。市人观,罔有识者。翌日,吴市吏善相者见之……市吏于是与子胥俱入见王。"[5]后来春申君又对吴市进行了改造。汉代的吴市仍然存在,《越绝书·吴地传》载:"吴市者,春申君所造,阙两城以为市,在湖里",又载:"汉高帝封有功,刘贾为荆王,并有吴。贾筑吴市西城,名曰定错城,属小城,北到平门,丁将军筑治之",[6]证明汉代吴市之存在,并不断扩大。吴市的市门还有专职的门卒掌管。《吴郡图经续记》卷上《坊市》载:"昔梅福弃官,易名姓,为吴市门卒。"[7]梅福乃西汉末人,官至南昌尉,因不满王莽乱政而弃官,到吴县为吴市门卒。市井门垣之设,表明汉代吴市的管理已经比较严密。

吴市上有来自南北各地的商品出售,前述全琮从桂阳携数千斛米到吴城交易就是显著的例子。另外,吴市中还有小手工业者在此谋生,汉代刘向所著的

---

[1] 司马迁:《史记》卷一二九《货殖列传》,中华书局1982年,第3267页。
[2] 司马迁:《史记》卷二十九《河渠书》,中华书局1982年,第1415页。
[3] 袁康:《越绝书》卷二《越绝外传记吴地传第三》,武汉大学出版社1992年,第28页。
[4] 司马迁:《史记》卷二十九《河渠书》,中华书局1982年,第1407页。
[5] 赵晔:《吴越春秋》卷三《王僚使公子光传》,江苏古籍出版社1999年,第22页。
[6] 袁康:《越绝书》卷二《越绝外传记吴地传第三》,武汉大学出版社1992年,第35、36页。
[7] 朱长文:《吴郡图经续记》卷上《城邑》,江苏古籍出版社1999年,第9页。

《列仙传》中记载了一位负局先生,"常负磨镜局徇吴市中,衒磨镜一钱。因磨之,辄问主人,得无有疾苦者,辄出紫丸药以与之,得者莫不愈"〔1〕。这位负局先生在吴市中从事磨镜的小手工业兼行医,虽然该记载属于神话传说,但也从侧面反映出当时的吴市状况。

两汉时期,吴城的周围还曾建有一些用于祭祀的庙宇。如西汉时期吴王刘濞就在吴城东五里的"匠门外信士里东广平地"修筑有刘氏宗庙,"太公、高祖在西,孝文在东",该宗庙在永光四年(前40)方才被汉政府拆除。〔2〕据宋代的《吴郡志》和明代的《吴邑志》记载,东汉桓帝永兴二年(154),太守麋豹在阊门外修建了祭祀泰伯的至德庙,直到七百五十余年后的后梁乾化二年(912),吴越武肃王钱镠才徙其于阊门内。〔3〕另外,东汉时期在吴城的东门外道南,还有伍子胥庙,此庙亦是吴郡太守麋豹所移建。〔4〕

四、秦汉王朝的政策对吴地经济发展的影响〔5〕

秦国统一前,今苏州地区所在的吴地先后属于吴、越及楚国,均属于中原文化圈之外,被视为化外的蛮荒之地,由于自然环境和民俗的不同,具有相对独立的发展道路。秦汉时期,吴地成为统一国家的组成部分,其经济发展与秦汉王朝的政策密切相关。

1. 秦王朝的政策对吴地经济的影响

秦朝统一后,吴地在历史上第一次被纳入中原政权的管辖范围内。秦王朝在全国范围内推行了车同轨、书同文、统一货币、统一度量衡等巩固大一统政权的措施。吴地自此终止了原来相对独立的发展状态,被纳入国家统一的运行轨道中,实行秦朝中央政府统一的管理模式,一方面缩短了吴地经济与中原经济的差距,另一方面又给吴地的经济发展带来了重大影响。

相对于其他地区而言,吴地远离秦朝的政治和经济中心,秦朝中央政府对吴地的控制力量相对较弱,因此六国的宗室贵族和一些不愿迁徙的豪强大贾中有

---

〔1〕 刘向:《列仙传》卷下,中华书局1985年,第55页。
〔2〕 袁康:《越绝书》卷二《越绝外传记吴地传第三》,武汉大学出版社1992年,第37页。
〔3〕 范成大:《吴郡志》卷十二《祠庙》,江苏古籍出版社1986年,第163页;杨循吉:《吴邑志》卷六《境内坛庙祠宇》,广陵书社2006年,第51页。
〔4〕 范成大:《吴郡志》卷四十八《考证》,江苏古籍出版社1986年,第627页。按:《吴郡志》此处载"会稽太守麋豹",误,麋豹任太守在东汉桓帝间,此时吴会已分治多年,故其应为吴郡太守。
〔5〕 本节参考了臧知非等人所著《周秦汉魏吴地社会发展研究》(群言出版社2007年)中的相关内容。

不少人逃亡吴地避难,项梁、项羽叔侄逃亡吴中就是明显的一例,而其他国家的宗室成员逃亡吴中的可能也不在少数,秦始皇东巡会稽的目的就是弹压那些避乱吴地的六国残余势力。秦始皇所迁徙的豪强大贾主要是在原六国的政治经济中心地区,吴地处于楚国的边远地区,并未受到迁徙豪强的影响,而统一货币和度量衡、开辟驰道等措施却便利了吴地和其他地区的经济交流,促进了吴地经济的发展。六国宗室以及逃亡吴地的中原移民比土著居民掌握了更多的先进生产技术,为吴地生产技术的变革提供了可能。

2. 汉王朝的政策对吴地经济的影响

西汉建立后,汉高祖刘邦认为,强大的秦朝之所以存在十余年就迅速灭亡,其关键原因就是没有分封同姓子弟为王,所以在中央政府危险的情况下,得不到地方的有力支援,因此西汉建国之初,刘邦在剪除异姓王的同时,又陆续分封了九个刘姓子弟为王,希望依靠刘氏宗族的力量达到长治久安的目的。刘邦在以苏州为中心的吴地设吴国,封刘濞为吴王,在此后的四十多年中,吴地经济得到了飞速发展。

刘濞为吴王后,根据西汉政府"开关梁,弛山泽之禁"及允许民间铸钱等宽松的经济政策,充分利用吴地的资源,发展工商业,开山铸钱,煮海为盐,积累了大量财富。为了吸引流亡人口,刘濞还免除了吴国居民的田赋、人口税等赋税,甚至农民服役也由官府补贴工钱,其他郡国逃亡人员刘濞也一律收留,"它郡国吏欲来捕亡人者,讼共禁不与"[1]。这些措施促进了吴地人口的迅猛增加,为经济的发展奠定了劳动力基础。在刘濞统治时期,今苏州一带也有了长足发展,是吴国的煮盐基地,并在此设有司盐之官。为了解决盐、铁的外运问题,在长江南岸沿江海内侧开挖河道,名"盐铁塘",该运河顺着古长江岸线的高冈冈身开挖,西起杨舍,东经常熟,再向南穿过昆山、太仓,直达松江,注入大海,绵延近百公里,成为通江达海的重要通道,名字一直沿用至今。[2]

刘濞发动七国之乱失败不久,吴地所在的会稽郡就由西汉政府直接统治,汉武帝即位后,采取了一系列经济改革的措施,来强化中央集权。推行盐铁专卖政策,在会稽郡的海盐设立了盐官,在附近的丹阳郡、广陵国等地也设立了铜官和铁官,加强了对地方盐铁的统一管理,并迁徙贫民到会稽郡等地,充实地方人口,促进中原地区先进生产方式的传播和吴地经济的发展。

---

[1] 班固:《汉书》卷三十五《荆燕吴传》,中华书局1962年,第1905页。
[2] 一说盐铁塘是自然形成的,但可能汉代时疏浚过。见路希羔《试论"盐铁塘"在早期历史时期的作用》,《东南文化》1990年第5期。

东汉定都洛阳,统治中心东移,吴地的人口在两汉之际的战乱中迅速增加,中央政府在全国范围内选拔委派的不少清官廉吏在任时推行先进的耕作技术,大力发展经济,移风易俗,也推动了地方经济的发展。东汉末年,社会动荡,国家对地方失去控制,黄巾军大起义和继之而来的军阀混战,对中原地区造成了极大的破坏,而吴郡一带相对稳定,因此吸引了来自北方的大量移民,很快就发展成为民富兵强的乐土。

五、苏州的汉代考古发现

上世纪八十年代以来,在苏州的基础建设过程中,发现了数以千计的汉代遗址与墓葬,如在盘门三景遗址发现了战国、汉、六朝和唐宋时期的文化层,在道前街和东吴纺织厂遗址发现汉文化层直接叠压在生土层上,道前街南侧东西近1 000米的地层剖面上汉代文化层连续不断,最厚处达2米。城内还发现大量汉代水井,如原金星糖果厂、大公园、报社、道前街、人民路、察院场、苏州大学、盘门内、光明丝织厂、新苏丝织厂、博物馆、染织三厂、塑料十一厂、丝绸印花厂、仪表厂等数十处都出土过汉代的陶圈井,分布相当密集。[1]城外则发现有大量汉墓,较重要的有娄葑乡的高山墩、天宝墩、青旸墩,横塘乡的凤凰墩、鸳鸯墩、双桥墓地、冶金厂墓地,虎丘乡的高邮墩、长凳坟、新庄墓地、王妹妹坟,长青乡的孙坟头、白洋湾墓地等,小型墓葬更是难以计数。[2]在相门发掘古水门遗址时,发现水门是建筑在青灰色生土层上的,基础由纵横交叉的楠木块木及圆木堆筑而成;基础之上放有千斤重的青石门臼,筑有水上门和水下门。

苏州发现的汉代墓葬型制和中原地区基本相同,反映了汉代大一统的时代特点。苏州考古发现的汉墓主要分为竖穴土坑墓和砖石墓两种类型。竖穴土坑墓在汉墓中占绝大多数,涵盖了从西汉早期到东汉晚期,有土坑底铺石片(板)墓、土坑墓、T字形土坑墓、土坑木圹墓和土坑竖穴木椁墓等种类。而到了东汉晚期,土坑墓逐渐被砖室墓代替,苏州地区发现的砖室墓有单室墓、双室墓和多室墓等种类。这些类型的汉墓基本都有富有时代特征的文物出土,如西汉早期的高山墩汉墓,出土遗物以青釉器为主,并有汉半两钱以及铜虎镇四只,墓葬结

---

[1] 丁金龙:《苏州城区发现的汉井》,《江苏省考古学会1982年年会论文选》,江苏省考古学会1983年编印;钱公麟:《苏州市内战国至宋代遗址》,《中国考古学年鉴》(1985年),文物出版社1986年;苏州博物馆:《苏州北郊汉代水井群清理简报》,《考古》1993年第3期。

[2] 朱薇君、钱公麟:《略谈苏州汉墓》,《江苏省考古学会1982年年会论文选》,江苏省考古学会1983年编印,第48—54页。

构也具有战国时期墓葬的某些特点;西汉中期的天宝墩 M26、M27 等墓葬,出土遗物不仅有莲峰钮星云纹铜镜和武帝时的大量五铢钱,而且有钫、鼎、壶等釉陶礼器及少量的食用器;以天宝墩 M23、白洋湾汉墓等为代表的一批西汉晚期至东汉早期汉墓,均以出土井、仓、灶、屋、猪、马、牛、羊等模型为主,并有鼎、罐、壶等陶器,四乳四螭纹铜镜及更始二年(24)五铢钱;东汉中期的天宝墩 M24 和觅渡桥汉墓中井、仓、灶、牛、羊、马等模型已经消失,出土的铜镜除四乳四螭纹镜外,还有带"而"字纹昭明镜及日光镜,铜钱为大泉五十及剪轮五铢钱;东汉晚期苏州出土的墓葬以青旸墩孙坚墓、虎丘五队汉墓和新塘六队等砖石墓为代表,出土的铜镜为方格涡圈纹大钮神兽镜,铜钱为五铢及綖环钱,并出土五联罐及泥质陶小动物等。

和中原地区的汉墓相比,苏州地区汉墓的墓葬结构和埋葬风俗基本上是一致的,如前期都还沿袭战国墓的基本特点,一般为长方形土圹木椁墓,娄葑团结天宝墩的 M26、M27 均属此类,这些合葬墓和北方的汉墓一样,都有很高的土墩,只是这些墓的土坑坑位不深,一般只有 1 至 2 米,这和苏州的地下水位偏高有关。东汉后期本地盛行的砖室墓同北方地区王莽前后的"单穹隆顶墓"基本相似,这种墓前室为长方形,后室作椭圆形和长方形,顶部用楔形砖叠成穹隆顶,前室放置随葬品,后室为棺室。但本地从来没有发现过空心砖墓和土洞室墓,连画像石墓也很少见,仅在青旸墩孙坚墓石门楣上发现雕刻有青龙、白虎及羽人的图像,而且苏州市郊的砖室墓比北方地区的砖室墓在时代上要晚很多,至东汉中晚期才开始出现,这显然是受中原影响后的产物。

苏州所发现的汉墓,出土器物均以陶器为主,并有少量漆器、木器和铁、铜、金等金属器随葬品。苏州地区汉墓出土遗物基本上和中原地区相同。如早期一般随葬鼎、钫、盒、壶等礼器,另放置少量的日用器;晚期随着地主庄园经济的兴起,墓中模型器开始出现。除了这些相同点外,苏州地区的汉墓在随葬器物的种类方面与中原地区也有不同,如带有江南地方特点的大量干栏式建筑的屋、仓等,除了牛棚和猪圈外,都带有足,这在北方墓中不多见,可能是与江南地区的潮湿多雨有关。另外像水井等模型的造型也不同于北方,一般为直筒式,上有井栏圈,器表饰水浪纹,没有北方辘轳式井。像臼、杵等春米用具在北方墓中也很少见,这和江南地区生产水稻、春米食用有一定联系。大量随葬器物上都饰曲波纹、水浪纹等也是苏州汉墓出土器物中的显著特点。

苏州地区汉墓的墓制及出土器物的演变规律和特点,不仅能说明墓葬的时代性,而且也从侧面反映了当时苏州地区的生活习俗及经济文化发展水平。西汉早期,由于一切仍沿袭秦制,所以墓葬中仍保留着一些早期石室墓的残迹,但没有像石室墓那样整个构造全用石块堆砌而成,仅在墓底铺上石板(片)而已,有铜虎镇、原始青瓷、几何印纹陶器和货币随葬,而且早期墓葬以单人土坑墓为主,随葬遗物少而粗糙。经过文景之治,社会经济发展迅速,苏州汉墓中器物日益丰富,不仅较大的墓葬中有大量成对的鼎、钫、壶、盒等礼器,还有罐、瓮等日用器,并出现屋、灯等模型器,连小型土坑墓中也有成对的礼器和日用器。墓中开始出现了大量的麟趾金,有陶、铜、鎏金、纯金等材质。这些都说明了西汉中期苏州地区的社会发展情况。墓葬构造方面,开始用木板作为木圹来固定墓的范围,但这些墓葬较粗糙简陋,没有底板,也没有榫接,带有原始性,是木椁墓的雏形。西汉晚期,庄园式豪强士族地主出现,反映为大量墓中模型器的出土,其中如屋、仓的干栏式建筑比较有地方特色,这些模型器直到东汉中期才完全消失。东汉中期苏州地区木椁墓发展到了比较完善的地步,构造严密,板与板之间有榫接、子口,并有头厢、脚厢等,说明当时的社会经济有了进一步发展。东汉后期由于北方人口大量南移,给南方带来了中原的先进技术,北方的砖室墓开始在苏州出现、盛行,从而取代了土坑墓,奠定了以后各朝代砖室墓的基础。

虽然从苏州地区汉墓的墓制和出土器物的发展序列来看,苏州地区的汉文化和其他地区的汉文化是同步发展的,并不存在质的不同,但是同类器物出现的时间总是比中原要慢一拍。例如中原地区早就出现的陶井、陶灶之类明器在苏州地区要晚到东汉时才出现,而且数量不多。苏州地区汉墓中出土的器物多半是陶器、釉陶器和铜、铁器,极少出土漆器、玉器、金器和陶楼等大型明器,苏州地区汉墓的规格等级也明显地低于中原地区,不仅没有发现大型墓葬,而且连画像砖石墓也远没有中原、四川、徐州、山东甚至陕北多,迄今为止只在邻近的高淳固城、常州南郊、溧水和海宁发现过几座画像砖石墓,[1]其所刻画的四神、羽人、方相氏、车马出行、历史故事、拜谒宴饮、舞乐百戏等画面与其他地区汉墓画像砖石上的内容并无二致,但是规模要小得多,质量也明显不如。另外,苏州地区也没有汉代的碑刻文字遗留下来。

汉代生活在今苏州一带的并不都是先秦吴人、越人或楚人的后裔,而是他们和南迁的北方汉人融合而成的后裔,今苏州一带的汉文化也不是完全从先秦时

---

[1] 潘六坤:《浙江海宁东汉画像石墓发掘简报》,《文物》1983年第5期;陈兆善:《江苏高淳固城东汉画像砖墓》,《考古》1989年第5期;刘和惠:《江苏省高淳县东汉画像砖墓》,《文物》1983年第4期;杨玉敏等:《江苏常州南郊画像、花纹砖墓》,《考古》1994年第12期;吴大林:《江苏溧水出土东汉画像砖》,《文物》1983年第11期。

代的吴文化、越文化或楚文化演变而来的,而是中原汉文化不断向江南传播和交融的结果,不过由于本地的历史渊源与文化底蕴,今苏州一带汉文化继承先秦楚文化的成分显然最多。见表1-1。

表1-1 吴越地区楚器和汉器的比较[1]

器名	楚器	出处	汉器	出处
鼎		浙江安吉		青浦福泉山
壶		浒关小真山 青浦福泉山		湖州方家山 浒关小真山
钫		嘉定外冈		苏州天宝墩
瓿		浒关小真山		浒关小真山
罐		绍兴凤凰山		青浦福泉山
盒		浙江安吉		浒关小真山

[1] 此表见叶文宪《再论吴越地区的汉文化》,《苏州科技学院学报》2008年第2期。

第二章 六朝时期的苏州

第二章 六朝时期的苏州

六朝时期,今苏州地区所在的吴郡从秦汉统一政权的边远之区,转变成为割据政权不可动摇的根本之地,被时人比作是西汉时期的扶风、冯翊,以及东汉时期的颍川、河内,在六朝各政权中的地位至关重要。

孙吴政权初创时,曾以吴郡为首府经略四方,并以吴郡四姓为重要辅佐,从弱小走向强大,最终奠定了三分天下的基业。西晋末年,以吴郡顾荣为首望的江东大族,先后平定了石冰之乱和陈敏之乱,接引司马睿南渡,并引荐江东才俊参与东晋政权,促进了侨姓士族和吴姓士族的联合,奠定了东晋在东南的偏安之业。在刘宋的建立过程中,吴郡张氏中的张裕、张邵兄弟作为刘裕所信赖的心腹重臣,起到了重要作用。萧道成代宋自立前,张瓌在吴郡斩杀了刘宋宗室刘遐,免除了萧道成的后顾之忧。萧齐末年,吴郡张稷派人斩杀东昏侯,亲手埋葬了南齐王朝,在齐、梁禅代之际发挥了举足轻重的作用。梁末侯景之乱时,吴郡是叛军和官军相持的主要战场之一,遭受很大的破坏,侯景最终从吴郡松江败逃入海覆灭。陈霸先在建陈的过程中,也是通过攻取吴郡,消灭了政敌王僧辩的残余势力,为称帝扫清了障碍。由上述可见六朝时期吴郡以及吴郡人士对当时政治的影响。

六朝时期,吴郡一带相对比较安定,吸引了大批北方南迁人口,农业发展水平有了较大提高,工商业也有了较快发展,加以扼江东运河商路咽喉,所辖地区物产富饶,各种条件互相配合,使吴郡成为当时重要的商业城市之一。伴随着经济文化的发展,吴郡的园林建造活动渐趋兴盛,私家园林和寺观园林不断涌现,园林的建造艺术也日益成熟,从借助自然山水逐步向模拟自然山水的方向发展,并出现了张永等造园名家,对后世的园林建设影响深远。

六朝时期吴郡经济的发展是和水利工程的兴修以及水路交通的畅通分不开的。孙吴政权先后多次在吴郡一带进行大规模的屯田,在开拓太湖流域水网、围垦湖田、兴建水利灌溉工程等方面,做出了开创性的努力。东晋南朝时期,在太湖东南缘今吴江平望至湖州间修筑了荻塘,在吴郡东北今常熟和昆山一带开凿疏通了不少通江港浦,在吴郡东南沿海一带还修筑有海塘,这些水利工程对吴郡农业的发展起到了至关重要的作用。在水路交通方面,孙吴时期破冈渎的开凿,沟通了建业至吴郡、会稽间的水路,这条运河后来成为六朝时期最重要的漕运路线。而吴郡不仅扼这条运河水道的要冲,其他水路交通包括海上交通也四通八达,成为太湖流域的交通中心,不仅为商业的发展提供了便利,也提高了吴郡的战略地位。

第一节　六朝时期苏州的政治概况

一、政区建制

东汉末年,吴郡辖吴、娄、由拳、海盐、余杭、钱唐、富春、乌程、阳羡、无锡、毗陵、曲阿、丹徒十三县,大体相当于今长江以南、镇江以东、钱塘江以西的江浙沪广大地区。六朝时期,虽然吴县一直为吴郡郡治,但伴随着江东政治经济形势的变化,在东汉时原吴郡辖区内,新的郡县不断分立,吴郡辖区也越来越小。下面简单作一考察。

1. 孙吴时期

孙策渡江后,作为桑梓之地的吴郡为其最先控制的地区之一,孙吴政权前期还以吴郡为首府经略四方,在实施屯田及镇压山越的过程中,对吴郡的行政区先后进行了大规模的调整。首先是新县的设立,据《三国志》卷六十《吴书·贺齐传》记载,建安十六年(211),吴郡余杭民郎稚"合宗起贼,复数千人"[1],被孙吴将领贺齐出兵击败后,分余杭县新设立临水县。在此前后,孙吴政权还分乌程和余杭新置永安县[2]。黄武(222—228)前后,先后从富春县分出了建德、桐庐、新昌及新城四县,但不久新城县就并于桐庐县。另外,建安初年,孙吴政权还在海盐县设立了海昌屯田都尉,后为盐官县。

---

[1] 陈寿:《三国志》卷六十《吴书·贺齐传》,中华书局1982年,第1379页。
[2] 《南史》卷五十七《沈约传》记载永安县为"初平五年分乌程、余杭为永安县"。按,初平五年即兴平元年(194)。《宋书》卷三十五《州郡志》记载永安为"吴分乌程、余杭立"。《元和郡县图志》卷二十五《江南道一》记载:"武康县,本吴乌程余不乡之地。汉末童谣云:'天子当兴于东南三余之间。'故吴大帝改会稽之余暨为永兴,而分余不乡置永安县,属吴兴。晋平吴,改为武康。"孙策兴平二年(195)方渡江,不可能在初平五年(194)分乌程、余杭置县,因此《南史》记载有误。据该童谣可知永安置县与余暨改永兴同时,应在孙权统事后的建安年间。

在新县设立的同时,孙吴政权在原吴郡辖区内还新设立了郡级的行政区。据《晋书》及《宋书》等资料记载,孙吴时期分吴郡无锡以西为屯田,置毗陵典农校尉,〔1〕辖原属吴郡的无锡(后省)、毗陵、曲阿、丹徒四县地,为郡级屯田区。

宝鼎元年(266),山越施但反,孙皓庶弟孙谦被俘自杀,施但等又凌辱孙皓父亲孙和的陵墓,孙皓以"今吴郡阳羡、永安、余杭、临水及丹杨故鄣、安吉、原乡、於潜诸县,地势水流之便,悉注乌程,既宜立郡以镇山越,且以藩卫明陵,奉承大祭"为由,分吴、丹阳二郡之九县为吴兴郡,治乌程。〔2〕吴兴郡的建立,划去了原属吴郡的乌程、阳羡、永安、余杭、临水五县,太湖南岸的东、西苕溪流域自此从吴郡分离了出来。

另外,黄武五年(226)秋七月,因山越攻没属县,孙吴政权还曾分吴、丹杨、会稽三郡的"恶地"共十县置东安郡,郡治富春,以全琮为太守,平讨山越。吴郡的富春、桐庐、建德等县属东安郡。黄武七年(228),罢东安郡,以上诸县复归吴郡。

综上所述,孙吴后期吴郡辖吴、娄、嘉兴〔3〕、海盐、富春、钱唐、建德、桐庐、新昌及海昌屯田都尉等十个县级行政区,和郡级的毗陵典农校尉。在今苏州范围内仍是吴、娄二县,见于史料记载的当时吴县乡里名称有虞乡、向阳里、胡阳里等,虞乡位于吴县北部长江附近,设立有司盐都尉署,向阳里、胡阳里位于吴城附近,为当时铜镜的重要产地。〔4〕当时的吴县地位非常重要,孙策平定江东以后,以丹杨朱治为吴郡太守,自领会稽太守,屯吴。终吴之世,吴侯之封皆为孙氏宗室。建安三年(198),孙策改封吴侯,胡三省认为"由乌程徙封吴,进其封也"〔5〕。孙登子英封吴侯,五凤元年(254),谋诛孙峻,事觉自杀,国除。五凤中,孙基封吴侯,孙皓即位,削基爵土。太平二年(257),孙壹封吴侯。

见于记载的吴县官员有吕岱和孟宗(后为避孙皓字讳,改名孟仁)。吕岱在孙权统事后出守吴丞,当时孙权"亲断诸县仓库及囚系,长丞皆见",而吕岱"处法应问,甚称权意",〔6〕后升任余姚长。孟宗为当时孝子,在担任吴县令期间,

---

〔1〕《三国志》卷五十二《吴书·诸葛瑾传》注引《吴书》记载,"赤乌中,诸郡出部伍,新都都尉陈表、吴郡都尉顾承各率所领人会佃毗陵,男女各数万口"。可见赤乌年间毗陵已有大规模屯田,估计典农校尉设于此前后,为改吴郡西部都尉所置。

〔2〕 陈寿:《三国志》卷四十八《吴书·三嗣主传》注引孙皓诏,中华书局1982年,第1166页。

〔3〕《宋书》卷三十五《州郡志一》载:"此地本名长水,秦改曰由拳。吴孙权黄龙四年,由拳县生嘉禾,改曰禾兴。孙皓父名和,又改名曰嘉兴。"

〔4〕 王仲殊:《吴县、山阴和武昌——从铭文看三国时代吴的铜镜产地》,《考古》1985年第11期。

〔5〕 司马光:《资治通鉴》卷六十二《汉纪五十四·献帝建安三年》注,中华书局1956年,第2008页。

〔6〕 陈寿:《三国志》卷六十《吴书·吕岱传》,中华书局1982年,第1383页。

"每得时物,来以寄母,常不先食"〔1〕,后来其母去世,孟宗犯禁自吴县回江夏老家奔丧,"已而自拘于武昌以听刑",按律当死,陆逊为其亲自向孙权求情,"陈其素行,因为之请",孙权特为其减刑一等,并声明"后不得以为比",〔2〕后来孟宗官至司空。

孙权时期,为了及时传递重要军事消息,在沿江一带普遍设有烽火台,"以炬置孤山头,皆缘江相望,或百里,或五十、三十里,寇至则举以相告,一夕可行万里"。吴郡北部的长江边上也不例外,史载当时黄昏时分从西陵(今湖北宜昌)开始举火,在夜半三更的时候就可以到达吴郡南沙(今常熟、张家港一带),可见传递信息之迅速。〔3〕

娄县在建安七年(202)为朱治奉邑,建安末年陆逊曾封娄侯,黄龙元年(229)张昭由由拳侯改封娄侯,这三人均为孙吴政坛上举足轻重的人物,而另一重臣顾雍早年也曾担任过娄县令,由此可见娄县在当时具有相当重要的地位。娄县的沿海一带,孙吴时期亦有烽火台之设,据《太平寰宇记》载,昆山县(南朝梁时由娄县分置)有秦柱山,"在县南三十里。山南带海,上有烽火楼基,吴时以望海寇"〔4〕。

2. 两晋时期

晋武帝太康元年(280)平吴,分天下为十九州,吴郡仍属扬州。晋廷对原孙吴政权的行政建制进行了不少改动,其中之一就是废尉部为郡县。太康二年(281),原属吴郡所辖的郡级屯田区毗陵典农校尉省置为毗陵郡,吴郡辖区从此退到无锡以东。吴郡所辖的海昌屯田都尉也被改为盐官县。〔5〕太康四年(283),分吴县之虞乡立海虞县,隶属吴郡,此为常熟建县之始。另外在太康元年(280),吴郡下辖的新昌县改为寿昌县。太康十年(289),封皇子司马晏为吴王,"食丹杨、吴兴并吴三郡",吴郡为吴王晏奉郡之一,〔6〕惠帝末年司马晏遇害,国除。东晋咸和元年(326),司马岳被封为吴王,吴郡改为吴国,置内史,行太守事,历东晋一代未变。咸和二年(327)十月,司马岳徙封琅琊,但"犹食吴郡

---

〔1〕 陈寿:《三国志》卷四十八《吴书·三嗣主传》注引《吴录》,中华书局1982年,第1169页。
〔2〕 陈寿:《三国志》卷四十七《吴书·吴主传》,中华书局1982年,第1141—1142页。
〔3〕 陈寿:《三国志》卷四十七《吴书·吴主传》注引庾阐《扬都赋》注,中华书局1982年,第1148页。
〔4〕 乐史:《太平寰宇记》卷九十一"江南东道三""秦柱山"条,中华书局2007年,第1828页。
〔5〕 郦道元《水经注》卷二十九《沔水》载:"谷水又东径盐官县故城南,旧吴海昌都尉治,晋太康中,分嘉兴立。"浙江古籍出版社2001年,第460页。
〔6〕 房玄龄等:《晋书》卷六十四《武十三王传》,中华书局1974年,第1724页。

为邑"[1]。孝武帝时期,因简文帝之母郑太后讳"春",吴国(郡)所辖的富春县改为富阳县。东晋末年,吴国(郡)辖吴、娄、嘉兴、海盐、盐官、钱唐、富阳、桐庐、建德、寿昌及海虞十一县,户二万五千。在当今的苏州辖区内,有吴、娄、海虞三县。

今苏州的张家港市域,在两晋时属南徐州的晋陵郡[2],为当时的暨阳县和南沙县辖区。据《宋书》卷三十五《州郡志一》载,暨阳县为晋武帝太康二年(281)分无锡、毗陵所立,并割原吴县司盐都尉署(吴时名沙中)属之,"建治杨舍镇"[3]。东晋成帝咸康七年(341),罢盐署,立以为南沙县。暨阳是当时海防重镇和重要港口,早在汉代,此地就修筑有军事设施,据《太平寰宇记》所载,古暨阳城"在(江阴)县东四十里。汉时莫宠所筑,捍海贼翟马,因名莫城"[4]。东晋初年苏峻之乱时,权臣庾亮"欲遁逃山海,自暨阳东出。诏有司录夺舟船"[5]。正因为交通便利,一些南渡的侨姓士族就安家于此,上述庾亮的侄子庾希就"家于暨阳"[6]。另外河东闻喜(今山西闻喜)人郭璞南渡后也居于暨阳,后"以母忧去职,卜葬地于暨阳"[7]。南沙也有侨姓士族安家,如太建二年(570)的《陈故卫将军墓志铭并序》记载,卫和本为青州平陵(今山东章丘)人,"其先僻仇来南沙,遂家焉"[8]。

当时的张家港滨江一带沙涨成陆正处于高潮阶段,据上述《晋书》卷七十二《郭璞传》记载,郭璞为其母在暨阳选的葬地,距水仅百步许,"人以近水为言,璞曰:'当即为陆矣。'其后沙涨,去墓数十里皆为桑田"。另外,《太平御览》卷四十六引刘宋时期山谦之的《南徐州记》也记载:"南沙县北百里有中州山。昔在海中,去岸七十里。义熙以来沙涨,遂与岸连。"[9]由此可见当时沙涨成陆的速度之快,这也为新的县级行政区的设立提供了客观条件。

另外,今吴江区平望以西以南地区,为晋武帝太康三年(282)分乌程东乡所置的东迁县管辖,属吴兴郡,历南朝未改。

---

[1] 房玄龄等:《晋书》卷二十八《五行志中》,中华书局1974年,第860页。
[2] 晋陵郡即原毗陵郡,西晋时东海王司马越世子名毗,而东海国故食毗陵,因此在永嘉五年(311),改毗陵为晋陵。
[3] 陈延恩:道光《江阴县志》卷一《建置沿革》,清道光二十年(1840)刻本。
[4] 乐史:《太平寰宇记》卷九十二《江南东道四》"古暨阳城"条,中华书局2007年,第1852页。
[5] 房玄龄等:《晋书》卷七十三《庾亮传》,中华书局1974年,第1921页。
[6] 房玄龄等:《晋书》卷七十三《庾亮传附庾希传》,中华书局1974年,第1930页。
[7] 房玄龄等:《晋书》卷七十二《郭璞传》,中华书局1974年,第1908页。
[8] 赵超:《汉魏南北朝墓志汇编》,天津古籍出版社1992年,第33页。
[9] 刘纬毅:《汉唐方志辑佚》,北京图书馆出版社1997年,第172页。

东晋初年,吴郡境内还短暂设置过侨郡县。西晋永嘉年间,北方少数民族入据中原,晋室南迁,大批北方士族也因之渡江南下。为稳固东晋政权的统治,东晋元帝年间,丞相王导等人制定"侨寄法",在南迁的北方士族聚居地设立侨州郡、县,保持北方原郡县名称和独立的行政机构,以此来维护南下的北方士庶的权益。因此,长江沿线侨州郡县纷纷设立,如和吴郡毗邻的晋陵郡境内的侨郡就有南东莞郡、南兰陵郡、南清河郡、南彭城郡等数十个侨郡,以及莒县、东莞县、姑幕县、兰陵县等上百个侨县。但由于吴郡地区开发相对比较成熟,再加上当地土著士族势力强大等原因,侨州郡县仅曾在西北角的海虞县设立,据《宋书》卷三十五《州郡志一》记载,晋元帝初年,"割吴郡海虞县之北境为东海郡,立郯、朐、利城三县"[1],除了这三县外,南东海郡还管辖寄治曲阿的祝其、襄贲等县,隶属于南徐州。但到穆帝永和年间(345—356),南东海郡就移出京口,侨治于海虞县北境的郯、朐、利城三县也"寄治于京",从而结束了吴郡境内的侨州县历史。

3. 南朝时期

南朝宋永初二年(421),废除吴国,复称吴郡。刘宋大明三年(459),以扬州丹阳、淮南、宣城、吴郡、吴兴、义兴六郡为王畿,而以东扬州为扬州,后复以王畿为扬州,扬州为东扬州。大明七年(463),因孝武帝所宠爱的第八子新安王刘子鸾为南徐州刺史,孝武帝特意割富庶的吴郡隶属于南徐州,次年重新隶属于扬州。刘宋时期,吴郡辖吴、娄、嘉兴、海虞、海盐、盐官、钱唐、富阳、新城[2]、建德、桐庐及寿昌十二县,户五万四百八十八,口四十二万四千八百一十二,户数比晋代的二万五千增了一倍多。而今张家港市域仍为南徐州晋陵郡的暨阳县和南沙县辖区,历刘宋一代未改。

南齐虽然国祚只有短短的23年,但在今苏州区域内也进行了行政区划的调整。据宋人史能之纂修的咸淳《毗陵志·地理二》记载,齐武帝永明二年(484),析南沙置海阳县,则此时今张家港区域为暨阳、南沙及海阳三县所辖。

梁、陈二代,今苏州行政区域内区划时分时合,变动频繁,州、郡、县三级都曾有过相当大的变动。因《梁书》和《陈书》均无志、表,后世资料牴牾之处颇多,给考证这一时期的行政区划变动带来了很大难度,现仅就相关资料作一大体钩稽。

---

[1] 沈约:《宋书》卷三十五《州郡志一》,中华书局1974年,第1038页。
[2] 《宋书》卷三十五《州郡志一》:"新城令,浙江西南名为桐溪,吴立为新城县,后并桐庐。《晋太康地志》无。张勃云:'晋末立。'疑是太康末立,寻复省也。晋成帝咸和九年又立。"中华书局1974年,第1032页。

在州一级上,梁太清三年(549)秋七月,以吴郡置吴州,与扬州平级,但次年就省吴州,复为吴郡,继续隶于扬州。郡一级上,梁天监六年(507),在吴郡北境增置了信义郡,原属晋陵郡的南沙、海阳,原属吴郡的海虞,均划归信义郡管辖,另外还辖有前京、信义、兴国三县,信义郡治南沙,隶属于南徐州。梁太清三年(549)六月,已大权在握的侯景分吴郡的海盐、胥浦二县置武原郡,但该郡在侯景之乱平定后很快就被撤销。县一级上,梁天监六年(507),分娄县置信义县,属信义郡。大同初,"又分信义置昆山县,仍隶吴郡,以县有昆山,故名"[1]。梁代在原吴郡的辖区内还析海盐县的西北境置胥浦县,属吴郡,分娄县地置前京县,属信义郡,后属吴郡。另外据史料记载,梁大同六年(540)以南沙之地置常熟县,县治之地设南沙城(即福山),是为常熟县名之始。常熟之名取"土壤膏沃,岁无水旱","原隰异壤,虽大水大旱,不能概为之灾,则岁得常稔"[2]之意。

陈代在今苏州行政区域内没有新县设立,但对当时的吴郡也进行了区划调整。永定二年(558)十二月,割吴郡之盐官、海盐、前京三县置海宁郡,属扬州,后废。祯明元年(587)冬十一月,"割扬州吴郡置吴州,割钱塘县为郡,属焉"[3]。当时的吴郡城,为吴州、吴郡、吴县三级政府治所。根据胡阿祥教授的研究,截至祯明二年(588)底,吴州辖吴郡、钱塘郡和吴兴郡,其中吴郡辖吴、娄、嘉兴、昆山、盐官、桐庐、海盐七县,而辖区基本在今苏州东北部的信义郡辖南沙、信义、海阳、前京、海虞、兴国及常熟七县,仍属南徐州。[4]而明人卢熊所纂洪武《苏州府志》认为,截至陈末,吴郡仅辖吴、昆山、常熟、嘉兴四县。[5]

二、吴郡与孙吴政权的兴亡

东汉末年,外戚宦官集团擅权,政治极为腐败,阶级矛盾不断激化,终于导致了声势浩大的黄巾农民大起义的爆发。在镇压黄巾起义的过程中,州郡官吏和地方豪强都壮大了力量,发展成了大大小小的割据势力,经过二十多年的不断混

---

[1] 周世昌:万历《昆山县志》卷一《建置沿革》,明万历四年(1576)申思科刻本。
[2] 管一德:《皇明常熟文献志》卷一《建置沿革》,苏州图书馆藏旧抄本。
[3] 姚思廉:《陈书》卷六《后主纪》,中华书局1972年,第114页。
[4] 胡阿祥:《六朝疆域与政区研究》,学苑出版社2005年,第494—495页。按:上述胡著吴郡所辖七县中,娄县在陈末是否存在,尚有争议。(见奚柳芳《娄县考》,《苏州史志资料选辑》1989年第1、2辑合刊)。盐官、海盐两县此前已从吴郡割属海宁郡,海宁郡废后,所属三县中的前京县据《隋书》卷三一《地理下》记载,应是并入了信义郡,而盐官、海盐两县是并入新置的钱塘郡还是吴郡史无明载。另外,桐庐县似与其他县均不接壤,书此待考。
[5] 卢熊:洪武《苏州府志》卷首《三国六朝郡境图》,广陵书社2015年,第11页。

战和兼并,逐渐形成了北方的曹魏、长江上游的蜀汉和长江下游的孙吴三个割据政权,出现了三国鼎立的局面。其中孙吴政权与今苏州地区密切相关。

孙氏起于今浙江富春,为当时吴郡所辖,吴县为吴郡首邑,故今苏州地区被其视为桑梓之地,孙吴政权也是在此发迹,据《三国志》卷四十七《吴书·吴主传》记载,早在东汉兴平年间,吴中一带就有"黄金车,班兰耳,闿昌门,出天子"的童谣,刘宋人裴松之注云:"昌门,吴西郭门,夫差所作。"[1]可见童谣中的"昌门"即今苏州阊门。孙吴政权草创时期还曾以今苏州城为政治中心十多年,并从这里渐渐强大。不少出身于今苏州地区的文臣武将成为孙吴政权的文武支柱,可以说是决定孙吴兴亡的重要力量。统计《三国志·吴书》传记主人的籍贯,除建国者孙氏家族外,收录传记共57篇,其中吴郡13人,[2]占全部的近四分之一,远超其余各郡,而这些吴郡人士的大部分籍贯均为吴县,由此可见今苏州地区和孙吴政权的密切关系。

1. 孙坚与吴郡

孙吴政权的创始人孙坚为吴郡富春人,家世寒微,[3]和今苏州地区渊源颇深,据《三国志》卷四十六《吴书·孙破虏讨逆传》注引《吴书》记载,孙坚母亲怀妊孙坚时,曾经"梦肠出绕吴昌门"。熹平元年(172),孙坚以吴郡司马的身份,在当地招募了千余名精勇,和州郡兵一起讨破了"会稽妖贼"许昌,[4]由此开启了其发迹之路。孙坚夫人吴氏也是吴郡吴县人,后来迁居钱唐,[5]为孙坚生孙策、孙权、孙翊、孙匡等四男一女。因孙坚长期在外征战,教育子女主要靠吴夫人。《建康实录》卷一载:"后(孙)坚薨,夫人家于舒,抚育孤幼,严于母训。及策统众,夫人助治军国,至多补益。"[6]正是在吴夫人的悉心教导下,孙氏兄弟后

---

[1] 陈寿:《三国志》卷四十七《吴书·吴主传》,中华书局1982年,第1134页、1136页。
[2] 数据见胡阿祥《六朝社会变迁与经济发展的地理背景》,《江南社会经济研究》(六朝隋唐卷),中国农业出版社2006年,第37页。
[3] 虽然《三国志》卷四十六《吴书·孙破虏讨逆传》注引《吴书》谓"坚世仕吴",但《宋书·符瑞志上》以及《太平御览》卷五五九引《幽冥录》皆谓孙坚之祖孙锺"遭岁荒,种瓜为业",可见《吴书》的记载仅是孙吴官方史家韦曜修史时为孙氏家族粉饰的虚美之辞,西晋史学家陈寿在孙坚传后评其"孤微发迹",是符合历史事实的。
[4] 按:《三国志》卷四十六《吴书·孙破虏讨逆传》载熹平元年(172),孙坚募召精勇,助州郡讨破许昌。而《资治通鉴》卷五十七《汉纪四十九》将此事系于熹平三年(174)。检《后汉书》卷八《孝灵帝纪》载:熹平元年(172)十一月,"会稽人许生自称'越王',寇郡县,遣杨州刺史臧旻、丹阳太守陈夤讨破之"。可见《三国志》将此事系于熹平元年(172)为是。
[5] 《三国志》卷五十《吴书·妃嫔传》载吴夫人"早失父母,与弟景居。孙坚闻其才貌,欲娶之。吴氏亲戚嫌坚轻狡,将拒焉,坚甚以惭恨。夫人谓亲戚曰:'何爱一女以取祸乎?如有不遇,命也。'于是遂许为婚"。
[6] 许嵩:《建康实录》卷一《吴上·太祖上》,中华书局1986年,第10页。

来才得以脱颖而出,名闻天下,以至于当时的枭雄如袁术、曹操等人都对孙氏兄弟赞不绝口。史载袁术常常长叹曰:"使术有子如孙郎(策),死复何恨!"[1]曹操也曾发出过"生子当如孙仲谋(权),刘景升儿子若豚犬耳!"的感慨。[2]孙策初到江东时,严厉打击地方豪族,多所杀戮。吴夫人利用其特殊的身份,劝导孙策,拯救了如前合浦太守嘉兴王晟、"在公尽规"的功曹魏腾等名士的生命,还曾试图营救道士于吉,并明确要求孙策"当优贤礼士",改变一味杀戮的残暴政策。这些措施为协调孙氏与江东大族的关系,稳固孙吴政权,起到了重要作用,因此《会稽典录》赞扬其有"智略权谲"。在孙权少年统业后,吴夫人对许多军国大事做出了至关重要的决定,《三国志》卷五十《吴书·妃嫔传》赞其"助治军国,甚有补益"[3]。她还着力构建起孙权的辅佐班子,曾经对张纮"数有优令辞谢,付属以辅助之义",并让孙权对周瑜"以兄事之",建安七年(202)临死前还引见张昭等,"属以后事",可以说吴夫人是孙吴政权草创时期一位至关重要的人物。田余庆先生曾指出在孙策死后,"张昭、周瑜共挽危局的这个阶段,太妃吴夫人起了重要作用",正由于她的协调,"南北人士,共撑危局,江东始得改观"。[4]

吴夫人之弟吴景,跟随孙坚南征北战,多有战功,官至丹杨太守,在任时声名颇著,"宽仁得众,吏民所思",丹杨郡当时号称"精兵之地",占有丹杨是平定江东的先决条件和重要基础。[5]孙坚死后孙策投靠舅舅吴景,并"因缘招募得数百人",后来依附袁术,渐趋壮大势力。因看出在袁术麾下没有前途,孙策就打算"就舅氏于丹杨,收合流散",进而"东据吴会",[6]实现独霸江东的梦想,因此以"乞助(吴)景等平定江东"为借口,脱离了袁术,最终在吴景的帮助下平定了江东。吴景子吴奋后来也被孙权重用,在孙权征讨荆州时曾担任吴郡都督,"以镇东方"。可见吴县人吴氏姊弟后辈在孙吴政权建立中的重要作用。

2. 孙策在吴郡的经略

兴平元年(194),孙策投靠袁术,得到袁术的信任,继承了孙坚遗留下来的军事力量。后脱离袁术,返回江东故乡,创建基业。因其性情阔达,善于用人,很得

---

[1] 陈寿:《三国志》卷四十六《吴书·孙破虏讨逆传》,中华书局1982年,第1102页。
[2] 陈寿:《三国志》卷四十七《吴书·吴主传》注引《吴历》,中华书局1982年,第1119页。
[3] 陈寿:《三国志》卷五十《吴书·妃嫔传》,中华书局1982年,第1196页。
[4] 田余庆:《孙吴建国的道路——论孙吴政权的江东化》,《历史研究》1992年第1期。
[5] 方诗铭:《"丹阳兵"与"东据吴会"——论丹阳郡在孙策平定江东战争中的地位》,《史林》1989年增刊。
[6] 陈寿:《三国志》卷四十六《吴书·孙破虏讨逆传》注引《吴历》,中华书局1982年,第1102页。

兵民拥戴，"士民见者莫不尽心，乐为致死"[1]，所以很快占领了江东大部分土地。原孙坚部将丹杨人朱治时任吴郡都尉，设治于钱唐，因为孙策"家门尽在州下"，朱治就派人到曲阿迎接孙策之母吴夫人和孙权兄弟，"供奉辅护，甚有恩纪"。[2] 朱治并配合孙策的行动，从钱唐进攻吴郡城，在由拳击败吴郡太守许贡，占领吴郡城，领吴郡太守事。[3] 孙策赶走扬州刺史刘繇后，就从朱治所占领的吴郡出发，攻下会稽。

至建安四年(199)，孙策已经完成了对吴郡、会稽、丹杨等江东诸郡的占领，并以吴郡为首府经略四方。但孙策在攻取江东的过程中，与吴郡的世家大族及地方豪帅产生了不少矛盾。孙氏出身寒微，在江东无地位可言，本就难容于江东大族，再加上孙策初起时曾奉袁术之命攻灭了庐江太守陆康，陆康为吴郡陆氏家族的重要人物，此役陆氏宗族百余人被困，死者将半，使吴郡士族对孙策产生了疑惧和戒备。孙策率领过江的军队，又是以淮泗人为主体，在江东人看来，完全是外来入侵的征服者，故吴郡士族很少与之合作，而地方豪强也纷纷起来反抗。为了巩固统治，孙策对这些起来反抗的大族豪帅进行了血腥的镇压，《三国志》卷五十一《吴书·宗室传》注引《会稽典录》载："孙策平定吴会，诛其英豪。"[4]《三国志》卷四十七《吴书·吴主传》注引《傅子》也载孙策"转斗千里，尽有江南之地，诛其名豪，威行邻国"[5]。

当时吴人严白虎聚众万余人，处处屯聚，势力强大，成为孙策对手争相拉拢的对象，如吴郡太守许贡被朱治击溃后就向南投靠严白虎，而屯兵海西(属广陵郡)的陈瑀也自号吴郡太守，[6] 派都尉万演等秘密渡江，"使持印传三十余纽"与严白虎等地方豪帅，"使为内应，伺策军发，欲攻取诸郡"。[7] 严白虎武装成为

---

[1] 司马光：《资治通鉴》卷六十一《汉纪五十三·献帝兴平二年》，中华书局1956年，第1971页。
[2] 陈寿：《三国志》卷五十六《吴书·朱治传》，中华书局1982年，第1303页。
[3] 朱治占领吴郡的具体时间史无明载，但《续汉书·郡国志》吴郡乌程条注引《吴兴记》有"兴平二年(195)太守许贡奏分县为永安县"的记载，由此可知朱治占领吴郡不会早于此时。孙策去世后，朱治和张昭等共同辅佐孙权，建安七年(202)被孙权表为吴郡太守，行扶义将军，并割娄、由拳、无锡、毗陵为奉邑，置长吏。朱治在吴郡大举征讨山越，镇压了黄巾军余部陈败、万秉等，为孙吴政权的稳固立下了大功，史载其"佐定东南"。黄武元年(222)，朱治获封毗陵侯，但仍然领吴郡太守之职。二年，因丹杨"频有奸叛"，再加上年老思乡，因此朱治上表要求改任故鄣，镇抚山越，孙权拜其为安国将军，金印紫绶，徙封故鄣。但在故鄣仅年余就又回到吴郡，黄武三年卒，时年六十九，主政吴郡长达三十一年，在当时极为罕见。
[4] 陈寿：《三国志》卷五十一《吴书·宗室传》注引《会稽典录》，中华书局1982年，第1214页。
[5] 陈寿：《三国志》卷四十七《吴书·吴主传》注引《傅子》，中华书局1982年，第1149页。
[6] 陈瑀为下邳人，《后汉书》卷五十六《陈球传》注引谢承书载陈瑀"永汉元年(189)，就拜议郎，迁吴郡太守，不之官"。而建安二年(196)夏，汉廷诏书称其为"行吴郡太守、安东将军"，并命其与吕布、孙策一起讨伐袁术。
[7] 陈寿：《三国志》卷四十六《吴书·孙破虏讨逆传》注引《江表传》，中华书局1982年，第1107页。

孙策占据江东的心腹之患。因此孙策在平定会稽后,就率军消灭了严白虎势力,并绞死了原吴郡太守许贡。[1]在进攻严白虎的同时,孙策还派吕范和徐逸率兵进攻陈瑀于海西,杀其大将陈牧,"大破瑀,获其吏士妻子四千人",陈瑀仅单骑逃归袁绍,彻底解决了陈瑀的军事威胁。

而前文提到的前合浦太守嘉兴王晟及乌程邹他、钱铜等人,"各聚众万余,或数千",起兵反抗孙策,被孙策击败后遭到严厉报复,王晟虽然因为得到孙策母亲吴夫人的求情而幸免,但"诸子兄弟皆已枭夷",而邹他、钱铜等人"咸族诛"。嘉兴汉末称由拳,乌程、由拳皆属吴,与孙氏同郡。王晟是卸职在籍官员,与孙氏为世谊,和孙坚有"升堂见妻之分",[2]属于孙策的父辈,但他也起来聚众反抗,当时孙策在吴郡一带遭遇反抗之普遍由此可见一斑。

对于那些虽然没有起兵反抗,但不认同孙氏统治的大族名士,孙策也一概严惩不贷。如当时吴郡名士高岱,"受性聪达,轻财贵义。其友士拔奇,取于未显,所友八人,皆世之英伟也",再加上其笃于忠义,故在吴郡一带颇负盛名,后因事被孙策所囚,"知交及时人皆露坐为请",求情的人数极多,以至于"数里中填满",孙策因"恶其收众心",就杀了高岱。[3]而前吴郡太守会稽人盛宪,因"素有高名",所以孙策"深忌之",虽然孙策没来得及杀害盛宪就死了,但其弟孙权统事后幽执盛宪,"妻孥湮没,单子独立,孤危愁苦",最终还是没有逃脱被杀的命运。[4]

建安五年(200),孙策在外出打猎时,被原吴郡太守许贡的三个门客射伤而死,年仅二十六岁。据《吴地记》记载,孙策与其父孙坚及母吴夫人都葬于今苏州盘门外东南二里,[5]两墓在西晋时已经被采薪者践踏毁坏,时为吴县令的谢询曾专门向晋廷上《求为诸孙置守冢人表》,请求朝廷把孙坚和孙策"列先贤之

---

[1] 早在孙策过江时,时任吴郡太守的许贡就曾上表汉廷,认为"孙策骁雄,与项籍相似,宜加贵宠,召还京邑。若被诏不得不还,若放于外必作世患"。但该表在途中被孙策候吏所截获。许贡被孙策擒获后,孙策以之责贡,并绞杀之。见陈寿《三国志》卷四十六《吴书·孙破虏讨逆传》注引《江表传》,中华书局1982年,第1111页。

[2] 陈寿:《三国志》卷四十六《吴书·孙破虏讨逆传》注引《吴录》,中华书局1982年,第1105页。

[3] 陈寿:《三国志》卷四十六《吴书·孙破虏讨逆传》注引《吴录》,中华书局1982年,第1109页。

[4] 盛宪为会稽人,曾补尚书郎,迁吴郡太守,以疾去官。许贡领吴郡,盛宪不见容,奔匿得免。盛宪当时声誉颇盛,如孔融就认为其"有天下大名","实丈夫之雄,天下谈士依以扬声"。盛宪被孙权杀害后还株连了其门生故吏。如《孙韶传》就载盛宪被杀后,"宪故孝廉妫览、戴员亡匿山中"。见陈寿:《三国志》卷五十一《吴书·宗室传》注引《会稽典录》,中华书局1982年,第1214页。

[5] 《三国志》卷四十六《吴书·孙破虏讨逆传》记载孙坚死后"还葬曲阿",可能是后来迁葬吴县。《三国志》卷四十六《吴书·吴主传》记载太元元年(251)八月,"大风,江海涌溢,平地深八尺,吴高陵松柏斯拔,郡城南门飞落"。可见此时高陵(即孙坚墓)已在吴县多年。

数,蒙诏书之恩,裁加表异,以宠亡灵",希望朝廷能够为孙坚和孙策两座墓地派遣五人守护,并免除其徭役,"使四时修护颓毁,扫除茔垄,永以为常",得到了晋廷的同意,"诏从之"。[1]

3. 孙权对吴郡士人的任用和控制

建安五年(200),孙权继其兄孙策统事,从黄武元年(222)称吴王,黄龙元年(229)称帝,到神凤元年(252)病卒,在位时间很长,既是东吴的开国之君,又是守业之主,他在统治时期大胆启用吴郡人士,并加以控制,使吴郡世家大族成为孙吴政权的重要支柱。

孙权初承父兄基业之时,正在形成中的孙吴政权面临着艰难的局势,虽然已经占据了会稽、吴郡、丹杨、豫章、庐陵五郡,但统治很不稳固,"深险之地犹未尽从,而天下英豪布在州郡,宾旅寄寓之士以安危去就为意,未有君臣之固"[2]。针对这种情况,孙权采取了种种措施来加强政权,虽然在即位之初短暂继续了孙策诛戮英豪的政策,除杀了上述的前吴郡太守盛宪外,[3]还杀了"正色立朝,清议峻厉"的吴郡士人沈友。[4]但不久孙权就认识到要在江东建立起稳固的统治,就必须争取江东世家大族的支持与合作,因此他改变了孙策以来的滥杀策略,转而团结以吴郡世家大族为主的江东士族集团,来稳固自己的统治。

孙权掌权后不久就被曹操表为讨虏将军,领会稽太守,但孙权"不之郡",任命吴郡士族顾雍(168—243)为会稽郡丞,行太守事。而孙权自己一直屯居吴郡城,直到建安十四年(209)移治于丹徒(今镇江市),[5]在这十多年中,吴郡城一直是孙吴政权的政治中心,在此期间,孙吴政权对内整合矛盾,镇压山越及反叛势力,对外三次西伐黄祖,均得胜而还,巩固了自己的统治,尤其是在建安十三年(208)的赤壁之战中和刘备联合击败曹操,奠定了三国鼎立的格局,可以说孙吴政权是在吴郡期间渐渐从弱小走向强大。

---

[1] 张俊:《为吴令谢询求为诸孙置守冢人表》,《文选》卷三十八《表下》,上海古籍出版社1986年,第1715页。

[2] 陈寿:《三国志》卷四十七《吴书·吴主传》,中华书局1982年,第1116页。

[3] 盛宪被害之事反响很大,因其曾为吴郡太守,孙氏为吴郡人,按当时的风俗应尊本郡太守为君,吏民与州郡主帅有君臣名分。因此《文选》卷四四陈琳为曹操所作《檄吴将校部曲文》中就把"盛孝章,君也,而权诛之"作为孙权的重要罪状之一。

[4] 据《三国志》卷四十七《吴书·吴主传》注引《吴录》记载,建安九年,沈友"为庸臣所谮,诬以谋反",孙权在"大会官寮"时,沈友"有所是非",被孙权以此诘责,沈友自度不免,直斥孙权有"无君之心",孙权"亦以终不为己用,故害之"。

[5] 孙权移治丹徒后,改丹徒为京城,两年后又徙治建业,以此为京口镇。详见李吉甫《元和郡县图志》卷二十五《江南道一》,中华书局1983年,第589页。

孙吴政权能够不断壮大,是和吴郡士族的大力支持分不开的。当时的吴郡以顾、陆、朱、张四大家族最为显赫,并称"吴郡四姓",[1] 这些家族人才辈出,还拥有强大的经济、军事力量,所谓"吴名宗大族,皆有部曲,阻兵仗势,足以建命"[2]。如陆逊年轻时部曲已有二千余人,朱桓甚至有部曲上万。为了得到这些实力雄厚的大家族的支持,孙权不遗余力地对其拉拢和重用,[3] 对试图限制这些大族势力的暨艳等人进行了严厉打击。[4] 而这些大族中的陆逊、顾雍等人看到孙氏政权已粗具规模,只有与之合作才能给江东世族带来更广阔的发展空间,因而相继进入孙氏政权,并在黄武年间先后成为军事与政治领域的当轴人物,成为孙吴政权江东化的重要标志。孙权还与这些家族结为姻亲关系,如孙权将孙策的两个女儿分别嫁给陆逊和顾邵,黄龙元年(229),孙权又征朱据尚公主。吴郡四姓为孙吴政权也做出了重大贡献,如陆逊对夷陵之战、顾雍对孙吴政坛的稳固和融合、朱桓对山越的镇压等都起到过至关重要的作用,也得到了孙权的高度评价。故孙吴末年陆凯曾上疏云:"先帝外仗顾、陆、朱、张,内近胡综、薛综,是以庶绩雍熙,邦内清肃。"[5]

孙权晚年,因长子孙登早卒,他本人年事已高,担心吴郡士族势力膨胀,威胁王权,所以对这些世家大族的态度转以控制和打压为主,尤其在立储问题上对吴郡士族进行了严厉打击。孙权曾立长子孙登为太子,不想孙登却先于孙权而死,于是孙权又立孙登之弟孙和为太子,同时封孙和之弟孙霸为鲁王。孙权十分宠爱孙霸,孙霸便想借此夺取太子之位,众朝臣由此分为两大派,进行了激烈的斗争。吴郡四姓中时任丞相的陆逊、时任太常的顾谭、时任骠骑将军的朱据及时任太子辅义都尉的张纯等人,遵守儒家礼法,恪守立嫡以长的原则,都拥护太子孙和。陆逊从国家的长远利益出发,曾多次从驻地武昌上书孙权,条陈缕析,并要求到首都建业"口论嫡庶之分,以匡得失",孙权不但不听,还多次派使者斥责陆

---

[1] 孙吴建国后,会稽、吴郡的大姓强族所受待遇不同,吴郡大族对会稽大族是轻视的。《世说新语·政事》载:"贺太傅作吴郡,初不出门。吴中诸强族轻之,乃题府门云:'会稽鸡,不能啼。'贺闻,故出行,至门反顾,索笔足之,曰:'不可啼,杀吴儿。'于是至诸屯邸,检校诸顾、陆役使官兵及藏逋亡,悉以事言上,罪者甚众。陆抗时为江陵都督,故下请孙皓,然后得释。"贺邵以会稽人而领吴郡太守,仍为吴郡顾、陆诸"强族"所轻视。这是一个吴郡大族轻视会稽大族的典型事例。
[2] 陈寿:《三国志》卷二十八《魏书·邓艾传》,中华书局1982年,第777页。
[3] 为此孙权还曾纳吴郡陆尚的遗孀徐氏为妃,见《三国志》卷五十《吴书·妃嫔传》:"(徐夫人)初适同郡陆尚,尚卒,权为讨虏将军在吴,聘以为妃。"
[4] 田余庆:《暨艳案及相关问题》,《中国文化》(香港)1991年第4期。后收入《秦汉魏晋史探微》,中华书局1993年。
[5] 陈寿:《三国志》卷六十一《吴书·陆凯传》,中华书局1982年,第1406页。

逊,使得陆逊"愤恚致卒"。[1]陆逊族子陆胤因支持孙和而被"坐收下狱,楚毒备至"[2],陆逊的外甥顾谭、顾承等人同样因此被流放到交州而死。朱据也因"拥护太子,言则恳至,义形于色,守之以死"[3],后被诏书追赐死。张纯因对孙权尽言极谏,"权幽之,遂弃市"[4]。在此事件中,吴郡四姓损失惨重,严重损害了他们和孙氏皇族的关系,[5]削弱了孙吴政权的实力,此后孙吴政权开始走向衰亡之途。

4. 吴郡士人与孙吴后期政治

孙权死后,少子孙亮继位,辅政大臣及孙氏皇族内部斗争日益激烈,加速了孙吴政权的衰落。但在此阶段,吴郡士人仍起了重要作用,如在孙权死后不久的建兴元年(252),曹魏派大将胡遵、诸葛诞等攻吴,时任镇南将军的朱异就曾率水军大破魏军。不过在孙亮统治时期,吴郡朱氏接连遭到打击,"承父之基,以忠义自立"的朱据子朱熊和朱损被全公主诬陷,均被孙亮所杀,"谏不见用,诸下莫不侧息",[6]后来该事件也成为孙亮被废的原因之一。太平二年(257),朱异又任大都督,假节,领兵三万赴寿春救援降吴的魏将诸葛诞,但在具体战略战术上与权臣孙綝存在着分歧,不久因"军士乏食引还"[7],被孙綝枉杀。朱异为当时吴地士族名将,孙綝"自戮名将,莫不怨之"[8],引起了公愤,不久就被继孙亮即位的孙休定计所杀。

孙休在位六年就病死了,孙皓继位,经常滥杀无辜和宗室,在吴郡城发生的就有两次。据《三国志》卷四十八《吴书·三嗣主传》记载,甘露元年(265)七月,孙皓把孙休的四个儿子囚禁于吴小城(今苏州大公园一带),不久又"追杀大者二人"[9]。另外在建衡二年(270),章安侯孙奋因见疑于孙皓,"徙还吴城禁

---

[1] 陈寿:《三国志》卷五十八《吴书·陆逊传》,中华书局1982年,第1354页。
[2] 陈寿:《三国志》卷六十一《吴书·陆凯传附陆胤传》,中华书局1982年,第1409页。
[3] 陈寿:《三国志》卷五十七《吴书·朱据传》,中华书局1982年,第1340页。
[4] 陈寿:《三国志》卷五十九《吴书·吴主五子传》注引《吴书》,中华书局1982年,第1370页。
[5] 孙权后来对此事也感到后悔,如太元元年(251),陆逊子陆抗从建业回柴桑驻地时,年已古稀的孙权"涕泣与别",并向陆抗表示歉意说:"吾前听用谗言,与汝父大义不笃,以此负汝。"见《三国志》卷五十八《吴书·陆逊传附陆抗传》,中华书局1982年,第1354页。
[6] 陈寿:《三国志》卷六十四《吴书·孙綝传》,中华书局1982年,第1449页。
[7] 陈寿:《三国志》卷四十八《吴书·三嗣主传》,中华书局1982年,第1154页。
[8] 陈寿:《三国志》卷六十四《吴书·孙綝传》,中华书局1982年,第1447页。
[9] 此前孙权徐夫人也曾因"妒忌",废处吴郡城十余年,直到去世。见《三国志》卷五十《吴书·妃嫔传》,中华书局1982年,第1197页。另外孙权之弟孙匡,跟随吕范率军御曹休,因违吕范军令放火,"烧损茅芒,以乏军用",被吕范送归吴郡,孙权"别其族为丁氏,禁固终身"。见《三国志》卷五十一《吴书·宗室传》注引《江表传》,中华书局1982年,第1213页。

锢",并令其男女不得通婚,"或年三十四十不得嫁娶,奋上表乞自比禽兽,使男女自相配偶。"孙皓大怒,遣察战赍药赐奋,诛孙奋及其五子。[1]

孙皓在当政之初,也曾对一些政策做出适当调整,在用人上先后起用了吴郡陆氏家族的代表人物陆抗(226—274)和陆凯。陆氏家族自陆逊被孙权打压气愤而死以来,其家族一直受到遏制。孙皓登基后即以陆逊之子陆抗为镇军大将军,领益州刺史,都督上流军事,后拜大司马、荆州牧。陆凯为陆逊族子,孙皓初年,命其为镇西大将军,领荆州牧,后又迁左丞相,主持朝政。陆氏一宗同时在朝者有"二相、五侯、将军十余人"[2],可见家族势力之盛。陆抗和陆凯在当时文武互补,内外相济,成为其家族的栋梁和孙吴政权的支柱。他们对孙皓的行事多有激烈的批评,甚至曾有废黜孙皓另立新君之念,虽然孙皓对其多有怨恨,但因其"宗族强盛",只得有所包容。

孙吴末年,陆抗掌孙吴全国军事重权,"所统千里,受敌四处,外御强对,内怀百蛮"[3],全面负责内外防务,抗晋平叛,多有战功。如凤凰元年(272),"西陵督步阐据城以叛,遣使降晋",西陵为孙吴西境门户,战略地位极为重要,晋派兵往救步阐,并令羊祜率大军攻江陵以牵制吴军,陆抗令江陵守将破堰放水,迟滞羊祜军,自率军攻下西陵,处死了步阐及其高级将官,赦免了数万从叛军士,并重新修治了城防工事,迫使无隙可乘的羊祜退兵。陆抗治军严整,指挥随机应变,主张戍边以德,争取人心,功高而谦虚,后人评其有父风,成为决定孙吴政权存亡的中流砥柱,所谓"陆抗存则吴存,抗亡则吴亡"。[4]凤凰三年(274)秋,陆抗病卒,孙吴政权丧失了最重要的军事统帅。天纪四年(280),晋军伐吴,晋龙骧将军王濬率水陆大军"顺流东下,所至辄克",其作战方略与陆抗生前所忧虑的完全一样,孙皓无奈出降,孙吴政权至此灭亡。

对孙吴政权之兴衰,与之关系密切的吴郡大族曾作了不少反思,如陆凯在生前给孙皓的上疏中,曾从二十个方面将孙权与孙皓作了比较。陆抗子陆机在入晋后撰写的《辩亡论》中对孙吴的兴亡作了更系统的总结。他认为孙权"畴咨俊茂,好谋善断",因此"豪彦寻声而响臻,志士希光而景骛。异人辐凑,猛士如林"。以今苏州地区为中心的江东人才济济,是孙吴政权得以与魏、蜀鼎足而立的重要优势。但孙权死后,"幼主莅朝,奸回肆虐",开始时还因"典刑未灭,故老

---

[1] 陈寿:《三国志》卷五十九《吴书·吴主五子传》注引《江表传》,中华书局1982年,第1375页。
[2] 刘义庆:《世说新语》卷中之下《规箴第十》,上海古籍出版社1993年余嘉锡疏本,第551页。
[3] 陈寿:《三国志》卷五十八《吴书·陆逊传附陆抗传》,中华书局1982年,第1360页。
[4] 房玄龄等:《晋书》卷七十七《何充传》,中华书局1974年,第2030页。

犹存",有陆抗、陆凯这些良臣的扶持,"元首虽病,股肱犹存",所以还能支撑一段时间,等到"群公既丧"时,[1]孙吴政权就难逃瓦解的命运了。这样的论断是完全符合孙吴政权的兴亡历史的。

三、吴郡与两晋政治

太康元年(280)三月,孙吴被西晋所灭,今苏州地区所在的吴郡被纳入西晋政府治下。在西晋统治时期,吴郡士人出现了北上入洛仕宦的风潮,后以失败告终,陆机等人还葬身于八王之乱中。西晋末年,由于统治阶级自相残杀,再加上西北少数民族纷纷内迁,民族矛盾和阶级矛盾不断激化,导致西晋王朝在建兴四年(316)就迅速灭亡。次年,琅琊王司马睿重建晋政权于建康,史称东晋。东晋政权建立初期,政局不稳,三吴地区士人为东晋政权的巩固立下了大功。当时今苏州地区所在的吴郡为经济文化发达的三吴地区之首邑,故吴郡太守为权高位显之职,非声望资历较高者不能担任,如东晋苏峻之乱后,朝廷拟以会稽孔氏中的孔坦为吴郡太守,孔坦认为"吴多贤豪",而自己年少,"未宜临之",[2]因此辞任。穆帝永和年间,东晋朝廷拟任命出身望族的郗愔为吴郡太守,郗愔也"自以资望少,不宜超莅大郡"而辞吴郡太守之授。[3]琅邪颜含被任命为吴郡太守后,丞相王导还特意召问颜含:"卿今莅名郡,政将何先?"[4]可见吴郡政治地位之重要。同时,吴郡士族在东晋一代的政治舞台上也扮演了十分重要的角色。

1. 西晋吴郡士人入洛仕宦及其遭遇

西晋灭吴后,原在孙吴政权中仕宦显赫的文武官员一时"同于编户",被鄙视为"亡国之余",有丧亲亡国之痛,故多有反抗之举,《晋书·五行志》记载了不少期望孙吴复国的江南童谣,[5]当时的江南地区局势不稳,"窃发为乱者相继"[6]。以吴郡四姓为代表的江南士人也多隐居不仕,如曾在孙吴政权中仕宦的陆机就曾"退居旧里,闭门勤学,积有十年"[7]。吴郡的朱诞、严隐等人在吴

---

[1] 陆机:《辩亡论》,《文选》卷五十三《论三》,上海古籍出版社1986年,第2312—2318页。
[2] 房玄龄等:《晋书》卷七十八《孔愉传附孔坦传》,中华书局1974年,第2056页。
[3] 房玄龄等:《晋书》卷六十七《郗鉴传附郗愔传》,中华书局1974年,第1801页。
[4] 房玄龄等:《晋书》卷八十八《颜含传》,中华书局1974年,第2286页。
[5] 《晋书》卷二十八《五行志中》载:"武帝太康三年平吴后,江南童谣曰:'局缩肉,数横目,中国当败吴当复。'又曰:'宫门柱,且当朽,吴当复,在三十年后。'又曰:'鸡鸣不拊翼,吴复不用力。'"
[6] 房玄龄等:《晋书》卷二十八《五行志中》,中华书局1974年,第844页。
[7] 房玄龄等:《晋书》卷五十四《陆机传》,中华书局1974年,第1467页。

亡后也去职隐居乡里。[1]面对"吴人轻锐,难安易动"的严峻形势,当时的大臣华谭与刘颂等人都建议晋武帝对南人加以礼遇,"随才授任,文武并叙",得到晋武帝的采纳。太康九年(288),晋武帝诏令"内外群官举清能,拔寒素",并征吴郡陆喜等南士代表十五人,命令"主者可皆随本位就下拜除,敕所在以礼发遣,须到随才授用"。[2]而诸王之间为争夺人才,博取声名,在"欲平海内之心"的驱使下,"甄拔才望,委以事机,不复计南北亲疏"。[3]在这种情况下,南方士人开始纷纷入洛求仕,可惜大多以失败而告终,其中吴郡入洛士人的遭遇以并称"三俊"的陆机(261—303)、陆云(262—303)、顾荣(?—312)及号称"江东步兵"的名士张翰最具代表性。

陆机、陆云兄弟出身于吴郡陆氏望族,家门鼎盛,其祖陆逊与其父陆抗均曾为孙吴政权重臣,他们于太康十年(289)到达洛阳之时,年近而立,风华正茂,家世与文名的结合使他们成为江东人士的杰出代表,也得到了当时晋廷重臣张华的赏识,"华素重其名,如旧相识",甚至曾给予了"伐吴之役,利获二俊"的高度评价。[4]从张华对陆机兄弟的赞誉中可以看出他们在南士中的地位。陆机入洛后,上疏晋武帝云:"荆、扬二州,户各数十万,今扬州无郎,而荆州江南乃无一人为京城职者,诚非圣朝待四方之本心。"[5]这引起了晋武帝的重视,随后征召南方人士到洛阳作官的举措付诸实施。正因为如此,"二陆"入洛对其他江东士人影响很大,不少人也因此相继入洛,掀起了一个南人北上求仕的高潮,在洛阳形成了一个江东士人群体。而作为南士领袖的陆机兄弟也费尽心机地举荐江东士人,检诸相关资料,有不少他们举荐乡里的表疏,吴郡顾氏中的顾荣、张氏中的张瞻都曾得到他们的举荐。

但这些吴地士人在和北人的交往中,在语音、饮食、风俗等方面都受到了严重的歧视。吴郡人蔡洪太康年间举秀才入洛后,就遭到洛阳人士的讥讽:"幕府初开,群公辟命,求英奇于仄陋,采贤俊于岩穴。君吴楚之士,亡国之余,有何异才,而应斯举。"[6]《世说新语·简傲》载陆机兄弟在张华的介绍下拜访名士刘道真时,刘道真根本不以为意,"无他言,唯问:'东吴有长柄壶卢,卿得种来

---

[1] 刘义庆:《世说新语》卷中之下《赏誉第八》刘孝标注,上海古籍出版社1993年余嘉锡笺疏本,第432页。
[2] 房玄龄等:《晋书》卷五十四《陆云传附陆喜传》,中华书局1974年,第1487页。
[3] 房玄龄等:《晋书》卷六十八《顾荣传》,中华书局1974年,第1812页。
[4] 房玄龄等:《晋书》卷五十四《陆机传》,中华书局1974年,第1472页。
[5] 房玄龄等:《晋书》卷六十八《贺循传》,中华书局1974年,第1825页。
[6] 刘义庆:《世说新语》卷上之上《言语第二》,上海古籍出版社1993年余嘉锡笺疏本,第83页。

不?'"竟以表示轻视南人的"壶卢"一词相问来侮辱陆机兄弟。[1]《世说新语·方正》也记载了北方大族卢志当众面斥陆机祖、父之名讳以借机羞辱之事。即使在陆机后来担任河北大都督之时,其麾下一个叫孟超的小都督还公然斥骂陆机为"貉奴",类似于今天猪狗之类恶语,可见其轻视。[2]

为了求取仕途的发展,陆氏兄弟不得不向北人权贵低头,先后依附贾谧、赵王伦、吴王晏和成都王颖等人,在狭隘的政治夹缝中图谋发展,多次身处险境,如在赵王伦篡逆中,陆机因参与撰写"禅诏"之事而差点被杀,后因齐王、成都王、吴王营救得免。同乡好友顾荣、戴若思等皆劝陆机返归江东,但因其"负其才望,而志匡世难"而未从。后来他追随曾经对自己有救命之恩的成都王颖,希望能借助其势力实现自己建功立业的政治抱负。吴郡陆氏家族不仅为江南首望,且尤重事功,世代领兵,故司马颖对陆机兄弟也"甚见委仗"。太安元年(302),司马颖任命陆机为大将军参军,又表其为平原内史,征陆云为清河内史、右司马,参机要,陆耽为东平祭酒。次年,司马颖与长沙王司马乂战,更是将领兵大权交给了陆机,以陆机为后将军、河北大都督,统帅二十万人进攻洛阳。陆机志得意满,以管仲、乐毅自比,立功心切,自视甚高。但因其位居北人将领之上,遭到了他们的敌视和攻讦,他们一方面在司马颖面前诋毁陆机,另一方面还千方百计从中作梗,阻挠和破坏陆机的战略战术,致使陆机在洛阳郊外的鹿苑之战中一触即溃,几乎全军覆没。陆机失败后,北方将领乘机诬陷陆机有反叛之心,屡进谗言,以至司马颖恼羞成怒,将陆机及其弟陆云、陆耽,其子陆蔚、陆夏及南士孙拯等人一并处死。陆机兄弟被冤杀一事引起了极大反响,不但"士卒痛之,莫不流涕",而且使"天下切齿"。[3]司马颖也因此声望顿挫,后来东海王司马越在与司马颖争权的过程中,也充分利用了"二陆"之死在天下士人心目中造成的影响,为自己增饰,"移檄天下,亦以机、云兄弟枉害罪状颖云"[4]。入洛南士在为陆氏兄弟"相携暴朝,杀身伤名"而悼叹的同时纷纷返回故里,结束了在西晋的求仕活动。

除陆机兄弟外,吴郡顾氏中的顾荣、张氏中的张翰也曾北上洛阳求宦,但后

---

[1] 江东地区为水乡,盛产菰芦等植物,汉以来北人便以"壶卢"或"菰芦"等代称其地或人物,以其地狭小,而人物鄙陋,表示轻视。

[2] 三国以来,北人即骂吴人为"貉子",孙权、孙秀都曾蒙此恶称。《魏书》卷九十六《司马睿传》记载:"中原冠带呼江东之人皆为貉子,若狐貉类云。"由此可见北方大族对吴人的轻蔑傲慢。与此同时,吴人对北方士人也心存轻蔑,以"伧夫"称之。当时左思欲作《三都赋》,陆机听说后,在给陆云的书札中说:"此间有伧夫,欲作《三都赋》,须其成,将以覆酒瓮耳。"对北方士人的轻视溢于言表。见《晋书》卷九十二《文苑·左思传》。

[3] 房玄龄等:《晋书》卷五十四《陆机传》,中华书局1974年,第1480页。

[4] 房玄龄等:《晋书》卷五十四《陆云传》,中华书局1974年,第1486页。

来都因世乱而黯然还乡。顾荣为孙吴丞相顾雍之孙,吴时曾任黄门侍郎、太子辅义都尉,吴亡后随陆机兄弟同时入洛,历官尚书郎、太子中书舍人、廷尉正等职,但均为闲职,郁郁不得志,"恒纵酒酣畅",被赵王伦子虔任命为长史,赵王伦败后,顾荣差点儿丢掉性命,后被齐王冏召为大司马主簿。齐王冏擅权骄恣,顾荣常"惧及祸",因此"终日昏酣,不综府事",甚至"见刀与绳,每欲自杀",可见当时政治环境之险恶。齐王冏败后,顾荣又隶属于长沙王乂节制下,次年长沙王乂败死,顾荣又"转成都王颖丞相从事中郎",后在司马颖与司马颙之争中退避陈留,及永安元年(304)十一月惠帝为张方挟持出奔长安,"征为散骑常侍,以世乱不应,遂还吴"。[1]

吴郡张氏中的张翰曾随贺循入洛,后被齐王冏辟为大司马东曹掾。张翰见机较早,在齐王冏执政时,他就看到"天下纷纷,祸难未已,夫有四海之名者,求退良难"。后"因见秋风起,乃思吴中菰菜、莼羹、鲈鱼鲙,曰:'人生贵得适志,何能羁宦数千里以要名爵乎!'遂命驾而归",留下了"莼鲈之思"的千古佳话。不久齐王冏败,属官也受株连,张翰因辞官归乡较早而能全身以退,"人皆谓之见机"。[2]

2. 吴郡与东晋政治

两晋之际政局混乱,晋政府对包括吴郡在内的江东地区失去了有效管理,在此期间,先后有数股势力占领江东,但均被江南豪族联合攻灭,在此期间吴郡顾氏的表现尤为突出,他们先后为首平定了石冰之乱和陈敏之乱,为东晋政权在江南的重建打下了基础。

太安二年(303),长江中游地区爆发了张昌起义,起义军的一支在石冰的统帅下攻占扬州,进破江州,临淮人封云起兵响应,也攻破徐州,一时声势浩大。在此形势下,江东豪族推举曾担任过吴兴太守的吴郡顾祕为"都督扬州九郡诸军事",并"传檄州郡,杀冰所署将吏",[3]江东士人纷纷响应,同起义兵,消灭了石冰的势力。永兴二年(305),广陵郡度支寒族陈敏据历阳(今安徽和县)起兵反晋,自称扬州刺史,并南略江州,东略江东诸郡,"遂据有吴越之地"。陈敏想拉拢江东大族来建立割据江东的新政权,任命江东首望顾荣等为显职,凡江东豪杰之士,咸加施礼,为将军、郡守者四十余人,江东大族起初希望与陈敏合作,以保持江东地区的稳定,所以纷纷响应,"州内豪杰皆见维絷,或有老疾,就加秩命,惟

---

[1] 房玄龄等:《晋书》卷六十八《顾荣传》,中华书局1974年,第1812页。
[2] 房玄龄等:《晋书》卷九十二《张翰传》,中华书局1974年,第2384页。
[3] 司马光:《资治通鉴》卷八十五《晋纪七·晋惠帝太安二年》,中华书局1956年,第2691页。

(贺)循与吴郡朱诞不豫其事"[1],但后来发现陈敏不但出身寒微,而且"刑政无章",没有成功的可能,于是就决定推翻陈敏。在此事件中,作为当时江东首望的顾荣起到了重要作用,他开始时对陈敏抱有希望,曾建议陈敏"委信君子,各得尽怀,散蒂芥之恨,塞谗谄之口",这样就"大事可图"。[2]后来顾荣看到陈敏不足以成事,就开始极力策反与陈敏关系密切的甘卓,于是甘卓会同顾荣、周玘、纪瞻等江东大族合力进攻陈敏。陈敏率领万余人征讨甘卓,因顾荣、周玘于江南素有声望,众将士便隔河对陈敏部下说:"本所以戮力陈公者,正以顾丹杨(荣)、周安丰(玘)耳,今皆异矣,汝等何为!"陈敏部下听到后狐疑未决,这时顾荣"以白羽扇挥之,众皆溃去",[3]陈敏单骑北逃,很快就被俘杀。由此可见顾荣在平定陈敏之乱中的重要作用,时人称其"首建密谋,为方面盟主,功高元帅"[4]。陈敏之乱的平定具有重大而深远的历史意义,它为此后北人南徙及东晋立国江东提供了必要条件。[5]

东晋立国江东之初,江东士人对这群"中国亡官失守之士"并无好感,[6]讥之为"伧夫"("伧"即粗野、鄙贱之意),甚至连王导也曾被奚落。据《世说新语·方正》记载,王导初过江时,"欲结援吴人",希望能够和吴郡陆氏中的陆玩结成儿女亲家,遭到陆玩的坚决拒绝,陆玩还以"培塿无松柏,薰莸不同器。玩虽不才,义不为乱伦之始"之语奚落了王导。[7]陆玩曾在王导处食酪得疾后,投书王导讽刺曰:"仆虽吴人,几为伧鬼。"[8]《晋书》卷六十五《王导传》就明载司马睿到建康后,"吴人不附,居月余,士庶莫有至者"[9],这种情况使王导大为头疼,甚至连司马睿自己也觉得"寄人国土,心常怀惭"[10]。在此情形下,能否得到以吴郡为中心的江东大族的支持就成为决定东晋政权能否立足的重要因素,顾荣在促进南北士族融合的过程中起到了关键的作用。

为了消除吴人的抵触情绪,以王导为代表的北方大族除了尝试联姻吴姓士族、主动学习吴语外,在政治上也对江东士族大力笼络,两晋之际吴郡士族仕宦

---

[1] 房玄龄等:《晋书》卷六十八《贺循传》,中华书局1974年,第1825页。
[2] 房玄龄等:《晋书》卷六十八《顾荣传》,中华书局1974年,第1813页。
[3] 司马光:《资治通鉴》卷八十六《晋纪八·晋怀帝永嘉元年》,中华书局1956年,第2726页。
[4] 房玄龄等:《晋书》卷六十八《顾荣传》,中华书局1974年,第1815页。
[5] 王永平:《江东士人与陈敏之乱关系考实》,《江海学刊》1997年第1期。
[6] 房玄龄等:《晋书》卷五十八《周处传附周勰传》,中华书局1974年,第1574页。
[7] 刘义庆:《世说新语》卷中之上《方正第五》,上海古籍出版社1993年余嘉锡笺疏本,第305页。
[8] 房玄龄等:《晋书》卷七十七《陆晔传附陆玩传》,中华书局1974年,第2024页。
[9] 房玄龄等:《晋书》卷六十五《王导传》,中华书局1974年,第1745页。
[10] 刘义庆:《世说新语》卷上之上《言语第二》,上海古籍出版社1993年余嘉锡笺疏本,第91页。

颇为显达,陆晔、陆玩、顾众、顾和等人都仕至尚书仆射之类显宦。对号称江东首望的顾荣更是极为重视,据《晋书》卷六十八《顾荣传》记载:"元帝镇江东,以荣为军司,加散骑常侍,凡所谋画,皆以谘焉。荣既南州望士,躬处右职,朝野甚推敬之。"[1]这与西晋时视吴人为"亡国之余"相比,实在是天壤之别。顾荣还大力引荐江东才俊参与东晋政权,最终使东晋政权得到了江东士人的拥护,奠定了司马氏在东南的偏安之业,具有重大历史意义。[2]顾荣死后,司马睿本拟"以齐王功臣格"赠荣。吴郡内史殷祐上书,以为这不足以表彰顾荣之功,必使"江表失望"。他直言顾荣平定陈敏之乱,"今日匡霸事举,未必不由此而隆也","历观古今,未有立功若彼,酬报如此者也",这就是说顾荣等江东人士奠定了司马氏东南偏安之业,终于迫使司马睿加封,改赠侍中,骠骑将军,开府仪同三司,谥曰元。司马睿为晋王后,又追封顾荣为公,开国,食邑。[3]在后世江东人看来,司马氏政权及侨姓大族都是由顾荣等人接引而来的,所以南齐时仕途不畅的乌程人丘灵鞠曾愤恨地说:"我应还东掘顾荣冢。江南地方数千里,士子风流,皆出此中。顾荣忽引诸伧渡,妨我辈途辙,死有余罪。"[4]

东晋初年,平阳襄陵(今山西临汾)人邓攸(?—326)曾任吴郡太守,清正廉洁,颇得当地士人拥戴。当时"吴郡阙守,人多欲之",元帝任命邓攸为吴郡太守。邓攸"载米之郡,俸禄无所受,唯饮吴水而已"。当时郡中正闹饥荒,邓攸上表请求朝廷允许开仓赈济,"未报,乃辄开仓救之",后因此还曾遭到了弹劾。邓攸在吴郡"刑政清明,百姓欢悦",被誉为"中兴良守"。后来邓攸称病离职时,"郡常有送迎钱数百万",但他"不受一钱"。百姓数千人牵住邓攸的船进行挽留,致使船无法行驶,只有暂时"小停",到半夜时才开船离去。吴郡百姓颂之曰:"紞如打五鼓,鸡鸣天欲曙。邓侯拖不留,谢令推不去。"甚至联名到建康请求东晋政府再留任邓攸一年,可惜未得到允许。[5]

永昌元年(322),大将军王敦以诛奸臣刘隗为名,在武昌起兵东下,其死党沈充起兵于吴兴以应,王敦以沈充为大都督、督护东吴诸军事。不久沈充就攻克吴郡,杀吴郡太守张茂及其三子,王敦"遣参军贺鸾就沈充于吴,尽杀周札诸兄

---

[1] 房玄龄等:《晋书》卷六十八《顾荣传》,中华书局1974年,第1813页。
[2] 陈寅恪:《述东晋王导之功业》,《金明馆丛稿初编》,三联书店2001年,第55—77页。
[3] 房玄龄等:《晋书》卷六十八《顾荣传》,中华书局1974年,第1813页。按:顾荣卒后葬在苏州葑门东六里黄天荡南,俗称顾邑墓,有祠名顾将军庙。
[4] 萧子显:《南齐书》卷五十二《文学·丘灵鞠传》,中华书局1972年,第890页。
[5] 房玄龄等:《晋书》卷九十《邓攸传》,中华书局1974年,第2340页。

子"[1],由沈充从吴郡率众万余人与王敦之兄王含汇合攻逼建康等记载可以看出,吴郡已成为沈充的主要活动区域。史载沈充"大起营府,侵人田宅,发掘古墓,剽掠市道,士庶解体"等事,[2]应当就发生在吴郡及周围地区,可见其对吴郡一带的破坏之大。沈充在吴郡的胡作非为遭到了当地士人的强烈反抗,尤其是被他杀害的吴郡太守张茂之妻陆氏,虽为一介女流,却"倾家产,率茂部曲为先登以讨充",在沈充失败后,陆氏还诣阙上书,"为茂谢不克之责",[3]得到了东晋政府的褒奖。另外吴郡张氏中的张镇在此期间也因征讨王含有功,被封为兴道县侯。[4]

咸和二年(327),历阳内史苏峻发动叛乱,攻入建康,大肆杀掠并专擅朝政。被苏峻任命为"持节权督东军"的丹杨人张闿与王导密谋,"密宣太后诏于三吴,令速起义军"。张闿到晋陵郡后,"使内史刘耽尽以一部谷,并遣吴郡度支运四部谷",[5]给车骑将军郗鉴,充实了平定苏峻的物质基础,并在三吴地区召集义军讨伐苏峻。在此情况下,吴郡顾氏中的顾众自义兴太守任上还吴,"潜图义举",当时吴国内史庾冰逃于会稽,苏峻任命蔡谟代吴国内史一职,并派将军张悫收兵于吴。顾众策反了蔡谟与张悫,被蔡谟任命为本国督护、扬威将军,而顾众从弟顾飏也被任命为威远将军、前锋督护。顾众与顾飏"潜合家兵","吴中人士同时响应",在高莋打败了前来征讨的苏峻将领弘徽,获其军事物资。顾众派顾飏屯驻无锡,因"恐贼从海虞道入",亲自领兵至海虞防备。后来苏峻将领张健、马流等在无锡打败顾飏,吴兴内史虞潭遣督护沈伊于吴县抵御苏峻的另一将领管商的进攻,但不久就被管商打败,叛军占据吴郡城,并"焚吴县、海盐、嘉兴,败诸义军"。顾众自海虞由娄县东仓与苏峻别军交战得胜,进屯乌苞。会稽内史王舒、吴兴内史虞潭任命顾众为五郡大督护,统诸义军讨伐张健,"时贼党方锐,义军沮退",接连吃败仗,形势很不利,顾众退守紫壁,不少人都劝顾众退军于浙江,但顾众认为"今保固紫壁,可得全钱唐以南五县。若越他境,便为寓军,控引无所,非长计也",因此坚守紫壁。[6]后来顾众在参军范明等人的帮助下,打败张

---

[1] 司马光:《资治通鉴》卷九十三《晋纪十五·明帝太宁二年》,中华书局1956年,第2920页。
[2] 房玄龄等:《晋书》卷九十八《王敦传》,中华书局1974年,第2560页。
[3] 房玄龄等:《晋书》卷九十六《列女传》,中华书局1974年,第2515页。
[4] 刘义庆:《世说新语》卷下之下《排调第二十五》"张苍梧是张凭之祖"条下注引《张苍梧碑》,上海古籍出版社1993年余嘉锡笺疏本,第808页。
[5] 房玄龄等:《晋书》卷七十六《张闿传》,中华书局1974年,第2019页。
[6] 紫壁,《汉书·地理志》为柴辟,故就李乡。详见《晋书》卷七十六《顾众传》后附校勘记,中华书局1974年,第2020页。

健,杀掉了张健任命的吴县令钱弘,收复了吴郡城,并派督护朱祈等九军,与兰陵太守李闳共守庱亭,屡败叛军,为平定苏峻之乱立下了大功。[1]苏峻叛军在吴郡"烧府舍,掠诸县,所在涂地"[2],对吴郡造成了很大破坏,"是时军荒之后,百姓饥馑,死亡涂地",转任吴国内史的虞潭"乃表出仓米振救之"。[3]

苏峻之乱时,吴郡陆氏中的陆晔与陆玩兄弟并为显职,陆晔时为左光禄大夫,加散骑常侍,陆玩为尚书左仆射。苏峻领军攻入建康掌握朝政后,强迫晋成帝迁于石头城,陆氏兄弟随侍左右守护。史载陆晔"举动方正,不以凶威变节",苏峻也因其为"吴士之望",所以不敢加害。[4]陆玩后来寻机策反了驻守苑城的苏峻将领匡术,使其"以苑城归顺"[5],众人又"共推晔督宫城军事"。陆氏兄弟为平定苏峻之乱、稳定建康局势起到了至关重要的作用。

咸和年间,吴郡一带还曾遭到北方军队的攻掠。咸和五年(330)五月,"石勒将刘徵寇南沙(今常熟、张家港一带),都尉许儒遇害,进入海虞(今常熟一带)"。次年正月"刘徵复寇娄县(今昆山一带)"。[6]咸和七年(332)三月石勒将领韩雍又"寇南沙、海虞,俘获五千余人"[7]。为了防备来自海上的北方军队的破坏,当时的吴国内史虞潭还特意在松江入海口修建沪渎垒,"以防海抄,百姓赖之"[8]。

东晋中期,吴郡还曾为废帝司马奕被囚之地。咸安元年(371)十一月,权臣桓温废晋帝司马奕为东海王,次年正月又降封为海西县公,四月徙居吴县,敕吴国内史刁彝防卫,又遣御史顾允监察。该年十一月,彭城(今江苏徐州)道士卢悚派人到吴县找到司马奕,"称太后密诏,奉迎兴复",司马奕开始时颇为心动,后"纳保母谏而止"。但卢悚不久就率领三百人进攻建康广莫门,"诈称海西公还",并突入殿廷,后来虽然被镇压,但司马奕却因此深恐遭受横祸,于是"杜塞聪明,无思无虑,终日酣畅,耽于内宠",[9]甚至有子也不抚养,免得被朝廷怀疑,以保善终。时人都很怜悯他,"为作歌焉"。朝廷知他安于屈辱,亦不再防备。司马奕在太元十一年(386)十月死于吴县,时年四十五,共在吴县幽禁了近十五年,葬于吴县黄山。

---

[1] 房玄龄等:《晋书》卷七十六《顾众传》,中华书局1974年,第2015—2018页。
[2] 房玄龄等:《晋书》卷七十六《王舒传》,中华书局1974年,第2000页。
[3] 房玄龄等:《晋书》卷七十六《虞潭传》,中华书局1974年,第2014页。
[4] 房玄龄等:《晋书》卷七十七《陆晔传》,中华书局1974年,第2024页。
[5] 房玄龄等:《晋书》卷七十七《陆晔传附陆玩传》,中华书局1974年,第2025页。
[6] 房玄龄等:《晋书》卷七《成帝纪》,中华书局1974年,第176页。
[7] 房玄龄等:《晋书》卷一〇五《石勒载记下》,中华书局1974年,第2749页。
[8] 房玄龄等:《晋书》卷七十六《虞潭传》,中华书局1974年,第2014页。
[9] 房玄龄等:《晋书》卷八《海西公纪》,中华书局1974年,第215页。

东晋末年政局动荡,吴郡也受到了很大的冲击。当时孝武帝之弟会稽王司马道子独揽军政大权,并引用太原大族王国宝等参掌朝政。隆安元年(397),前将军、青兖二州刺史王恭以诛王国宝为名,在京口起兵。当时名臣王导之孙王廞正在吴郡为母服丧,王廞之父王荟曾任吴国内史,当时吴郡"年饥粟贵,人多饿死",王荟就以"私米作饘粥,以饴饿者",[1]救活了很多饥民,因此在吴郡声誉颇著。王恭想借助王氏在吴郡一带的影响力,就任命王廞为建武将军、吴国内史,"令起军,助为声援"。王廞为人狂热,急于进取,觉得这是一个建功立业的好机会,"自谓义兵一动,势必未宁,可乘间而取富贵",于是"墨绖合众,诛杀异己",并封其女儿为贞烈将军,以女人为官属,如吴郡顾琛的祖母孔氏当时就曾被任命为司马。同时遣前吴国内史虞啸父等人吴兴、义兴聚兵,"轻侠赴者万计"。但不久司马道子见势不妙,杀掉了王国宝,王恭就撤回京口,并宣布解除王廞的吴国内史之职,仍让其继续服丧。但王廞在吴郡起兵的时候,"多所诛戮,至是不复得已"[2],进退维谷,不能就此罢手,因此不但拒绝命令,更让其子王泰出兵讨伐王恭。王恭派名将刘牢之击杀王泰,又在曲阿击败王廞,王廞单骑逃亡,下落不明。其幼子王华被沙门昙冰所救,回到吴郡后,"以其父存亡不测,布衣蔬食,绝交游不仕",直到十多年后,权臣刘裕听说王华贤能,"欲用之",因此才为王廞发丧,让王华守孝,"服阕,辟为徐州主簿"。[3]

隆安年间,晋室衰微,长江中游为门阀大族桓玄所占,长江下游北岸及淮南分别为北府名将刘牢之和高雅之所占,东晋政府直接控制的地区只有吴郡、吴兴、义兴、新安、东阳、永嘉、临海、会稽等江东八郡,东晋政府便把一切负担都加在这八郡人民身上,阶级矛盾非常尖锐。隆安三年(399),为了和手握重兵的桓玄、刘牢之等抗衡,东晋政府下令征发江东八郡"免奴为客者"以充兵役,引起了广泛骚动。流亡于海上的孙恩起义军乘机登陆,不久就攻陷会稽,各地纷纷响应,"旬日之中,众数十万"。吴国内史桓谦弃郡逃走,吴郡士族陆瑰等人也"一时起兵,杀长吏以应恩",当时"三吴承平日久,民不习战,故郡县兵皆望风奔溃",[4]陆瑰被孙恩委任为吴郡太守。后来东晋政府派刘牢之平叛,刘牢之到吴郡后,与卫将军谢琰合军,屡胜孙恩,"杀伤甚众",一直把孙恩赶到浙江以东,晋

---

[1] 房玄龄等:《晋书》卷六十五《王导传附王荟传》,中华书局1974年,第1759页。
[2] 李延寿:《南史》卷二十三《王华传》,中华书局1975年,第625页。
[3] 司马光:《资治通鉴》卷一一七《晋纪三十九·安帝义熙十二年》,中华书局1956年,第3691页。另《晋书》卷六五《王导传附王荟传》亦载:"后从兄谧言其死所,华始发丧,入仕。"中华书局1974年,第1760页。
[4] 司马光:《资治通鉴》卷一一一《晋纪三十三·安帝隆安三年》,中华书局1956年,第3498页。

廷任命刘牢之为前将军、都督吴郡诸军事。刘牢之率军渡过浙江,继续进击,赶孙恩入海,并杀掉了陆瓖,任命名士袁崧为吴国内史,袁崧到吴郡上任后,"筑扈渎垒,缘海备恩"[1]。隆安五年(401),孙恩再次登陆进攻吴郡,袁崧即率军迎战于沪渎,但被孙恩击败,袁崧战死,"死者四千人",溃散的士卒"逃走山泽,皆多饥死",时任吴郡主簿的孝子陈遗因随身带了给母亲吃的焦饭而幸免于难,"时人以为纯孝之报也"。[2]孙恩乘胜率军十余万、楼船千余艘进逼建康,东晋政府急调江北的军队守卫京师,孙恩转攻广陵,一直沿海打到郁洲(今江苏连云港),后来东晋政府派刘裕在郁洲累败孙恩,孙恩浮海南下,被刘裕在吴郡沪渎大败,损失惨重,又退还海岛,次年投水自杀。当时孙恩屡次进攻三吴一带,"吴会承平日久,人不习战,又无器械,故所在多被破亡。诸贼皆烧仓廪,焚邑屋,刊木埋井,掳掠财货"[3],东晋政府也不断派兵进剿,东晋将领刘牢之和高素等人"放纵其下,抄暴纵横",再加上天灾不断,以今苏州为中心的三吴地区受到了很大破坏。如在孙恩自杀的元兴元年(402)七月,"大饥,人相食。浙江东饿死流亡十六七,吴郡、吴兴户口减半;又流奔而西者万计"[4]。《南史》也记载孙恩乱后"东土饥荒,人相食"。当时吴郡顾琛的祖母孔氏"散家粮以赈邑里,得活者甚众",为感念孔氏恩德,当时百姓"生子皆以孔为名焉"。[5]

四、南朝吴郡政治变迁

永初元年(420),出身寒微的刘裕代晋称帝,标志着东晋百余年门阀政治的终结和皇权的重建,历史也由此进入南朝。南朝时期今苏州地区所属的吴郡一带依然在当时占有相当重要的地位。刘宋时期的范泰就认为"今之吴会,宁过二汉关、河",为国家不可动摇的"根本"。[6]南齐时的萧子良也有"三吴奥区,地惟河、辅,百度所资,罕不自出"之语。[7]梁代萧子范曾有《为蔡令樽让吴郡表》云:"今吴奥区,地迫都辇。譬彼西京,则扶风、冯翊;方之洛下,则颍川、河内。"[8]

---

[1] 房玄龄等:《晋书》卷一〇〇《孙恩传》,中华书局1974年,第2633页。按:袁崧,一作袁山松。扈渎,一作沪渎。
[2] 刘义庆:《世说新语》卷上之上《德行第一》,上海古籍出版社1993年余嘉锡笺疏本,第49页。
[3] 房玄龄等:《晋书》卷一〇〇《孙恩传》,中华书局1974年,第2633页。
[4] 沈约:《宋书》卷二十五《天文志三》,中华书局1974年,第729页。
[5] 李延寿:《南史》卷三十五《顾琛传》,中华书局1975年,第919页。
[6] 沈约:《宋书》卷六十《范泰传》,中华书局1974年,第1619页。
[7] 萧子显:《南齐书》卷四十《竟陵王子良传》,中华书局1972年,第696页。
[8] 萧子范:《为蔡令樽让吴郡表》,收入《全梁文》卷二十三,见清严可均辑《全上古三代秦汉三国六朝文》,中华书局1958年,第3085页。

可见南朝时期吴郡地位之重要。

刘宋王朝的建立者刘裕在勃兴过程中多次在吴郡征战。早在隆安三年（399），刘裕就曾作为刘牢之参军参与平定孙恩之乱。当时刘牢之到吴郡后，"贼缘道屯结"，刘牢之命令刘裕带领数十人去"觇贼远近"，刚好和数千名孙恩义军遭遇，刘裕"所将人多死，而战意方厉，手奋长刀，所杀伤甚众"。[1]刘裕经此一战开始崭露头角。后来刘裕多次在吴郡的海盐、娄县及沪渎大破孙恩义军，立下了赫赫战功。史载"时孙恩屡出会稽，诸将东讨者相续，刘牢之、高素之放纵其下，虏暴纵横"，而当时尚为北府兵底层将领的刘裕却"军政严明，无所侵犯"，[2]这使得刘裕在吴郡一带赢得了良好的声誉，为其以后的发展奠定了基础。

刘裕出身寒微，颇遭王、谢等侨姓高门士族的轻视，在代晋称帝过程中，为了壮大实力，抬高自己的声望，刘裕大力笼络地位较低的吴姓士族。如吴郡张氏中的张裕、张邵兄弟就得到了刘裕的高度信任，成为刘裕所信赖的心腹重臣，参与了刘宋建国前几乎所有重大军事政治行动。而吴郡陆氏中的陆载也曾跟随刘裕北伐，在刘裕回军时作为"腹心将佐"，留守关中辅佐刘义真。可见吴郡士族在刘宋建国过程中的重要作用。[3]

刘裕称帝后不到三年就病死了，其子刘义符即位，昏庸腐败，不问政事，一味游玩享乐，群臣多次劝谏，他一概不听，甚至在宫中开设酒店，自充酒保，以为游戏，搞得"远近叹嗟，人神怨怒，社稷将坠"[4]。次年就被刘裕指定的顾命大臣徐羡之等废黜，送到吴郡幽居，"时为帝筑宫未成"，因此暂时安排刘义符住在吴郡阊门附近的金昌亭，其母张太后也随居吴县。为了防止边臣借刘义符之名起事，不久徐羡之又派人在金昌亭谋杀刘义符，刘义符"有勇力，不即受制"，跑出阊门，追兵在门关将其杀死，年仅十九岁。当时的吴郡太守江夷"临哭尽礼"，以尽臣节。[5]虽然刘义符死有余辜，但是杀死皇帝还是为徐羡之等人的政敌提供了反对的口实，他们借此怂恿刚即位的刘义符之弟刘义隆杀掉徐羡之等人，其中会稽（今浙江绍兴）的孔宁子就是最突出的一个。据《宋书》卷六十三《王华传》记载，孔宁子从建康东归路过金昌亭时，手下人想在此泊船休息，孔宁子命令赶

---

[1] 沈约：《宋书》卷一《武帝纪上》，中华书局1974年，第2页。
[2] 沈约：《宋书》卷一〇〇《自序》，中华书局1974年，第2453页。
[3] 孙中旺：《吴姓士族与刘宋建国》，《苏州大学学报》2001年第3期。
[4] 沈约：《宋书》卷四《少帝纪》，中华书局1974年，第65—66页。
[5] 沈约：《宋书》卷五十三《江夷传》，中华书局1974年，第1526页。

快离开,并说:"此弑君亭,不可泊也。"[1]直接把金昌亭叫作弑君亭,可见其对徐羡之的反对态度。后来正是在孔宁子等人的怂恿和污蔑下,徐羡之等人最终被新皇帝刘义隆所杀。

宋孝武帝刘骏登基后,任命琅邪王氏中的王僧达为吴郡太守,王僧达上任后,在吴郡胡作非为。当时吴郡城西台寺有很多富裕的和尚,"僧达求须不称意",竟然公行劫掠,"遣主簿顾旷率门义劫寺内沙门竺法瑶,得数百万"。此外王僧达还在吴郡营造私宅,"多役公力",由此被免官。[2]

大明三年(459),竟陵王刘诞据广陵反。刘诞之乱也波及了吴郡,早在其叛乱之前,吴郡人刘道龙因发现了刘诞"在石头城内,修乘舆法物,习倡警跸",而被刘诞所杀,刘道龙之父刘成上书揭发了刘诞的反谋,得到了孝武帝的重视。[3]吴郡张氏中的张牧和吴郡顾氏中的顾琛均曾为刘诞故吏,刘诞待其素厚,因此遣使者陆延稔到吴郡封张牧为安东将军,牧兄张济为冠军将军,从弟晏为谘议参军,又封顾琛为征南将军,琛子宝素为谘议参军,宝素弟宝先为从事中郎。而孝武帝本来就怀疑顾琛等"素结事诞,或有异志",也派遣了使者传令吴郡太守王昙生诛杀顾琛父子。两方使者几乎同时派出,但刘诞的使者陆延稔先到,"琛等即执斩之"。[4]同日孝武帝派的使者也到了吴郡,顾琛等人因此得以幸免于难。

宋明帝刘彧继位后,江州刺史长史邓琬在寻阳(今江西九江)拥立晋安王刘子勋为帝,年号"义嘉",史称"义嘉之乱"。时任督五郡诸军事、会稽太守寻阳王刘子房的右军长史孔觊在会稽起兵,意图"拥五郡之锐,招动三吴",并遣书吴郡太守顾琛。顾琛刚开始因"母年笃老,又密迩京邑",因此和长子顾宝素商量后没有在吴郡起兵响应。但其时任山阴令的少子顾宝先从会稽致书,"以南师已近,朝廷孤弱,不时顺从,必有覆灭之祸",再加上孔觊的前锋已经渡过了浙江,因此顾琛不得不在吴郡同反。东南五郡(会稽、吴郡、吴兴、晋陵、义兴)一时响应,声势极盛。宋明帝刘彧遣重兵东讨,悬赏"生擒觊千五百户开国县侯,生擒琛千户开国县侯。斩送者半赏"。[5]派陆攸之、任农夫自吴兴东迁进军吴郡,并遣军主张灵符进攻晋陵,不久就攻下晋陵,吴中震动,再加上吴兴军又将到,因此顾琛与子宝素携其老母泛海奔会稽。后来顾琛等人向刘彧主帅吴喜投降,得到了宽

---

[1] 沈约:《宋书》卷六十三《王华传》,中华书局 1974 年,第 1677 页。
[2] 沈约:《宋书》卷七十五《王僧达传》,中华书局 1974 年,第 1954 页。
[3] 沈约:《宋书》卷七十九《竟陵王诞传》,中华书局 1974 年,第 2027 页。
[4] 沈约:《宋书》卷八十一《顾琛传》,中华书局 1974 年,第 2077 页。
[5] 沈约:《宋书》卷八十四《孔觊传》,中华书局 1974 年,第 2156、2158 页。

宥,只有其子顾宝素因与父相失,自缢死。

刘宋时期吴郡张氏家族在政坛上占有重要地位。张氏家族在刘宋一代人才辈出,文武双全,参与了不少重大政治事件,并在其中发挥了重要作用,如"义嘉之乱"就是以吴郡张氏中的张悦为主谋,而吴郡张氏中的张永也是刘宋王朝晚期所倚重的名将之一,屡次东征西讨,历任与北朝对垒的边防要职。据统计,刘宋一代吴郡张氏仕宦达三品以上的就有14人,在当时的大士族中仅次于琅邪王氏居第二位,[1] 可见势力之强盛。

刘宋末年,以军功起家的萧道成在政坛崛起,并代宋建齐。在萧道成代宋自立之势愈来愈明显之时,颇有声誉的刘宋宗室刘秉欲谋取萧道成,挽狂澜于既倒。他派其弟刘遐为吴郡太守,"潜相影响"。刘遐在吴郡扩军备战,"聚众三千人,治攻具",引起萧道成的不安,于是密令与之交好的尚在吴郡为父服丧的张瓌谋杀刘遐。张氏在吴郡有自己的私人武装,"诸张世有豪气,瓌宅中常有父时旧部曲数百",张瓌得令后就和叔父张恕领兵十八人,以应刘遐召见为名,"进中宅取遐",刘遐措手不及,仓促翻窗而逃,被张瓌的部曲顾宪子所杀。由于张氏在吴郡影响很大,很容易地就控制了局势,"郡内莫敢动者",[2] 免除了萧道成的后顾之忧。

萧齐政权建立后,为了增加直接控制的户口,提高赋税收入,扩大徭役的负担面,大力进行户籍清查鉴定,凡是和元嘉二十七年(450)的户籍不合者,一律退回本县改正,称为"却籍"。在此过程中,由于检籍官员贪污作弊,引起了却籍户的严重不满。永明三年(485)冬,吴郡富阳人唐寓之在富春江下游各县聚集力量,次年春,起义军相继攻破吴郡的桐庐、钱唐、盐官以及诸暨、余杭等县,各县令长纷纷逃走,东阳郡太守萧崇之也被杀死。唐寓之攻下钱唐后称帝,置太子,立国号为吴,三吴一带的却籍户纷纷响应,众至三万余人。后来虽然起义被镇压,但萧齐政府被迫停止检籍,使不少却籍户获得了免役的权利。

永泰元年(498),齐明帝萧鸾病重,为防备大司马兼会稽太守的王敬则,以吴郡张瓌"素著干略",任其为平东将军、吴郡太守。王敬则为临淮射阳人,侨居晋陵南沙(今常熟、张家港一带),在刘宋时期曾历任暨阳、南沙县令,刘宋末年曾帮萧道成杀刘昱,逼刘准禅位,后来又帮萧鸾杀萧昭业,由此青云直上,成为当时政坛举足轻重的人物,但也由此颇受齐明帝萧鸾的猜忌。王敬则听说任命张瓌

---

[1] 数据参考毛汉光《两晋南北朝士族政治之研究》之《晋南朝大士族统计表》,台湾学术奖助委员会1966年,第17页。
[2] 萧子显:《南齐书》卷二十四《张瓌传》,中华书局1972年,第453页。

为平东将军后,认为"东今有谁?只是欲平我耳!"于是仓促在会稽起兵反抗,以奉前吴郡太守、南康县侯萧子恪为名,亲率军万人渡过浙江(今钱塘江)北上,向首都建康进攻。张瓖闻讯后派将吏三千人在松江(今吴淞江)迎战,但"闻敬则军鼓声,一时散走",张瓖弃吴郡城逃遁民间。[1] 王敬则占领吴郡后继续北上,当地百姓纷纷响应,"担篙荷锸随逐之,十余万众"[2],到晋陵郡后,其同乡范脩化杀掉了南沙县令公上延孙以应之,形势大好,王敬则也认为胜券在握,但进至曲阿(今江苏丹阳)时,被齐军掘河放水所困而败,王敬则也死于乱军之中。事平后张瓖复还吴郡,为有司所奏,免官削爵。

南齐时期,吴郡张氏子弟成为南齐政权抗击北魏入侵的主要将领,历处位置重要的青、兖、徐、冀、雍、梁、秦、司、豫等北方诸州刺史。每有军事多以张氏为主将,如建武二年(495),北魏南下,南齐政府就任命张瓖"以本官假节督广陵诸军事,行南兖州事"[3],同年张冲在"虏寇淮泗"时,也被任命为"假节","都督青、冀二州北讨诸军事"[4]。另外张岱在南齐时曾为"使持节监南兖、兖、徐、青、冀五州诸军事,后将军、南兖州刺史"[5]。张稷在南齐末年也曾任"督北徐、徐、兖、青、冀五州诸军事"[6],由此可见吴郡张氏在南齐时的军事地位。

南齐末年,东昏侯萧宝卷荒淫无道,朝政腐败,雍州刺史萧衍起兵东下,开始了由梁代齐的进程。萧衍到达建康附近时,吴郡张氏中的张稷入卫京师,掌握了城内军队的领导权。时任吴郡太守的蔡撙也弃郡到建康投奔萧衍。当时"义师围城已久,城内思亡而莫有先发"[7],而此时东昏侯仍然荒淫暴虐,"催御府细作三百人精仗,待围解以拟屏除。金银雕镂杂物,倍急于常"[8]。其亲信茹法珍、梅虫儿等人又劝说东昏侯悉诛守城大臣。张稷和北徐州刺史王珍国密谋除掉东昏侯,由张稷亲信张齐斩东昏侯于含德殿,并送其首级于萧衍,亲手埋葬了南齐王朝,在齐、梁禅代之际发挥了举足轻重的作用。

梁代的吴郡太守以何敬容、江革、谢举及王规四人治绩最为显著。何敬容在普通四年(523)任吴郡太守,"为政勤恤民隐,辨讼如神",在吴郡的四年间,"治

---

[1] 萧子显:《南齐书》卷二十四《张瓖传》,中华书局1972年,第455页。
[2] 萧子显:《南齐书》卷二十六《王敬则传》,中华书局1972年,第487页。
[3] 萧子显:《南齐书》卷二十四《张瓖传》,中华书局1972年,第454页。
[4] 萧子显:《南齐书》卷四十九《张冲传》,中华书局1972年,第853页。
[5] 萧子显:《南齐书》卷三十二《张岱传》,中华书局1972年,第581页。
[6] 姚思廉:《梁书》卷十六《张稷传》,中华书局1973年,第271页。
[7] 姚思廉:《梁书》卷十六《张稷传》,中华书局1973年,第271页。
[8] 萧子显:《南齐书》卷七《东昏侯纪》,中华书局1972年,第106页。

为天下第一",因此"吏民诣阙请树碑",[1]世称"何吴郡"。何敬容之后,名士江革监吴郡,当时吴郡"境内荒俭,劫盗公行",江革到郡时只有"公给仗身二十人",当地百姓都担心"不能静寇",江革"乃广施恩抚,明行制令",后来终于使"盗贼静息,民吏安之"。[2]大同三年(537),谢举为吴郡太守,治绩卓著,与何敬容"声迹略相比"[3]。另外在中大通二年(530),琅琊王氏中的王规为吴郡太守,当时的主书芮珍宗家在吴郡,以前的吴郡太守都"倾意附之",但王规在任时,芮珍宗请假回家,"规遇之甚薄",芮珍宗怀恨在心,回到建康后就秘奏王规"不理郡事",不久梁政府就征召王规任左户尚书,吴郡吏民千余人到建康请求让王规留任,三次进呈表章,均没得到同意。但后来朝廷同意了吏民们在吴郡为王规树碑纪念的请求。[4]可见王规在吴郡太守任上也是政绩卓著,颇得民心的。

与此同时,也有吴郡太守在任时为非作歹,如萧正德在吴郡太守任上时,曾因"杀戮无辜,劫盗财物,雅然无畏",被梁武帝下诏痛斥。史载萧正德"志行无悛,常公行剥掠",甚至"黄昏多杀人于道,谓之'打稽'",被当时人称为"四凶"之首,[5]此人在任时对吴郡的荼毒可以想见。

梁朝末年发生了侯景之乱,吴郡是叛军和官军相持的主要战场之一,遭受很大的破坏。早在侯景之乱初起时,梁政府就派人到吴中召募士卒。在侯景举兵围台城时,时任吴郡太守、以"当官莅事有名称"的袁君正曾率数百人随邵陵王赴援,让吴县令沈炯权监吴郡。吴郡大族也纷纷起兵,如吴郡张氏中的张嵊此时为吴兴太守,就派其弟张伊率吴兴郡兵赴援。吴郡顾氏中的顾野王在吴郡"丁父忧",也招募了乡党数百人,"随义军援京邑",史载其"杖戈被甲,陈君臣之义,逆顺之理,抗辞作色,见者莫不壮之"。[6]吴郡陆氏中的陆子隆在侯景之乱时"于乡里聚徒",后被吴郡太守张彪"引为将帅"。[7]吴郡顾越多次拒绝侯景党羽任命的爵位。但不久侯景就攻破了台城,把持了梁政府大权。当时东扬州刺史萧大连在会稽据州,吴兴太守张嵊据郡,自南陵以上,皆各据守。侯景能管辖的地方,"惟吴郡以西、南陵以北而已"[8]。

---

[1] 姚思廉:《梁书》卷三十七《何敬容传》,中华书局1973年,第531页。
[2] 姚思廉:《梁书》卷三十六《江革传》,中华书局1973年,第525页。
[3] 姚思廉:《梁书》卷三十七《谢举传》,中华书局1973年,第530页。
[4] 李延寿:《南史》卷二十二《王昙首传附王规传》,中华书局1975年,第589页。
[5] 李延寿:《南史》卷五十一《梁宗室上》,中华书局1975年,第1280页。
[6] 姚思廉:《陈书》卷三十《顾野王传》,中华书局1972年,第399页。
[7] 姚思廉:《陈书》卷二十二《陆子隆传》,中华书局1972年,第293页。
[8] 姚思廉:《梁书》卷五十六《侯景传》,中华书局1973年,第852页。

太清二年(548)四月,侯景派其将领于子悦、张大黑率兵入吴,新城戍主戴僧易劝当时的吴郡太守袁君正领兵拒守,而吴郡人陆映公等惧侯景军力强盛,失败后家产被掠夺,因此对袁君正说:"贼军甚锐,其锋不可当;今若拒之,恐民心不从也。"袁君正生性懦弱,自己又"蓄聚财产,服玩靡丽",也有此意。于是就放弃抵抗,"乃送米及牛酒,郊迎子悦",[1]吴郡遂入侯景军队之手。

于子悦等人入吴后,毫不念及袁君正等人的不战而降之举,"掠夺其财物子女",袁君正"因是感疾卒"。于子悦在吴郡胡作非为,"破掠吴中,多自调发,逼掠子女,毒虐百姓",吴郡士民"莫不怨愤,于是各立城栅拒守"。[2]侯景不得不派中军侯子鉴到吴郡,"收于子悦、张大黑,还京诛之"。然后任命苏单于为吴郡太守,派仪同宋子仙进军钱塘,吴郡新城(今浙江杭州一带)守将戴僧易据城防守。该年六月,海盐人陆黯聚众数千人夜袭吴郡城,杀掉了侯景任命的吴郡太守苏单于,推举吴郡陆襄行郡事。

当时淮南太守萧宁逃贼入吴,陆襄迎萧宁为盟主。大宝元年(550)四月,萧宁于吴郡西乡起兵,"旬日之间,众至一万,率以西上",[3]陆襄派陆黯及其兄子陆映公率众与侯景将宋子仙在松江大战,陆黯败走,"吴下军闻之,亦各奔散",陆襄"匿于墓下,一夜忧愤卒"。[4]侯景乃分吴郡海盐、胥浦二县为武原郡。萧宁后来也被侯景将领孟振、侯子荣击破俘杀,并传首于建康。吴郡张嵊在吴兴率兵抵御侯景入侵,与子弟十余人同时遇害。张嵊的忠义之举受到了当时人的高度赞赏,北齐颜之推《颜氏家训·养生》甚至认为张嵊是侯景之乱中唯一"辞色不挠"的义士。侯景对萧梁王室进行了残酷的杀戮,大宝二年(551)秋,时任吴郡太守的南海王萧大临被侯景派人杀害,年仅二十五岁。在此前一年,前吴郡太守张彪在会稽起义,吴郡陆令公、颍川庚孟卿等人劝萧大临前往会稽依靠张彪,但萧大临认为:"彪若成功,不资我力;如其挠败,以我说焉,不可往也。"[5]拒绝了提议,至此被侯景所杀。

侯景篡位后不久,梁朝大将王僧辩与陈霸先攻下建康,侯景东逃,王僧辩派大将侯瑱率军进击。侯景逃到晋陵后,劫持晋陵太守徐永东逃吴郡。到吴郡后杀掉前吴县令沈炯妻虞氏及其子行简。然后又逃往嘉兴,被梁将赵伯超所拒,只

---

[1] 姚思廉:《梁书》卷三十一《袁昂传附袁君正传》,中华书局1973年,第456页。
[2] 姚思廉:《梁书》卷五十六《侯景传》,中华书局1973年,第851页。
[3] 姚思廉:《梁书》卷五十六《侯景传》,中华书局1973年,第854页。
[4] 姚思廉:《梁书》卷二十七《陆襄传》,中华书局1973年,第410页。
[5] 姚思廉:《梁书》卷四十四《太宗十一王传》,中华书局1973年,第615页。

得又退回吴郡,到达松江,而侯瑱也率军追至,侯景的军队仓皇之下"皆举幡乞降,景不能制",只和心腹数十人乘小船自松江沪渎入海,并"推堕二子于水",〔1〕后被部下羊鲲砍死于船中。

侯景之乱对吴郡所在的三吴地区破坏极大。侯景之乱前,三吴地区"最为富庶,贡赋商旅,皆出其地"。侯景叛军攻占吴郡后,纵兵大掠,"掠金帛既尽,乃掠人而食之,或卖于北境,遗民殆尽矣",〔2〕百姓惨遭荼毒。此后两年多,吴郡一直处于叛军的蹂躏之下。又逢旱、蝗之灾,"百姓流亡,死者涂地,父子携手共入江湖,或弟兄相要俱缘山岳。芰实荇花,所在皆罄,草根木叶,为之凋残。虽假命须臾,亦终死山泽"。经过侯景叛军短短几年的破坏,三吴地区就成为"千里绝烟,人迹罕见,白骨成聚如丘陇焉"的萧条之区,〔3〕社会经济遭到严重破坏。

太平二年(557),在平定侯景之乱中壮大起来的陈霸先自立为帝,建立陈朝。在陈霸先建陈的过程中,攻取吴郡也是重要环节。陈霸先诛杀政敌王僧辩后,王僧辩之弟王僧智举兵占据吴郡,陈霸先派遣将军黄他率兵攻之,王僧智出兵于阊门拒战,黄他屡攻不胜。当时吴郡"虽凶荒之余,犹为殷盛",陈霸先担心不能取胜就会"贼徒扇聚,天下摇心",于是又派名将裴忌攻打吴郡,裴忌"勒部下精兵,轻行倍道,自钱塘直趣吴郡,夜至城下,鼓噪薄之",〔4〕王僧智措手不及,轻舟出逃,裴忌占领吴郡,消灭了王僧辩的残余势力,为陈霸先称帝扫清了障碍。裴忌也因此被任命为吴郡太守。

陈霸先称帝后不久,任命沈君理为吴郡太守,当时"兵革未宁,百姓荒弊,军国之用,咸资东境",吴郡成为朝廷的财赋重地,沈君理在任时治绩卓著,"招集士卒,修治器械,民下悦附,深以干理见称"。〔5〕

祯明元年(587)冬十一月,陈政府以吴郡置吴州,割钱塘县为钱塘郡,隶属吴州。次年,陈后主封其第十子陈蕃为吴郡王。祯明三年(589)正月,隋将贺若弼、韩擒虎在晋王杨广的统帅下发动了大规模的灭陈之战,自广陵和采石引兵渡江,对建康形成南北夹攻之势,不久就攻下建康,俘虏陈后主。当时占据吴郡一带的陈吴州刺史为萧瓛,此人"少聪敏,解属文",颇有能名,在吴州刺史任上"甚得物情",以至于三吴父老皆曰:"瓛吾君子也。"陈亡后,萧瓛拒不降隋,并得到

---

〔1〕 姚思廉:《梁书》卷五十六《侯景传》,中华书局1973年,第862页。
〔2〕 司马光:《资治通鉴》卷一六三《梁纪十九·简文帝大宝元年》,中华书局1956年,第5045页。
〔3〕 李延寿:《南史》卷八十《贼臣·侯景传》,中华书局1975年,第2009页。
〔4〕 姚思廉:《陈书》卷二十五《裴忌传》,中华书局1972年,第318页。
〔5〕 姚思廉:《陈书》卷二十三《沈君理传》,中华书局1972年,第299页。

了当地人的支持,"吴人推瓛为主,吴人见梁武、简文及詧、岿等兄弟并第三而践尊位,瓛自以岿之第三子也,深自矜负。有谢异者,颇知废兴,梁、陈之际,言无不验,江南人甚敬信之。及陈主被擒,异奔于瓛,由是益为众所归"。[1]陈永新侯陈君范也率军从晋陵投奔萧瓛,"并军合势"。隋大将军宇文述率行军总管元契、张默言等,前往征讨。隋将燕荣也从海上率水军入太湖前来会攻。萧瓛"立栅于晋陵城东,又绝塘道,留兵拒述",[2]并派部将王褒防守吴州,自率兵由义兴(今江苏宜兴)进入太湖,欲从后面偷袭宇文述军。"述进破其栅,回兵击瓛,大败之",同时遣军别道进袭吴州,守将王褒"衣道士服弃城走"。[3]萧瓛率残部退守包山(今苏州洞庭西山),被隋将燕荣击败,萧瓛带左右数人藏匿于民家被擒获,今苏州地区自此纳入隋朝版图。

第二节　六朝时期的苏州经济

六朝时期,黄河流域频经战乱,北方人民大批迁徙南下,带来了中原地区先进的生产技术,在南北人民的共同开发下,江南地区在南朝时期已成为"鱼盐杞梓之利,充仞八方,丝绵布帛之饶,覆衣天下"的富庶之区。[4]吴郡所在的太湖流域更是江南经济发展的中心地区,故《资治通鉴》卷一六三记载:"自晋氏渡江,三吴最为富庶,贡赋商旅,皆出其地。"[5]当时的吴郡成为江南经济中心,在农业、工商业、交通水利及园林建筑诸方面都有较快发展。

一、农　业

农业是种植业、家畜养殖业和渔业等相关产业的统称。六朝时期,吴郡所在的三吴地区为南方政权立国的经济基础和财赋重地,为了和北方政权抗衡,六朝政府都非常重视农业发展,不断强调务农之本,劝课农桑,奖励生产,把农业作为考核各级官员的重要标准,并大力兴修农田水利,改进生产技术,促进了农业发展水平不断提高。史载南朝的三吴地区"地广野丰,民勤本业,一岁或稔,则数郡忘饥"[6]。今苏州所在的吴郡成为江南农业经济最发达的地区之一。

---

[1]　魏徵、令狐德棻:《隋书》卷七十九《萧岿传附萧瓛传》,中华书局1973年,第1795页。
[2]　魏徵、令狐德棻:《隋书》卷六十一《宇文述传》,中华书局1973年,第1464页。
[3]　司马光:《资治通鉴》卷一七七《隋纪一·文帝开皇九年》,中华书局1956年,第5513页。
[4]　沈约:《宋书》卷五四后"史臣曰",中华书局1974年,第1540页。
[5]　司马光:《资治通鉴》卷一六三《梁纪十九·简文帝大宝元年》,中华书局1956年,第5045页。
[6]　沈约:《宋书》卷五十四后"史臣曰",中华书局1974年,第1540页。

在吴郡的发展过程中,孙吴时期是一个重要阶段。吴郡为孙吴政权的龙兴之地,也是孙吴的后方基地和经济支柱。孙吴时期吴郡土地得到了较快的开发,其农业生产也犹如左思在《吴都赋》中所描写:"其四野,则畛畷无数,膏腴兼倍。原隰殊品,窊隆异等。象耕鸟耘,此之自与……国税再熟之稻,乡贡八蚕之绵。"[1]当时吴郡的农业发展,得益于两方面的原因,一是大批北方人民由于逃避战乱而纷纷南渡,再加上孙吴政权通过与山越的不断作战获取了大量劳动力,为农业发展奠定了人力基础,前文已经详细论及。二是屯田制度的推行促进了农业发展。孙吴政权在据有江东之后,为了解决军粮和民食,采纳了吴郡人陆逊的建议,广泛推行屯田制度,而吴郡所在的太湖流域是政府屯田的主要地区。如吴郡都尉顾承就曾率领军民"会佃毗陵",后来还分无锡以西为毗陵典农校尉。在吴郡北部还设有虞农都尉,梁简文帝萧纲《招真馆碑》记载:"海虞县者,则虞农都尉,太康置其宰。"[2]可见海虞县在太康年间设县以前为孙吴的虞农都尉辖区。吴郡的东南部也有屯田存在,如陆逊就曾出任海昌(今浙江海宁一带)屯田都尉。可见孙吴政权在吴郡屯田之普遍。

1. 种植业

东晋南朝时期,以吴郡为中心的江南地区修建了众多的水利工程,为水稻种植提供了优良的水土条件,有利于水稻高产,也使农业的精耕细作程度大大提高。

除了水稻外,吴郡一带在两晋之际还出现了小麦等旱地作物。今常熟、太仓一带的沿江冈身高阜地带,"虽皆沙碛,而颇宜菽麦,有种植之利"[3],由于中原流民的南下,麦类等旱粮作物在冈身及其他丘陵地带得到了比较广泛的种植。据《晋书·食货志》载:"太兴元年(318),诏曰:'徐、扬二州,土宜三麦,可督令燠地,投秋下种,至夏而熟,继新故之交,于以周济,所益甚大。'"[4]可知当时的吴郡一带种植的麦类已有小麦、大麦、元麦三种。翌年,吴郡、吴兴、东阳等地麦、稻失收,因此遭遇了饥荒,说明麦类在粮食生产中已占有一定的比重。太和末年,海西公被废,被迁往吴县西柴里居住,"民犁耕其门前,以种小麦"[5],可见当时吴郡小麦种植的普遍。东晋时期曾任吴郡内史的王洽在《临吴郡上表》一文

---

[1] 左思:《吴都赋》,《文选》卷五《京都下》,上海古籍出版社1986年,第215页。
[2] 萧纲:《招真馆碑》,收入《全梁文》卷十四,见清严可均辑《全上古三代秦汉三国六朝文》,中华书局1958年,第3029页。
[3] 顾祖禹:《读史方舆纪要》卷二十四《太仓州·冈身》,中华书局2005年,第1191页。
[4] 房玄龄等:《晋书》卷二十六《食货志》,中华书局1974年,第791页。
[5] 沈约:《宋书》卷三十一《五行志二》,中华书局1974年,第917页。

中也记载了当时吴郡地区"虫鼠为害,瓜麦荡尽"的情况。此后的宋文帝元嘉二十一年(444)、宋孝武帝大明七年(463)、陈世祖天嘉元年(560)等,都有下诏劝说种麦的记载。旱粮的出现及广泛种植,突破了太湖地区单纯种植水稻的局面,在提高土地利用率、扩大粮食来源及增加粮食种类方面,都具有重要意义。

农业的发展还表现在耕作技术的进步上。东汉末年和西晋末年,太湖流域接收了大量为躲避战乱而南迁的北方农民,他们带来了先进的生产工具和生产技术,促进了农业生产由粗放型经营迅速向精耕化发展。汉末刘熙作《释名》,其《释用器》篇中列有斧、锥、椎、凿、耒、犁、檀、锄、枷、锸、锯等。孙吴时吴郡人韦曜曾见过此书,并作《辨释名》。可见这些农具当时在吴郡地区已经有所应用,并可能在形制上有所发展变化,使其适应吴郡地区的水田耕作,故韦曜有此书之作。虽然《辨释名》没有流传下来,但根据出土文物显示,江南地区的犁和耙等农具,确实已经形成了鲜明的地方特色。当时适应水田耕作的锸等农具在吴郡一带也已经普遍使用,锸既能切削,又能起土,适用于开沟、垒坎、松土等多种农活,吴郡人陆云在《答车茂盛安书》中就有"举钣成云,下钣成雨。既浸既润,随时代序也"等语,[1]钣即锸,由此可见锸在当时应用之广泛。同时镰刀等坚硬、锐利而又耐磨的铁农具也在包括吴郡在内的江南地区大量应用,对农业生产的发展有很大的促进作用。

粮食作物外,当时今苏州地区还盛产水生蔬菜,主要有菰菜、莼菜等。莼菜是吴郡一带的地方特产之一。孙吴时吴郡陆玑在《毛诗草木鸟兽虫鱼疏》中记载:"茆与荇菜相似,叶大如手,赤圆,有肥者,著手中,滑不得停。茎大如匕柄,叶可以生食,又可以鬻,滑美,南人谓之莼菜,或谓之水葵,诸陂泽水中皆有。"[2]据《晋书》卷五十四《陆机传》记载,东吴灭亡后吴郡陆机入洛,"尝诣侍中王济,济指羊酪谓机曰:'卿吴中何以敌此?'答云:'千里莼羹,未下盐豉。'时人称为名对"[3]。可见当时莼羹已经成为吴中名菜之一。《晋书》卷九十二《张翰传》记载吴郡人张翰入洛后,"因见秋风起,乃思吴中菰菜、莼羹、鲈鱼鲙,曰:'人生贵得适志,何能羁宦数千里,以要名爵乎?'遂命驾而归"[4]。后人因此称思乡为"莼鲈之思"。可见当时的菰菜、莼菜等水生蔬菜已经广为种植,并成为今苏州

---

[1] 陆云:《答车茂安书》,收入《全晋文》卷一〇三,见清严可均辑《全上古三代秦汉三国六朝文》,中华书局1958年,第2049页。
[2] 陆玑:《毛诗草木鸟兽虫鱼疏》卷上"薄采其茆"条,清光绪十四年(1888)《古经解汇函》本。
[3] 房玄龄等:《晋书》卷五十四《陆机传》,中华书局1974年,第1472—1473页。
[4] 房玄龄等:《晋书》卷九十二《张翰传》,中华书局1974年,第2384页。

地区有标志性的蔬菜之一。

南朝时期,经过总结,莼羹之类江南名菜已列入食谱。《齐民要术》所引《食经》载莼羹的做法为:"鱼长二寸,唯莼不切。鳢鱼,冷水入莼;白鱼,冷水入莼,沸入鱼。与咸豉。"又云:"莼细择,以汤沙之。中破鳢鱼,邪截令薄,准广二寸,横尽也,鱼半体。煮三沸,浑下莼。与豉汁、渍盐。"〔1〕《食经》很可能是南朝时期的作品,上引《食经》中莼羹的食法一直延续了下来,至今仍是苏州一带的特色菜肴。

另外,当时的吴郡沿海地区还生产紫菜,《太平御览》卷九八〇引《吴郡缘海四县记》记载:"郡海边诸山,悉生紫菜。吴赋云'纶组紫绛'者也。"〔2〕

当时吴郡一带蔓菁(又名芜菁、菘、蓒等)、葫芦等陆生蔬菜的种植也很普遍。蔓菁属于蓒类蔬菜,先秦时期太湖一带的蔓菁就已经有名,如《吕氏春秋·本味》就记载:"菜之美者,具区之菁。"后来蔓菁成为江南蔬菜中最普遍的门类,并衍生出青菜、白菜等多个品种。永嘉南渡后居住于暨阳(今张家港一带)的晋人郭璞记载:"江南有菘,江北有蔓菁,相似而异。"〔3〕陶弘景《名医别录》亦记载"菜中有菘,最为常食"。《北户录》卷二引孙吴时期吴郡人顾启期的《娄地记》记载,娄县薛山,因薛伯道居此山而得名,"人好稼植,缘海散芜菁子。今海边尚有此菜,云伯道所种"〔4〕。嘉禾五年(236),孙权北征,吴郡陆逊担任进攻襄阳的主将,在形势危险的情况下,还"催人种蓒豆"〔5〕。南朝时期的吴郡钱塘人范元琰"家贫,唯以园蔬为业",其中就有菘的种植,并曾"见人盗其菘",可见当时吴郡民间菘种植的广泛。〔6〕除此之外,吴郡还有葫芦的种植,《世说新语·简傲》载吴郡陆机刚入洛阳时,去拜访刘道真,"礼毕,初无他言,唯问:'东吴有长柄壶卢,卿得种来不?'"〔7〕"壶卢"即葫芦,崔豹《古今注·草木》:"壶芦,瓠之无柄者也。"崔豹为西晋渔阳(今北京一带)人,可见当时北方的葫芦无柄,而吴郡一带的长柄葫芦为当地特产之一,已为北方人所知。当时瓜类种植在吴郡一带也

---

〔1〕 贾思勰:《齐民要术》卷八《羹臛法第七十六》,中国农业出版社1998年缪启愉校释本,第590页。
〔2〕 刘纬毅:《汉唐方志辑佚》,北京图书馆出版社1997年,第319页。
〔3〕 司马光:《资治通鉴》卷一〇二《晋纪二十四·海西公太和五年》胡三省注引,中华书局1956年,第3235页。
〔4〕 刘纬毅:《汉唐方志辑佚》,北京图书馆出版社1997年,第43页。
〔5〕 陈寿:《三国志》卷五十八《吴书·陆逊传》,中华书局1982年,第1351页。
〔6〕 李延寿:《南史》卷七十六《隐逸下·范元琰传》,中华书局1975年,第1903页。
〔7〕 刘义庆:《世说新语》卷下之上《简傲第二十四》,上海古籍出版社1993年余嘉锡笺疏本,第769页。

很普遍,南朝任昉的《述异记》卷下载:"瓜步在吴中,吴人卖瓜于江畔,用以名焉。"该书还记载南朝时,"吴中有五色瓜,岁充贡献"。[1]

2. 家畜养殖业

家畜养殖业在当时的吴郡也比较普及。在今苏州地区的考古中,发现了大量的六朝墓葬,不少墓葬中都出土了鸡笼、羊圈、猪圈、狗窝、牛厩等陶制或青瓷随葬品,说明鸡、羊、猪、狗、牛等家禽和家畜的养殖在当时已经比较普遍。如在狮子山四号西晋墓中就出土了一件形制比较完备的鸡笼,该鸡笼高4.9厘米、长13.1厘米、宽8.4厘米,底部为一平板,上为半圆柱形的镂有孔洞的笼罩,设有两门,门口各有一只鸡。[2]常熟虞山东麓石梅的西晋太康三年(282)墓中也出土了鸡寮、羊圈、猪圈。由于养鸡的普遍,鸡蛋已经成为当时吴郡人的食物之一,甚至有食鸡蛋过多而致病者。[3]

另外,晋干宝《搜神记》卷十八云:"晋有一士人,姓王,家在吴郡。还至曲阿,日暮,引船上,当大埭。见埭上有一女子,年十七八,便呼之留宿。至晓,解金铃系其臂,使人送至家,都无女人。因逼猪栏中,见母猪臂有金铃。"[4]虽然此则故事荒诞不经,但生动地说明了当时吴郡一带的农家中已有"猪栏"之设。《晋书》卷二十九《五行下》也记载在成帝咸和六年(331)六月,吴郡钱唐有人家,"豭豕产两子,而皆人面,如胡人状,其身犹豕"[5]。苏州五龙山晋代墓葬的墓门中间曾出土了石猪二只,[6]陶渊明《搜神后记》卷九还有吴郡豪士顾馦在升平亭送客时,杀羊款待客人的记载。从以上史料可以看出当时的吴郡一带猪羊饲养已经成为常见之事。

养狗在当时也很普遍,除了苏州一带考古中有狗窝出土外,相关史料中此类记载很多。如惠帝元康年中,"吴郡娄县人家闻地中有犬子声,掘之,得雌雄各一。还置窟中,覆以磨石,经宿失所在"。晋孝怀帝永嘉五年(311),吴郡嘉兴张林家狗忽作人言云:"天下人饿死。"元帝太兴中,"吴郡太守张懋闻斋内床下犬声,求而不

---

[1] 任昉:《述异记》卷下,中华书局影印《丛书集成初编》本,第21页、28页。
[2] 吴县文物管理委员会:《江苏吴县狮子山四号西晋墓》,《考古》1983年第8期。
[3] 按:南齐建元年间,精于医术的褚澄为吴郡太守,百姓李道念因公事到郡,褚澄看出其有重疾,李道念自称"旧有冷疾,至今五年,众医不差"。褚澄为其诊脉,认为"汝病非冷非热,当是食白瀹鸡子过多所致",让其取苏一升煮服,服下后,"乃吐出一物,如升,涎裹之动,开看是鸡雏,羽翅爪距具足,能行走",后继续服药,"又吐得如向者鸡十三头",其病由此得愈,"当时称妙"。见《南史》卷二十八《褚裕之传附褚澄传》,中华书局1975年,第756页。
[4] 干宝:《搜神记》卷十八,中州古籍出版社2010年,第330页。
[5] 房玄龄等:《晋书》卷二十九《五行志下》,中华书局1974年,第882页。
[6] 钱镛:《苏州市五龙山发现晋代墓葬》,《文物》1959年第2期。

得。既而地自坼,见有二犬子,取而养之,皆死。寻而懋为沈充所害"。[1]晋安帝隆安初,"吴郡治下狗恒夜吠,聚高桥上。人家狗有限,而吠声甚众"。这些记载虽然内容不尽详实,却反映了当时农户中养狗已经比较普遍。

据《太平预览》记载,陆机年少在吴郡时好猎,养了一只名为黄耳的狗,"此犬黠惠,能解人语",陆机入洛为官后还经常带在身边,此犬曾从洛阳至吴郡间为陆机传送家信,可见确实是训练有素。"后犬死,殡之,遣送还家,葬机村南,去机家二百步,筑土为坟。村人呼为黄耳冢"。[2]此记载并见《晋书》卷五四《陆机传》。《搜神记》卷二十亦载,东晋太兴年间(318—321),吴郡民华隆,"养一快犬,号的尾,常将自随",后华隆至江边伐荻,被大蛇所盘绕,为犬所救。华隆因此对此犬"愈爱惜,同于亲戚"。[3]南朝时期为打猎养狗的也不少,如吴郡名士张绪回乡,刚到城西,就看到其子张充出去打猎,"左手臂鹰,右手牵狗"[4]。

除了看家护院和打猎外,当时很多人养狗也是为了狗肉交易。养狗业的兴起,使不少人从事屠狗、贩狗行业。如《南史》卷四十五《王敬则传》记载南齐功臣王敬则,侨居于晋陵南沙县(今常熟、张家港一带),少时贫贱,"屠狗商贩,遍于三吴"[5]。

3. 蚕桑业

六朝时期,蚕桑是国家赋税的重要来源,受到政府的特别重视。如宋文帝元嘉二十一年(444)七月,就曾下诏云:"凡诸州郡,皆令尽勤地利,劝导播殖,蚕桑麻苎,各尽其方,不得但奉行公文而已。"[6]《宋书》卷九十九《二凶传》也记载文帝"务在本业,劝课耕桑,使宫内皆蚕,欲以讽励天下"[7]。大明四年(460)三月,宋孝武帝还举行了盛大的皇后亲蚕之礼。政府的这些举动,有力地推动了当时蚕桑业的发展。吴郡一带的蚕桑业在六朝时期有了不小进步,桑树种植非常普遍。如《晋书》卷七十二《郭璞传》记载,郭璞葬母于暨阳,离水仅百步许,"其后沙涨,去墓数十里皆为桑田"[8]。另如《陈书》卷十九《沈炯传》记载,梁末侯景部将宋子仙委任吴县令沈炯为书记遭拒,宋子仙欲斩沈炯,"炯解衣将就戮,碍

---

[1] 房玄龄等:《晋书》卷二十九《五行志中》,中华书局1974年,第852页。按:张懋,《晋书》卷七十八《丁潭传附张茂传》及卷九十六《列女·张茂妻陆氏传》均作"张茂"。
[2] 李昉:《太平御览》卷九〇五《兽部十七》,中华书局1960年,第4013—4014页。
[3] 干宝:《搜神记》卷二十,中州古籍出版社2010年,第355页。
[4] 姚思廉:《梁书》卷二十一《张充传》,中华书局1973年,第328页。
[5] 李延寿:《南史》卷四十五《王敬则传》,中华书局1975年,第1127页。
[6] 沈约:《宋书》卷五《文帝纪》,中华书局1974年,第92页。
[7] 沈约:《宋书》卷九十九《二凶传》,中华书局1974年,第2424页。
[8] 房玄龄等:《晋书》卷七十二《郭璞传》,中华书局1974年,第1908页。

于路间桑树,乃更牵往他所"[1],后被救获免。

另据晋干宝《搜神记》卷四载:"吴县张成夜起,忽见一妇人立于宅南角,举手招成曰:'此是君家之蚕室,我即此地之神。明年正月十五,宜作白粥,泛膏于上,以后年年大得蚕。'今之作膏糜像此。"[2]由此可见,当时吴郡一带的农家已有专门用于养蚕的蚕室之设,并且已经有了农历正月十五日祭祀蚕神的习俗。

在蚕茧的储藏方面,晋代发明了盐渍贮藏法。《本草纲目》卷十一《石部》引萧梁时陶弘景曰:"东海盐官盐,白草粒细……藏茧必用盐官者。"[3]盐官为吴郡产盐区,这种方法无疑也为吴郡一带所采用,这对于延长蚕茧的保存期限、扩大蚕桑生产都有积极作用。

吴郡一带的蚕桑生产技术还向外传播。《太平御览》卷九五五引《十六国春秋》记载:"先是,辽川无桑,及(慕容)廆通于晋,求种江南,平州之桑,悉由吴来。"[4]由此可见,辽东地区的蚕桑业就是从吴郡一带引进的。

当时吴郡农家除了种桑养蚕外,宅第周围还有榆树、杨柳等其他林木种植。《晋书》卷二十九《五行志中》记载,在成帝咸和九年(334)五月甲戌,"吴县吴雄家有死榆树,是日因风雨起生"。而南齐时期吴郡名士陆慧晓和张融并宅,宅间的池上也栽有两株杨柳。[5]

4. 渔业

吴郡濒临东海,又多湖泽,淡水鱼和咸水鱼的养殖与捕捞都很发达,养殖技术和捕捞工具都有了相当大的进步。如吴郡松江流域的渔民创造了一种叫"扈"的捕鱼工具。《初学记》在"沪渎"条下引南朝顾野王《舆地志》对此作了细致描述:"扈业者,滨海渔捕之名。插竹列于海中,以绳编之,向岸张两翼,潮上即没,潮落即出,鱼随潮碍竹不得去,名之云扈。"[6]也就是将竹插在河流中编成栅,使随潮水而入的鱼蟹被阻拦于竹栅内。特别是河蟹,具有攀爬的习性,在顺水而下遇到竹栅阻拦时,就拼命向上攀爬,使渔民唾手可得。另外还有筍,也是一种竹篾编织而成的篓状渔具,口大颈细且有逆向的竹片,鱼一旦进入,即不得复出。"扈"的捕鱼效果较好,在当地广泛应用,这一带也由此被称为"扈渎"或"沪渎"。

---

[1] 姚思廉:《陈书》卷十九《沈炯传》,中华书局1972年,第253页。
[2] 干宝:《搜神记》卷四,中州古籍出版社2010年,第89页。
[3] 李时珍:《本草纲目》卷十一《金石之五·食盐》,《景印文渊阁四库全书》第772册,上海古籍出版社1986—1990年影印本,第705页。
[4] 李昉:《太平御览》卷九五五《木部四》,中华书局1960年,第4240页。
[5] 李延寿:《南史》卷四十八《陆慧晓传》,中华书局1975年,第1190页。
[6] 徐坚:《初学记》卷八《江南道第十》,中华书局1962年,第187页。

当时的沪渎一带,捕鱼者很多,《法苑珠林》记载西晋建兴元年(313)"吴郡吴县松江沪渎口,渔者萃焉"。而梁简文帝的《吴郡石像铭》也载"吴郡娄县界,松江之下,号曰沪渎。此处有居人,以渔者为业"[1]。吴郡人也养成了吃鱼的习惯。如北魏骠骑大将军陆政是东晋末年被俘虏的吴郡人陆载之孙,"其母吴人,好食鱼,北土鱼少,政求之常苦难"[2],入北方数十年尚未改变喜欢吃鱼的习惯。而陈代吴人张昭之父也"嗜鲜鱼,昭乃身自结网捕鱼,以供朝夕"[3]。这些都说明当时渔业已经有了不小的发展。《高僧传》卷十《神异下》还记载了刘宋时期的名僧杯度到吴郡后,曾向钓鱼师和网师乞鱼,可见当时钓鱼和网鱼已经很常见。

六朝时期吴郡的鲈鱼仍然是著名特产,和莼菜一起引起了西晋时吴郡人张翰的"莼鲈之思",前文已有所论述。晋人葛洪在《神仙传》中记载:"松江出好鲈鱼,味异他处。"[4]另外吴郡还生产鲻鱼和石首鱼,据《文选》卷五《吴都赋》注引《异物志》载:"鲻鱼,形如鳅,长七尺,吴、会稽、临海皆有之。"[5]南朝任昉《述异记》载:"吴郡鱼城,城下水中有石首鱼。"[6]

六朝时期螃蟹已经成为吴郡一带的水产之一,并出现了不少专门的捕蟹工具。上文所述的"扈"即为捕蟹工具的一种,此外还有簖,晋陶潜《搜神后记》卷七记载,宋元嘉初年,吴郡富阳一个姓王的人,"于穷渎中作蟹断,且往观之,见一材长二尺许,在断中。而断裂开,蟹出都尽"[7]。断,亦作簖,是一种捕蟹工具,用芦苇或竹子编成,至今仍在使用。

随着渔业的发展,当时吴郡已经出现了渔港,晋顾夷《吴郡记》记载,"富春东三十里有渔浦"[8],可能就是当地的一个重要渔港。

5. 农业管理及农业发展的局限

为了加强对农业生产的管理,当时的吴郡专门设有农官。据《搜神记》卷十七记载,孙吴时期,居住在吴郡嘉兴西埏里的倪彦思,"忽见鬼魅入其家,与人语,饮食如人,惟不见形",倪彦思请道士驱之不成,"郡中典农闻之,曰:'此神正当狸物耳。'魅即往谓典农曰:'汝取官若干百斛谷,藏着某处。为吏污秽,而敢论

---

[1] 萧纲:《吴郡石像铭》,收入《全梁文》卷十四,见清严可均辑《全上古三代秦汉三国六朝文》,中华书局1958年,第3031页。
[2] 李延寿:《北史》卷六十九《陆通传》,中华书局1974年,第2391页。
[3] 姚思廉:《陈书》卷三十三《孝行·张昭传》,中华书局1972年,第430页。
[4] 范晔:《后汉书》卷八十二下《方术·左慈传》注引《神仙传》,中华书局1965年,第2747页。
[5] 左思:《吴都赋》,《文选》卷五《京都下》注引《异物志》,上海古籍出版社1986年,第204页。
[6] 任昉:《述异记》卷下,中华书局1985年影印《丛书集成初编》本,第27页。
[7] 陶潜:《搜神后记》卷七,中华书局1985年影印《丛书集成初编》本,第88页。
[8] 刘纬毅:《汉唐方志辑佚》,北京图书馆出版社1997年,第99页。

吾。今当白于官,将人取汝所盗谷。'典农大怖而谢之"。[1]虽然此记载荒诞不经,但从中可见当时吴郡有"典农"之设。

东晋时期,吴郡已建有储备粮仓。《晋书》卷二十七《五行志上》载元帝大兴二年(319)六月,"吴郡米廛无故自坏。天戒若曰,夫米廛,货籴之屋,无故自坏,此五谷踊贵,所以无籴卖也。是岁遂大饥,死者千数焉"[2]。当时的吴郡太守邓攸开仓廪赈济饥民,后来的吴国内史虞潭主政吴郡时也有"出仓米振救"饥民之举,由此可见吴郡储备粮仓的重要作用。

由于农业的发展,吴郡所在的三吴地区成为六朝各政权赖以维持的财赋重地,相关记载史不绝书。如刘宋时的名臣范泰就认为"今之吴会,宁过二汉关、河",为国家之根本。[3]南齐时的竟陵王萧子良也有"三吴奥区,地惟河、辅,百度所资,罕不自出"之语。[4]史料中还可见不少吴郡军粮外运的记载,如东晋苏峻之乱时,张闿到晋陵郡后,"使内史刘耽尽以一部谷,并遣吴郡度支运四部谷"[5],给车骑将军郗鉴,奠定了平定苏峻的物质基础。陈朝建立不久,沈君理为吴郡太守,当时"兵革未宁,百姓荒弊,军国之用,咸资东境"[6]。

正因为吴郡的经济地位重要,六朝时期多次成为战乱双方相争的主战场,对吴郡农业的发展造成了很大破坏。如苏峻之乱后,吴郡"军荒之后,百姓饥馑,死亡涂地"[7]。孙恩之乱后,"吴郡、吴兴户口减半"[8]。侯景部将于子悦占领吴郡后也胡作非为,"破掠吴中,多自调发,逼掠子女,毒虐百姓"[9]。

值得注意的是,虽然吴郡地区当时农业比较发达,但生产并不能得到确切的保障,灾荒之年人们仍然常遭受饥馑之苦,甚至有饿死人的情况出现,相关记载史不绝书。《晋书》卷六《元帝纪》载东晋大兴二年(319)五月,"徐杨及江西诸郡蝗,吴郡大饥",元帝在为此所下的诏书中有"吴郡饥人死者百数"的详细记载。[10]《晋书》卷二十七《五行志上》记载该年六月因大饥而"死者千数"[11]。

---

[1] 干宝:《搜神记》卷十七,中州古籍出版社2010年,第305—306页。
[2] 房玄龄等:《晋书》卷二十七《五行志上》,中华书局1974年,第829页。
[3] 沈约:《宋书》卷六十《范泰传》,中华书局1974年,第1619页。
[4] 萧子显:《南齐书》卷四十《竟陵王子良传》,中华书局1972年,第696页。
[5] 房玄龄等:《晋书》卷七十六《张闿传》,中华书局1974年,第2018页。
[6] 姚思廉:《陈书》卷二十三《沈君理传》,中华书局1972年,第299页。
[7] 房玄龄等:《晋书》卷七十六《虞潭传》,中华书局1974年,第2014页。
[8] 沈约:《宋书》卷二十五《天文志三》,中华书局1974年,第729页。
[9] 姚思廉:《梁书》卷五十六《侯景传》,中华书局1973年,第851页。
[10] 房玄龄等:《晋书》卷六《元帝纪》,中华书局1974年,第152页。
[11] 房玄龄等:《晋书》卷二十七《五行志上》,中华书局1974年,第829页。

《晋书》卷二十九《五行志下》也记载该年五月,"徐州及扬州江西诸郡蝗,吴郡百姓多饿死"[1],可见此次饥馑的严重。前文所提及的东晋时期曾任吴郡内史的王洽在《临吴郡上表》一文中也记载了当时吴郡地区"虫鼠为害,瓜麦荡尽,编户僵死,葬埋无主,阖门饿馁,烟火不举"的惨状。[2]《晋书》卷二十七《五行志上》载晋海西公太和六年(371)六月,"丹杨、晋陵、吴郡、吴兴、临海五郡又大水",使农作物严重受损,"稻稼荡没,黎庶饥馑"。[3]《宋书》卷六十三《沈演之传》记载,元嘉十二年(435),因太湖流域水灾严重,"民人饥馑",引起粮价上涨,"吴、义兴及吴郡之钱唐,升米三百"。[4]大明八年(464),"东土大饥,民死十二三"[5]。《南齐书》卷十九《五行志》记载,"建元二年,吴、吴兴、义兴三郡大水。二年夏,丹阳、吴二郡大水"[6]。梁时"吴兴累年失收,人颇流移。吴郡十城,亦不全熟"[7]。这些灾害都造成了严重后果,甚至常有饿死人的现象出现,也说明了当时农业生产环境的脆弱和农业发展程度的有限。

在天灾人祸发生之际,吴郡地方官员和豪门大族为了维护社会稳定,经常采取赈济措施。如上文提到的东晋大兴二年(319)的饥荒时,时任吴郡太守的邓攸就曾开仓廪赈济饥民。王导之子王荟为吴国内史时,"年饥粟贵,人多饿死",王荟"以私米作馆粥,以饴饿者,所济活甚众"。[8]苏峻之乱后,针对"百姓饥馑,死亡涂地"的悲惨状况,时任吴国内史的虞潭"乃表出仓米振救之"。[9]《南史》记载了在孙恩乱后"东土饥荒,人相食"的情况下,吴郡顾琛的祖母孔氏"散家粮以赈邑里,得活者甚众",当时百姓为感念孔氏恩德,"生子皆以孔为名焉"。[10]这些救灾措施虽然可能作用有限,但也促进了吴郡的农业生产秩序的恢复和局势的稳定。

六朝时期,吴郡世家大族占有部曲和佃客等大量依附人口,尤其是孙吴时期最为突出,所谓"吴名宗大族,皆有部曲,阻兵仗势,足以建命"[11]。如吴郡陆逊

---

[1] 房玄龄等:《晋书》卷二十九《五行志下》,中华书局1974年,第881页。
[2] 王洽:《临吴郡上表》,收入《全晋文》卷十九,见清严可均辑《全上古三代秦汉三国六朝文》,中华书局1958年,第1565页。
[3] 房玄龄等:《晋书》卷二十七《五行志上》,中华书局1974年,第816页。
[4] 沈约:《宋书》卷六十三《沈演之传》,中华书局1974年,第1685页。
[5] 沈约:《宋书》卷二十六《天文志四》,中华书局1974年,第749页。
[6] 萧子显:《南齐书》卷十九《五行志》,中华书局1972年,第384页。
[7] 李延寿:《南史》卷五十三《昭明太子传》,中华书局1975年,第1311页。
[8] 房玄龄等:《晋书》卷六十五《王导传附王荟传》,中华书局1974年,第1759页。
[9] 房玄龄等:《晋书》卷七十六《虞潭传》,中华书局1974年,第2014页。
[10] 李延寿:《南史》卷三十五《顾琛传》,中华书局1975年,第919页。
[11] 陈寿:《三国志》卷二十八《魏书·邓艾传》,中华书局1982年,第777页。

年轻时部曲已有二千余人,吴郡朱桓甚至有部曲上万,一直到刘宋末年,吴郡张瑰宅中还常有其父的旧部曲数百。部曲原来的主要任务是作战,但随着南方战事的减少,越来越多的部曲被用于生产,这些世家大族建立起强大的庄园经济。他们以农为主,结合部分手工业、商业的经营,财富多到惊人。《抱朴子外篇》卷三十四《吴失》说到吴地大庄园经济的富足:"势利倾于邦君,储积富乎公室……僮仆成军,闭门为市,牛羊掩原隰,田池布千里。"庄园主有雄厚的物质实力,享受着奢靡华贵的生活:"金玉满堂,妓妾溢房,商贩千艘,腐谷万庾,园囿拟上林,馆第僭太极,梁肉余于犬马,积珍陷于帑藏。"[1]虽然这则资料是针对孙吴时期的大族所言,但毋庸置疑,这种情况在东晋南朝的吴郡依然存在,甚至因其依附人口过多,而严重影响了国家税收和兵役及徭役的征发,因此政府也多有整顿之举。如《世说新语·政事》记载,孙吴末年,贺邵为吴郡太守,曾"至诸屯邸,检校诸顾、陆役使官兵及藏逋亡,悉以事言上,罪者甚众"。当时为江陵都督的陆抗不得不为此下建康向孙皓求情。[2]另据《晋书》卷八十八《颜含传》记载,苏峻之乱后,琅琊颜含被任命为吴郡太守。颜含上任前,王导问含曰:"卿今苴名郡,政将何先?"颜含答曰:"王师岁动,编户虚耗,南北权豪竞招游食,国弊家丰,执事之忧。且当征之势门,使反田桑。数年之间,欲令户给人足,如其礼乐,俟之明宰。"颜含"简而有恩,明而能断,然以威御下",因此王导叹曰:"颜公在事,吴人敛手矣。"虽然颜含后来没有到吴郡上任,[3]但由此可见当时吴郡大族的依附人口之多。

二、手工业

在农业发展的基础上,六朝时期吴郡的手工业也发展很快,在纺织业、造纸业、煮盐业、矿冶业等方面都有重大进步。

两汉时期,吴郡一带的越布已经成为贡品。进入六朝后,蚕桑业比较普遍,

---

[1] 葛洪:《抱朴子外篇》卷三十四《吴失》,中华书局1954年《诸子集成》本,第160页。
[2] 刘义庆:《世说新语》卷上之下《政事第三》,上海古籍出版社1993年余嘉锡笺疏本,第166页。
[3] 房玄龄等:《晋书》卷八十八《颜含传》,中华书局1974年,第2286页。按:为了得到吴地大族的支持,稳固东晋政权在江东的统治,王导一贯提倡笼络吴人、镇之以静的政策,颜含欲在吴郡打击世家大族的施政主张与王导相违背,可能正因为如此,颜含最终才没能出任吴郡太守。比颜含拜吴郡太守时间晚些的山遐,约于咸和八年(333)前后出为余姚令(唐长孺《魏晋南北朝时期的佃客和部曲》,载《魏晋南北朝史论拾遗》,中华书局1983年,第10页),时"豪族多挟藏户口以为私附,遐绳以峻法,到县八旬,出口万余"(《晋书》卷四十三《山涛传附山遐传》)。山遐还准备处死首恶、会稽郡大族虞喜,结果被大族告到王导处,王导为缓和矛盾,结好江南大族,竟将山遐免官(《晋书》卷七十三《庾翼传》)。这一次括户以向大族妥协告终。直到王导死后,东晋政府才成功地进行了几次括户和土断。

并出现了祭祀蚕神的风俗,前文已经论及。另外纻麻在吴郡一带已广泛种植,孙吴时期吴郡人陆玑在《毛诗草木鸟兽虫鱼疏》中记载:"纻,亦麻也,科生数十茎,宿根在地中,至春自生,不岁种也。荆扬之间,一岁三收。今官园种之,岁再割,割便生,剥之以铁若竹刮其表,厚皮自脱,但得其里韧如筋者,煮之,用缉,谓之徽纻。今南越纻布皆用此麻。"[1]可见当时纻麻已经"一岁三收",已有"官园"种植,并且工艺已经比较成熟了。白色的纻麻布质地轻薄,颜色如雪,《乐府解题》就称赞当时的白纻"质如轻云色如银",从晋代开始就成为舞者的专用服装,形成了江东地区独有的白纻舞。据《晋书》载:"白纻舞,按舞辞有巾袍之言。纻本是吴地所出,宜是吴舞也。"[2]可见当时纻已经成为吴郡一带的特产。南朝时期,由于政府的倡导,纻麻种植一度兴盛,如元嘉二十一年(444)七月,文帝诏"凡诸州郡,皆令尽勤地利,劝导播殖,蚕桑麻纻,各尽其方"[3]。在政府的倡导下,出现了"田非畴水,皆播麦菽,地堪滋养,悉艺纻麻"的局面。[4]蚕桑业及纻麻种植业规模的扩大,促进了丝织业和麻织业的发展。孙吴时期的三吴一带,已经有"八蚕之绵"的贡品。另据《艺文类聚》卷五十《职官部六》,梁简文帝为王规拜吴郡太守章中有"制锦何阶,焚丝方始"之句,由此可见吴郡一带的织锦业在六朝时期的发展情况。六朝时期还出现了脚踏纺车等新技术,大大提高了纺织业的效率,著名画家顾恺之的画卷上就留有脚踏三锭纺车的图像,可见当时在吴郡一带已经比较常见了。《隋书·地理志下》记载豫章郡一带"一年蚕四五熟",当地妇女"勤于纺绩,亦有夜浣纱而旦成布者,俗呼为鸡鸣布"。[5]吴郡为当时富庶的三吴中心地区,其蚕桑纺织业发展水平,应不输于豫章郡。正因为如此,包括吴郡在内的荆、扬二州才能"丝绵衣帛之饶,覆衣天下"[6]。

在纺织业发展的基础上,江南妇女的刺绣工艺有了很大提高。孙吴后期,吴郡人华覈针对"世俗滋侈"上书孙皓,其中"妇人为绮靡之饰,不勤麻枲,并绣文黼黻,转相仿效",以至于"锦绣之害女红",[7]亦为奢侈表现之一,可见当时刺绣的盛行。晋王嘉《拾遗记》卷八记载:"吴主赵夫人,丞相达之妹。善画,巧妙无双,能于指间以彩丝织云霞龙蛇之锦,大则盈尺,小则方寸,宫中谓之'机

---

[1] 陆玑:《毛诗草木鸟兽虫鱼疏》卷上"可以沤纻"条,清光绪十四年(1888)《古经解汇函》本。
[2] 房玄龄等:《晋书》卷二十三《乐志下》,中华书局1974年,第717页。
[3] 沈约:《宋书》卷五《文帝纪》,中华书局1974年,第92页。
[4] 沈约:《宋书》卷八十二《周朗传》,中华书局1974年,第2093页。
[5] 魏徵、令狐德棻:《隋书》卷三十一《地理志下》,中华书局1973年,第887页。
[6] 沈约:《宋书》卷五十四后"史臣曰",中华书局1974年,第1540页。
[7] 陈寿:《三国志》卷六十五《吴书·华覈传》,中华书局1982年,第1468—1469页。

绝'。"该书还记载赵夫人"能刺绣",还有"针绝""丝绝"之谓。[1]《三国志》卷六十三《吴书·赵达传》中未载赵达曾为丞相,孙权夫人也无赵姓者,此记载当属传闻,但这也是当时江南一带此类工艺的写照,后世苏州著名的苏绣多溯源于此时。

六朝时期吴郡的造纸业也有了进步。当时吴郡一带主要是麻纸,如故宫博物院保存的西晋吴郡人陆机《平复帖》所用纸样就是麻质。[2]还曾有穀皮纸,是用楮树皮为原料加工而成。前述孙吴时期吴郡人陆玑在其所著《毛诗草木鸟兽虫鱼疏》中记载当时称楮为穀,"今江南人绩其皮以为布,又捣以为纸,谓之穀皮纸"[3]。由此可见楮树皮不仅可以加工为纸,而且还可以织布。南朝陶弘景的《名医别录》中也记载:"楮,即今之构树也。南人呼穀纸亦为楮纸。"吴郡当时还有小规模的造纸制墨业,如《宋书》卷五十三《张永传》记载吴郡张氏中的张永所用"纸及墨皆自营造",以至于宋文帝"每得永表启,辄执玩咨嗟,自叹供御者了不及也",[4]可见水平之高,张永家在吴县华山有庄园,所用自造纸墨,可能是他自己的庄园所产。

当时吴郡一带纸的染色技术也有了发展,出现了染潢技术。所谓染潢,就是将麻纸放入黄檗汁中浸一下,立即取出晾干,可避虫蛀。染潢的主要原料是黄檗,黄檗干皮呈黄色,味苦,气微香,皮内含有一种生物碱,可作染料用,亦可杀虫防蛀。染潢除增加纸张的美感外,还能起到保护纸张和改善纸张性能的作用。晋代葛洪《抱朴子》中就提到用黄檗制成的药液浸染麻纸。染潢之法分先写后潢和先潢后写两种。西晋吴郡陆云《与兄平原(陆机)书》云:"前集兄文为二十卷,适讫一十,当黄之,书不工,纸又恶,恨不精。"[5]此处所说的便是先写后潢。陆云意欲通过染潢处理来提高其兄陆机文章所用纸张的品位,以便于保存。

煮盐业是六朝时期吴郡的重要手工业。盐为人民生活必需品,也是历代政府的重要财源之一。吴郡在两汉时期就是重要产盐区域,六朝时期,吴郡的盐业生产有了进一步的发展。孙吴政府把盐业经济作为增强国力的重要依托,盐业产量大增,如大将朱桓死后,孙权曾赐盐五千斛,以供丧事费用,可见产盐之丰。为了管理盐业的生产与销售,孙吴时期在吴郡设立过司盐校尉和司盐都尉等专

---

[1] 王嘉:《拾遗记》卷八,中华书局1981年,第179—180页。
[2] 潘吉星:《中国造纸技术史稿》,文物出版社1979年,第56—58页。
[3] 陆玑:《毛诗草木鸟兽虫鱼疏》卷上"其下维穀"条,清光绪十四年(1888)《古经解汇函》本。
[4] 沈约:《宋书》卷五十三《张茂度传附张永传》,中华书局1974年,第1511页。
[5] 陆云:《与兄平原书》,收入《全晋文》卷一〇二,见清严可均辑《全上古三代秦汉三国六朝文》,中华书局1958年,第2045页。

职官员。如在吴郡海盐就设有司盐校尉以典煮盐事,史载孙休永安七年(264)七月,"海贼破海盐,杀司盐校尉骆秀"[1]。沙中也设有司盐都尉,《宋书》记载:"晋陵南沙令,本吴县司盐都尉署,吴时名沙中。"[2]晋平吴后,割属暨阳县,仍设有司盐都尉之官,史载太康七年(286)十二月,"毗陵雷电,南沙司盐都尉戴亮以闻"[3]。直到咸康七年(341)才罢盐署,立为南沙县。

孙吴和西晋时期的盐业生产基本属于官营,但进入东晋后,官营盐业开始有所松动,如大兴三年(320)十二月,东晋政府"严设煮盐之法,造私盐者,以半与之"[4]。这样的政策对吴郡一带的盐业生产无疑具有推动作用。《太平寰宇记》卷九十五引晋顾夷《吴郡记》也记载海盐县当时"海滨广斥,盐田相望"[5],可见当时吴郡沿海地区盐业生产规模之大。

伴随着吴郡一带盐业生产的发展,制盐工艺也取得了进步。晋代著名文学家郭璞《盐池赋·序》记载:"吴郡沿海之滨,有盐田,相望皆赤卤。"可见当时吴郡一带已经采用先制卤后煮盐的方法进行生产,并且已有相当规模了。南齐时期吴郡名士张融的《海赋》完成后,给同乡顾凯之看,顾凯之认为此赋"实超玄虚,但恨不道盐耳",张融马上就提笔加上"漉沙构白,熬波出素,积雪中春,飞霜暑路"四句,[6]"漉沙构白"指制卤,"熬波出素"指煮盐,可见当时吴郡一带的士人已经对海盐的制作过程比较熟悉了。晋代吴郡盐官所产的盐品质优良,"白草粒细",以至于成为蚕茧贮藏的专用盐,前文已经有所论及。

六朝时期,吴郡的矿冶业也有所发展。孙吴时期,吴郡一带的山越居深山,"山出铜铁,自铸甲兵"。见于史料记载的还有今太湖边光福镇铜井山的铜矿冶炼业。据《读史方舆纪要》卷二十四引《吴地记》记载,"铜坑者,一名铜井,晋、宋间,凿坑取沙土煎之,皆成铜,有泉,亦以铜名",可见当时光福一带铜矿的开采已经有较大规模。在铜矿开采冶炼的同时,东汉、三国、西晋时期吴郡也是当时全国的铜镜制造中心之一。当时太湖西山是著名的弓弩产地,《北堂书钞》卷一五八注引刘宋山谦之《吴兴记》载:"太湖中有包山,在国西百余里。居者数百家。山出弓弩。"[7]吴郡朱桓之子朱异,曾有《弩赋》曰:"南岳之干,钟山之铜,应机

---

[1] 陈寿:《三国志》卷四十八《吴书·三嗣主传》,中华书局1982年,第1161页。
[2] 沈约:《宋书》卷三十五《州郡志一》,中华书局1974年,第1040页。
[3] 房玄龄等:《晋书》卷二十九《五行志下》,中华书局1974年,第877页。
[4] 许嵩:《建康实录》卷五《晋上·中宗元皇帝》,中华书局1986年,第135页。
[5] 乐史:《太平寰宇记》卷九十五《江南东道七》引《吴郡记》,中华书局2007年,第1915页。
[6] 萧子显:《南齐书》卷四十一《张融传》,中华书局1972年,第725—726页。
[7] 刘纬毅:《汉唐方志辑佚》,北京图书馆出版社1997年,第188页。

命中,获隼高墉。"可见当时铜弓弩制作的精良。另据《法苑珠林》记载,东晋太元二年(377),沙门支慧护于吴郡绍灵寺建释迦文丈六金像,"于寺南傍高凿穴以启镕铸"[1],由此可见当时吴郡的熔铸技术已经比较成熟。

除了铜矿冶炼及加工外,六朝时期吴郡也有其他矿藏的开采。《太平御览》卷三十七引南齐陆道瞻《吴地记》载:"吴县余杭山出白土,光润如玉。"[2]余杭山又称秦余杭山,即今阳山,白垩藏量丰富。这里的白垩及高岭土开采延续至今,溯源可至六朝时期。

六朝时期,吴郡一带的瓷器使用已经比较普遍。在苏州平门城墙发掘的32座六朝墓葬中,共出土器物125件,其中有壶、罐、碗、钵、水盂、虎子等青瓷器59件,器身饰有弦纹、水波纹、秋叶纹等图案,造型美观,烧制精良。[3]狮子山西晋墓中出土了青瓷楼台堆塑谷仓罐、青瓷百戏堆塑纪年谷仓罐和青瓷人物鸟兽堆塑铭文谷仓罐等造型精致的瓷器。如青瓷人物鸟兽堆塑铭文谷仓罐通高27.8厘米,豆青色釉,盖为一庑殿式屋顶。腹部有朱雀、神兽、仙人骑神兽、蜥蜴、铺兽衔环等贴塑,成组粘贴。肩部有人像十一个,其中一为吹奏乐器,一为舞蹈,其余均拱手作揖状。四周塑鹿、狗、虎、马等动物,堆塑层中还粘贴栖息鸟二十余只,并有带铭文的龟趺驮碑一座。可见当时的青瓷制造业已经有了相当高的水平。[4]六朝时期,吴郡周围的上虞、始宁、义兴等地均为江南瓷器制造业的重要基地,上述苏州地区六朝墓葬中出土的瓷器不少就是这些地方所产,但也不能排除有些是在吴郡生产的可能。

三、商业与城市

在农业和手工业发展的同时,吴郡的商业也有了较快发展。六朝时期,吴郡相对比较安定,人口密集,经济发展很快,消费能力强大,加以扼江东运河商路咽喉,所辖地区物产富饶,各种条件互相配合,使之成为东部商业中心,也是中古时期全国少数的重要商业城市之一。

1. 商业的发展

三国时期,吴郡一带的商业就十分繁荣,正如左思的《吴都赋》所言:"水浮

---

[1] 道世:《法苑珠林》卷十三,上海古籍出版社1991年,第112页。
[2] 刘纬毅:《汉唐方志辑佚》,北京图书馆出版社1997年,第291页。
[3] 苏州博物馆:《苏州平门城墙的发掘》,《苏州文物资料选编》,苏州地区文化局、苏州市文物管理委员会、苏州博物馆1980年编印,第77—82页。
[4] 张志新:《吴县狮子山西晋墓出土文物及其意义》,《苏州文物资料选编》,苏州地区文化局、苏州市文物管理委员会、苏州博物馆1980年编印,第85—87页。

陆行,方舟结驷。唱棹转毂,昧旦永日。开市朝而并纳,横阛阓而流溢。混品物而同廛,并都鄙而为一。士女伫眙,商贾骈坒,纻衣缔服,杂沓傱萃。轻舆按辔以经隧,楼船举帆而过肆。"[1]赋言固然不免夸张,而吴郡一带的商业发展情况,也由此可以管窥。南朝时期,以吴郡为中心的三吴一带经商风气十分浓郁,甚至出现了"人竞商贩,不为田业"的现象,因此《隋书·地理志下》载吴郡、会稽、余杭等地"川泽沃衍,有海陆之饶,珍异所聚,故商贾并凑"。[2]

在苏州地区考古发掘的秦汉六朝黑松林、狮子山、张陵山、五龙山等墓葬中出土了大量品种齐全、制作精美的随葬品,其中大多数随葬品都产自外地,如产自浙东余姚、上虞等地的"越窑"青瓷就多有发现,吴县狮子山傅氏家族墓出土的两件青瓷谷仓刻辞,显示其制造地分别是会稽和始宁,说明了吴郡当时与外地商品交流的频繁。

在商品交流的同时,苏州的世家大族已经有放债取利的资本运作尝试,如《宋书》卷八十一《顾觊之传》载吴郡顾氏中的顾绰"私财甚丰,乡里士庶多负其责",其父顾觊之屡禁不止,后来顾觊之为吴郡太守,假意帮其讨债,诱出"诸文券一大厨",全部焚毁,并且传语远近:"负三郎责,皆不须还,凡券书悉烧之矣。"[3]可见当时放债取利已经有了完备的文券手续,说明此类资本运作活动已经普及和成熟。

当时吴郡还有人因贷款经商而致富,如《南史》卷七十七《恩幸传》载吴郡吴县人陆验"少而贫苦,落魄无行。邑人郁吉卿者甚富,验倾身事之。吉卿贷以钱米,验借以商贩,遂致千金"。致富后的陆验到建康后"散赍以事权贵",和另一吴县人徐驎一起投靠了同为吴郡人的权臣朱异,被任命为负责全国市场管理的太市令。也许是出身于商贩的原因,陆验上任后与徐驎"并以苛刻为务,百贾畏之",世人把他们与朱异一起称为"三蠹"。[4]

据《梁书》卷三十三《张率传》载,吴郡名士张率,"在新安,遣家僮载米三千石还吴宅"[5],这是当时的吴郡外仕官吏乘归里之际进行米粮贩运。而一般的小商小贩也走街串巷进行各种商贸活动,如《南史》卷四十五《王敬则传》记载南齐功臣王敬则,侨居于晋陵南沙县(今常熟、张家港一带),少时贫贱,"屠狗商

---

[1] 左思:《吴都赋》,《文选》卷五《京都下》,上海古籍出版社 1986 年,第 219 页。
[2] 魏徵、令狐德棻:《隋书》卷三十一《地理志下》,中华书局 1973 年,第 887 页。
[3] 沈约:《宋书》卷八十一《顾觊之传》,中华书局 1974 年,第 2081 页。
[4] 李延寿:《南史》卷七十七《恩幸传》,中华书局 1975 年,第 1936 页。
[5] 姚思廉:《梁书》卷三十三《张率传》,中华书局 1973 年,第 479 页。

贩,遍于三吴"[1]。

六朝时期,吴郡和外地商贸联系已经比较密切。在三国早期,地处辽东的公孙渊就遣人"乘桴沧海,交酬货贿,葛越布于朔土,貂马延于吴会"[2]。除国内贸易外,吴郡一带的海外贸易也有所发展。《三国志》卷四十七《吴书·吴主传》就记载亶洲人民"时有至会稽货布,会稽东县人海行,亦有遭风流移至亶洲者"[3]。据考证亶洲就是现在的日本,在日本古墓中出土了大量三角缘神兽镜,其形制、纹饰与吴郡所制铜镜相同,有的铜镜还有"赤乌元年""赤乌七年"等纪年铭文,也说明了当时中日贸易的活跃。在中日商业交往中,日本受中国影响甚巨,日本把中国的许多物品都冠以"吴"字,如"吴床""吴织"等,还曾称中国人为"吴人",隋唐以前甚至称中国为"吴国"。[4]

另据上述《南史》记载,宋齐时期居于南沙的王敬则,"屠狗商贩,遍于三吴。使于高丽,与其国女子私通,因不肯还,被收录然后反"[5]。王敬则此时尚为平民,常受暨阳县吏侮辱,所谓"使于高丽",可能是私自赴高丽"商贩",并非奉命出使。《高僧传》卷十《神异下》也记载了刘宋时期,"吴郡民朱灵期使高丽还"[6],后遇风飘到一个海洲上的故事。这些史实都说明当时吴郡一带与高丽间已经有比较频繁的民间商业往来。

由于商业的繁荣,钱币已经成为吴郡一带商品交易的主要媒介。梁朝初年,吴郡所在的三吴一带,已经用钱币交易,而其他大多数地方,仍然使用谷帛等实物交易,由此也可以看出吴郡商业的发达程度。

2. 吴郡城市的发展

在工商业发展的同时,吴郡的城市建设也得到了很大发展。晋左思《吴都赋》云:"郛郭周匝,重城结隅。通门二八,水道陆衢。"[7]所谓"通门二八",是指苏州大城的八门,东有娄、匠,南有盘、蛇,西有阊、胥,北有平(又称巫)、齐。每座城门兼水陆,故称"二八"。阊门因扼运河要冲,交通便利,再加上门楼高大,气势雄伟,因此在八座城门中最为知名,几乎成了吴郡城的象征。

六朝文献中多次提到阊门。如陆机《吴趋行》云:"昌门何峨峨,飞阁跨通

---

[1] 李延寿:《南史》卷四十五《王敬则传》,中华书局1975年,第1127页。
[2] 房玄龄等:《晋书》卷五十六《孙楚传》,中华书局1974年,第1540页。
[3] 陈寿:《三国志》卷四十七《吴书·吴主传》,中华书局1982年,第1136页。
[4] 韩长耕:《关于古代日本称中国六朝为吴》,《历史研究》1979年第2期。
[5] 李延寿:《南史》卷四十五《王敬则传》,中华书局1975年,第1127页。
[6] 慧皎:《高僧传》卷十《宋京师杯度》,中华书局1992年,第382页。
[7] 左思:《吴都赋》,《文选》卷五《京都下》,上海古籍出版社1986年,第215页。

波。重栾承游极,回轩启曲阿。"李贤注引《吴地记》载阊门"高楼阁道"。[1]《三国志》卷四十六《吴书·孙破虏讨逆传》引《吴书》云,孙坚"母怀妊坚,梦肠出绕吴昌门"。《三国志》卷四十七《吴书·吴主传》记载了孙权称帝前的吴中童谣曰:"黄金车,班兰耳,阊昌门,出天子。"[2]东晋时苏峻东征沈充路过吴郡,"密敕左右,令入阊门放火以示威"。[3]刘宋少帝刘义符也在阊门被杀。刘宋时"贵公子、以才傲物"的王僧达为吴郡太守,踏进阊门后便说:"彼有人焉。顾琛一公两掾,英英门户;陆子真五世内侍,我之流亚。"[4]表达了对吴郡顾、陆两大族的尊重。梁陈之际,陈霸先部将黄他率兵进攻吴郡,王僧智出兵于阊门拒战。

当时的政府官员和地方士绅也常常在阊门城楼上举行宴会。据《三国志》卷四十六《吴书·孙破虏讨逆传》引《江表传》载,"策尝于郡城门楼上,集会诸将宾客"。太史慈往豫章招抚刘爵万余士众,临行前,孙策"饯送昌门"。[5]庞统入吴吊周瑜丧时,"吴人多闻其名,及当西还,并会阊门"。[6]

阊门附近的金阊亭在六朝时期为吴郡名胜,谢歆《金昌亭诗叙》记载:"余寻师,来入经吴,行达昌门,忽睹斯亭,傍川带河,其榜题曰'金昌'。访之耆老,曰:'昔朱买臣仕汉,还为会稽内史,逢其迎吏,游旅北舍,与买臣争席。买臣出其印绶,群吏惭服自裁。因事建亭,号曰"金伤",失其字义耳。'"[7]交代了金阊亭的位置及由来。六朝时期的金阊亭是达官贵人来往、宴游之地。如《世说新语·任诞》载西晋时贺循入洛时,"经吴阊门,在船中弹琴",名士张翰在金阊亭"闻弦甚清,下船就贺"。[8]《世说新语·轻诋》也载:"褚太傅初渡江,尝入东,至金昌亭。吴中豪右燕集亭中,褚公虽素有重名,于时造次不相识别,敕左右多与茗汁,少箸粽。"[9]金阊亭还见证了政治斗争的残忍和野蛮,刘宋少帝刘义符被废为营阳王后,"至吴,止金昌亭",后被权臣徐羡之等派中书舍人邢安泰弑杀,因此金阊亭还被一些人称为"弑君亭",如《宋书》卷六十三载会稽孔宁子从建康东归路过金

---

[1] 陆机:《吴趋行》,《文选》卷二十八《乐府下》,上海古籍出版社1986年,第1308页。
[2] 陈寿:《三国志》卷四十七《吴书·吴主传》,中华书局1982年,第1134页。
[3] 刘义庆:《世说新语》卷中之下《规箴第十》,上海古籍出版社1993年余嘉锡笺疏本,第566页。
[4] 李延寿:《南史》卷四十八《陆慧传》,中华书局1975年,第1190页。
[5] 陈寿:《三国志》卷四十九《吴书·太史慈传》,中华书局1982年,第1189页。
[6] 陈寿:《三国志》卷三十七《蜀书·庞统传》,中华书局1982年,第953页。
[7] 刘义庆:《世说新语》卷下之下《轻诋第二十六》刘孝标注引,上海古籍出版社1993年余嘉锡笺疏本,第831页。
[8] 刘义庆:《世说新语》卷下之上《任诞第二十三》,上海古籍出版社1993年余嘉锡笺疏本,第739—740页。
[9] 刘义庆:《世说新语》卷下之下《轻诋第二十六》刘孝标注引,上海古籍出版社1993年余嘉锡笺疏本,第831页。

阊亭时,其手下人想在此泊船休息,孔宁子命令赶快离开,并说:"此弑君亭,不可泊也。"[1]

金阊亭外,吴郡还有升平亭。《搜神后记》卷九载吴郡豪士顾濡,"曾送客于升平亭",并在此炙羊肉待客。[2] 梁陈之际高僧释洪偃入吴后,曾登升平亭赋诗曰:"萧萧物候晚,肃肃天望清。旅人聊杖策,登高荡客情。川源多旧迹,墟里或新名。宿烟浮始旦,朝日照初晴。独游乏徒侣,徐步寡逢迎。信矣非吾托,赏心何易并。"并由此"泛浪岩峰,有终焉之志"。[3] 可见升平亭景色之美。

六朝时期的吴郡城经过多次的修缮和破坏。赤乌三年(240)四月,孙权"诏诸郡县治城郭,起谯楼,穿堑发渠,以备盗贼"[4],吴郡城在这一时期可能也进行了修缮。《三国志》记载,太元元年(251),"秋八月朔,大风,江海涌溢,平地深八尺,吴高陵松柏斯拔,郡城南门飞落"[5]。高陵是指孙坚、孙策的陵墓,郡城南门,当为蛇门或盘门。东晋时苏峻叛军在吴郡"烧府舍,掠诸县,所在涂地"[6],梁末侯景叛军攻占吴郡后,"纵兵大掠郡境,掠金帛既尽,乃掠人而食之,或卖于北境,遗民殆尽矣"[7]。这些动乱无疑对吴郡城市都造成很大破坏。

吴郡城中心的子城在六朝时期一直是吴郡治的所在地,史称"历汉唐宋,皆以为郡治"。前述孙吴时期幽禁宗室的事件大多发生在子城。当时子城附近设有吴市,作为商品交换的场所,政府还设有官员管理,如当时东郡人潘璋,就曾为"吴大市刺奸,盗贼断绝,由是知名"[8]。由于吴市繁华,所以孙吴政府还曾在吴市中刑戮罪犯,以起到杀一儆百的作用。《三国志》卷五十二《顾雍传》引《吴书》记载,孙权在吴郡统事后,闻顾雍母弟顾徽"有才辩,召署主簿"。顾徽"尝近出行,见营军将一男子至市行刑,问之何罪,云盗百钱",就驰告孙权,以"方今畜养士众以图北房,视此兵丁壮健儿,且所盗少"之由求孙权赦免,[9] 得到嘉许。当时的吴市就在子城附近,据宋代范成大《吴郡志》记载,子城附近的干将坊为东市门,铁瓶巷为西市坊。

---

[1] 沈约:《宋书》卷六十三《王华传》,中华书局1974年,第1677页。
[2] 陶潜:《搜神后记》卷九,中华书局1985年影印《丛书集成初编》本,第111—112页。
[3] 道宣:《续高僧传》卷七《义解三·陈杨都宣武寺释洪偃传》,上海古籍出版社1991年《高僧传合集》本,第157页。
[4] 陈寿:《三国志》卷四十七《吴书·吴主传》,中华书局1982年,第1144页。
[5] 陈寿:《三国志》卷四十七《吴书·吴主传》,中华书局1982年,第1148页。
[6] 房玄龄等:《晋书》卷七十六《虞潭传》,中华书局1974年,第2014页。
[7] 司马光:《资治通鉴》卷一六三《梁纪十九·简文帝大宝元年》,中华书局1956年,第5045页。
[8] 陈寿:《三国志》卷五十五《潘璋传》,中华书局1982年,第1299页。
[9] 陈寿:《三国志》卷五十二《顾雍传》引《吴书》,中华书局1982年,第1228页。

六朝时期苏州的城市建设也有了很大发展。城内外的河道上已建有不少桥梁,如现人民路中段的乐桥就始建于赤乌二年(239),现干将路东段的顾家桥相传是孙吴时期郡人为纪念大孝子吴虎头将军顾悌而建造的。另外,现临顿路南的钱都衙桥及现山塘街北濠弄口的渡僧桥也都建于这一时期。晋人左思的《吴都赋》还记载孙吴政权"起寝庙于武昌,作离宫于建业。阊阖间之所营,采夫差之遗法"[1],可见当时孙吴政权在武昌、建业等城池建设上不少地方都取法于吴郡城。

六朝时期,吴郡城内外达官显贵和世家大族的宅第很多。如今景德路雍熙寺弄西相传曾为周瑜宅,早在孙策屯吴的建安三年(198),就为周瑜治第于吴,周瑜时年二十四岁,"吴中皆呼为周郎"[2]。这座宅第一直保存到宋代,为周虎所居。庆元二年(1196)周虎为廷魁,因建武状元之坊,其地名周将军巷。宅内有一棵周瑜亲手种植的柏树,名曰"周将军柏",清中期尚存。[3]周瑜死后也归葬于吴,《吴地记》载其坟在吴县东二里。吴郡四姓更是家于吴郡,葬于吴郡。《吴门表隐》载吴丞相顾雍宅"在葑门外曹巷村"。正德《姑苏志·第宅》载陆绩宅在临顿里,门有巨石。"初,绩罢郁林太守,归无装,舟轻不可越海,取石为重,人称其廉,号郁林石"。陆玩宅,在今灵岩山,后舍宅为寺。吴郡张氏家族成员宅于吴郡的记载更是史不绝书,即使如张绪在建康作官,其子也还是居于吴郡。上述张率在新安仕宦,也致力于吴郡之经营,"遣家僮载米三千石还吴宅",可见其在吴尚有家眷。吴郡华山有张裕之山宅,张瓌"遭父丧,还吴持服",他还有部曲在吴郡宅中。南齐时期,吴郡张融和陆慧晓并有高名,两人并宅,在今承天寺弄。宅间有池,池上有二柳,此宅颇受当时推崇,如庐江何点曰:"此池便是醴泉,此木便是交逊。"沛国刘瓛至吴,谓人曰:"吾闻张融与慧晓并宅,其间有水,此必有异味。"故命驾往酌饮之,曰:"饮此水,则鄙吝之萌尽矣。"[4]

除了本土的世家大族外,侨姓士族也有一些人定居于吴郡。如琅琊王氏中的王廙"以母丧,居于吴"[5],其子王华后来也遇赦还吴。王珣"有别馆在武丘山",《姑苏志》载:"王珣宅,在日华里,今景德寺也,其别墅在虎丘。"《吴

---

[1] 左思:《吴都赋》,《文选》卷五《京都下》,上海古籍出版社1986年,第216页。
[2] 陈寿:《三国志》卷五十四《吴书·周瑜传》,中华书局1982年,第1260页。
[3] 据民国《吴县志·古迹》载:周将军柏,孙吴时周瑜所植,在府城隍庙方丈前,庙本为瑜故宅。高几数寻,其本去地三尺许,拱围仅三尺,其上本拱围倍之,盘囷离奇,难以名状。道士袁月渚绘图,一时俱有题咏。按:袁月渚,名守中,乾嘉间苏州道士,工诗,与钱大昕、王鸣盛时相交往。
[4] 李延寿:《南史》卷四十八《陆慧晓传》,中华书局1975年,第1190—1191页。
[5] 房玄龄等:《晋书》卷六十五《王导传附王荟传》,中华书局1974年,第1760页。

地记》载虎丘山"本晋司徒王珣与弟司空王珉之别墅"[1],后来舍山为东西二寺。陈代王固,"永定中,移居吴郡"[2]。除了琅琊王氏外,庐江何氏也有不少家族成员家于吴郡。《梁书》卷五十一《何胤传》记载,何氏过江后,"自晋司空充并葬吴西山"[3],《南齐书》卷五十四《何求传》载何求在刘宋泰始中,"妻亡,还吴葬旧墓。除中书郎,不拜。仍住吴,居波若寺"[4]。梁代何胤七十二岁时,"乃移还吴,作《别山诗》一首,言甚凄怆。至吴,居虎丘西寺讲经论"[5]。《吴郡图经续记》载何点隐居吴郡的波若寺,"足不逾户,人罕见其面,后隐武丘山"。据《姑苏志》记载,苏州城西的何山,原名鹤阜山,"因梁隐士何求、何点葬此改今名"[6]。

由于宗教的发展,吴郡城内外寺庙道观建筑大量涌现。据同治《苏州府志》及民国《吴县志》统计,始建于六朝的寺观宫庵共107处。[7]苏州佛教史上可考的最早寺院是通玄寺,据《吴地记》记载,该寺是"吴大帝孙权(母)吴夫人舍宅置",可见该寺出现于孙吴初年,属于江南地区最早出现的寺院之一。东晋以后吴郡地区佛寺大兴,尤其是萧梁时期,由于梁武帝佞佛,"吴中名山胜景,多立精舍"。[8]当时吴郡一带佛寺林立,成为江南地区的佛教中心之一。吴郡的道教发展也比较早,东汉末年琅琊道士于吉就曾在吴中画符传道。据方志记载,孙吴时期吴郡就开始建造神庙道观。据《吴门表隐》载,赤乌二年(239)在教场(今北寺后)西建江东财神庙,"为吴中神庙最古",另外原在今景德路附近的大帝庙、城南燕家浜的燕国夫人庙等也约建于此时,今苏州的玄妙观前身真庆观,也始建于西晋。

值得注意的是,伴随着对外交流的频繁,当时的吴郡城内已经有胡人定居。据梁简文帝萧纲在《吴郡石像铭》中记载,西晋建兴元年(313),吴县华里的佛教信士朱膺曾"要请同志与东灵寺帛尼及胡伎数十人"乘船到沪渎礼迎浮海石佛,

---

[1] 陆广微:《吴地记》,江苏古籍出版社1999年,第62—63页。
[2] 姚思廉:《陈书》卷二十一《王固传》,中华书局1972年,第282页。
[3] 姚思廉:《梁书》卷五十一《何胤传》,中华书局1973年,第738页。
[4] 萧子显:《南齐书》卷五十四《何求传》,中华书局1972年,第937页。
[5] 姚思廉:《梁书》卷五十一《何胤传》,中华书局1973年,第738页。
[6] 王鏊:正德《姑苏志》卷九《山下》,《北京图书馆古籍珍本丛刊》第26册,书目文献出版社1988年影印本,第177页。
[7] 陈泳:《古代苏州城市形态演化研究》,《城市规划汇刊》2002年第5期。
[8] 陆广微:《吴地记》,江苏古籍出版社1999年,第91页。

可见当时吴郡城内的胡人已经为数不少。[1]

四、园 林

苏州的园林兴建历史悠久。唐人陆广微《吴地记》中记载春秋时期吴王寿梦曾在今苏州城内吴趋坊一带"凿湖池,置苑囿",把这里当作"盛夏乘驾纳凉之处",因此取名"夏驾湖",可见苏州园林在苏州城建造之前就出现了。不过先秦时期苏州的园林主要是借助于自然山水而建造的皇家园林,如夏驾湖、长洲苑、姑苏台、馆娃宫等均是。六朝时期是苏州园林发展的重要阶段,伴随着吴郡经济文化的发展及佛教的传入,造园活动渐趋兴盛,私家园林和寺观园林不断涌现,打破了皇家园林一枝独秀的局面,并渐趋成为园林建设的主流。园林的建造艺术也日益成熟,从借助自然山水逐步向模拟自然山水的方向发展,对后世的园林建设影响深远。

秦汉时期,关于苏州造园活动的记载大多都和春秋吴国宫苑的遗存有关。如西汉时的吴王刘濞可能曾对早已遭受破坏的长洲苑进行过较大规模的修葺,因此枚乘在《谏吴王濞书》中记载西汉政府苦心修治的上林苑也"不如长洲之苑"。而秦汉时郡治为吴县的会稽郡衙署建造在春秋吴国的宫殿旧址上,该衙署中可能尚有园林存在,据《汉书》卷六十四《朱买臣传》记载,汉武帝时朱买臣出任会稽郡太守后,曾将先前改嫁的妻子带回衙署,"置园中,给食之"[2]。《越绝书》卷二《越绝外传记吴地传》也记载了东汉初年还在这座园中开凿了"东西十五丈七尺,南北三十丈"的宫池,可见此园林的规模之大。同书还有"桑里东今舍西者,故吴所畜牛羊豕鸡也,名为牛宫,今以为园"的记载,[3]由此可见当时还曾把有些吴国苑囿改建为园。另外,两汉时期的私家园林也多见诸后世文献,清代道光年间的《吴门表隐》及同治年间的《苏州府志》都有关于"笮家园"的记载,并认为该园是"吴大夫笮融居所"。而清光绪年间的《五亩园小志》也记载了五亩园"胜绝一时,为汉张长史所置以种桑者"。虽然这些记载都因过于晚出而未必可靠,但考诸相关史料还是可以看到其合理成分,如上述笮家园的园主笮融,据《三国志》卷四十九《吴书·刘繇传》记载其为东汉末丹杨人,曾聚众附徐州牧陶谦,"谦使督广陵、彭城运漕,遂放纵擅杀,坐断三郡委输以自入",并曾在徐州"大起浮屠祠,以铜为人,黄金涂身,衣以锦彩,垂铜盘九重,下为重楼阁道,

---

[1] 萧纲:《吴郡石像铭》,收入《全梁文》卷十四,见清严可均辑《全上古三代秦汉三国六朝文》,中华书局1958年,第3031页。
[2] 班固:《汉书》卷六十四上《朱买臣传》,中华书局1962年,第2793页。
[3] 袁康:《越绝书》卷二《越绝外传记吴地传第三》,武汉大学出版社1992年,第36页、37页。

可容三千余人"。[1]从这些记载可见笮融不仅积累了巨额财富,而且还有督造建筑的具体经验,建造私家园林是完全可能的。

六朝时期,今苏州地区的私家园林主要分为建在城郊的别墅园林和建在城内的住宅园林两类。别墅园林大多选择在依山傍水之地,因自然地形而略加整理,具有天然山水与人工营造相结合的特点。如东晋时王珣、王珉兄弟各自在虎丘山营建别墅,并经常在此接待客人,《晋书》卷九十四《戴逵传》就记载当时名士戴逵曾与王珣一起在虎丘山别馆中"游处积旬"[2]。当时的虎丘山已为吴中名胜,据《艺文类聚》卷八《山部下·虎丘山》载,与王珣同时代的著名画家顾恺之有《虎丘山序》曰:"吴城西北,有虎丘山者,含真藏古,体虚穷玄,隐嶙陵堆之中,望形不出常阜,至乃岩崿,绝于华峰。"[3]可见虎丘山风景之优美,王珣选择此山建"别馆"亦在情理之中。《艺文类聚》卷八《山部下·虎丘山》还记载王珣撰有《虎丘山铭》和《虎丘记》,可见其对虎丘山着意甚多。而刘宋时的显宦张裕也曾在吴郡西部的华山建有别墅,据《宋书》卷五十三《张茂度传》记载张裕"内足于财,自绝人事,经始本县之华山以为居止,优游野泽,如此者七年"[4],可见张裕的华山别墅也颇具规模。

建在城内的住宅园林以顾辟疆园最为有名。顾辟疆为东晋人,出身显赫的吴郡顾氏家族,曾任郡功曹、平北参军等职。顾辟疆园是东晋时江南最有名的私家园林之一,宋范成大在《吴郡志》卷十四《园亭》中记载该园林"池馆林泉之胜,号吴中第一"[5],顾辟疆常在其中"集宾友酣燕"。该园林也颇受文人雅士的倾慕,如《晋书》卷八十《王献之传》就有著名书法家王献之"尝经吴郡,闻顾辟疆有名园。先不相识,乘平肩舆径入"的记载。[6]比顾辟疆稍晚出现的戴颙园也是当时吴郡著名的私家园林。戴颙是晋末宋初著名隐士,曾隐居于吴郡城,受到当地人的欢迎,"吴下士人共为筑室",据《宋书》卷九十三《戴颙传》记载,该园"聚石引水,植林开涧,少时繁密,有若自然"[7],可见当时今苏州地区的造园技术已经比较成熟。除了顾辟疆园和戴颙园之外,当时的吴郡一带还存在着不少小

---

[1] 陈寿:《三国志》卷四十九《吴书·刘繇传》,中华书局1982年,第1185页。
[2] 房玄龄等:《晋书》卷九十四《戴逵传》,中华书局1974年,第2458页。
[3] 欧阳询:《艺文类聚》卷八《山部下》,中华书局1965年,第141—142页。
[4] 沈约:《宋书》卷五十三《张茂度传附张永传》,中华书局1974年,第1510页。按:张裕字茂度,因名与宋武帝刘裕同,故《宋书》改称其字。
[5] 范成大:《吴郡志》卷十四《园亭》,江苏古籍出版社1986年,第185页。
[6] 房玄龄等:《晋书》卷八十《王羲之传附王献之传》,中华书局1974年,第2105页。
[7] 沈约:《宋书》卷九十三《戴颙传》,中华书局1974年,第2277页。

规模的园林,如《世说新语·简傲》就记载东晋时期吴郡一士大夫家"极有好竹",当时名士王徽之曾特意前来观赏,"肩舆径造竹下,讽啸良久",而主人也"洒扫施设,在听事坐相待",为了留住王徽之,甚至"令左右闭门不听出",[1]可见该宅也是当时一个比较有名的私家园林。前文所引《南史》卷四十八《陆慧晓传》记载的宋齐时期,吴郡名士张融和陆慧晓并宅,"其间有池,池上有二株杨柳",两人宅间可能也有比较简单的园林建设。

当时和吴郡相关的很多达官显贵们都拥有私家园林。如梁大同三年(537)出为吴郡太守的谢举,"宅内山斋舍以为寺,泉石之美,殆若自然"[2]。梁代吴郡钱唐人朱异,显贵后也大造别墅。据《南史》载,朱异"起宅东陂,穷乎美丽,晚日来下,酣饮其中","异及诸子自潮沟列宅至青溪,其中有台池玩好,每暇日与宾客游焉"。[3]他曾作《还东田宅赠朋离》诗,其中有云:"曰余今卜筑,兼以隔嚣纷。池入东陂水,窗引北岩云。槿篱集田鹭,茅檐带野芬。原隰何逦迤,山泽共氛氲。苍苍松树合,耿耿樵路分。朝兴候崖晚,暮坐极林曛。凭高眺虹霓,临下瞰耕耘。"[4]可见朱异在东陂所建宅园,是生产与生活相结合的庄园别墅。

值得注意的是,当时的不少园林里还养有仙鹤等动物,据孙吴时期吴郡人陆玑在其所著《毛诗草木鸟兽虫鱼疏》中记载,鹤在"今吴人园囿中及士大夫家皆养之,鸡鸣时亦鸣"[5],由此可见当时养鹤的普遍。

在私家园林兴盛的同时,寺观园林也开始出现。这一时期盛行"舍宅为寺"的风气,达官显贵们多将自己的宅园奉献给寺院。原来的住房变为供奉佛像的殿堂,宅园则变成寺院的附园。如上述东晋王珣、王珉兄弟在虎丘山建造的别业后来均舍宅为寺,分别称虎丘东、西寺。[6]今苏州城西的灵岩山寺原为东晋时司空陆玩舍宅而建。常熟虞山北麓的兴福寺,为南齐年间邑人郴州牧倪德光舍宅

---

[1] 刘义庆:《世说新语》卷下之上《简傲第二十四》,上海古籍出版社1993年余嘉锡笺疏本,第775—776页。
[2] 李延寿:《南史》卷二十《谢弘微传附谢举传》,中华书局1975年,第564页。
[3] 李延寿:《南史》卷六十二《朱异传》,中华书局1975年,第1518页。
[4] 朱异:《还东田宅赠朋离》,《文苑英华》卷二四七,中华书局1966年影印本,第1247页。
[5] 陆玑:《毛诗草木鸟兽虫鱼疏》卷下"鹤鸣于九皋"条,清光绪十四年(1888)《古经解汇函》本。
[6] 王珣、王珉兄弟舍宅为寺的时间《吴地记》记载为咸和二年(327),此记载至今多所沿用。检诸《晋书》卷六十五《王导传附王珣传》可知王珣卒于隆安五年(401),时年五十二,由此可推知王珣生于永和六年(350),故王珣、王珉兄弟舍宅为寺的时间不可能是咸和二年(327),因为此年王珣尚未出生。《晋书》卷六十五《王导传附王珉传》同时记载王珉卒于太元十三年(388),时年三十八,可知王氏兄弟舍宅为寺之事必在此年前。关于王珣、王珉兄弟舍宅为寺的具体年代及详细情况,参见孙中旺《虎丘山寺始建年代考》,《江苏地方志》2015年第1期。

兴建。这些寺院所处山中,均为达官显贵舍其山墅而成,因此这些寺观园林本身就是由私家园林而来。另一类的寺观修造时就建得园林化,如《高僧传》卷十一记载,刘宋时期名僧释僧业曾被吴郡张邵"请还姑苏,为造闲居寺",该寺建造得十分优美,"地势清旷,还带长川"[1]。《吴地记》也记载了东晋时何准在今苏州城建造的般若台,"内有水池石桥"[2],可见也是一所很园林化的佛寺。梁天监二年(503),天师十二代孙张道裕在常熟虞山修道,十余年后,在虞山南岭下修建了规模宏大的招真馆,据梁简文帝《招真馆碑》记载,当时的招真馆"高台回立,有类玉台之山;长廊宛转,还如步廊之岫。柱削芳桂,岂俟开阳木飞;材选海檀,无劳豫章神拔。黄庭司命之府,有类玲珑;米陵赤石之观,同符弘敞。远望仲雍,而高坟萧瑟;旁临齐女,则衰垅苍茫。薛寻千仞之木,气叶星晷;华飞五香之草,形图宫室。帷叶彩花,卷舒蹊径;阳桃侯枣,荣落岩崖。树息金鸟,檐依银鸟。凤将九子,应吹能歌;鹤生七岁,逐节成舞。旭日晨临,同迎若华之色;夕阳斜影,俱成拂镜之晖。玉础微润,应山云于高墉;鸣籁徐响,引和凤于空谷"[3],可见其风景之优美。南朝时期由于政府的提倡,所以寺院经济实力雄厚,甚至出家人也比较富有,如《宋书》卷七十五《王僧达传》就有"吴郭西台寺多富沙门"的记载,[4]为寺观的园林化建造奠定了经济基础。

在园林建造兴盛的同时,吴郡一带还出现了张永、孙玚及茹皓等造园名家。张永出身门第显赫的吴郡张氏,其父张裕曾在吴郡城西的华山建造有别业。张永兴趣广泛、多才多艺,《宋书》卷五十三《张永传》载其"涉猎书史,能为文章,善隶书,晓音律,骑射杂艺,触类兼善,又有巧思",其自造的纸墨甚至连宋文帝也"自叹供御者了不及也",因此很得宋文帝器重。元嘉二十三年(446),刘宋政府建造大规模的皇家园林华林园和玄武湖,均委派张永统一监造,"凡诸制置,皆受则于永",此为史籍中记载由文人规划督建皇家园林最早的一例。张永对此也"每尽心力",[5]使得华林园和玄武湖成为中国历史上著名的皇家园林。后来宋明帝刘彧还曾有把皇家园林南苑借给张永之举,可见张永在当时造园领域中的地位和影响。

孙玚为陈代吴郡吴人,史载其"巧思过人",曾为起部尚书(即后世掌天下百

---

[1] 慧皎:《高僧传》卷十一《宋吴闲居寺释僧业》,中华书局1992年,第429页。
[2] 陆广微:《吴地记》,江苏古籍出版社1999年,第98页。
[3] 萧纲:《招真馆碑》,收入《全梁文》卷十四,见清严可均辑《全上古三代秦汉三国六朝文》,中华书局1958年,第3029页。
[4] 沈约:《宋书》卷七十五《王僧达传》,中华书局1974年,第1954页。
[5] 沈约:《宋书》卷五十三《张茂度传附张永传》,中华书局1974年,第1511页。

工的工部尚书前身),"军国器械,多所创立",也为当时的造园名家。史载"其自居处,颇失于奢豪,庭院穿筑,极林泉之致,歌钟舞女,当世罕畴,宾客填门,轩盖不绝",可见其宅也是一处颇为有名的园林。甚至在其出镇郢州时,还"合十余船为大舫,于中立亭池,植荷芰,每良辰美景,宾僚并集,泛长江而置酒,亦一时之胜赏焉"。其卒后陈后主"临哭尽哀",亲自题其墓志铭后四十字曰:"秋风动竹,烟水惊波。几人樵径,何处山阿?今时日月,宿昔绮罗。天长路远,地久云多。功臣未勒,此意如何。"并遣左民尚书蔡徵镌入孙玚宅中,"时论以为荣",[1]可见其在当时的影响。

茹皓是北魏时期的造园名家。据《魏书》卷九十三《恩幸·茹皓传》载,茹皓为"旧吴人也",其父茹让之,刘宋时随巴陵王刘休若为将,到彭城时因"南土饥乱",于是寓居淮阳上党。茹皓十五六岁时,因"有姿貌,谨惠"而被带入洛阳,后受到北魏宣武帝元恪的信任,为骠骑将军,并"领华林诸作"。史载其"性微工巧,多所兴立","为山于天渊池西,采掘北邙及南山佳石。徙竹汝颍,罗莳其间;经构楼馆,列于上下。树草栽木,颇有野致"。元恪对此非常满意,"心悦之,以时临幸",[2]可见此园之美。

五、水利与交通

1. 水利事业

今苏州一带地势平坦,河网密布,吴人行则舟楫,食则稻鱼,其生产与生活离不开水。考古材料证实,新中国成立后,太湖流域陆续发现的二百余处新石器时代文化遗址中,绝大多数分布于太湖东部、南部和北部地势比较平坦的地区。[3] 人们生活于临水高地,依赖自然环境在小范围内种植水稻并进行渔猎等活动。由于人口的增长和农业的发展,太湖的边缘地带也被零星开发出来。但沿湖地带常常随水位的涨落而起伏不定,即使开垦出来,也往往遭受洪涝浸渍之患,不能持久,因此水利的兴修对当地的发展起着至关重要的作用。

秦汉时期,今苏州一带已建起了海塘、圩田、堰塘、运河等多种水利工程。汉平帝元始二年(2),"吴人皋伯通筑塘以障太湖",此塘因皋伯通所筑,故名皋塘。[4]所谓"塘"者,"皆以水左右通陆路也",即两岸堤路夹河的水道,外挡洪

---

[1] 姚思廉:《陈书》卷二十五《孙玚传》,中华书局1972年,第321页。
[2] 魏收:《魏书》卷九十三《恩幸·茹皓传》,中华书局1974年,第2000—2001页。
[3] 景存义:《太湖地区全新世以来古地理环境演变》,《地理科学》1985年第3期。
[4] 金友理:《太湖备考》卷三《水治》,江苏古籍出版社1998年,第109页。

涝,中通航行和用来排涝。皋塘在今浙江省长兴县东北,其修筑表明太湖西南的农业生产,已向沿湖低地拓展。

由于经济的发展,东汉末年,今苏州一带已是"境内富饶,人不思乱"的乐土,[1]成为孙吴立足江东的根据地。为了使吴郡所在的太湖流域成为其经济中心,孙吴政权继续致力于这一地区的水利事业,并先后多次在这里进行大规模的屯田,在开拓太湖流域水网、围垦湖田、兴建水利灌溉工程等方面,做出了开创性的努力,奠定了该地区水利和农业生产快速发展的基础,为东晋南朝立足东南,抗衡北方政权提供了有利条件。

东晋南朝时期,吴郡一带的水利工程在孙吴的基础上又有所发展。晋人殷康曾在太湖东南缘开凿了自今吴江平望至湖州的荻塘,"障西来诸水之横流,导往来之通道,旁溉田千顷"[2]。由于荻塘所处的特殊位置,其塘岸实际上成了太湖东南岸的一条大堤,起着阻遏太湖风涛泛滥的作用,使太湖东南沿岸地区的农田免受洪水侵袭。同时吴郡一带还开凿疏通了不少通江港浦,利用潮汐灌溉发展农业。梁代大同年间,海虞县改为常熟县,清光绪《常昭合志稿》卷九《水利志》认为常熟县的得名,是因为这里"高乡濒江有二十四浦,通潮汐,资灌溉,而旱无忧;低乡田皆筑圩,足以御水,而涝亦不为患,以故岁常熟,而县以名焉"[3]。由此可见常熟一带的塘浦圩田,大致在南朝后期已基本形成,而昆山大概也在此时开成通江十二浦。[4]这些水利工程的修建都为吴郡一带经济的发展奠定了基础。

由于当时导太湖水外泄的东江渐趋淤塞,太湖地区洪涝频繁,南朝政府还曾两次计划在太湖东南方向开凿新河。一次是宋元嘉二十二年(445),因"松江沪渎,壅噎不利",使得"处处涌溢,浸渍成灾",曾拟开漕娄县松江一带的谷湖,直通出海口。[5]另一次是在梁中大通二年(530),因吴兴郡屡遭水灾,梁朝政府还派王弁等人"发吴郡、吴兴、义兴三郡民丁",计划开河"导泄震泽",减轻水患。[6]据北宋朱长文《吴郡图经续记》载,王弁拟开河的路线,大概是沿古谷水

---

[1] 陈寿:《三国志》卷五十四《吴书·周瑜传》注引《江表传》,中华书局1982年,第1261页。
[2] 解缙:《永乐大典》卷二二七六《塘》引《吴兴志》原注,中华书局1986年,第883页。
[3] 郑钟祥等:光绪《常昭合志稿》卷九《水利志》,《中国地方志集成·江苏府县志辑》第22册,江苏古籍出版社1991年影印本,第111页。
[4] 《宋史》卷一七三《食货志上》载:"昔人于常熟之北开二十四浦,疏而导之江,又于昆山之东开一十二浦,分而纳之海。"
[5] 沈约:《宋书》卷五十九《二凶传》,中华书局1974年,第2435页。
[6] 姚思廉:《梁书》卷八《昭明太子传》,中华书局1973年,第168页。

支流向钱塘江口排水。但由于各种原因,这两次计划当时均未实现。

由于吴郡临海,颇受海潮浸蚀,故从秦汉以来,吴郡沿海一带就有海塘建设,吴郡的钱塘县之名就是由此而来。[1]三国孙皓时期有筑金山咸潮塘的传说,东晋时期吴郡太守虞潭、袁山松等人在吴淞江口所修建的沪渎垒,不仅有军事作用,也可起到防海潮的作用,所以"百姓赖之"。

2. 水路交通

六朝时期,吴郡是江南地区的交通枢纽之一,地理位置十分重要。赤乌八年(245),孙吴政权发屯兵三万,"凿句容中道,至云阳西城,以通吴、会船舰,号破冈渎"[2]。破冈渎的开凿,沟通了建业至吴郡、会稽间的水路,不仅便于吴、会地区米粮的运输,而且活跃了运河沿岸的商业贸易。故清人王鸣盛认为:"自今吴县舟行,过无锡、武进、丹阳至丹徒水道,自孙氏始。"[3]梁时虽然有凿上容渎代替破冈渎之举,但陈代又恢复了破冈渎,该段运河一直是贯通的。该运河交通极为繁忙,航行于该运河及附近水道的船只颇多,留下了不少故事。如前引《世说新语·任诞》记载西晋时期会稽贺循入洛赴命时,经过吴阊门,在船中弹琴,被吴郡名士张翰引为知己。《宋书》卷六十三《王华传》记载会稽人孔宁子从建康东归,手下人想在阊门外的金阊亭泊船休息,遭到了孔宁子的拒绝。《梁书》卷二十一《张充传》记载张充之父张绪曾经请假由水路回吴郡家乡,刚进入吴城西门,就遇到张充出来打猎,可见当时的这条水路在城西阊门外,与今之运河位置大体相合。

当时的吴郡扼运河古水道的要冲,成为南北运输最重要的中转站之一,能沟通淮南、建康及浙东会稽等地。而由会稽经吴郡、晋陵、曲阿达建康的水路是六朝国内最重要的漕运路线,可以说是维持六朝政府生存的经济生命线,当时只要江东发生叛乱,吴郡及此水道均为政府与叛军双方所必争。叛军方面往往希望迅即攻下吴郡在内的三吴地区,以为粮食补给中心,使实力增强,且又达到切断中央政府经济命脉的目的,而政府也常于乱事初起,便设法固守此水道及三吴地区。如东晋时期苏峻入建康,郗鉴建议温峤宜先防东道,断其粮运,"东道既断,

---

[1] 郦道元:《水经注》卷四十《浙江水》引《钱唐记》载:"防海大塘在县东一里许,郡议曹华信家议立此塘,以防海水。始开募有能致一斛土者,即与钱一千。旬日之间,来者云集,塘未成而不复取,于是载土石者,皆弃而去,塘以之成,故改名钱塘焉。"浙江古籍出版社2001年,第621页。

[2] 许嵩:《建康实录》卷二《吴中·太祖下》,中华书局1986年,第53页。

[3] 王鸣盛:《十七史商榷》卷四十二《三国志四·小其》,《续修四库全书》第452册,上海古籍出版社1996—2003年影印本,第399页。

粮运自绝,不过百日,必自溃矣"[1]。即使建康已失,只要吴郡在内的三吴地区及漕运水道不陷于敌手,形势便仍有挽回的余地。例如梁末北齐兵攻占石头城,韦载就认为"齐军若分兵先据三吴之路,略地东境,则时事去矣",如果能"通东道转输,别令轻兵绝其粮运",就可以使北齐兵"进无所虏,退无所资,则齐将之首,旬日可致"。[2]隋灭陈之战中,在进攻建康的同时,隋廷也特派一支军队进攻三吴地区,切断吴郡一带的军援和粮援,因此陈很快灭亡,由此可见当时吴郡交通战略地位的重要性。

运河以外,吴郡的其他水路交通也四通八达,尤其是自吴郡经东北松江口沪渎和东南钱塘江口入海的水道已经畅通,郡中各县及其他地区的各种物产便可经各河道及海路集中于此,使吴郡成为太湖流域的交通中心,为商业的发展提供了便利,同时也提高了吴郡的战略地位。如晋末孙恩之乱及梁末侯景之乱时,叛军都曾借道沪渎从海路出入吴郡。

吴郡的海上交通当时已经比较频繁。据孙吴时期顾启期所撰《娄地记》记载,吴郡娄县一带的浪山,为"海中南极之观岭,穷发之人,举帆扬越,以为标的"[3]。另外《太平御览》卷七七〇注引南朝人所撰《吴郡缘海四县记》也记载海虞县的穿山,"下有洞穴,高十丈,广十余丈。山昔在海中,行侣举帆从穴中过"[4]。据晋人郭璞记载,永嘉四年(310),吴郡司盐都尉戴逢在海边查获一船,上有男女四人,"言语不通,送诣丞相府",后仅一人幸存,"上赐之妇,生子,出入市井,渐晓人语,自说其所在是毛民也"[5],应为海外船民失事漂流至此。

---

[1] 房玄龄等:《晋书》卷六十七《郗鉴传》,中华书局1974年,第1799页。
[2] 李延寿:《南史》卷五十八《韦叡传附韦载传》,中华书局1975年,第1435页。
[3] 刘纬毅:《汉唐方志辑佚》,北京图书馆出版社1997年,第43页。
[4] 刘纬毅:《汉唐方志辑佚》,北京图书馆出版社1997年,第319页。
[5] 佚名:《山海经》第九《海外东经》,巴蜀书社1993年,第313页。

第三章 隋唐时期的苏州

第三章 隋唐时期的苏州

隋唐时期,今苏州地区重归于大一统王朝治下。隋代虽然国祚短促,但在苏州历史上却影响深远,苏州之名即是从隋代正式开始,苏州城有明确记载的唯一一次迁离原址也发生在隋代,隋代彻底摧毁了南朝政权的政治中心建康,客观上提高了苏州在江南城市中的政治地位。隋代的苏州兵祸连结,隋初的沈玄憎和隋末的刘元进都曾在苏州自称天子,署置百官,苏州还曾被沈法兴、李子通等势力先后占据。

唐代中前期的苏州局势大体稳定,仅在安史之乱后,受到了永王之乱、刘展之乱、李锜之乱等变乱的短暂波及。唐代的苏州城还先后作为江南东道、浙江西道及浙江东西道的治所,成为江南地区首要的行政中心。唐末黄巢起义发生后,天下大乱,经济富庶并且战略地位重要的苏州,成为江东各势力争夺的重要目标,控制权多次在浙西道内部各势力及北方军阀之间易手,破坏极大,最终被钱氏集团占据,成为吴越国的根据地和重要门户。

由于苏州政治地位和经济地位的上升,唐王朝对苏州地方官员的任命越来越重视。初唐时期苏州尚为贬谪之地,中晚唐时期已经成为官吏晋升的重要跳板,因此担任唐代苏州刺史官员的素质越来越高,并涌现出了不少清官良吏。他们在苏州任上时采取了安定社会、发展经济、繁荣文化的一系列措施,为苏州的发展做出了重要贡献。

唐代苏州的经济有了长足的发展。由于局势长期相对稳定,户口快速增加,唐代末年已突破十四万户,位居江南诸州首位,赋税收入在全国范围内已经非常突出,成为唐代江南唯一的雄州。规模空前的屯田和水利工程建设、先进农具的普遍应用及农业生产技术的提高,促进了苏州农业飞速发展。在农业发展的基础上,苏州的工商业也突飞猛进,城乡市场网络初步形成,城市经济日趋繁荣,对外交通愈加通畅,苏州城水陆双棋盘式的格局基本定型,苏州逐渐成为江东的经济重心和唐王朝的重要财赋来源地。

第一节　隋唐时期苏州的政治概况

一、政区建制

隋王朝平定江南后,对行政区进行了大刀阔斧的重新划分,废郡级行政区,改为州、县两级制,并对县级行政区进行了大规模的撤并。改吴州为苏州,因姑苏山而得名,这是历史上首次出现"苏州"之名。废信义郡,所领海阳、前京、信义、海虞、兴国、南沙并为常熟县,以南沙城为县治,[1]并废昆山县。废吴兴郡,并废长城县,设乌程县,并东迁县入乌程。当时的苏州仅辖吴、常熟和乌程三县。开皇十八年(598)复昆山县,仁寿二年(602)复长城县。虽然仁寿年间曾短暂于乌程县置湖州,但隋炀帝即位后的大业初年即废还县,并改苏州复为吴州。大业三年(607),吴州又改称吴郡。至此吴郡辖吴、昆山、常熟、乌程(今浙江湖州)、长城(今浙江长兴)五县,终隋世未改。

唐代苏州与吴郡之名屡次变换。武德四年(621),改吴郡复为苏州。天宝元年(742)改苏州为吴郡,至德二载(757)又改吴郡为苏州,终唐一代未再变动,世称苏州吴郡,但吴郡单独作为正式的行政区名至此结束,在苏州历史上存在六百余年。

隋代平定江南后,为了防止割据势力的东山再起,彻底摧毁了南方政权的政治中心建康,"城邑宫室,并平荡耕垦"[2],这座繁华的六朝大都会,全部废为耕地,仅在其地设蒋州,作为丹阳郡的治所。唐代前期,蒋州又被并入润州,南朝故都建康仅成为润州的一个县。因此,自孙吴政权治所迁出吴郡近四百年之后,在唐代中前期,苏州重新超越建康,在江南诸城中占据十分重要的地位。

唐初沿袭北朝以来的制度,于军事要地设置总管,总领一州或数州军事,即所谓"边要之地置总管以统军,加号使持节"[3],在苏州也设置了苏州总管。武德六年(623),唐政府改苏州总管为都督,督苏州、湖州、杭州和暨州。[4]武德九年(626),罢都督,属润州。贞观元年(627),唐太宗分天下为关内道、河南道、河

---

[1] 李吉甫《元和郡县图志》卷二十五《江南道一》载,隋开皇九年(589)平陈后,废晋陵郡,于常熟县置常州,因县为名,后割常熟县人苏州,移常州理于晋陵县。中华书局1983年,第599页。
[2] 司马光:《资治通鉴》卷一七七《隋纪一·文帝开皇九年》,中华书局1956年,第5516页。
[3] 欧阳修、宋祁:《新唐书》卷四十九《百官志四下》,中华书局1975年,第1315页。
[4] 按:《新唐书》卷四十一《地理志五》载,武德三年(620)以江阴县置暨州,并析置暨阳、利城二县。九年州废,省暨阳、利城。中华书局1975年,第1058页。

东道、河北道、山南道、陇右道、淮南道、江南道、剑南道和岭南道十道。其中的江南道因在长江以南而得名,地域辽阔,东临海,西抵蜀,南极岭,北带江,为今上海、浙江、福建、江西、湖南,及江苏、安徽、湖北的长江以南,四川东南部、贵州东北部之地。苏州属于江南道。

开元二十一年(733),唐玄宗重新调整全国的行政区划。将江南道分为江南东道、江南西道和黔中道。又增设了京畿道和都畿道,天下为十五道。于各道置采访黜置使,以监督地方州县的官员,并考察地方吏治。江南东道辖今苏南、上海、浙江、福建及安徽徽州等地。苏州为江南东道的治所,在此设有江南东道采访使(简称江东采访使),成为江南地区首要的行政中心。

安史之乱后,乾元元年(758),唐政府分江南东道为浙江西道、浙江东道和福建道。浙江西道领长江以南至新安江以北的原江南东道地,包括今天的苏南、上海、浙北和徽州等地,设节度使。苏州曾在乾元元年至二年(758—759)、永泰元年至建中二年(765—781)两度为浙江西道治所,在此期间的大历十四年(779),唐政府合并原浙江西道、浙江东道,设浙江东西道观察使,仍治于苏州。但建中元年(780),复分浙江东西为二道,次年复合浙江东西二道观察使,设节度使,赐号"镇海军节度使",治所也由苏州迁至润州,自此苏州失去了江南地区行政中心的地位。

唐代苏州的辖区也在不断变动中。武德四年(621),唐政府以乌程县置湖州,并置雉州,领长城、原乡二县,乌程、长城二县自此脱离苏州,苏州仅辖吴、昆山、常熟三县。武德七年(624),常熟县治从南沙城移至海虞城,延续至今。同年分吴县置嘉兴县,但次年就重新省入吴县。贞观八年(634),重置嘉兴县。至此,苏州辖吴、昆山、嘉兴、常熟四县。万岁通天元年(696),分吴县置长洲县,以长洲苑得名。景云二年(711),分嘉兴县复置海盐县,次年废,开元五年(717)复置。天宝间苏州辖吴、昆山、嘉兴、常熟、长洲、海盐六县。

开元四年(716),吴县升为望县。天宝元年(742),苏州有户七万六千四百余。天宝十年(751),吴郡太守赵居贞奏割昆山、嘉兴、海盐三县置华亭县。乾元二年(759),长洲改为军。大历十二年(777),长洲复为县。[1]次年苏州升为雄州,领吴、长洲、嘉兴、海盐、常熟、昆山、华亭七县,一直延续到唐末。

另外,唐代苏州的辖区还有一些小范围的调整。如开元以前,苏州的南界在

---

[1] 按:长洲军废为长洲县的时间,《旧唐书》卷十一《代宗纪》及《新唐书》卷四十一《地理志五》均记为大历十二年(777),而洪武《苏州府志》卷一《沿革》及隆庆《长洲县志》卷一《沿革》均记为大历五年(770),未知何据。此从《旧唐书》《新唐书》。

今吴江的平望以北,当时的平望为大运河上的重要驿站,为湖州的乌程县所辖,"西至浔溪(在今湖州南浔)五十余里,与乌程分界"。据洪武《苏州府志》卷九《官宇》引《吴兴统记》记载,开元二十八年(740),"苏州耆老百姓耻州境深远,请于刺史吴从众,割太湖洞庭三乡与吴兴换焉"。而自平望驿北至嘉兴县界长达二十六里的官河,由于"淤淀岁久,转运俱难",元和五年(810)由湖州刺史范传正奉敕厘开,"又拨入苏州"。[1]由上述记载可知,平望官河以西及以南之地,分别是在开元及元和年间由湖州乌程县划归苏州吴县,奠定了今天苏州南境的基础。

二、隋王朝在苏州的统治及覆灭

隋王朝平定江南后,在行政区划撤并改变的同时,还针对江南自东晋以来"刑法疏缓,代族贵贱,不相陵越"等积弊,进行了一系列改革,"尽变更之"。如任用大批的北方官吏为江南地方官、查实户口、改变官吏选拔制度及废除江南世族的部分特权等,同时还将陈皇族及部分大臣迁往长安。这些改革措施触犯了吴地士族豪强的利益,又在实行教化中操之过急,刑罚失当,引起了士族的恐慌。[2]

开皇十年(590),隋政府派尚书右仆射苏威持节巡抚江南。当时隋政府在江南各地进行儒家纲常伦理教化,"无长幼悉使诵五教",苏威又"加以烦鄙之辞",弄得"百姓嗟怨"。当时民间又传言隋廷欲迁江南百姓入关,以至于"远近惊骇"。饶州吴世华率先起兵反抗,"生脔县令,啖其肉",江南豪强一呼百应,纷纷举旗反隋,声势浩大。史载"陈之故境,大抵皆反,大者有众数万,小者数千,共相影响"。这些反隋武装"执长吏,抽其肠而杀之,曰:'更使侬诵五教邪!'"[3]严重动摇了隋政府在江南的统治基础。当时吴郡人陆知命为"三吴之望",晋王杨广"召令讽谕反者",陆知命"说下贼十七城,得其渠帅陈正绪、萧思行等三百余人",[4]但对整个大局来讲,显然无济于事。

在这次江南的反隋大潮中,苏州也是重要战场之一。当时苏州的沈玄憎"自

---

[1] 卢熊:洪武《苏州府志》卷九《官宇》,广陵书社2015年,第130页。按:《吴兴统记》为北宋初年摄湖州长史王文质撰,前有景德元年(1004)序,可见《吴兴统记》成书不晚于此年。另外王鏊所纂正德《姑苏志》卷二十六《仓场》关于平望一带划归苏州的记载与洪武《苏州府志》大体相同,见《北京图书馆古籍珍本丛刊》第26册,书目文献出版社1988年影印本,第380页。
[2] 详见高敏:《隋初江南地区反叛的原因初探》,《中国史研究》1998年第4期。
[3] 李延寿:《北史》卷六十三《苏绰传附子威传》,中华书局1974年,第2245页。
[4] 魏徵、令狐德棻:《隋书》卷六十三《陆知命传》,中华书局1973年,第1560页。

称天子,署置百官",和沈杰等以兵围攻苏州城,州民顾子元也"发兵应之",苏州刺史皇甫绩应战不敌,固守待援,"相持八旬"。[1]面对岌岌可危的江南形势,隋政府派越国公杨素为行军总管,率领大都督鱼俱罗、总管史万岁等前往征讨。杨素率军迅速平定了京口朱莫问、晋陵顾世兴、无锡叶略等人的叛乱,直扑苏州,和皇甫绩里应外合,大破沈玄憎等军。沈玄憎走投南沙(今常熟、张家港一带)"贼帅"陆孟孙,杨素又在松江大败陆孟孙军,生擒陆孟孙与沈玄憎,平定苏州。杨素率军继续南下,"前后七百余战,转斗千余里",[2]最终平息了各处叛乱,稳固了隋王朝在江南的统治。

平定江南后,杨素"以苏城尝被围,非设险之地",便空其旧城,把州治迁到"古城西南横山之东、黄山之下"。[3]开皇十二年(592)正月,苏州刺史皇甫绩调任信州总管,同年彭城人刘权被任命为苏州刺史,并赐爵宗城县公。刘权在任十多年,政绩颇著,"于时江南初平,物情尚扰,权抚以恩信,甚得民和"[4]。刘权后来被任命为卫尉卿,进位银青光禄大夫,这才离开苏州。

为了确保江南长期稳定,文帝令晋王杨广驻守江都。杨广在江都十年,着力于南北思想文化的沟通,大力笼络江东名士,和江东士族中的中上层人物多有来往,俨然形成了一个政治圈子。[5]杨广即位为隋炀帝后,不少江东人士得到了重用,担任要职,其中见于史料的吴郡人有陆从典、陆摺、陆子隆、张冲等。陆从典入隋后,"为给事郎,兼东宫学士。又除著作佐郎"[6]。陆摺,据《大业杂记》载,文帝仁寿中,召补春宫学士,大业中,为燕王记室。[7]陆子隆,入关后为文帝甲仗宿卫,后任荆州刺史。[8]张冲,字叔玄,仕陈为左中郎将,入关后,担任汉王谅的并州博士。另外仕隋的吴郡人还有很多,如陆德明,隋炀帝擢秘书学士,后迁为国子助教;朱子奢,大业中为直秘书学士;顾胤之父顾览,仕隋为秘书学士;褚辉,炀帝擢为太学博士。

隋朝末年,由于炀帝刚愎自用,荒淫残暴,四处出巡,奢侈浪费,挥霍无度,并连续发动对辽东的战争,致使耕稼失时,死亡相藉,引起了人民的反抗。大业七

---

[1] 魏徵、令狐德棻:《隋书》卷三十八《皇甫绩传》,中华书局1973年,第1140页。
[2] 魏徵、令狐德棻:《隋书》卷五十三《史万岁传》,中华书局1973年,第1354页。
[3] 朱长文:《吴郡图经续记》卷上《城邑》,江苏古籍出版社1999年,第5—6页。
[4] 魏徵、令狐德棻:《隋书》卷六十三《刘权传》,中华书局1973年,第1504页。
[5] 王永平、张朝富:《隋炀帝的文化旨趣与江左佛、道文化的北传》,《江海学刊》2004年第5期。
[6] 姚思廉:《陈书》卷三十《陆琼附从典传》,中华书局1972年,第398页。
[7] 范成大:《吴郡志》卷二十一《人物》,江苏古籍出版社1986年,第315页。
[8] 李延寿:《南史》卷六十七《陆子隆传》,中华书局1975年,第1636页。

年(611)十二月,山东邹平人王薄首举义旗,点燃了反隋的烈火,迅速形成燎原之势。大业九年(613)六月,杨素之子杨玄感趁隋炀帝二征高丽之际起兵反隋,全国各地纷纷响应。同年七月,余杭人刘元进也起兵以应。史载刘元进"两手各长尺余,臂垂过膝","自以相表非常,阴有异志"。当时隋炀帝要发三吴兵征讨高丽,"士卒皆相谓曰:'去年吾辈父兄从帝征者,当全盛之时,犹死亡太半,骸骨不归;今天下已罢敝,是行也,吾属其无遗类矣。'"于是多逃兵役。郡县追捕,一时人心惶惶。因此刘元进起兵后,"三吴苦役者莫不响至,旬月众至数万"。[1]

不久吴郡朱燮、晋陵管崇也起兵反隋。朱燮本为还俗道人,"涉猎经史,颇知兵法",当时为昆山县博士,和数十学生起兵,"民苦役者赴之如归"。管崇隐居常熟,"美姿容,志气倜傥",自言有王者相,因此"群盗相与奉之"。隋炀帝派虎牙郎将赵六儿领兵万人屯扬子,分为五营以备。管崇派其将陆顗渡江夜袭,破其两营,并"收其器械军资而去",[2]势力大增,众至十万。

刘元进正拟渡江北进,适闻杨玄感败亡,朱燮、管崇就迎刘元进入吴郡,推其为天子,朱燮、管崇为仆射,署置百官。毗陵、东阳(今属浙江金华)、会稽(今属浙江绍兴)、建安(今属福建建瓯)等地豪杰多抓捕地方官吏,以响应起义,一时间声势浩大。

隋政府派左屯卫大将军吐万绪、光禄大夫鱼俱罗率兵镇压。双方频频交战,互有胜负。同年十二月,刘元进攻丹阳,被吐万绪击败,吐万绪进屯曲阿。刘元进结栅拒绪,相持百余日,元进又败,死者以万数,不得不趁夜色突围而出。吐万绪乘胜进攻毗陵,朱燮、管崇等人屯兵于此,"连营百余里",但仍然无法抵挡吐万绪的进攻,只有退守吴郡的黄山,吐万绪继续围攻,管崇及其将军陆顗等五千余人战死,吐万绪"收其子女三万余口"[3],只有刘元进和朱燮逃脱。

刘元进退据建安,沿途百姓从者如归市,进一步壮大了声势。隋炀帝命令吐万绪、鱼俱罗乘胜进军,但吐万绪以士卒连战疲敝,需要整休为由,请求来年春天再战,遭到隋炀帝的疑忌,吐万绪被贬死,鱼俱罗被杀,隋政府失去了两位战功卓著的名将,加速了其灭亡。

刘元进军力复振后,再度进军吴郡。隋炀帝改派江都郡丞王世充发淮南兵数万渡江,频战皆捷。不久,刘元进和朱燮在吴郡兵败战死,其部众或降或散,王世充招先投降者在吴郡通玄寺神像前焚香为誓,相约降者不杀,刘元进那些打散

---

[1] 魏徵、令狐德棻:《隋书》卷七十《刘元进传》,中华书局1973年,第1623页。
[2] 司马光:《资治通鉴》卷一八二《隋纪六·炀帝大业九年》,中华书局1956年,第5683页。
[3] 魏徵、令狐德棻:《隋书》卷六十五《吐万绪传》,中华书局1973年,第1539页。

的部众本来打算入海为盗,听说此事后纷纷前来投降,"旬月之间,归首略尽",总计有三万余人。王世充背信弃义,"贪其子女财货",把这些投降的人都坑杀于黄亭涧(在今苏州横山一带)。[1]刘元进的余党"复相聚为盗,官军不能讨",江南地区陷入混乱动荡中。

大业十四年(618),吴兴太守沈法兴在郡起兵,攻占了包括吴郡在内的江南十多郡,自称江南道大总管,次年称梁王。武德三年(620),在江都自称吴帝的李子通,渡江攻沈法兴,袭取京口,继续东下,沈法兴遣其仆射蒋元超在废亭与李子通大战,蒋元超败死,沈法兴"弃毗陵,奔吴郡",吴郡以西的毗陵、丹阳等地均为李子通所占。趁李子通与沈法兴激战之机,占据江淮一带已经附唐的杜伏威派兵南下,在丹阳等地击败李子通。李子通逃往太湖,"收合亡散,得二万人",然后又在吴郡袭击沈法兴,沈法兴不敌,"帅左右数百人弃城走"。当时占据昆山一带的吴郡"贼帅"闻人遂安派其将叶孝辩接应,沈法兴中途而悔,想杀掉叶孝辩转向会稽,被叶孝辩发觉,沈法兴走投无路,赴江自杀。[2]

沈法兴败死后,李子通迁都于余杭,尽占沈法兴旧地,势力复振,"东至会稽,南至于岭,西距宣城,北至太湖,尽有其地"[3]。但不久杜伏威就遣其大将王雄诞讨伐李子通,双方在苏州大战,李子通战败,退还余杭,王雄诞继续进击,在余杭城下又打败李子通,李子通无奈投降。闻人遂安在沈法兴战败后,一直占据昆山,无所归属。杜伏威派王雄诞进攻闻人遂安。当时昆山"邑险而完",易守难攻,王雄诞认为以武力难以攻取,"遂单骑造垒门,陈国威灵,因开晓祸福"[4],劝说闻人遂安投降,闻人遂安权衡利弊,终于率众归降。苏州全境自此为唐所有。

三、唐代苏州的政治局势

唐王朝初定江东后,当地政局不稳。武德五年(622),吴王杜伏威被征召至长安,诏拜为太子太保、行台尚书令,留任唐廷。杜伏威部将辅公祏,因不满唐王朝的一些政治措施,在武德六年(623)秋八月率兵叛唐,在丹阳称帝,苏州被辅公祏所占。唐王朝派襄州道行台左仆射李孝恭、岭南道大使李靖等进军江淮南

---

[1] 司马光:《资治通鉴》卷一八二《隋纪六·炀帝大业九年》,中华书局1956年,第5688页。按:《资治通鉴考异》引《略记》记载:"坑其众二十余万于黄亭涧,涧长数里,深阔数丈,积尸与之平。"又引《杂记》云:"世充贪而无信,利在子女资财,并坑所首八千余人于黄山之下。"今从《隋书》。
[2] 司马光:《资治通鉴》卷一八八《唐纪四·高祖武德三年》,中华书局1956年,第5898—5899页。
[3] 刘昫等:《旧唐书》卷五十六《李子通传》,中华书局1975年,第2274页。
[4] 欧阳修、宋祁:《新唐书》卷九十二《王雄诞传》,中华书局1975年,第3802页。

北,迅速收复夏口(今湖北武昌)、洪州(今江西南昌)等地,次年又占芜湖,再败辅公祏于丹阳。辅公祏逃至武康(今浙江湖州西南),为当地人所获,送至丹阳枭首。

辅公祏之乱被平定后,唐王朝任命李世嘉为苏州刺史,因苏州新城遭到劫掠,而老城区水道依旧,基础设施仍在,决定将州、县官署迁回老城。从此,苏州城址再未有变化。此后长达一百三十余年的时间内,苏州局势大体稳定。但在导致唐代由盛转衰的安史之乱(755—763)发生后,苏州重新受到了战乱的波及。

首先是永王李璘的叛乱。玄宗天宝十四年(755)十一月,范阳节度使安禄山起兵反唐,率兵南下,十二月攻陷唐东都洛阳,不久就在洛阳称帝,并进犯长安的门户潼关。潼关很快失守,玄宗仓皇奔蜀,中途又发生了"马嵬坡之变",玄宗已经失去了对全局的控制,于是任命太子李亨为天下兵马大元帅,主持平叛事宜,自己继续领众奔蜀。为了平叛之需,玄宗还任命永王璘、盛王琦、丰王珙等三王节制未受叛军波及的地区,赋予了诸王很大权力,如永王璘当时被任命为山南东道、岭南、黔中、江南西道节度都使,管辖地域广大,并"以少府监窦绍为之傅,长沙太守李岘为都副大使"。玄宗诏令下达后,"时琦、珙皆不出阁"[1],只有永王璘赴镇。

天宝十五年(756)七月,太子李亨在灵武即位,即唐肃宗。为收揽江南民心,肃宗在该年十一月就派大臣崔涣宣慰江南,并知选举。肃宗还希望能开辟一条经过襄阳的新漕运之路,把江南的财富运往关中。但当时永王璘在"天下大乱,惟南方完富"的江南大力经营,"握四道兵,封疆数千里",并且其所辖的地区未受到战乱影响,因此有人劝说他从江陵移镇金陵,"保有江表,如东晋故事"。为了遏制永王李璘势力的发展,至德元载(756)十二月,肃宗派高适为淮南节度使,来瑱为淮南西道节度使,与江东节度使韦陟共同计划防遏李璘。同月李璘擅自率军沿江东下,"然犹未露割据之谋"。但当时驻守苏州的吴郡太守兼江南东路采访使李希言"平牒璘,诘其擅引兵东下之意",李璘大怒,公然起兵反叛,"分兵遣其将浑惟明袭希言于吴郡,季广琛袭广陵长史、淮南采访使李成式于广陵",并招降两地的部分抵抗官员,造成"江、淮大震"。[2]

李璘之乱发生后,肃宗新任的吴郡太守兼江南东道采访使韦陟尚未到郡,中

---

[1] 司马光:《资治通鉴》卷二一八《唐纪三十四·肃宗至德元载》,中华书局1956年,第6983—6984页。

[2] 司马光:《资治通鉴》卷二一九《唐纪三十五·肃宗至德元载》,中华书局1956年,第7007—7010页。

途被改任为御史大夫,兼江东节度使,负责"招谕"李璘。韦陟为玄宗宰相韦安石之子,"自幼风标整峻,独立不群",颇著时誉。他到任后和高适、来瑱会安陆,三道结盟誓众,共同抵抗叛军,形成强大的区域性平叛同盟。而"度支郎中,兼侍御史,领江淮租庸事"的刘晏此时也在吴郡,和采访使李希言"谋拒之",李希言让刘晏守余杭,并令元景曜、阎敬之等以兵拒李璘,因战不利,李希言自吴郡"走依晏"。刘晏"为陈可守计",并发义兵坚壁清野。

至德二载(757)二月,韦陟等人在润州城外长江两岸故布疑阵,打击了叛军的士气,永王部属纷纷逃散,"璘忧惧,不知所出",后被一举击溃。李璘本来欲东下转略州县,闻刘晏有备,就从晋陵向西,后逃到江西被杀,叛乱平息。

至德年间(756—758),北方安史之乱正在激烈进行中,江南地区也十分动荡,史载"吴郡晋陵江东海陵诸界,已有草窃屯聚,居于洲岛"[1]。为了加强江南地区的军事力量,乾元二年(759),唐王朝设置了润州丹阳、升州江宁、苏州长洲、杭州余杭以及宣州采石五军。上元、宝应年间(760—763),苏州一带先后遭遇旱灾和疫情,"大旱,三吴饥甚,人相食。明年大疫,死者十七八,城郭邑居,为之空虚。而存者无食,亡者无棺殡悲哀之送,大抵虽其父母、妻子,亦啖其肉而弃其骸于田野。由是道路积骨,相支撑枕藉者弥二千里"[2]。在此动荡的局势下,苏州又遭受了刘展之乱的军事荼毒。

上元元年(760)十一月,新任江淮都统刘展率兵南下,很快就击破了淮南节度使邓景山军,攻克了淮南的治所扬州,横扫了淮南境内的濠、楚、舒、和、滁、庐诸州,并突破了江淮都统李峘和浙西节度使侯令仪等人设置的长江南岸防线,占领了浙西要地润州、升州及浙西的上游门户宣州。李峘部众被歼,逃亡洪州。江淮地区唯一继续坚持对刘展作战的只有江淮都统副使李藏用。

早在李峘逃往润州的时候,李藏用就认为:"处人尊位,食人重禄,临难而逃之,非忠也;以数十州之兵食,三江、五湖之险固,不发一矢而弃之,非勇也。失忠与勇,何以事军!藏用请收余兵,竭力以拒之。"决心抵抗,于是李峘就"悉以后事授藏用"。李藏用收集散卒,仅得七百人。又到苏州招募到了二千壮士,于是"立栅以拒刘展"。[3]刘展遣其将张景超、孙待封攻苏州,双方战于郁墅,李藏用因外援不至,众寡悬殊,退保杭州。张景超于是占领苏州,刘展任命其将领杨持

---

[1] 权德舆:《大中大夫守国子祭酒颍川县开国男赐紫金鱼袋赠户部尚书韩公行状》,《文苑英华》卷九七三,中华书局1966年影印本,第6742页。
[2] 独孤及:《吊道殣文(并序)》,《全唐文》卷三九三,中华书局1983年,第4003页。
[3] 司马光:《资治通鉴》卷二二一《唐纪三十七·肃宗上元元年》,中华书局1956年,第7100页。

璧为苏州刺史。

上元二年（761）正月，平卢都知兵马使田神功率精兵南下讨伐刘展，不久就将刘展擒获。刘展部将王晊战败，引兵东走，至常熟乃降，孙待封降于李藏用，张景超逃入海，"余党悉平"，苏州重新回到唐政府手中。

刘展之乱是继永王之乱后江淮地区遭受的又一场大的战事，而其影响远甚于后者。因为江淮十余州不仅直接沦为官军与刘展军队交战的战场，更遭受了南下平叛北方军队的大肆掠杀。正如《资治通鉴》"上元二年正月"条所载："安、史之乱，乱兵不及江、淮，至是，其民始罹荼毒矣。"[1]

刘展之乱使长期处于天灾侵扰的江南一带更加民不聊生，但唐王朝为了尽快尽多地收敛财赋，不仅不赈济灾区，抚恤灾民，反而加紧搜刮。宝应元年（762），"租庸使元载以江淮虽经兵荒，其民比诸道犹有资产，乃按籍举八年租调之违负及逋逃者，计其大数而征之；择豪吏为县令而督之，不问负之有无，资之高下，察民有粟帛者发徒围之，籍其所有而中分之，甚者什取八九，谓之白著。有不服者，严刑以威之"[2]，所谓"上元官吏务剥削，江淮之人多白著"。这种涸泽而渔的做法使民众无法生存，流离失所，怨声载道，社会矛盾急剧恶化，江南一带的农民起义频发。宝应元年（762），宣、歙两州发生了以"苏州豪士"方清为首的农民起义。史载方清"因岁凶诱流殍为盗，积数万，依黟、歙间，阻山自防"[3]。广德元年（763）进占宣州，宣州的陈庄也占山起事，响应方清，联合屯兵于宣州长江一带，打击劫杀富贾豪强，连陷数邑。方清起义造成"东南厌苦"，后被唐将李光弼讨平。

当时因为江南一带兵祸连结，唐代宗诏令内常侍马日新率领北方的汴滑军五千镇常州。马日新贪暴纵横，民愤极大，当地人萧庭兰"乘人怨诉，逐之而劫其众"。当时在镇压农民起义中起家的常州别驾、浙西都知兵马使王栖曜正"游奕近郊"，也为其所胁迫，进围苏州。王栖曜趁萧庭兰懈怠之时，"挺身登城"，率领苏州城中兵"复出击贼"，[4] 萧庭兰被一举击溃，王栖曜也因此升任试金吾大将军。

方清起义被平息后，平卢行军司马许杲恃功，擅留上元，"有窥江、吴意"，唐王朝在创残之余不希望再发生兵乱，就任命能力出众的常州刺史李栖筠为苏州

---

[1] 司马光：《资治通鉴》卷二二二《唐纪三十八·肃宗上元二年》，中华书局1956年，第7104页。
[2] 司马光：《资治通鉴》卷二二二《唐纪三十八·肃宗宝应元年》，中华书局1956年，第7119页。
[3] 欧阳修、宋祁：《新唐书》卷一四六《李栖筠传》，中华书局1975年，第4736页。
[4] 刘昫等：《旧唐书》卷一五二《王栖曜传》，中华书局1975年，第4069页。

刺史兼御史中丞、浙西都团练观察,使其防备许杲。李栖筠到苏州任上后,一方面张设武备,另一方面"遣辩士,厚赍金币抵杲军赏劳,使士歆爱,夺其谋",于是许杲大惧,"悉众度江,掠楚、泗而溃"。李栖筠也以功进兼御史大夫。李栖筠随后派柏良器带兵剿灭境内盗匪,"大历初,潘狞虎据小伤,胡参据蒸里,江东大扰。公将卒三千人,骑五百人与战,皆破之,斩首三千级,执俘一千人"[1]。柏良器也因功升为检校光禄大夫兼苏州别驾。境内安定后,李栖筠采取了一系列恢复社会经济的措施:大力提倡教育,"增学庐,表宿儒河南褚冲、吴何员等,超拜学官为之师,身执经问义,远迩趋嚟,至徒数百人";更改赋税标准,"规脱徭科,请量产出赋,以杜奸谋";[2]还把当地豪猾大姓迁往京兆、河南,并广揽各方有才之士至其幕下。包括苏州在内的浙江西道地区在李栖筠的治理下,民生经济得以渐趋复苏。

大历十四年(779)十一月,唐廷以晋州刺史韩滉为苏州刺史、浙江东西都团练观察使。此时浙江东、西道合并,治境广阔,管辖十六州之多。由韩滉兼营,治于苏州。建中二年(781)五月,以浙江西道为镇海军。加苏州刺史韩滉检校礼部尚书、润州刺史,充镇海军节度使、浙江东西道观察等使。[3] 史载韩滉"公洁强直,明于吏道",政令明察,在苏州、润州刺史任上时"安辑百姓,均其租税,未及逾年,境内称理"。[4]

贞元十五年(799)二月,常州刺史李锜因贿赂宠臣得以升任浙西道观察使、诸道盐铁转运使。李锜到任后,私设盐场,横敛商旅,虚估盐利,并交结权贵,扩充军备,企图割据江东。永贞二年(806),唐政府任命杜兼为苏州刺史,杜兼辞行时上书,"称锜且反,必奏族臣",后被留为吏部郎中。次年李锜果反,此前已经密派心腹大将五人分处各州,姚志安处苏州,李深处常州,赵惟忠处湖州,丘自昌处杭州,高肃处睦州,各有精兵数千,伺察刺史动静。至此,李锜命令他们各杀本州刺史叛乱。苏州刺史李素为姚志安所俘,"具桎梏,钉于船舷",[5] 押送于李锜,但未到京口时李锜的叛乱已被平息,李素由此幸免。

李锜之乱平定后,一直到唐末乾符二年(875)王仙芝、黄巢起义前,在近七十年时间内,苏州地区政局平稳,未有兵乱发生,继续保持着向前发展势头。

---

[1] 李翱:《李文公集》卷十三《唐故特进左领军卫上将军兼御史大夫平原郡王赠司空柏公神道碑》,《全唐文》卷六三八,中华书局1983年,第6446页。
[2] 欧阳修、宋祁:《新唐书》卷一四六《李栖筠传》,中华书局1975年,第4736页。
[3] 刘昫等:《旧唐书》卷十二《德宗纪上》,中华书局1975年,第329页。
[4] 刘昫等:《旧唐书》卷一二九《韩滉传》,中华书局1975年,第3599—3600页。
[5] 司马光:《资治通鉴》卷二三七《唐纪五十三·宪宗元和二年》,中华书局1956年,第7641页。

四、唐末各势力对苏州的争夺[1]

唐朝末年,政治腐败,赋役繁重,天灾人祸相继,社会矛盾渐趋激化,农民起义频发。乾符二年(875),王仙芝在长垣(今河南长垣)起义,深得广大民众拥护,不久,黄巢率领数千人在冤句(今属山东菏泽)起义,响应王仙芝,席卷大半个中国的唐末农民大起义就此爆发,后来虽然被镇压下去,却严重动摇了唐王朝的统治基础。此后藩镇之间相互攻杀,天下大乱,唐王朝处于名存实亡的境地。在这三十余年间,经济富庶并且战略地位重要的苏州,成为江东各势力争夺的重要目标,控制权多次在浙西道内部各势力及北方军阀之间易手,破坏极大,正如《吴郡图经续记》卷上所云:"民困于兵火,焚掠赤地,唐世遗迹殆尽。"[2]苏州最终被钱氏集团占据,成为吴越国的根据地和重要门户。

1. 浙西道内部势力对苏州的争夺

唐末苏州动荡的序幕由王郢之乱揭开。乾符二年(875)四月,几乎在王仙芝、黄巢起义的同时,镇守浙江西道狼山(今属江苏南通)的镇遏使王郢等六十九人立战功,而节度使赵隐只赏其职名而未予财物犒赏,王郢等人因此心怀不满而劫库兵起事作乱。赵隐抚御失当,使得王郢率众南渡长江,攻陷苏、常二州,苏州刺史李绘弃城逃亡,后在乾符三年(876)正月因此被罢免。乾符四年(877),唐王朝命右龙武大将军宋皓为江南诸道招讨使,除先征发诸道兵以外,更调发忠武、宣武、感化三道兵和宣州、泗州二州兵,合计调集军队一万五千余人,讨伐王郢。王郢退入浙东,后在明州(今属浙江宁波)战死,乱事平息。但王郢之乱造成了很大破坏,史载其"浮江泛海,掠镇攻城,摽掠三州,伤残万户"[3],安定多年的苏州惨遭荼毒,被其抢劫焚烧,"市邑废毁"。继任的苏州刺史张抟修复了苏州罗城。

王郢之乱平定后,江南地区在乾符五年(878)至中和元年(881)间,先后多次遭到转战大江南北的黄巢起义军的进攻。苏州毗邻的润州、湖州、杭州等地都曾被起义军所攻取。由于起义军的目标是攻取长安夺取政权,很快就撤出了江南,因此苏州得以幸免。

为了对付黄巢起义军,唐王朝号召建立地方武装,逐步取代正规军来维护统

---

[1] 此节部分内容参考胡耀飞《唐宋之际苏州军政史研究》,载《苏州文博论丛》(第四辑),文物出版社2013年,第75—88页。
[2] 朱长文:《吴郡图经续记》卷上《城邑》,江苏古籍出版社1999年,第6页。
[3] 唐僖宗:《讨王郢诏》,《全唐文》卷八十七,中华书局1983年,第910页。

治秩序。由于苏州入唐以来二百余年间政局大体稳定,经济文化持续发展,地方豪强力量薄弱,因此没有出现比较强大的本土地方势力。但当时"知嘉兴监事"的歙州人曹信组建了地方武装,据守苏州嘉兴的东部边境,家于临平。曹信死后,子曹圭继任,和杭州钱镠联姻,结为同盟,最终取代了余杭的临平都,成为唐末东南地区颇著威名的"杭州八都"之一。

黄巢起义后,盗贼蜂拥而起,江南局势极为混乱,当时的镇海军节度使周宝的控制范围仅及润、常、苏三州。对苏州而言,仅有州城在周宝手中,苏州所辖县及周边地区遍布大大小小的割据势力,史载"时群盗所在盘结,柳超据常熟,王郛据昆山,王腾据华亭,宋可复据无锡"[1],而苏州南部辖县嘉兴和海盐又处于杭州地方势力的控制下,整个苏州地区陷于四分五裂之中。

为了加强对所辖地区的直接控制,周宝将亲信派驻各地。中和二年(882),任命其子婿杨茂实为苏州刺史,杨茂实在苏州"溺于妖巫"[2],横征暴敛,弄得民不聊生。中和四年(884),唐政府派赵载代其为苏州刺史,杨茂实拒不受命,周宝也上表希望其留任,被唐政府拒绝,杨茂实无奈离开,但在离开苏州时大搞破坏,"乃残郛署、污垣牖去",后来唐政府任命王蕴代赵载为苏州刺史。光启初年,因"剧贼"劫掠昆山,周宝遣其将张郁"领兵三百戍海上"。此后张郁因"正旦酗酒,杀使府安慰军将,度不能免",[3]于是起兵叛乱,苏州刺史王蕴误以为是州兵还休,未予设备,张郁率军大掠,王蕴围城而守。周宝派其将拓跋从率军解苏州之困,张郁退保常熟,后攻下常州,周宝复遣丁从实进讨,张郁后来到海陵依附镇遏使高霸。

2. 北方军阀的侵袭及钱镠对苏州的经略

光启二年(886)以前,虽然苏州政局混乱,但无论是王郛之乱还是张郁之乱,都是发生在浙西道内部。此后伴随着淮南军事势力的分裂和衰弱,北方军阀纷纷渡江南下侵袭江南。而"苏据都会,淮浙必争",苏州在北方军阀和钱镠之间多次易手。从光启二年(886)十月张雄南下占据苏州,到乾宁五年(898)钱镠最终控制苏州,短短十二年间,苏州相继遭受到北方军阀张雄、徐约、孙儒等人的侵袭,造成了严重破坏。

光启二年(886)十月,感化军牙将泗州涟水人张雄、冯弘铎得罪于节度使时

---

[1] 欧阳修、宋祁:《新唐书》卷一八六《周宝传》,中华书局1975年,第5416页。
[2] 朱长文:《吴郡图经续记》卷下《杂录》,江苏古籍出版社1999年,第83页。
[3] 司马光:《资治通鉴》卷二五六《唐纪七十二·僖宗光启二年》正月条考异,中华书局1956年,第8329页。

溥,"聚众三百,走渡江,袭苏州,据之。雄自称刺史,稍聚兵至五万,战舰千余,自号天成军"[1],张雄凭借武力控制了苏州的军政大权。次年三月,浙西观察使周宝因内部兵变而出逃治所润州,依附亲信常州刺史丁从实。在出逃途中,他以苏州相许,怂恿六合镇使徐约攻击张雄。光启三年(887)四月,徐约击败张雄,占据苏州,成为苏州刺史,张雄转而逃亡入海。[2]

徐约原为黄巢部将,后投降唐政府,占据苏州后,不改流寇本性,常常劫持东南贡赋。光启四年(888)九月,钱镠取代周宝就任镇海军节度使后,乘淮南庐州刺史杨行密与蔡州军阀孙儒在江北作战之机,派自己的从弟钱铧进攻苏州,次年三月,徐约战败,"奔入海,中箭而死",钱氏集团第一次进占苏州,并派海昌都将沈粲权知苏州事。龙纪元年(889)十月,唐政府任命给事中杜孺休为苏州刺史,钱镠不悦,以知州事沈粲为制置指挥使,后又指使沈粲杀死了杜孺休及其兄杜述休。此时苏州周围的三大军事势力重新划分,分别为钱镠控制苏、常、润三州,杨行密控制宣、湖二州,孙儒正在扬州伺机南下。此后苏州成为这三大军事力量不断争夺的目标。

大顺元年(890)秋七月,杨行密遣部将李友攻占苏州,沈粲逃归杭州,苏州归杨行密所有。钱镠因沈粲守土失责,欲杀沈粲,并借以洗刷自己,沈粲发觉后投奔了孙儒。冬十一月,孙儒派部将刘建锋破苏州城,杀李友,苏州归孙儒所有。十二月孙儒归淮南,仍任命沈粲为苏州制置使。

大顺二年(891)正月,孙儒自淮南带兵复入苏州,将进攻钱镠,钱镠"出舟师以御之,儒遂绝南顾",钱镠重新占据苏州。但此年八月,苏州又被卷土而来的孙儒攻取,然后孙儒由苏州进军广德,与杨行密大战。十二月,孙儒焚掠苏州和常州,率领大军进逼宣州与杨行密决战,"旌旗辎重亘百余里"[3]。杨行密求救于钱镠,钱镠出"糗粮甲兵以助之",在杨、钱二人的联合打击下,孙儒遭到了毁灭性的打击,从此退出历史舞台。孙儒其人残暴无比,在蔡州节度使秦宗权麾下为都将时就曾"慓锐惨毒,所至屠残人物,燔烧郡邑"[4],在其攻占苏州的过程中,苏州城遭到了严重破坏。据《吴郡图经续记》卷中《宫观》载:"天庆观,唐置,为

---

[1] 司马光:《资治通鉴》卷二五六《唐纪七十二·僖宗光启二年》,中华书局1956年,第8340页。
[2] 另据《吴越备史》卷一《武肃王》龙纪元年三月条记载:"浙西周宝子婿杨茂实为苏州刺史,约攻破之,遂有其地。"依此记载,则当徐约进取苏州时,周宝女婿杨茂实已经率先占据其地。又《吴越备史》卷一《武肃王》光启三年四月条在叙述徐约进取苏州时,仅云"夏四月,六合镇使徐约攻陷苏州",而并未说明是受周宝指使的。
[3] 司马光:《资治通鉴》卷二五八《唐纪七十四·昭宗大顺二年》,中华书局1956年,第8422页。
[4] 刘昫等:《旧唐书》卷二○○下《秦宗权传》,中华书局1975年,第5398页。

开元宫,孙儒之乱,四面皆为煨烬,惟三门、正殿存焉。"该书卷中《寺院》"报恩寺"条称:"大顺二年,为淮西贼孙儒焚毁,其地遂墟。"[1]

景福元年(892)二月,钱镠复占苏州,任命从弟钱銶为苏州招辑使。乾宁元年(894),钱镠任命部将成及权摄苏州刺史。

乾宁二年(895)春二月,占据浙东的董昌在越州称帝,遭到了钱镠的讨伐。董昌求救于杨行密,杨行密遣泗州防御使台濛攻苏州以救之。同时董昌派湖州将徐淑和淮南将魏约一起共围嘉兴。钱镠遣武勇都指挥使顾全武救嘉兴,破乌墩、光福二寨,但并未解苏州之围。十月,淮南将柯厚破苏州水栅。乾宁三年(896)四月,杨行密军与钱氏兵在苏州城外的皇天荡大战得胜。五月,苏州常熟镇使陆郿以州城应杨行密,俘虏苏州刺史成及。台濛攻占苏州,接任苏州刺史,后由朱党守之,苏州又沦入杨行密之手。

钱镠擒获董昌后,重谋夺回苏州。乾宁四年(897)四月,钱镠命顾全武等人率兵自海道以救嘉兴,顾全武倍道兼行,和嘉兴守军内外夹击,大破杨行密军,解除了嘉兴之围,同时乘胜进军,基本上控制了湖州全境,为进攻苏州奠定了基础。乾宁四年(897)七月,钱镠命顾全武率军收复苏州,顾全武采取逐步进围之策,渐次攻占苏州城周围的松江、无锡、常熟、华亭等地,并屯军昆山,完成了对苏州城的包围。

面对钱镠军事力量的步步紧逼,杨行密派军救援,乾宁四年(897)十月,杨行密重新以台濛代朱党守苏州,同时以张崇为苏州防遏使,和台濛一起打退了顾全武的进攻。光化元年(898)三月,杨行密将领秦裴率军三千人攻下昆山而戍之,双方形成相持局面。

光化元年(898)九月,顾全武率军全力进攻苏州,当时的苏州"城中及援兵食皆尽",不久台濛弃城逃走,顾全武攻克苏州,并在望亭打败杨行密将领周本等人。只有秦裴守昆山不下,顾全武帅万余人攻之。秦裴屡次出战,"使病者被甲执矛,壮者彀弓弩",顾全武久攻不下,想招降秦裴,遭到拒绝。于是重兵攻城,并"引水灌之",[2]昆山城坏食尽,秦裴率领羸兵不满百人投降。十月,钱镠任命嘉兴都将曹圭为苏州制置使,不久就任苏州刺史。从此之后,苏州长期处于钱氏的控制之下。

---

[1] 朱长文:《吴郡图经续记》卷中《宫观》《寺院》,江苏古籍出版社1999年,第27页、32页。
[2] 司马光:《资治通鉴》卷二六一《唐纪七十七·昭宗光化元年》,中华书局1956年,第8517—8518页。

五、唐代的苏州刺史及其治绩

伴随着唐代江南政治地位和经济地位的不断上升,唐王朝对江南地方官的任命越来越重视。初唐时期的苏州仍为贬谪之地,到唐代中晚期,苏州刺史之职成为官吏晋升的重要跳板,担任苏州刺史官员的素质越来越高,并涌现出了不少清官良吏。他们在苏州任上时采取了安定社会、发展经济、繁荣文化的一系列措施,为苏州的发展做出了重要贡献。据《唐刺史考》等文献统计,唐代先后担任苏州刺史之职的有一百余位,以下就对这些官员做一考察。

唐代前期,包括苏州在内的"江、淮、岭、碛"地区在全国的地位低下,成为政府对官员的"微示惩贬"之所,[1]因此当时任苏州刺史的官员几无名宦,《唐刺史考》中所载安史之乱前的42位苏州刺史中,仅有9人在《新唐书》和《旧唐书》有传记,入传比例仅占21%,与同时期北方的重要地区相比大为落后。[2]其中专传6人,附传3人,几乎都是因获罪而贬任苏州刺史。在专传的6人中,李元祥、李元婴、李贞、李明、李上金虽均为皇子外任,但都口碑不佳。如高祖子江王李元祥"贪鄙多聚金宝,营求无厌,为民吏所患",[3]李元婴"骄纵逸游";太宗子李贞"人伏其才而鄙其行",李明"不据法度"。《姑苏志》亦载,"元祥性庸遴,所至营财产无厌,与元婴等皆贪暴",[4]可见李元祥和李元婴等在苏州任上的作为。李上金为高宗之子,被武则天所恶,曾"有罪免官,削封邑"。[5]非皇子而有专传的一人为张廷珪,其为苏州刺史前曾因"坐漏禁中语"而被贬黜外任。进入附传的郎余庆、袁谊和张均3人也都为贬任。[6]由于本身素质的原因,唐代前期的40多位苏州刺史在任时几无突出政绩,只有武德年间任苏州刺史的李世嘉值得一提,在其任上曾把苏州城从新郭迁回现址,和苏州的虎丘山寺释智琰、通玄寺释惠旻等名僧交往频繁,[7]并曾为石湖畔虞世南撰写的苏州名儒顾野王墓

---

[1] 刘昫等:《旧唐书》卷九十八《卢怀慎传》,中华书局1975年,第3067页。
[2] 如同时京畿道华州刺史入传比例为40%,河南道陕州刺史入传比例为52%,河北道魏州刺史的入传比例为55%。
[3] 王溥:《唐会要》卷五《诸王杂录》,中华书局1955年,第56页。
[4] 王鏊:正德《姑苏志》卷三十八《宦迹二》,《北京图书馆古籍珍本丛刊》第26册,书目文献出版社1988年影印本,第568页。
[5] 刘昫等:《旧唐书》卷八十六《泽王上金传》,中华书局1975年,第2825页。
[6] 如郎余庆"为吏清而刻于法,得罪权贵,出为苏州刺史",袁谊"自负高门,时人以为口实",张均原为兵部侍郎,"以累贬饶、苏二州刺史"。
[7] 分见《续高僧传》卷十四《唐苏州虎丘山释智琰传》,卷二十三《唐苏州通玄寺释惠旻传》,上海古籍出版社1991年《高僧传合集》本,第212页、298页。

碑书丹。

安史之乱后,伴随着江南地区在全国地位的不断上升,苏州刺史之职越来越受到重视,出任者大多是精干良吏,正如白居易所谓:"浙右列城,吴郡为大,地广人庶,旧称难理,多选他部二千石之良者,转而迁焉。"[1]除了唐末黄巢大起义后江东军阀自署的刺史外,中晚唐时期(755—876)曾任苏州刺史的有64人,[2]而在《新唐书》和《旧唐书》有传记的达31人,占统计总数的48%,比唐代前期入传比例的21%有了大幅度增加。

1. 中晚唐时期苏州刺史的来源

随着科举制的实施,吴郡大族为了仕途,不少家族成员逐渐迁离吴郡,虽其宗族声望尚在,家学文化仍在延续,但在当地的政治影响力逐渐减弱。[3]伴随着地方土著大族政治影响力的减弱,国家对地方的控制力量也渐趋强化,这种强化是以代表朝廷利益的北方大族官员的到来为标志的。这些北方大族官员,多数为官清廉、为吏有道,有着良好的文学修养和吏干才能,在推动苏州经济发展和地方教化方面都起到了积极作用。

(1) 以北方大士族为主

如前所述,唐代前期,江东的政治地位低下,苏州并不受国家重视,这里常常是贬官之所,北方的知名大姓很少来苏州任职,已知的仅有10位。其中,陇西李氏计7位,但多数是处于贬斥地位的皇子;其余的有博陵崔氏、荥阳郑氏、弘农杨氏各1人,且均无明显宦绩。中唐以后,这种情况有了很大改观,详见表3-1:

表3-1 唐后期苏州刺史出身北方大族情况统计表

大士族*	人数	居官年限	留下佳名者	备注
京兆韦氏	8	16	4	韦陟未任
赵郡李氏	4	9	2	
陇西李氏	6	18	3	

---

[1] 白居易:《白居易集》卷五十五《张正甫苏州刺史制词》,中华书局1979年,第1154页。
[2] 详见刘丽《中晚唐时期苏州刺史情况统计表(755—876)》,《7—10世纪苏州发展研究》,中国社会科学出版社2013年,第199—206页。
[3] 事实上,由于社会上门阀观念的根深蒂固,这些旧士族的社会地位仍然在一定程度上受到社会的尊重和承认,从唐至宋,官方的氏族谱牒中仍以朱、张、顾、陆为吴郡四姓。所以,尽管时势变迁,但作为基层控制基本力量的吴郡大族不可能一下子就从当地消失,从事科举的毕竟是少数,大族的主体依旧生活在地方,何况唐代依旧是崇尚士族的社会。尽管士族划分的标准出现了变化,过去的旧大族依旧保留着强大的家学传统,优良的门风使其在基层生活中依然发挥着比较重要的作用。

(续表)

大士族*	人数	居官年限	留下佳名者	备注
博陵、清河崔氏	4	8	3	
太原王氏	2	4	2	
弘农杨氏	2	3	1	
京兆杜氏	2	0	0	杜佑、杜兼未任
河东裴氏	2	3	1	
范阳卢氏	2	5	2	
河南元氏	1	3	1	
彭城刘氏	1	3	1	
合计	34	72	20	

说明：*此处所提到的大士族，主要是指出身北方的"郡姓"高门。

从表中可见，在朝廷任命的63名（刘展所署的一名除外）刺史中，有基本身份资料的是54人，而确定来自北方的大士族（包括皇室3人）有34人，[1]占朝廷所任命刺史的一半以上，而其治理苏州的时间长达72年，占中晚唐时期的60%。因此，可以说中晚唐的苏州政治完全控制在这批代表朝廷利益的北方大士族手中，抑制豪强，平均赋税，发展经济，推行教化，成为他们施政的主要目标。

这批士族以京兆韦氏、陇西李氏等关中大族为主，他们世有家学，门风持重。有的以礼法著称，如博陵崔俊、京兆韦颛。按《旧唐书》卷一一九，崔俊"家以清俭礼法，为士流之则"，"居官清严，所至必理……见赃污者如雠焉"，在其为苏州刺史时，"理行为第一"。[2]《新唐书》卷一一八称韦颛以"节俭自居，天下推其尚"[3]。有的以善政知名，或示以宽简，如京兆韦夏卿、博陵崔衍。《旧唐书》卷一六五称韦夏卿"为政务通适，不喜改作"[4]；《旧唐书》卷一八八称崔衍"政务简便，人颇怀之。其所择从事，多得名流"[5]。或善于吏治，如京兆韦元甫、宗室李复。《旧唐书》卷一一五称韦元甫"以吏术知名……有器局，所莅有声"[6]。《旧唐书》卷一一二载李复"精晓吏道……历饶州、苏州刺史，皆著政声"[7]。

---

[1] 玄宗时期起加强了对皇子的防范，皇子均居于京城而不再出阁，故皇室外任不及前期多。
[2] 刘昫等：《旧唐书》卷一一九《崔祐甫附崔俊传》，中华书局1975年，第3437、3444页。
[3] 欧阳修、宋祁：《新唐书》卷一一八《韦凑传附韦颛传》，中华书局1975年，第4270页。
[4] 刘昫等：《旧唐书》卷一六五《韦夏卿传》，中华书局1975年，第4298页。
[5] 刘昫等：《旧唐书》卷一八八《孝友·崔衍传》，中华书局1975年，第4935页。
[6] 刘昫等：《旧唐书》卷一一五《韦元甫传》，中华书局1975年，第3376页。
[7] 刘昫等：《旧唐书》卷一一二《李昌传附李复传》，中华书局1975年，第3337页。

中唐以后的州刺史往往能够自辟从事，大族所择属僚"多得名流"，所致之人亦多为"通经之士"。当时，南方寓居着大批因乱南下的士人，这批良吏"立延宾馆以待之，苟有一善，必接尽礼"[1]。如李希言在江东广征人才，有经国之才的元载、刘晏，为吴中士大夫所重的殷怿，均得到了提拔。李希言以礼部侍郎主持江东贡举，所选皆一时高士，顾况即其一。又如赵郡李栖筠有王佐才，"喜奖善，而乐人攻己短，为天下士归重"[2]，在任时，"虚心下士，幕府盛选才彦。观察判官许鸿谦有学识，栖筠常异席，事多咨之"[3]。而刘太真、崔造、裴胄等人均受见重而推荐于朝廷。又如韦夏卿，《新唐书》卷一六二称其知人善用，"所辟士如路隋、张贾、李景俭等，至宰相达官，故世称知人"[4]。当这些所辟之人才任职于吴郡及其诸县时，必将有利于当地的发展。

（2）以精干良吏为主

唐代前期，由于远离统治中心，苏州成为贬官之地，所以来到这里的官吏，往往抱着不求有功，但求无过的心态，因循而已。安史之乱发生后，江南形势不容乐观，这些官员依旧是"谨守科条"，保守传统而无所更易，难怪萧颖士会激愤地说："淮左、江东三十余郡，无一良二千石，岂惟不才，乃皆中人以下之不逮。"[5] 随着江东战略地位的提升，朝廷很快就意识到这一问题的严重性，逐步加强对江东吏治的整肃，尤其是对官员的选任。史载："永泰元年，王师大蒉西戎。西戎既骁矣，生人舒息，诏公卿选贤良，先除二千石，以江南经用所资，首任能者。"[6] 德宗建中初年，担任浙西都知兵马使、苏州别驾的柏良器到京师，与宰相杨炎谈及江东形势，柏良器认为"两河有事，职税所办者惟在江东"，但时任苏州刺史、浙西观察使的李道昌"无政"，建议"速得人以代之"。[7] 柏良器是平定安史之乱的功臣李光弼的手下，因功勋卓著而坐镇苏州，对稳定当地社会秩序作出了很大贡献，一向是朝廷倚重的大臣，后来位至将相，图形凌烟阁。其建议很快为宰相杨炎所采纳，不久，"无政"的李道昌就被以"吏术"著称的晋州刺史韩滉所取代。见表3-2。

---

[1] 杜牧：《樊川文集》卷十四《崔公行状》，上海古籍出版社1978年，第210页。
[2] 欧阳修、宋祁：《新唐书》卷一四六《李栖筠传》，中华书局1975年，第4737页。
[3] 刘昫等：《旧唐书》卷一二二《裴胄传》，中华书局1975年，第3507页。
[4] 欧阳修、宋祁：《新唐书》卷一六二《韦夏卿传》，中华书局1975年，第4996页。
[5] 萧颖士：《与崔中书圆书》，《全唐文》卷三二三，中华书局1983年，第3271—3272页。
[6] 李华：《润州丹阳县复练塘颂》，《全唐文》卷三一四，中华书局1983年，第3193页。
[7] 李翱：《李文公集》卷十三《平原郡王柏公碑》，商务印书馆1929年，第58页。

表 3-2　唐后期苏州刺史中精干良吏统计表

类别	数量(人)	居官(年)	备注
名望	12	26	简政自律、儒学礼教、知人善任
吏术	2	4	理财有道、改革弊政、善于抚众
政声	4	9	兴修水利、勤于政事、平均赋税
综合	17	44	兼而有之
总计	35	83	

说明:由于传世的资料有限,上述分类主要是依据相关史料中该刺史本人一贯的表现得出的,而长期的行为也更能说明人物的品质。

据表内统计,在苏州 63 名刺史中,至少有 35 人居官有佳名,他们治理苏州的时间长达 83 年以上,约占中晚唐 121 年的 69%,可见,在中唐以后三分之二以上的时间内,苏州处于良吏的治理之下。正因为如此,中晚唐苏州的经济才得以实现前所未有的腾飞,江南第一雄州的地位也得以确立与加强。

苏州位于运河沿岸,交通便利,运输繁忙,同时,又成为南下移民的集中地,繁剧之地,颇为难治。正如白居易所言:"(吴郡)旧称难理,多选他部二千石之良者,转而迁焉。"[1]所以,苏州不仅需要能吏,而且必须是相当了解江东情况的官员。既熟悉江东又有政声者自然就成为朝廷的首选。见表 3-3。

表 3-3　唐后期苏州刺史中与江东关系密切者统计表

与江东的关系	数量(人)	任期(年)	有佳声(人)	任期(年)
有江东经历者	6 [i]	12	5	12
曾居官江东者	19 [ii]	41	14	33
江东本地人	4 [iii]	5	2	3
合计	29	58	21	48

说明:因为选任官员充分体现了朝廷的意志,故未到任者仍统计在内。
[i] 有江东经历的 6 人,分别指杜佑(未到任)、王遘、白居易、刘禹锡、杨汉公、卢简求;或曾与家人避乱居江东,如白居易、刘禹锡、卢简求;或曾仕官此地,如王遘曾任职常州,杜佑曾为浙西观察使韦元甫从事。
[ii] 曾居官江东者 19 人,包括了被贬到邵州的韦陟。
[iii] 此处所指的江东人,分别是张义方、陆亘、姚弘庆、杨发。

在统计到的 63 位刺史中,有 17 位迁入官不明,任官约 28 年,如果除去这部

---

[1] 白居易:《白居易集》卷五十五《张正甫苏州刺史制词》,中华书局 1979 年,第 1154 页。

分,那么,在身份明确的 46 位刺史中,有 29 位是对江东比较熟悉的,也就是说,朝廷所选拔的苏州刺史,有三分之二的官员是了解苏州的。这其中,有 21 位政绩突出,任职长达近半个世纪。可见,朝廷对苏州刺史的选任,不仅要对江东熟悉,官员的才干仍是最重要的。对于官员的才干,朝廷多侧重于所选之官员为名望卓著、一贯政绩突出者,或有"远度",或晓于政道,或深于儒术。试举三例。

有"远度"者,如李栖筠,被誉为"有王佐才"。按《新唐书》卷一四六本传,李栖筠,字贞一,世为赵人。幼孤。有远度,庄重寡言,体貌轩特。喜书,多所通晓,为文章,劲迅有体要。不妄交游,士多慕向。李栖筠任苏州刺史前,曾为常州刺史。在常州,"浚渠""灌田",抗旱救灾,恢复生产;征讨山寇,恢复秩序;"大起学校",推行教化,以治行进银青光禄大夫,封赞皇县子,时人"为刻石颂德"。在苏州,更是大兴屯田,平均赋税,办学兴教,为政有声。[1]

晓于政道者,如李复,所在称理。按《旧唐书》卷一一二本传,李复为淮安王李神通之后,字初阳,以父荫累官至江陵府司录。精晓吏道,为江陵县令,迁少尹,历饶州、苏州刺史,皆著政声。此后"在容州三岁,南人安悦";在广州"劝导百姓,令变茅屋为瓦舍";在滑州"置营田数百顷,以资军食,不率于民,众皆悦之"。[2]

深于儒术者,如韦夏卿,世谓之知人。按《旧唐书》卷一六五本传,韦夏卿,字云客,杜陵人。夏卿苦学,大历中与弟正卿俱应制举,累迁刑部员外郎。时久旱蝗,诏于郎官中选赤畿令,改奉天县令。以课最第一,转长安令。后拜给事中,出为常州刺史。夏卿深于儒术,所至招礼通经之士。改苏州刺史。有风韵,善谈燕,与人同处终年,而喜愠不形于色。其所与游辟之宾佐,皆一时名士。为政务通适,不喜改作。始在东都,倾心辟士,颇得才彦,其后多至卿相。[3]

上述三人,为政有绩,口碑佳,深为朝廷所倚重。他们相继在代宗大历、德宗贞元年间出任苏州刺史,而此期间正是浙西屯田的高潮期,苏州嘉兴的屯田规模浩大,除了具体组织者的实施,自然离不开刺史的统一指导和支持。

2. 中晚唐时期苏州刺史的迁转

在唐代的政治生活中,"重内轻外"的观念一直居于主导地位,重内官而轻外任,京官不称职者外放,目为"出之"。贬官原则上以长安为基准点,距离长安越远,贬谪程度越重,所谓近畿者佳、偏远者劣。如唐初大臣马周所指出的:"边远之

---

[1] 欧阳修、宋祁:《新唐书》卷一四六《李栖筠传》,中华书局 1975 年,第 4735—4736 页。
[2] 刘昫等:《旧唐书》卷一一二《李暠传附李复传》,中华书局 1975 年,第 3337—3338 页。
[3] 刘昫等:《旧唐书》卷一六五《韦夏卿传》,中华书局 1975 年,第 4297—4298 页。

处,用人更轻,其材堪宰莅,以德行见称擢者,十不能一。"[1]远离政治中心,官员的素质是很难保证的。唐前期,苏州刺史的整体素质不高,原因即出于此。

中唐以后,此观念仍比较浓厚,官场失意者多被外任。但是,江东地区在唐王朝的战略地位有了很大提升,使朝廷无法将其与过去相提并论,所以来到这里的京官,多是口碑好、吏才强、政绩突出者。尽管有些与执政者政见不合或其他原因,被出之江东,但当他们经过历练后,往往又会被委以重任。苏州作为江东至关重要的州郡,情况即是如此。见表3-4。

表3-4 唐后期苏州刺史迁转情况分析表

迁入前(人) \ 迁出后(人)		两京	地方大员	北方	贬降	不详/其他
两京	23	5	5	3	1	9
北方	7	2	4	0	0	1
南方	19	3	8	3	1	4
不详	14	0	5	1	2	6
合计	63	10	22	7	4	20

说明:中唐以后,在多数情况下,苏州不再是浙西道的首府,故苏州刺史的等级要比兼任道一级职务的州刺史低一等,所以,从苏州迁往其他区域道一级的地方大员,可视为升迁;由于北方地区在空间上更接近两京,所以,调往北方诸州的官员,可视为平调,而调往南方诸州的,则视为贬降。

在上表苏州63名刺史中,除去情况不明及特殊情况者外,升迁者为32人,平调至北方者7人,两项合计为39人,约占统计总数的62%。贬者为4人,分别是杜佑、韦黄裳、韦之晋、李绘。其中,杜佑为当朝执政卢杞所恶,贬出苏州,未到任,改之饶州。事实上,杜佑不能算入贬迁之列。韦黄裳、韦之晋情况比较特殊,他们从苏州分别转入衢州、婺州,若以江南东道首府论之,两州等级可能低于苏州,在正常时期往往是该州刺史有政声者迁入苏州,而在两浙动荡时期则未必。肃、代之际的上元二年(761),正是江东局势异常不稳定的时期。刘展之乱刚刚平息,浙东即乱象环生,不久袁晁之乱开始。婺州东阳郡,天宝户高达14万,是浙东经济特别富庶的区域,成为叛乱势力攻击的主要目标。[2]所以,韦黄裳、韦

---

[1] 刘昫等:《旧唐书》卷七十四《马周传》,中华书局1975年,第2618页。
[2] 据《新唐书》卷六《代宗纪》载:驰援浙东的南下将领所发起的平叛战役率先在这里打起,如宝应元年(762)十二月,李光弼大将张伯仪与袁晁战于衢州,夺回了衢州;又李翱《柏公神道碑》:左武卫中郎将柏良器将兵浙西,在婺州御敌。

之晋二人的任职是贬谪还是平调,还有待商榷。至于李绘,则是因其在乾符三年(876)的王郢之乱中弃城逃跑而被贬。由此可知,从安史之乱到王郢之乱以前的一百二十余年中,见于记载的苏州刺史,确切被贬者仅李绘一人。此外,即便是某些京官,因政见不合而被贬江南,但经过苏州任期后,往往又回到了中央。比较典型的如李栖筠,原为工部侍郎,因被忌而出为常州刺史,之后升为苏州刺史兼浙西观察使,代宗时期入朝授御史大夫。于頔,原为驾部郎中,出为湖州刺史,后为苏州刺史,因"为政有绩",授虢州刺史。王仲舒,原为职方郎中知制诰,坐贬陕州,后徙苏州,因"有殊政",召为中书舍人。

上述情况表明,苏州已经成为历练高级官员的区域,也是高级官员升迁的重要中转站。当然,苏州之所以成为高级官员的升迁地,与苏州的等级有关。[1]中晚唐时期,苏州是江南唯一的雄州,除去各道所在的会府外,苏州在江南所有州中等级最高,凡是转迁至此的官员,如果没有大错,一旦任满,循资历,或入京师升为朝官,或转入地方成为一方要员。

当然,由于江东局势的不同,在不同时期苏州刺史的迁转情况是不一样的。大体而言,这种变化可以分为以下三个阶段。

第一个阶段为安史之乱结束前后(755—763)。这一时期,北方战乱,江淮地区也出现了动荡不安的局面,不但群盗蜂起,而且大规模的军事叛乱接踵而至,所以,江东的主要任务是以稳定为主。此期间派往苏州的刺史多以朝廷重臣为主,如郇国公韦陟,他出身名门,为玄宗朝重臣,因遭李林甫、杨国忠所忌,屡被贬官,安史之乱起,成为肃宗在江东的亲信,在稳定江东政局方面发挥了重要的作用。[2]又如李希言,以礼部侍郎出任吴郡太守、江东采访使,代表朝廷主持江东贡举。他与刘晏"谋拒"永王,[3]故意以傲慢姿态激怒之,他敢于这样做,可能是得到了肃宗的授权。又如肃宗上元之际,浙东最乱,朝廷急令一批"文可以成政,武可以安人,明断良谋,忠在王室"的大臣前往弹压,[4]苏州刺史兼浙西节度使的韦黄裳、韦之晋、殷日用相继被派往衢州、婺州,正反映了他们与朝廷的紧密关系和朝廷对其的倚重程度。在这一阶段,出自江东籍的仅有1人,即苏州人张义方,来苏前可能是京官,当时正值刘展之乱,张义方出镇苏州,很可能是朝廷

---

[1] 仕途与州郡等级的关系,参见陈志坚《唐代州郡制度研究》,上海古籍出版社2005年,第8—10页。
[2] 从《旧唐书》卷九十二《韦陟传》所载的事迹中可见,其作用一是三节度誓师讨永王,二是安抚李璘大将季广琛。
[3] 欧阳修、宋祁:《新唐书》卷一四九《刘晏传》,中华书局1975年,第4797—4798页。
[4] 李华:《衢州刺史厅壁记》,《全唐文》卷三一六,中华书局1983年,第3207页。

想借旧大族的声望来抵制刘展向江东扩展。所以说,第一阶段朝廷多派两京亲信大员坐镇江东,所选刺史多与中央有着密切的关系。

第二阶段为安史之乱结束后到宪宗元和十五年(764—820),这一阶段苏州经济有了较快发展,一跃成为江南的第一雄州。在此期间,苏州刺史共计29人,其中,来自两京的为8人(包括2名未之任者),从江东其他地方转迁的官员为17人;他们经过苏州任期后,有10人成为道一级地方大员,5人回到了两京及其附近区域。其余情况不详。可见,该阶段以开发苏州东部地区为主要任务,派驻到苏州的刺史以熟悉江东地方情况的官员为主,他们经过苏州的历练后,多升为地方大员,领导一方建设。

第三阶段从文宗长庆元年(821)到唐末的乾符年间(821—876),这是苏州经济持续发展的时期。经过元和年间"抑藩振朝,还政于州"的改革,江东地区的军事实力下降,刺史权力上升。为了牢牢控制江东,唐中央在刺史的选任上多以"名曹正郎有名望而老于为政者而为之"。[1]在此期间苏州刺史为25人,其中,已知来自两京的17人,12人是中央郎官,经过苏州任期之后,有7人在江东任地方大员,有6人回到两京及北方。除去不详出身者,竟没有一人是来自江东其他州的。大量中央郎官纷纷出知江东,说明江东地区成为京官寻求政治出路的中转地。事实上,唐代晚期,地方官的收入要远远高于京城,正如杜牧《上宰相求杭州启》所谓,"是作刺史,则一家骨肉,四处皆泰;为京官,则一家骨肉,四处皆困"。而江东地区社会局势稳定,经济富庶,已经成为吸引京官的重要区域。

3. 中晚唐时期苏州刺史的治理

从上述对苏州刺史的分析中可以看出,尽管中唐以来,国家借助官僚加强了对苏州的统治,不过,派驻到苏州的刺史仍以出身大士族者为主体,士族受家学门风的熏染,有着较高的吏治才干和道德修养,所以在澄清吏治、发展经济的同时,还对推动苏州地区的社会繁荣发展做出了贡献。这种贡献主要表现在三个方面:

一是大力发展地方经济。如李栖筠、李素、崔翰、王仲舒等人在任期间进行了包括嘉兴屯田、开常熟塘及宝带桥修建等不少屯田和水利工程的建设,促进了苏州农业生产的发展。另外齐抗、卢商等人还对苏州的盐法进行改革,使官民两便。

二是积极维护地方秩序。如贞元年间,苏州号称"剧部",势族逃避赋役的不

---

[1] 杜牧:《樊川文集》卷十六《上宰相求杭州启》,上海古籍出版社1978年,第249页。

少,出现了"大田多稼,浮徭冒役,吏禁或弛,占著名数,户版不均"的情况,针对这种情况,新上任的苏州刺史齐抗"阅其生齿,书其比要",使得"强家大猾,不得盖藏",[1]有效遏制了这种情况。大和五年(831),苏州遭受了严重水灾,"物力萧然,饥寒殒仆,相枕于野"[2],次年大诗人刘禹锡出任苏州刺史后,立即深入民间视察灾情,并上报朝廷,从本州常平义仓中调拨了十二万石米,逐户分发,并宣布减免赋役。由于刘禹锡"昼夜苦心,寝食忘味"的治理,苏州民众才得以"幸免流离,渐臻完复"。[3]他也因此在考课时被列为浙西"政最",受到了朝廷的优诏嘉奖,并特赐紫金鱼袋,以示荣宠。

三是全力推动禁淫祀、兴学校等地方教化。贞元十年(794),于頔为苏州刺史,对"吴俗事鬼"导致的"淫祀废生业"现象进行了大力整治,"神宇皆撤去,唯吴太伯、伍员等三数庙存焉"。[4]在一定程度上遏制了当地的不良风俗。再如李栖筠在苏州刺史任上时非常重视教育,为州学增"学庐",扩大规模,还延聘名儒河南褚冲、吴何员等前来执教,李栖筠并"超拜学官为之师,身执经问义",在其身体力行下,苏州州学得到长足发展,"远迩趋慕,至徒数百人"。[5]

上述这些政绩突出的苏州刺史,也被苏州人世代铭记。如《吴郡图经续记》记载王仲舒、于頔、杨发、韦应物、白居易、刘禹锡五位苏州刺史云:"王仲舒之为刺史也,堤松江为路,变屋瓦,绝火灾,赋调常与民为期,不扰自办。于頔之为刺史也,罢淫祠,浚沟浍,端路衢,为政有绩。杨发之为刺史也,其治以恭长慈幼为先。是皆可述者也。若韦应物、白居易、刘禹锡,亦可谓循吏,而世独知其能诗耳。韦公以清德为唐人所重,天下号曰'韦苏州'。当正(贞)元时,为郡于此,人赖以安。又能宾儒士,招隐独,顾况、刘长卿、丘丹、秦系、皎然之俦,类见旌引,与之酬唱,其贤于人远矣。乐天高行美才,其于簿领,宜不以屑意,然观其勤瘁,非旬休不设宴,见于题咏。尝作虎丘路,免于病涉,亦可以障流潦。未几求去,梦得赠诗云:'姑苏十万户,皆作婴儿啼。'盖其实也。梦得之为州,当灾疫之后,民无流徙。朝廷以其课最,赐三品服。此三人者,至今以为美谈。"[6]由此可见苏州人对这些政绩卓著的地方官员的爱戴和敬仰。

---

[1] 权德舆:《唐故中书侍郎同中书门下平章事太子宾客赠户部尚书齐成公神道碑铭》,《全唐文》卷四九九,中华书局1983年,第3012页。

[2] 刘禹锡:《刘禹锡集》卷十七《苏州上后谢宰相状》,上海人民出版社1975年,第150页。

[3] 刘禹锡:《刘禹锡集》卷十六《苏州谢恩赐加章服表》,上海人民出版社1975年,第139—140页。

[4] 刘昫等:《旧唐书》卷一五六《于頔传》,中华书局1975年,第4129页。

[5] 欧阳修、宋祁:《新唐书》卷一四六《李栖筠传》,中华书局1975年,第4736页。

[6] 朱长文:《吴郡图经续记》卷上《牧守》,江苏古籍出版社1999年,第19页。

六、从区域政治中心到区域经济中心

唐代前期,由于各种因缘际会,苏州一度成为江南的政治中心,曾为江南东道的首府,是唐朝中央政府驻足东南的行政据点,肩负着贯彻政令、保持整个区域秩序稳定的职责。安史之乱后,由于形势的变化,苏州渐趋丧失了区域政治中心的地位。与此同时,伴随着经济的快速发展,苏州逐渐成为江东的经济重心和唐王朝的重要财赋来源地。

1. 区域政治中心地位的丧失

安史之乱后,受北方动荡局势的影响,江东地区的军事防务经常移至长江一线,出于军事防卫的需要,润州、升州等沿江城市的战略地位渐趋凸显,苏州的政治中心地位逐步被润州所取代。

苏州区域政治中心地位的丧失与一系列的军事变乱密切相连,这些军事变乱主要是肃宗至德初的永王之乱、上元初的刘展之乱。永王之乱使苏州在江东的政治中心地位首次遭受冲击,使得江东地区的战略防线前移到了长江一带。在永王李璘兵至当涂时,吴郡太守兼江南东路采访使李希言屯兵丹阳,于是润州地位骤然上升,然而沿江薄弱的防御工事,很难抵御李璘实力雄厚的大军,双方交战,李希言军一触即溃。苏州四周均为平地,无险可据,易攻难守,李希言兵败后就南撤杭州。正是基于军事上的考虑,在平定永王之乱的过程中,肃宗设置了江东节度使,由亲信韦陟担任,治所在润州;乾元元年(758),肃宗在金陵故地上新设升州,置江宁军使,由浙西节度使韦黄裳担任,润州、升州的政治地位随着军事战略地位的需要而得到了提升。但不久浙西节度使韦黄裳就由升州到苏州,表明江东的政治中心依旧在苏州。永王之乱后,肃宗授季广琛为丹阳太守兼缘江防御使,这从侧面表明润州在江东的军事战略地位基本确立。

刘展之乱再次冲击了苏州的政治中心地位。乾元二年(759)六月,肃宗派颜真卿为浙西节度使,治所在升州,以备刘展。在刘展之乱前夕,润州刺史韦儇则担任江淮都统副使,而升州的江宁军使侯令仪又兼浙西节度使。可见,为备刘展,润、升两州的政治地位再次得到提升。而当刘展横扫江淮时,江淮都统李峘据守润州京口,战败后,逃往宣州而不是当时的政治中心苏州,副使李藏用在苏州城外御敌不利,也是直接去了杭州据险抗敌。从永王之乱到刘展之乱,苏州在军事上的缺陷暴露无遗。尽管此后不久,升州建制因刘展之乱的化解而随之取消,但长江防线的重要意义已经无法被忽视。

事实上,润州逐步成为江东的政治中心也有其交通方面的优势。自从江东成为唐政府重要的财源地之后,大量的财赋便通过运河源源不断地运往北方。润州处于江南运河与长江的交汇处,与扬州隔江相望,它是江浙地区粮食和其他各类战略物资北运的重要集散地,所谓"水国逾千里,风帆过万艘"[1],其交通运输相当繁忙。加上润州据长江天险,战略地位十分重要,因此从护卫江东的军事重镇进而上升为江东的政治中心。

当然,苏州区域政治中心地位的丧失是一个逐步的发展过程。也就是说,江东政治中心转移至长江沿线,并不是短期内就完成的。从肃宗时期起,经历代宗时期的军政改革,德宗时期镇海军的建立,润州的政治中心地位才逐步确立起来。在充满战事的肃宗时代,江东的政治中心因战事的变化而变化,这从浙西地区的使职设置上就能发现。当时的使职名目繁多,既保留了玄宗时期的"采访使",又新设置了"防御使""节度使""军使""都统"等职。多使并存的情况,反映了战时政策的过渡性特征。这种体制,既有两人分兼,如李希言任江东采访使,驻苏州,韦陟任江东节度使,驻润州;也有一人统兼,如崔涣统兼防御、采访两使。[2]不过,由于节度使的普遍设置,采访使反倒成为多余,所以,朝廷很快就罢省了采访使。[3]废除采访使,就意味着江东的战略是以军事为主,军事中心转移到了长江防线,政治中心也随之转移。然而,受传统政策的影响,一旦长江沿线军事压力减弱时,政治中心会立刻回归苏州。浙西节度使韦黄裳从升州到苏州即是如此。

代宗时期,国家从战争的阴影中逐步摆脱出来,唐政府在全国推行军政改革,以结束战时体制,恢复发展经济。起初,受两浙地区地方暴乱的影响,江东改革的步骤显得有些迟缓。待局势稳定后,代宗的改革遂在江东全面展开。政治上,改诸州防御使为团练使,降诸道节度使为观察使(例兼都团练使)。防御使变成团练使,其所属军队则由官健转化为团练兵,官健为正规军,团练兵属于预备役性质,军队性质的变化,有利于罢兵归农。[4]降节度使为观察使,使其所司职权发生了重大变化,从以军事防御为主转到以发展经济为主,永泰元年(765)唐廷以韦元甫为浙江西道都团练观察等使,就不再授予节度一职。[5]其后李栖筠、李涵、李道昌、韩滉先后任观察团练使,治所在苏州。在军事上,为了填补刘

---

[1] 李德裕:《游北固》,转引自《舆地纪胜》卷七《镇江府》,江苏广陵古籍刻印社 1991 年,第 124 页。
[2] 刘昫等:《旧唐书》卷十《肃宗纪》,中华书局 1975 年,第 246 页。
[3] 张国刚:《唐代藩镇研究》,湖南教育出版社 1987 年,第 44 页。
[4] 陈志坚:《唐代州郡制度研究》,上海古籍出版社 2005 年,第 14—22 页。
[5] 刘昫等:《旧唐书》卷一一五《韦元甫传》,中华书局 1975 年,第 3376 页。

展之乱以来两浙的军事真空,永泰二年(766),在镇压方清、陈庄起义后,代宗并没有急于将平叛的军队调回,而是将之入驻两浙,如张伯仪先后担任睦、杭刺史;以王栖曜、李长荣、柏良器为浙西都知兵马使,分别出任常州、杭州、苏州别驾;同时,以中使马日新领汴滑军五千人驻守苏州。不过,这一时期江东的政治中心已经由战争以前的一个变为三个,分别是苏州、宣州和越州。

德宗即位后,决心裁抑藩镇。在全国进行削藩战争期间,为防止中原战火波及江东,保障至关重要的财源地,德宗在长江下游的江东地区进行了一次重要的军政安排。建中二年(781)六月,以浙江西道为镇海军,任命苏州刺史韩滉为检校礼部尚书、润州刺史,并充镇海军节度使、浙江西道观察使等。同时,又将浙西、浙东、宣歙三镇合为一道。镇海军节度使的设立和政区的合并无疑极大地增强了江东的军事实力,而以军名挂使职衔,奠定了镇海军在当时的突出位置,使浙西的军队部署就此围绕镇海军为中心进行重新组建,从这一点来看,江东的军事地位必将提升到一个新的高度。这样,润州因"扼江淮南北之冲,势便地顺,他州终不及"[1],而成为江东新的政治中心。直至唐末钱镠担任镇海军节度使,才将江东的政治中心转移至杭州。

可以说,江东政治中心的转移是时势发展的必然结果。就全局而言,安史之乱促使了江东战略地位的提升,维护江东的稳定秩序是保证唐廷财源安全的前提。这样,因物资的传输与军事防卫的需要,使得长江沿岸的城市如润州、升州的地位凸显出来,成为重要的军事据点,进而取代苏州,演变为新的区域政治中心。

2. 区域经济中心地位的确立

对苏州而言,江东政治中心的变化并非是件坏事,因为有了长江的军事屏障,苏州基本上远离了战乱的侵扰,在稳定的环境中,这里不仅成为南下移民定居的首选地,也为持续的农业开发提供了保障。

安史之乱彻底击毁了唐朝在北方的经济基础,打乱了唐王朝的统治秩序,为了维持庞大的官僚机器和巨额的军费开支,唐廷把目光投向了江淮。军兴之际,政府急于筹款,运用了各种敛财手段,宝应元年(762),"租庸使元载以江淮虽经兵荒,其民比诸道犹有资产,乃按籍举八年租调之违负及逋逃者,计其大数而征之;择豪吏为县令而督之,不问负之有无,资之高下,察民有粟帛者发徒围之,籍

---

[1] 脱因:至顺《镇江志》卷一《叙郡》,《宋元方志丛刊》第3册,中华书局1990影印本,第2618页。

其所有而中分之,甚者什取八九,谓之白著。有不服者,严刑以威之"[1],所谓"上元官吏务剥削,江淮之人多白著"。竭泽而渔式的聚敛,直接引发了社会矛盾的激化,当宝应年间江东袁晁起义爆发时,出现了"民疲于赋敛者多归之"的局面,可见一味的横征暴敛并不是解决问题的根本之法。广德二年(764),在北方战事节节推进的情况下,代宗下诏:"如地非要害,无所防虞,其团练人等,并放营农休息。"[2]唐政府在全国推行罢兵归农政策,试图通过促进农业的发展来保障政府的财赋收入。苏州农业大开发战略就是在这种背景下展开的。

罢兵归农的政策率先在江南地区落实。这些卸甲归农的军人在政府的统一组织下,大兴屯田。浙西地区有三次大规模的屯田,已知的嘉兴屯田是其中规模最大的一次。[3]代宗大历初,在大理评事朱自勉的主持下,太湖平原东南嘉兴县一带掀起了大规模的屯田垦殖。这次垦殖规模很大,"广轮曲折千有余里",自湖边至东南沿海,约半个太湖地区都在嘉兴屯垦区的开发范围之内。嘉兴屯田取得的成就十分巨大,大历末,其所产米的"斛数与浙西六州租税埒"。也就是说,新垦之田的岁收总量相当于浙西六州缴纳的租税。大历时期浙西屯田有三,除了嘉兴屯田,还有两处,但由于史料缺少,后两处均无闻。不过,从当时的实际看,六朝以来浙西地区未垦辟的土地主要集中在太湖东端的平原洼地,所以浙西屯田很可能都位于苏州境内,屯田总量应该在数万顷以上。正是这一次的开发,打破了苏州腹地经济增长的局限,逐步确立了太湖平原经济在江东地区的中心地位。

安史之乱发生后,租庸调无从征发,政府于是采用了征收亩税的新方案。肃宗至德二年(757)七月,遣郑叔清往江淮宣慰,敕称:"军用匮乏,常赋莫充,所以税亩于荆吴。"[4]代宗大历初年,田亩税已有夏、秋税名目。所以田亩的激增是苏州一跃成为江南第一雄州的主要原因。苏州逐步成为江东地区的农业开发中心,直至五代吴越国时期,其开发的浪潮始终在高涨。

第二节　隋唐时期的苏州经济

隋朝国运短祚,关于苏州经济的发展状况难以蠡测。入唐以后,苏州局势长期相对稳定,户口快速增加,为经济发展奠定了坚实基础。低乡的开发,基本实现了

---

[1]　司马光:《资治通鉴》卷二二二《唐纪三十八·肃宗宝应元年》,中华书局1956年,第7119页。
[2]　李豫:《南郊赦文》,《全唐文》卷四十九,中华书局1983年,第542页。
[3]　李翰:《苏州嘉兴屯田纪绩颂》,《全唐文》卷四三〇,中华书局1983年,第4375页。
[4]　宋敏求:《唐大诏令集》,学林出版社1992年,第553页。

土地资源的充分利用,在稻作农业发展的基础上带动了苏州经济的全面发展。由于交通便利,苏州地区商品性农业发展迅速,手工业突飞猛进,从城市到乡村,商品市场不断扩展,商业也愈加繁荣,苏州一跃成为区域经济中心和财赋重地。

一、户口、赋税及属县等级

1. 户口

在农耕社会中,户口既是一个地区经济发展的动力,又是该区经济发展的结果,户口的多寡对一个地区的经济发展起着非常重要的作用。通过探讨户口现象,可以解读一定区域的经济实力和经济发展水平。不过,在没有先进的统计手段的古代,由于各种因素的影响,特别是"户口登记和统计的主要目的是征收赋税,所以登记和统计的重点只是人口中与征税对象有关的那一部分,所以登记和统计往往不包括全部人口"[1],这种情况下,史料中记载的户口信息肯定有不小偏差,尽管如此,通过不同区域户口比率的对比来研究户口的增减,仍然可以看出相关地区经济的发展趋势。

整个唐代,苏州地区的户口资料保存得相对比较完整,为探讨苏州户口发展轨迹提供了可靠的基础。下面以苏州相邻的常州、湖州为参照,分别从时间、空间两个方面进行分析,从中探究苏州人口变化的轨迹及其原因。

唐初,李渊父子结束了江南群雄割据局面,实现了国内的大一统,稳定的社会局势和宽松的统治政策,使苏州地区的人口出现了显著的增长。见表3-5。

表3-5 大业五年、贞观十三年苏州与周边州的户数及增长率

地区	大业户	占全国%	贞观户	占全国%	增减%
苏州	9 189[2]	0.10	11 859	0.40	29↑
湖州	9 188	0.10	14 135	0.47	54↑
常州	17 599	0.20	21 182	0.71	20↑
江南道	304 248	3.42	388 600	12.9	28↑
全国	8 907 536	100	3 003 202[3]	100	66↓

资料来源:《隋书·地理志》《新唐书·地理志》、翁俊雄《唐初政区与人口》。

---

[1] 葛剑雄:《中国人口发展史》,福建人民出版社1991年,第11页。
[2] 隋代吴兴(湖州)废入吴郡(苏州),唐代重置。由于隋代苏、湖二州合为一体,无法判断隋时两州各自的户数,故户口数以两州平分计算。
[3] 炀帝暴政和隋末动荡使得北方人口锐减,到贞观时期,政府所掌握全国户数仅及隋代全盛时期的1/3。

由上表可见,大业时期苏州的人口基数较小,仅是常州的一半,人口密度也远远低于太湖周边各州,是太湖地区人口分布相对稀疏的区域。[1]贞观时期,江南地区出现了人口快速增长的趋势,苏、湖二州的人口增长速度略快于江南道的平均水平,而江南道则远高于全国速度。这一时期,苏州人口增长的速度快于常州等地是因为唐初苏州地区人口基数少,稍有增长就能体现出来。不过,直至唐初,苏州人口数量尚不及太湖南部以丘陵、低山地形为主的湖州,后者的增长速度几乎是前者的两倍。

唐玄宗时期,出现了盛世局面,全国人口超过了隋代的最高值,苏州户口的增加同全国一样,加快了脚步。见表3-6。

表3-6 天宝十一年苏州及周边州的户数及增长率

地区	天宝户	增减%(与贞观比较)	口/平方公里
苏州	76 421	544	45.80
湖州	73 306	419	74.11
常州	102 633	385	81.52
江南道	1 776 077	357	17.29
全国	9 021 226	200	/

资料来源:《旧唐书·地理志》、翁俊雄《唐朝鼎盛时期政区与人口》。

苏州天宝户数大大增长,远高于全国增长的平均数。与常州、湖州相比,苏州户口增长速度最快,初步改善了地广人稀的局面。但苏州的人口基数仍不及常州,每平方公里的人口数比常州和湖州要低很多。

中唐时期,与全国人口急剧下降趋势相反,苏州地区的税户却持续增加,首次突破10万户,居太湖流域税户数量的首位。这主要是因为南方的社会环境相对比较稳定,大量移民迁入,促使了苏州人口的高速增长。从这时起,苏州户数在江南道的比重首次超过周边各州,改变了太湖流域人口分布不均的状况,这种状况一直维持到唐末。见表3-7。

---

[1] 按:唐代前期的苏州辖区内,存在着广阔的水面,尚未屯垦,可利用土地面积有限。而常州及湖州辖区水面面积相对较少,故影响了苏州的人口密度。

表3-7　元和四年浙东浙西部分州的税户数字及增长率

地区	天宝课户	元和税户[1]	增减%
苏州	44 324	100 808	127↑
湖州	42 517	43 467	2↑
常州	59 526	54 767	8↓
越州	52 362	20 685	60↓
江南道	1 065 505	1 166 670	9↑

资料来源:李吉甫《元和郡县图志》。

唐代后期,社会动荡不安,全国性的人口统计工作难以进行。晚唐苏州人口数据的保存,得益于陆广微的《吴地记》,该书成于唐僖宗乾符年间,其人口数字应该是这个时期的,苏州"管县七,乡一百九十四,户十四万三千二百六十一"[2]。见表3-8。

表3-8　乾符年间苏州下辖七县的户数及增长率

县名	户数	所占比例%	增长率(元和为100)
吴县	38 361	26.9	
长洲	23 700	16.6	
昆山	13 981	9.8	
常熟	13 820	9.7	
华亭	12 780	8.9	
嘉兴	27 054	18.9	
海盐	13 200	9.2	
总计	142 896	100	142

资料来源:陆广微《吴地记》,七县相加起来的户口总数稍有出入。

综上所述,唐代苏州人口发展的基本轨迹可以分为四个阶段,即初唐的初步发展、盛唐的快速发展、中唐以后的高速发展和晚唐的持续发展。

和周边的常州、湖州及越州相比,中唐以后的苏州户数能够增长迅速,后来居上,有其重要的历史原因。安史之乱后的江南一带战乱频繁,浙东的越州一带

---

[1] 笔者认为《元和郡县图志》所记的元和户仅是纳税户,而非全部人口,故与天宝课户相对具有可比性,天宝课户占当时全国总户的58%,分析见下文。
[2] 陆广微:《吴地记》,江苏古籍出版社1999年,第1—2页。

民间暴动此起彼伏,如唐代宗宝应年间的袁晁起义,"连结郡县,积众二十万余,尽有浙江之外"[1],经袁晁之乱,越州户口锐减,有记载云:"越州初罢战……空城垂故柳,旧业废春苗。闾里相逢少,莺花共寂寥。"[2]战乱也波及了湖州,史载"袁晁作乱,浙右县人朱泚、沈皓举亡命之徒以应之,分守两洞,攻陷城垒,县郭室庐,变为灰烬"[3],可见破坏之严重。而紧靠江淮军事重镇的润、常地区,多次遭到来自北方叛军的骚扰。如刘展之乱和李琦之乱,都是以润、常两州为主战场。这些军事性的动乱过后,往往是人口流徙严重,呈现出"处处空篱落,江村不忍看"[4]的萧条景象。

由于所处地理环境的原因,苏州在中唐以后较少受到战争的波及。苏州地区位于太湖东端,也是三吴的核心区域,境内平原为主,多水而少山。这种地貌决定了苏州水上交通发达,却不利于人的行迹掩藏,若盗贼在此集结就无甚退路,故难以酝酿大规模的叛乱。即使有人想造反,也很难成气候,只能另觅地方。如苏州豪士方清等人,挑选在宣歙一带的山区,"聚众据山洞,西绝江路,劫商旅以为乱"[5]。苏州少山,叛乱没有地势可以依仗,反而促成了其区域内部安稳局面的出现。从战略地位上言,苏州在和平时期,往往是太湖地区的政治文化中心,但在战乱时期,却不是一个理想的军事战略要地。自六朝以来,太湖地区就是南方经济最发达的区域之一。安史之乱起,这里成为唐王朝重要的财赋来源地,也成为各种势力觊觎的焦点。为此,唐政府于"诸州当贼冲者,始置防御使"[6]。润州是防守太湖地区的北大门,杭州是进入太湖地区的南大门,因而至德元年(756)正月,玄宗以永王傅刘汇为丹阳太守兼防御使;八月,肃宗以崔涣为余杭太守、江东采访防御使。[7]永王之乱,刘晏据余杭之险备永王,及永王败,欲掠州县而不能,遂假道晋陵而逃。[8]刘展之乱,李藏用退保余杭御敌。[9]因为北有润、常两州的阻隔,江淮间的军人变乱往往不及苏州。如田神功南下劫掠,仅限于长江南北的扬州和润、常等地。来自浙东山区的叛乱,因为有杭州、湖

---

[1] 刘昫等:《旧唐书》卷一五二《王栖曜传》,中华书局1975年,第4069页。
[2] 刘长卿:《刘随州集》卷一《送朱山人放越州贼退后归山阴别业》,中华书局1985年,第11页。
[3] 谈钥:嘉泰《吴兴志》卷二《城池·武康县》,《宋元方志丛刊》第5册,中华书局1990年影印本,第4688页。
[4] 李嘉祐:《自常州还江阴途中作》,《全唐诗》卷二〇六,中华书局1999年,第2156页。
[5] 刘昫等:《旧唐书》卷一三二《李芃传》,中华书局1975年,第3654页。
[6] 王溥:《唐会要》卷七十八《诸使杂录上》,中华书局1955年,第1439页。
[7] 刘昫等:《旧唐书》卷十《肃宗纪》,中华书局1975年,第245—246页。
[8] 欧阳修、宋祁:《新唐书》卷一四九《刘晏传》,中华书局1975年,第4793—4794页。
[9] 司马光:《资治通鉴》卷二二一《唐纪三十七·肃宗上元元年》,中华书局1956年,第7101页。

州的阻隔,能够威胁到苏州的并不多,即使到达苏州,也已成为强弩之末,危害程度有限。总之,以沼泽湖泊为主要环境的苏州位于太湖中心地带的平原地区,处于润、常、湖、杭等州的环卫之下,所受周边叛乱的影响不大。

  稳定的社会环境有利于吸引大量移民。安史之乱初期,战火尚未波及江淮,社会环境相对稳定,"避地衣冠尽向南"[1]。元和以前,北人南迁多集中在安史之乱与奉天之难两个时期,[2]而这段时期内浙西的军人叛乱和浙东的民间变乱也此起彼伏,环境比较安定的苏州地区自然成为移民理想的庇护地。梁肃在《吴县令厅壁记》中描述了大量北人到达苏州的情景:"国家当上元之际,中夏多难,衣冠南避,寓于兹土,叁编户之一。"[3]梁肃记载北方迁入苏州吴县的人口占总人口的三分之一,或许有些夸张,但数量之多是可以肯定的。不仅是吴县,当时常熟县的情况也有过之而无不及,常熟市文管会藏有24方唐代常熟人墓志,均出土于常熟本地,其年代最早为贞元十一年(795),最晚为光启二年(886),均属于唐代晚期墓志,其中仅有两方的墓主曾担任过官职,其他均为普通士民。在这24方墓志中,明确记载为吴郡人的只有两方,其他大多为外地迁入,郡望包括武陵、天水、汝南、彭城、高平、丹阳、渤海、济阳、琅琊、平阳、京兆、冯翊、河间、东海、清河、陇西诸地,可见当时的常熟人来源之广泛。[4]吴松弟先生曾编过《唐后期五代南迁的北方移民实例》,[5]其中载这一时期迁入苏州的有9例,迁入常州的有5例,迁入杭州、越州的均只有3例,说明当时北方移民是以苏州作为首选迁入地的。

  大量北方移民的涌入,使苏州人口急剧膨胀,大历十三年(778),苏州升为雄州。在天宝以前,苏州税户数不及润、常、杭等州,与湖州基本持平,但到了大历年间,情况发生了较大的变化。各州等级的变化表明,苏州已经是江南税户数量最多的州,从安史之乱到大历这二十余年间,苏州税户急剧增长,在人口数量上已经雄居江南各州之首。如果加上大量不登记入户籍的佃农、无业者及为数众多的"衣冠",苏州总户数是惊人的,这种人口剧增的情况单单依靠人口的自然增长显然是不可能达到的。此外,农业大开发促使了移民向国家税户转化。大

---

[1] 崔峒:《送王侍御佐婺州》,《全唐诗》卷二九四,中华书局1999年,第3342页。
[2] "奉天之难"是唐代继安史之乱后的又一场重大变乱。这一事件肇始于建中四年(783)十月的"泾原兵变",经过奉天保卫战、李怀光"出走"河中、李晟收复长安等阶段,直到次年七月德宗回到长安,才宣告这一变乱结束。
[3] 梁肃:《吴县令厅壁记》,《全唐文》卷五一九,中华书局1983年,第5273页。
[4] 吴慧虞:《常熟唐人墓志概述》,《东南文化》1990年第5期。
[5] 吴松弟:《中国移民史》(第三卷),福建人民出版社1997年,第279—280页。

量移民涌入苏州,如果不妥善安置,势必会造成极大的不稳定因素。如何将他们由流民变为政府控制下的税户,成为当时地方官的一项重要工作。

安史之乱以后,唐王朝在苏州多次进行了规模空前的屯田活动,每一次都有数千乃至上万顷土地被垦殖出来。这些新拓展的土地,不仅能够吸引更多的移民迁居其间,更重要的是能够将他们固定下来,使之成为稳定的税源。而和苏州相邻的润、常两州,直至唐武宗会昌五年(845)才升为望州,比苏州升为雄州的时间还晚了近七十年,也就是说,浙西其他各州税户的增加相比苏州是比较缓慢的,在人口数量上都与苏州存在着较大的差距。

2. 赋税

大历十三年(778),苏州升为雄州,成为江南历史上唯一的一个雄州。唐代雄州,或以地险,如中原地区的陕、郑、怀、汴、魏、绛六州,它们主要是东都洛阳的护卫,也是关系中原地区安危的重大战略要冲,像陕、郑、汴,是大运河漕运入关的重要通道;或以经济实力雄厚,如魏州,是河北道首府,户数最多,经济实力雄厚;或以特殊的地理位置,如河东道的绛州,处于两京之间,守卫着河中府蒲州的安危,而蒲州则是关内食盐的主要供给地。苏州位于太湖流域的中部,并非军事战略上的要地,却是中唐以来迅速崛起的大州,成为唐王朝非常重要的财源地,"当州口赋,首出诸郡"[1]。苏州等级的上升与其赋税能力的增强密切相关。

赋税是田赋与其他税收的总称,是小农经济条件下政府收入的主要来源。唐代苏州地区的赋税负担与整个江南地区一样,历经了一个从相对较轻到不断加重的发展过程。尤其是中唐以后,由于屯田的大规模实施,苏州的新增耕地面积急剧上升,成为江南地区两税斛斗(即粮食)的重要承担者。苏州经济的持续发展,还得益于盐、酒、茶及商税等收入在财赋中的比重不断增加,而商税的增加与中晚唐苏州地区城乡商品经济的活跃密切相关。

(1) 苏州的两税收入

唐前期苏州赋税负担的具体情况,由于史料的缺乏而难以蠡测。但当时的关中地区,在经济上并不依赖江南,[2]所以包括苏州在内的江南百姓赋役负担较轻。安史之乱发生后,逃户的增加使得租庸调制无法继续。为了扩大财源,唐政府出台了一系列的改革措施,逐步实现了由税丁向税亩的转变。唐德宗建中

---

[1] 刘禹锡:《刘禹锡集》卷十七《苏州举韦中丞自代状》,上海人民出版社1975年,第149页。
[2] 据《新唐书》卷五十一《食货志》载,唐太宗、高宗时,江淮向关中调运的粮食不过20万石,唐玄宗时,还令江南以布代租,可见唐政府对江南的粮食需求并不强烈。

元年(780),宰相杨炎建议作两税法,不久就开始实施。[1]从此地税和户税取代租庸调而变成国家的主要税收——两税。

唐后期,政府对征收上来的赋税,实施中央与地方的分割制,即通常所说的送京、送使、留州。送京是中央所有,送使、留州是地方所有。"起至德、乾元之际,讫于永贞、元和之初……天下租赋,一岁所入,总不过三千五百余万,而上供之数三之一焉。"[2]由此可见,中央与地方的赋税比例大致是1∶2。

据《册府元龟》卷四九八《邦计部》载:"贞元二年正月诏,浙江东西至今年入运送上都米七十五万石,更于本道两税折纳米一百万石。"[3]可见贞元二年(786)前后浙江东西道上供唐中央政府斛斗的数量为75万石,两税钱物的折纳为100万石。据《元和郡县图志》载,元和初浙江东西道辖15州,总计51万余户,其中苏州为10万户,约占15州总数的20%,以此大致推断,苏州上供斛斗大致是15万石。在两税三分制下,按中央与地方1∶2的比例,苏州的两税斛斗大约为45万石。"两税折纳米一百万石",这个两税实际是两税钱。[4]仍然按上述的方法,则苏州上供的两税钱折纳米为20万石,两税钱物总额折纳米为60万石。由此可以计算出苏州的两税斛斗和钱物总计约达105万石。

上述虽然是推断数值,但苏州的两税钱原额估计离此也不会太远。以两税粮食为例,因为在北宋中期,当社会经济逐步平稳下来后,苏州(除去秀州,秀州面积接近唐代苏州的一半[5])的两税粮食基本维持在30万石上下即是明证,[6]这与宋初苏州纳税之田为3.4万顷,亩征1斗的情况吻合。[7]

唐代中后期,苏州地区的供赋能力在全国范围内已经非常突出,在上供中央的两税总额中占了相当大的比重。如前所述,贞元二年,浙江东西两税上供斛斗75万石,加上两税折纳米100万石,上供中央的两税总额为175万石,苏州户数大约是浙江东西道的五分之一,因此上供中央的两税总额约为35万石。据研究,中唐以后全国的上供钱物大概在1 000万贯上下,上供斛斗的原额是200万石。[8]据

---

[1] 司马光:《资治通鉴》卷二二六《唐纪四十二·德宗建中元年》,中华书局1956年,第7275页。
[2] 刘昫等:《旧唐书》卷一五七《王彦威传》,中华书局1975年,第4156—4157页。
[3] 王钦若等:《册府元龟》卷四九八《邦计部·漕运》,中华书局1982年,第5970页。
[4] [日]船越泰次:《唐代两税法中的斛斗征科及两税钱的折籴和折纳问题》,《日本中青年学者论中国史》(六朝隋唐卷),上海古籍出版社1995年,第493页。
[5] [日]斯波义信:《宋代江南经济史研究》,方健译,江苏人民出版社2001年,第155页,表4。
[6] [日]斯波义信:《宋代江南经济史研究》,方健译,江苏人民出版社2001年,第162页。
[7] 范成大:《吴郡志》卷六《官宇·转运衙》,江苏古籍出版社1986年,第67页。另见方健《两宋苏州经济考略》,《农业考古》1999年第3期。
[8] 李锦绣:《唐代财经史稿》(第5册),社会科学文献出版社2007年,第49、53页。

唐人李翱记载,建中元年(780)初定两税时,2贯钱折合1石米,[1]则全国上供的钱物1 000万贯折合斛斗为500万石,加上上供斛斗原额200万石,合计为700万石。据《元和郡县图志》载,唐中后期赋税收入主要来自江南八道49州,故苏州一地的两税总额就相当于全国的5%左右,苏州供税实力可见一斑。故白居易所云"当今国用多出江南,江南诸州,苏最为大,兵数不少,税额至多"[2]确系事实。

(2)苏州的商税收入

唐代的商税,就狭义而言,指商品通过税(关税)和交易税(市税);从广义上而言,则包括山林泽梁税。[3]也就是说,政府对盐、茶的榷税,笼统上讲,都属于商税范畴。唐后期,江淮是国家财赋的命脉地区,而对盐、酒、茶等主要商品的集中经营管理或实行专卖及征收商税,逐步成为唐政府国库收入的主要来源。以海盐为例,大历时期,刘晏主持盐政,中央政府财政收入的一半来自盐利。[4]可见商税在当时国家经济生活中的重要地位。

苏州的商税中,盐税所占比重也很大。苏州是海盐的重要产地,集中在南部的嘉兴、华亭和海盐三县,由嘉兴监统一负责,其下设场,成为榷盐的重要机构。据《大唐国要图》记载:"唐朝应管诸院,每年两浙场收钱六百六十五万贯,苏州场一百五万贯。"[5]有学者研究指出,这很可能是永贞以前苏州三场的虚估盐利。[6]按《新唐书》卷五十四,德宗贞元四年(788)至永贞间,江淮海盐价钱基本维持在每斗375文,当时总价是根据大历"省估"而得出的,即"时价四倍加抬"的虚钱,[7]这也正与相关的史料吻合。开成二年(837)三月乙酉,"得苏州刺史卢商状,分盐场三所,隶属本州,元榷盐七万石,加至十三万石,倍收税额"[8]。可见,苏州的榷盐原额是7万石,到了开成时期升为13万石。尽管元和以后盐价有所下降,是每斗250—300文,但榷盐额的成倍增加,表明苏州在盐利收入上还是不断上升的。有关研究表明,晚唐时期苏州嘉兴监的年课盐额约45万石,[9]

---

[1] 李翱《疏改税法》载:"建中元年初定两税……当时绢一匹为钱四千,米一斗为钱二百。"见《全唐文》卷六三四,中华书局1983年,第6403页。
[2] 白居易:《白居易集》卷六十八《苏州刺史谢上表》,中华书局1979年,第1433页。
[3] 周殿杰:《唐代商税辨析》,《中国经济史研究》1986年第1期。
[4] 司马光:《资治通鉴》卷二二六《唐纪四十二·德宗建中元年》,中华书局1956年,第7286页。
[5] 范成大:《吴郡志》卷一《户口税租》,江苏古籍出版社1986年,第5页。按:每年两浙场收钱,一作555万贯,见本书校记。
[6] 李锦绣:《唐代财经史稿》(第5册),社会科学文献出版社2007年,第177页。
[7] 王钦若等:《册府元龟》卷四九三《邦计部·山泽》,中华书局1982年,第5898页。
[8] 王钦若等:《册府元龟》卷四九四《邦计部·山泽》,中华书局1982年,第5905页。
[9] 张剑光:《唐五代江南工商业布局研究》,江苏古籍出版社2003年,第107页。

但是否能够全部案出,尚无可靠的史料进行论证。

商税在苏州地区的赋税收入中占有相当的比重。成书于唐晚期的《吴地记》对此有着比较详细的记录,[1]成为学界研究唐后期两税三分制度的宝贵资料,列表如表3-9、3-10。[2]

表3-9 《吴地记》所载唐末苏州辖县税茶盐酒等收入数

县 名	钱 数
七县总数	692 885 贯 76 文
吴县	99 963 贯 73 文
长洲	98 576 贯 576 文
嘉兴	178 076 贯 120 文
昆山	109 503 贯 738 文
常熟	90 750 贯 774 文
华亭	72 182 贯 432 文
海盐	46 581 贯 58 文
七县细目总计	695 633 贯 748 文

说明:由于时代久远,上述税额难免有数据转抄的错误,表格中将其原文总数与各县相加数额一一录下。至于这些钱数所包含的税目,通常有两种说法,一说是两税及茶、盐、酒等钱,一说是税茶、盐、酒等钱。

表3-10 苏州税额的支用情况

支用项目[3]		数 额	所占比例%	
送使:使司割隶酱菜钱		107 720 贯 246 文	15.49	
留州	留苏州军事酱菜衣粮等	178 349 贯 98 文	30.93	46.42
	团练使军资等	36 830 贯		
上供:送纳上都		372 734 贯 404 文	53.58	

说明:原文中"送纳上都"数缺,"留苏州军事酱菜衣粮等"与"团练使军资等"应都属于留州部分。从苏州实际军事情况看,"团练军资等"当为36 830贯,而非原文中的306 830贯,从总额中去掉送使、留州等,剩下的就是上供部分。

---

[1] 陆广微:《吴地记》,江苏古籍出版社1999年,第2—3页。
[2] 表3-9、3-10参考了李锦绣《唐代财经史稿》(第5册,社会科学文献出版社2007年,第409页)的研究成果。不过,李先生认为这69万余贯中包含了两税钱物的收入。
[3] 《吴地记》中有不少内容是宋以后的补录,上述数据的分配是否全为唐代,待考。

赋税三分制下,中央与地方的分割比例约是1∶2。而此处中央与地方对苏州税茶、酒、盐等的分割比例为上供中央部分占53.58%,地方占用为46.42%,其比例约为1.2∶1,可见盐铁使下的盐利、税茶等项目,主要是为中央服务,因此上供的比重有了明显增加。

与两税正税(斛斗钱物)相比,苏州地区的盐、茶、酒等收入总额,已经占到当地政府钱物收入总量的2/5以上,在苏州地区的赋税收入中占有举足轻重的地位。

3. 苏州属县等级的变迁

唐承隋制,确立了州、县两级地方行政体制。唐初,不仅州有等级,县也有等级。唐县分赤、次赤、畿、次畿、望、紧、上、中、中下、下共十等。其中,赤、次赤、畿、次畿是京都的辖县或关系密切者,"其余则以户口多少、资地美恶为差"分等。[1] 开元时期规定:6 000户以上为上县,3 000户以上为中县,3 000以下为中下县,1 000户以下为下县。

苏州地区开始设置郡县始自秦代。当时的太湖东部地区共有4县,分别是吴、由拳、娄和海盐。此后,历经汉魏六朝时期,除吴县外,其他各县的发展速度相对比较缓慢。进入隋唐后,苏州的属县数量开始增加,等级逐步上升,尤其是唐中期以后,其变化之速,实为太湖流域之最。当然,该变化除了行政的因素外,主要是经济发展推动的结果。唐代苏州地区辖县等级的变化如表3-11。[2]

表3-11 唐代苏州地区辖县等级表

县 名	设置时间	等级变化
常熟	梁大同六年	紧县
吴县	秦	开元四年升望县
长洲	唐万岁通天元年	大历十二年升望县
昆山	秦	会昌四年升望县
华亭	唐天宝十年	上县
海盐	秦	会昌四年升紧县
嘉兴	秦	大历六年升望县

---

[1] 杜佑:《通典》卷三十三《职官·州郡下·县令》注,中华书局1992年,第920页。
[2] 由于隋代存在时间短暂,对江南州县频繁合并,其废置颇乱,而五代时期秀州分置,故仅列唐代演变。

由上表可知,在苏州七县中,有望县四个(吴、长洲、昆山、嘉兴)、紧县两个(常熟、海盐)和上县一个(华亭)。苏州及辖县的等级在江南地区可以说是首屈一指的。以下分县简述其等级变化。

吴县。秦置县。南朝时期发展非常快,其东北部相继设置了多个县,常熟即其一。唐初分吴县置长洲。开元初,吴县升为望县,成为太湖流域最早的望县之一。可以说,处于优越地理位置的吴县,因其开发很早,无论是农业还是商业、手工业都比较发达,故其人口数量一直领先于苏州各县。安史之乱以后,随着大量移民的涌入,至唐晚期吴县户数约占全州总数的27%。五代初,从吴县中又分置出吴江县。上述变化表明,吴县一直是苏州经济最发达的县,是该区域的中心所在。

长洲。位于苏州东部,武后万岁通天元年(696)分吴县置,因长洲苑而得名,为紧县。中唐以后,长洲的发展非常迅速,大历十二年(777),长洲升为望县。

常熟。位于苏州的东北部,六朝时是常熟农业发展的黄金期。隋初,常熟一度曾是常州的治所。唐初,常熟与吴县同级,是江南地区少有的紧县,且为"紧中之美"者。[1]常熟境内以高平田为主,经过六朝的开发,其农业发展已经比较成熟了,此后,常熟农业主要朝精细、集约的方向发展。

昆山。由秦汉时期的娄县分置。昆山靠近大海,六朝时期得到了初步开发。入唐以后,昆山发展比较迅速。大历十二年(777)升紧县,会昌四年(844)升为望县。

嘉兴。秦名由拳,吴改嘉禾,后称嘉兴。武德七年(624),分吴县置嘉兴县,次年废入吴县。贞观八年(634)重置。大历六年(771)嘉兴升为望县。

海盐。秦置,名称屡有更易。海盐位于苏州的东南,滨江临海,易遭海潮侵袭,在历史上曾置废迁治多次。会昌四年(844),海盐升为紧县。

华亭。古称云间,天宝十年(751),割昆山、嘉兴、海盐三县置。华亭东南地势高,河水不泄,海潮易涌入,故东南诸乡易成为盐碱地。开元元年(713)海塘的修筑,对抵御海潮,发展当地农业作用很大。当然,由于地处海隅,人口稀少,所以在苏州七县等级中位处最后。

需要说明的是,根据《唐会要》所载的情况来看,大规模的州县等级变动,自武宗会昌四年(844)后就很少了。《吴地记》所载偏向唐晚期的数值,其参考意义有一定的局限,不过,大体还能反映出户口与县等级的关系。苏州各县等级变

---

[1] 欧阳詹:《送常熟许少府之任序》,《全唐文》卷五九六,中华书局1983年,第6029页。

动早晚次序是：吴、嘉兴、长洲、昆山、海盐，这恰恰与其户口状况是一致的，而常熟、华亭没有变化。由于中晚唐苏州地区经济飞速发展，诸县间的差距逐步缩小，所以，到了晚唐时期，昆山、常熟、华亭、海盐的户数已经很接近了。

中唐时期的嘉兴屯田，促使了嘉兴的崛起。单从税盐、茶、酒等收入来看，嘉兴的实力基本相当于吴县、长洲之和，嘉兴约 18 万贯，吴县、长洲合计 19 万贯有余，前者的综合经济实力大有追上州城之势。从辖乡和户口来看，嘉兴辖乡 50 个，计 27 054 户，次于吴县的 38 361 户，而高于长洲的 23 700 户。嘉兴的户口居苏州地区的第二位，初步具备了与州城对抗的实力，又因其与州中心距离较远，故在五代晋天福三年（938）十月，以嘉兴为州治，包括华亭、海盐、崇德（同年分嘉兴置）在内的四县成立秀州，从苏州分离了出来。这一变化，是中唐以来嘉兴屯田的必然结果。嘉兴的分置，昭示着太湖东部腹地经济兴盛时代的到来。

二、农　业

唐代苏州的农业得到了快速发展。屯田和水利工程的建设，为唐代苏州农业的发展奠定了坚实的基础。而先进农具的普遍应用及农业生产技术的提高，也成为促进苏州农业飞速发展的重要因素。在这种情况下，稻麦复种现象也开始出现，推动了土地的集约化利用。与此同时，农副产品也渐趋商业化。

1. 圩田的广泛开展

苏州早期的圩田，多集中于水间高地，规模不大，对水利工程的要求并不严格。随着时间的推移，人口增殖所需要的土地越来越多，由小块开垦逐渐深入到广大沼泽地区，小面积的围垦连成一片，必然导致圩田与蓄洪排涝的冲突加剧。因此圩田必须与开挖塘浦、排泄积涝同步进行，这不仅需要相当高的技术，还需要相当多的财力和人力。唐代以前，由于各种条件所限，太湖平原湖荡沼泽地区的开发相对比较落后。中唐以后，唐政府在太湖流域展开了大规模的屯垦活动，其中，以浙西屯田最为有名，苏州东部区域的开发即得益于此。

浙西屯田始于代宗广德年间（763—764），但大规模的屯垦则出现在大历时期（766—779）。当时浙西共有三屯，规模最大的是苏州的嘉兴屯田。据李翰《苏州嘉兴屯田纪绩颂》，大历初，苏州刺史、浙西观察使李栖筠派大理评事朱自勉主持，在太湖平原东南嘉兴县一带进行大规模的屯田垦殖。这次的垦殖规模很大，"广轮曲折千有余里"，自湖边至东南沿海，约半个太湖地区都在嘉兴屯垦区的开发范围之内。屯垦涉及的区域不仅有湖荡洼地，还有沿海的高田。高田与洼地地形不同，对水流的影响有差别，所以，在修筑水利工程的过程中，需要因地制宜,高低分治。对于低洼地区,朱自勉采用"稻人"治水田的方法,高筑堤岸,防止外水侵入农田;对高地,则采用"遂氏"治旱地的方法,深挖沟洫,使塘浦深阔,能蓄能排。经过有计划的疏浚,广大屯区基本形成了"畎距于沟,沟达于川……浩浩其流,乃与湖连。上则有途,中亦有船,旱则溉之,水则泄焉"的塘浦沟洫系统。由于嘉兴屯田涉及的区域广泛,其间有些高地已经部分开发出来,朱自勉实施屯田时,面临着当地人的质疑:"初公为屯,人有二惧焉:邑人惧其暴,屯人惧其扰。"朱自勉公私兼顾,在统筹水利工程的同时,对故道进行了疏通,保证了当地农民的实际利益,"公田翼翼,私田嶷嶷",使新开发的田地整齐有序,又使原有农田免受水灾之患,出现了"屯人熙熙,邑人怡怡"的和谐局面。[1]

塘浦系统的形成,有力地促进了圩田的发展。嘉兴屯垦的面积很大,有27屯。当时官府规定"隶州镇诸军者,每五十顷为一屯"。另外"新置者,并取荒闲无籍广占之地。其屯虽料五十顷,易田之处,各依乡原量事加数"。[2]由此可见这些新辟的屯田,每屯至少50顷,亦可根据各地具体情况上浮。根据太湖地区特殊的地理面貌,其屯很可能是按圩来计算的。唐五代时期的圩很大,宋人范仲淹记载:"江南旧有圩田,每一圩,方数十里,如大城。"[3]据专家估算,当时一圩的面积均在13 000—26 000亩之间。[4]若以此计,嘉兴27屯,则辟田可达3 510—7 020顷。李翰在《苏州嘉兴屯田纪绩颂》中说,"自朱公为屯无下岁,(建中)元年亩收入若干斛,数与浙西六州租税埒"[5]。经过大历嘉兴屯田后,到建中元年(780),屯田的总产量与浙西六州上缴的租税(两税中的斛斗)相当。当时浙西六州的租税大概是135万斛。[6]嘉兴屯田后的亩产量史无明载,由于是

---

〔1〕 以上参见李翰《苏州嘉兴屯田纪绩颂》,《全唐文》卷四三〇,中华书局1983年,第4375—4376页。

〔2〕 杜佑:《通典》卷二《食货二》,中华书局1992年,第44页。

〔3〕 范仲淹:《范文正公集·政府奏议》卷上《答手诏条陈十事》,《范仲淹全集》,四川大学出版社2002年,第533页。这里值得注意的是,范仲淹在提到江南圩田同时,还提到了浙西的堤塘情况。这两者是否是一回事,学界亦有不同看法,见何勇强《论唐宋时期圩田的三种形态》,《浙江学刊》2003年第2期。

〔4〕 郑肇经:《太湖水利技术史》,农业出版社1987年,第114页。

〔5〕 原文"元年冬收入若干斛数与浙西六州租税埒",此处句读不同,意义有异。郑学檬先生认为句中"冬"系"亩"之误,此从之。见郑学檬《唐五代太湖地区经济试探》,《学术月刊》1983年第2期;另见郑学檬《中国古代经济重心南移和唐宋江南经济研究》,岳麓书社1996年,第204页。

〔6〕 据《册府元龟》卷四九八《邦计部·漕运》载,贞元二年(786)以前,浙江东西道每年上供斛斗的数量为75万石,两税钱的折纳米为100万石。又据《元和郡县图志》元和初浙西道户数约为31万余户,浙江东西十五州约为51万余户,由于各道的税户总数与其承担的斛斗总量大致是呈正比的,浙西道约占十五州总数的60%,以此大致推断,浙西六州的上供斛斗大致为45万斛。两税法下,唐政府实施中央、地方赋税三分制,按《旧唐书》卷一五七王彦威所述,元和以前,上供给中央的赋税大致占总收入的1/3。这样,可以推算当时浙西六州的两税斛斗大约为135万斛。

新开垦的土地,土地熟化程度低,产量估计不会很高,若以亩产1—2 斛计,[1]那么即可粗略估算出嘉兴屯田的面积,大约是6 750—13 500 顷。

大面积土地的开垦,必然促进苏州地区粮食总产量的提高,故李翰在《苏州嘉兴屯田纪绩颂》中云:"全吴在扬州之域最大,嘉禾在全吴之壤最腴,故嘉禾一穰,江淮为之康;嘉禾一歉,江淮为之俭。"[2]德宗兴元元年(784)十一月,关中饥荒,镇海军节度使韩滉一次发米"百万斛"。[3]自德宗贞元二年(786)起,唐廷加大了对两浙地区粮食的征调,这年曾将两浙地区的两税钱折成稻米一百万石运往关中。[4]大规模的粮食北运,肯定是以该地区巨大的粮食生产为前提的,而苏州地区数千顷新垦土地的贡献应该是很大的。大历时期浙西屯田有三,除了嘉兴屯田,还有其他屯田。如贞元十二年(796),崔翰为浙西观察巡官,他"掌军田,凿涔沟,斩茭茅,为陆田千二百顷,水田五百顷,连岁大穰,军食以饶"[5]。如果加上这些屯田,估计苏州的屯田应该在万顷以上。

除了屯田,苏州的地方官吏往往通过兴修和维护水利工程来保护农田。比如,常熟的低乡地区自南朝以来就有了一定程度的开发,在长洲、常熟的百里间,沿塘的强家大族"动涉千顷,年登万箱"[6]。然岁时日久,贞元以来,两县之间的塘堤渐渐淤塞,致使水流肆漫,严重影响了农业的发展。元和初年,苏州刺史李素动用两县民力,疏通了这段塘堤,保护了常熟塘两岸数千顷的良田,"蔽反壤之害,询蓄泄之势,增远近之防"。此外,开凿、维护堤塘的记载还不少,有名者如大和中筑盐铁塘,[7]长庆中海盐县令李谔开古泾三百零一"以御水旱"[8],及修治汉塘;天祐初昆山县开大、小虞浦等。[9]

上述水利工程的修筑与维护,极大地扩展了苏州地区水稻的种植面积。自古以来苏州地区就是太湖流域重要的水稻产地,入唐以来,苏州的水稻生产继续向前发展,所产稻米并被征调入关。洛阳含嘉仓出土的一块铭砖上就有来自苏

---

[1] 范仲淹曾在其奏折中提到苏州中稔之利,亩产米二至三石。到了建中时期,距嘉兴屯田已有十年左右的时间,土壤达到中下水平是可能的。见《范文正公集·政府奏议》卷上《答手诏条陈十事》,《范仲淹全集》,四川大学出版社2002 年,第534 页。
[2] 李翰:《苏州嘉兴屯田纪绩颂》,《全唐文》卷四三〇,中华书局1983 年,第4375 页。
[3] 司马光:《资治通鉴》卷二三一《唐纪四十七·德宗兴元元年》,中华书局1956 年,第7449 页。
[4] 欧阳修、宋祁:《新唐书》卷五十三《食货三》,中华书局1975 年,第1369 页。
[5] 韩愈:《韩昌黎文集》卷六《崔评事墓志铭》,古典文学出版社1957 年马其昶校注本,第202 页。
[6] 刘允文:《苏州新开常熟塘碑铭》,《全唐文》卷七一三,中华书局1983 年,第7324—7325 页。
[7] 孙应时:《琴川志》卷五《塘·盐铁塘》,《宋元方志丛刊》,中华书局1990 年影印本,第2 册,第1204 页。
[8] 欧阳修、宋祁:《新唐书》卷四十一《地理志五》,中华书局1975 年,第1058 页。
[9] 顾祖禹:《读史方舆纪要》卷二十四,中华书局2005 年,第1175 页。

州的"糙米"一万余石的记载,[1]说明武则天时期苏州的粮食已经运到了这里。杜甫的诗中就有"粳米来东吴"[2]、"吴门转粟帛"[3]的诗句,诗人屡屡提到"东吴"与"吴门",显示了太湖地区的粮食生产开始崭露头角。唐诗中有许多歌颂苏州地区水稻生产规模的诗篇,如"青枫半村户,香稻盈田畴"[4]"吴国水中央……船入稻花香""秋稼连千顷,春花醉几场"[5]等。苏州地区的水稻生产,因其种植面积大,望之连绵千顷。船入河浦,夹岸均为稻田,就像驶入一片稻香洋溢的海洋。唐人权德舆曾称:"江东诸州,业在田亩,每一岁善熟,则旁资数道。"[6]这可能主要是以水乡平原为主的苏州等地的发展为基础的。

2. 农业工具的改进与管理技术的提高

农业的发展与农具的革新是分不开的。唐代的苏州出现了便于稻田耕作的江东犁,普遍采用了牛耕,在农业生产技术上取得了很大进步。

（1）江东犁的出现

早期的铁制犁是直辕犁,结构笨拙,体形庞大,耕地时,往往需要多人多牛协作方能完成。直辕犁多用于地势平坦、土质松软的黄河流域,并不适合土质黏重、规模较小的江南水田。东汉后期出现了短辕犁,这种犁体型小,比较灵活。六朝时期,短辕犁传播到了南方。由于它适应了丘陵、山地、湖沼等土地开发的需要,逐步被推广开来。此后,在短辕犁的基础上又出现了新形式,这就是曲辕犁。这种犁在唐以后流行于江东一带,习惯上被称为江东犁。

关于江东犁的文献记载,始见于唐末苏州人陆龟蒙的《耒耜经》。陆龟蒙长期隐居于苏州乡下,对江东农业生产有着丰富的经验和深刻细致的观察,后著成中国古农书中的经典著作《耒耜经》。在《耒耜经》中,陆龟蒙详细记载了江东犁的部件名称,有铁制的镵（铧）、壁和木制的犁底、压镵、策额、箭、辕、梢、评、建、槃等11个部件,介绍了各个部件的构造和功能。江东犁是古代耕犁演变过程中的一个重要改进,在中国古代农具发展史上占有重要的地位。[7]它的发明和推广,极大地推动了江南地区农业的开发进程。江东犁仅见于文献记载,并无出土实物,所以关于江东犁的考释与研究,学界争论颇大,不少学者对它的特点进行

---

[1] 河南省博物馆、洛阳市博物馆:《洛阳隋唐含嘉仓的发掘》,《文物》1972年3期。
[2] 杜甫:《杜甫全集》卷三《后出塞》,上海古籍出版社1996年,第37页。
[3] 杜甫:《昔游》,《全唐诗》卷二二二,中华书局1999年,第2358页。
[4] 李颀:《李颀集》卷上《寄万齐融》,河南人民出版社2007年隋秀玲校注本,第54页。
[5] 殷尧藩:《送客游吴》《寄许浑秀才》,《全唐诗》卷四九二,中华书局1999年,第5607页。
[6] 权德舆:《权德舆诗文集》卷四十七《论江淮水灾上疏》,上海古籍出版社2008年,第739页。
[7] 张春辉、戴吾三:《江东犁及其复原研究》,《农业考古》2001年第1期。

了探讨。[1]

江东犁的最大优点在于改过去的直辕为曲辕,降低了犁的受力点,既减轻了农夫的体力消耗,又大大节省了畜力。改直辕为曲辕,缩小了犁辕的长度,使犁架的体积变小,加之前端配上可以转动的犁盘,用软套耕索牵引,使整个犁具轻巧,便于在犁地过程中转弯,有利于牛耕在小块土地上进行作业。江东犁的优点还有:① 犁梢与犁底分离。过去的耕犁没有单独的犁底,江东犁新增了犁底,扩大了犁具与地面的接触面积,可以有效防止犁具在运动过程中左右摆动。犁梢也是单独的,耕地时,用手扶着可以操作犁梢摆动的幅度,调节耕垡的宽窄。② 新增的犁箭、犁评,可以根据需要调节耕地的深浅。耕地是有讲究的,如《齐民要术·耕田》所讲"秋耕欲深",深耕可以将杂草深埋地下,除草增肥,有利于土壤的熟化;"春耕欲浅",将土壤表层熟土打碎匀平,方便播种,深耕会将生土翻出,有碍作物成长。③ 改进后的犁镵呈等腰三角形,尖而锋利,深浅自如。④ 犁壁置于犁镵之上,不仅可以深翻土壤,还能够碎土除草。

总之,我国传统耕犁构造的基本特点,江东犁都能体现出来,可以说江东犁完全奠定了我国传统犁耕的结构基础,这是太湖地区对我国农具发展做出的一个重大贡献。[2]

不过,今人根据《耒耜经》的尺寸做出的江东犁,体积庞大,故学界对江东犁的实际面貌争论较大。李伯重先生认为,陆龟蒙所使用的江东犁是二牛牵挽的长曲辕犁,这可能与他居住的环境有关。陆龟蒙住在苏州东部松江附近,这里正是唐中期以来大规模新开发的区域,许多地方还是大片荒地,野草丛生,盘根错节,土壤黏重,熟化程度较差。只有力量强大的耕犁,才能较好地发挥作用。至于苏州其他开发早的地方,可能已经使用短小的江东犁。[3]

犁耕之后,土块粗大,既不利于保墒,也不利于农作物的成长,因此必须打碎土块,使用的主要工具是耙。"耕而后有爬,渠疏之义也,散垡去芟者焉。"[4]"爬"即耙,将大的土块耢成小块,除去杂草,然后由碌碡等工具反复拖压,将土块碾碎,遍数越多越好,这样才能使田面匀平,使土壤松软平整,达到适应稻苗生

---

[1] 如宋兆麟《唐代曲辕犁研究》(《中国历史博物馆馆刊》1979年第1期),阎文儒、阎万石《唐陆龟蒙〈耒耜经〉注释》(《中国历史博物馆馆刊》1980年第2期),杨荣垓《曲辕犁新探》(《农业考古》1988年第2期),郑学檬《中国古代经济重心南移和唐宋江南经济研究》(岳麓社1996年,第83—84页),李伯重《唐代江南农业的发展》(农业出版社1990年,第89—95页)。
[2] 中国农业科学院等:《太湖地区农业史稿》,农业出版社1990年,第104页。
[3] 李伯重:《唐代江南农业的发展》,农业出版社1990年,第94—95页。
[4] 陆龟蒙:《甫里先生文集》卷十九《耒耜经并序》,河南大学出版社1996年,第278页。

长的条件。可以说,到了中唐以后,农具的改进和创造,最终形成了耕—耙—磟碡一整套的适合江南水田的耕作农具。[1]这些先进农具的出现和应用,大大推动了江东农业的开发。[2]

（2）牛耕的推广

从完整意义上说,只有到了唐代,长江下游地区的牛耕才真正普及,成为水田耕作的主要方式。[3]"夜开沟水绕稻田,晓叱耕牛垦塝土"[4]"江草秋穷似秋半,十角吴牛放江岸"[5],这些诗句生动地反映出两浙地区的耕牛已经比较普遍了。张籍诗云:"耕场磷磷在水底……归来系牛还独宿。"[6]陆龟蒙亦有诗云:"欲卖耕牛弃水田,移家直傍三茅宅。"[7]从"耕牛"与"水田"的紧密联系来看,苏州地区的牛耕已经广泛用于水田生产。

在传统的农耕社会,耕牛对农业发展具有特殊的意义:"牛者稼穑之资,邦家所重。"[8]耕牛是一个家庭重要的畜力,农户对耕牛的照顾特别精心。每年冬天,苏州农民将耕牛入栏(牛宫),"以避湿寒"。陆龟蒙写有《祝牛宫辞》一文,表达了农民通过保护耕牛,寄托来年好收成的愿望。

唐政府对耕牛采取了严格的保护措施。唐肃宗乾元元年(758)规定:如有牛主杀牛及盗杀者,"先决六十,然后准法科罪"[9]。韩滉镇浙西,"痛断屠牛者,皆暴尸连日"[10]。德宗时期,两浙地区民乱频繁,民间结社活动往往"非牛酒不啸结",可见南方的牛已经很普遍了。《新唐书》认为韩滉从镇压民乱的角度,"禁屠牛以绝其谋"[11],这里未尝没有将禁止屠牛作为国家的一项基本政策来

---

[1] 陈勇:《唐代长江下游经济发展研究》,上海人民出版社2006年,第91页。
[2] 曲辕犁的出现使江南推广牛耕成为可能。程念祺认为唐以前的江南地区很少使用牛耕,一方面是南方盛行小家庭制度,单个家庭养不起更多的牛,更重要的是直辕犁难以适应江南土质黏重的水田。也就是说,技术方面的因素限制和妨碍了长江下游地区牛耕的使用和推广。见程念祺著《国家力量与中国经济的历史变迁》,新星出版社2006年,第247页。按《晋书·食货志》杜预称:"东南以水田为业,人无牛犊。"长期以来,南方的水田作业多采用"象耕",就是吴越先民驱赶牛群在积水的田块中来回踩踏,把杂草压入土中腐烂,起到绿肥的作用,土壤踩成泥浆,便可播下稻谷。这种方式又称"踏耕"或"蹄耕",也称"牛踩田"。这种方法在机械尚未推广的时期,运用很广泛,如果没有牛,也有人踩的情况。
[3] 李伯重:《唐代江南农业的发展》,农业出版社1990年,第95页。
[4] 薛逢:《邻相反行》,《全唐诗》卷五四八,中华书局1999年,第6374页。
[5] 陆龟蒙:《甫里先生文集》卷十七《放牛》,河南大学出版社1996年,第251页。
[6] 张籍:《张籍诗集》卷七《江村行》,中华书局1959年,第86页。
[7] 陆龟蒙:《甫里先生文集》卷七《刈获》,河南大学出版社1996年,第253页。
[8] 阙名:《请禁屠牛奏》,《全唐文》卷九六八,中华书局1983年,第10048页。
[9] 王溥:《唐会要》卷四十一《断屠钓》,中华书局1955年,第733页。
[10] 王谠:《唐语林》卷一《政事上》,中华书局1987年周勋初校证本,第62页。
[11] 欧阳修、宋祁:《新唐书》卷一二六《韩滉传》,中华书局1975年,第4435页。

实施的目的在内。唐宣宗时期,多次重申此令,中书门下《请严禁屠牛奏》规定,从大中五年(851)正月一日起,三年内不得屠宰,"如郊庙飨祀,合用牛犊者,即以诸畜代之"。甚至提出"如有牛死,便于所在经官陈状。勘验无他故,然后始令就市解剥货卖,不得更将归私家。若有屠牛事发,不惟本主抵法,邻里保社,并须痛加惩责"[1],下令地方政府严加执行。

虽然牛耕已经普遍应用,但对于没有耕牛的农户来说,只有采用人力耕作。当时有一种用人力操作的"铁搭"(即四齿耙),唐代江东诗人戴叔伦的《女耕田行》诗有云:"无人无牛不及犁,持刀斫地翻作泥。""去年灾疫牛囤空……以刀代牛谁与同。"该诗两次提到的"刀",就是指铁搭,[2]"以刀代牛",是耕牛遭疫病大量死亡的结果。

(3)排灌工具的革新

稻田生产需根据各自不同的情况进行及时灌溉和排水。在正常情况下,水稻的需水规律是两头小,中间大,但在一些特殊阶段还有特殊的要求。比如水稻的分蘖末期,往往需要排干积水来曝晒田块,以改善稻田的通透性,增加土层含氧量,促进根系向下伸展,同时控制茎叶疯长。苏州以东,田有高下之别。若水在高处,则需建置水闸,以便随时启闭;若是塘堰之水,必须设置水窦,以便泄水。若田在高处,则需要提水机具,如翻车、筒车、戽斗、桔槔之类,将水提上来。若地势曲折,离水又远,就需要利用架槽、连筒、浚渠之类,引导水流到田。[3]

长期以来,桔槔、辘轳是基本的提水工具,主要用于小规模的田间灌溉和生活取水。但桔槔、辘轳都不能连续运动提水,所以用于稻田管理的并不多。河网低洼处的圩田,汛期时,外水水位往往高于圩内积水,干旱时又有可能低于圩内地面,因此,单靠自流排灌是困难的。在这种情况下,水车自然就成为圩内进行人工排灌的重要工具。没有水车,就没有圩田的大发展。自从唐代推广应用以后,水车就成为广大农村重要的提灌、提排工具。[4]

太湖地区广泛使用水车,与频繁发生的水旱灾害密切相关。据《新唐书》卷三十五《五行志二》显示,在唐代近三百年的时间里,水旱交替,江南地区发生的大规模旱灾有十余起,因而引起的饥荒有六次之多。大旱降临,江湖水位必将下

---

[1] 阙名:《请严禁屠牛奏》,《全唐文》卷九六八,中华书局1983年,第10050页。
[2] 中国农业科学院等:《太湖地区农业史稿》第11章第3节"唐宋畜牧的消长和发展",农业出版社1990年,第370页。
[3] 王祯:《农书》卷三《农桑通诀集之三·灌溉篇第九》,中华书局1956年,第26页。
[4] 黎沛虹、李可可:《长江治水》,湖北教育出版社2003年,第173页。

降,即使高水位的低田也需要提水灌溉,至于水位更低的高田,只能用水车戽水,方可防止稻苗因缺水而影响生长,甚至焦枯而死的情形发生。"不念阊门外,千里稻苗死"[1],苏州地区是水稻的主产区,先进灌溉工具的推广与使用成为当地农业发展的重要保证。

入唐以后,水车在轮轴应用方面有了很大进步,利用流水为动力,出现了筒车。筒车一般放置在水流比较湍急的河流旁,如果水流平缓便须拦河筑坝以提高水位,在安放筒车的地方留一缺口,使上游之水从缺口中集中流出,以水力冲动筒车运转。筒车能够日夜自动提水,不但节约了人力,而且可以将低处之水引往山上,所谓"凭河而引","钩深致远,沿洄而可使在山;积少之多,灌输而各由其道"。所以唐人陈廷章称赞筒车能够"升降满农夫之用,低徊随匠氏之程……鄙桔槔之烦力,使自趋之"[2]。在长期使用过程中,水车的制造工艺逐步完善,晚唐时期传入中原。史载大和二年(828),文宗诏令江南水车匠为关内造水车样,然后令畿内诸县令以样制造,"以广溉种"[3]。

(4) 管理技术的提高

水稻生产,不仅在灌溉上有学问,在管理上也颇有讲究,其中施肥和除草就是两个重要的环节。在连续耕作下,土壤的营养成分会逐渐降低,势必影响后茬作物的生长,导致单位产量下降,施肥则是增加地力的有效办法。早在六朝时期,苏州地区已经广泛使用绿肥来改善土壤。[4]到了唐代,粪肥和河泥得到广泛的采用。随着牛耕的普及,牛的数量增多了,牛粪被经常性地施到稻田之中。从"田舍翁"们"广置牛庄宅"的情形来看,[5]牛已经实行了圈养,圈养能够提供产量相当可观的牛粪。[6]苏州地区塘浦遍布,塘泥是沙质高田的优质肥料。关于使用塘泥,唐代文献阙如,但这种方式在宋代十分普遍,[7]可能在唐末五代已经出现了使用塘泥的情况。种桑育蚕是太湖流域农村非常重要的副业,蚕粪可以肥田,唐末韩鄂《四时纂要》卷二就有茶园使用蚕沙的记录。随着多种经营的发

---

[1] 白居易:《白居易集》卷一《杂兴三首》,中华书局1979年,第9页。
[2] 陈廷章:《水轮赋》,《全唐文》卷九四八,中华书局1983年,第9840页。
[3] 王钦若:《册府元龟》卷四九七《邦计部·河渠二》,中华书局1982年,第5955页。
[4] 张泽咸:《试论汉唐间的水稻生产》,《张泽咸集》,中国社会科学出版社2007年,第92页。
[5] 寒山:《诗三百三首》,《全唐诗》卷八〇六,中华书局1999年,第9174页。
[6] 据王祯《农书》记载,一头牛每年能够积厩肥三十车,可以粪六亩田。
[7] 南宋人多有歌咏河泥的诗篇,如《全宋诗》卷三一三五毛珝《吴门田家十咏》云:"竹罾两两夹河泥,近郭沟渠此最肥。载得满船归插种,胜如贾贩岭南归。"该诗描写的是苏州一带农民打河泥作肥料的情形。打捞河泥成为农业生产的一个环节被歌咏,看来已经成为重要的习俗流传下来,起初形成必定远早于南宋。

展,苏州地区已经普遍种植大豆,〔1〕大豆可以改良土壤,其根、秆、叶都可以沤入稻田作肥料。〔2〕

水田内的杂草繁殖力旺盛,因此必须进行中耕除草。水稗是稻田中很常见的一种杂草,它不畏水旱,混杂在稻苗之中,抢夺稻苗的营养,且成熟早,对水稻产量危害很大。很早的时候,人们已经注意到了水稗的危害,成书于南北朝时期的《齐民要术·水稻篇》反复强调除草的必要性。书中提到的"水耨",其实就是稻田中耕除草的重要方式。书中说:"稻苗长七八寸,陈草复起,以镰侵水芟之。草悉脓死,稻苗渐长,复须薅,薅讫,决去水,曝根令坚。"〔3〕唐以前,田间除草没有什么工具,耘田时大多要靠手拔和脚踩。唐以后,则出现了耘荡、耘爪、薅马等除草工具,这些记载在元代王祯的《农书》中,一直到近代还在广泛采用。但究竟哪些是唐代就出现的,很难分辨清楚。《农书》将耘爪说成是唐代的发明,很可能是对唐人陆龟蒙的《象耕鸟耘辨》一文的误解。

在文中,陆龟蒙对当地流传甚广的"鸟耘"法进行了辨析:"耘者去莠,举手务疾而畏晚。鸟之啄食,务疾而畏夺。法其疾畏,故曰鸟耘。"〔4〕在陆龟蒙看来,"鸟耘"就是快速拔草。按他的解释,鸟耘只是一种技术操作的譬喻,不仅与实际的鸟没有关系,也不是什么"鸟耘"工具。由于没有什么实物进行描摹,陆龟蒙的解释或许是臆测。游修龄先生根据王充的《论衡》,恢复了"鸟耘"的本来面目。〔5〕在《论衡》中,王充对"鸟耘"的解释是:"雁鹄集于会稽,去避碣石之寒,来遭民田之毕,蹈履民田,啄食草粮,粮尽食索,春雨适作,避热北去,复之碣石。"〔6〕这其实是一种自然生态现象。后魏《十三州记表》中即提到:"上虞县有雁,为民田春拔草根,秋啄其秽。是以县官禁民不得为害此鸟,犯则有刑无赦。"这与今天倡导保护益鸟的政策非常相似。可见,所谓的"鸟耘"就是利用生物链达到除草的目的,没有什么神秘可言。元代王祯的《农书》卷十三《农器图谱四·耘爪》也曾提到"鸟耘",他说:"耘爪,耘水田器也,即古所谓鸟耘者。其器用竹管,随手指大小截之,长可逾寸,削去一边,状如爪甲,或好坚利者,以铁为

---

〔1〕 司马光《资治通鉴》卷二七〇《后梁纪五·均王贞明五年》载,该年三月,吴越与吴交战于狼山江面,"散豆于吴船,豆为战血所渍,吴人践之皆僵仆"。吴越趁机放火,吴兵大败。
〔2〕 郑学檬:《关于唐五代太湖地区社会经济发展问题的再认识》,《中国古代经济重心南移和唐宋江南经济研究》,岳麓书社1996年,第221页。
〔3〕 贾思勰:《齐民要术》卷二《水稻第十一》,农业出版社1998年缪启愉校释本,第138页。
〔4〕 陆龟蒙:《甫里先生文集》卷十九《象耕鸟耘辨》,河南大学出版社1996年,第275页。
〔5〕 以下参考游修龄《中国稻作史》,中国农业出版社1995年,第135—136页。
〔6〕 王充:《论衡》卷三《偶会篇》,上海人民出版社1974年,第35页。

之,穿于指上,乃用耘田,以代指甲,犹鸟之用爪也。"[1]也就是将竹筒削尖套在手指上或用铁做成管爪套在手指上进行耘田,以防止手指的损伤。

唐代究竟有无耘爪,从陆龟蒙的解释来看,似乎是没有的,否则他就不会那样解释"鸟耘"了。王祯将耘爪等同于"鸟耘",应该说是"慕古"思想的体现。稻田作业是一项劳动密集型的任务,随着生产技术的发展,生产工具应该有重大突破,不过限于史料,只能阙如。

3. 稻麦复种的出现

稻麦复种制是指在同一田地上相继种植稻麦,以至一年内达到两熟甚至多熟的种植制度。它能充分提高土地和光能的利用率,是一种集约化程度较高的种植方式。据李伯重先生考证,唐代苏州地区已经出现了稻麦复种制。稻麦复种制度的出现与发展,奠定了后世江南农业种植的基本格局,是江南农业史上具有革命性的进步。[2]

苏州地区稻麦复种制的出现,是与晚稻的培育和冬麦的广泛种植密不可分的。实施稻麦复种,稻麦的播种、生长、收获各个环节相接,搭配不好,势必影响两茬作物的收成。水稻喜热,麦子可以越冬,稻麦轮作复种是可行的。但冬麦的收获期是一定的,难以提前,这就需要适合的水稻品种与之搭配,这种水稻就是晚稻。[3]

苏州地区有着悠久的水稻栽培历史,到了隋唐时期,已经培育出许多优良的水稻品种。[4]这些品种分属籼、粳两大类。籼稻生长期短,适应性强,是理想的救荒品种,著名的有罢亚稻。罢亚稻属于籼稻中的晚熟品种,在苏州有着一定规模的种植,"罢亚百顷稻,西风吹半黄"[5]。籼稻早熟,但米质较差。苏州的土质更适宜种粳稻。[6]粳稻对日照很敏感,适宜生长于南方短日照地区。因其生

---

[1] 王祯:《农书》卷十三《农器图谱四·耘爪》,中华书局1956年,第200页。
[2] 李伯重:《我国稻麦复种制产生于唐代长江流域考》,《农业考古》1982年第2期。另见其专著《唐代江南农业的发展》,农业出版社1990年,第106—120页。关于稻麦复种问题,林立平《唐代主粮生产的轮作复种制》(《暨南学报》1984年第1期)、李根蟠《长江下游稻麦复种制的形成和发展——以唐宋时代为中心的讨论》(《历史研究》2002年第5期)及《再论宋代南方稻麦复种制的形成和发展》(《历史研究》2006年第2期),均有详细的讨论和阐述。
[3] 此处所谓的晚稻,是指种植的时间相对较晚的粳稻。古人对早晚稻的划分,主要是按其收获期来区别的。如粳稻的品种很多,其成熟的时间不等,七、八月熟的,古人称为早粳,或称早稻;九、十月熟的,称晚粳。参见曾雄生《宋代的早稻和晚稻》,《中国农史》2002年第1期。
[4] 游修龄对宋代方志所载的水稻品种进行统计,在太湖地区,以常熟、昆山的品种最多。见《中国稻作史》,中国农业出版社1995年,第87页。笔者以为新品种的出现与推广,需要数代的种植实践才能形成规模,所以宋代出现的诸多品种,在唐五代可能就有了。
[5] 杜牧:《樊川文集》卷一《郡斋独酌》,上海古籍出版社1978年,第7页。
[6] 孙应时:《琴川志》卷九《叙产·谷之属》云:"吴地宜粳稻,玉粒香甘,为天下甲,其种名不一。"见《宋元方志丛刊》,中华书局1990年影印本,第2册,第1236页。

长期长,故籽粒强度大,产量高,口感好,倍受人们的喜爱,故陆龟蒙有诗云:"香稻熟来秋菜嫩,伴僧餐了听云和。"[1] 香稻即香粳,是粳稻的一种。杜甫在《后出塞》诗中亦有句云:"云帆转辽海,粳稻来东吴。"据《新唐书》卷四十一载,苏州的大、小香粳作为贡品,曾输入北方。香粳品种很多,红莲稻是比较常见的一种。陆龟蒙诗云:"近炊香稻识红莲。"又云:"呼儿舂取红莲米。"[2] 按《琴川志》卷九《叙产·谷之属》载,红莲稻"米之最佳者,芒红粒大"。红莲稻品种优良,生产规模大,往往作为租赋转输关中。刘晏曾建议宰相元载:"京师三辅百姓,唯苦税亩伤多,若使江、湖米来每年三二十万,即顿减徭赋。""三江、五湖,贡输红粒,云帆桂楫,输纳帝乡。"[3] 这里提到的三江五湖红粒,就是以苏州为中心的太湖流域生产的红莲稻。[4] 粳稻多属于晚稻,四、五月播种,七、八月扬花,九、十月成熟。白居易诗云:"江南九月未摇落,柳青蒲绿稻穗香。"[5] 唐彦谦诗云:"湖田十月清霜堕,晚稻初香蟹如虎。"张贲诗云:"时时风折芦花乱,处处霜摧稻穗低。"[6] 霜降时期才成熟的水稻,当系晚稻无疑。随着水稻培育技术的提高,粳稻中有了早粳与晚粳的区别,苏州贡品的香粳,大香粳粒大,为晚粳,小香粳粒小,七月熟,为早粳。[7] 早粳有时又称早稻。《琴川志》卷九"红莲"条注:红莲稻有早、晚的区别。陆龟蒙诗云:"自春徂秋天弗雨,廉廉早稻才遮亩。"[8] 这种初秋的早稻,可能就是早粳。粳稻品种的多样化,为稻麦复种的实行提供了可能。当然,复种制的推行,进一步促进了粳稻品种的多样化发展。

稻麦复种的出现,应该是以麦子的大量需求为前提的。东晋时,苏州地区已经开始种麦,曾多次因为麦子的歉收而导致饥荒。像常熟、昆山沿江高田,由于中原移民的不断垦殖,麦子种植的规模已经很大了。唐后期,大量北方人涌入南方,太湖东部地区的小麦种植理应更加普遍。白居易在宝历元年(825)五月初

---

[1] 陆龟蒙:《甫里先生文集》卷十二《蔬食》,河南大学出版社1996年,第177页。
[2] 陆龟蒙:《甫里先生文集》卷八《别墅怀归》、卷十七《食鱼》,河南大学出版社1996年,第97、254页。
[3] 刘昫等:《旧唐书》卷一二三《刘晏传》,中华书局1975年,第3512—3513页。
[4] 郑学檬:《唐五代太湖地区经济试探》,《中国古代经济重心南移和唐宋江南经济研究》,岳麓书社1996年,第205页。
[5] 白居易:《白居易集》卷二十一《九日宴集醉题郡楼兼呈周殷二判官》,中华书局1979年,第457页。
[6] 唐彦谦《蟹》、张贲《奉和袭美题褚家林亭》,分别见《全唐诗》卷六七一、六三一,中华书局1999年,第7743、7284页。
[7] 游修龄:《中国稻作史》引老农语,中国农业出版社1995年,第99页。
[8] 陆龟蒙:《甫里先生文集》卷十七《刈获》,河南大学出版社1996年,第253页。

到苏州时,当时郡城四郊"麦穗黄离离"[1],麦子即将成熟,一派丰收景象。苏州地区的麦子,多在盛夏五月收割,那么必然是在深秋或冬初播种的。江南地暖,种麦宜晚不宜早,若八月种麦,麦芽初抽,往往为地蚕所食,至立冬后种方无此患。[2]因为严冬可以杀死害虫,有利于麦子的生长。陆龟蒙《小雪后书事》云:"时候频过小雪天,江南寒色未曾偏。枫汀尚忆逢人别,麦陇唯凭欠雉眠。更拟结茅临水次,偶因行药到村前。邻翁意绪相安慰,多说明年是稔年。"[3]冬季偏暖,对麦子生长有害,陆龟蒙为来年的收成担忧。从陆龟蒙对冬小麦生长习性的深刻了解来看,冬小麦已经成为当地种植结构中不可缺少的一种作物,这表明唐代苏州地区的冬小麦种植已经很普遍了。

稻麦复种制的出现,是以水稻秧苗的移植为基础的。"麦风非逐扇,梅雨异随轮。"[4]农历五月是麦子收割的季节,恰好也是水稻种植的时候,收麦种稻,二者交叠在一起,而整地也是需要时间的,水稻育秧移栽技术的推广,为稻麦复种的衔接提供了技术上的可能。先育稻苗,再移栽到稻田中,这种移植技术首先出现在汉代的黄河流域。[5]中唐以来,秧苗移植技术被大面积应用于江南地区。如安史之乱时,高适出镇广陵,"溪水堪垂钓,江田耐插秧"[6],长江沿岸已经采用了该技术。在太湖地区,"江南热旱天气毒,雨中移秧颜色鲜"[7]。浙东平原,"绿科秧早稻,紫笋折新芦"[8]。即使宣歙山区,也是"绕郭看秧苗,寻街听茧缫"[9]。有了这种水稻移植的技术,可以事先将稻谷播撒在秧田中,待秧苗长到合适高度时,再移植到稻田中,这中间就有了一个时间差,为小麦收割、土地平整提供了宽裕的时间。

当然,苏州地区较早地出现稻麦复种,是多种因素作用的结果。南方以水田为主,水田产量高,《新唐书》卷五十一《食货志一》载:"凡授田者,丁岁输粟二斛、稻三斛,谓之租。"[10]然而,稻田特别费人力。据《唐六典》卷七《工部屯田郎

---

[1] 白居易:《白居易集》卷二十一《答刘禹锡白太守行》,中华书局1979年,第466页。
[2] 万表:《灼艾余集》卷二《郊外农谈》,《续修四库全书》第1188册,上海古籍出版社1996—2003年影印本,第385页。
[3] 陆龟蒙:《甫里先生文集》卷八《小雪后书事》,河南大学出版社1996年,第98页。
[4] 白居易:《白居易集》卷二十四《到郡斋题二十四韵》,中华书局1979年,第532页。
[5] [日]西岛定生:《中国经济史研究》,冯佐哲译,农业出版社1984年,第151页。
[6] 高适:《高常侍集》卷下《广陵别郑处士》,中华书局1985年,第42页。
[7] 张籍:《张籍诗集》卷七《江村行》,中华书局1959年,第86页。
[8] 白居易:《白居易集》卷二十六《和微之春日投简明洞五十韵》,中华书局1979年,第590页。
[9] 李频:《送许棠归泾县作尉》,《全唐诗》卷五八八,中华书局1999年,第6880页。
[10] 欧阳修、宋祁:《新唐书》卷五十一《食货志一》,中华书局1975年,第1342页。

中》载:"凡营稻一顷,料单功九百四十八日;禾,二百八十三日……黍,二百八十日;麦,一百七十七日;乔麦,一百六十日。"[1]在单位面积中,稻的劳动量是禾、黍的三倍多,麦的五倍多。唐以前的苏州地区,人口分布极为不均,除州城和部分县治所在地外,其他地区仍然地广人稀,故多数水田以粗放经营为主。入唐以后,苏州成为江南人口发展最为迅速的区域之一。人口的剧烈增长,导致人均耕地面积日益减少,尽管有东部洼地的开发,但土地的熟化需要一定过程,在这种情况下,精耕细作成为可能。土地的集约利用,推动了复种制的产生。

隋唐以来,农具的革新和生产技术的提高也为复种制的展开提供了条件。江东犁适应了水田作业的需要,与耙、砺磋等形成了一整套的耕作技术,客观上通过物理因素提高了养地质量,同时又使复种制下短期内集约整治田地成为可能。塘浦圩田系统的形成,保障了稻麦复种制下水旱作物的轮作有良好的水利排灌系统,即使在宋末水利设施较为混乱的时候,局部地区仍由于塘浦的完善而保持了好的收成。范成大《吴郡志》卷十九《水利下》引赵霖语云:"熙宁四年大水,众田皆没,独长洲尤甚。昆山陈新、顾晏、陶湛数家之圩高大,了无水患,稻麦两熟。此亦筑岸之验。"[2]以此反观唐末五代,水利工程维护得较好,发挥的效力肯定更大,所以吴越国时期水旱灾害很少。另外,人工施肥技术的采用,不仅弥补了轮作复种给土壤肥力造成的大量减耗,有利于恢复地力,而且对集约管理农田、保证收成等都有积极意义。

苏州地区的稻麦复种是有文献记载的。《吴郡志》有昆山"稻麦两熟"情况的记载,朱长文《吴郡图经续记》卷上《物产》也记载北宋时期苏州一带农民,"刈麦种禾,一岁再熟。稻有早晚,其名品甚繁。农夫随其力之所及,择其土之所宜,以次种焉"[3]。这些记载虽说是宋代的情况,然北宋去唐未远,在没有重大技术突变的情况下,唐宋间的许多生产状况应该是很接近的。一般来说,生产实践往往要早于理论总结和文献的记录,故《吴郡图经续记》所反映的苏州稻麦复种不会一下子出现在宋代,它自然是中晚唐以来苏州地区稻作生产技术进步的概括和总结。[4]

唐代苏州地区实施稻麦复种是肯定的,但复种制究竟在多大程度上实施,是学界讨论异常激烈的问题。李根蟠先生在其《长江下游稻麦复种制的形成与发

---

[1] 李林甫等:《唐六典》卷七《工部屯田郎中》,中华书局1992年,第222—223页。
[2] 范成大:《吴郡志》卷十九《水利下》,江苏古籍出版社1986年,第287页。
[3] 朱长文:《吴郡图经续记》卷上《物产》,江苏古籍出版社1999年,第9页。
[4] 陈勇:《唐代长江下游经济发展研究》,上海人民出版社2006年,第102页。

展》一文中,虽然对唐代存在复种制提出种种质疑,认为只有到了宋代,太湖地区稻麦复种才出现了规模性的推广,形成了稳定的稻麦复种制,但他也承认,稻麦复种首先是从苏州地区发展起来的,而且遍布整个太湖东部地区,并认为"实际上,宋代稻麦复种制的发展大大超越了唐代,形成中国历史上复种制度发展中的第一个高峰"。这与李伯重先生的结论其实是一样的,他们都主张唐代的苏州地区已经出现了稻麦复种制,但这种复种的规模比较有限。正如唐人所指出的那样,"高田宜黍稷,下田宜稻麦"[1]。"高田"指的是旱田,"下田"指的是水田,这是当地独特的地形。水田中可以种麦,说明了麦作物种植和水稻种植在一块田地中的事实。

对于面积广大的太湖东部地区而言,由于各区域开发的早晚不同,土壤的熟化情况以及具体的地形和水利条件各异,稻麦复种并非遍及全州各县。白居易诗云:"麦风低冉冉,稻水平漠漠。"[2]一边是长势茂盛的麦子,一边是蓄满清水的稻田,这说明并不是所有的稻田都实行稻麦复种,有相当一部分仍是以单季水稻种植为主。不过,可以肯定的是,像吴、常熟等县,这些地方的稻麦复种比例应该是比较高的。这主要是因为这些区域拥有比较发达的水利系统,境内有大量的高平田,开发较早,而且人口密集,便利的水利、优越的环境与人稠地狭的矛盾促使人们想尽一切办法利用现有的耕地。而对于刚刚垦辟的东部洼地,无论是周边的生活环境还是劳动者的数量,更重要的是土壤的熟化还需要一个较长过程,稻麦复种的条件可能还不具备。

稻麦复种的出现与发展,其影响是深刻的。安史之乱以后,唐政府"以江淮为国命",赋税的征收方式开始依据江南生产的实际进行制定。以苏州为代表的长江下游地区的稻麦复种直接推动了唐后期的税制改革,两税法分夏秋两次收税,应该是与稻麦复种制有一定关联的。

4. 农副产品商品化趋势加强

随着社会生产力的提高和商品经济的发展,以商品生产为目的的商品性农业,以及农产品的商品化,均有了重大发展。商品性农业与农产品的商品化是有区别的,但二者有时又很难截然分开。[3]安史之乱以后,大量人口拥向包括苏州在内的江南城市,他们的生活来源多靠市场供给。消费推动生产,这部分人财力雄厚,他们的各类消费对城市经济产生了较大的刺激作用,影响了城市郊区乃至

---

[1] 司马贞:《孝经老子注易传议》,《全唐文》卷四〇二,中华书局1983年,第4107页。
[2] 白居易:《白居易集》卷二十一《和微之四月一日作》,中华书局1979年,第465页。
[3] 刘玉峰:《唐代商品性农业的发展和农产品的商品化》,《思想战线》2004年第2期。

交通便利地区的农作物分布格局,"促进了农业经营的多样化"[1],加速了经济作物的种植和农副产品商业化的进程。

(1) 经济作物普遍种植

苏州地处亚热带,温暖多雨的天气特别适宜瓜果、蔬菜以及花卉的种植。根据文献记载,唐代苏州地区的经济作物主要有以柑橘类为代表的各种水果,以莲藕、莼菜为代表的各种蔬菜,以及花卉和药材等。[2]

① 水果种植

苏州最知名的水果要数柑橘,以洞庭山所产者最佳。[3]洞庭山位于太湖之中,在湿润的水气笼罩下,特别适宜柑橘的生长,所谓"洞庭仙山但生橘,不生凡木与梨栗"[4]。唐代传奇《柳毅传》中就有"洞庭之阴,有大橘树焉,乡人谓之橘社"的记载。

据《吴郡志》卷三十《土物下》记载,苏州柑橘有"绿橘""平橘""卢橘""真柑"等十余个品种,常见的是"卢橘"。卢橘初为青绿色,成熟时则呈金红色,故有"金橘"之名。樊洵有"卢橘垂金弹"[5]的诗句。苏州以盛产卢橘驰名,卢橘也成了思乡的代称。钱起诗云:"思亲卢橘熟。"[6]卢橘质量上乘,味感优美,色泽光鲜,很受人们喜欢。白居易任苏州刺史时,留下了众多描写苏州柑橘的诗篇,如"浸月冷波千顷练,苞霜新橘万株金""掩映橘林千点火,泓澄潭水一盆油"[7]。洞庭柑橘成熟于霜降时节,满树果实,成为太湖一大胜景。诗人齐己写诗赞美道:"洞庭栽种似潇湘,绿绕人家带夕阳。霜裹露蒸千树熟,浪围风撼一洲香。"[8]成熟的橘子多呈红色,香气袭人。周元范诗云:"离离朱实绿丛中,似火烧山处处红。"[9]陆龟蒙多次盛赞家乡特产:"风飘橘柚香,日动幡盖容。"[10]上述诸诗句描写了柑橘成熟时节的盛况,反映了苏州柑橘种植业的兴旺。

---

[1] 郑学檬:《中国古代经济重心南移和唐宋江南经济研究》,岳麓书社1996年,第147页。
[2] 本节参考了中国农业科学院等《太湖地区农业史稿》,农业出版社1990年,第234—235页。
[3] 王宁霞:《太湖洞庭山柑橘考略》,《中国农史》1995年第4期。
[4] 皎然:《洞庭山维谅上人院阶前孤生橘树歌》,《全唐诗》卷八二一,中华书局1999年,第9346页。
[5] 樊洵:《仲夏》,《全唐诗》卷三〇七,中华书局1999年,第3480页。
[6] 钱起:《送陆赞擢第还苏州》,《全唐诗》卷二三七,中华书局1999年,第2634页。
[7] 白居易:《白居易集》卷二十四《宿湖中》《夜泛阳坞入明月湾即事寄崔湖州》,中华书局1979年,第537页。
[8] 齐己:《谢橘洲人寄橘》,《全唐诗》卷八四五,中华书局1999年,第9619页。
[9] 周元范:《和白太守拣贡橘》,《全唐诗》卷四六三,中华书局1999年,第5296页。
[10] 陆龟蒙:《甫里先生文集》卷二《奉和太湖诗二十首·包山祠》,河南大学出版社1996年,第24页。

洞庭山橘园众多,唐诗中有"明月溪头寺,虫声满橘洲"[1]"凌霜远涉太湖深,双卷朱旗望橘林"等句。[2]橘园在诗人笔下被誉为"橘洲""橘林"。橘园成林,可见已经形成了规模种植。

洞庭橘质量上乘,是橘中珍品,成为进贡的主要特产。文人墨客争相赋诗称赞,可频瑜赞道:"浮香外散,美味中成,照斜晖而金色,带晚润而霜清,圆甚垂珠……独专美于当今,及岁时而入贡。"[3]作为皇家贡品,每年柑橘收摘后,经过精心挑选,政府派专门人员星夜兼程地送往京城,"兹夕发于南园,已朝奉于北辰"。白居易在苏州期间,参加了采摘贡橘的活动,并作《拣贡橘书情》诗描述了当时的情形。[4]

为了保证皇室权贵对江南贡橘的优先享用,唐政府曾严厉规定:"橘未贡先鬻者死。"[5]这一禁令从侧面反映了柑橘贸易的兴盛。唐后期,苏州柑橘生产除了进贡和本区消费以外,还有相当一部分热销到中原各地。《全唐文》卷九八五《对梨橘判》中记载了苏州人弘执信载橘去郑州的事情,整船的柑橘运往北方,足见当时苏州柑橘生产商品化程度之深。

苏州的水果品种很多,除了柑橘,还有柿、梨、栗、樱桃等。据《吴郡志》卷三十《土物下》载,像常熟的"方蒂柿""韩梨""顶山栗"等,均是不可多得的珍品,在唐五代可能有了一定规模的种植。

② 蔬菜种植

隋唐时期,随着城市消费的扩大,在市场的催生下,太湖流域的蔬菜种植越来越商品化,并且形成了许多知名品种。苏州多水,水生蔬菜很有特色,如莲藕、菱角、茭白、莼菜等。

莲藕是江南地区常见的水生蔬菜,在太湖流域有着数千年的栽培历史,到了唐代,几乎达到"无水不生莲"的程度。苏州具有得天独厚的水土条件,成为太湖地区重要的莲藕生产区,所产莲藕质量很高,为藕中极品。据《新唐书》卷四十一载,苏州土贡中有藕,《通典》卷六中也有吴郡"贡嫩藕三百段"的记录。苏州莲藕品种较多,享有盛誉的当属"伤荷藕"。《唐国史补》卷下载:"苏州进藕,其最上者名曰伤荷藕。或云叶甘为虫所伤。又云欲长其根,则故伤其叶。"[6]人

---

[1] 赵嘏:《宿灵岩寺》,《全唐诗》卷五四九,中华书局1999年,第6399页。
[2] 张彤:《奉和白太守拣橘》,《全唐诗》卷四六三,中华书局1999年,第5296页。
[3] 可频瑜:《洞庭献新橘赋》,《全唐文》卷五二五,中华书局1983年,第5339页。
[4] 白居易:《白居易集》卷二十四《拣贡橘书情》,中华书局1979年,第537页。
[5] 欧阳修、宋祁:《新唐书》卷一六四《薛戎传》,中华书局1975年,第5047页。
[6] 李肇:《唐国史补》卷下,上海古籍出版社1979年,第64页。

们已经能从根、叶之间的生长关系来推测藕的命名。同时,人们还意识到藕柄对藕生长的影响,苏州人顾况诗云:"船影入荷香,莫冲莲柄折。"[1]上述记载反映出苏州地区莲藕栽培技术的提高。

苏州菱的栽培历史久远,在众多品种中,以"折腰菱"最为名贵。唐代段成式在《酉阳杂俎》中记载:"芰,今人但言菱芰,诸解草木书亦不分别,唯王安贫《武陵记》云四角、三角曰芰,两角曰菱。今苏州折腰菱多两角。"[2]

菱角是苏州的土贡。据《旧唐书》卷一六六载,宝历二年(826)白居易离任苏州,"得太湖石五、白莲、折腰菱、青板舫以归"[3]。"折腰菱"是外地难以觅得的美味,白居易对它偏爱有加,即使离开苏州时也不忘带一些。

唐代苏州的莼菜仍然十分闻名。《吴地记》云:"(灵岩)山上有池,旱亦不涸。中有莼甚美,夏食之,则去热,吴中以为佳品。"[4]莼菜的茎叶有黏液,比较滑溜,皮日休有"雨来莼菜流船滑,春后鲈鱼坠钓肥"[5]之句。莼菜在苏州人心目中的地位极高,早在晋代就有"莼羹鲈鲙"的典故。莼菜以其味美和丰富的文化内涵,备受文人喜好。张志和《渔父歌》云:"松江蟹舍主人欢,菰饭莼羹亦共餐。"[6]道出了莼菜之美。

除了莼菜,还有茭白。据《吴郡志》卷二十九《土物上》"菰叶羹"条载:"菰即茭也。菰首,吴谓之茭白。甘美可羹。"[7]隋代大业中,苏州曾以茭白作为贡品,"献菰菜裛二百斤,其菜生于菰蒋根下,形如细菌,色黄赤如金梗,叶鲜嫩,和鱼肉甚美"[8]。

为了满足城市居民生活的需要,城郊出现了专门从事蔬菜种植的农民。苏州就有种植"十亩春蔬"的老农,陆龟蒙《江边》诗云:"江边日晚潮烟上,树里鸦鸦桔槔响。无因得似灌园翁,十亩春蔬一藜杖。"[9]诗中的老农种菜十亩,显然是一位专业的菜农。除了"十亩春蔬"的老农,施肩吾的《江南怨》中还提到了"十顷莲塘"的专业种藕户,其诗云:"愁见桥边荇叶新,兰舟枕水楫生尘。从来

---

[1] 顾况:《临平湖》,《全唐诗》卷二六七,中华书局1999年,第2953页。
[2] 段成式:《酉阳杂俎》卷十九《广种植类之四·草篇》,中华书局1985年影印《丛书集成初编》本,第156页。
[3] 刘昫:《旧唐书》卷一六六《白居易传》,中华书局1975年,第4354页。
[4] 陆广微:《吴地记》,江苏古籍出版社1999年,第66页。
[5] 皮日休:《皮子文薮》卷十《西塞山泊渔家》,上海古籍出版社1981年,第115页。
[6] 张志和:《渔父歌》,《全唐诗》卷三〇八,中华书局1999年,第3492页。
[7] 范成大:《吴郡志》卷二十九《土物上》,江苏古籍出版社1986年,第433页。
[8] 朱长文:《吴郡图经续记》卷下《杂录》,江苏古籍出版社1999年,第81页。
[9] 陆龟蒙:《甫里先生文集》卷十二《江边》,河南大学出版社1996年,第183页。

不是无莲采,十顷莲塘卖与人。"[1]专业蔬菜种植的普遍,反映了蔬菜商品化趋势的加强。

③ 花卉栽培

随着唐代苏州城市经济的日渐繁荣,文人学士、达官权贵的日常奢侈消费中,花卉占有一定的比重,使得花卉种植业在新的经济条件下快速发展起来了。

荷花是人们观赏的主要品种,有红、白两色。其中,白莲花最为文人所喜爱。白居易诗云:"素房含露玉冠鲜,绀叶摇风钿扇圆。"[2]陆龟蒙《白莲》诗:"素葩多蒙别艳欺,此花只合在瑶池。"经过长期的栽培,人们逐步培育出"重台莲花"。唐人李肇对这一莲花品种有仔细的介绍,他说:"(苏州)近多重台荷花,花上复生一花,藕乃实中,亦异也。有生花异,而其藕不变者。"[3]除了莲花,菊花、梅花也很常见。韦应物《九日》诗云:"一为吴郡守,不觉菊花开。"[4]《吴郡志》卷三十《土物下》"菊"条云:"所在固有之,吴下尤盛。城东西卖花者,所植弥望,人家亦各自种圃者。"[5]陆龟蒙有"遥为晚花吟白菊"[6]句。梅花也是园林中不可缺少的景观花卉,白居易初到苏州便新植梅花树数株:"池边新种七株梅,欲到花时点检来。莫怕长洲桃李妒,今年好为使君开。"[7]此外,苏州还有蔷薇、桂花、石竹花、锦带花、萱草等。

江南城市经济发达,各阶层对花卉的消费量很大,这使花卉生产成了获利丰厚的产业,以致吸引了许多农民转向花卉栽培。诗人郑谷诗云:"禾黍不阳艳,竞栽桃李春。翻令力耕者,半作卖花人。"[8]这些花农往往居住在城郊附近,像唐代的苏州城北就有种花十亩的卖花翁,其花园以植花为主,兼种药材。陆龟蒙有诗云:"故城边有卖花翁,水曲舟轻去尽通。十亩芳菲为旧业,一家烟雨是元功。闲添药品年年别,笑指生涯处处红。"[9]皮日休亦有诗云:"九十携锄伛偻翁,小园幽事尽能通。斫烟栽药为身计,负水浇花是世功。"[10]像这种以种花为业的花

---

[1] 施肩吾:《江南怨》,《全唐诗》卷四九四,中华书局1999年,第5642页。
[2] 白居易:《白居易集》卷二十六《六年秋重题白莲》,中华书局1979年,第601页。
[3] 李肇:《唐国史补》卷下,上海古籍出版社1979年,第64页。
[4] 韦应物:《韦应物集》"拾遗",上海古籍出版社1998年,第607页。
[5] 范成大:《吴郡志》卷三十《土物下》,江苏古籍出版社1986年,第446页。
[6] 陆龟蒙:《甫里先生文集》卷八《别墅怀归》,河南大学出版社1996年,第97页。
[7] 白居易:《白居易集》卷二十四《新栽梅》,中华书局1979年,第539页。
[8] 郑谷:《感兴》,《全唐诗》卷六七四,中华书局1999年,第7768页。
[9] 陆龟蒙:《甫里先生文集》卷八《阊间城北有卖花翁讨春之士往往造焉》,河南大学出版社1996年,第104页。
[10] 皮日休:《皮子文薮》附录一《鲁望以花翁之什见招因次韵酬之》,上海古籍出版社1981年,第184页。

农,在经济繁荣的城市郊区应该是常见的。花卉专业生产区往往环绕在城市周围,在城郊生产,然后在城中出售,这样就比较容易在城市内外繁华区域形成花卉交易的市场。从拥有"十亩芳菲"的花农来看,苏州的花市可能也有一定的规模。

④ 药材种植

太湖流域地形多种多样,山地、丘陵地带多产药材,许多州是贡药州,采药和种药是人们的一项重要家庭副业。苏州的药材品种主要有吴蛇床子、白芷等,其中,蛇床子是苏州重要的贡品。白芷是当地的名贵药材,据《吴郡志》卷三十《土物下》载:"世传吴白芷,以吴中所出者为贵。"[1]陆龟蒙曾作《采药赋》,对白芷进行记载、歌颂。[2]苏州还盛产一种治疗跌打损伤、腹泻的药品——"扶芳"。据《大业杂记》载:"扶芳,初生缠绕它木,叶圆而厚。夏月取叶,火炙香,煮以为饮,色碧绿而香。隋大业五年,吴郡贡二百本入洛京,植之西苑。"[3]

上述药材很多可能都是野生的,不过苏州专门的药材种植已经开始,出现了"药园""药圃"之名。陆龟蒙自己有"药圃"一座,他曾写道:"无多药圃近南荣,合有新苗次第生。"其《和题达上人药圃二首》云:"药味多从远客赍,旋添花圃旋成畦。"[4]上述"药园""药圃"的出现,表明苏州的药材种植已经有了一定的发展。这些园中的名贵药材,多来自大山,如《吴郡志》卷九《古迹》"重玄寺药圃"条载:"唐末僧元达,年逾八十,好种名药。凡所植者,多致自天台、四明、包山、句曲。丛萃纷糅,各可指名。皮日休尝访之而题诗。"[5]这些外来的名药,可能以野生品种居多。在南方,重要的药材交易市场是扬州,这个位于大运河与长江交汇处的大都市,汇集了全国各地的名药,皎然有"扬州喧喧卖药市"[6]之句。唐晚期,苏州作为江南唯一的雄州,城市商业经济快速发展,药材市场可能也达到与扬州相近的情况。

(2) 家庭养殖业的兴旺

① 渔业发展与鱼类养殖

"饭稻羹鱼"是江南主要的饮食方式,渔业在当地生产生活中占有重要的地

---

[1] 范成大:《吴郡志》卷三十《土物下》,江苏古籍出版社 1986 年,第 449 页。
[2] 陆龟蒙:《甫里先生文集》卷十五《采药并序》,河南大学出版社 1996 年,第 222 页。序云:"药,白芷也。香草美人,得此比之君子。"
[3] 范成大:《吴郡志》卷三十《土物下》,江苏古籍出版社 1986 年,第 445 页。
[4] 陆龟蒙:《甫里先生文集》卷十一《自遣诗三十首》、卷九《和题达上人药圃二首》,河南大学出版社 1996 年,第 144、116 页。
[5] 范成大:《吴郡志》卷九《古迹》,江苏古籍出版社 1986 年,第 115 页。
[6] 皎然:《买药歌送杨山人》,《全唐诗》卷八二一,中华书局 1999 年,第 9344 页。

位。苏州地区鱼类品种很多,单单是上贡品种就达近十种。在所产鱼类中,珍贵者莫过于鲈鱼。鲈鱼生松江,洁白松软,味不腥,尤宜鲙,为鱼中极品。据《太平广记》卷二三四"吴馔"条载,隋炀帝大业年间,作为贡品,"吴郡献松江鲈鱼干鲙六瓶,瓶容一斗"[1]。陆龟蒙曾打趣朋友说:"君住松江多少日,为尝鲈鲙与莼羹。"[2]"鲈鲙""莼羹"成为陆龟蒙引以为豪的家乡特产。白居易卸任后也对苏州鲈鱼念念不忘:"犹有鲈鱼莼菜兴,来春或拟往江东。"[3]显然,"鲈鱼""莼菜"已经成为美味佳肴的代名词,成为外乡人对苏州美好生活的记忆。

除了鲈鱼外,《吴郡志》卷三十《土物下》还记载了不少隋炀帝时吴郡的其他渔业贡品。如"白鱼种子,隋大业六年,吴郡贡入洛京";"鲩鱼,出海中。鳞细紫色,无细骨,不腥。隋大业六年,吴郡献鲩鱼干鲙十四瓶";"鲩鱼含肚,隋大业六年,亦吴郡献之,多至千头";"海虾子,大业六年,吴郡献四十挺";"鲤腴醒,出太湖。隋大业十二年,吴郡献之";"蜜蟹、拥剑,皆大业六年吴郡所献。蜜蟹,糖蟹之类。拥剑,即《吴都赋》所谓乌贼拥剑者"[4]。吴郡能出产这么多贡品,其渔业的发展可见一斑。

渔业的发展,是以渔具的进步为标志的。诗人陆龟蒙与皮日休作了大量的《渔具诗》来讴歌苏州的捕鱼工具。[5]众所周知,上海简称为"沪",其由来就与捕鱼工具密切相关,陆龟蒙在《渔具诗并序》中亦解释曰:"列竹于海澨曰沪。"早在六朝时期,吴郡松江沿海一带渔民就利用潮汐涨落,用"扈"捕鱼了。《吴郡图经续纪》卷上《物产》载,苏州"海濒之民以网罟蒲蠃而自业者,比于农圃"。松江人王可交,就是一个"耕钓自业"者。[6]贞元中,太湖松江之口,有渔人为小网数船,一起"下网取鱼"的有十余人。[7]唐代的渔民已经作为一个常见的职业阶层,[8]有"蚱蜢为家西复东"、整年忙碌于捕捞的"渔翁",[9]以及"不悟岁月穷"、奔走于江湖之间从事鱼产品购销活动的"渔商客"。[10]

苏州的鱼类养殖向来发达,隋唐时期又有了很大的发展。上述隋大业间,吴

---

[1] 李昉:《太平广记》卷二三四引《大业拾遗记·吴馔》,中华书局1961年,第1791页。
[2] 陆龟蒙:《甫里先生文集》卷八《润州送人往长洲》,河南大学出版社1996年,第109页。
[3] 白居易:《白居易集》卷三十六《偶吟》,中华书局1979年,第832页。
[4] 范成大:《吴郡志》卷三十《土物下》,江苏古籍出版社1986年,第436—437页。
[5] 陆龟蒙:《甫里先生文集》卷五《渔具诗并序》,河南大学出版社1996年,第52—53页。
[6] 范成大:《吴郡志》卷四十一《仙事》,江苏古籍出版社1986年,第568页。
[7] 范成大:《吴郡志》卷四十五《异闻》,江苏古籍出版社1986年,第598页。
[8] 张剑光:《唐代渔业生产发展及其商品化问题》,《农业考古》1996年第3期。
[9] 张志和:《渔父歌》,《全唐诗》卷三十八,中华书局1999年,第3491页。
[10] 薛据:《登秦望山》,《全唐诗》卷二五三,中华书局1999年,第2845页。

郡献白鱼种子入洛京,并传授提取鱼子的方法。[1]随着养鱼技术的进步,唐代苏州人工养鱼更加普遍起来。在天然湖泊内,人工下种养殖,借以获利。皮日休有诗云:"移土湖岸边,一半和鱼子。池中得春雨,点点活如蚁。一月便翠鳞,终年便赪尾。借问两绥人,谁知种鱼利?"[2]

在缺少天然湖泊的地方,人们开凿人工鱼塘,或筑堰蓄水养鱼。陆龟蒙有诗云:"凿池收赪鳞,疏疏置云屿。还同汗漫游,遂以江湖处。"[3]上述情况表明,苏州凿池养鱼很普遍。白居易诗云:"褰帘放巢燕,投食施池鱼。"[4]这可能是官池。百姓也有私人鱼塘,皮日休《临顿为吴中偏胜之地,陆鲁望居之,不出郭郛,旷若郊墅。余每相访,款然惜去,因成五言十首奉题屋壁》诗曾对陆龟蒙所居环境进行过描绘,有"暴雨失池鱼"句,这应该是陆龟蒙的私人鱼池。苏州人任晦在别业内凿池养鱼,"沼似颇黎镜,当中见鱼眨"[5]。河道筑堰以后也可以养鱼。朱长文在《吴郡图经续记》中记载苏州的七堰,一说即为"蓄水养鱼之所"[6]。从天然湖泊到人工鱼塘,养鱼环境的扩展,表明苏州地区的养鱼业有了较大的发展。

随着捕鱼、养鱼业的发展,江南各州出现了以卖鱼为主的鱼市。苏州的鱼市十分热闹,即使是偏僻区域也出现了"竹密藏鱼市"的景象。[7]以斗为计量单位售卖鱼类产品成为一种习俗,《吴郡志》卷二《风俗》"鱼斗"条云:"吴俗以斗数鱼……买卖者多论斗,自唐至今如此。"[8]苏州沿海地区也有不少渔商,《全唐诗》卷二五三载薛据的《登秦望山》诗中就有"而多渔商客,不悟岁月穷"之句。水产品交易的兴旺,扩充了政府的税源。白居易诗云:"吏征鱼户税,人纳火田租。"[9]表明政府已经在征收渔业税了,这也从侧面反映出渔业商品化的进程。

② 家畜家禽的饲养

苏州地区的家畜家禽饲养业,在隋唐时期也有了很大进步。大型的家畜养

---

[1] 范成大:《吴郡志》卷三十《土物下》,江苏古籍出版社1986年,第436页。
[2] 皮日休:《皮子文薮》附录一《奉和鲁望渔具十五咏·种鱼》,上海古籍出版社1981年,第154页。
[3] 陆龟蒙:《甫里先生文集》卷五《渔具诗·种鱼》,河南大学出版社1996年,第57页。
[4] 白居易:《白居易集》卷二十四《仲夏斋居偶题八韵寄微之及崔湖州》,中华书局1979年,第545页。
[5] 皮日休:《皮子文薮》附录一《二游诗·任诗》,上海古籍出版社1981年,第138页。
[6] 朱长文:《吴郡图经续记》卷中《水》,江苏古籍出版社1999年,第48页。
[7] 王禹偁:《移任长洲诗五首》,转引自《吴郡志》卷三十七《县记》,江苏古籍出版社1986年,第535页。
[8] 范成大:《吴郡志》卷二《风俗》,江苏古籍出版社1986年,第12页。
[9] 白居易:《白居易集》卷十六《东南行一百韵》,中华书局1979年,第323页。

殖主要有牛、马、猪、羊等。牛、马主要用于劳作,猪、羊则是肉食。家禽养殖则有鸡、鸭、鹅等。

中唐以后,曲辕犁广泛应用,牛耕盛行起来,苏州地区的养牛较前代更多。农村的一般布局是"左有牛栖,右有鸡居"[1]。"牛栖"可能就是史料中提到的"牛宫"。据《吴郡志》卷二《风俗》"牛栏"条云:"牛栏,亦名牛宫。吴地下湿,冬寒,牛即入栏,唐人谓之牛宫。"[2]可见养牛户很注意为牛提供一些保暖设施。陆龟蒙有《祝牛宫辞》一文,[3]描写了一农户有七头大牛和一头刚断奶的中牛。当天气寒冷时,老农筹划着将牛纳室处之,于是找到了一块东西宽一丈七尺五、南北长二丈五尺的地方,然后埋柱填土,上面以蓬茅覆盖,为牛避雨挡寒。

苏州地区养牛很普遍,陆龟蒙本人就养有牛十多头。他的《放牛》诗描绘了当时苏州地区牧牛的情况:"江草秋穷似秋半,十角吴牛放江岸。邻肩抵尾乍依偎,横去斜奔忽分散。"[4]"十角吴牛",指的是五头耕牛,这可能是一家所拥有的。寒山亦称:"寒山有一宅,宅中无阑隔……不学田舍翁,广置牛庄宅。"[5]从"田舍翁"广置"牛庄宅"来看,唐晚期苏州农村的养牛业是相当普遍的。贞元间,华亭县界村的堰典,家遭雷击,家人及牛、鳝鱼、树木等全被焚掉。[6]由于牛耕广泛应用于水田生产,可以说牛已经成为农户家中不可或缺的重要财产了。

尽管唐政府采取保护耕牛的政策,相关法令曾三令五申严禁屠牛,但是牛肉美味的诱惑使市肆中往往有犯禁者,这在一些宣传因果报应的笔记小说中多有体现。据《朝野佥载》载:"唐洛州司仓严升期摄侍御史,于江南巡察。性嗜牛肉,所至州县,烹宰极多。"[7]又《酉阳杂俎》载:"秀才权同休友人,元和中落第,旅游苏湖间。"一日,此人生病,使者为之做牛肉。[8]江南地区"淫祀"盛行,自古民间便有"以牛祭神"的传统。[9]据《纂异记》载:"吴泰伯庙,在东阊门之西。每春秋季,市肆皆率其党,合牢醴,祈福于三让王。"[10]"牢醴"即是古代祭祀用的牲品和美酒的通称,这里的牲品,多以牛充当。

---

[1] 陆龟蒙:《甫里先生文集》卷十四《田舍》,河南大学出版社1996年,第205页。
[2] 范成大:《吴郡志》卷二《风俗》,江苏古籍出版社1986年,第11页。
[3] 陆龟蒙:《甫里先生文集》卷十六《祝牛宫辞并序》,河南大学出版社1996年,第240页。
[4] 陆龟蒙:《甫里先生文集》卷十七《放牛》,河南大学出版社1996年,第251页。
[5] 寒山:《诗三百三首》,《全唐诗》卷八〇六,中华书局1999年,第9174页。
[6] 李昉:《太平广记》卷三九三引《原化记·华亭堰典》,中华书局1961年,第3142—3143页。
[7] 张鹭:《朝野佥载》卷三《严升期》,中华书局1997年,第77页。
[8] 段成式:《酉阳杂俎》卷二《壶史》,中华书局1985年影印《丛书集成初编》本,第22页。
[9] 范晔:《后汉书》卷四十一《第五伦传》,中华书局1965年,第1397页。
[10] 李昉:《太平广记》卷二八〇引《纂异记·刘景复》,中华书局1961年,第2236—2237页。

苏州还有马的养殖,陆龟蒙《幽居并序》有云:"争先敢脱乎牛车,自给方营于马磨。"[1]一般马多用于磨坊之中。

唐代苏州地区养猪的史料并不多,而在苏州邻近区域倒有不少养猪的记录。据《集异记》载,浙东四明山有张老庄,"其家富,多养豕"[2]。陆龟蒙《记事》诗:"病里贺丰登,鸡豚聊馈饷。"应该说猪肉是当地常见的肉食品。至于羊的饲养,按唐人孟诜的《食疗本草》记载,[3]江浙有羊的饲养,但数量不多,唐诗中很少能看到关于饲养羊的记录。

江南水乡,特别适宜养鸭和鹅之类水禽。苏州乡下多养"绿头鸭"。据《吴郡志》卷二十九《土物上》"绿头鸭"条载:"水禽,村人皆养之……世传陆龟蒙居笠泽……家童以小舟驱群鸭出。"[4]唐后期,江南地区流行斗鸭娱乐活动,张籍的《寄友人》诗云:"忆在江南日,同游三月时。采茶寻远涧,斗鸭向春池。"[5]该诗说的就是在太湖地区采摘茶叶,观看斗鸭的情趣。斗鸭娱乐的盛行刺激了特殊家禽养殖业的发展。陆龟蒙"居震泽之南巨积庄,产有斗鸭一栏,颇极驯养"[6]。当然,家禽养殖更多的是为了提供肉食,满足日常生活与市场的需求,所谓"草市多樵客,渔家足水禽"[7]。白居易曾说苏杭一带"产业论蚕蚁,孳生计鸭鹑"[8]。另外鹅在江南也广泛饲养,据《朝野佥载》卷四载,久视年间,越州有一个姓祖的录事,早上外出,"见担鹅向市中者",苏州的情况估计也差不多是这样。除了鸭和鹅,常见的家禽还有鸡,甚至有以鸡命名的花草,如"哺鸡竹"。据《吴郡志》卷三十介绍,这种竹子叶大多浓阴,"其笋蔓延满地,若鸡之生子众多,故名哺鸡"[9]。

禽类的大规模养殖,为城市生活提供了丰富的食品来源。白居易卸任苏州刺史十多年后,回想起苏州往事,记忆犹新的还是"粽香筒竹嫩,炙脆子鹅鲜"[10]。

---

[1] 陆龟蒙:《甫里先生文集》卷十五《幽居》并序,河南大学出版社1996年,第212页。
[2] 李昉:《太平广记》卷四三九引《集异记·李汾》,中华书局1961年,第3581页。
[3] 孟诜:《食疗本草》卷三《羊》,安徽科学技术出版社2003年,第109页。
[4] 范成大:《吴郡志》卷二十九《土物上》,江苏古籍出版社1986年,第429页。
[5] 张籍:《张籍诗集》卷二《寄友人》,中华书局1959年,第19页。
[6] 钱易:《南部新书》丁卷,中华书局1958年,第34页。
[7] 李嘉祐:《登楚州城望驿路十余里山村竹林相次交映》,《全唐诗》卷二〇六,中华书局1999年,第2157页。
[8] 白居易:《白居易集》卷二十六《和微之春日投简阳明洞天五十韵》,中华书局1979年,第590页。
[9] 范成大:《吴郡志》卷三十《土物下》,江苏古籍出版社1986年,第449页。
[10] 白居易:《白居易集》外集卷上《和梦得夏至忆苏州呈卢宾客》,中华书局1979年,第1517页。

三、手工业

手工业是商品经济发展的重要前提之一。在中国传统社会中,统治者控制着全国的优秀工匠为其服务,形成官府工业,官府工业的产品不投放市场,而是供统治者内部享受。然而,占人口绝大多数的是下层民众,他们的消费物品除了源自个体小农的副业产品外,随着时代的发展,越来越多的消费要依赖于市场的供给。[1]这样,与官营并存、主要供给广大民众消费的民营工业就发展起来了,在唐代的苏州主要表现为家庭手工业的兴盛。

1. 纺织业

纺织业是太湖流域重要的手工业生产部门之一,主要包括麻纺业和丝纺业。其中,以苎、麻为主的纺织业是该区域的优势工业。据《新唐书》卷五十一《食货一》记载,开元二十五年(737)后在江南地区实行"以布代租",将原来的丁岁纳"稻三斛"的租改成了江南土产的布,可见麻织业在唐代江南地位十分突出。

唐代前期,麻纺业是苏州传统家庭手工业的主体,规模很大,但等级不高。[2]中唐以后,麻纺业有了迅速发展,较有名的是苎布和折皂布。[3]张籍诗云:"江南人家多橘树,吴姬舟上织白苎。"他在《白纻歌》里称赞道:"皎皎白纻白且鲜,将作春衣称少年。"[4]苎布即纻布,是当地人春季服饰常用的面料。《吴郡志》卷二《风俗》曾提到苏州有"白苎舞",可能就是因为白苎是吴地特产而知名。苏州又以产葛布知名,葛布是唐五代时期苏州贡布的主要品种之一。

唐代中后期苏州丝纺业得到了突飞猛进的发展。[5]这从其前后期上贡的品种变化即可看出来。《唐六典》卷三载苏州开元贡是红纶巾,《旧唐书》卷一〇五载天宝贡是方文绫。《新唐书》卷四十一《地理志五》载苏州土贡中的纺织品有"丝葛、丝绵、八蚕丝、绯绫、布"五种。[6]《吴郡志》所引《图经》和《九域志图叙》称,唐后期的苏州土贡有丝绵、丝布、八蚕丝、朱绫等。不仅种类增加了,丝纺业的技术也有了很大提高。和尚允躬规劝李卫公(德裕)罢饮"常州惠山水",他提

---

[1] 张泽咸:《唐代工商业》,中国社会科学出版社1995年,第2页。
[2] 据《唐六典》卷二十《太府寺》(中华书局1992年,第541页)载,唐代主要产麻区的麻布按质量高低分为九等,苏州属第四等。
[3] 范成大:《吴郡志》卷一《土贡》引《大唐国要图》,江苏古籍出版社1986年,第6页。
[4] 张籍:《张籍诗集》卷一《江南曲》《白纻歌》,中华书局1959年,第3、11页。
[5] 张泽咸:《唐代工商业》,中国社会科学出版社1995年,第97页。
[6] 欧阳修、宋祁:《新唐书》卷四十一《地理志五》,中华书局1975年,第1058页。

到,关陇地区的物产并不差,当地人也"能效苏之织纴"。[1]两税法下,丝织物成为税钱的主要替代物,沉重的赋税负担促使丝织业迅速发展起来。"家中姑老子复小,自执吴绡输税钱。家家桑麻满地黑,念君一身空努力。"[2]随着种桑养蚕的普及,桑叶也成为重要的商品进入流通环节,"中妇桑村挑叶去,小儿沙市买蓑归"[3]。学界认为唐代已经出现了植桑卖桑的专业户,体现了桑树种植的商品化倾向。

苏州种桑养蚕特别普遍,陆龟蒙有多首诗歌反映了当地养蚕抽丝的情况。"四邻多是老农家,百树鸡桑半顷麻。尽趁晴明修网架,每和烟雨掉缫车。"诗中提到的"缫车",就是缫丝的机械器具。由于种桑养蚕成为农村十分重要的家庭副业,百姓几乎家家都有一整套这样的纺织工具,养着不同品种的蚕。"蒹葭鹭起波摇笠,村落蚕眠树挂钩"[4],"红蚕缘枯桑,青茧大如瓮"[5],描绘出蚕蜕皮前不动不食的睡眠状态。蚕经过四次睡眠后,便开始吐丝结茧了,此时蚕的颜色显红,结成茧后,以白中泛青为上等。陆龟蒙《崦里》诗说:"山横路若绝,转楫逢平川。川中水木幽,高下兼良田。沟塍堕微溜,桑柘含疏烟。处处依蚕箔,家家下渔筌。"[6]反映出苏州农村蚕桑业的兴旺。

唐代苏州的丝织业产品以绫为主。苏州所产的绫,已经作为贡品运往关中。这种产品一直到明代而不衰,据正德《姑苏志》卷十四《造作》载:"(绫)诸县皆有之,而吴江为盛。唐时充贡,谓之吴绫。《旧唐书》载天宝中,吴郡贡方纺(纹)绫。大历六年,禁织龙凤、麒麟、天马、辟邪等纹,其薄而鸾鹊纹者,充装饰书画之用。"[7]由此记载可见明代苏州所产的绫和唐代方纹绫的传承关系。苏州所产绵,质量上乘,以软、柔著称。白居易对苏州丝织品十分喜爱,他曾高度评价道:"桂布白似雪,吴绵软于云。布重绵且厚,为裘有余温。"又说:"吴绵细软桂布密,柔如狐腋白似云。"[8]足见其对吴绵的喜爱程度。

---

[1] 王谠:《唐语林》卷七《补遗》,中华书局1987年周勋初校证本,第613页。
[2] 张籍:《张籍诗集》卷一《促促词》,中华书局1959年,第11页。
[3] 皮日休:《皮子文薮》卷十《西塞山泊渔家》,上海古籍出版社1981年,第115页。
[4] 陆龟蒙:《甫里先生文集》卷九《和夏初袭美见访体小斋韵》《新夏东郊闲泛有怀袭美》,河南大学出版社1996年,第115、113页。
[5] 陆龟蒙:《甫里先生文集》卷三《杂讽九首》,河南大学出版社1996年,第30页。
[6] 陆龟蒙:《甫里先生文集》卷二《奉和袭美太湖诗二十首·崦里》,河南大学出版社1996年,第25页。
[7] 王鏊:正德《姑苏志》卷十四《造作·帛之属》,《北京图书馆古籍珍本丛刊》第26册,书目文献出版社1988年影印本,第244页。
[8] 白居易:《白居易集》卷一《新制布裘》、卷十二《醉后狂言酬赠萧殷二协律》,中华书局1979年,第24、244页。

苏州的丝织品商品化程度很高,在市场上交易频繁。唐末诗人杜荀鹤在其名作《送人游吴》诗中就有"夜市卖菱藕,春船载绮罗"的记载。在其另一首《送人宰吴县》诗中亦提到当地"草履随船卖,绫梭隔水鸣"[1]。

2. 食品业

唐代苏州的食品业有了较快发展,除了日常的稻米加工外,与人们生活密切相关的食盐、酿酒、茶叶、食糖等产业也蓬勃兴起。

(1) 食盐业

苏州沿海是江南重要的海盐产地之一。自古以来,煮海为盐成为沿海百姓的重要收入来源。唐代苏州的产盐区域主要集中在嘉兴、华亭和海盐三县。

唐前期,食盐生产处于自由放任的状态,苏州百姓多以盐价市轻货折抵赋税。安史之乱以来,政府加强了食盐生产和销售的管理,设置了专门机构。据《新唐书》卷五十四《食货志》,代宗时期,刘晏在江淮地区设立十监,其中有嘉兴监。顾况云:"淮海闽骆,其监十焉,嘉兴为首。"[2]嘉兴监主要负责苏州沿海的盐业生产,下设生产场,如华亭的徐浦下场就是生产场。自古以来海盐县就是重要的产盐区,早在魏晋时期,这里就"海滨广斥,盐田相望"[3]。这种盛况,至唐依旧。开元五年(717),海盐县置澉水镇。该镇的青山、庙山、泽山等六山"不种林木,官给亭户养草煎盐之所"[4]。可以说,从中唐起,澉水镇的地位日益重要,与其食盐生产有密切关系。据学者研究,唐后期苏州嘉兴监的年产盐大约为45万石。[5]刘晏以来,唐政府采取的是民制官收、商运商销的方式,直至唐末,盐价一般为110—370文/斗,若以此为标准,每年嘉兴监的盐利可能达到49.5万—166.5万贯。

不过,盐业生产的生产额、课盐额及价钱并非一成不变,[6]所以海盐的实际收入并不固定。《旧唐书》卷一七六《卢商传》载,开成时,卢商为苏州刺史,"初,郡人苦盐法太烦,奸吏侵渔。商至,籍见户,量所要自售,无定额,苏人便之,岁课增倍"[7]。可见,盐原有定额限制,卢商打破了这一规定,提高了课盐的原额,

---

[1] 杜荀鹤:《唐风集》卷上《送人宰吴县》,中华书局1959年,第47页。
[2] 顾况:《嘉兴监记》,《全唐文》卷五二九,中华书局1983年,第5372页。
[3] 乐史:《太平寰宇记》卷九十五《江南东道七》引《吴郡记》,中华书局2007年,第1915页。
[4] 罗叔韶:《澉水志》卷上《山门·青山》,《宋元方志丛刊》第5册,中华书局1990年影印本,第4661页。
[5] 张剑光:《唐五代江南工商业布局研究》,江苏古籍出版社2003年,第170页。
[6] 李锦绣:《唐代财经史稿》(第5册),社会科学文献出版社2007年,第175—177页。
[7] 刘昫:《旧唐书》卷一七六《卢商传》,中华书局1975年,第4575页。

这在《册府元龟》中也有反映。开成二年(837)三月乙酉,盐铁使奏:"得苏州刺史卢商状,分盐场三所,隶属本州,元籴盐七万石,加至十三万石,倍收税额,直送价钱。"[1]由此可见,45万石仅仅是生产最大定额,未必能够完成,像开成时期,苏州的实际籴额仅为13万石;同时,市场中虚估价一直处于变化之中,所以籴盐价格也是变化的。若以13万石计,均价250文每斗,那么,唐后期苏州地区的盐利约为32.5万贯。[2]《吴地记》所载唐晚期苏州各县的税茶、盐、酒等收入为69万余贯,盐利占47%,约占该收入的一半。

(2) 酿酒业

苏州是太湖流域重要的稻米产地,优质高产的稻米为酿酒业的发展提供了条件。苏州的糯米是酿酒的上好原料。天宝初年,陕郡太守、水陆转运使韦坚曾在长安广运潭船上展示各郡特产,吴郡船上展示的就有"三破糯米"[3],可见苏州糯米当时已闻名天下。由于"酒法众传吴米好",时任苏州刺史的刘禹锡还曾以苏州的酿酒糯米赠送白居易,白居易以之为原料酿酒,饮用后非常满意,并赋诗道:"金屑醅浓吴米酿……醉后仍教笑口开。"[4]苏州私酿很盛行,晚年的白居易回忆起在苏州的日子,还艳羡"每家皆有酒"[5]的情况。不仅仅是城市,苏州的农村也一样,唐人张乔有《吴江旅次》诗云:"旅途归计晚,乡树别年深。寂寞逢村酒,渔家一醉吟。"[6]陆龟蒙还写过《酒星》《酒泉》《酒笃》《酒床》《酒垆》《酒楼》《酒旗》《酒樽》《酒城》《酒乡》十首组诗,如《酒床》诗有句云:"六尺样何奇,溪边濯来洁。糟深贮方半,石重流还咽。"《酒垆》诗云:"锦里多佳人,当垆自沽酒。高低过反坫,大小随圆甌。数钱红烛下,涤器春江口。若得奉君欢,十千求一斗。"这些诗对当时苏州乡村的酿酒、售酒、饮酒过程进行了详细的描写。清明节前后,苏州酒香满地,故陆龟蒙有"江南酒熟清明天,高高绿斾当风悬。谁家无事少年子,满面落花犹醉眠"[7]的佳句。

苏州制酒业兴旺,酒的品种和功能也就多了起来。如蒲黄酒,白居易诗称:

---

[1] 王钦若等:《册府元龟》卷四九四《邦计部·山泽门略》,中华书局1982年,第5905页。
[2] 《吴地记》正文所载的数值中,嘉兴、华亭、海盐三县税盐、酒、茶等的收入总额是29 6939余贯,即便全部是盐利,唐晚期苏州一地的盐税收入也不可能突破这一数值。所以,上面的估计仍有些偏高。不过,苏州生产的食盐不一定全部在当地出售,所以这一数值也仅仅是粗略的估计。
[3] 刘昫:《旧唐书》卷一〇五《韦坚传》,中华书局1975年,第3223页。
[4] 白居易:《白居易集》卷三十二《刘苏州寄酿酒糯米谢之》,中华书局1979年,第732页。
[5] 白居易:《白居易集》外集卷上《和梦得夏至忆苏州呈卢宾客》,中华书局1979年,第1517—1518页。
[6] 张乔:《吴江旅次》,《全唐诗》卷六三八,中华书局1999年,第7371页。
[7] 陆龟蒙:《甫里先生文集》卷十二《春思二首》,河南大学出版社1996年,第182页。

"自叹花时北窗下,蒲黄酒对病眠人。"自注云:"时马坠损腰,正劝蒲黄酒。"[1]这很可能是一种活血的药酒。五酘酒是苏州地区的特制酒。《吴郡志》卷二十九《土物上》载:"五酘酒,白居易守洛时,有《谢李苏州寄五酘酒》诗。今里人酿酒,曲米与浆水已入瓮。翌日,又以米投之,有至一再投者,谓之酘。其酒则清冽异常,今谓之五酘,是米五投之耶?"[2]五酘酒在唐代就已有盛名,历经宋而不衰。吴越归宋之初,王禹偁任长洲令,称赞苏州"鱼酒甚美"[3]。此外,还有青门酒,诗云:"未饮青门酒,先如醉梦身。"[4]苏州城出现了不少善酿的工匠和以酿酒起家的富人,特别知名的是"大酒巷"主人。大酒巷,"旧名黄土曲。唐时,有富人修第其间,植花浚池,建水槛、风亭,酝美酒以延宾旅,其酒价颇高,故号大酒巷"[5]。

唐初无酒禁,政府放任民间私酤,各地酿酒业发展迅速。中唐以后,政府为了增辟税源,对酒实施课税,后来干脆榷酒,全面垄断酒的产销。江南地区酒禁很严,以致"闾阎之人,举手触禁"[6],江南富民因犯酒禁而被没收家产的情况比比皆是。韦庄诗曰:"谁氏园林一簇烟,路人遥指尽长叹。桑田稻泽今无主,新犯香醪没入官。"[7]尽管如此,私酤现象仍旧普遍,以致"以酒禁坐死者,每岁不知数"[8]。由于酒法严酷,弄得民怨沸腾。晚唐时,酒禁松弛,陆龟蒙听到这一消息,欣喜若狂,"近闻天子诏,复许私酝酿。趋使奉酒材,呼儿具盆盎"[9]。官榷对酿酒业的危害可见一斑。

唐后期,榷酒钱逐步变成两税的附加税,分摊到户,成为度支的一项重要收入。《新唐书》卷五十四《食货志》载大和八年(834),"凡天下榷酒为钱百五十六万余缗,而酿费居三之一,贫户逃酤不在焉"[10]。也就是说,单纯的榷酒收入就 100 多万贯。据学者研究,在德宗贞元以后,榷酒钱征收的定额基本在 104 万贯上下。[11]元和时期,天下税户为 144 万户,若户均 0.7 贯,苏州 10 万户,就在 7

---

[1] 白居易:《白居易集》卷二十四《夜闻贾常州崔湖州》,中华书局 1979 年,第 542 页。
[2] 范成大:《吴郡志》卷二十九《土物上》,江苏古籍出版社 1986 年,第 429 页。
[3] 范成大:《吴郡志》卷三十七《县记》,江苏古籍出版社 1986 年,第 536 页。
[4] 李频:《送人归吴》,《全唐诗》卷五八九,中华书局 1999 年,第 6890 页。
[5] 朱长文:《吴郡图经续记》卷下《往迹》,江苏古籍出版社 1999 年,第 60 页。
[6] 王钦若等:《册府元龟》卷五〇四《邦计部·榷酤》"元和十四年七月"条注,中华书局 1982 年,第 6042 页。
[7] 韦庄:《官庄》,《全唐诗》卷六九七,中华书局 1999 年,第 8091 页。
[8] 元稹:《元稹集》卷五十三《薛公神道碑文铭》,中华书局 1982 年,第 571 页。
[9] 陆龟蒙:《甫里先生文集》卷三《纪事》,河南大学出版社 1996 年,第 39 页。
[10] 欧阳修、宋祁:《新唐书》卷五十四《食货志四》,中华书局 1975 年,第 1381 页。
[11] 李锦绣:《唐代财经史稿》(第 5 册),社会科学文献出版社 2007 年,第 90 页。

万贯上下。由于榷酒有利于地方敛财,直至吴越时期,官酤政策一直在实施着。[1]

(3) 制茶业

六朝掀起的饮茶之风,到了盛唐时期流行于大江南北。中唐以后,饮茶品茗蔚然成风,茶成了"人之所资","难舍斯须"的消费品。[2]甚至一些驿站也设有专门的茶库,"诸茗毕贮"[3],以招待过往的人员。茶叶需求量增加,在全国范围内形成了一个巨大的消费市场,对于原本具有悠久种茶历史的江东地区而言,这是一种巨大的推动和刺激,茶叶的种植从局部的山地向丘陵地区普及。苏州西部处于低山向平原的过渡地带,有相当大的区域适宜茶叶种植,太湖中的洞庭山一带是主要的种植区。不过,起初洞庭山所产茶叶质量似乎不太高,被《茶经》列为下品,直至唐后期才有所发展,被列为贡茶。《太平寰宇记》卷九十一《江南东道三》云:洞庭山,"按《苏州记》云:'山出美茶,岁为入贡。'"[4]《苏州记》不知何时书,但从被宋初引用的情况看,它成书的时间最晚不会迟于五代,这说明五代以前的洞庭山茶已经成为贡茶。北宋人朱长文《吴郡图经续记》卷下《杂录》记载:"洞庭山出美茶,旧入为贡。《茶经》云:'长洲县生洞庭山者,与金州、蕲州味同。'近年山僧尤善制茗,谓之'水月茶',以院为名也,颇为吴人所贵。"[5]洞庭山茶以春季采制为佳,但苏州地区早期的贡茶制作可能是在冬季进行的。据《旧唐书》卷十七下《文宗纪》载,大和七年(833)春正月,"吴、蜀贡新茶,皆于冬中作法为之。上务恭俭,不欲逆其物性,诏所供新茶,宜于立春后造"[6]。从此改冬贡茶为春贡。苏州还有一种名为"吴花"的茶叶。孟郊云:"夜思琴语切,昼情茶味新……郢唱一声发,吴花千片春。"[7]这种春季采制的早茶,呈方片状,口味清新,为时人推崇。今苏州的洞庭东西山仍然是名茶碧螺春的主要产地。

德宗贞元年间,因战争开支激增,政府开始对茶叶征税,茶利年收入有时可达60万贯。茶税主要是征收经营者的通过税,即由盐铁、度支巡院于茶叶产地及必经之地置场收税。苏州所产茶不及周边的常州、湖州,但苏州交通便利,是

---

[1]《十国春秋》卷八十七《吴程传》尚有"吴程为宰相,兼掌屯田榷酤事"的记载。
[2] 李珏:《论王播增榷茶疏》,《全唐文》卷七二〇,中华书局1983年,第7405页。
[3] 李肇:《唐国史补》卷下,上海古籍出版社1979年,第65页。
[4] 乐史:《太平寰宇记》卷九十一《江南东道三》,中华书局2007年,第1827页。
[5] 朱长文:《吴郡图经续记》卷下《杂录》,江苏古籍出版社1999年,第84页。
[6] 刘昫:《旧唐书》卷十七下《文宗纪下》,中华书局1975年,第547页。
[7] 孟郊:《孟东野诗集》卷五《题韦承总吴王故城下幽居》,人民文学出版社1959年,第84页。

南北往来的孔道,而且人口集中,茶税肯定不少。《吴地记》所载晚唐苏州七县的茶、盐、酒等税额达69万余贯,特别将茶排在了首位,可以看出茶税在苏州财政中是占有一席之地的。

（4）制糖业

唐代苏州的制糖业也有一定程度的发展。太湖流域历来是甘蔗产地,南齐人陶弘景说:"蔗出江东为胜。"〔1〕不过还没有见到当时加工食糖的记载。据《新唐书》卷二二一上《摩揭陀国传》载,贞观二十一年（647）,唐太宗派人到摩揭陀国学习熬糖法,采用江淮地区的甘蔗进行熬制并取得了成功,很快这种技术在江东一带得到了推广,不仅促进了制糖业的发展,也促使甘蔗种植面积的扩大。唐人有不少谈到江南种植甘蔗的诗句,如"甘蔗吐白莲""紫蔗节如鞭"等。〔2〕

苏州是蔗糖的重要产区,蔗糖已经成为人们日常生活中重要的必需品。陆龟蒙《江南秋怀寄华阳山人》诗曾有"江商贾蔗饧"〔3〕之句,商人们已将蔗糖作为商品兜售。五代晚期,苏州已经有了专门的制糖作坊,陶毂《清异录》云:"甘蔗盛于吴中,亦有精粗。如昆仑蔗、夹苗蔗、青灰蔗皆可炼糖;桄榔蔗乃次品。糖坊中人盗取未煎蔗液盈碗啜之,功德浆即此物也。"〔4〕《清异录》最早完成于五代末至北宋初年,记录了大量的唐代生活史实,这表明至少是五代时期,苏州人对蔗糖的成色、等级有了分类,可见蔗糖加工已经上升到一个较高的水平。

3. 制造业

（1）造船业

与太湖流域其他州郡一样,苏州地区很早就拥有高超的造船技术。隋初江南反叛,会稽人高智慧起事,"吴州同恶相济,舳舻亘水,旌旗不绝"〔5〕。隋大将来护儿称:"吴人轻锐,利在舟楫,必死之贼,难与争锋。"〔6〕据《隋书》卷二《高祖纪》载,隋文帝为此专门发布诏书,严禁吴地百姓私造大船。此后,无论是炀帝还是唐代君主,他们对高丽的作战,所用的大型战舰可能不少就产自吴人之手。

---

〔1〕 李时珍:《本草纲目》卷三十三《果之五·甘蔗》,《景印文渊阁四库全书》第773册,上海古籍出版社1986—1990年影印本,第693页。
〔2〕 樊珣《状江南·仲夏》、吕渭《状江南·仲冬》,《全唐诗》卷三〇七,中华书局1999年,第3488—3489页。
〔3〕 陆龟蒙:《甫里先生文集》卷四《江南秋怀寄华阳山人》,河南大学出版社1996年,第48页。
〔4〕 陶毂:《清异录》卷上,上海古籍出版社2012年,第40页。
〔5〕 褚亮:《隋车骑将军庄元始碑铭（并序）》,《唐文拾遗》卷十五,《全唐文》,中华书局1983年,第10525页。
〔6〕 司马光:《资治通鉴》卷一七七《隋纪一·文帝开皇十年》,中华书局1956年,第5531页。

唐代中后期,由于北方战事的需要,江南的战舰制造加快了步伐。张继的《阊门即事》中就有"耕夫召募逐楼船,春草青青万顷田"[1]的诗句。唐末张雄脱离武宁军自立,合兵三百渡江,占据苏州,"稍稍啸会,战舰千余"[2]。短时间内拥有千艘战船,说明苏州的造船业具有雄厚的基础,造船作坊既多且规模相当大。据有关史料记载,松江口的青龙镇可能就是一个大型造船场。朱长文曾访地方老宿,求青龙镇得名的原因,得知青龙镇的来历可能有二:一是这里曾经是"青龙"战舰的重要停泊地;二是孙吴时期,孙权曾于此设船厂造"青龙"舟。[3]

当然,苏州不仅能制造用于作战的大船,还能建造规模较大的民用"万斛"之舟。杜甫曾诗曰:"舟楫通盐麻""万斛之舟行若风"。[4]万斛之舟多用于商业活动。当然,基于日常生产、生活的需要,小船生产应该很多。1979年,在今上海浦东北蔡镇,出土了一艘唐初的古代木船。古船残体结构简单,由一条独木舟作船底,两侧装有弦板,组成一艘典型的加板独木舟,属于独木舟向木板船过渡的类型,能装3吨货。[5]从这艘古船的出土可以看出当时苏州居民使用船只是比较普遍的。水乡居民的生产生活离不开的是"蚱蜢"小舟,即皮日休提到的"蚱蜢三家五家"[6]。白居易仅在苏州呆了一年有余,就为自己添置了一艘小船,并作诗云:"小舫一艘新造了,轻装梁柱库安篷。深坊静岸游应遍,浅水低桥去尽通。"由于白居易对这艘小船特别喜爱,以至于其有"守得苏州船舫烂"之句。[7]

(2)矿冶加工制造业

苏州发现的金属类矿物主要是铜。《新唐书》卷四十一《地理五》载苏州吴县"有铜"。但苏州的铜矿开采较早,至唐代大多已开采完毕。唐玄宗时期,倪府君"迁吴郡长史、晋陵郡别驾。吴山铜穴,宝气尚存"[8]。但一直以来,苏州作为江东的经济都市,铸铜业比较发达。到了唐代,铸铜技术有了进一步的发

---

[1] 张继:《阊门即事》,《全唐诗》卷二四二,中华书局1999年,第2712页。
[2] 欧阳修、宋祁:《新唐书》卷一九〇《张雄传》,中华书局1975年,第5489页。
[3] 朱长文:《吴郡图经续记》卷下《往迹》,江苏古籍出版社1999年,第59页。
[4] 杜甫:《杜甫全集》卷十九《柴门》、卷十五《夔州歌》,上海古籍出版社1996年,第1346、1067页。
[5] 王正书、杨宗英、黄根余:《川沙县、武进县发现重要古船——从独木舟向木板船的过渡形式》,《船舶工程》1980年第2期。
[6] 皮日休:《皮子文薮》附录一《胥口即事六言二首》,上海古籍出版社1981年,第227页。
[7] 白居易:《白居易集》卷二十四《小舫》、卷三十五《感苏州旧舫》,中华书局1979年,第541、792页。
[8] 周绍良:《唐代墓志汇编》天宝196《倪府君墓志铭并序》,上海古籍出版社1992年,第1668页。

展。华亭县天庆观的开元钟,钟声巨洪,铸造时间为开元时期,一直用到元代才破损。[1]唐后期,苏州地区经济高速发展,苏州城内集中了众多的富人,正如皮日休《吴中苦雨因属一百韵寄鲁望》诗云:"吴中铜臭户,七万沸如蠖。""铜臭户"代指以工商致富的有钱人,这些有钱人铜器消费量较大,促进了铜器铸造业的兴旺,苏州城内可能存在有相当数量的从事铜加工的工匠。苏州发掘的七子山五代墓中,出土了大量的铜器,多是唐末五代铸造的。墓内铜器主要有铜弩机1件,铜筷1双,铜葫芦、铜锁、铜门环、铜钥匙各1件,铜马饰、铜器沿、铜饰各1件。[2]这些铜制品也可能产生于苏州本地。

另外,唐代苏州还有金银器加工业。《纂异记》称:"乙丑春,有金银行首纠合其徒,以绡画美人",献于泰伯庙,"非其月,亦无虚日"。[3]以苏州金银行"行首"为主,定期召集各类工商业者拜祭泰伯庙,人数较多,具有一定的规模。七子山五代墓中,还发掘出了大批金银器。这些金银制品工艺精细,鎏金银盒上龙腾飞舞,漆刀鞘银壳上刻有凤凰、狻猊、牡丹、流云,用唐朝盛行的细珠纹衬底。它们较多地采用了鎏金工艺,耗金少,且银器色彩华丽,反映了唐五代时期制作工艺的先进。

苏州还特产白石脂。《元和郡县图志》卷二十五《江南道一》载苏州吴郡,元和间土贡有"白石脂三十斤"[4]。《吴地记》云:"余杭山,又名四飞山,在吴县西北三十里……山有白土如玉,甚光润,吴中每年取以充贡,号曰石脂,亦曰白垩、白蟮。"[5]白石脂即白瓷土。余杭山,即阳山。《吴郡志》"白磜"条称:"出阳山。凿山为坑,深数十百丈始得。初如烂泥,见风渐坚。腻滑精细,他处无比者。"[6]苏州虽产瓷土,但至今并没有发现瓷器加工的记录。瓷土除了上贡外,还可用作它途。据《吴郡图经》载:"每岁官取长洲县白磜土为钱塘铸钱监用。"[7]苏州的白石脂运到杭州,成为"宝兴"钱监铸钱的辅助原料。

苏州没有制瓷业,但可能有制陶业。1987年吴县发现的唐天宝二年(742)张子文夫妇合葬墓,除灰陶墓志外,有13件陶俑、陶马。同期考古工作者还在苏

---

[1] 单庆纂修:至元《嘉禾志》卷十四《古迹》,《宋元方志丛刊》第5册,中华书局1990年影印本,第4511页。
[2] 廖志豪:《苏州七子山五代墓发掘简报》,《文物》1981年第2期。
[3] 李昉:《太平广记》卷二八〇引《纂异记·刘景复》,中华书局1961年,第2236页。
[4] 李吉甫:《元和郡县图志》卷二十五《江南道一》,中华书局1983年,第601页。
[5] 陆广微:《吴地记》,江苏古籍出版社1999年,第70—71页。
[6] 范成大:《吴郡志》卷二十九《土物上》,江苏古籍出版社1986年,第428页。
[7] 周淙:乾道《临安志》卷二《仓场库务》引《吴郡图经》,《宋元方志丛刊》第4册,中华书局1990年影印本,第3232页。

州城郊的虎丘鸳鸯墩等地发现了一些陶制明器。上述情况表明,苏州地区很可能存在着一些专门制造陶明器的作坊和窑场,为社会上的厚葬需求服务。[1]

(3)文具制造业

唐代苏州的造纸业比较先进,可以生产一种名为"彩笺"的优质纸。"彩笺",又名"鱼子笺"。据《吴郡志》载:"彩笺,吴中所造,名闻四方。以诸色粉和胶刷纸,隐以罗纹,然后砑花。唐皮、陆有倡和鱼笺诗云:'向日乍惊新茧色,临风时辨白萍文。'注'鱼子曰白萍',此岂用鱼子耶? 今法不传,或者纸纹细如鱼子耳。今蜀中作粉笺,正用吴法,名吴笺。"[2]

范成大的这一记述得到考古的证实。瑞光寺塔发现的《妙法莲华经》第二卷尾部墨书题记"大和辛卯四月二十八日修补",第七卷尾部金书题记有"时显德三年岁次丙辰十二月二十五日"字样。这表明经书流传到苏州后,先后在大和辛卯年(931)和显德三年(956)得到了修补,补经纸用的是碧纸,由桑皮制成。其中,由于补经纸用的桑皮纤维比原经书的纤维要短得多,原经纸是唐代所造,纤维粗长,是五代补经纸的1.5倍,所以,专家推断这些补经纸是"10世纪中叶苏州生产的"。[3]

唐代苏州还出产太湖石砚台。太湖石为波涛冲撞而成,形状绮丽,不仅是园林景观的绝佳材质,也是制砚台的上好材料,为时人所重。皮、陆均有《太湖砚》诗。如皮日休《太湖砚》诗云:"求于花石间,怪状乃天然。中莹五寸剑,外差千叠莲。月融还似洗,云湿便堪研。寄与先生后,应添内外篇。"[4]显然这是用太湖石制成的石砚。

(4)编织、漆器等加工业

苏州是江南手工编织业的中心,以竹子、灯草、蓬等为原料的编织业特别发达。《新唐书》卷四十一《地理志五》载,苏州贡中有白角簟、草席和鞋。

"白角簟"是一种竹席。这种席子做工特别细致。鲍溶有诗云:"镜湖女儿嫁鲛人,鲛绡逼肖色不分。吴中角簟泛清水,摇曳胜被三素云。"[5]"鲛绡",神话中鲛人所织的绡,极薄。鲍溶将白角簟与"鲛绡"相媲美,可见苏州的竹器制造做工精致,已经达到无与伦比的程度。曹松对这种席子推崇有加:"角簟工夫

---

[1] 叶玉奇:《江苏吴县姚桥头唐墓》,《文物》1987年第8期。
[2] 范成大:《吴郡志》卷二十九《土物上》,江苏古籍出版社1986年,第428页。
[3] 乐进、廖志豪:《苏州市瑞光寺塔发现一批五代、北宋文物》;许鸣岐:《瑞光寺塔古经纸的研究》,《文物》1979年第11期。张剑光先生认为显德三年补经之纸,当产自苏州。
[4] 皮日休:《皮子文薮》附录一《太湖砚》,上海古籍出版社1981年,第169页。
[5] 鲍溶:《采葛行》,《全唐诗》卷四八七,中华书局1999年,第5576页。

已到头,夏来全占满床秋。"[1]这是一种上好的消暑卧具,价格不菲,被列为皇家贡品送于关中。

灯心草编成的席子和草鞋是苏州十分有名的地方特产,记载于《吴郡志》卷一《土贡》内。苏州的草鞋编织可以追溯到晋代,不过直至唐中期才开始入贡。[2]灯心草鞋,又称蒲鞋,"吴人以蒲为鞋,草为屦",故杜荀鹤诗有"草屦随船卖"的佳句。[3]蒲性清凉,在炎热夏天穿蒲鞋,有清凉、爽快的感觉。苏州蒲鞋销往越州,很得女孩子的喜爱,唐末诗人刘章作《咏蒲鞋》诗云:"吴江浪浸白蒲春,越女初挑一样新。才自绣窗离玉指,便随罗袜上香尘。"[4]

苏州的草鞋技术突破了传统的方式,不仅做工精细,而且用料华丽。唐文宗大和六年(832),右仆射王涯指出:"吴越之间,织造高头草履,纤如绫縠,前代所无,费日害功,颇有奢巧。伏请委所在长吏当日切加禁绝,其诸彩帛缦或高头履,及平头小花草履,既任依旧。"[5]由于费时害工,这种"高头草履"颇遭朝廷非议,但从侧面也反映出苏州编织业的发达程度。由于蒲草编织业兴旺,苏州一带出现了人工种植蒲草的情形。陆龟蒙《种蒲》诗云:"杜若溪边手自移,旋抽烟剑碧参差。何时织得孤帆去,悬向秋风访所思。"[6]以蓬为原料编织蓬伞也是当地的重要副业。陆龟蒙诗称:"吾江善编蓬,圆者柄为伞。"[7]苏州近郊百姓编织蓬伞为城市居民提供服务。

四、商业与城市

隋灭陈后,由于吴地叛乱此起彼伏,越国公杨素认为吴州(即苏州)"非设险之地",为此将吴州治迁至古城西南十多里的横山(今七子山下新郭村一带),另建新城,"空其旧城"。[8]直至唐武德七年(624),才将城址迁回原地。这次不成功的迁徙,致使千年古城几乎荒废,蓬榛遍地。但经过唐代的发展,苏州城又重新繁荣起

---

[1] 曹松:《白角簟》,《全唐诗》卷七一七,中华书局1999年,第8328页。
[2] 唐人王献《炙毂子杂录》引《实录》云:"跂鞋、舄……晋永嘉元年,用黄草,宫内妃御皆著,始有伏鸠头履子。梁天监中,武帝易以丝,名解脱履。至陈隋间,吴越大行,而模样差多。唐大历中,进五朵草履子。建中元年,进百合草履子。"见元陶宗仪《辍耕录》卷十八,《景印文渊阁四库全书》第1040册,上海古籍出版社1986—1990年影印本,第614页。
[3] 王鏊:正德《姑苏志》卷十四《造作·器用之属》,《北京图书馆古籍珍本丛刊》第26册,书目文献出版社1988年影印本,第245页。
[4] 刘章:《咏蒲鞋》,《全唐诗》卷七六二,中华书局1999年,第8746页。
[5] 王钦若等:《册府元龟》卷六十一《帝王部·立制度二》,中华书局1982年,第679页。
[6] 陆龟蒙:《甫里先生文集》卷十二《种蒲》,河南大学出版社1996年,第173页。
[7] 陆龟蒙:《蓬伞》,《全唐诗续补遗》卷九,见《全唐诗》,中华书局1999年,第10695页。
[8] 朱长文:《吴郡图经续记》卷下《往迹》,江苏古籍出版社1999年,第58页。

来,晚唐陆广微在《吴地记》中记载:"苏州名标十望,地号六雄,七县八门,皆通水陆,郡郭三百余巷……地广人繁,民多殷富。"[1]宋人范成大在《吴郡志》卷五十《杂志》中亦云:"在唐时,苏之繁雄,固为浙右第一矣!"[2]可见当时的繁华。

1. 商业的繁荣

苏州地处三吴中心,水陆交驰,民殷物繁,便捷的交通使其成为江南地区主要的商业都会。《隋书·地理志》就记载包括吴郡在内的江南地区,"川泽沃衍,有海陆之饶,珍异所聚,故商贾并凑……衣冠之人,多有数妇,暴面市廛,竞分铢以给其夫"[3]。吴地商业之盛可见一斑。入唐以后,苏州地区的商业经济随着农业的深入开发而更加繁荣,州城所在的市场交换愈发兴旺,周围诸县普遍立"市",乡村的草市广泛兴起,城乡商品交流频繁,整个区域商品市场呈现出普遍繁荣的景象。

(1)城市经济的繁荣

传统社会中,城市是集权制进行分级管理的政治据点,起着维护统治者安全的功能。早期的苏州城市,具有浓厚的政治色彩,城市的商业活动主要服务于统治需要。早期苏州城内居民数量有限,主要包括贵族官僚和他们的一部分家属、军队、各色役使人员,以及一部分商人及城市手工业者等。其中,多数居民的生活来源主要依靠政府征发的各类赋税,商品需求量低,城市的经济功能比较弱,对周边区域的经济辐射能力有限,难以形成统一的市场。然而,隋唐以来,尤其是安史之乱引发的中原人民大规模南迁,导致南方城市人口激增,使得苏州一跃成为江东雄繁之地,时人梁肃在《吴县令厅壁记》中记载:"(吴县)人俗舛杂,号为难治。加以州将有握兵按部之重,邑居当水陆交驰之会,承上抚下之勤,征赋邮传之繁,百倍他县,夥乎其中,不可胜纪。"[4]

唐晚期单是苏州城内居民就可能有近4万户、30万人左右,[5]而在唐初,

---

[1] 陆广微:《吴地记》,江苏古籍出版社1999年,第111页。
[2] 范成大:《吴郡志》卷五十《杂志》,江苏古籍出版社1986年,第660页。
[3] 魏徵、令狐德棻:《隋书》卷三十一《地理志下》,中华书局1973年,第887页。
[4] 梁肃:《吴县令厅壁记》,《全唐文》卷五一九,中华书局1983年,第5273页。
[5]《吴地记》载吴县和长洲两县有60坊60乡,共有62 061户。其中的60坊应该是两县管辖的苏州城区部分,而60乡是两县管辖的农村部分。根据张剑光先生的研究,吴县、长洲县60坊约有26 135户。唐玄宗天宝间苏州平均每户为8.27人,如将每户平均8人作为标准,苏州城内总人口约209 080人。也就是说,唐代末年,当苏州有最高纪录的14万户时,城内人口约有20万左右。由于吴县和长洲县各乡靠近州城,有部分农村人口流入城市经商或从事服务业,加上其他的一些因素使一些人口居住在城内,因此可将城区人口再上浮1万户,约8万人左右,那么苏州城内的人口估计在30万左右。详见张剑光《隋唐五代江南城市的基本面貌和发展趋势》,《史林》2014年第1期。

整个苏州户数不及 1 万户,盛唐时期也不过 6 万余户。城内居民数量大幅度地增加,必将是以巨大的消费为前提的。大量外来移民的涌入,促使城内居民结构发生了重大变化,"人俗舛杂",形形色色的人都有。大致说来,包括诸色官吏、军士、地主富人、知识分子、贫民、浮客、艺人、妓女、奴婢、诸色依附者以及各类工商业者。[1]

苏州比较稳定的社会环境,使得官员及其家属将苏州视为寓居、占籍的首选之地。对这种普遍的现象,宋初长洲令王禹偁曾记载:"于时(按:永贞以来)宦游之士,率以东南为善地,每刺一郡、殿一邦,必留其宗属子孙占籍于治所,盖以江山泉石之秀异也。至今吴越士人多唐之旧族耳。"[2]王禹偁记载的情况史料中多有,如诗人韦应物罢职后,寓居苏州。藩镇之乱时,白居易的亲属"蕲蕲、卿娘、卢八等,同寄苏州,免至饥冻"[3]。唐末皮日休为苏州军事判官,其子皮光业后来也定居苏州。

除了衣冠户,苏州还云集着许多富商大贾。大历中,秀才蔡霞寓居苏州,求人办事,一次就"遗钱十万贯"[4]。唐代后期,皮日休称吴中"七万铜臭户",虽系夸张之语,但可以说明富户的确不少。文人士大夫是苏州城内又一重要群体。州城是地方教育的中心,聚集着众多的文人学士。如殷宅,"弱冠游太学",天宝末,"知天下将乱,乃趣装东归,侍母居吴郡"[5]。同州冯翊人杨遗直,"家世为儒","客于苏州,讲学为事,遂家于吴"[6]。这里还集聚了很多怀才不遇的士子,如大历四年(769),"处士卢仲海与从叔缵客于吴"[7]。元和中,秀才权同休友人落第,旅游苏湖间。[8]商业经济的繁荣,服务业尤其是提供精神消费的歌舞伎自不可少。安史之乱起,"礼寺隳颓,簨簴既移,警鼓莫辨。梨园弟子,半已奔亡;乐府歌章,咸皆丧坠"[9]。许多梨园子弟流散江南,如唐玄宗时期的著名乐工黄幡绰就流落到苏州。据南宋昆山人龚明之《中吴纪闻》卷五载:"昆山县西数里,有村曰绰堆,古老传云,此乃黄幡绰之墓。至今村人皆善滑稽,及能作三反

---

[1] 参考张泽咸《唐代工商业》,中国社会科学出版社 1995 年,第 250—260 页。
[2] 王禹偁:《小畜集》卷三十《建溪处士赠大理评事柳府君墓碣铭并序》,商务印书馆 1937 年,第 422 页。
[3] 白居易:《白居易集》卷六十九《祭郎中弟文》,中华书局 1979 年,第 1454—1455 页。
[4] 范成大:《吴郡志》卷四十五《异闻》,江苏古籍出版社 1986 年,第 595 页。
[5] 范成大:《吴郡志》卷二十五《人物》,江苏古籍出版社 1986 年,第 359 页。
[6] 刘昫:《旧唐书》卷一七七《杨收传》,中华书局 1975 年,第 4595 页。
[7] 李昉:《太平广记》卷三三八引《通幽录·卢仲海》,中华书局 1961 年,第 2680 页。
[8] 段成式:《酉阳杂俎》卷二《权同休友人》,中华书局 1985 年影印《丛书集成初编》本,第 22 页。
[9] 段安节:《乐府杂录》,中华书局 1985 年影印《丛书集成初编》本,第 3 页。

语。"[1]这些乐工大部分生活在商业比较发达的城市中,这使得青楼歌舞遍布其间。比如颇受白居易欣赏的柘枝舞,是一种西域少数民族舞蹈,[2]安史之乱后逐步在江南流行。当然,城市中聚居更多的是寒士、贫民和浮客。据《吴郡志》卷四十五《异闻》载,大历中,洛阳人刘贯词行乞于姑苏。白居易在苏州兴建新馆,解决了一些贫困士大夫到苏州后的居住问题。此外,苏州城内寺院道观林立,僧道尼冠人数众多。中唐时期,苏州设有长洲军,"兵籍五千人",是否全部驻守在苏州并不可知,但想必有不少是驻扎在城内的。几十万人口集中于一个城市内,他们的吃、穿、用、住、行等,无不需要通过商业市场来满足。市场的拓展,必将刺激城市各类服务业的兴盛。

民以食为天,在人口密集的区域,餐饮往往最先发展起来。吴县朱自劝死后,他的女儿入寺为尼,大历三年(768),她"令(婢)往市买胡饼,充斋馔物"[3]。后来,她又将朱自劝所遗绢卖掉,采购各类美食以招待客人。从"市诸珍膳"的情形来看,市场上有专门出售饼类的摊点,反映了当时城市饮食的多样性。

大众消费离不开酒,早在南朝时期,苏州一带已经出现了酒家,据《陈书》记载,长沙王叔坚为高宗第四子,"母本吴中酒家隶,高宗微时,尝往饮,遂与通,及贵,召拜淑仪"[4]。唐代苏州的酒楼特别多,遍布苏州城的大街小巷:"城中古巷寻诗客,桥上残阳背酒楼。"[5]甚至有街巷以酒店闻名,号"大酒巷"。酒店常以漂亮的姑娘吸引顾客,陆龟蒙诗云:"锦里多佳人,当垆自沽酒。"[6]酒店还兼具其他功能。广德初,范俶就曾于苏州开酒肆,还提供住宿。[7]

由于人多,不可能都住旅店,很多人长期定居下来,就需要租赁或购置房产。据《北梦琐言》记载,唐代文德年间,有一个张姓小京官,就曾长期"寓苏台",[8]显然是要租赁或者购买房屋。另据《太平广记》卷三六六记载,文宗时任松江华亭令的进士曹朗,卸任后定居苏州,先是购买了一所住宅,随后又花八万钱买了一名叫花红的"小青衣",以及大量的生活用品,如炭二百斤,卧具及茵席、细芦苇席十领,油,铛等。后来,花红又被转卖数家,从良后,靠针线活糊口。[9]曹朗

---

[1] 龚明之:《中吴纪闻》卷五《绰堆》,中华书局1985年影印《丛书集成初编》本,第67页。
[2] 向达:《唐代长安与西域文明》,三联书店1957年,第65页。
[3] 李昉:《太平广记》卷三三八引《广异记·朱自劝》,中华书局1961年,第2687页。
[4] 姚思廉:《陈书》卷二十八《高宗二十九王传》,中华书局1972年,第366页。
[5] 齐己:《寄吴国知旧》,《全唐诗》卷八四五,中华书局1999年,第9623页。
[6] 陆龟蒙:《甫里先生文集》卷五《酒垆》,河南大学出版社1996年,第64页。
[7] 李昉:《太平广记》卷三三七引《广异记·范俶》,中华书局1961年,第2674页。
[8] 孙光宪:《北梦琐言》卷九,中华书局1960年,第75页。
[9] 李昉:《太平广记》卷三六六引《乾鐉子·曹朗》,中华书局1961年,第2906页。

在苏州的定居生活,无一不是与市场密切联系在一起的。而这种城市房屋买卖的交易,有力地促进了城市经济的繁荣。

房产交易在苏州城内相当普遍。苏州汪凤家的房子地理位置较佳,"宅在通津",但因为有怪异之事频频发生,于是,他将房子出售给本乡人盛忠。盛氏住了几年,又将房子折价出售给邑胥张励。[1]此外,一些有钱人如富豪、官员等,往往还在城市周围地区大量购置别业,像贞元间去世的洛阳人某在苏州吴县拥有"别业",[2]客居阳羡山的河中人薛戎在苏州有"私第"。[3]

唐代城市日常生活的燃料是薪、炭,苏州这方面的交易也比较活跃。据陆龟蒙记载,他曾从胥门外小鸡山樵夫顾及手中购薪五千束。[4]在苏州的坊市内,人们经常可以看见许多城郊的樵夫和卖炭翁的身影,所谓"长忧落在樵人手,卖作苏州一束柴"。市场的繁荣往往从菜市开始,白居易为苏州刺史时,每天早上派他的家童出来买菜,"晓日提竹篮,家童买春蔬。青青芹蕨下,垒卧双白鱼"[5]。而来市场上卖东西的多是城郊之民,南方产笋,"山夫折盈抱,抱来早市鬻"。由于卖主太多,当时的商品都很便宜,"物以多为贱,双钱易一束"[6]。更多的小商贩为了快速推销商品,往往是走街串巷。苏州是水乡,水产品特别多,皮日休曾"隔墙闻卖蛤蜊声"[7],可见有不少小商贩是沿街叫卖的。据陆龟蒙记载,有一年大旱,很久没有吃到鱼,早上起来见"有客卖鲈鲂",鱼有一尺多长,十分兴奋,"呼儿舂取红莲米,轻重相当加十倍"。[8]商品交易的日渐繁荣也促使各类服务业兴旺起来,"楼暗攒娼妇,堤长簇贩夫"[9],特殊行业与小商小贩一样普遍而广泛。

苏州城市活跃的消费所产生的巨大需求,成为商品经济发展的强大推动力,使手工业部门有了突飞猛进的发展,手工业产品的工艺不断提高,技术大为改良。这从中唐时期苏州的制帽业与草鞋编织的发展趋势即能看出。据载:"永贞之前,组藤为盖,曰席帽,取其轻也……会昌以来,吴人炫巧,抑有结丝帽若网,其

---

[1] 李昉:《太平广记》卷一四〇引《集异记·汪凤》,中华书局1961年,第1010页。
[2] 周绍良:《唐代墓志汇编》贞元017,上海古籍出版社1992年,第1849页。
[3] 元稹:《元稹集》卷五十三《薛公神道碑文铭》,中华书局1982年,第571页。
[4] 陆龟蒙:《甫里先生文集》卷十六《小鸡山樵人歌并序》,河南大学出版社1996年,第229页。
[5] 白居易:《白居易集》卷二十四《东城桂三首》、卷一《放鱼》,中华书局1979年,第535、25页。
[6] 白居易:《白居易集》卷七《食笋》,中华书局1979年,第135页。
[7] 皮日休:《皮子文薮》附录一《酒病偶作》,上海古籍出版社1981年,第218页。
[8] 陆龟蒙:《甫里先生文集》卷十七《食鱼》,河南大学出版社1996年,第254页。
[9] 白居易:《白居易集》卷十六《东南行一百韵》,中华书局1979年,第323页。

巧之淫者,织花鸟相厕焉",后来又"染藤为紫,复以轻相尚。"[1]可见消费在社会再生产过程中既是终点又是起点,消费带动社会需求的扩大,需求又促进社会生产的发展。

苏州城市繁荣的另一个表现是夜市的出现。传统城市作为统治据点,具有浓厚的政治色彩。为了维护统治秩序的稳定,政府对城内的居民生活和商业活动进行严格的限制,形成了坊市制。在这种制度中,"坊"是将城市中各类建筑划分为封闭的地理单元,是政府让城内居民分区居住以实行有效管理的城市基本划分单位。[2]"里坊"是住宅区,"市坊"是政府为商品集中交易而划定的专门区域,市坊内用街道分割成若干地段,以安置摊位。市坊的中心设有管理市场的官方机构以加强对度量衡等方面的管理,有利于强化商品的质量管理、禁止商贩非法牟利等。

事实上,坊市制重在规范城内正常的市场秩序,并没有特别禁止不能在坊内进行商业活动。苏州城内,小规模经商活动随处可见,如杜荀鹤送友人来到吴县任职,沿河随处可见满船待卖的草履,[3]上文也提到皮日休曾听到隔壁出售蛤蜊的叫卖声。沿河叫卖的行商穿梭于里坊之中。商业的兴盛,使得城内热闹非凡。"坊闹半长安",白居易的诗不仅说明了苏州城规模之大,人口之多,其"闹"字,更突出了坊内的热闹情形,已经不再是一个安定的居住区,反映了中唐时期苏州城商业活动早已溢出市的界限,坊内可能形成了诸多的商品交易店铺。

坊市制有一项重要规定是关于市场营业时间的:"其市当以午时击鼓二百下,而众大会;日入前七刻,击钲三百下,散。"[4]随着商品经济的发展,夜市在全国的各大城市中普遍出现了。王建《夜看扬州》诗云:"夜市千灯照碧云,高楼红袖客纷纷。"[5]娱乐业的流行是夜市广泛兴起的主要因素,诗人卢纶夜入苏州:"沿溜入阊门,千灯夜市喧。"[6]阊门已经是当时特别繁华的商业区,夜间热闹非凡。皋桥边也是如此。"皋桥夜沽酒,灯火是谁家?"[7]皋桥边白天商品交易活跃,晚上仍有客人来买酒。杜荀鹤与朋友夜逛苏州,写下了富有神韵的千古

---

[1] 李匡乂:《资暇集》卷下《席帽》,中华书局1985年,第27页。
[2] 以下参考李孝聪《唐代城市的形态与地域结构——以坊市制的演变为线索》,载《唐代地域结构与运作空间》,上海辞书出版社2003年,第251—295页。
[3] 杜荀鹤:《唐风集》卷上《送人宰吴县》,中华书局1959年,第47页。
[4] 王溥:《唐会要》卷八十六《市》,中华书局1955年,1581页。
[5] 王建:《夜看扬州市》,《全唐诗》卷三〇一,中华书局1999年,第3425页。
[6] 卢纶:《送吉中孚校书归楚州旧山》,《全唐诗》卷二七六,中华书局1999年,第3119页。
[7] 白居易:《白居易集》卷二十四《夜归》,中华书局1979年,第541页。

佳句:"夜市桥边火,春风寺外船。"又云:"夜市卖菱藕,春船载绮罗。"[1]可见当时苏州夜市的繁荣。

(2) 地方市场的活跃

太湖东部平原地区的经济起步早,但在唐前期的整体实力是不及位于太湖南部、西北部的湖、杭、润、常等州的。伴随着苏州低乡的开发,北方移民的大量迁入不仅改变了这一情形,而且促使整个太湖流域"城市体系丰满起来,并表现为迅速的发展"[2]。对苏州而言,这一发展在加大苏州城市人口数量的同时,其腹地即东部低洼地的人口分布比重也随着土地的垦殖而迅速增加,造成了县市的扩张和乡村贸易市场的普遍兴起。

唐初,人口比较密集的州县内均有"市"的设置。唐令规定,三千户以上的县需设市。从"市令"的各项职能来看,政府置"市"的主要目的是规范市场行为及征收商税,事实上,"市"的分布及数量也能反映出区域商品经济发展所达到的规模和水平。整个唐代,苏州人口处于飞速发展的时期,人口数量的激增是以辖区内各县的发展为前提的,所以各县的人口数量和市的发展是呈正比的。从初唐到五代末,长洲、华亭、吴江、崇德等众多新县的相继析置,使太湖东部平原区域县市分布的密度逐渐增大,为更多的农户进入商品交换领域提供了可能,也为商贾贩运销售提供了固定的交易场所。新县市的设立,加强了集市贸易对农村经济的影响,使苏州各地在更小的范围内出现了一个个集贸交易中心。由《吴地记》的记载情况看,唐后期,苏州各县人口均在万户以上,县城一般是多市并存。宋人编方志时引《旧经》云昆山"邑旧有坊四,曰光化、平乐、招贤、永昌;有市二,曰都场、永安"[3]。被宋人目为《旧经》,其编纂时间至少是五代抑或更早,也可以说,隋唐以来昆山县市内的商业就有了相当规模,昆山有大量以"钉行""茶行""鱼行""丝行"来命名的桥,[4]说明桥头附近可能很早就成为专门商品的集散地。五代设立的崇德县,就有义和与语儿两市。由于州县间有着发达的水陆交通,所以县市的普遍设立,在连接城市与乡村的商品交换中起着承上启下的功能。[5]

不过,唐代中后期苏州各县城的规模还很有限,城内居民主要是县级官吏及

---

[1] 杜荀鹤:《唐风集》卷上《送友人游吴越》《送人游吴》,中华书局1959年,第28—29页。
[2] [美]施坚雅:《中华帝国晚期的城市》,叶光庭等译,中华书局2000年,第12页。
[3] 项公泽:淳祐《玉峰志》卷上《坊陌桥梁》,《宋元方志丛刊》第1册,中华书局1990年影印本,第1063页。
[4] 陆广微:《吴地记》,江苏古籍出版社1999年,第153页。
[5] 张剑光:《唐五代江南工商业布局研究》,江苏古籍出版社2003年,第380页。

其家属,还有少量的军事组织及为之服务的工商业者,县城没有完善的商业服务系统和对本区域经济起着举足轻重作用的工业,其存在更多的是一个行政据点,天宝年间,华亭县的设置就是一个突出的典型。[1]所以县市的经济功能是有限的,充其量相当于一个农村的中心集市,连接着其下为数众多的乡村集市。可以设想,边远地区的村民要上县城市场购买日常必需品是不太实际的,那么,在一些水陆便利之处,就会出现一些新的贸易中心,[2]这就是位于乡村的草市。

大运河自北而南纵贯苏州境内,繁忙的漕运促进了运河两岸民间市场的兴起。这些市场位于城外,不受政府管理,故无统一的名称,通常称为草市。[3]从无锡、吴县间的望亭到嘉兴的语儿,都有这种"市"。"灯火穿村市,笙歌上驿楼。"[4]望亭驿旁的市场,贸易活跃,夜间还很热闹。苏州阊门外的枫桥,"自古有名,南北客经由,未有不憩此桥而题咏者"[5]。枫桥是大运河通往苏州城的必经之地,南来北往的旅客众多,可能也是一个商业繁忙的交易市场。运河嘉兴段有语儿市,唐诗云:"几处天边见新月,经过草市忆西施。娟娟水宿初三夜,曾伴愁蛾〔娥〕到语儿。"[6]史载:"语儿市,在县东南,隔运河二百步,后均为县市矣。"[7]五代时期以此为基础成立崇德县,语儿市成为正规的县市。因市设县,这种建立在"市"基础上的县城,已经显示出晚唐时期苏州地区的城市有别于传统城市的政治意义,其经济意义的凸显,表明苏州腹地的商品市场发育已具备雏形。

(3) 城乡市场网络的初步形成

随着苏州低乡的系统开发,苏州与各县间的交通因水利工程的修筑而完善起来,在太湖东部平原地区已经形成了以苏州为中心的四通八达的水陆交通网络。各色消费群体集中于城市,使得城市经济功能不断加强,城市服务业的兴旺刺激农业商品化的趋势愈发明显。到了唐后期,苏州成为太湖平原地区的经济中心,与其周边的县市一起构成了辐射整个东部平原区域的经济网络。

---

[1] 张修桂先生指出:华亭东部沿海区域地域广阔,而嘉兴、昆山、海盐三县治所各偏一隅,无论是行政管理还是发展地区经济,于州于县均属不利不便,所以,"天宝十载,吴郡太守赵居贞奏割昆山、嘉兴、海盐三县置"华亭县。见《上海地区成陆过程研究中的几个关键问题》,《历史地理》第14辑,上海人民出版社1996年,第16页。
[2] [美]施坚雅:《中华帝国晚期的城市》,叶光庭等译,中华书局2000年,第22页。
[3] [日]加藤繁:《中国经济史考证》(第一卷),吴杰译,商务印书馆1959年,第315—319页。
[4] 白居易:《白居易集》卷二十四《望亭驿酬别周判官》,中华书局1979年,第552页。
[5] 范成大:《吴郡志》卷十七《桥梁》,江苏古籍出版社1986年,第244页。
[6] 徐凝:《语儿见新月》,《全唐诗》卷四七四,中华书局1999年,第5421页。
[7] 单庆:至元《嘉禾志》卷三《镇市》,《宋元方志丛刊》第5册,中华书局1990年影印本,第4436页。

苏州能够成为太湖平原地区的经济中心,除了拥有强大的农业基础外,还在于它处于三吴之要冲,江南运河之中心,"合杳臻水陆,骈阗会四方"[1]。水陆交通的便捷发达,城市消费的旺盛,对周边区域起到了强大的吸引作用。苏州城内汇集了来自全国各地的商人,不仅有经营米帛生意的西域商人,还有来自豫章的药商,来自郑州的水果商,来自长江流域的糖商以及携带腌制水产品的闽粤一带商人等,[2]出现了"贾客相趋,乘时射利"的情形。[3]繁华的乐桥,商行林立,成为商品交易异常密集的场所。《吴郡志》卷六《坊市》记载了以乐桥为中心的诸多市场名称,如乐桥东南锦绣坊有"大市",乐桥东北干将坊有"东市"、富仁坊有"鱼行桥东",乐桥西南馆娃坊有"果子行"、和丰坊有"米行",乐桥西北西市坊有"西市"、嘉鱼坊有"鱼行"等。[4]行是唐代市坊中同类商品集中进行交易的场所,行内有店和肆。《吴郡志》虽成书于宋代,但其辑录多依前代的著述,何况这些行与当时的苏州城内经济发展状况相一致,从历史连续的角度看,唐代估计也如此。苏州还是各类手工业的集中地。《太平广记》卷二八〇"刘景复"条载,苏州有"金银行",据此可推知苏州城内应该有不少首饰制造工匠。这些行已经形成了一定的规模,像"金银行"已经出现了"行首",其下集聚有大量的"行徒",他们有共同的宗教活动,每年的春季行首"纠合其徒",到泰伯庙前拜祭,"市肆皆率其党",[5]可见其规模之盛。

唐代中晚期的苏州有将近四万户居民生活在城内,这是一个巨大的消费群体,对周边区域的商品生产和交易的影响是显而易见的。作为太湖东部地区的政治和文化中心,除了诸如稻米、食盐、茶叶、水果、丝绸等大宗地方优势产品远销内地外,苏州基本的贸易对象还是在本区域内。由于赋税征收上的需要,苏州不仅与下辖各县在行政上有着频繁的往来,在贸易联系上也非常密切。便捷的水上交通也促使州城与各县的经济往来更加频繁。从嘉兴到苏州的商贩特别多,他们将嘉兴的地方特产带到苏州来交易。元稹有诗云:"贡兼蛟女绢,俗重语儿巾。"[6]自注曰:"吴中商肆多云,此有语儿丝巾。"这种在苏州市场上热销的"语儿巾"应当出自嘉兴的语儿市,可能就是这些商贩运过来的。作为本区域的

---

[1] 韦应物:《韦应物集》卷七《登重玄寺阁》,上海古籍出版社1998年陶敏等校注本,第433页。
[2] 唐人刘恂《岭表录异》卷上云:"(乌贼鱼)或入盐浑腌为干,捶如脯,亦美,吴中人好食之。"见《景印文渊阁四库全书》第589册,上海古籍出版社1986—1990年影印本,第83页。
[3] 阙名:《对梨橘判》,《全唐文》卷九八五,中华书局1983年,第10189—10190页。
[4] 范成大:《吴郡志》卷六《坊市》,江苏古籍出版社1986年,第69—71页。
[5] 李昉:《太平广记》卷二八〇引《纂异记·刘景复》,中华书局1961年,第2236页。
[6] 元稹:《元稹集》卷十二《和乐天送客游岭南二十韵》,中华书局1982年,第139—140页。

经济消费中心,城市经济的发展和需求的旺盛,引导着地方经济发展的方向,苏州近郊的蔬菜种植、花卉栽培、水果生产的专业化等,无不显示出城市经济功能的巨大辐射作用。

(4) 中外贸易的发展

唐代的苏州是大运河上的重要城市,又处于江海交汇处,有不少优良的海港,中外贸易也得到了一定发展,尤其是来自西域的胡商曾在苏州一带经营频繁。

《太平广记》卷三三七引《广异记》"萧审"条记载,永泰中,萧审为长洲令,曾将"米二百石、绢八十匹"交给安胡(即善于经商的粟特人)"经纪求利",萧审死后,安胡"辜恩已走",苏州刺史常(韦)元甫后捉得安胡,"米绢具在"。[1] 此安胡以经营米、绢来获利,可见胡商当时在苏州的经营范围已经涉及日常用品。

胡商在苏州的普遍,使得带有西域风情的商品也来到了苏州。据《纂异记》载,天宝时期进士刘景复,善音律。曾寝于吴泰伯庙之东的通波馆,在梦中被泰伯召见,为之抚琴作歌。此琴乃一胡琴,是泰伯庙新收到的市肆供奉的拜祭品。[2]

另外,鉴真第六次东渡是从苏州境内的黄泗浦出发的,随行的有24人,其中有胡国人安如宝、昆仑人军法力、瞻波国人善听等,他们都是造诣极高的艺术宗匠,也不排除是在江南地区经营的胡商。

综上所述,以苏州为中心的太湖东部区域,随着农业的发展,整个经济呈现高涨的态势,而苏州城的商业功能愈发显著,在促进城郊农业商品化的同时,通过发达的交通优势,推动了周边县市的发展。

2. 唐代苏州城的布局与规模

(1) 苏州城的布局

中唐以后,苏州逐步成为唐中央政府的财赋重地,后世苏州城的总体布局此时已经确立。

苏州城水陆双棋盘式的格局基本定型。在唐代,随着江南运河的畅通和城市外围水利工程的大规模修筑,苏州城内外的交通日益完善,八道陆门和八道水门全部开启,作为进出城门的通道。城的四周修筑有十六座埭堰,其中,七座建在城门附近,以控制水情。古城外围的水利和陆道建设带动了苏州城内的河道开凿,《吴地记》载:"城中有大河,三横四直……郡郭三百余巷。"[3] 可见,唐代

---

[1] 李昉:《太平广记》卷三三七引《广异记·萧审》,中华书局1961年,第2679页。按:永泰间,苏州刺史为韦元甫,《太平广记》此处作常元甫,误。

[2] 李昉:《太平广记》卷二八〇引《纂异记·刘景复》,中华书局1961年,第2236—2237页。

[3] 陆广微:《吴地记》,江苏古籍出版社1999年,第111页。

苏州城内以水系为脉络,以河道为骨架的"水陆相邻,河路平行"的双棋盘式城市格局已基本形成,刘禹锡诗云"二八城门开道路"[1],白居易诗云"绿浪东西南北水"[2],就是这一格局的形象反映。

子城仍是全城的建筑中心,四面的城墙均建有门楼。东墙门楼称作"东楼"。南城门楼称"谯楼",上置官鼓,定时擂鼓报时,故又名"鼓角楼"。西墙门楼因紧靠西市,又名"望市楼",为"苏之胜地"。[3]北墙门楼上建有高耸入云的城楼,韦应物时称"郡阁",白居易时改称"齐云楼",曾于其上宴集宾客,遥望全城景色,饮酒赋诗。子城内设有太守厅堂、郡圃、西园和楼阁等,规模比较大。乾宁元年(894),苏州刺史成及又修建了一座太守府大厅,使郡城的建筑更加宏大壮丽。

苏州城内有市有坊,坊是居住区,市是繁华的商业区。苏州有六十坊,《吴地记》中详细记录了这六十坊的名称,像干将、吴趋、黄鹂等名称沿用至今。唐中期以后,随着苏州城人口的增加和商业的繁荣,商业活动逐步打破了时间和地域的限制,出现了大量的夜市,而且交易活动不再局限于市内,"坊闹半长安",居民聚居区已经成为热闹的交易市场。受大运河的影响,苏州城内的商业中心也不再限于东、西二市,而是开始遍布运河旁的城门附近。见图3-1。

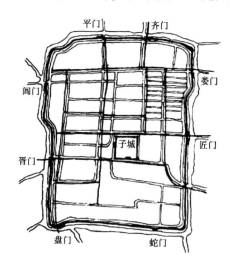

图 3-1 唐代苏州城布局示意图

资料来源:陈泳《城市空间:形态、类型与意义——苏州古城结构形态演化研究》,东南大学出版社2006年,第39页。

---

[1] 刘禹锡:《刘禹锡集》卷三十一《白舍人曹长寄新诗歌》,上海人民出版社1975年,第289页。
[2] 白居易:《白居易集》卷二十四《正月三日闲行》,中华书局1979年,第540页。
[3] 元稹:《元稹集》卷二十二《戏赠乐天、复言》诗注,中华书局1982年,第246页。

苏州小桥流水的水城风貌在唐代已经基本形成。城内水网骨架定型,河道纵横交错,小桥南北相望,"春城三百七十桥,夹岸朱楼隔柳条"[1]。这与《吴郡志》记载的宋代有桥359座基本接近。这些桥多以木制,故白居易有"红栏三百九十桥"[2]之句。大小桥梁与夹河的红楼、傍水幽巷互相掩映,正如杜荀鹤诗中所云:"君到姑苏见,人家尽枕河。古宫闲地少,水港小桥多。"[3]呈现出"小桥、流水、人家"的独特水城景观。

苏州城内南北两端仍以田园为主。贞元初韦应物来到苏州,"始见吴都大,十里郁苍苍"[4],一派田园风光。三十余年后的白居易也来到了这里,仍是"阊门四望郁苍苍"[5]。唐代末年,子城之北临顿桥(在齐门内)附近还很荒凉,诗人陆龟蒙曾居住在此,皮日休称此处环境为"不出郛郭,旷若郊野"[6]。临顿桥当齐门冲道,而居民尚如此稀少,[7]可见唐代苏州城的繁荣还局限于城内的某些区域。

唐末南方乱起,连年的战争对苏州造成了极大的破坏。如乾符二年(875),浙西狼山镇遏使王郢起兵,劫掠苏州,毁坏城堞门楼。后来,刺史张抟又进行了重建,修建了南北长十二里、东西宽九里的亚字罗城。此后,从光启二年(886)到梁开平三年(909),为争夺苏州,吴越钱氏与各方军事力量之间的战争断断续续进行了20余年,对苏州城市的破坏极大。

(2)苏州城的规模

长期以来,作为太湖流域重要的地方行政中心,城市结构的高度稳定促使了苏州城内的人口不断增加。唐代末年,苏州城内的人口将近4万户,30余万人。

为了加强对城市的控制力度,唐代在城市布局上推行严格的坊市制度,其表现之一就是以地方行政建制的等级来规定城市内建立坊区的数目,这是古人在行政制度上追求整齐划一的具体反映。唐代的苏州城,是在隋代废弃三十多年后重新修缮而成的,其布局充分体现了这一特征。白居易曾生动地描绘了坊市制下苏州城整齐划一的概貌云:"半酣凭栏起四顾,七堰八门六十坊。远近高低

---

[1] 刘禹锡:《刘禹锡集》卷三十二《乐天寄忆旧游因作报白君以答》,上海人民出版社1975年,第305页。
[2] 白居易:《白居易集》卷二十四《正月三日闲行》,中华书局1979年,第540页。
[3] 杜荀鹤:《唐风集》卷上《送人游吴》,中华书局1959年,第27页。
[4] 韦应物:《韦应物集》卷七《登重玄寺阁》,上海古籍出版社1998年陶敏等校注本,第433页。
[5] 白居易:《白居易集》卷二十四《登阊门闲望》,中华书局1979年,第533页。
[6] 朱长文:《吴郡图经续记》卷中《桥梁》,江苏古籍出版社1999年,第24页。
[7] 顾颉刚:《苏州史志笔记》,江苏古籍出版社1987年,第105页。

寺间出,东西南北桥相望。水道脉分棹鳞次,里闾棋布城册方。人烟树色无隙罅,十里一片青茫茫。"[1]

"里闾棋布城册方",正是坊市制形态的外在表象。当时的长安有108坊,洛阳有102坊,而苏州有60坊,以此数看,苏州的城市规模当时相当于半个多长安城。可见白居易所说"坊闹半长安",并非虚言。苏州城,由长洲、吴两县东西分理,各据30坊。据《吴地记》载,位于吴县境内的有通波、三让、水浮、阊阖、坤维、馆娃、调喝、平权、金凤、南宫、通关、盍簪、吴趋、白贲、南祀、长干、望馆、曳练、芾楚、处暑、棠棣、白华、即次、甘节、吴歈、洊雷、义和、噬嗑、嘉鱼、陋蜀。位于长洲县境内的有迁善、旌孝、儒教、绣衣、太元、黄鹂、玉铉、布德、立义、孙君、青阳、建善、从义、迎春、载耜、开冰、丽泽、释菜、和令、夷则、南政、仲吕、必大、豕冠、八貂、同仁、天宫、布农、富春、循陔。[2]

白居易称当时的苏州"人稠过扬府",就是说苏州城的人口很多,超过了扬州。众所周知,扬州处于"八方称辐辏,五达如砥平"的地理位置上,[3]中唐以来,全国的经济重心南移,扬州获得了"扬一益二"的美誉。唐代的扬州城"周三十里"[4],稍小于苏州城。据学者考证,两个城市的坊数基本一样。但唐后期扬州曾多次受到北方军阀势力的破坏,而苏州要比扬州稳定得多,所以白居易所谓的苏州城市人口超过了扬州,可能是实情。

苏州城的规模很大,但城内存在广大的农作区,城市居民主要集中在子城周围及道路两旁。此后,随着运河的开凿,居民沿运河集中。中唐以后,人口的增加使得苏州城市规模迅速扩大,经五代的发展,到了宋初,苏州终于达到"井邑之富,过于唐世,郛郭填溢,楼阁相望,飞杠如虹,栉比棋布,近郊隘巷,悉甃以甓,冠盖之多,人物之盛,为东南冠"[5],实现了城市发展史上的根本性飞跃。

五、水利与交通

隋唐时期,随着江南运河的疏通和太湖湖堤的修筑,尤其是塘浦圩田的开发,使得苏州的水利设施逐步完善起来,对外交通愈加通畅。

---

[1] 白居易:《白居易集》卷二十一《九日宴集醉题郡楼兼呈周殷二判官》,中华书局1979年,第457页。
[2] 陆广微:《吴地记》,江苏古籍出版社1999年,第102—103页。
[3] 权德舆:《权德舆诗文集》卷九《广陵诗》,上海古籍出版社2008年,第153页。
[4] [日]圆仁:《入唐求法巡礼行记》,花山文艺出版社1992年,第44页。
[5] 朱长文:《吴郡图经续记》卷上《城邑》,江苏古籍出版社1999年,第6—7页。

1. 水利事业的蓬勃发展

(1) 江南运河的疏通

江南运河是隋唐大运河的重要组成部分,位于大运河的最南端,北临长江,南达钱塘,贯穿水网密集的太湖流域,"平河七百里,沃壤二三州"〔1〕,全长三百多公里,流经江南经济最富庶的区域,是太湖流域航运的孔道。运河为秦汉时期所修筑,隋代对其进行了全面疏通与治理。

隋炀帝大业六年(610)十二月,"敕穿江南河,自京口至余杭,八百余里,广十余丈,使可通龙舟,并置驿官草顿"〔2〕。据后人推测,"当时开濬河道,其深阔者固无处加工,至浅狭浮涨处,其土必堆积两旁,想塘岸之基始于此"〔3〕。也就是说,隋时沿太湖东部开挖十余丈宽的水道,挖出的泥土便堆在运河两旁,成为此后修筑吴江堤塘的基础。这样,随着江南河苏州段的兴建,太湖东部沿湖区域的障水堤塘才能逐步修筑起来。由于构筑堤坝的大运河横断这一地区,使吴淞江的排水及冲刷淤积泥沙入海的能力减弱。从长期来看,大运河的堤坝构筑促使整个沿湖低洼区域淤积化,为湖东平原的开发和居民定居提供了前提条件。

(2) 太湖湖堤的兴建

太湖湖堤的修筑率先出现在太湖的西南端。这里是东西二苕溪注入太湖的通道,沿途土壤肥沃。但多雨时节溪水湍急,经常冲毁农田。秦汉以来,这里就修筑了皋塘等水利工程,尤其是晋代所修的荻塘,西起湖州城,东到平望,全长达百余里,成为沟通吴兴到吴县的水上要道和分流太湖洪水的南岸屏障。受地形的影响,太湖水面西北高于东南,若以今日地势来看,武进百渎口为最高,吴江八坼为最低,其倾斜程度在平常水位时约相差半米,洪水期可达一米以上,所以西水东趋,以吴江为主干,当湖水盛涨时则向东南方向宣泄,往往造成大面积农田、村庄被淹。所以,东南堤塘的修缮比较频繁。唐开元十一年(723)乌程县令严谋达、广德年间(763—764)湖州刺史卢幼平等相继修缮荻塘。贞元八年(792),苏州刺史于頔大规模整修荻塘,"缮完堤防,疏凿畎浍,列树以表道,决水以溉田"〔4〕。岸侧植树,不仅使荻塘愈发牢固,而且起到了指示道路的作用。这是

---

〔1〕 白居易:《白居易集》卷二十七《想东游五十韵并序》,中华书局1979年,第607页。
〔2〕 司马光:《资治通鉴》卷一八一《隋纪五·炀帝大业六年》,中华书局1956年,第5652页。
〔3〕 沈彤、倪师孟:乾隆《吴江县志》卷四十一《治水一》,江苏古籍出版社1991年影印本,第192页。
〔4〕 王鏊:正德《姑苏志》卷十一《水利上》,《北京图书馆古籍珍本丛刊》第26册,书目文献出版社1988年影印本,第197页。按:湖州刺史范传正在元和年间,也开挖了平望官河。

太湖东南端的湖堤。有了这些长堤的保护，六朝以来的吴兴地区得到了深入的开发，到了唐初，其经济发展已经与苏州并驾齐驱，在人口数量上还略胜一筹。太湖东南端长堤的修筑，使嘉兴的部分湖荡洼地开发成为可能。

太湖沿湖的东部区域，处于太湖水入海的通道上，在平望以北沿运河至苏州之间，是湖沼的集中区域，地势最低，也最为复杂和险要，故筑堤最晚。唐中期以来，运河成为唐王朝的生命线。这里水面宽阔，风浪很大，致使南往北来的漕运船只经常沉没。为了解决漕运中的风涛之险，元和五年（810），苏州刺史王仲舒在运河与太湖之间修筑了从苏州到平望数十里的长堤，时称"吴江塘路"。[1]吴江塘路实际就是江南运河苏州平望段的西堤，后世屡有修缮。[2]吴江塘路的修筑，将太湖与湖东洼地隔离开来，加速了堤岸外侧沼泽区域的淤涨，为湖东洼地的深入开发创造了条件。此前太湖水东出入海，所过之处的浅滩受湖水涨落的影响，形成季节性的沼泽地带，湖水的起伏变化，致使大片的洼地积水而荒弃。此后由于吴江塘路的修筑，湖水东去就被束缚在一定的范围内，不仅促进了太湖东岸沼泽地带的开垦，而且由于湖堤的阻挡，沿湖区域也因湖水的长期冲积而淤积出广阔的湖滩，在唐五代以后相继被辟为良田。[3]正如《震泽县志》所述："向时湖塘之外即为太湖，今塘外浮涨成田者……涨久为菱芦之地，又久为种稻之田。"[4]总之，太湖东部及东南部从苏州经平望到吴兴，环绕太湖东南涉及太湖下游区域洪涝问题的长堤，到唐代中期以后已经基本接通，从此将浩瀚的太湖与湖东南的广大水乡隔开，促成了隔水营圩，有利于东部洼地水网系统的形成，这为五代大规模的圩田提供了前提。

（3）海塘的修筑

太湖东部平原地区北枕长江，南接钱塘江，其东端延伸至大海之中，其南北分别形成两大喇叭型河口，极易诱发海啸，成为我国海潮发生最多的区域。[5]由于太湖平原呈碟状，碟缘大部分为海岸与河口段，海岸地带的海拔高于盆地中心

---

[1] 金友理：《太湖备考》卷三《水治》，江苏古籍出版社1998年，第110页。
[2] 吴江堤塘向西与顿ँ相连，向南延伸到嘉兴，最终形成了以平望为交汇点，呈"人"字形分布：自平望向北到苏州，是古塘（长洲县七里桥至吴江县观澜浦，9里）、石塘（吴江县观澜浦至澈浦铺，12里）、官塘（吴江县澈浦铺至八坼大浦桥，12里）；自平望向西至吴兴南浔为荻塘（吴江平望镇至湖州南浔，90里）；自平望向南至嘉兴是土塘（自吴江平望镇安德桥至嘉兴县王江泾，30里）。上述五塘的建立，标志着太湖东面与南面，已经完全被障水堤岸连接，运河遂与太湖隔开而自成系统，发挥着航运交通和输水、调水的功能。参见黄锡之：《太湖障堤中吴江塘路的历史变迁》，《苏州大学学报》1988年第3期。
[3] 黄锡之：《太湖障堤中吴江塘路的历史变迁》，《苏州大学学报》1988年第3期。
[4] 沈彤、倪师孟：乾隆《震泽县志》卷二《水》，江苏古籍出版社1991年影印本，第27页。
[5] 马湘泳：《江浙海塘与太湖地区经济发展》，《中国农史》1987年第3期。

区。而中心区的苏、湖、杭等地,地势低洼,有些地方的海拔接近吴淞零点,一旦发生潮灾,海水溯江而入,使低洼平原泛滥成灾,同时,咸水内灌,不仅破坏农田,而且污染水源。此外,潮流猛击海岸,往往还造成海岸内蚀,沿岸土地大面积坍塌,严重威胁着沿海人们的生存。[1]

就太湖东北部而言,崇明岛及其附近的沙洲发育较晚,长江的干流主要从北支入海,苏州所属的常熟、昆山沿江地带受江流海潮的冲击有限。太湖东南部就不同,晋代以来,人类对长江流域的开发力度在逐步加强,导致水土流失加剧,长江口南沙嘴的发育与钱塘江南岸沙滩淤涨速度加快,迫使东海潮流西趋,加大了对海盐、嘉兴一带海岸的冲击力度。海盐海岸外,原有"三十六沙、九涂、十八冈及黄盘七峰,布列海壖"[2],经过长期波涛冲激,大面积土地尽沦于海,岸线迅速向后推移。东南沿海地区是著名的海盐产区,海潮对杭州湾的冲击,严重威胁了沿江盐田的生产,影响了盐户的生存。所以,在国力增强的盛唐时期,海塘有了进一步的修缮。据《新唐书》卷四十一《地理五》载:"(盐官)有捍海塘,堤长一百二十四里,开元元年重筑。"[3]这次大规模的修缮,稳定了岸线,使之不再内移,既保证了沿海盐产地的稳定,又能防止咸潮溯河内侵而导致内陆田地盐碱化。由于解除了海潮的威胁,人们可以在沿海地段修建水利设施,筑堰蓄水,改造农田。如海盐,由于"地势南高北下,水皆北趋。夏秋之际,十日不雨,则耕者忧之。故水利视他邑尤急"[4]。此后,在海塘的保护下,对沿海土地的大规模开发也就成为可能。

据《云间志》卷中《堰闸》记载:"旧瀚海塘,西南抵海盐界,东北抵松江,长一百五十里。"[5]由于作者没有说明具体经过的位置和始筑年代,故研究者众说纷纭。[6]在没有确凿的证据前,各种假说都有其合理性。谭其骧先生将"旧瀚海

---

[1] 郑肇经、查一民:《江浙潮灾与海塘结构技术的演变》,《农业考古》1984年第2期。
[2] 顾祖禹:《读史方舆纪要》卷九十一《海盐县·海》引《宋志》,中华书局2005年,第4180页。
[3] 关于这段海塘的起讫,张修桂《上海地区成陆过程研究中的几个关键问题》有另外一种说法:唐代盐官海岸东西两侧的总长度为一百二十余里,《新唐书·地理志》所记这段长度,与之完全吻合,则重筑之开元捍海塘,当为盐官县境内的海塘。它县治西筑六十里即可与本州钱塘县海塘接轨,共策州城杭州之安危;县治东筑六十余里,即可与已废入苏州嘉兴县的旧海盐县界山相连。其东的故海盐县南境岸边,有一系列丘陵岬角,海塘无须东延,完全可以靠自然地形保护。由此论断可得出,开元海塘的修筑与海盐关系不大,然而此后嘉兴、海盐县制的稳定与海塘的修筑在时间上又很巧合,这应该不是偶然的。
[4] 徐用仪:《海盐县志》卷六《水利》引《图经》,上海书店1993年影印本,第614页。
[5] 杨潜:绍熙《云间志》卷中《堰闸》,《续修四库全书》第687册,上海古籍出版社1996—2003年影印本,第38页。
[6] 张修桂:《上海地区成陆过程研究中的几个关键问题》,《历史地理》1998年第14辑。

塘"修建的时间定在开元初，[1]并指出自秦到唐，太湖东南角的发展起步很早，秦代就设置了海盐县，但六朝时期，海盐县不是被合并就是被废止，可能就是因为没有海塘的保护，这片土地经常遭受海潮浸灌之故。直至唐代，海盐东北部有了这段海塘的保护，海塘内的农田免除了咸潮的威胁，农业由此得到了较快发展。天宝十年（751），此地新置华亭县，这应该就是人口日繁、经济发展的表现。

此外，中唐以来广泛开展的塘浦圩田体系，其本身就是重大的水利工程，对促进苏州的农业开发和交通便捷起到了非常积极的作用。

2. 水陆交通网络的形成

苏州境内地势平坦，湖泊密布，四周为江河湖海环绕，特殊的地理环境造就了苏州水网系统的发达，加强了与太湖流域各州县间经济文化的联系，使其成为太湖流域交通枢纽所在。正所谓"吴郡越江而北可以并有淮南，涉海而南可以兼取明、越，溯江而上，可以包举升、润，渡湖而前可以捷出苕、浙"[2]。大运河开凿后，苏州地区的交通在加强内部交流的同时，扩大了与外界尤其是中原地区的联系。中唐以后，太湖流域的水陆道路以前所未有的速度发展起来，以苏州为中心，交通非常便捷，形成了四通八达的水陆交通网络。

（1）苏州地区内部的交通

唐代的苏州地区，分布着远比今天为数众多的自然河流和湖泊。这些四通八达的河道，将整个太湖东部地区紧密地联系在一起，加上隋唐以来修筑的运河堤塘，形成了以州城为中心，向各县辐射的水网系统。

唐代苏州城内主干水道的格局为"三横四直"，整个城内有三百余巷，人们来往多凭舟船，时人对此多有描述。李绅诗云："烟水吴都郭，阊门架碧流。绿杨深浅港，青翰往来舟。"[3]白居易诗云："水国多台榭，吴风尚管弦。每家皆有酒，无处不过船。"[4]水上交通的发达，使苏州成为中国古代著名的水城，不仅城内交通便捷，州城与属县的联系也很方便。

从吴县到常熟有常熟塘，商旅往来于其间。《太平广记》卷二十九"李卫公"条云："苏州常熟县元阳观单尊师，法名以清，大历中，常往嘉兴，入船中，闻香气颇甚，疑有异人，遍目舟中客，皆贾贩之徒。"[5]由常熟到嘉兴，所走路线应该是

---

[1] 谭其骧：《上海大陆部分的海陆变迁和开发过程》，《长水集》下，人民出版社1987年，第177页。
[2] 顾祖禹：《读史方舆纪要》卷二四《苏州府》引《防险说》，中华书局2005年，第1157页。
[3] 李绅：《过吴门二十四韵》，《全唐诗》卷四八一，中华书局1999年，第5510页。
[4] 白居易：《白居易集》外集卷上《和梦得夏至忆苏州呈卢宾客》，中华书局1979年，第1517—1518页。
[5] 李昉：《太平广记》卷二十九引《原仙记·李卫公》，中华书局1961年，第190页。

先到苏州,再沿运河南下。而常熟至苏州间,据刘允文《苏州新开常熟塘碑铭》,有"南北之路,自城而遥,百有余里,旁引湖水,下通江潮",该水道不仅可以行舟,还可以灌溉。但唐德宗贞元以来,常熟塘淤塞,严重妨碍水上交通和灌溉,至唐宪宗元和初年,苏州刺史李素新开常熟塘,自苏州齐门北抵常熟,长90里。因为修筑于元和年间,故又名元和塘。经过这次疏通,元和塘的通航能力增强,成为苏州经常熟至长江的一条重要水上通道,自此"舟楫鳞集,农商景从"[1]。从常熟到华亭、海盐,则有盐铁塘。盐铁塘,地方志记载为西汉吴王濞运盐铁所开。[2]常熟原为汉代吴县司盐都尉署所在,这是吴王煮海为盐的管理机构。汉代吴郡的海盐生产主要集中在海盐、盐官等地,当时运输海盐沿冈身外侧的水道,是比较方便的。由于盐铁塘靠近大海,南北与江海通,时常会受海潮影响出现淤塞,因而历代对它修缮不绝。唐文宗大和年间(827—835),对常熟盐铁塘进行了一次大规模的开挖。这条河道西起今张家港的杨舍镇,经常熟、太仓,在黄渡入吴淞江,全长190里。此外,从吴县到昆山有娄江相连,吴县到华亭有吴淞江。在上述河道的沟通下,苏州地区诸县间的往来畅通无阻。

苏州地区不仅水路发达,陆路也毫不逊色。这些陆道,不仅包括能够行车的大道,也包括人行的便道。元和四年(809),李翱赴广州,途经苏州,"观走砌石,将游报恩寺,水涸,舟不通,无马道,不果游"[3]。此处"马道",应该是指通车马的大道。"马道"位于主要的街巷,是苏州城内的主干道。苏州城内的桥很多,白居易对苏州城内的桥进行了统计,有"红栏三百九十桥"之句,桥梁多,说明城内陆路的畅通。当时苏州城内外有名的有白头桥、白塘桥、宝带桥、枫桥等,其中以枫桥最为有名,中唐诗人张继所撰写的《枫桥夜泊》诗,使枫桥名垂千古。

在苏州城外,陆途与水路并行。苏州地区的塘,其实就是中间行水,两岸夹堤为路的水陆双行工程,所谓"堰限舟航路,堤通车马途"[4]。著名者有常熟塘、盐铁塘以及吴江塘路等。唐五代因塘浦圩田而形成的沟洫,成为重要的水陆双行运输线。《苏州嘉兴屯田纪绩颂》称,"上则有途,中亦有船"[5],堤上行人,堤间行舟。皮日休诗云:"塍畔起鹍鹈,田中通舴艋。"[6]自唐大历屯田以来,至

---

[1] 刘允文:《苏州新开常熟塘碑铭》,《全唐文》卷七一三,中华书局1983年,第7325页。
[2] 顾镇:《支溪小志》,沈秋农等编《常熟乡镇旧志集成》,广陵书社2007年,第188页。
[3] 李翱:《李文公集》卷十八《来南录》,商务印书馆1929年。
[4] 白居易:《白居易集》卷二十六《和微之春日投简阳明洞天五十韵》,中华书局1979年,第590页。
[5] 李翰《苏州嘉兴屯田纪绩颂》,《全唐文》卷四三〇,中华书局1983年,第4375—4376页。
[6] 皮日休:《皮子文薮》附录一《太湖诗·崦里》,上海古籍出版社1981年,第151页。

吴越时期，逐渐形成了"或五里七里，而为一纵浦，又七里或十里，而为一横塘。因塘浦之土以为堤岸，使塘浦阔深，堤岸高厚，则水不能为害，而可使趋于江"的塘浦系统。[1]像长庆间（821—825）海盐县令李谔，在县西境开浚"古泾三百条"，这些沟渠"广可通舟"。[2]《吴郡志》卷十九《水利上》载，即使到了二百余年后的宋神宗熙宁时期，尚有堰近百所，这些挡水的堤坝仍在起作用。

（2）与江南相邻各州的联系

唐代苏州与相邻的常州、湖州和杭州等地均有便利的交通动脉。《元和郡县图志》卷二十五介绍了苏州与其相邻三州及海的距离为"南至杭州三百七十里，正南微西至湖州二百一十里，东北至海三百三十里，西北至常州一百九十里"[3]。当时苏州向外的交通动脉也主要有四条：一是苏州西北到常州，运河是主要通道。据《隋书》卷四十八《杨素传》载，隋初江南平叛，杨素大军渡江后的路线是从京口、常州、无锡到苏州、南沙、松江，然后挥师南下浙东。此外，苏、常诸县间也有大路相连。如江阴有路到苏州常熟。唐末，镇海军牙将张郁在海边作乱，攻击吴县，"润州差拓跋从领兵讨之，（张）郁自常熟县取江阴而入常州"[4]。这条路线贯通吴县到常熟、江阴到常州。二是苏州东北出海，主要就是沿松江水路入海，可南下至浙东，也可北上到淮南。三是苏州沿运河经嘉兴西南至杭州，通过杭州直至睦、歙州或至浙东的其他州郡。事实上，自润、常、经苏、杭的江南运河，是长江下游地区非常重要的水陆路交通孔道，也是政府设置的主要驿路，即俗称的"官道"。韦庄诗云："一簇林亭返照间，门当官道不曾关。"[5]《北梦琐言》卷九记载，唐中和年间，"有士人苏昌远，居苏台属邑，有小庄去官道十里"[6]。这里提到的"官道"，应当是纵贯苏州境内的驿道。其四是苏州到湖州，最近的走法就是穿越太湖，也可以沿吴江塘路南行，然后沿頔塘西行。

苏州境内运河与堤塘纵横交错，州城所在地吴县，"邑居当水陆交驰之会，承上抚下之勤，征赋邮传之繁，百倍他县"[7]。这里行人很多，必然会设置众多的驿馆津渡。在苏州城内，有大量接待行人的馆舍。《吴地记》记载苏州有馆八

---

[1] 朱长文：《吴郡图经续记》卷下《治水》，江苏古籍出版社1999年，第54页。
[2] 徐用仪：《海盐县志》卷六《水利》引《图经》，上海书店1993年影印本，第614页。
[3] 李吉甫：《元和郡县图志》卷二十五《江南道一》，中华书局1983年，第600页。
[4] 皮光业：《见闻录》，转引自《资治通鉴》卷二五六《唐纪七十二·僖宗光启二年》，正月条注《考异》条，第8329页。
[5] 韦庄：《题姑苏凌处士庄》，《全唐诗》卷六九七，中华书局1999年，第8092页。
[6] 孙光宪：《北梦琐言》卷九，中华书局1960年，第74页。
[7] 梁肃《吴县令厅壁记》，《全唐文》卷五一九，中华书局1983年，第5273页。

所,即"全吴""通波""龙门""临顿""升羽""乌鹊""江风""夷亭"。按《宋平江城坊考》,江风在"渴乌巷",渴乌为翻车之别称,馆设于渴乌巷,有"候人除道之意",也就是专门进行接待事宜。[1]升月(升羽)、乌鹊、江风是古馆,通波、全吴为新建。[2]白居易任苏州刺史时曾建新馆,并赋诗云:"重裘每念单衣士,兼味常思旅食人。新馆寒来多少客,欲回歌酒暖风尘。"[3]由此可见,设馆主要是为往来的"过客"提供住宿和饮食服务。新设的通波、全吴,可能就是这时候建立的。白居易还有"莫忘全吴馆中梦,岭南泥雨步行时"[4]之句。

设于交通大道上的,主要是驿站。江南常见的是水驿,据统计,唐代的苏州有盘门驿、松江驿、平望驿、石门驿、秦驻馆等。[5]盘门驿在苏州城南。唐代中叶以前,太湖东部无堤岸,吴江南北数十里为广阔的水域,无陆路可通。唐政府在此置松江驿、平望驿以宿信使。按《姑苏志》卷二六,平望驿在吴江县南45里处,初属吴兴,开元时期割入吴县,是一个水陆两用驿。平望驿扼运河要冲,交通繁忙,南来北往的旅客众多。检诸《全唐诗》等文献,可发现颜真卿、张籍、张祜、李郢、罗隐、皎然等人均有相关题诗。[6]据《神仙感应传》记载,唐代宰相于琮的侄子于涛,随琮南迁,"途经平望驿,维舟方食,有一叟自门而进,直抵厅侧小阁子,以诣涛焉。叟之来也,驿吏疑从相国而行,不之问;相国疑是驿中人,又不之诘。既及涛所憩……"[7]可见当时平望驿中已有比较完备的食宿设施,并有驿吏负责管理。石门驿位于嘉兴西南数十里,是吴越间非常重要的道口。大历初,太原王垂和范阳卢收乘舟往来淮浙之间,途经石门驿,捎带了一位欲往嘉兴的妇人。[8]据《浙江通志》卷八十八《驿传上》引《石门县志》载,此县唐有石门驿,故市名石门。由此可知,石门驿后因市场的繁荣而得以设县。秦驻馆在海盐县南,"唐《图经》:古有秦驻馆,去县西半里,久而倾圮。长庆间,县令李锷于县南立馆,仍是名。五代时已废。"[9]《全唐诗》卷五一〇所载张祜《题海盐南馆》诗云:

---

[1] 王謇:《宋平江城坊考》附录《里巷·渴乌巷》,江苏古籍出版社1999年,第296页。
[2] 陆广微:《吴地记》,江苏古籍出版社1999年,第100页。
[3] 白居易:《白居易集》卷二十四《题新馆》,中华书局1979年,第538页。
[4] 白居易:《白居易集》卷二十四《宝历二年八月三十日夜梦后作》,中华书局1979年,第554页。
[5] 张剑光:《唐五代江南工商业布局研究》,江苏古籍出版社2003年,第248—249页。
[6] 按:颜真卿有《登平望桥下作》《夜泊平望别》,张籍有《平望驿》,张祜有《题平望驿》《题平望驿,寄吴兴徐使君玄之》,李郢有《平望驿感先辈》,罗隐有《秋日泊平望驿,寄太常裴郎中》,皎然有《登开元寺楼,送崔少府还平望驿》等。
[7] 李昉:《太平广记》卷四十三引《神仙感应传·于涛》,中华书局1961年,第272页。
[8] 李昉:《太平广记》卷三三八引《通幽记·王垂》,中华书局1961年,第2681页。
[9] 沈翼机等:《浙江通志》卷八十八《驿传上》,台湾华文书局1967年《中国省志汇编》本,第1498页。

"故人营此地,台馆尚依依。"诗中所写可能就是秦驻馆。

南方多水,过江过河离不开津渡。津是渡口,临水济渡的地方称津。苏州有松江渡。许浑《泊松江渡》诗云:"杨柳北归路,蒹葭南渡舟。"[1]钱起诗亦云:"夜火临津驿,晨钟隔浦城。"[2]可知渡口处交通比较繁忙。

苏州地区与周边其他区域的联系,往往还借助周边的自然河道。"溪壑争喷薄,江湖递交通。"[3]苏州人经常通过太湖与周边州郡往来。曹松曾从苏州横跨太湖到达义兴(今宜兴),并作《春日自吴门之阳羡道中书事》诗云:"浪花湖阔虹蜺断,柳线村深鸟雀闲。千室绮罗浮画楫,两州丝竹会茶山。"[4]描绘了苏常两州之间丝绸、茶叶的贸易情况。苏州北枕长江,通过长江水道,农产品远销长江中游和上游。杜甫有"蜀麻吴盐自古通""风烟渺吴蜀,舟楫通盐麻""蜀麻久不来,吴盐拥荆门。西南失大将,商旅自星奔"等诗句。[5]指的就是通过长江西上荆蜀的贸易。唐代松江甫里一带,有凫鹭祸害庄稼。起初,当地农民普遍使用胶性药品来粘捉暴禽,"是药也,出于长沙、豫章之涯,行贾货错,岁售于射鸟儿"。到了唐末军阀割据,长江下游地区战事连年,导致商路断绝,药不能至,暴禽一来,"所留之禾,必竭穗而后去",危害甚大。[6]显然,这种药是商人通过长江航线运至苏州的。

(3)苏州与全国及海外的联系

沟通苏州与中原联系的是大运河。隋代疏通大运河,大大改善了运河的通航条件,唐五代时期南来北往的商旅大都经此,《通典》卷七谈到大运河:"西通河洛,南达江淮……其交、广、荆、益、扬、越等州,运漕商旅,往来不绝。"故皮日休曾称赞道:"尽道隋亡为此河,至今千里赖通波。"说的就是大运河在沟通南北运输上的价值。即使唐末乱起,苏州作为大运河的重要中转站,仍发挥着作用。光启中,六合镇将徐约攻陷苏州,驱逐刺史杨茂实,"扰其地,劫吴越贡赋,钱镠遣其弟铧率兵破(徐)约"[7]。商旅往来,经江南运河北上南下,特别方便快捷。扬州是当时全国最大的商业都市,商旅云集,皎然诗称:"摇荡春风乱帆影,片云

---

[1] 许浑:《泊松江渡》,《全唐诗》卷五三〇,中华书局1999年,第6103页。
[2] 钱起:《送陆贽擢第还苏州》,《全唐诗》卷二三七,中华书局1999年,第2634页。
[3] 薛据:《登秦望山》,《全唐诗》卷二五三,中华书局1999年,第2845页。
[4] 曹松:《春日自吴门之阳羡道中书事》,《全唐诗》卷七一七,中华书局1999年,第8324页。
[5] 杜甫:《杜甫全集》卷十五《夔州歌》、卷十九《柴门》、卷十四《客居》,上海古籍出版社1996年,第1067、1346、1028页。
[6] 陆龟蒙:《甫里先生文集》卷十九《禽暴》,河南大学出版社1996年,第282页。
[7] 范成大:《吴郡志》卷五十《杂志》,江苏古籍出版社1986年,第655页。

无数是扬州。"苏州人通过运河到扬州买药,"江南药少淮南有,暂别胥门上京口。京口斜通江水流,斐回应上青山头"。[1]《来南录》载,元和四年(809),李翱自中原前往岭南,到达扬州后,渡过长江经润、常、苏、杭进入浙江。咸通九年(868),皮日休"自京东游,复得宿太华,乐荆山……浮汴渠至扬州。又航天堑,从北固至姑苏"[2]。唐末,高骈镇淮南时,女商荆十三娘常常通过运河在苏、扬两地经商。[3]唐中期以后,江南成为唐王朝最重要的财赋来源地,大运河是沟通南北漕运的主要线路。"东南四十三州地,取尽脂膏是此河。"[4]运河成为此后历代王朝的经济生命线。

苏州还借助沿海的优势,加强与海外的交流。杜甫诗云:"东下姑苏台,已具浮海航。到今有遗恨,不得穷扶桑。"[5]苏州向东有多条航道可以入海,松江是其中比较重要的一条。唐时的松江江面阔达20里,航运条件良好。据唐人陆广微《吴地记》载:"匠门,又名干将门。东南水陆二路,今陆路废。出海道,通大莱,沿松江,下沪渎。"[6]可见当时从匠门顺松江而下,至沪渎入海,是苏州出海的主要通道。日僧圆仁《入唐求法巡礼行记》卷四载,大中元年(847)六月九日,圆仁在楚州新罗坊收到了"苏州船上唐人江长,新罗人金子白、钦良晖、金珍"等人的来信,信中云该船"从苏州松江口发往日本国"。[7]另外皮日休曾有《送圆载上人归日本国》诗,日僧圆载可能就是从松江出发回日本的。

松江入海口的沪渎,本是南朝时期修筑的防止海寇的军事工事,后成为苏州对外交往的重要门户。皮日休有诗云:"全吴临巨溟,百里到沪渎。海物竞骈罗,水怪争渗漉。"[8]天宝间,在松江入海口不远处的青龙镇建立了佛寺;长庆间,报德寺又兴建了七级浮屠,从此进出松江的中外船只有了明显的航标指引。由于进出松江口进行商贸的船只众多,政府在此设置了青龙镇。据《吴郡图经续记》卷下《往迹》载,青龙镇得名可能与古时这里停泊或建造的"青龙"战舰有关。[9]据说很早的时候,这里驻扎有大量的水军,可能已经形成了聚落,成为太

---

[1] 皎然:《买药歌送杨山人》,《全唐诗》卷八二一,中华书局1999年,第9344页。
[2] 皮日休:《皮子文薮》附录一《太湖诗》并序,上海古籍出版社1981年,第143页。
[3] 孙光宪:《北梦琐言》卷八,中华书局1960年,第71页。
[4] 李敬方:《汴河直进船》,《全唐诗》卷五〇八,中华书局1999年,第5818页。
[5] 杜甫:《杜甫全集》卷十六《壮游》,上海古籍出版社1996年,第1177页。
[6] 陆广微:《吴地记》,江苏古籍出版社1999年,第25页。
[7] [日]圆仁:《入唐求法巡礼行记》,花山文艺出版社1992年,第509页。
[8] 皮日休:《皮子文薮》附录一《吴中苦雨因书一百韵寄鲁望》,上海古籍出版社1981年,第134页。
[9] 朱长文:《吴郡图经续记》卷下《往迹》,江苏古籍出版社1999年,第59页。

湖东部沿海地区的一个重要港口。

苏州东北部的常熟,有通江二十四浦,这些大浦中有许多是优良的水道,其中,黄泗浦是重要的对外港口,鉴真和尚就是在此第六次东渡。据日本天平时代(710—794)僧人真人元开所撰《唐大和上东征传》记载,鉴真和尚在前五次东渡失败后,第六次随遣唐使船从苏州黄泗浦起航,终于获得成功。其中记载如下:"天宝十二载十月十九日戌时,从(扬州)龙兴寺出,至江头……乘船下至苏州黄泗浦。……(十一月)十五日壬子,四舟同发,有一雉飞第一舟前,仍下矴留。"[1]鉴真东渡时是从扬州赶往黄泗浦与日本遣唐使会合再一起前去日本的,其间在黄泗浦停留有半个月左右,可见唐代的黄泗浦港已有相当的规模。[2]日本遣唐使曾多次从苏州出发回国,如圣武朝、孝谦朝就有两次。而光仁朝的第一、二舶均是从常熟县起航的,[3]估计也是从黄泗浦附近出发的。

唐代苏州至日本、高丽的海上交通频繁,以至于史料中还出现了不少意外事故的记载。开元二十一年(733)八月,日本朝贺使真人广成与随从五百九十人舟行遇风飘至苏州,"刺史钱惟正以闻,诏通事舍人韦景先往苏州宣慰劳焉"[4]。天宝七年(748),鉴真和尚第五次东渡时,拟从长江口转道舟山东渡日本,海行遇风,一直被吹到了海南岛方才登岸。

另据晚唐吴人范摅记载,"登州贾者马行余,转海拟取昆山路,适桐庐。时遇西风,吹到新罗国"[5]。商贾马行余计划由登州浮海,取道昆山路,转赴桐庐(今浙江桐庐),应是海行至昆山附近的娄江口或松江口,溯娄江或者松江而上,至苏州,转道运河、钱塘江,而至桐庐。可见在唐代中后期,苏州的海运和内河航运已经有机地融合在一起了。

值得一提的是,唐代的苏州水道上还出现了能够在夜间航行的船舶。白居

---

[1] [日]真人元开:《唐大和上东征传》,中华书局1979年,第85—91页。
[2] 2011年4月至12月,南京博物院和张家港博物馆组成联合考古队对黄泗浦遗址进行抢救性考古发掘,出土了大量的瓷器、陶器、铁器、铜器、骨角器等遗物,其中以瓷器数量最多,窑口种类亦相当丰富。并发现了唐代众多的房址,有些房址规模较大,且分布排列有序,应该是人们事先的整体规划,具备了较大型建筑的性质。在唐代排房的西侧还发现了唐代大型的仓廒遗迹,应与货物储藏转运有关,大量水井的发现可能与港口的淡水补给有关。在唐代河道的南侧清理出较多的灶址,说明黄泗浦当时人口数量众多,文化、贸易等交流活动频繁。见《江苏张家港黄泗浦遗址:唐宋时期长江入海口南岸一个重要港口集镇》,《中国文物报》2012年2月10日第4版。
[3] [日]木宫泰彦:《日中文化交流史》,胡锡年译,商务印书馆1980年,第86页。
[4] 王钦若:《册府元龟》卷一七〇《帝王部·来远》,中华书局1982年,第2054页。
[5] 范摅:《云溪友议》卷二,中华书局1985年影印《丛书集成初编》本,第12页。

易诗有"夜船论铺赁""寝不废乘流"等句,〔1〕均提到了夜航船。《中吴纪闻》云:"夜航船,唯浙西有之,然其名旧矣。古乐府有《夜航船》之曲。皮日休答陆龟蒙诗云:'明朝有物充君信,榨酒三瓶寄夜航。'"〔2〕唐后期,水上运输繁忙,"夜航船"可以日夜兼程地赶路。

---

〔1〕 白居易:《白居易集》卷十六《东南行一百韵》、卷二十七《想东游五十韵并序》,中华书局1979年,第323、607页。

〔2〕 龚明之:《中吴纪闻》卷四《夜航船》,中华书局1985年影印《丛书集成初编》本,第53页。

第四章 秦汉至隋唐时期的苏州社会

第四章 秦汉至隋唐时期的苏州社会

秦汉至隋唐时期是今苏州地区社会风俗形成和发展的重要阶段,对后世产生了深远的影响。以吴郡四姓为代表的世家大族,在各种历史条件的作用下,经历了从萌芽、发展、兴盛到变迁的漫长过程,成为中国中古时期吴姓士族的典型代表。隋唐时期,伴随着科举制度的发展,越来越多的家族依靠科举上的成就,成为苏州新的名门望族。

由于社会经济的迅速发展以及中原文化的影响等一系列原因,今苏州一带的民风逐渐由秦汉时期的好勇尚武,转变为隋唐时期的敦礼崇文,这一变化具有划时代的重大意义。饮食风俗方面,已经形成了以稻米及水产品为主食的地域特点,饮茶之风也已经开始盛行。婚姻风俗方面,门第婚姻成为主流,同时近亲婚、指腹婚、纳妾、再婚及冥婚等也比较流行。丧葬风俗方面,在占墓、树碑等风俗之外,还形成了吊丧行执手礼、守丧不食盐等鲜明的地域特色。伴随着社会经济的发展,苏州一带还出现了游览风尚。

对于苏州宗教史而言,秦汉至隋唐时期也是其发展的关键阶段。佛教和道教都在这一阶段传入并有了较大发展,佛寺和道观纷纷兴建,当时的高僧和著名道教人物多在此弘法讲道,吴郡大族也热衷于宗教信仰,同时涌现出了不少在中国宗教史上占据重要地位的佛道学家,为佛教和道教的发展做出了重大贡献。与此同时,民间信仰得到了很快发展,官方屡禁不绝,对后世的苏州地区产生了深远影响。

第一节 世家大族

两汉时期的选官制度是以推荐为主的察举制。由于具有推荐权力的高级地方官吏基本上都由世族大姓充任,他们察举推荐的人选大多为世族子弟,因此出现了"选士而论族姓阀阅"的局面,[1]察举制度基本上为世族门阀所掌控,成为其获取政治资本的重要手段。东汉末年,在镇压黄巾军起义的过程中,世家大族的力量得到进一步的巩固与发展,最终形成了在魏晋南朝时期占据统治地位的门阀士族集团。当时吴郡地区也形成了不少世家大族,他们不但在吴郡当地具有相当高的地位,而且对整个魏晋南朝的政治、经济、文化等方面都产生了重大影响。隋唐以后,伴随着大一统局面的形成和科举制的广泛实施,苏州的世家大族也有了不少变化。

一、吴郡大族的形成及演变[2]

秦汉以后,州郡地方大姓逐渐兴起并全面走向历史舞台,今苏州一带也不例外。但由于自然条件和社会环境的差异,今苏州一带世家大族的形成及发展过程和北方世家大族有较大差异,具有鲜明的地方特征。

先秦时期,和中原地区相比,今苏州一带仍处于相对落后的状态,春秋战国时期活跃于当地的著名人士大多来自外地,如伍子胥、孙武、范蠡等人均是。检索《史记》《吴越春秋》及《越绝书》等相关典籍,很少有出身今苏州一带人士的材料,更不用说世家大族了。直到秦汉之际,这种情况才有所变化,在项梁、项羽叔侄起兵吴中的过程中,当地人士开始登上历史舞台,如《史记》卷七《项羽本纪》中就记载了项梁和项羽"避仇于吴中"时,"吴中贤士大夫皆出项梁下",在其起兵时还"部署吴中豪杰为校尉、候、司马",[3]这些"吴中贤士大夫"和"吴中豪杰"的出现说明当时今苏州一带的本土势力已经有所发展,但显然还不够强大,他们中间还没有出现实力、地位和声望诸方面足以号召乡邦、领袖一方的名门与名士,正因为如此,来自外地的项梁叔侄才能够在此呼风唤雨,以至于出现吴中人士"皆伏"的情形。

进入西汉以后,虽然文献上没有关于今苏州一带地方势力的完整记载,但当地文士开始进入西汉内廷,且颇为活跃,表现出本土豪杰的发展及其文化上的积累。西汉前期,较早以文化显名的土著家族是吴县严氏家族,该家族在当时以"文辩"和辞赋著名,相继出现了严忌、严助、严葱奇等擅长作赋的文士,《汉书·

---

[1] 马总:《意林》卷五引仲长统《昌言》,《景印文渊阁四库全书》第872册,上海古籍出版社1986—1990年影印本,第261页。

[2] 本节参考了王永平著《六朝江东世族之家风家学研究》第一章《汉魏六朝时期江东世族的形成及其社会地位的变迁》(江苏古籍出版社2003年)及冻国栋《六朝至唐吴郡大姓的演变》(《魏晋南北朝隋唐史资料》1997年刊)等研究成果。

[3] 司马迁:《史记》卷七《项羽本纪》,中华书局1982年,第297页。

艺文志》著录了严忌赋二十四篇、严助赋三十五篇、严葱奇赋十一篇,表明该家族成员已经有良好的文化修养。但严助曾因家贫被其同门之婿所辱,可见在当地的地位还不够高,后来严助因事被诛,家族受到重创,几乎湮没无闻。而同时起家于吴县的朱买臣和其子山拊虽显名一时,但其家族也没有形成规模,后世史无再书。可见在西汉前期,今苏州一带因经济、文化水平在总体上仍然比较落后,社会发展尚不充分,还不具备培育世家大族的条件。

西汉中期以后,随着今苏州一带本土豪强力量的积聚和中原儒学风尚的南被,一些家族逐步向儒学世族转变。两汉之际,中原地区动荡,不少北方大族因躲避战乱而迁居吴郡。这些移民家族更重视儒学修养及宗族教育,他们在吴郡定居后,在宗族繁衍、财富积累和文化发展等方面都逐渐超越了当地豪强。吴郡的本土家族在其影响下也有了较快发展。大约在东汉中晚期,今苏州一带开始形成一批文化世族,成为当地占主导地位的社会力量,其中以吴郡四姓影响最大。

吴郡四姓主要指著籍于吴郡吴县的顾、陆、朱、张四姓。陆机《吴趋行》云:"属城咸有士,吴邑最为多。八族未足侈,四姓实名家。"唐李善注引张勃《吴录》曰:"八族,陈、桓、吕、窦、公孙、司马、徐、傅也。四姓,朱、张、顾、陆也。"〔1〕《世说新语·赏誉》载:"吴四姓旧目云:'张文、朱武、陆忠、顾厚。'"注引《吴录·士林》曰:"吴郡有顾、陆、朱、张,为四姓。三国之间,四姓盛焉。"〔2〕吴"四姓"并称,起于三国。由于这些家族成员在吴郡拥有较高的政治、经济地位和文化修养,同时由于宗族乡里组织的作用,也有能力组织起以宗族为核心的武装队伍,因而在孙吴政权建立的过程中,这些大族和江南其他地区的大族及南来的北方大族一起逐渐构成孙吴政权的统治基础。

在建安末和孙吴建国之后,吴郡四姓的力量得到进一步的发展。《三国志》卷五十六《吴书·朱治传》载:"公族子弟及吴四姓多出仕郡,郡吏常以千数,治率数年一遣诣王府,所遣数百人。"〔3〕吴四姓与公侯子弟并举,出仕郡吏者竟"常以千数"。这是按照汉代衣冠子弟垄断州郡掾属的惯例,所享有的优先选拔的权利。这些出仕郡吏的公侯及四姓子弟经朱治前后"遣诣王府"者计达数百人之多,可见在孙权当政时期,吴郡四姓已经成为这一政权的统治核心,因此孙吴

---

〔1〕 陆机:《吴趋行》,《文选》卷二十八《乐府下》,上海古籍出版社1986年,第1308页。

〔2〕 刘义庆:《世说新语》卷中之下《赏誉第八》,上海古籍出版社1993年余嘉锡笺疏本,第490—491页。

〔3〕 陈寿:《三国志》卷五十六《吴书·朱治传》,中华书局1982年,第1305页。

末年陆凯上书孙皓有"先帝外仗顾、陆、朱、张"之语。[1]

孙吴政权灭亡之后,吴郡四姓远离政治中心,很多人退隐不仕,政治地位大为下降,以致顾、张二姓自称"衰宗",但他们的宗族组织和经济基础恐并未遭到大的破坏,势力尚存。《世说新语·赏誉》载:"有问秀才:'吴旧姓何如?'答曰:'吴府君圣王之老成,明时之俊义。朱永长理物之至德,清选之高望。严仲弼九皋之鸣鹤,空谷之白驹。顾彦先八音之琴瑟,五色之龙章。张威伯岁寒之茂松,幽夜之逸光。陆士衡、士龙鸿鹄之裴回,悬鼓之待槌。'"[2]文中的"秀才"据刘孝标注乃指蔡洪,洪亦吴郡人,初仕孙吴,晋太康中为本州从事,举秀才。所列举的"吴旧姓"计有6姓。其中"吴府君"指吴展,原籍在下邳,实非吴地土著,朱永长即朱诞,系吴郡朱氏,严仲弼即严隐,虽为吴郡人,却非吴土大姓,张威伯即张畅,顾彦先即顾荣,陆士衡、士龙即陆机、陆云兄弟,分别出自吴郡张、顾、陆三姓。这些所谓"吴旧姓",子孙在吴亡后一段时间内多退隐故土,晋太康以后一部分北上赴洛,如陆机、陆云、顾荣、张翰等即是,但被视为"亡国之余"的他们在西晋朝廷中倍受歧视和排挤,陆机、陆云兄弟在八王之乱中因遭北士忌恨而被冤杀,其他如顾荣、张翰等名士也受尽屈辱,纷纷还乡。

永嘉之乱后,大批中原士族随司马睿渡江南下,吴姓士族由于在西晋初年受到排挤,本来就对北方士人没多少好感,这时更不愿把这些"中国亡官失守之士"放在眼里。[3]司马睿镇建康后,"吴人不附,居月余,士庶莫有至者"[4]。甚至连执掌大权的王导请婚于陆玩也被陆玩以"义不为乱伦之始"为由而坚拒,[5]后司马睿不惜屈尊去笼络吴姓望族,给予吴姓望族以显职,进入晋统治集团的吴姓士族为数不少。单以吴郡四姓而论,见于记载的至少有陆氏6人,顾氏4人,张氏3人,朱氏1人。其中陆玩、顾和均官至侍中、司空。但对于那些有极强号召力的吴姓望族,东晋皇室和侨姓士族显然颇为忌惮,故在逐步站稳脚跟后就慢慢把他们从权力中枢中排挤出去,吴姓士族在经过东晋初年的短暂辉煌后,最终归于沉寂。

东晋末年,出身寒微的刘裕在政坛异军突起,最终建立了刘宋政权。在此过程中,他和吴郡士族关系密切,尤其是吴郡张氏中的张裕、张邵兄弟在刘宋建国

---

[1] 陈寿:《三国志》卷六十一《吴书·陆凯传》,中华书局1982年,第1406页。
[2] 刘义庆:《世说新语》卷中之下《赏誉第八》,上海古籍出版社1993年余嘉锡笺疏本,第431—432页。
[3] 房玄龄等:《晋书》卷五十八《周处传附周𫖮传》,中华书局1974年,第1574页。
[4] 房玄龄等:《晋书》卷六十五《王导传》,中华书局1974年,第1745页。
[5] 刘义庆:《世说新语》卷中之上《方正第五》,上海古籍出版社1993年余嘉锡笺疏本,第305页。

过程中立下了汗马功劳,也得到了刘裕的器重和信任,从而开启了吴郡张氏在南朝的兴盛之旅。但在南朝各政权中,占主导地位的仍是侨姓高门,吴姓士族的地位依然低下。因此《南史》卷八十《侯景传》载侯景请娶于王、谢,梁武帝言"王、谢门高非偶,可于朱、张以下访之"[1]。

南朝灭亡之后,吴郡四姓和其他江南士族一样基本上从政治舞台上消失。他们中的一部分仍然留在原籍,另一部分则来到关中,依凭他们的文化修养跻身于统治集团,得以支撑门户。由于社会上门阀观念根深蒂固,这些旧士族的社会地位仍然在一定程度上得到当时的尊重和承认。国家图书馆藏敦煌所出唐初《氏族谱》残卷录吴郡四姓,仍是朱、张、顾、陆。直到北宋初年修撰的《太平寰宇记》,所列吴郡所出四姓也还是这样。但斯坦因所窃敦煌文书第2052号《新集天下姓望氏族谱》残卷则稍异,记为:"苏州吴郡出五姓,朱、张、顾、陆、暨。"该氏族谱据考大致为唐德宗时期之物,所记各地郡姓较之前期官修姓氏书录各地郡姓数均有大幅度增加,因此苏州吴郡大姓扩大为五姓并非是仅见的事例。但前列四姓仍是朱、张、顾、陆,后面所增的"暨"姓却是新的变化。暨氏本为吴地旧姓之一,孙吴黄武时期选曹尚书暨艳坐检核三署郎官事被诬自杀,以后的吴郡暨氏在南朝史籍上提到的都是普通小吏乃至"盗贼"。陈后主时有一位暨慧景,此人曾被引为尚书金、仓部令史,加奉朝请,后被斩杀,此外的暨氏便很少见于记载,在唐代也默默无闻,林宝《元和姓纂》亦未著录暨姓,不知为何在唐代中后期的《新集天下姓望氏族谱》中突然被录于吴郡大姓之列。宋人邓名世《古今姓氏书辩证》云:"暨……今余杭与闽中多此姓。"[2]可能是吴郡暨姓在唐中期以后逐渐兴起,并有所迁移。总之,在唐代修撰的姓氏书、氏族谱中,朱、张、顾、陆仍被列入吴郡著姓,这是沿袭旧有的传统,表明他们的社会地位仍然受到尊重,但原非著姓的庶族暨氏能够与之并列于吴郡郡姓,可见士庶之别已经渐趋湮灭。

隋唐时代吴郡旧姓尤其是四姓中的顾、陆二姓在相当长的一段时期内还在不断地显示出他们固有的文化优势。唐代的儒学人物及诗文作家中出于吴地顾、陆二氏的占有相当比例,从进士登科的数字来看也是如此。徐松《登科记考》录唐逐年及第人数计6700余人,其中姓名、籍贯、时代均可考者仅567人,属于江南道者计有187人,而苏州吴郡一地即占近50人。出自吴郡旧姓顾氏的进士较著名者有顾少连、顾师邕、顾况、顾非熊、顾在熔等,陆氏较著者则有陆贽、陆

---

[1] 李延寿:《南史》卷八十《贼臣·侯景传》,中华书局1975年,第1996页。
[2] 邓名世:《古今姓氏书辩证》卷三十七,《景印文渊阁四库全书》第922册,上海古籍出版社1986—1990年影印本,第355页。

畅、陆瑰、陆宾虞、陆雇等。相对而言。吴郡张氏则甚少,而朱氏较早地退出了历史舞台,唐代登科入仕者寥寥无几。这表明随着唐代进士科的日渐重要,有着悠久文化传统的吴郡旧姓和北方的山东旧姓一样得以凭借其优越的文化修养和经济条件竞趋科场,作为登入仕途的进身之阶,同时也表明吴郡旧姓由于原先在家学、家风等方面的差异,造成了他们的后裔在隋唐时代的不同命运。

唐代中后期,吴郡一些原本默默无闻的家族和从外地迁入吴郡的家族相继登场。如吴郡归氏,在汉代乃至六朝先世无闻,唐以前几乎未有登入史传者。但自唐天宝末归崇敬明经擢第后,代不乏人。宪宗元和七年(812)归崇敬之孙归融登第,融之后继有6人登第,其中3人为状元。归氏成为中唐以后吴郡最具声名的大家族之一。《登科记考》中籍注为吴郡的进士还有杨氏、裴氏、翁氏、谈氏、崔氏、羊氏、郑氏等。杨氏系来自关中的同州冯翊,羊氏则来自襄阳,而崔、裴、郑等氏都是北方原有的大姓,这些籍注于吴郡的非吴旧姓的进士、文人,显然是自外地迁来。梁肃《吴县令厅壁记》述安史乱后吴县一带的人俗舛杂状况有云:"自京口南被于湔河,望县十数,而吴为大。国家当上元之际,中夏多难,衣冠南避,寓于兹土,叁编户之一。由是人俗舛杂,号为难治。"[1]梁肃所述安史乱后移入吴县的北方人户占当地编户的三分之一,可见唐中叶以后,吴郡的居民成分和家族结构已发生重大变化。不少资料表明,唐代吴郡大姓如顾、陆子弟或者在外地任官,或者入京师应考,多年不再还乡,与本土日益脱离联系。这一情况早在南朝已是如此,唐代更为普遍,意味着吴郡大姓在当地的影响已大为减弱。

晚唐以后人口包括文士、才子的流移已完全改变了吴郡一带的居民结构,新的文化家族和文士代替了吴郡旧有的士族。而这些新的家族和文士的登场与以往的士族高门具有完全不同的性格。旧有的吴郡大姓不仅丧失了他们在政治、社会上的地位,也逐渐失去了文化上的优势。

吴郡大姓有一个漫长的形成、发展和升降替变的过程。最初的吴郡四姓起自东汉以来该地区文化水平较高的家族,这些家族大多是"世仕州郡",从而建立起在本土的政治地位,具有一定的声望,同时也形成了一定的宗族乡里势力,这和汉末北方各地大姓名族的发育滋长有着相类的倾向。在孙吴政权之下,吴郡四姓作为这一政权的统治基础乃至统治核心之一获得了迅速的发展。而在此期间"四姓"也有一个强弱的问题。晋及南朝时期,"四姓"地位有一个明显的变化,这主要是张氏的上升,与顾、陆基本呈并驾齐驱之势,而朱氏则似

---

[1] 梁肃:《吴县令厅壁记》,《全唐文》卷五一九,中华书局1983年,第5273页。

较早地退出了历史舞台。张氏的上升并不意味着其社会地位和文化优势已居于顾、陆之上,他们在家学、家风等方面的差异导致了他们的后裔在以后时代的不同走向。当南朝政权瓦解之后,吴郡旧姓不可避免地遭到了同样的命运。不过,他们仍有文化及经济上的优势,因而可以凭借这些优势致身通显,跻身于新的统治集团。但是,随着唐代江南社会经济和文化的发展,以及社会的变动和人口的流移,在很大程度上改变了吴郡一带的居民成分和家族结构,改变了少数旧有的大姓名家垄断文化领域的面貌。大致从唐中叶以后,吴郡一些原先并不著名的家族和外来的注籍于吴郡的家族子弟在政治舞台和文化领域内相继登场,旧大姓的社会地位在本土的影响渐趋衰弱,他们在文化上的传统优势逐渐被新的文化家族所取代,吴郡大姓与本土的其他家族以及外来的家族、士人之间的区别渐渐走向湮灭,从一个侧面表明了中古士族时代的终结。

二、吴郡四姓

汉唐时期,今苏州地区的大族以顾、陆、朱、张最为著名,尤其是在魏晋南北朝史上,这些家族相互提携,相互通婚,往来密切,在不少政治事件中保持一致,形成了共荣辱、同进退的吴郡士族集团,并称"吴郡四姓"。作为孙吴政权的支柱及东晋以后吴姓士族的代表,吴郡四姓对吴郡地域乃至整个魏晋南北朝历史都产生了深远的影响。隋唐时期,吴郡四姓仍然人才辈出,顾、陆、张三姓均出过宰相,在文化领域中贡献颇多,在中国文化史上留下了光辉的一页。

1. 顾氏

吴郡顾氏与另一家族陆氏齐名,为魏晋南北朝时期江东世家大族的代表,汉晋之间人们往往顾、陆并举,代表吴郡地区世族。如陈琳在《檄吴将校部曲文》中就记载了"吴诸顾、陆旧族长者,世有高位"[1]。左思《吴都赋》也记载"虞、魏之昆,顾、陆之裔。歧嶷继体,老成弈世"[2]。可见顾、陆二姓均为当时今苏州地区"世有高位"的吴地旧族,具有深厚的家族文化传统。

在吴郡四姓中,顾氏定居今苏州地区最早,其祖先为"越王勾践之支庶",后来封于顾邑,子孙遂以顾为氏,"世为吴著姓"。[3]东汉明、章之际顾氏家族中的顾奉曾随南昌大儒程曾学习《严氏春秋》等,并于和帝时被会稽太守张霸举荐,

---

[1] 陈琳:《檄吴将校部曲文》,《文选》卷四十四《檄》,上海古籍出版社1986年,第1984页。
[2] 左思:《吴都赋》,《文选》卷五《赋丙·京都下》,上海古籍出版社1986年,第218页。
[3] 刘义庆:《世说新语》卷上之上《德行第一》刘孝标注引《文士传》,上海古籍出版社1993年余嘉锡笺疏本,第26页。

后来仕至颍川太守,孙吴丞相顾雍即为顾奉之曾孙。另外宋人朱长文的《吴郡图经续记》中也记载汉明帝时吴人顾综"辟有道",后历任御史大夫、尚书令、殿上三老等职,并记载顾雍为其裔孙。[1]这表明吴郡顾氏大概在东汉前期已经显名于时,并且已经有了深厚的文化修养。

  作为著名的儒学世族,顾氏代表人物多践行儒家的道德规范,以敦厚著称于世。孙吴时期顾氏的代表人物为顾雍,他在孙权统治时期曾担任丞相一职长达十九年,政风谦谨稳健,"其所选用文武将吏各随能所任,心无适莫"[2]。顾雍在施政期间努力协调皇权与世族间错综复杂的矛盾,以寻求各种政治势力之间的平衡,为孙吴政权的稳定和发展起到了重要作用。顾雍长子顾邵也有名于时,孙权配以孙策之女,并任其为豫章郡守,政绩卓著。虽然后来因顾雍之孙顾谭受"二宫构争"(即太子孙和与鲁王孙霸之争)牵连受屈而死,顾氏势力有所下降,但两晋之际顾雍的曾孙顾荣又使该家族重新崛起。顾荣曾在西晋时期入洛任职,后因见世事日非而返回江东,避免了如陆机兄弟一样惨死北土的悲剧。顾荣南归后,以江东大族首望的身份,平息了陈敏之乱,接引司马睿南渡,又将一些沉寂多年的江东大族子弟举荐入仕,促进了侨姓士族和吴姓士族的联合,奠定了东晋中兴的基业。另外,顾荣族叔顾祕及族弟顾众分别在平定石冰之乱和苏峻之乱中起到过关键作用。因此,吴郡顾氏在东晋地位显赫,顾众及其族子顾和都曾担任过位高权重的尚书仆射一职。南朝时期,顾氏地位有所下降,但仍为当时著名望族,人才辈出。如宋、齐间的顾宪之在元徽年间为建康令,处理民事纠纷,颇有决断能力,"时人号曰神明",尊为"顾建康",[3]后调任衡阳、会稽等郡,所在有声。另外,顾琛也数历显职,家族显赫,被人称为"一公两掾,英英门户"[4]。

  六朝吴郡顾氏在文化上也取得了显著成就。据《隋书》卷三十五《经籍志四》记载,顾氏有文集者包括东晋顾和、顾夷、顾淳,南朝顾迈、顾雅、顾昱等人,另外顾协有《琐语》十卷,顾宪之也有文才,《梁书》本传称其"所著诗、赋、铭、赞并《衡阳郡记》数十篇"[5]。书法方面的顾荣、顾宝先[6],绘画方面的顾骏之、顾

---

[1] 朱长文:《吴郡图经续记》卷下《冢墓》,江苏古籍出版社1999年,第68页。
[2] 陈寿:《三国志》卷五十二《吴书·顾雍传》,中华书局1982年,第1226页。
[3] 姚思廉:《梁书》卷五十二《顾宪之传》,中华书局1973年,第758页。
[4] 李延寿:《南史》卷四十八《陆慧晓传》,中华书局1975年,第1190页。
[5] 姚思廉:《梁书》卷五十二《顾宪之传》,中华书局1973年,第760页。
[6] 按:顾宝先为顾琛次子,一作顾宝光,《南齐书》卷三十二《何戢传》误为顾彦先,擅书画,《法书要录》《述书赋》《历代名画记》中均有记载。详见《南齐书》卷三十二《何戢传》校勘记,中华书局1972年,第589页。

景秀、顾士端等人都是当时各个学科门类中的佼佼者,尤其是陈时的顾野王(519—581),兼擅学术、书法、绘画、文学,为一代大家。顾氏迁居盐官的一支在南朝时期也先后出现了顾欢、顾越等学术大家,可见该家族文化积淀之深。

隋唐时期吴郡顾氏中最显赫的就是盐官顾越一支。顾越子顾览,入隋为秘书学士。顾览子顾胤,永徽中历迁起居郎,兼修国史,授弘文馆学士,加朝请大夫,撰有《太宗实录》及武德、贞观两朝国史等。顾胤子顾琮在武则天时曾经官至宰相,为吴郡顾氏在唐代所出的唯一宰相。顾琮子润,曾为秘书郎,另一子顾浚,官至齐安太守。唐代名宦顾少连也是吴县人,政尚宽简,号良吏,曾担任吏部尚书、兵部尚书、东都留守等职,死后赠尚书右仆射,谥曰敬。唐代著名文学家顾况、顾非熊父子也出自吴郡顾氏。

2. 陆氏

汉唐时期,在今苏州地区乃至整个江东的文化世族中,吴郡陆氏堪称江东第一盛门。该家族自东汉初年便登上政治舞台,孙吴时期家族势力达于极盛,历经两晋南朝维持不坠,数百年间、十数代人仕宦不绝,入魏晋南北朝各代正史中的人物为吴郡四姓之最。汉晋之间,该家族在江东地方政治中始终扮演着"首望"角色。两晋时期,其政治地位虽然有所下降,但仍然保持着相当大的影响力。南朝的宋、齐二代,吴郡陆氏稍显沉寂,但在梁、陈时却上升极快,梁时有九人仕宦在五品以上,和陈郡谢氏持平,仅次于琅邪王氏,而到陈时仕宦在五品以上者达十人之多,已经压倒了琅邪王氏、陈郡谢氏位居第一,可见该家族之兴盛。[1]唐代吴郡陆氏仍然具有重要影响,出自该家族的宰相就达六位之多。

据《新唐书》卷七十三《宰相世系表三》记载,吴郡陆氏为汉初名臣陆贾伯父陆万之后,陆万生陆烈,字伯元,曾任吴县令,后为豫章都尉,卒后,"吴人思之,迎其丧,葬于胥屏亭,子孙遂为吴郡吴县人"[2]。可见吴郡陆氏来自陆烈一支,约在西汉前期迁居吴郡。因其南迁较早,且早有文化积累,故入东汉后便世代为官,成为当时吴郡士族的代表。

吴郡陆氏第一位有明确记载的仕宦人物是两汉之际的陆闳,东汉初年曾为颍川太守,后官至尚书令,颇得光武帝刘秀赏识,《后汉书》卷八十一《独行·陆续传》载其"世为族姓",可见两汉之际吴郡陆氏已经发展成为江东颇具势力的

---

[1] 数据见毛汉光《晋南朝大士族统计表》,载《两晋南北朝士族政治之研究》,台湾学术著作奖助委员会,1966年。

[2] 欧阳修、宋祁:《新唐书》卷七十三下《宰相世系表三下》,中华书局1975年,第2965页。

家族。陆闳之孙陆续曾受牵连入楚王英狱,虽受严刑拷打,但"终无异辞"[1],其气节为时人称道。陆续之后,其子陆稠为广陵太守、陆逢为乐安太守,其孙陆康更是历任武陵、桂阳、乐安、庐江等郡太守。陆闳一支在东汉时期就有多人相继出任郡守,为江东士族所罕见,可见该家族发展之早。

孙吴时期吴郡陆氏进入鼎盛时期,出将入相,全面得势。前期的陆逊曾联姻于孙吴皇室,并掌孙吴兵权,还曾担任丞相一职,对军政大事多有参与,为孙吴政权中举足轻重的人物,后期的陆抗、陆凯位高权重,分掌孙吴的军权和政权,陆抗子陆景尚公主,陆氏一宗同时在朝者有"二相、五侯、将军十余人"[2],可见家族势力之盛。

孙吴灭亡之后,陆机、陆云兄弟为江东大族的领袖人物,甚至被时人称为"伐吴之役,利获二俊"[3],可惜后来死于八王之乱中,使该家族遭受到了沉重打击,江东首望地位也被顾氏中的顾荣所取代,故入东晋后陆氏的地位有所下降。但在东晋政坛上,陆玩、陆纳等人依然占据一定地位,司马睿南渡后,王导为笼络吴姓士族联姻的对象也正是陆玩,却遭到了陆玩的拒绝,可见其家族当时在江东的声誉之隆。陆玩一支在东晋以后最为显赫,《南史》卷四十八《陆慧晓传》记载陆氏"自玩至慧晓祖万载,世为侍中,皆有名行。慧晓伯父仲元,又为侍中,时人方之金、张二族"。其"五世内侍"的显赫连一向以才傲物的琅琊王氏中的王僧达也不得不承认"我之流亚"。陆氏在南朝人才辈出,如陆慧晓三子僚、任、倕并有美名,"时人谓之三陆"[4]。另外,陆澄、陆缮、陆厥、陆襄、陆云公、陆琼、陆从典、陆琰、陆瑜、陆琛、陆杲等人或以政事、或以文学、或以忠义均显名于南朝各代。

尤其值得注意的是,有些陆氏房支在南朝后期的社会变动中又走上了领兵起家的道路,如梁陈之际的陆子隆在侯景乱时起兵于吴郡乡里,入陈后一直领兵征战,在平定地方叛乱中立下大功,后历任荆州刺史等军事要职。其弟陆子才也跟随子隆征讨有功,后为南平太守。子隆去世后其子陆之武领其旧军,曾跟随吴明彻北伐有功,官至王府主簿、弘农太守。另外,陆山才也在梁末致身军旅,跟随周文育平萧勃等,"计画多出山才"[5],并参与讨留异、征周迪等重大军事行动,

---

[1] 范晔:《后汉书》卷八十一《独行·陆续传》,中华书局1965年,第2682—2683页。
[2] 刘义庆:《世说新语》卷中之下《规箴第十》,上海古籍出版社1993年余嘉锡笺疏本,第551页。
[3] 房玄龄等:《晋书》卷五十四《陆机传》,中华书局1974年,第1472页。
[4] 李延寿:《南史》卷四十八《陆慧晓传》,中华书局1975年,第1190—1192页。
[5] 姚思廉:《陈书》卷十八《陆山才传》,中华书局1972年,第246页。

所在有功,后历任要职。陆子隆、陆山才等人在梁陈之际王朝更替的关键时刻,以军事起家,为陆氏家族注入了新的活力,也许这就是唐代陆氏能够继续兴盛的原因之一。

吴郡陆氏流落北朝的一支也所历显位。该支始祖陆载在东晋末年跟随刘裕北伐,在刘裕回军时作为"腹心将佐"留守关中,辅佐刘义真,后被赫连勃勃俘虏,流落北方。后陆载在北魏仕至中山郡守。其子陆群"长于戎马,称雄朔漠","吴人有降附者,悉领为别军",〔1〕因而势力不断壮大,后为冠军将军、营州刺史。陆群子陆政,在当时以孝著称,仕至骠骑大将军、仪同三司、恒州刺史,赐爵中都县伯。陆政子陆通跟随北周创始人宇文泰南征北战,屡立大功,授骠骑大将军、开府仪同三司、太仆卿,赐爵绥德郡公,后仕至大司寇、大司马。陆通弟陆逞也颇受宇文泰赏识,历任显宦,干识详明,所在著绩,后被赐爵中都县公,仕至小司马。可见该支在北朝势力之强大。在此过程中,该支逐渐与北方士族同化,北魏孝文帝迁都洛阳,该支陆氏也改籍洛阳。西魏建立,陆氏又迁至长安,后权臣宇文泰推行关中本位政策,令功高将领改胡姓,陆氏被赐姓步陆孤氏,定居关中。从婚姻上看,起初迁居北方的陆载子陆侨之妻仍是"好食鱼"的吴人,而到了北周时代,陆通家族的婚配就以关陇士族及胡姓权贵为主了。值得注意的是该支虽祖辈身处北方,却如在南方一样重视文化,和尚武少文的北朝大族有显著的区别,如陆逞本传就记载"时辈皆以骁勇自达,唯逞独兼文雅"〔2〕,因此曾充当过北周政府出使北齐的主使。从该支的发展也可以看出吴郡陆氏家族生命力之旺盛。

南朝灭亡后,吴郡陆氏仍然具有相当大的影响,该家族的陆知命被称为"三吴之望",在江南的反隋浪潮中被晋王杨广"召令讽谕反者",陆知命"说下贼十七城,得其渠帅陈正绪、萧思行等三百余人",〔3〕为江南局势的稳定起到了重要作用。唐代的吴郡陆氏依然人才辈出,据两《唐书》《元和姓纂》《唐代墓志汇编》《唐代墓志续编》《全唐文》《全唐诗》《全唐文补遗》等文献统计,唐代吴郡陆氏人物可考者共计247人,其中有官职者164人,五品以上76人,三品以上33人,宰相6人。仅就入仕人数和任高品官的绝对数量而言,陆氏无疑是江东吴姓士族中政治地位最高的,如果将比较范围扩大到包括侨姓在内的南朝旧姓,他们也

---

〔1〕 严可均:《全后周文》卷十三《庾信·周太子太保步陆逞神道碑》,《全上古三代秦汉三国六朝文》,中华书局1958年影印本,第3945页。

〔2〕 李延寿:《北史》卷六十九《陆通传附陆逞传》,中华书局1974年,第2393页。

〔3〕 魏徵、令狐德棻:《隋书》卷六十三《陆知命传》,中华书局1973年,第1560页。

仅次于兰陵萧氏。[1] 吴郡陆氏在唐代兴盛的宗支有太尉支、丹徒支、侍郎支等,出了陆敦信、陆元方、陆象先、陆希声、陆贽、陆扆等六位宰相,还出了经学名家陆德明、书法家陆柬之、文学家陆龟蒙等一大批在相关领域都影响深远的人物。

3. 朱氏

在吴郡四姓中,朱氏仅兴盛于孙吴一代,孙吴以后便几乎湮没无闻,梁代的朱异虽为吴郡人,但著籍钱塘,与三国时期的吴郡朱氏有何关系已不能详考,可以说在吴郡四姓中朱氏家族势力最为弱小,兴盛时间也最为短暂,但也曾产生过重大影响。

孙吴时期的吴郡朱氏以尚武著称,据宋人朱长文的《吴郡图经续记》记载,该家族于西汉末年自下邳迁居吴郡,但两汉时期吴郡朱氏势力尚弱,未有显名者,孙吴时期吴郡朱氏突然崛起,在当时政坛占据重要地位,并形成尚武家风,其中以朱桓、朱据两支最为显赫。

朱桓为孙吴名将,在镇压山越、抗击曹魏的战争中多有战功,深受孙权的赏识和信赖,官至前将军,领青州牧,假节。其子朱异,少有才名,在朱桓死后代父领兵,战功卓著,官至大都督,假节,后被权臣孙綝妄杀。朱据为朱桓同族兄弟,"才兼文武",深受孙权赏识,曾征其尚公主,封云阳侯,孙权末年更是让其领丞相,朱据之女嫁于后为景帝的孙权之子孙休,可见当时对朱据的宠信。但朱据后在"二宫构争"中因拥护太子被赐死。其子朱熊、朱损复领其兵,后因被全公主所诬陷,均被孙亮所杀,影响极大,"诸下莫不侧息",[2] 后来该事件也成为孙亮被废的原因之一。孙休永安年间,追录前功,以朱熊子朱宣袭爵云阳侯,尚公主。孙休死后,朱据之女被尊为皇太后,孙皓即位后被贬为景皇后,后被逼见杀,而朱宣在孙皓统治时期曾官至骠骑将军。

孙吴一代吴郡朱氏曾多次联姻于孙氏皇族,但因数次卷入皇族内部矛盾中而连遭劫难,致使该家族势力大衰。再加上该家族以尚武著称,在文化上未得到充分发展,因此西晋以后便长期处于沉寂状态,与顾、陆、张三氏的持续兴盛形成了鲜明的对比,但能够一直列名于吴郡四姓,可见在地方上还是有一定势力的。

唐代见于记载的吴郡朱氏名人只有朱子奢等寥寥几位。朱子奢曾从乡人顾彪授《左氏春秋》,善文辞,隋大业中,为直秘书学士。后因天下乱,辞疾还吴县乡里。武德四年(621)随杜伏威入唐,授国子助教。贞观时,累官谏议大夫、弘

---

[1] 高淑君:《唐代吴郡陆氏家族与文学研究》,西北大学2013年博士学位论文,第36页。
[2] 陈寿:《三国志》卷六十四《吴书·孙綝传》,中华书局1982年,第1449页。

文馆学士。武则天时有吴郡朱佐日,曾"两登制科,三为御史",据说《登鹳雀楼》即为其所作,武则天还因此为其"赐彩百匹,转侍御史"[1]。朱佐日之子朱承庆,年十六,登秀才科,尝为昭陵挽词,入高等,因此父子齐名。晚唐时有吴郡朱景玄,元和初应进士举,曾任咨议,历翰林学士,官至太子谕德,编撰有《唐朝名画录》,开创了历代画史编写的先河,对后代产生了深远影响。

4. 张氏

在吴郡四姓中,吴郡张氏的发展道路和其他三个家族显著不同,具有鲜明的特征。其他三个家族均兴盛于孙吴,而张氏在孙吴一代却倍受打击,势力居四姓之末。两晋时期,四姓中的顾、陆二氏均仕宦显赫,而张氏发展仍比较缓慢,地位仅高于朱氏。但在南朝历史上,吴郡张氏却突然崛起,位居吴郡四姓首位,据统计,南朝四代,吴郡张氏仕宦三品以上者达二十一人之多,仅次于琅邪王氏的三十人,在当时所有大士族中位居第二,[2] 可见该家族在南朝的兴盛。隋唐时期的吴郡张氏仍代不乏人,该家族的张镒在唐德宗时还曾担任过宰相,著名书法家张旭、文学家张志和亦出自吴郡张氏。

吴郡张氏也来自北方,《宋书》《文士传》《元和姓纂》《新唐书》等相关典籍均记载张氏始迁祖为张良的七世孙,大约在两汉之间迁居吴郡。经过东汉一代的发展,到三国时张氏已成为吴郡四姓之一,并形成了崇文的家风。但在孙吴一代,与顾、陆、朱三氏相比,张氏的地位是相对较低的,其他三氏都曾与孙吴皇室有姻亲关系,张氏却未有此殊荣。在仕宦上张氏也远远没有其他三氏显赫,是吴郡四姓中唯一无人担任丞相的家族,相反却不断遭到孙吴政权的打击,张温在暨艳案中遭"覆家之祸",张纯在"二宫构争"中对孙权极谏而被弃市,唯一仕宦顺利的张俨也因早卒而仅仕至并不显赫的大鸿胪而终。

但即使如此,作为吴郡四姓之一的张氏,在当时政坛上还是有一定地位的,尤其在孙吴外交方面,张温使蜀和张俨使晋都是肩负重任而不辱使命,分别得到了蜀、晋官员的高度评价。两晋之际张俨子张翰在入洛为官遭受挫折回乡后,并未像顾荣等人一样积极参与东晋政权的建立,仅以一隐士形象留于史册,死后其子孙也史无再载。而东晋时期吴郡张氏中的张镇一支虽从婚姻及仕宦来看已有较高的社会地位,却仅三世而止,在以后的历史舞台上也难觅其踪迹。

---

[1] 范成大:《吴郡志》卷二十二《人物》,江苏古籍出版社1986年,第332页。
[2] 数据见毛汉光《晋南朝大士族统计表》,载《两晋南北朝士族政治之研究》,台湾学术著作奖助委员会,1966年。

晋末宋初,张敞一族的崛起,标志着吴郡张氏家族的振兴。史载张敞曾任侍中、尚书、吴国内史等清显要职,其三子张裕、张禕、张邵均显名于史。尤其是张裕、张邵兄弟在刘宋建国过程中早参霸政,对刘裕忠心耿耿,参与了刘宋建国前几乎所有重大军事政治行动,也得到了刘裕的高度信任,为刘宋建国立下了汗马功劳,成为肇宋功臣,张邵后来又在宋文帝与谢晦的交战中立了大功,所以张裕、张邵兄弟在刘宋初年都历仕显宦,为其家族在整个南朝的显赫奠定了坚实的基础。

张裕、张邵之后,吴郡张氏涌现了大批人才,张裕五子张演、张镜、张永、张辩、张岱"俱知名,时谓之张氏五龙"[1]。张镜、张演和张邵子张敷、张禕子张畅又被人合称为"四张"。吴郡张氏在刘宋政坛上占有重要地位,仕宦达三品以上者就有十四人之多,在当时的大士族中仅次于琅邪王氏位居第二。

刘宋末年,以军功起家的萧道成在政坛崛起,并代宋建齐。改朝换代不但没有影响吴郡张氏的地位,而且在南齐二十多年的时间里其家族势力有了进一步的提高。吴郡张氏之声望,已超出地域远达北方。[2]值得注意的是,南齐一代吴郡张氏在军事上占有重要地位,其家族成员多次成为南齐政权抗击北魏入侵的主要将领,历任位置重要的青、兖、徐、冀、雍、梁、秦、司、豫等北方诸州刺史。南齐末年,吴郡张氏中的张稷派亲信张齐斩东昏侯于含德殿,并送东昏侯首级于萧衍,亲手埋葬了南齐王朝,在齐、梁禅代之际发挥了举足轻重的作用。

梁朝末年发生了侯景之乱,南方各地豪强纷纷起兵反抗,这些豪强成为以后陈朝的显贵。吴郡张氏也作了一定的尝试,张稷子张嵊此时为吴兴太守,联合吴兴地方豪强如沈氏、姚氏等共保吴兴,并在侯景围攻建康时派弟张伊率领郡兵赴援,但因寡不敌众,吴兴后被侯景军队攻陷,张嵊被杀,子弟遇害者十余人,张氏势力遭到沉重打击,加快了该家族在陈朝时的衰落步伐。

陈时吴郡张氏势力已经大大衰落,无论在政治、军事还是文化上都显得无足轻重,虽然当时张种曾经任过清显的侍中一职,时人也都认为他有"宰相之器",但政治上也无所作为。张种弟张棱仕至司徒左长史而终,其族侄张稚才曾出使北周,后仕至廷尉卿。陈时吴郡张氏直系可考者仅有此三人,并且都并无显赫的事迹,和此前宋、齐二代人才济济、枝繁叶茂的情形相比可谓天壤之别,即使和已

---

[1] 李延寿:《南史》卷三十一《张裕传》,中华书局1975年,第804页。
[2] 据《南史》记载,南齐时张融接待北使李道固时,"道固顾而言曰:'张融是宋彭城长史张畅子不?'"张融因此有"先君不幸,名达六夷"之叹。见《南史》卷三十一《张邵传附张融传》,中华书局1975年,第836页。

显衰势的梁时相比也大为不如,可见其衰落之快。

隋唐时期籍贯于昆山的吴郡张氏一支开始兴起,该支张氏与南朝吴郡张氏盛支张裕一系有远亲关系。[1]据《新唐书·宰相世系表》进行统计,吴郡张氏此支在唐代任官者19人,五品以上的中高级官员12人,[2]其中张镒在德宗时为宰相。隋代的张冲为当时著名经学家,曾为汉王侍读,其子张后胤"以学行禅其家",以经授秦王,参与李唐起事谋划,贞观中授国子祭酒、散骑常侍,卒后赠礼部侍郎,陪葬昭陵。后胤孙齐丘,历监察御史、朔方节度使,终东都留守。张镒为张齐丘之子,以荫授左卫兵曹参军。承传家学,大历初出为濠州刺史,颇有治绩,后拜中书侍郎、同中书门下平章事,德宗赞其"文武兼资,望重内外",委以重任,以中书侍郎为凤翔、陇右节度使,后为叛军所杀,二子一同遇害,该家族自此衰落下来。唐代著名诗人张志和亦出自吴郡张氏,为张后胤五世孙,曾献策肃宗讨安史之乱,授左金吾卫录事参军,后弃官归隐。另外,唐代著名书法家张旭为吴郡人,为吴郡大族陆柬之的外孙,从吴郡士族世代联姻的角度而言,张旭为吴郡张氏的后裔无疑。正是因为吴郡张氏人才辈出,唐代宝应元年(762)时人尚有赞誉云:"吴郡张氏,以衣冠文术为世业,清白玄妙为遗训。自居于吴廿余代,世不陨矣。"[3]

三、吴郡大族的文化特质

士族所享特权的基础在门第,而门第的根本在文化。吴郡大族在江东政治舞台上持久地发挥着影响力,关键就在于其家族文化。[4]吴郡大族的门风家学具有独特的品质,并能世代传承。如果说,积极进取的事功传统体现了吴郡大族强烈的入世关怀精神,那么与时俱进的学术品质则表明吴郡大族善于应对时局的变化,而多才多艺的家学传统则充分保证了家族优秀子弟的不断涌现,这些文化特质使得吴郡大族能够紧跟时代步伐而保持家门之不坠。

1. 积极进取的事功传统

两汉之际,儒学大兴,崛起于吴会的地方大族得以接受此风,出现了首批儒

---

[1] 郭锋:《唐代士族个案研究——以吴郡、清河、范阳、敦煌张氏为中心》,厦门大学出版社1999年,第72页。

[2] 顾向明:《关于唐代江南士族兴衰问题的考察》,《文史哲》2005年第4期。

[3] 李纾:《唐故朝散大夫使持节颍州诸军事守颍州刺史张府君(万顷)墓志并序》,《苏州博物馆藏历代碑志》,文物出版社2012年,第12—13页。

[4] 关于吴郡大族文化,主要参考了王永平《六朝江东世族之家风家学研究》(江苏古籍出版社2003年)、吴正岚《六朝江东士族的家学门风》(南京大学出版社2003年)的相关章节。

学世家,吴郡的顾、陆二氏,就是其中较为有名的两个大姓。两汉儒学去古未远,保留着浓厚的先秦儒家气质,注重儒学教育,讲求务实,具有强烈的事功精神。由于江东地区处于东南一隅,地理环境的因素使得这种精神长期保留在大族的家学门风之中,形成了积极入世的道德情怀。

吴郡陆氏的事功传统特别强烈。陆氏强调文武兼修,博学而善政,很早就形成了重视事功的门风。陆氏热衷事功的人生价值取向,在家族命运出现转折的时期表现得特别明显。以陆逊为例。据《三国志》卷五十八《陆逊传》载,自陆康死后,陆氏宗族萧条,陆逊年长,肩负着振兴家族的大任。他21岁便投身孙氏政权,在孙权幕府期间,他充分发挥善政的能力,得到了孙权的赏识,为家族的振兴奠定了坚实的基础。陆逊身居高位,对家族的前途有着强烈的忧患意识。他曾认为:"子弟苟有才,不忧不用。不宜私出以要荣利;若其不佳,终为取祸。"〔1〕陆逊的远见卓识,代代相传,因此陆氏子弟皆能兼擅文武。整个孙吴时期,陆氏人物出将入相,家门鼎盛。孙吴晚期,吴后主孙皓暴虐,陆凯"正直强谏,以其宗族强盛,(后主)不敢加诛也"〔2〕。孙吴灭亡后,陆氏家道中衰。陆机、陆云兄弟怀着强烈的进取意识,忍辱负重,积极寻找发展的机遇。当西晋征召南士时,他们立即联袂北上。陆氏强烈的事功传统,直至隋唐时期的陆知命、陆龟蒙,未曾衰歇。

从表面上看,吴郡顾氏在事功上的表现虽不及陆氏强烈,但更能持久。顾氏门风"厚重",为政谨言慎行,善于谦抑自持。像顾雍为相19年,长期临政,似无重大作为,但其稳健、厚重的处世从政之道,不仅维护了顾氏家族的荣誉,而且也保持了江东政局的长久稳定。正因为顾氏门风持重,故能久远。〔3〕在政局变幻之际,顾氏能够力撑江东危局,永嘉之后顾荣以江东大族"首望"的身份,配合王导奠定了东晋的基业;顾和能够抛弃南北士族成见,躬身习玄,积极引导家族子弟,确立新的家学门风重振家族。

晋宋变革,侨姓士族实力下降,吴姓士族中的军功家族勃兴。为光大门楣,吴郡张氏在追求文采风流的同时,也积极效命疆场,这看似与文化士族发展相

---

〔1〕 陈寿:《三国志》卷五十八《吴书·陆逊传》,中华书局1982年,第1353页。
〔2〕 刘义庆:《世说新语》卷中之下《规箴第十》引张勃《吴录》,上海古籍出版社1993年余嘉锡笺疏本,第551页。
〔3〕《世说新语·品藻》庞士元品评陆氏、顾氏,称:"陆子,所谓驽马,有逸足之用;顾子,所谓驽牛,可以负重致远。"

悖,但自有其合理性。[1]以军功仕进,张氏成为宋、齐二朝的显宦家族,这充分说明吴郡张氏在事功传统上有相当灵活的一面。

和同处江东区域的会稽士族相比,正因为吴郡大族有积极进取的事功传统,再加上各种因缘际会,才使得这两大士族集团走上了不同的发展道路。东汉末年,吴郡大族纷纷参与孙吴创建,得以接近权力中心而分享政权,吴郡大族也日益倾心于仕途,社会政治影响日益加大。而会稽大族由于仕途不顺,注重于经营土地,日益回归地方,南朝以后逐步淡出了政治舞台,社会地位亦不如吴郡大族显赫。[2]

2. 与时俱进的学术理念

三国时期,江东学术基本遵循汉儒传统,其学风是比较保守的。[3]西晋时期,中原门阀士族普遍崇尚玄谈,清议之风盛行,吴郡大族若想重振家声,重返政坛,就必须与中原高门交结,而融入上层圈子的途径就是要学习对方的交际方式,这样,学习玄学就成为吴郡大族打开局面的关键。吴郡大族虽为儒学世家,但并不拘泥于旧传统,他们以儒学为底色,不断地调适、摄取、吸收异质文化,以新知充实旧学来适应新局面之需要,体现出与时俱进的学术品质。

吴郡张氏很早就实现了玄学化。张翰的通脱最为人所知。据《晋书》卷九十二记载,张翰"有清才,善属文,而纵任不拘,时人号为江东步兵"[4]。显然,西晋初期,张氏已经玄学化了。张氏子弟多善清言,在文武兼举的齐家策略下,南朝宋、齐时期,张氏迎来了家族兴盛的巅峰。东晋之前,张氏入正史者为数寥寥,南朝以来,则多达二十余人,且多据有清官显职。在吴郡本土,张氏的影响力也随之扩大,大有超越顾、陆之势。[5]

---

[1] 吴正岚认为,六朝时期高门轻视军功,是因为从事戎旅者多出身寒微且缺乏文化素养,轻视军功的实质是鄙薄寒门庶族。而在门阀制度下,高门士族可以凭借门第出仕清显之职。如果参与军事,不仅个人要冒生命危险,更主要的是门第高华和军功显赫的双重身份,很可能造成功高震主之势,像东晋的几次兵变均系此,以致整个家族的安全都会受到威胁,因此侨姓高门视军功为畏途。张氏出身吴姓大族,对于征战之事,上述两种因素都不会影响其子弟的军功路线。入隋后的陆氏、张氏也仍有人以武仕进。所以,能文能武是吴姓士族的特征之一。见《六朝江东士族的家学门风》,南京大学出版社2003年,第114—116页。

[2] 刘淑芬《六朝会稽士族》一文指出:"会稽士族在政治上的没落,以及他们转向土地经营经济方面的发展,使其面貌渐近纯以财力雄霸地方的地方豪强,而会稽士族的豪强化又进一步地加速其在政治上的没落,以致于唐代以后提起'吴姓'几乎专指吴郡士族,而不及于会稽士族。"参见《六朝的城市与社会》,台湾学生书局1992年,第291页。

[3] 唐长孺:《读抱朴子推论南北学风的异同》,《唐长孺社会文化史论丛》,武汉大学出版社2001年,第75页。

[4] 房玄龄等:《晋书》卷九十二《张翰传》,中华书局1974年,第2384页。

[5] 王永平:《六朝江东世族之家风家学研究》,江苏古籍出版社2003年,第173页。

顾氏的转型也比较迅速。王永平先生认为，重视实用、理性的家族，在遭遇新的思想文化现象或新的环境时，更善于与时俱进，能够比较快地接受新事物，适应新环境。东晋初，顾氏便呈现出明显的玄化趋势，引领此风的关键人物是顾和。顾氏习黄老之术，门风尚"厚"，正与王导的无为政治理念相合。同时，顾和又刻意玄化，主动结交侨人，得到了王导的赏识。顾和不仅自身习玄，而且常在家中与诸名士清谈玄言，并以此熏染、教育后代，许多子弟自幼习玄，在《世说新语》中保留了大量的典故。

吴郡大族中，陆氏学术最为庞杂，因其儒学根底特别深厚，博学的传统使该家族产生了大量的学者型人物，所以在新旧学风交替之际，与侨人的冲突比较突出。南齐人陆澄被王俭戏为"书厨"，即反映了陆氏不善变通的一面。但在玄学思潮占据优势地位的情况下，陆氏的学术也在逐步发生变化。陆澄并非一意专攻旧学，他曾明确指出《易》道无体，主张"儒玄兼综"的学术思想。到了南朝晚期，陆德明更是集儒、佛、道三家学说于一身。按《新唐书》卷一九八所载，他不但精通经学，而且熟谙佛、道义理。以此可见，尽管陆氏家学具有相对保守的特点，但仍能与时俱进。

总之，吴郡大族在保持原有儒学的基础上，能够随时代演变而熔铸新知。东晋南朝时期，"儒玄兼综"的吴郡大姓较容易取得当权的侨姓士族的认同，有利于家族成员的仕途发展和家族社会地位的提高。而同处江东的会稽士族一向以儒学著称，如虞氏易学、贺氏礼学世代家传。长期以来，他们保持汉代经学传统，反对玄谈，这种学术态度与当政者不合，必将降低其仕宦的机会。

3. 多才多艺的文化素养

在门阀士族时代，品评人物的风气颇为盛行，大族子弟不但要有从政的实际才干，还需要获得士大夫社会对个人才性的良好评价。在同等条件下，以言语、文学、技艺、风采见长者，则有可能先得到清显之职。如果粗俗无文，即使是一流高门的王谢子弟，也会受到士流的轻视和讥笑，以致影响到政治前途。所以，保持家族自身高度的文化修养，成为世家大族延续政治优势的重要手段。吴郡大族之所以能在魏晋南北朝时期一直跻身于政治上层，乃至到唐代仍被誉为东南吴姓一流高门，关键在于这些大族"极重家教门风"，所谓"闺门雍穆，子弟循谨"[1]。

"家风"是世族维持门第的内在道德操守的传承，重在对世族子弟人格品质

---

[1] 钱穆：《国史大纲》，商务印书馆1996年，第310页。

的塑造,"家学"侧重于对世族子弟学术艺能的培养,两者相辅相成,均赖于家教之规范。吴郡大族多数是源自汉代的儒学旧族,早期的文化活动范围主要局限于传统的经学和史学,以培养家族成员的从政能力,而其他文化领域涉及很少。两晋以来,随着中原玄学的传入,吴郡大族在保持自身传统优势的同时,不断开拓文化活动的新领域,顺应了门阀时代士大夫以愉悦人生和颐养身心为主的需要,在文学、书法、绘画、音乐、宗教等方面出现了丰富多彩的局面。

在文学上,西晋时期著名文学家陆机、陆云、张翰等,成为江东文学活动的领袖人物。东晋以降,张氏文采大放异彩,很多家族成员都擅长文学,据学者统计,南朝时期张氏家族数十人皆有文集传世,将张氏文学传统推向了繁荣之境,成为几可与侨姓大族比肩的文学世族。[1]在艺术领域,吴郡大族擅长绘画、书法。绘画方面成就最高的要数顾恺之[2]、陆探微和张僧繇,他们是南朝非常知名的画家。陆氏、张氏均以善书传家,入唐以后的陆柬之、张旭均以之名世。吴郡大族重视子弟的才艺,不仅培养了子弟性情,提升了家族地位,而且有力地促进了文化势力对区域秩序的控制。

四、吴郡大族的地方影响

六朝时期,以吴郡四姓为代表的世家大族和吴郡联系十分紧密,他们家于吴郡,葬于吴郡,仕宦在外遇到动乱也常常退隐吴郡故里,具有浓厚的乡土观念。他们在吴郡拥有强大的地方势力,积极参与地方事务,对吴郡地方政治、文化诸方面都产生了相当大的影响。

东晋南朝时期,吴郡为经济文化发达的三吴地区首邑,故吴郡太守为权高位显之职,非声望资历较高者不能担任,但吴郡的顾、陆、张三姓均有多人曾担任吴郡太守之职,尤其是张氏,东晋、南朝任吴郡太守者有八人之多,东晋有张镇、张澄、张敞,南朝有张岱、张永、张瓌、张绪、张充,几乎代有仕者,有的还曾任多次。能够有多人出任吴郡太守,一方面是其英才众多,但也不可否认,这些家族在吴郡势力庞大,治理吴郡有天然的便利也是重要原因之一。

吴郡作为三吴重镇历来是各种政治力量争权夺利的重要阵地,吴郡士族在其中也扮演了重要角色,对吴郡局势产生重要影响,相关记载史不绝书。如东晋

---

[1] 王永平:《六朝江东世族之家学门风研究》,江苏古籍出版社2003年,第160页。
[2] 东晋人顾恺之出自无锡顾氏,为吴县顾氏之一支。《世说新语·夙惠篇》"司空顾和"条注引《顾恺之家传》记有顾敷的生平,可见顾敷为恺之家族之人。而顾敷为顾和之孙,则无锡顾氏当出自吴县顾氏。

初年苏峻之乱发生后,吴郡顾氏中的顾众就从义兴太守任上归吴,"潜合家兵",抗击苏峻军队,"吴中人士同时响应",[1]收复了吴郡城。东晋末年孙恩之乱发生后,吴郡士族陆瓌等人也"一时起兵,杀长吏以应恩"[2],被孙恩委任为吴郡太守。刘宋末年,萧道成依靠张氏的地方势力在吴郡除掉了其主要政敌刘秉之弟刘遐。齐明帝萧鸾病重时,为防备时任督五郡诸军、会稽太守的大司马王敬则,任命在家闲养的张瓌为平东将军、吴郡太守。梁代末年,吴郡被侯景叛军所占据,吴郡士族纷纷起兵,顾氏中的顾野王,陆氏中的陆襄、陆子隆等人均在吴郡招募乡党抗击,宦于吴兴的吴郡张氏中的张嵊兄弟也起兵呼应,加速了侯景的灭亡。

吴郡士族还控制了吴郡的典选权,他们常担任吴郡中正乃至扬州大中正,南朝时期顾氏中的顾琛、顾宪之,陆氏中的陆澄,张氏中的张裕、张永、张绪、张稷、张种等人均担任过吴郡中正或扬州大中正。他们操纵选举,相互揄扬声誉,大力推举同郡高门为官,却很少推荐寒士,甚至对吴郡寒士进入仕途强烈反对。如南齐时长沙王萧晃选用吴郡闻人邕为州议曹,闻人邕家族在吴郡默默无闻,绝非高门,所以时任扬州大中正的张绪以为闻人邕资籍不当,坚持不许。萧晃遗书张绪"固请之",张绪正色谓萧晃的信使曰:"此是身家州乡,殿下何得见逼。"[3]萧晃只得作罢,由此可见这些家族在吴郡典选中权力之大。

另外,在涉及吴郡的一些问题上,吴郡士族也有不小的影响力。如南齐时吴郡发生了朱谦之杀死仇人案后,张融就上表扬州刺史豫章王萧嶷,建议把此事当作义行来表彰,南齐朝廷要求作为朱谦之"乡旧"的张绪弄清此事的来龙去脉并上奏,后来也采纳了吴郡张氏兄弟的处理意见。

吴郡士族对于吴郡地方也起到过不少积极作用。这些家族在吴郡势力强大,控制牢固,使其他任何势力难以插足。甚至有学者称,孙吴政权兴于吴郡而建立于建业,就有避开吴郡大族势力的意味。[4]永嘉之乱后,过江的中原大族为了避免和吴郡士族发生政治及经济冲突,很少在吴郡立足,大多将自己的家园安置在当时士族力量相对薄弱的浙东会稽一带,以求得与吴郡士族的和平共处,这在客观上保护了吴郡的地方利益。

吴郡士族还极力维护作为桑梓之地的吴郡声誉。西晋时陆机入洛后,面对

---

[1] 房玄龄等:《晋书》卷七十六《顾众传》,中华书局1974年,第2016页。
[2] 司马光:《资治通鉴》卷一一一《晋纪三十三·安帝隆安三年》,中华书局1956年,第3498页。
[3] 李延寿:《南史》卷三十一《张裕传附张绪传》,中华书局1975年,第810页。
[4] 刘淑芬:《六朝的城市与社会》引冈崎文夫语,台湾学生书局1992年,第8页。

轻视吴地的北方士人就写了热情洋溢的《吴趋行》来介绍吴郡城。另据《世说新语·规箴》记载,东晋时期,苏峻起兵东下讨伐沈充,请吴郡陆氏中的陆迈和他一起出征。将到吴郡城时,苏峻秘密吩咐手下人进阊门去放火来显示军威。陆迈明白苏峻的意图,对苏峻说:"吴治平未久,必将有乱。若为乱阶,可从我家始。"[1]制止了苏峻的放火行动,使吴郡免去了一场浩劫。

吴郡士族对地方文化也产生了重大影响。如在吴郡佛教方面,他们经常在吴郡举行佛教活动,并舍宅为寺,还请高僧来吴郡弘法,大大促进了吴郡佛教的发展。正因为如此,他们在吴郡当地得到了广泛的支持,声望颇高。如顾氏中的顾觊之"家门雍穆,为州郡所重"[2],张氏中的张充为吴郡太守后,"故旧莫不欣悦"[3],张稷由会稽至建康,途经吴郡,"乡人候稷者满水陆"[4]。

隋灭陈后,为了巩固统一的局面,隋廷将陈朝君臣及江东士族中的上层人物迁移到了关中地区,史载"江南士人,悉播迁入京师"[5],使之脱离原来的乡里社会基础,从而达到摧毁其宗族势力的目的,造成了"文物衣冠尽入秦,六朝繁盛忽埃尘"的局面。[6]在切断江南士族与乡里宗族联系的同时,隋廷又将官吏的任命权全部收归中央,剥夺了州县长官的僚属辟署权。这些措施的实施,严重削弱了江南士族的地方势力,吴郡大族也不例外。虽然隋代吴郡陆氏中的陆知命在高智慧等作乱于江左时,还曾以"三吴之望"的身份,"讽谕反者,知命说下贼十七城,得其渠帅陈正绪、萧思行等三百余人"[7],隋末苏州的动乱中也有顾子元、陆孟孙等人参与,但对吴郡本土局势已经难以产生持续的影响。唐代以后,伴随着政治、经济、文化等形势的发展变化,吴郡大族的地方影响力渐趋衰弱。

五、科举制的发展与吴郡大族的转型

隋朝建立后,为了广纳人才,废除了九品中正制,采用分科取士,通过考试选拔官吏,创立了科举制。唐王朝建立后,继承了科举制,经过武则天时期的大力发展,科举逐步成为唐代高官入仕的重要途径。科举制冲破了隋唐初期的"关中

---

[1] 刘义庆:《世说新语》卷中之下《规箴第十》,上海古籍出版社 1993 年余嘉锡笺疏本,第 566 页。
[2] 李延寿:《南史》卷三十五《顾觊之传》,中华书局 1975 年,第 921 页。
[3] 姚思廉:《梁书》卷二十一《张充传》,中华书局 1973 年,第 330 页。
[4] 李延寿:《南史》卷三十一《张裕传附张稷传》,中华书局 1975 年,第 818 页。
[5] 魏徵、令狐德棻:《隋书》卷二十一《天文志下》,中华书局 1973 年,第 612 页。
[6] 孙元晏:《陈·淮水》,《全唐诗》卷七六七,中华书局 1999 年,第 8801 页。
[7] 魏徵、令狐德棻:《隋书》卷六十六《陆知命传》,中华书局 1973 年,第 1560 页。

本位政策"的限制,使丧失了政治特权而有着深厚文化底蕴的吴郡大族得以重返政坛。但越来越多的优秀吴郡大族家族成员被吸引到科举仕途上并占籍两京地区后,逐渐疏远了与乡里宗族的联系,使其在苏州本土的影响力渐趋减弱。与此同时,苏州的一些普通家族,由于在科举制度上取得了成功,扩大了在地方的影响。

1. 唐前期科举制的发展

唐代初年,为了兼顾政权社会基础和官僚体系效能的平衡,尊重各地差异,士族的官僚化进程走上了制度化的道路,从而确立了稳定的政治秩序。[1]唐廷大力延揽各地学行兼优的士人加入新政权,以扩大统治的社会基础。唐太宗"既平寇乱,留意儒学,乃至宫城西起文学馆,以待四方文士"[2],当时苏州的陆德明,与杭州的褚亮、许敬宗,越州的虞世南成为唐初十八学士中南方士族的代表。同时,唐廷更重视制度的建设,将士族政治纳入国家规范的道路上来,继承和完善隋代所确立的科举制,广泛吸引士人参与到政权中来,扩大了统治的社会基础,促进了政治的稳定。

不过,就当时的情形来看,以吴郡大族为代表的江东士人,主要还是以其深厚的家学渊源立足,大多担任的是文学侍从之官,这可能是由于关陇贵族在文化上的不足,因此隋唐统治者在统一全国后,文化及制度建设方面的人选,不少来自江东世家大族。但在唐代初期,制度性的建设总需一定的过程,因而能够被征召入仕的大族也只是其中相当小的一部分,吴郡大族的主体还留在原籍。受社会上根深蒂固的门阀观念影响,这些旧士族的地位仍然得到社会的尊重与承认,大族仍具有一定的影响力,这从唐政府屡修氏族志中即可看出。

关东、江淮是唐代文化的两个主要区域,唐代君主屡屡下诏要求地方长官注意选择、推荐该地区各类人才,以备中央选用。如贞观十一年(637)诏云:"齐赵魏鲁,礼义自出;江淮吴会,英髦斯在。山川所感,古今宁殊,载伫风猷,实劳梦想。宜令河北淮南诸州长官,于所部之内,精加访采。"[3]高宗上元三年(676)诏云:"山东、江左,人物甚众。虽每充宾荐,而未尽英髦。"[4]显然,依靠关陇军事力量夺取政权的统治者对山东、江左两地的英才非常渴求,但是,非正式的征

---

[1] 史睿:《北周、隋、唐初的士族政策与政治秩序的变迁》,《首都师范大学学报》1998年第3期。
[2] 刘昫:《旧唐书》卷七十二《褚亮传》,中华书局1975年,第2582页。
[3] 唐太宗:《令河北淮南诸州举人诏》,《全唐文》卷六,中华书局1983年,第71页。
[4] 唐高宗:《令山东江左采访人物诏》,《全唐文》卷十三,中华书局1983年,第159页。

召并非长策,科举制则解决了这一问题。据载:"(太宗)尝私幸端门,见新进士缀行而出,喜曰:'天下英雄入吾彀中矣!'"[1]唐太宗的喜悦,不仅反映了唐廷急需笼络天下英雄为国所用的迫切心情,也为科举制成功地收拢人才而感到兴奋。

科举制的重要目的是收回选用官员的权力和确立国家的文化主导权,将社会士庶阶层都纳入国家体制和秩序之内,所以,科举制并不是为了驱逐士族。[2]事实上,在信息闭塞的古代,由于纸张印刷不便,读书的文化成本很高,不是一般家庭所能承受的,而这些文化家族占有绝对的优势。吴郡大族是文化士族,数百年的学术积淀使其家学渊源传承不断,子弟学行俱佳,家族有着长期从政的传统,政治对他们而言,是轻车熟路。可以说,隋唐所确立的科举制,为吴郡大族的仕途开启了制度性的道路。

武则天以后,科举制得到了迅猛发展,这从唐朝宰相的出身可以得到证明。因此,即使老牌士族也无法抗拒时代潮流,不得不屈尊应试,以图高就。[3]吴郡大族有着与时俱进的优良传统,往往在社会的转型时期,能够很快地适应新形势的需要。以吴郡陆氏为例,该家族在武则天时期就成功地实现了门阀士族向科举家族的转化,这使得他们中间的某些家族支系能够保持仕途的畅达,与唐王朝相始终。

2. 从门阀士族迈向科举家族——以吴郡陆氏为例

在唐代的吴郡四姓中,陆氏的仕宦最显,除去个别不明支系外,主要有陆氏的丹徒支、太尉支和侍郎支,[4]唐代这些宗支共产生了六位宰相以及数十位高官。表4-1、4-2、4-3是根据《新唐书·宰相世系表》七三下"陆氏"所列出的陆氏三支的入仕情况而制成的。[5]

---

[1] 王定保:《唐摭言》卷一《述进士上篇》,中华书局1959年,第3页。

[2] 韩昇:《南北朝隋唐士族向城市的迁徙与社会变迁》,《历史研究》2003年第4期。

[3] 如河东薛元超,出身名门望族,且尚和静县主,却称:"吾不才,富贵过人。平生有三恨:始不以进士擢第,不娶五姓女,不得修国史。"见《唐语林》,中华书局1987年周勋初校证本,第384页。

[4] 据《新唐书·宰相世系表》卷七十三下"陆氏",丹徒支是吴县人陆德明十三世祖陆肃曾任丹徒令而得名,太尉支是东晋侍中陆玩赠太尉而得名,侍郎支是吴郡人陆齐望的十五世祖陆瓘为晋中书侍郎而得名。

[5] 据《元和姓纂》,可知《宰相世系表》有不少错误,故上述的统计会有所偏差。牟学林《隋唐江东士族入仕研究》(曲阜师范大学2007年硕士学位论文)后附有"陆氏宰相世系表校补",可供参考。

表 4-1　唐代陆氏丹徒支入仕情况统计表（自武德初陆德明起）

时期	世系	人数	居官者	五品以上	五品以下
前期	第一世	1	1	1	
	第二世	2	2	2（陆敦信相高宗）	
	第三世	6	3	2	1
	第四世	5	3	2	1
	第五世	2	1	1	
	合　计	16	10	8	2
后期	第六世	1	1		1
	第七世	1	1	1	
	第八世	3	3	1	2
	合　计	5	5	2	3
	总　计	21	15	10	5

说明：在唐代，五品是高低官员重要分界线，以之划分，可以清晰看出陆氏各支在政坛上的实力变化情况。根据该支入唐后显达的起始人物算起，以25年为一代，则可以粗略地估计出唐前后期的界限。下同。

表 4-2　唐代陆氏太尉支入仕情况统计表（自贞观末陆柬之起）

时期	世系	人数	居官者	五品以上	五品以下
前期	第一世	6	4	2	2
	第二世	7	4	4（陆元方相武后）	
	第三世	9	9	8（陆象先相玄宗）	1
	第四世	14	10	8	2
	合　计	36	27	22	5
后期	第五世	26	20	4	16
	第六世	28	15	4	11
	第七世	13	9	3（陆希声相昭宗）	6
	第八世	7	3	1	2
	第九世	5	3	0	3
	合　计	79	50	12	38
	总　计	115	77	34	43

表 4-3　唐代陆氏侍郎支入仕情况统计表（自开元末陆齐望起）

时期	世系	人数	居官者	五品以上	五品以下
前期	第一世	1	1	1	
后期	第二世	8	8	7	1
	第三世	5	5	4（陆贽相德宗）	1
	第四世	2	2	2	
	第五世	1	1	1（陆扆相昭宗）	
总　计		17	17	15	2

通过上表可以看出，陆氏太尉支人数众多，仕宦最显，一门入仕者77人，高官达34人；丹徒支最早活跃于政治舞台上，但其衰落最快，高官最少，仅10人，有8人集中在唐前期；侍郎支在唐前期名不见经传，但后期发展迅猛，在高官数量上基本赶上了太尉支。三大宗支在唐代不同发展轨迹的主要原因，在于其对科举制的适应程度。表4-4是对唐代陆氏科举入仕情况的粗略统计，相关情况由此可以一目了然。

表 4-4　唐代吴郡陆氏人物科举情况统计表

姓名	支系	类型	官职	时间	材料出处
陆元方	太尉支	明经、制科	宰相	武后	《登科》《旧传》
陆余庆	太尉支	进士、制科	太子詹事	睿—玄宗	《登科》《旧传》
陆象先	太尉支	制科	宰相	睿—玄宗	《登科》《旧传》
陆康	太尉支	明经	泽州刺史	玄宗	《登科》《新表》
陆璪	太尉支	明经	西河太守	玄宗	《新传》《登科》
陆亘	/	制科	宣歙观察使	德—文宗	《登科》《旧传》
陆瀍	侍郎支	进士	户部郎中	德—宪宗	《登科》
陆贽	侍郎支	进士	宰相	德宗	《登科》《旧传》
陆震	/	制科	司封员外郎	德宗	《登科》《姓纂》
陆简礼	侍郎支	进士	兵部郎中	德宗	《登科》《新表》
陆参	/	进士	歙州刺史	德宗	《姓纂》
陆畅	/	进士	凤翔少尹	德—顺宗	《登科》
陆环	/	进士	/	文宗	《登科》

（续表）

姓名	支系	类型	官职	时间	材料出处
陆肱	陆畅侄孙太尉支	进士	湖州刺史	宣宗	《姓纂》《登科》
陆宾虞		进士	浙东从事	宣宗	《登科》《旧传》
陆翱	太尉支	进士	/	懿宗	《登科》
陆扆	侍郎支	进士	宰相	昭宗	《登科》《旧传》
备注	共17人，太尉支7人，侍郎支4人，不详者6人。					

按：《登科》指《登科记考》，《旧传》指《旧唐书》本传，《新传》指《新唐书》本传，《新表》指《新唐书·宰相世系表》，《姓纂》指《元和姓纂》。

在上表所举的人物中，可以发现，以科举入仕者，太尉支7人，侍郎支4人，丹徒支竟无一人。事实也正是这样，在陆氏的六位宰相中，据《新唐书》卷一二三《陆德明传》，丹徒支陆敦信，为陆德明之子，是门荫入仕，这是由于科举制在武则天以前并不兴盛，仕途仍以门荫为主。陆德明这一支入仕早，是典型的经学世家，门荫成为家族仕途的主要方式。但在唐中期以后，这一支日见萧条，一方面固然是该支后世人丁稀少，另一方面很可能与其固守的经学传统有关。六朝以来，陆氏家族儒学根底深厚，部分支系因博学的传统而产生了大量的学者型人物，在新旧学风交替之际，学者型家族往往不善权变，从而影响了仕途。太尉支自东晋南朝以来就是显宦支系，这一支文学传统浓厚，学风灵活，在科举之下，无论明经、制科还是进士，均得心应手，故所出的三位宰相有两位是科举出身，而唐末的陆希声为天子征召入仕，其父陆翱则为进士出身。侍郎支则擅长政事，在玄宗时期踏上了科举之途，两位宰相均为进士出身。

如果从吴郡陆氏发展的整体来看，就会发现陆氏的仕途方式，完全顺应了当时科举制发展的规律。在唐初以门荫为主的时候，丹徒支最早兴盛起来；武后时期，科举遽盛，太尉支开始转型，侍郎支初步踏入仕途；到了中唐德宗以后，进士科最贵，而陆氏先是明经、进士、制科并举，愈往后期，进士愈多，最后，全为进士出身。上述情况表明，吴郡陆氏族人对科举制有相当强的适应性，说明陆氏从世家大族转向科举世族是成功的，这不仅充分体现了吴郡大族文化与时俱进的品质，也说明陆氏积极进取的事功传统在新时期的发扬光大。

为了便于仕宦，吴郡陆氏不断有人将家庭安置在两京，时间久了，渐渐疏远了与家乡本宗和乡里的联系。比如太尉支的陆余庆，"举制策甲科，补萧尉"[1],武则天时期,从苏州移居长安、洛阳。[2]又如陆元方,"举明经,又应八科举,累转监察御史"[3],其子陆象先,应制举,景云年间官至同中书门下平章事。《唐两京城坊考》卷三"(西京)安兴坊"条记载:"西门之北,户部尚书陆象先宅。"[4]由此可见陆象先已定居于长安。中唐以后,尽管两京因战争而受到重创,但是全国政治中心的地位仍旧吸引着吴郡大族前往。比如德宗宰相陆贽,嘉兴人,他的父亲陆澣早卒,葬在苏州。陆贽为相后,父以子贵而被追赠为礼部尚书。当他任职中央后,德宗就派人将其母接到了京城,并将家安在了洛阳。后来,父母也合葬于洛阳。[5]又如侍郎支的陆扆,很早就迁徙到陕州,并于光启二年(886)登进士第,后来成为昭宗的宰相。[6]考察吴郡其他家族,也是类似情况。上述的昆山张后胤死后陪葬昭陵,其家可能也已经定居长安。

科举制给吴郡大族提供了参与政治的制度化通道,使得士族又有了用武之地,但是由于吴郡大族各自家学门风的差异,并不是所有家族一开始都成功地实现了转化,他们中的精英分子因科举而离开故土,城市化了,[7]而留在家乡的族人因缺乏制度上的庇护,其政治影响力逐渐衰弱,在延续家学的过程中逐步蜕变为普通家族。

中唐以后,进士科出身成为官员入仕的重要途径,苏州由于文化发达,在科举方面也取得了显著成就。按徐松《登科记考》录唐逐年及第人数计6 700余名,其中姓名、籍贯、时代可考者仅567人,属于江南道者为187人,而苏州一地有近50人,如前面已经列出的陆氏家族有十多人,顾氏亦有顾况、顾非雄、顾在熔等数人。与传统家族相比,新兴家族的发展势头更是锐不可当,主要有归氏、沈氏、丘氏、杨氏等家族。以归氏、杨氏为例。按《旧唐书》卷一四九及《新唐书》卷一六四所载的归崇敬本传记载,归氏自天宝末以来,先后有四

---

[1] 欧阳修、宋祁:《新唐书》卷一一六《陆余庆传》,中华书局1975年,第4239页。
[2] 徐松《唐两京城坊考》卷三记载:"(西京)大宁坊。北门之南,太子詹事陆余庆宅。"卷五记载:"(东京)康俗坊。太子詹事陆余庆宅。"中华书局1985年,第71、153页。
[3] 刘昫:《旧唐书》卷八十八《陆元方传》,中华书局1975年,第2875—2876页。
[4] 徐松:《唐两京城坊考》卷三,中华书局1985年,第72页。
[5] 刘昫:《旧唐书》卷一三九《陆贽传》,中华书局1975年,第3791—3800页。按:今苏州相城区曾有陆墓镇,其地即因陆贽而得名。据元人陆友仁《吴中旧事》载:"吴郡城北五六里有一大冢,在官塘之西,相传为唐陆宣公(即陆贽)墓,故其地名陆墓,水名陆塘。淳熙间,有于墓傍得遗刻与所传合,郡人周虎、张震发皆纪其事。"陆贽薨于忠州,《忠州图经》明载其墓在忠州,故陆友仁推测,"(陆贽)岂尝藁葬于此?又谓公以归葬,而忠州特设虚冢尔"。见陆友仁《吴中旧事》,中华书局1985年,第8页。
[6] 刘昫:《旧唐书》卷一七九《陆扆传》,中华书局1975年,第4668页。
[7] 士族的城市化概念源自韩昇《南北朝隋唐士族向城市的迁徙与社会变迁》,《历史研究》2003年第4期。

代八人科举出身,具体如表4-5。

表4-5 唐代苏州归氏科举情况统计表

姓名\事迹	出身	主要事迹	备注
归崇敬	明经	德宗时翰林学士,任皇太子侍读、工部尚书等职。封余姚郡公。	归崇敬、归登父子同时为顺宗侍读。
归登	举孝廉、登贤良科	代宗时,补四门助教;德宗时拜右拾遗,后迁兵部员外郎,充皇子侍读、史馆修撰;宪宗时为兵部侍郎,兼判国子祭酒事,迁工部尚书。	
归融	进士	文宗时任翰林学士、京兆尹、山南西道节度使、晋陵郡公。	
归仁晦	进士	融子,皆登进士第,咸通中并至达官。	
归仁翰	进士		
归仁宪	进士		
归仁召	进士		
归仁泽	进士		

据《旧唐书》卷一七七《杨收传》,杨氏一门十一人全为进士及第,多为显职,详见表4-6。

表4-6 唐后期苏州杨氏进士及第统计表

姓名\事迹	出身	主要事迹	备注
杨发	进士	书判拔萃,任苏州刺史、福建观察使、岭南节度使等。	兄弟四人均为进士及第。
杨假	进士	太常少卿,出为常州刺史。	
杨收	进士	年十三,略通诸经义,善于文咏,吴人呼为"神童"。	
杨严	进士	咸通中,累迁吏部员外、翰林学士。乾符四年,累迁兵部侍郎。	
杨乘	进士	有俊才,尤能为歌诗,历显职。	杨发子。
杨鉴	进士		杨收子,皆登进士第。
杨钜	进士	乾宁初以尚书郎知制诰,召充翰林学士,拜中书舍人、户部侍郎。	
杨鏻	进士	乾宁中,累迁尚书郎。	
杨涉	进士	昭宗朝,累迁吏部郎中、礼、刑、吏侍郎,后为中书侍郎。	杨严子。
杨注	进士	昭宗朝,累官知制诰、中书舍人、翰林学士、户部侍郎。	
杨凝式	进士	天祐年间进士,历五代要职。	杨涉子。

从登第进士的情况来看,苏州的新兴家族大有赶超传统家族之势,唐代以后,伴随着科举制度的深入和苏州文化的发达,越来越多的家族依靠科举上的成就成为苏州新的名门望族。

第二节　社会生活与风俗

一、由尚武到崇文的民风变迁[1]

对苏州风俗史而言,秦汉至隋唐时期具有划时代的重大意义。在此期间,今苏州一带的民风逐渐由秦汉时期的好勇尚武转变为隋唐时期的敦礼崇文,为宋元以后苏州成为江南人文渊薮打下了坚实的基础。

1. 由尚武到崇文的变迁轨迹

吴地的尚武民风由来已久,早在春秋时期,由于经济条件落后等原因,吴人对内对外战争频繁,以"吴王刚猛而毅,能行其令,百姓习于战守,明于法禁"而名震中原。[2]他们崇尚好勇斗狠,鄙视恻隐忘仇,以所谓"灭沥血之仇""绝怀毒之怨"为做人信条,[3]"轻死易发""好相攻击"已成为吴地民风的特色,涌现出了专诸、要离等英勇善战、视死如归的豪侠之士。后来虽然经历了越灭吴、楚灭越等历史更迭,但这种尚武的民风并没有因此而消逝。

秦汉时期,吴地一带仍然民风轻悍。秦朝末年,项羽率领招募的八千江东子弟在吴中起兵,不断发展壮大,最终埋葬了秦王朝,可见战斗力之强。西汉初年,刘邦"患吴、会稽轻悍,无壮王以填之,诸子少,乃立(刘)濞于沛为吴王"[4]。但刘濞到吴国后,凭借吴地兵威竟自立为东帝。在平定七国之乱中,名将周亚夫亲自领教了吴人的强悍,可见"吴兵锐甚,难与争锋"的说法确实并非空穴来风。[5]直到三国时期仍是"江南精兵,北土所难,欲以十卒,当东一人"[6]。

除吴兵善战外,当时的吴地还出了不少颇有侠气的伏节死难之士。如东汉时楚王英谋反,会稽太守尹兴被牵连,郡吏陆续与主簿梁宏、功曹史驷勋等人均

---

[1]　本节参考了曹文柱《六朝时期江南社会风气的变迁》(《历史研究》1988年第2期)及王卫平《从尚武到尚文——吴地民风嬗变研究之一》(《苏州大学学报》1992年第3期)等相关研究成果。
[2]　赵晔:《吴越春秋》卷五《夫差内传》,江苏古籍出版社1999年,第63页。
[3]　赵晔:《吴越春秋》卷七《勾践入臣外传》,江苏古籍出版社1999年,第119页。
[4]　司马迁:《史记》卷一〇六《吴王濞列传》,中华书局1982年,第2821页。
[5]　班固:《汉书》卷三十五《荆燕吴传》,中华书局1962年,第1913页。
[6]　陈寿:《三国志》卷六十五《吴书·华覈传》,中华书局1982年,第1467页。

被逮至洛阳诏狱严刑拷打,"掠考五毒,肌肉消烂,终无异辞",尤其是吴人陆续"虽见考苦毒,而辞色慷慨,未尝易容",[1]可见其气节。甚至连当地的女子也不示弱。吴郡人许升被盗贼所杀,后该盗贼被官府捕获,许升之妻吕荣就"诣州,请甘心仇人",然后亲自"手斩其头,以祭升灵"。[2]由此可见其民风之彪悍,亦可知《汉书·地理志下》中"吴粤之君皆好勇,故其民至今好用剑,轻死易发"的记载是符合历史事实的。[3]

孙吴政权兴起于吴郡,顾、陆、朱、张等"吴郡四姓"为其重要支柱,当时的吴郡大族均拥有大量的私人武装,如吴郡朱桓一家有"部曲万人",陆逊初起时,"部曲已有二千余人"。这些大族的私人武装连敌国都颇为注意,如曹魏大将邓艾就认为"吴名宗大族,皆有部曲,阻兵仗势,足以建命"。[4]孙吴时期的吴郡大族重视武职,积极参与军事活动,"吴郡四姓"中家家有人担任统兵将军的职务,陆氏一族前后为将帅者达十六人之多。陆逊、陆抗、朱桓、朱据等人均为当时重要军事统帅,为孙吴政权立下了汗马功劳。经过孙吴政权半个多世纪割据环境的刺激和军事活动经验的累积,吴郡一带的尚武民风更是得到了极大的强化和凝聚,故西晋时左思在《吴都赋》中亦有记载云:"趫材悍壮,此焉比庐,捷若庆忌,勇若专诸,危冠而出,竦剑而趋。"[5]

西晋统一后,吴、蜀两地的表现大相径庭,"蜀人服化,无携贰之心;而吴人趑雎,屡作妖寇"。晋武帝认为之所以出现这种状况,是因为"蜀人敦朴,易可化诱;吴人轻锐,难安易动",其大臣华谭也认为"吴阻长江,旧俗轻悍",[6]可见君臣二人对吴地民风评价的一致。为了安定江南社会秩序,晋武帝恩威并施,采取了一系列措施,但效果并不显著,吴地仍是"窃发为乱者相继",可见民风之强悍。

但从东晋后期开始,吴郡一带的民风却有了天翻地覆的变化。孙恩之乱时,刘裕率领晋军在吴郡海盐平叛,"海盐令鲍陋遣子嗣之以吴兵一千,请为前驱",但被刘裕以"贼兵甚精,吴人不习战。若前驱失利,必败我军"的理由拒绝。[7]刘宋时期的吴郡士族顾觊之还被侨姓士族袁淑以"卿南人怯懦,岂办作贼"之语

---

[1] 范晔:《后汉书》卷八十一《陆续传》,中华书局1965年,第2682—2683页。
[2] 范晔:《后汉书》卷八十四《列女传》,中华书局1965年,第2795页。
[3] 班固:《汉书》卷二十八下《地理志下》,中华书局1962年,第1667页。
[4] 陈寿:《三国志》卷二十八《魏书·邓艾传》,中华书局1982年,第777页。
[5] 左思:《吴都赋》,《文选》卷五《京都下》,上海古籍出版社1986年,第221页。
[6] 房玄龄等:《晋书》卷五十二《华谭传》,中华书局1974年,第1450页。
[7] 沈约:《宋书》卷一《武帝纪上》,中华书局1974年,第2页。

嘲笑。[1]与此同时,普通民众也开始注重仪表形象。《颜氏家训·治家篇》载:"南间贫素,皆事外饰,车乘衣服,必贵齐整;家人妻子,不免饥寒。"[2]《宋书》载徐湛之有"门生千余人,皆三吴富人之子,资质端妍,衣服鲜丽"[3]。由"轻悍"到"懦弱",由"断发文身"到"衣服鲜丽",可见吴地民风已经发生了根本性的转变。

大业初年,内史舍人窦威、起居舍人崔祖浚等人著《丹阳郡风俗》,"以吴人为东夷,度越礼义,及属辞比事,全失修撰之意"。隋炀帝见后不悦,遣内史舍人柳䛒宣敕责备窦威等云:"昔汉末三方鼎立,大吴之国,以称人物。故晋武帝云'江东之有吴、会,犹江西之有汝、颍,衣冠人物,千载一时'。及永嘉之末,华夏衣缨,尽过江表。此乃天下之名都。自平陈之后,硕学通儒、文人才子莫非彼至。尔等著其风俗,乃为东夷之人度越礼义,于尔等可乎?然于著术之体,又无次序。"并对窦威等人"各赐杖一顿"。即日隋炀帝还敕追秘书学士十八人修十郡志,以内史侍郎虞世基为总检,虞世基以学士著作佐郎虞绰序京兆郡风俗,学士宣惠尉陵敬序河南郡风俗,学士宣德郎杜宝序吴郡风俗,以此四序上奏炀帝,得到赞赏,"付世基择善用之",虞世基"乃钞吴郡序付诸头,以为体式"[4]。可见当时隋炀帝对吴地风俗的认识。《隋书》卷三十一《地理志下》仍记载吴郡一带的风俗云:"其人君子尚礼,庸庶敦庞,故风俗澄清,而道教隆洽,亦其风气所尚也。"[5]与秦汉及孙吴、西晋时期相比,已迥然如两地。

2. 东晋南朝时期吴郡一带民风变迁的原因

吴郡一带民风由尚武到崇文的转变有着深刻的社会背景。首先是社会经济的迅速发展改变了当地的社会结构,使崇尚血亲复仇等氏族制度的残余失去了生存的土壤。自从东汉末年开始,大批北方人民为避乱而南下,带来了先进的生产技术。经过孙吴及南朝各代的开发,吴郡一带的经济一改昔日地广人稀的落后局面,跃居全国发达之区。宋齐时人沈约记载:"江南之为国盛矣。……地广野丰,民勤本业,一岁或稔,则数郡忘饥。……荆城跨南楚之富,扬部有全吴之沃,渔盐杞梓之利,充仞八方,丝绵布帛之饶,覆衣天下"[6]。南齐萧子良把"三

---

[1] 沈约:《宋书》卷八十一《顾觊之传》,中华书局1974年,第2079页。
[2] 颜之推:《颜氏家训》卷一《治家第五》,中华书局2014年王利器集解本,第45—46页。
[3] 沈约:《宋书》卷七十一《徐湛之传》,中华书局1974年,第1844页。
[4] 李昉:《太平御览》卷六〇二《文部十八》,中华书局1960年,第2710—2711页。按:《太平御览》此条记载似有缺漏,上述虞绰序京兆郡风俗,陵敬序河南郡风俗,杜宝序吴郡风俗,仅三序,但后文又有"袁朗、杜宝吴蜀二序,不略不繁,文理相副"的评价,可见袁朗亦撰一序,按此处文意,袁朗应是撰吴郡序,杜宝应是撰蜀郡序,和上述杜宝序吴郡风俗抵牾,书此特考。
[5] 魏徵、令狐德棻:《隋书》卷三十一《地理志下》,中华书局1973年,第887页。
[6] 沈约:《宋书》卷五十四后"史臣曰",中华书局1974年,第1540页。

吴"比为秦汉的关中,认为"三吴内地,国之关辅,百度所资"[1]。到了唐朝,以苏州为中心的江南地区逐渐成为财富渊薮,史载天宝以后,"中原释耒,辇越而衣,漕吴而食"[2],韩愈更是记载"当今赋出于天下,江南居十九"[3]。经过六朝的开发,吴地的社会经济得到了快速的发展,到唐代后期,全国的经济重心已经逐渐转移到了南方。随着经济的发展,吴地的社会结构发生了重大变化。在此以前,由于生产力落后,个体家庭无法独立地与大自然抗争,只能依赖大家族的力量。东晋南朝时,分产异炊的现象越来越普遍。《魏书》记载长期在南方生活的裴植兄弟"各别资财,同居异爨,一门数灶,盖亦染江南之俗也"[4]。可见父子分居、兄弟异炊在江南已相沿成习,人们之间的利害关系超过了宗族血亲的关系。《宋书·周朗传》中就说:"今士大夫以下,父母在而兄弟异计,十家而七矣。庶人父子殊产,亦八家而五矣。凡甚者,乃危亡不相知,饥寒不相恤,又嫉谤谗害,其间不可称数。"[5]在这种情况下,很少有人再愿意为血亲报复而仇仇相杀。同时,随着社会经济的发展,人们的生活水平有所提高,"民勤本业",只求相安无事,不愿无事生非,就成为人们的共同心理。

其次是北方侨姓士族文化的影响。大批南迁的北方移民不仅带来了中原先进的生产技术,促进了江南的开发,同时又以其文化优势改变着吴人的言行。正如杜佑《通典》所言:"永嘉之后,帝室东迁,衣冠避难多率止,艺文儒术斯之为盛,今虽闾阎贱品,处力役之际,吟咏不辍,盖因颜、谢、徐、庾之风存焉。"[6]《晋书》《世说新语》等书中记载了很多侨姓名士如王导、谢安等人细如服饰用具、琐至音容笑貌的言行作派受南人仿效的事例。语言音声只有因地而异,本无优劣之别,南方上层人物却普遍鄙视自己的母语,改操中原音声,并以此作为标榜身份的一种方式。《南齐书》载吴郡吴人张融,"出为封溪令。……獠贼执融,将杀食之。融神色不动,方作洛生咏。"[7]据《南史·顾琛传》记载,刘宋时期的"江

---

[1] 萧子显:《南齐书》卷二十六《王敬则传》,中华书局1972年,第482页。
[2] 吕温:《故太子少保赠尚书左仆射京兆韦府君神道碑》,《全唐文》卷六三〇,中华书局1983年,第6357页。
[3] 韩愈:《韩昌黎文集》卷四《送陆歙州诗序》,古典文学出版社1957年马其昶校注本,第135页。
[4] 魏收:《魏书》卷七十一《裴叔业传附裴植传》,中华书局1974年,第1571—1572页。
[5] 沈约:《宋书》卷八十二《周朗传》,中华书局1974年,第2097页。
[6] 杜佑:《通典》卷一八二《州郡十一·风俗》,中华书局1992年,第4850页。
[7] 萧子显:《南齐书》卷四十一《张融传》,中华书局1972年,第721页。按:"洛生咏"原是西晋时期书生用京都洛阳口音吟咏诗歌的方式,音色重浊。永嘉南渡后,由于谢安的提倡,"洛生咏"成为名士争相追捧的一种时尚,直至南朝时期依然有不少人仿效。

东贵达者",只有"会稽孔季恭,季恭子灵符,吴兴丘渊之及琛,吴音不变"。[1]出身社会底层的南沙人王敬则,在南齐时期名位显达后"接士庶皆吴语"[2],亦被《南齐书》郑重记载。可见除此寥寥数人之外,当时的其他江东达官显贵连乡音都改变了。对此,周一良先生指出:"宋齐南士贵达者多弃其吴语,易言之,即求贵达必先与侨人士大夫同流一气,虽语音末节,亦相模仿。"[3]这样,南方土著文化必然失却自己原先独有的面貌,逐渐为中原文化所同化。

同时,东晋以后,侨姓高门士族享受着"平流进取,坐至公卿"的特权,世代盘踞着那些"职闲廪重"的所谓清官,非但不肯"屈志戎武",就连武职也不愿接受。吴姓大族在这方面也深受影响,如南齐时,吴兴士族丘灵鞠由东观祭酒迁任骁骑将军。虽然骁骑将军的品级要比东观祭酒高,但前者为清望所归,后者是武位浊官,丘灵鞠"不乐武位",对此大为不满。[4]吴郡张氏自刘宋时期的张敷以后,"并以理音辞、修仪范为事",以建立事功为耻,如宋末张岱兄子瓌、弟恕诛吴郡太守刘遐立功后,齐高帝欲以张恕为晋陵太守,就得到了张岱的反对,"若以家贫赐禄,此所不论;语功推事,臣门之耻"。[5]吴姓士族的崇文鄙武,无疑对吴郡一带的社会风气转变起到了重要推动作用。

再次是宗教的影响。东汉佛教传入中国后,影响渐广,早在赤乌年间,吴郡已经有佛寺之设,东晋南朝以后,吴地尚佛之风渐盛,吴郡名僧辈出,并且出现了像吴郡张氏这样世代崇佛的家族。佛教教义以轮回因果、五戒十善等学说和戒律否定暴力和尚武行为,要求信徒去除反抗、叛逆之心,安于现状,求得现世与来生的解脱。这种教义和戒规受到统治阶级的保护与提倡,梁武帝甚至正式宣布佛教为"国教",他还亲披袈裟,"躬事讲说",使得佛教在江南地区广泛流行。不仅统治阶级佞佛成风,就连下层人民也是"竭财以赴僧,破产以趋佛,而不恤亲戚,不怜穷匮"[6]。吴郡一带也不例外,朱长文《吴郡图经续记·寺院》载:"梁武帝事佛,吴中名山胜境,多立精舍。因于陈隋,浸盛于唐。"[7]同书《风俗》中也说,吴中名僧辈出,"支遁、道生、慧响之俦,唱法于群山,而人尚佛"。其结果

---

[1] 李延寿:《南史》卷三十五《顾琛传》,中华书局1975年,第920页。
[2] 萧子显:《南齐书》卷二十六《王敬则传》,中华书局1972年,第484页。
[3] 周一良:《魏晋南北朝史论集》,中华书局1963年,第63页。
[4] 萧子显:《南齐书》卷五十二《文学·丘灵鞠传》,中华书局1972年,第890页。
[5] 萧子显:《南齐书》卷三十二《张岱传》,中华书局1972年,第581页。
[6] 姚思廉:《梁书》卷四十八《范缜传》,中华书局1973年,第670页。
[7] 朱长文:《吴郡图经续记》卷中《寺院》,江苏古籍出版社1999年,第30页。

是暴力、尚武的行为被"多儒学,喜信施"之风所取代。[1]可见宗教在销蚀斗志、改变吴人的心理结构方面确实起了不小的作用。

最后,相对安定的社会环境逐渐消靡了吴人的尚武精神。东晋末年,孙恩、卢循发动农民起义,进兵吴会,以致"所在多破亡",史家认为这是"吴会承平日久,人不习战"的缘故。[2]侯景之乱对江南造成了很大破坏,其原因也在于"天下乂安,人不识于干戈,时无闻于桴鼓"[3]。六朝时期,中原地区战乱频繁,而江南的吴地则处于相对安定的状态。长期安定的和平环境改变了吴地的尚武民风,使之向崇文重教方面转化。

二、饮食风俗

秦汉至隋唐时期,包括今苏州在内的江南一带饮食习俗已经形成了显著的特点。据《洛阳伽蓝记》记载,北魏的杨元慎曾经嘲笑来自江南的萧梁将军陈庆之曰:"吴人之鬼……菰稗为饭,茗饮作浆,呷啜莼羹,唼嗍蟹黄……咀嚼菱藕,捃拾鸭头,蛙羹蚌臛,以为膳羞。"[4]杨元慎此举,意在嘲笑江南人的饮食习惯,但由此可见江南地区在饮食方面已经与北方截然不同。苏州位于江南的核心地区,物产丰富,其饮食之美在五代以前就名闻天下,以至于五代至北宋初人陶穀在《清异录》中把"吴越口福"与"京师钱福、眼福、病福、屏帏福""洛阳花福""蜀川药福""秦陇鞍马福""燕赵衣裳福"一起并称为"天下九福"。[5]由于资料所限,本节仅对饮食和饮茶习俗进行简单梳理。

1. 饮食

秦汉以来,吴郡一带的饮食习惯和北方就有着显著区别,西晋张华在《博物志》卷三中就有明确记载:"东南之人食水产,西北之人食陆畜。食水产者,龟蛤螺蚌以为珍味,不觉其腥臊也;食陆畜者,狸兔鼠雀以为珍味,不觉其膻焦也。"[6]

由于南北的饮食习惯不同,由此还产生了不少误解,甚至闹出过笑话。东汉末年的邯郸淳所著的《笑林》中就记载,当时"汉人有适吴",吴人用笋招待,"问

---

[1] 朱长文:《吴郡图经续记》卷上《风俗》,江苏古籍出版社1999年,第11页。
[2] 房玄龄等:《晋书》卷一〇〇《孙恩传》,中华书局1974年,第2633页。
[3] 徐陵:《武皇帝作相时与北齐广陵城主书》,《文苑英华》卷六八二,中华书局1966年影印本,第3518页。
[4] 杨衒之:《洛阳伽蓝记》"景宁寺"条,中华书局2010年,第92页。
[5] 陶穀:《清异录》卷上,上海古籍出版社2012年,第18页。
[6] 张华:《博物志》卷三,中华书局1985年影印《丛书集成初编》本,第20页。

是何物,语曰竹也",此人回去后就"煮其床箦而不熟",并对其妻抱怨说:"吴人
轫辘,欺我如此!"还有一则记载,有个吴人到京师去,"为设食者有酪苏",此人
"未知是何物也,强而食之",回来后就呕吐不已,"遂至困顿",以为自己要死了,
于是告诫其子:"与伧人同死,亦无所恨;然汝故宜慎之。"[1]

无独有偶,东晋初年吴郡士族陆玩也曾经因食酪而和北方士族王导产生过
误会。据《世说新语·捷悟》载,王导曾用酪招待陆玩,陆玩吃过回家后就很不
舒服,第二天给王导笺云:"昨食酪小过,通夜委顿。民虽吴人,几为伧鬼。"[2]

因为不习惯食用乳酪,故虽然北方人把乳酪当作引以为傲的食物,但吴郡一
带的人并不以为然。史载西晋时期吴郡人陆机入洛后,北方士人王济为了羞辱
陆机,便在他面前陈设了数斛羊酪,问道:"卿江东何以敌此?"陆机回答说:"有
千里莼羹,未下盐豉耳。"[3]莼羹为江东美食,颇得吴人推崇,和陆机先后入洛
的吴郡人张翰"因见秋风起,乃思吴中菰菜、莼羹、鲈鱼鲙"[4],不久就辞官归
乡,后人因此称思乡为"莼鲈之思",可见莼羹之类食物在吴郡人心中地位之高。

和北方的面食不同,吴郡一带以大米做饭和粥为主食。《南史·孝义传上》
记载,刘宋初年的吴郡人陈遗,少为郡吏,其母喜欢吃铛底饭(即锅巴)。"遗在
役,恒带一囊,每煮食辄录其焦以贻母。后孙恩乱,聚得数升,恒带自随。及败逃
窜,多有饿死,遗以此得活。"[5]可见煮饭烧焦的锅巴,以味香为人喜爱,还可作
干粮充饥。另外,以米作粥也已经普遍,民间还有作白粥祭祀蚕神的习俗。

吴郡地处水乡,水产丰富,鱼类在吴郡人的饮食中占据了重要地位,不少人
养成了吃鱼的习惯,并终身不改。如北魏骠骑大将军陆政是东晋末年被俘虏的
吴郡人陆载之孙,"其母吴人,好食鱼",而北方鱼少,陆政为寻鱼常费尽千辛万
苦。"后宅侧忽有泉出而有鱼,遂得以供膳,时人以为孝感所致,因谓其泉为孝鱼
泉。"[6]而陈代时吴人张昭之父也"嗜鲜鱼,昭乃身结网捕鱼,以供朝夕"[7]。

隋唐时期吴郡的鲈鱼鲙为著名美食,曾作为贡品,并有鲜鲙和干鲙之分。
据《太平广记》卷二三四"吴馔"条载,吴郡曾"献松江鲈鱼干鲙六瓶"于隋炀
帝,并详细记载了作法:"须八九月霜下之时。收鲈鱼三尺以下者作干鲙,浸渍

---

[1] 欧阳询:《艺文类聚》卷七十二《食物部》引《笑林》,中华书局1965年,第1244页。
[2] 房玄龄等:《晋书》卷七十七《陆晔传附陆玩传》,中华书局1974年,第2024页。
[3] 房玄龄等:《晋书》卷五十四《陆机传》,中华书局1974年,第1472—1473页。
[4] 房玄龄等:《晋书》卷九十二《张翰传》,中华书局1974年,第2384页。
[5] 李延寿:《南史》卷七十三《孝义传上》,中华书局1975年,第1804页。
[6] 李延寿:《北史》卷六十九《陆通传》,中华书局1974年,第2391页。
[7] 姚思廉:《陈书》卷三十三《孝行·张昭传》,中华书局1972年,第430页。

讫,布裹沥水令尽,散置盘内。取香柔花叶,相间细切,和鲙拨令调匀。霜后鲈鱼,肉白如雪,不腥。"这样做出来的鲙叫"金齑玉鲙",被称为"东南之佳味"。[1]当时有很多人擅长斫鲙,唐段成式《酉阳杂俎》记载:"进士段硕尝识南孝廉者,善斫鲙,縠薄丝缕,轻可吹起,操刀响捷,若合节奏,因会客炫技。"[2]持刀斫鲙人的动作如此熟练轻捷,所切的肉丝轻风可以吹得起,可见肉丝之细,刀技之精。《余媚娘叙录》也有吴县陆希声之妻余媚娘"能馔玉色鲙,妙不可及"的记载。[3]

在水产中,螃蟹也是当时吴郡比较有特色的食品,其中的"镂金龙凤蟹"更是隋唐五代时期最著名的一道蟹品菜肴。据陶毂《清异录》记载:"炀帝幸江都,吴中贡糟蟹、糖蟹。每进御,则上旋洁拭壳面,以金镂龙凤花云贴其上。"[4]而《大业拾遗记》也记载当时吴郡"献蜜蟹三千头,作如糖蟹法。蜜拥剑四瓮。拥剑似蟹而小,二螯偏大",并认为这就是《吴都赋》中所云的"乌贼拥剑"。[5]

由于近海渔业的发展,隋唐时期,吴郡的海产品已经进贡朝廷。《大业拾遗记》曾记载吴郡曾贡"海鯸干鲙四瓶""海虾子三十梃""鲍鱼含肚千头",并详述制作方法。海鯸干鲙作法为:"当五六月盛热之日,于海取得鯸鱼。大者长四五尺,鳞细而紫色,无细骨不腥者。捕得之,即于海船之上作鲙。去其皮骨,取其精肉缕切。随成随晒,三四日,须极干,以新白瓷瓶,未经水者盛之。密封泥,勿令风入,经五六十日,不异新者。"食用干鲙时,"开出干鲙,以布裹,大瓮盛水渍之,三刻久出,带布沥却水,则皪然。散置盘上,如新鲙无别。细切香柔叶铺上,筯拨令调匀进之。海鱼体性不腥,然鳞鯸鱼肉软而白色,经干又和以青叶,皙然极可啖。"[6]海虾子的作法为:"取海白虾有子者,每三五斗置密竹篮中,于大盆内以水淋洗。虾子在虾腹下,赤如覆盆子,则随水从篮目中下。通计虾一石,可得子五升,从盆内漉出。缝布作小袋子,如径寸半竹大,长二尺。以虾子满之,急系头,随袋多少,以末盐封之,周厚数寸。经一日夜出晒,夜则平板压之,明旦又出晒。夜以前压十日干,则拆破袋,出虾子梃。色如赤琉璃,光彻而肥美,盐于鲻鱼

---

[1] 李昉:《太平广记》卷二三四引《大业拾遗记·吴馔》,中华书局1961年,第1791—1792页。
[2] 段成式:《酉阳杂俎》卷四《物革》,中华书局1985年影印《丛书集成初编》本,第40页。
[3] 李剑国:《唐五代传奇叙录》卷四《余媚娘叙录》,南开大学出版社1993年,第904页。
[4] 陶毂:《清异录》卷下,上海古籍出版社2012年,第106页。
[5] 李昉:《太平广记》卷二三四引《大业拾遗记·吴馔》,中华书局1961年,第1792页。
[6] 这种干鲙还可以当作礼物赠送,如皮日休在《寄同年韦校书》诗中就有"唯有故人怜未替,欲封干鲙寄终南"之句。

数倍。"鮸鱼含肚的作法为："当六月七月盛热之时,取鮸鱼长二尺许,去鳞净洗。停二日,待鱼腹胀起,方从口抽出肠,去腮留目。满腹纳盐竟,即以末盐封周遍,厚数寸。经宿,乃以水净洗。日则曝,夜则收还,安平板上,又以板置石压之。明日又晒,夜还压。如此五六日干,即纳干瓷瓮,封口。经二十日出之,其皮色光彻,有如黄油,肉则如糗。又如沙棋之苏者,微咸而有味。"[1]另外当时吴郡还经常上贡"石首含肚"等海产品。由此可见,当时吴郡对海产品的开发食用已经达到了相当高的水平。

唐代的苏州还出现了青精饭,又名乌饭、青𩜄饭。青精饭常为道家修炼时所用,陆龟蒙《四月十五日道室书事寄袭美》诗云："乌饭新炊芼臛香,道家斋日以为常。"又有《润卿遗𩜄饭兼之一绝聊用答谢》诗云："旧闻香积金仙食,今见青精玉斧餐。自笑镜中无骨录,可能飞上紫云端。"称道它食用后可以辟谷轻身延年。其好友皮日休也有《润卿遗青𩜄饭兼之一绝聊用答谢》诗云："分泉过屋春青稻,拂雾飘衣折紫茎。"并注明"此饭以青龙稻为之。"唐人陈藏器还详细记载了当时青精饭的制法："取南烛茎叶捣碎,清汁浸粳米,九浸九蒸九曝,米粒紧小,黑如翳珠,袋盛,可以适远方也。"[2]由于便于携带,故青精饭常被当作礼物馈赠亲友。春日食乌米饭的风俗至今苏州一带仍有流传。

值得一提的是,隋唐时期,苏州还出现了著名的小吃,据《清异录》记载,当时仕至太常博士的苏州人萧璇,"家习庖馔",追慕擅长厨艺的前人虞悰、谢讽,"作卷子生,止用肥狞包卷成云样",十分美观。另外还擅长做散饤麦穗生,"滋味殊冠"。[3]据宋人郑望之的《膳夫录》记载,隋炀帝喜欢吃的食品有"镂金龙凤蟹、萧家麦穗生、寒消粉、辣骄羊、玉尖面"五种,[4]其中的"萧家麦穗生"即指萧璇家所作,而"镂金龙凤蟹"亦是苏州所产,前文已有所论及。隋炀帝喜欢吃的五种食品中,前两种均和苏州相关,可见当时苏州饮食的影响。

2. 饮茶

饮茶习俗在吴郡一带开始颇早,制茶的植物也经历过不少变化。孙吴时吴郡人陆玑在其所著《毛诗草木鸟兽虫鱼疏》中就先后记载"山樗与下田樗略无异,叶似差狭耳,吴人以其叶为茗","椒树似茱萸,有针刺,茎叶坚而滑泽,蜀人

---

[1] 李昉:《太平广记》卷二三四引《大业拾遗记·吴馔》,中华书局1961年,第1790—1791页。
[2] 李时珍:《本草纲目》卷二十五《谷之四·青精干石𩜄饭》引,《景印文渊阁四库全书》第773册,上海古籍出版社1986—1990年影印本,第448—449页。
[3] 陶毅:《清异录》卷下,上海古籍出版社2012年,第107页。
[4] 郑望之:《膳夫录》,见《说郛》,《景印文渊阁四库全书》第814册,上海古籍出版社1986—1990年影印本,第401页。

作茶,吴人作茗,皆合煮其叶以为香",[1]可见吴郡一带在孙吴时期曾用山樗及椒树的叶子煮茶。

正因为吴人饮茶历史悠久,唐人杨煜甚至认为制茶是吴人首创,在其所著《膳夫经》中云:"茶,古不闻食之,近晋、宋以降,吴人采其叶煮,是为茗粥。"[2]但从现有史料看,早在晋、宋以前,饮茶习俗已经在吴郡一带流行起来。据《三国志·吴书》记载,因吴郡韦曜不善饮酒,孙吴末帝孙皓就曾"密赐茶荈以当酒"[3]。孙吴时秦菁所撰的《秦子》也记载:"顾彦先曰:有味如醋,饮而不醉;无味如茶,饮而醒焉,醉人何用也!"[4]顾彦先即吴郡吴县人顾荣,可见当时吴人已知茶有解宿酒未醒之效。

两晋南北朝时期,吴郡周围的乌程和阳羡等地已经成为著名的茶叶产区,饮茶成为一种普遍习俗。《晋书》卷七十七《陆晔传附陆纳传》载,吴郡人陆纳为吴兴太守时,谢安前来拜访,"纳所设唯茶果而已",其侄陆俶觉得这样太寒酸,"遂陈盛馔,珍羞必具",招待谢安,客人走后,陆纳将其侄"杖之四十",[5]可见在家里设茶待客已为寻常之事。另外《世说新语·轻诋》记载,东晋初年太傅褚裒有次东游到吴郡金昌亭,适遇"吴中豪右"在亭中宴集,他们并不认识褚裒,想捉弄这个陌生人,就让左右"多与茗汁,少箸粽,汁尽辄益,使终不得食"。褚裒喝了一肚子茶,"徐举手共语云:'褚季野'",得知捉弄的竟然是当朝太傅,吓得"吴中豪右"们"四坐惊散,无不狼狈"。[6]由此可见,当时的吴郡一带,不但在家里用茶招待客人,甚至在郊外宴集时也有茶水之备。

唐代苏州为茶叶产区,据陆羽《茶经》记载,"苏州长洲县生洞庭山",起初苏州所产茶叶质量似乎不太高,被《茶经》列为下品,但唐后期苏州的茶叶质量已经大大提高了,被列为贡品。《太平寰宇记》卷九十一《江南东道三》引《苏州记》云洞庭山"山出美茶,岁为入贡"[7],北宋人朱长文在《吴郡图经续记》卷下也记

---

[1] 陆玑:《毛诗草木鸟兽虫鱼疏》卷上"蔽芾其樗"和"椒聊之实"条,清光绪十四年(1888)《古经解汇函》本。
[2] 杨煜:《膳夫经》,《宛委别藏》第71册,江苏古籍出版社1988年影印本,第5页。按:杨煜,一作杨晔,《膳夫经》,一作《膳夫经手录》。
[3] 陈寿:《三国志》卷六十五《吴书·韦曜传》,中华书局1982年,第1462页。
[4] 虞世南:《北堂书钞》卷一四四《酒食部三》,中国书店1989年影印本,第606页。
[5] 房玄龄等:《晋书》卷七十七《陆晔传附陆纳传》,中华书局1974年,第2027页。
[6] 刘义庆:《世说新语》卷下之下《轻诋第二十六》,上海古籍出版社1993年余嘉锡笺疏本,第831—832页。
[7] 乐史:《太平寰宇记》卷九十一《江南东道三》,中华书局2007年,第1827页。

载"洞庭山出美茶,旧为入贡"[1]。晚唐苏州的茶叶交易频繁,《吴地记》所载晚唐苏州七县的茶、盐、酒等税额达69万余贯,茶税排在最前面,前文已有所论及,由此也可以看出当时苏州饮茶习俗的流行。

唐代士人不仅追求茶叶品质,而且对煮茶的水要求也非常高。宰相李德裕在长安时,"不饮京城水,茶汤悉用常州惠山泉",当时将为其自常州至长安取水的驿骑称为"水递"。[2]而苏州的水适宜煮茶,唐代就闻名全国,唐代元和年间进士张又新在其所撰《煎茶水记》中载,当时"为学精博,颇有风鉴"的刑部侍郎刘伯刍曾按煮茶品质的优劣,分天下最宜煮茶的水为七等:"扬子江南零水第一,无锡惠山寺石泉水第二,苏州虎丘寺石泉水第三,丹阳县观音寺水第四,扬州大明寺水第五,吴松江水第六,淮水最下,第七。"[3]七等中苏州的虎丘寺石泉水和吴松江水分列第三和第六,可见其受到推崇的程度。

被誉为"茶圣"的陆羽和苏州关系密切,唐代宗大历末年,陆羽就曾到苏州游览,至虎丘,游辟疆园。唐德宗贞元年间,陆羽曾寓居苏州,在虎丘北结庐(后世称为陆羽楼),并凿一岩井(后世称陆羽岩井),引水种茶,并品此水为天下第五,至今尚存。陆羽还著有《虎丘山记》,并品吴松江水为第十六等。

唐末吴县人陆龟蒙和友人皮日休留下的茶诗相当多,皮日休甚至在《茶中杂咏并序》中以陆羽的继承人自任,还分别以茶坞、茶人、茶笋、茶籯、茶舍、茶灶、茶焙、茶鼎、茶瓯、煮茶为题连续作诗,陆龟蒙在《奉和袭美茶具十咏》中也以相同的题目作了连咏。这些诗对考察当时苏州一带饮茶习俗的流行以及茶叶的制作方法有重要参考价值。另外,皮日休在其所作《包山祠》诗中有"村祭足茗柵"之句,可见当时的吴县西山已经有以茶祭祀包山祠神的乡风民俗。

由于饮茶之风流行,苏州一带出现了不少烹茶高手,据《清异录》记载,当时有吴僧文了擅长烹茶,后游历荆南,"高保勉白于季兴,延置紫云庵,日试其艺。保勉父子呼为汤神"[4]。按高季兴在唐末天祐三年(906)被朱温任命为荆南节度观察留后,一直经营于荆南,直到后唐天成三年(928)十二月病逝。可见吴僧文了之事发生在唐末至五代初年。《清异录》还记载了一位名叫梵川的吴僧,"自往蒙顶结庵种茶,凡三年,味方全美",其中绝佳者名为"圣杨花""吉

---

[1] 朱长文:《吴郡图经续记》卷下《杂录》,江苏古籍出版社1999年,第84页。
[2] 王谠:《唐语林》卷七《补遗》,中华书局1987年周勋初校证本,第613页。
[3] 张又新:《煎茶水记》,《景印文渊阁四库全书》第844册,上海古籍出版社1986—1990年影印本,第809页。
[4] 陶穀:《清异录》卷下,上海古籍出版社2012年,第101页。

祥蕊"。[1]

三、婚姻风俗

秦汉至隋唐时期,吴郡一带的婚俗带有鲜明的时代特色和地域特色,由于士庶等级界限的加强,门第婚姻成为主流,同时近亲婚、指腹婚、纳妾、再婚及冥婚等也比较流行。

1. 门第婚

门第婚在魏晋南北朝时期极为盛行,当时的士族不仅垄断了中央和地方的行政大权,而且在经济上也享有免税免役等特权。为了保证这种等级特权的世代延续,在婚姻上形成了严格的等级制度,不与庶族通婚成为士族世代恪守的婚姻准则。吴郡也不例外。

当时的吴郡大族为了维护自己的特殊社会地位,同庶族寒门保持着严格的界限,甚至不同寒门共坐。如刘宋时吴郡张敷为正员郎,"中书舍人秋当、周赳并管要务,以敷同省名家,欲诣之。赳曰:'彼若不相容,便不如不往,讵可轻往邪?'当曰:'吾等并已员外郎矣,何忧不得共坐?'"但到张敷家后,"敷先设二床,去壁三四尺,二客就席,酬接甚欢,既而呼左右曰:'移我远客。'"秋当和周赳只有"失色而去"。[2] 寒门出身的高官连和吴郡士族共坐都做不到,通婚之难可以想见。

南朝萧齐时期,吴郡富阳人满璋之,欲为其子满鸾觅婚。富阳满氏据说是高平旧族满宠、满奋的后代。满宠在曹魏明帝时任过太尉,其孙满奋西晋时为司隶校尉,也算是名族之后。满璋之时任王国侍郎,其子满鸾为吴郡正阁主簿,家境富裕。当时的贫穷士族王源丧妇,就将女嫁给满氏,得聘礼钱五万,用所聘余值纳妾。此事激起了士族集团的声讨,沈约就上书弹劾王源,认为其"虽人品庸陋,胄实参华",而满璋之的姓族,没有明确士族根据,因为满奋死于西晋,其后代在东晋时没有显赫声迹,满璋之的家世显系伪造。王源与之联姻,是唯利是图,玷辱士流之举,认为"高门降衡,虽自己作,蔑祖辱亲,于事为甚。此风弗剪,其源遂开,点世尘家,将被比屋,宜置以明科,黜之流伍,使已污之族,永愧于昔辰;方媾之党,革心于来日",上书建议"免源所居官,禁锢终身"。[3] 由此可见当时士族和庶族联姻之难。

---

[1] 陶榖:《清异录》卷下,上海古籍出版社 2012 年,第 101 页。
[2] 沈约:《宋书》卷六十二《张敷传》,中华书局 1974 年,第 1663 页。
[3] 沈约:《奏弹王源》,《文选》卷四十《弹事》,上海古籍出版社 1986 年,第 1812—1816 页。

不过在乱世之时,婚姻受到很多方面的限制,严格的门当户对也没法做到,东汉末年孙坚娶妻吴夫人即是如此。据《三国志》卷五十《吴书·妃嫔传》记载,吴夫人是吴县人,后来迁徙到钱唐(今浙江杭州),早失父母,和弟弟吴景住在一起。吴夫人才貌双全,被当时已经崭露头角的小军阀孙坚看中,"欲娶之"。孙坚家境贫寒,其父(一说祖父)孙锺以"种瓜为业",可见门第不高。吴夫人的亲戚们显然看不上这个品行不端甚至会打家劫舍的瓜农后代,"嫌坚轻狡,将拒焉",因此孙坚"甚以惭恨"。吴夫人知道,虽然孙坚为人所不齿,但在乱世中惹恼了像他这样有胆有识的无赖,很可能会给亲族带来横祸,因此抱着听天由命的态度对亲戚说:"何爱一女以取祸乎?如有不遇,命也!"不得已答应了这门婚事。[1]

东晋南朝时期,虽然同为士族阶层,但侨姓士族和吴姓士族之间的隔膜也很大,二者之间很少通婚。晋室南渡之初,出身侨姓高门琅琊王氏中的王导为笼络吴姓士族,曾向吴郡陆氏中的陆玩求婚,被陆玩以"培塿无松柏,薰莸不同器。玩虽不才,义不为乱伦之始"的理由拒绝,[2]与侨姓士族通婚竟然被陆玩认为是"乱伦",可见当时二者之间的矛盾。

吴郡的朱、张、顾、陆为吴姓士族的代表,但其影响力和侨姓的王、谢等家族相比还是有相当大的差距。因此在南朝萧梁时期,来自北方的降将侯景初投梁朝,便狂傲地提出要与王谢家族联姻。梁武帝告诉他说:"王谢门高非偶,可于朱张以下访之。"[3]意思是说,王谢家族地位比较尊贵,不能与之联姻,可以选择联姻吴姓士族。从此则婚姻史料中可见侨姓士族的社会地位是高于吴姓士族的。

东晋南朝时期,吴郡四姓之间的通婚最为频繁,而和侨姓士族联姻则寥寥无几。吴郡四姓中的吴郡张氏在东晋南朝时可考的婚姻计 20 例,其中吴郡顾、陆二氏各有 5 例,就占了一半,可见吴郡四姓之间通婚之频繁。剩下的 10 例中,来自会稽孔氏、吴兴沈氏、吴兴丘氏、嘉兴徐氏等吴姓士族又占了很大比例。[4]而三国至南朝陆氏可考的 16 例婚姻中,吴郡张氏 5 例,吴郡顾氏 4 例,富春孙氏、吴兴沈氏、吴兴姚氏各 2 例,彭城张氏 1 例,所通婚的对象也主要是"吴郡四姓"

---

[1] 陈寿:《三国志》卷五十《吴书·妃嫔传》,中华书局 1982 年,第 1195 页。
[2] 刘义庆:《世说新语》卷中之上《方正第五》,上海古籍出版社 1993 年余嘉锡笺疏本,第 305 页。
[3] 李延寿:《南史》卷八十《贼臣·侯景传》,中华书局 1975 年,第 1996 页。
[4] 孙中旺:《南朝吴郡张氏研究》,苏州大学 2001 年硕士学位论文,第 36—37 页。

中的张、顾二姓及吴兴沈氏和姚氏等吴姓大族。[1]从吴郡张氏和吴郡陆氏的联姻家族中可见当时士族的婚姻风气。

隋唐时期,伴随着大一统政权的出现,吴郡士族联姻的对象已经突破了地域而走向全国。据统计,吴郡张氏在唐代有婚姻关系的有18姓,其中门第较高的有山东著姓清河崔氏和范阳卢氏,关中郡姓京兆韦氏、河东裴氏和柳氏,代北旧姓河南元氏等,也有天水赵氏、乐安孙氏这样的地方大姓。[2]而吴郡陆氏在唐代可考的45例婚配中,开元前11例,开元后34例。开元前的11例婚姻中,有7例都是同江南士族的通婚,但其中大部分都是和会稽士族及吴兴士族通婚,和吴郡四姓的通婚只有吴郡张氏的1例,和唐代以前频繁联姻于吴郡顾、张二姓的情况已经有了很大区别。在开元以后的34例婚配中,只有8例是江南士族,关中和胡族大姓共计10例,新门7例,山东士族4例,其余情况不详者5例。这说明陆氏在唐代后期仍与江南士族保持着较为密切的婚姻关系,吴郡四姓中其他三姓朱、张、顾都有与陆氏联姻,但江南士族作为婚姻对象已非前期那样占据绝对优势,北方士族成为陆氏更加重要的婚姻伙伴,数量大大超过了江南士族,其中关中郡姓、胡族大姓和新门权贵数量最多。从总体状况看,以开元为界限,唐代陆氏的通婚对象在前后期有比较明显的变化,开元以前陆氏的婚姻对象以江南士族为主,开元以后则呈现出多元化的倾向。[3]

通过上述对吴郡张氏和陆氏在不同历史阶段联姻家族的考察,可以看出隋唐以后吴郡士族的婚姻圈已经不再局限于吴郡一隅甚至江南范围,而是有了明显扩大,关中士族、胡族大姓和新门与江南士族在其中占有同样重要的地位,显示出与北方士族融合的趋势。

中唐以后,伴随着科举制的深入进行以及唐朝政府对门第婚俗的禁止,门第婚姻观念也渐趋淡漠。经过黄巢领导的唐末农民战争的致命打击,唐代以后门第婚姻无论在苏州还是在全国都已经走下历史舞台。正如宋人郑樵在《通志·氏族略》中所说:"自五季以来,取士不问家世,婚姻不问阀阅。"[4]魏晋以来的门第婚姻,至此画上了句号,这可以说是社会的一大进步。

---

[1] 郭凤娟:《南朝吴郡陆氏研究》,山东大学2008年硕士学位论文,第22—23页。
[2] 郭锋:《唐代士族个案研究——以吴郡、清河、范阳、敦煌张氏为中心》,厦门大学出版社1999年,第136、143页。
[3] 高淑君:《唐代吴郡陆氏家族与文学研究》,西北大学2013年博士学位论文,第59—63页。
[4] 郑樵:《通志》卷二十五《氏族略第一》,《景印文渊阁四库全书》第373册,上海古籍出版社1986—1990年影印本,第254页。

2. 其他婚俗

除了门第婚姻外,秦汉至隋唐时期今苏州一带还流行过近亲婚、指腹婚、纳妾、再婚及冥婚等其他婚俗。

近亲婚是指血缘关系较近的一种婚姻。中国古代中表婚等近亲结婚的史料屡见不鲜,秦汉到隋唐时期,吴郡一带的近亲婚现象很多,还出现了不受行辈所限的异辈婚。

孙吴皇室就有过异辈婚现象,如孙权与徐夫人即是如此。据《三国志·吴书·妃嫔传》载,徐夫人的祖父徐真为吴郡富春人,"与权父坚相亲,坚以妹妻真,生琨。……琨生夫人"[1]。由此可以看出,孙权与徐琨为姑表兄弟,而孙权纳徐琨女徐氏为妃,不但血缘关系较近,且为异辈婚。无独有偶,孙权之子孙休的婚姻也是如此。据《三国志·吴书·妃嫔传》载:"孙休朱夫人,朱据女,休姊公主所生也。赤乌末,权为休纳以为妃。"[2]按吴郡朱据娶孙权第二女为妻,即孙休同父异母的"姊公主",孙休与朱夫人是娘舅与外甥女的关系,而孙权竟"为休纳以为妃"。当然这种和传统习俗相冲突的异辈婚当时就有人颇有微辞,裴松之于此条下有注斥之云:"臣松之以为休妻其甥,事同汉惠。荀悦讥之已当,故不复广言。"[3]

中表婚是近亲婚中最常见的形式,如南朝萧梁时,吴郡人顾协自幼丧父,随母养于外氏。顾协年少时准备娶舅息女,未成婚而母亡故,他为母亲守孝,丧期满后不再娶妻。后顾协六十多岁了,其舅之女仍未嫁,顾协乃"义而迎之"。[4]

指腹婚是魏晋南北朝时期曾流行过的一种婚俗,其形式是双方父母在怀孕时即相约为婚,若果然生下一男一女,待长大后即互为婚姻。《梁书·韦放传》载:"初,放与吴郡张率皆有侧室怀孕,因指为婚姻。其后各产男女,未及成长而率亡,遗嗣孤弱,放常赡恤之。及为北徐州,时有势族请姻者,放曰:'吾不失信于故友。'及以息岐娶率女,又以女适率子,时称放能笃旧。"[5]韦放不背指腹为婚之约,被传为美谈。

当时的吴郡一带也涌现出了一些夫妻恩爱的故事。如《述异记》记载孙吴黄龙年间,吴郡海盐人陆东美和妻子朱氏,"夫妻相重,寸步不相离",时人称其为

---

[1] 陈寿:《三国志》卷五十《吴书·妃嫔传》,中华书局1982年,第1197页。
[2] 陈寿:《三国志》卷五十《吴书·妃嫔传》,中华书局1982年,第1200页。
[3] 陈寿:《三国志》卷五十《吴书·妃嫔传》"孙休朱夫人"条裴松之注,中华书局1982年,第1201页。
[4] 姚思廉:《梁书》卷三十《顾协传》,中华书局1973年,第446页。
[5] 姚思廉:《梁书》卷二十八《韦放传》,中华书局1973年,第424页。

"比肩人"。后来朱氏去世,陆东美也绝食而死,家人将两人合葬。"未一岁,冢上生梓树,同根二身,相抱而合成一树,每有双鸿,常宿于上。"此事被孙权所知,"闻之嗟叹,封其里曰'比肩',墓又曰'双梓'。"后来陆东美的儿子陆弘和妻子张氏也相爱无间,被吴人称为"小比肩"。[1]

在中国古代,男人纳妾比较常见,秦汉至隋唐时期的吴郡一带也不例外。《隋书》卷三十《地理志下》就记载:"豫章风俗,颇同吴中……衣冠之人,多有数妇。"[2]据《南齐书》卷二四《张瓌传》载,张瓌晚年退居家乡吴县后,"居室豪富,伎妾盈房",有人讥笑他"衰暮畜伎",他竟然大言不惭地回答:"平生嗜欲,无复一存,唯未能遣此耳。"[3]张瓌过世后,留下的侍妓有数十人之多,其中有"善讴者"才貌双全,被仪曹郎顾玩之求娉,但此人不愿意,"遂出家为尼",顾玩之因此怀恨在心。后来此尼到张瓌之子张率的宅中斋会,顾玩之借机"飞书言与率奸",惹出了一场大风波,好在梁高祖萧衍爱惜张率的才华,"寝其奏",但"犹致世论焉"。[4]

男子纳妾虽然在当时颇为常见,但伎妾一多,相互忌妒在所难免。《太平广记》卷二八〇"刘景复"条记载了一则发生在唐末苏州侍妾之间相斗的传说。据说唐末进士刘景复曾在阊门泰伯庙中就寝,梦到让王(即泰伯)"纳一胡琴妓",名为胜儿。其"艺甚精而色殊丽",得到了泰伯的宠爱,以至于"王之侍儿有不乐者,妒色形于坐中,恃酒,以金如意击胜儿首,血淋襟袖"。[5]这则传说中的妒妇相斗虽然剧烈,但和现实比起来还是远远不及。唐末的苏州就真实地发生过一次相关惨案。据唐人《余媚娘叙录》记载,当时有余媚娘者"容美而善书,巧智无比",并能做"玉色鲙",味珍形美为别人不能及,堪称才貌双全。余媚娘初嫁周氏,丈夫去世后"以介洁自守"。时为正郎的吴县名士陆希声被其才华倾倒,欲求聘为妻。余媚娘要求陆希声"须立誓不置侧室及女奴",才答应此门亲事,得到陆希声的应允,两人方得成婚,婚后"夫妻敦睦"。但两年后陆希声遇到了"姿殊丽,逾于媚娘"的名姬柳舜英,就违反约定,纳其为妾。余媚娘知道后"深怨之",但表面上不动声色,并"令迎入宅,与之同处"。等到陆希声外出时,余媚娘"即召舜英闭私室中,手刃杀之",并"碎其肌体,盛以两大盒"。[6]后来余媚娘也

---

[1] 李昉:《太平广记》卷三十八九引《述异记·陆东美》,中华书局1961年,第3103—3104页。
[2] 魏徵、令狐德棻:《隋书》卷三十一《地理志下》,中华书局1973年,第887页。
[3] 萧子显:《南齐书》卷二十四《张瓌传》,中华书局1972年,第454—455页。
[4] 姚思廉:《梁书》卷三十三《张率传》,中华书局1973年,第478页。
[5] 李昉:《太平广记》卷二八〇引《纂异记·刘景复》,中华书局1961年,第2236页。
[6] 李剑国:《唐五代传奇叙录》卷四《余媚娘叙录》,南开大学出版社1993年,第904页。

因此被处以极刑。

离婚与改嫁在秦汉至隋唐时期的苏州地方史料中也多有记载,从中可以看出当时的社会风俗。离婚的原因很多,其一是家贫,西汉时期的吴县人朱买臣离婚就是如此。其妻离婚后就改嫁了,但对朱买臣仍然有所照料,如在与新夫上冢时,"见买臣饥寒,呼饭饮之"。后来朱买臣被任命为会稽太守到吴县后,"见其故妻、妻夫治道",就"驻车,呼令后车载其夫妻,到太守舍,置园中,给食之"。后来其前妻自经而死后,朱买臣还"乞其夫钱,令葬",[1]可谓有始有终。

东汉时期吴郡人许升娶妻吕荣,许升"少为博徒,不理操行",而其妻吕荣"躬勤家业,以奉养其姑。数劝升修学,每有不善,辄流涕进规",吕荣之父因此"积忿疾升,乃呼荣欲改嫁之",后因吕荣坚决不肯而罢。许升也由此"感激自厉,乃寻师远学,遂以成名"。[2]从这例未遂的离婚事件中可以看出,如果女方对男方不满意,也有离婚改嫁的自由。

有些离婚是政治原因。孙吴时期吴县名士张温在"暨艳案"中获罪后,其姊妹三人也受到牵连,"已嫁者皆见录夺",张温中妹原嫁吴县顾承,被强制离婚重嫁丁氏,张氏不愿,"成婚有日,遂饮药而死"。此事在吴县一带影响很大,"乡人图画,为之赞颂云"。[3]张温新婚仅三个月的弟弟张白也受到牵连,被流放到外地而死。张白之妻是吴郡大族名士陆绩之女陆郁生,年仅十三岁,就成了寡妇。但她不愿再嫁,拒绝了络绎不绝上门提亲的高门大族,"抗声昭节,义形于色,冠盖交横,誓而不许"。陆郁生终身未嫁,尽力照顾张白姊妹,史载其"奉白姊妹岭峨之中,蹈履水火,志怀霜雪,义心固于金石,体信贯于神明,送终以礼",其贞节行为被当时的吴郡人奉为楷模,"邦士慕则"。同时的姚信曾上书孙吴政府,要求"褒郁生以义姑之号,以厉两髦之节",[4]可见此事之影响。

还有的离婚原因是无子。萧梁时吴县人张稷长女楚媛适会稽孔氏,后因无子而归宗。后来张稷出守郁洲遇害时,此女"以身蔽刃,先父卒"[5]。可见其离婚后未嫁,并一直跟随娘家人生活,甚至张稷在外做官时也将其带在身边。

与后世不同,由于社会原因,秦汉至隋唐时期妇女的贞节观念淡薄,尚无从一而终的意识,因此寡妇再嫁风俗比较普遍,吴郡一带也不例外。这从孙吴皇室的婚

---

[1] 班固:《汉书》卷六十四上《朱买臣传》,中华书局1962年,第2791—2794页。
[2] 范晔:《后汉书》卷八十四《列女传》,中华书局1965年,第2795页。
[3] 陈寿:《三国志》卷五十七《吴书·张温传》注引《文士传》,中华书局1982年,第1334页。
[4] 陈寿:《三国志》卷五十七《吴书·陆绩传》注引《姚信集》,中华书局1982年,第1329页。
[5] 姚思廉:《梁书》卷十六《张稷传》,中华书局1973年,第272页。

姻中就能找到不少例子。如孙权的第二任妻子徐夫人为吴郡富阳人,先嫁吴郡吴县人陆尚为妻,在陆尚卒后寡居。孙权被封为讨虏将军驻屯吴郡时,就聘娶徐氏为妃,毫不顾忌徐氏寡居的身份。再如吴郡吴县人朱据娶孙权公主鲁育,朱据死后,鲁育再嫁于刘纂。而前述陆郁生年少寡居后,前来提亲的高门大族"冠盖交横",也可见当时吴郡一带确实不以娶寡妇为意。陆郁生因未改嫁受到高度表彰说明当时这种行为属于凤毛麟角,故被时人所推重。而上述唐末余媚娘守寡后,仍然要求上门求婚的名士陆希声发誓不得娶妾后才答应结婚,可见当时寡妇的地位。

值得注意的是当时苏州一带还有冥婚习俗。所谓冥婚,就是生前未成夫妻,死后移棺合葬,行婚嫁之礼而成为阴间夫妇的一种婚姻形式。据唐代志怪传奇小说《广异记》记载,长洲县丞陆某家境贫寒,在三月三日时携家人游虎丘寺,其女年十五六,以无衣不得往,因此投井而死,权殡长洲县。一年多后,有临顿李十八卒,便将女与李为冥婚。[1]虽然这些小说所记未必是事实,却是当时苏州一带流行的冥婚现象的曲折反映。

四、丧葬风俗

丧葬礼仪为古代凶礼的一部分,我国很早就形成了完备的丧葬礼仪,《周礼》《仪礼》《礼记》中都有专门记载。汉唐时期,今苏州一带相关丧葬风俗的资料较少,相对集中于六朝时期,具有比较鲜明的地域特色。

吊祭之礼是治丧中的重要内容之一,在当时的江南一带颇受重视。据《颜氏家训·风操》记载:"江南凡遭重丧,若相知者,同在城邑,三日不吊则绝之;除丧,虽相遇则避之,怨其不己悯也。有故及道遥者,致书可也,无书亦如之。"南朝时期江南的吊丧要行执手礼,举丧时,"主人之外,不识者不执手"。[2]由于吊丧时过于哀痛,故也有不执孝子手的失礼之事,吴郡名士张翰在吊好友顾荣之丧时就曾发生过。据《世说新语·伤逝》记载:"顾彦先平生好琴,及丧,家人常以琴置灵床上。张季鹰往哭之,不胜其恸。遂径上床,鼓琴,作数曲竟,抚琴曰:'顾彦先颇复赏此不?'因又大恸,遂不执孝子手而出。"[3]

当然也有不设祭的情况,如南齐时吴郡名士张绪死后,就遗命不设祭,仅"作芦葭輴车,灵上置杯水香火"而已,其从弟张融敬重张绪,"事之如亲兄",就"赍

---

[1] 李昉:《太平广记》卷三三三引《广异记·长洲陆氏女》,中华书局1961年,第2648页。
[2] 颜之推:《颜氏家训》卷二《风操第六》,中华书局2014年王利器集解本,第90—91页。
[3] 刘义庆:《世说新语》卷下之上《伤逝第十七》,上海古籍出版社1993年余嘉锡笺疏本,第639页。

酒于绪灵前酹饮",并恸哭曰:"阿兄风流顿尽!"[1]以此表示哀悼。

吊丧时要赠送财物,即赙仪。上述的张融曾去吊竺氏之丧,竺氏家贫,但对张家有恩,张融就"悉脱衣以为赙,披牛被而反",连衣服都脱掉赠与丧家,可见张融的赙仪之诚。

当时的苏州一带颇重视丧后的守孝,《晋书》卷二十七《五行志上》记载"吴之习俗……居三年之丧者,往往有致毁以死"[2]。检诸当时史籍,可以发现确实有不少人在亲人丧后过于哀痛,甚至因此而早逝。如《三国志》卷五十二《顾雍传》注引《吴书》载吴郡顾雍族人顾悌,"父以寿终,悌饮浆不入口五日。权为作布衣一袭,皆摩絮著之,强令悌释服。悌虽以公议自割,犹以不见父丧,常画壁作棺柩象,设神座于下,每对之哭泣,服未阕而卒"[3]。《吴地记》佚文"顾家桥"条亦载:"顾悌,仕吴为虎头将军,父亡五日,绝浆而死,郡人为之造桥。"[4]《宋书》卷六十二《张敷传》载刘宋时期吴郡名士张敷,"父在吴兴亡,报以疾笃,敷往奔省,自发都至吴兴成服,凡十余日,始进水浆,葬毕不进盐菜,遂毁瘠成疾。世父茂度每止譬之,辄更感恸,绝而复续。……未期而卒"[5]。南齐吴郡盐官人顾欢,"母亡,水浆不入口六日,庐于墓次,遂隐遁不仕。……每读《诗》至'哀哀父母',辄执书恸泣,学者由是废《蓼莪篇》不复讲"[6]。同时的杜栖,吴郡钱塘人,其父杜京产死后,杜栖"水浆不入口七日,晨夕不罢哭,不食盐菜。每营买祭奠,身自看视,号泣不自持……卒时年三十六"[7]。还有顾昌衍,"吴人,居丧几至灭性"[8]。梁代张稷在母亡后,"毁瘠过人,杖而后起",甚至"六载庐于墓侧"[9]。陈代张昭与张乾兄弟,为吴郡吴人,"及父卒,兄弟并不衣绵帛,不食盐醋,日惟食一升麦屑粥而已。每一感恸,必至呕血,邻里闻其哭声,皆为之涕泣,父服未终,母陆氏又亡,兄弟遂六年哀毁,形容骨立,亲友见者莫识焉"[10],后来

---

[1] 萧子显:《南齐书》卷三十三《张绪传》,中华书局1972年,第602页。
[2] 房玄龄等:《晋书》卷二十七《五行志上》,中华书局1974年,第823页。
[3] 陈寿:《三国志》卷五十二《吴书·顾雍传》注引《吴书》,中华书局1982年,第1228—1229页。
[4] 陆广微:《吴地记》,江苏古籍出版社1999年,第171页。
[5] 沈约:《宋书》卷六十二《张敷传》,中华书局1974年,第1664页。
[6] 萧子显:《南齐书》卷五十四《顾欢传》,中华书局1972年,第929页。
[7] 萧子显:《南齐书》卷五十五《杜栖传》,中华书局1972年,第965—966页。
[8] 李延寿:《南史》卷七十三《孝义传上》,中华书局1975年,第1814页。
[9] 姚思廉:《梁书》卷十六《张稷传》,中华书局1973年,第270页。
[10] 姚思廉:《陈书》卷三十二《张昭传》,中华书局1972年,第430页。按:上述所引史料记载的吴郡守孝士人中,张敷"不进盐菜",杜栖"不食盐菜",张昭与张乾兄弟"不进盐醋",可见当时还存在守丧不食盐的风俗。详见武锋《六朝时期士人守丧不食盐习俗论析——以江浙士人为考察中心》,《江苏社会科学》2009年第3期。

兄弟两人因此而亡。隋代徐孝颖,为梁时曾任侍中的吴郡吴人徐骥之孙,性至孝,在其母去世后,"三年缞绖不离身。经冬不御绵纩,形体骨立,杖而能起。每哭临,哀声彻于郡邑,闻者亦为陨涕"[1]。甚至还有三岁孩童因母丧伤心而死者,如《颜氏家训·风操》载:"思鲁等第四舅母,亲吴郡张建女也,有第五妹,三岁丧母。灵床上屏风,平生旧物,屋漏沾湿,出曝晒之,女子一见,伏床流涕。家人怪其不起,及往报持;荐席淹渍,精神伤怛,不能饮食。将以问医,医诊脉云:'肠断矣!'因而便吐血,数日而亡。中外怜之,莫不悲叹。"[2]

有些人在居丧期满后仍然谨守孝道,甚至影响了一生的行为举止。如吴郡吴县人张稷在其母刘氏死后,"自幼及长,数十年中,常设刘氏神座,出告反面,如事生焉","长兄玮善弹筝,稷以刘氏先执此伎,闻玮为《清调》,便悲感顿绝,遂终身不听之"[3]。而张稷在青州被害后,其子张嵊"终身蔬食布衣,手不执刀刃,不听音乐"[4]。前述的张昭兄弟在父母亡后,也一直走不出悲伤的阴影,"布衣蔬食,十有余年,杜门不出,屏绝人事",后竟"因毁成疾,昭失一眼,乾亦中冷苦癖,年并未五十终于家,子胤俱绝"[5]。梁代吴郡陆襄之父陆闲被杀后,"襄终身布衣蔬饭,虽姜菜有切割,皆不忍食;居家惟以掐摘供厨"[6]。

这些孝行也得到了当时政府的大力表彰。如宋孝武帝刘骏就曾下诏褒扬因孝而死的张敷,诏中言其"居哀毁灭,孝道淳至,宜在追甄,于以报美",并追赠侍中,改其所居为孝张里。[7]唐宪宗时期的苏州人丁公著居父丧时,"哀毁之容,人为忧之,里闾闻风,皆敦孝悌。观察使薛苹表其行,诏赐粟帛,旌其门闾"[8]。这些孝行还被郑重载入诸朝正史的《孝义传》《孝行传》或《孝友传》中。

值得注意的是,有些长辈对晚辈的去世同样哀毁过甚,如吴郡张永在儿子死后,"痛悼所失之子,有兼常哀,服制虽除,犹立灵座,饮食衣服,待之如生。每出行,常别具名车好马,号曰侍从,有事辄语左右报郎君"[9]。

传统礼仪规定,父母去世后要守孝三年,但在天下混乱之时,由于各种条件所限,能做到的少之又少,陈代的吴县人张种即为其一。据《陈书》卷二十一《孔

---

[1] 范成大:《吴郡志》卷二十二《人物》,江苏古籍出版社1986年,第331页。
[2] 颜之推:《颜氏家训》卷二《风操第六》,中华书局2014年王利器集解本,第102页。
[3] 李延寿:《南史》卷三十一《张裕传附张稷传》,中华书局1975年,第817页。
[4] 李延寿:《南史》卷三十一《张裕传附张嵊传》,中华书局1975年,第819页。
[5] 姚思廉:《陈书》卷三十二《孝行·张昭传》,中华书局1972年,第430页。
[6] 颜之推:《颜氏家训》卷二《风操第六》,中华书局2014年王利器集解本,第99页。
[7] 沈约:《宋书》卷六十二《张敷传》,中华书局1974年,第1664页。
[8] 刘昫:《旧唐书》卷一八八《孝友·丁公著传》,中华书局1975年,第4936页。
[9] 沈约:《宋书》卷五十三《张茂度传附张永传》,中华书局1974年,第1514页。

奂传》载,"时天下丧乱,皆不能终三年之丧,惟奂及吴国张种,在寇乱中守持法度,并以孝闻"[1]。

占墓也是当时流行的丧葬习俗之一。东晋时期著名学者郭璞精研相地占墓之术,并为此专门著有《葬书》,对风水及其重要性作了论述,被称为中国风水文化之宗,郭璞也因此被称为中国风水界的鼻祖。郭璞南渡后居于暨阳(今张家港一带)。据《晋书》卷七十二《郭璞传》及《世说新语·术解》等文献记载,郭璞母亲去世后,"卜葬地于暨阳,去水百步许。人以近水为言,璞曰:'当即为陆矣。'其后沙涨,去墓数十里皆为桑田"[2]。南朝时期吴郡张氏的兴盛据说也和郭璞有关,据《南史》卷三十一《张裕传》记载吴郡张裕曾祖张澄葬父时,请郭璞为占墓地,曰:"葬某处,年过百岁,位至三司,而子孙不蕃。某处年几减半,位裁卿校,而累世贵显。"张澄选择了后者,于是"位光禄,年六十四而亡,而子孙遂昌云"[3]。此记载虽然荒诞,但由此可见当时郭璞占墓的影响之大。

由于占墓在当时的流行,一些人也借此来达到自己的各种目的。孙坚为吴郡富春人,出身寒微,《三国志·吴书》记载孙坚发迹以前,其富春城东的祖坟上,"数有光怪,云气五色,上属于天,曼延数里。众皆往观视。父老相谓曰:'是非凡气,孙氏其兴矣!'"[4]为孙氏家族的兴起笼罩上了一层神秘色彩。南朝时期的吴郡富阳庶族唐寓之,父祖相传以图墓为业,"自云其家墓有王气,山中得金印,转相诳惑"[5],以此得到百姓的拥戴。永明三年(485)冬,唐寓之领导了一场声势浩大的农民起义,不久就攻占了钱唐、盐官、诸暨、余杭等县,并在钱唐称帝,置太子,改国号为吴,建元兴平,设置百官。唐寓之起义主要是利用了当时的社会矛盾,但不可否认在发动起义之初,其宣称的"墓上有王气"也起了相当大的号召力。

丧葬有厚葬和薄葬之分,孙吴时期,立下赫赫战功的吴郡吴人朱桓去世,因"家无余财",孙权就"赐盐五千斛以周丧事",[6]五千斛盐在当时价值很大,朱桓的丧事因此应该可以办得比较风光。南北朝时期,吴郡的一些士人身体力行倡导

---

[1] 姚思廉:《陈书》卷二十一《孔奂传》,中华书局1972年,第284页。
[2] 房玄龄等:《晋书》卷七十二《郭璞传》,中华书局1974年,第1908页。
[3] 李延寿:《南史》卷三十一《张裕传》,中华书局1975年,第804页。
[4] 陈寿:《三国志》卷四十六《吴书·孙破虏讨逆传》注引《吴书》,中华书局1982年,第1093页。按:关于孙坚祖坟也有占墓的传说,据《异苑》记载,"孙坚丧父行葬地,忽有一人曰:'君欲百世诸侯乎?欲四世帝乎?'笑曰:'欲帝。'此人因指一处,喜跃而没,坚свий而从之"。见南朝宋刘敬叔《异苑》卷四,中华书局1996年,第27页。
[5] 萧子显:《南齐书》卷四十四《沈文季传》,中华书局1972年,第776页。
[6] 陈寿:《三国志》卷五十六《吴书·朱桓传》,中华书局1982年,第1315页。

薄葬之风。如刘宋时期,张邵临终,"遗命祭以菜果,苇席为輴车"[1]。南齐时期,张融遗令"建白旐无旒,不设祭,令人捉麈尾登屋复魂……三千买棺,无制新衾"[2]。梁代顾宪之临终时也遗命薄葬,并详细交代"衣周于身,示不违礼;棺周于衣,足以蔽臭。入棺之物,一无所须。载以輴车,覆以粗布,为使人勿恶也"[3]。

吴郡一带当时还流行负土成坟的习俗。如吴郡名士张融在对其家有恩的张兴世死后,就"著高履负土成坟"。顾觊之和张融之兄"有恩好",顾觊之死后张融就"身负坟土"。[4]此风俗在唐代尚有流行,前述唐宪宗时期的苏州人丁公著,"居父丧,躬负土成坟"[5]。由此可见,在长辈或恩人去世后,负土成坟作为孝义的典型行为,常常被士人践行。

汉唐时期墓前立碑的习俗几经反复,东汉盛行墓前立碑,魏晋时提倡节葬,多次禁止。如曹操就曾诏令禁碑,《宋书》卷十五《礼志二》记载,咸宁四年(278),晋武帝下诏:"石兽碑表,既私褒美,兴长虚伪,伤财害人,莫大于此。一禁断之。其犯者虽会赦令,皆当毁坏。"[6]但此后没有得到认真执行,如吴郡钱塘人范平在太康年间去世后,"有诏追加谥号曰文贞先生,贺循勒碑纪其德行"[7]。吴郡陆云在"八王之乱"中被杀后,"门生故吏迎丧葬清河,修墓立碑,四时祠祭"[8]。东晋时期的碑禁渐松和吴郡顾荣密切相关,东晋元帝太兴元年(318),因"故骠骑府主簿故恩营葬旧君顾荣,求立碑",鉴于顾荣在东晋建立过程中的重大贡献,晋元帝"诏特听立",因此"自是后,禁又渐颓"。[9]当时的吴郡地区还有给先贤立碑的记载,如咸和年间苏峻之乱后,吴国内史虞潭为太伯立碑,邀请著名文人庾阐撰写了碑文。[10]

隋唐时期,墓前树碑之风又大盛,坟墓上的丰碑巨碣林立,墓树森森,有些地方甚至成为竞相题诗之所,虎丘山的真娘墓即是如此。据唐代范摅《云溪友议》记载:"真娘者,吴国之佳人也,时人比于钱塘苏小小,死葬吴宫之侧,行客慕其华丽,竞为诗题于墓树,栉比鳞臻。"连当时在任的苏州刺史白居易及李绅、刘禹锡、

---

[1] 沈约:《宋书》卷四十六《张邵传》,中华书局1974年,第1395页。
[2] 萧子显:《南齐书》卷四十一《张融传》,中华书局1972年,第728—729页。
[3] 姚思廉:《梁书》卷五十二《顾宪之传》,中华书局1973年,第760页。
[4] 萧子显:《南齐书》卷四十一《张融传》,中华书局1972年,第728、726页。
[5] 刘昫:《旧唐书》卷一八八《孝友·丁公著传》,中华书局1975年,第4936页。
[6] 沈约:《宋书》卷十五《礼志二》,中华书局1974年,第407页。
[7] 房玄龄等:《晋书》卷九十一《儒林·范平传》,中华书局1974年,第2347页。
[8] 房玄龄等:《晋书》卷五十四《陆云传》,中华书局1974年,第1485页。
[9] 沈约:《宋书》卷十五《礼志二》,中华书局1974年,第407页。
[10] 房玄龄等:《晋书》卷九十二《文苑·庾阐传》,中华书局1974年,第2386页。

李商隐等诗坛名流也未能免俗。会昌年间苏州进士谭铢鉴于这种情况,题诗讥讽曰:"武丘山下冢累累,松柏萧条尽可悲。何事世人偏重色,真娘墓上独题诗。"此后"经游之者,稍息笔矣"。[1]

除了墓前树碑外,六朝至隋唐时期,今苏州一带还有墓内随葬墓志的风俗。墓志的出现,源于魏晋时期统治者严禁私人墓前树立石碑,这样记录墓主生平事迹的载体,被迫从地上转入地下。墓志的形制和文体相对稳定,其内容一般包括三个方面:对死者姓名、籍贯、生卒年月、官职履历、婚姻、谱系等的追叙,对死者生平事迹和才能品行的叙述,还有被称作"铭"的韵文,用来表示悼念和赞颂。1979年9月,在今吴中区甪直镇南张陵山吴郡张氏墓群的四号墓中出土了一方张镇碑形墓志。墓志由青石制成,包括碑和座两部分,通高68.1厘米,碑高45.6厘米,座高12.5厘米,碑宽29.5厘米,厚13.5厘米,两面都用细线分横、竖各七格,格内刻碑志文,每面49字,共98字。碑志文为:"晋故散骑常侍,建威将军,苍梧、吴二郡太守,奉车都尉,兴道县德侯,吴国吴张镇字羲远之郭。夫人晋始安太守嘉兴徐庸之姊。太宁三年,太岁在乙酉,侯年八十薨。世为冠族,仁德隆茂,仕晋元明,朝野宗重,夫人贞贤,亦时良媛,千世邂逅。有见此者,幸愍焉。"[2]此墓志为江南地区罕见的晋代出土墓志,具有重要研究价值。隋唐时期,墓志大行于世,在今苏州地区的考古中多有发现,历明清而不衰,成为封建时代墓葬中流行习俗。

五、游览风尚[3]

秦汉至隋唐时期,伴随着经济的发展和人口数量的增加,苏州一带逐渐出现了一些新型的民众文化生活模式,游览风尚即为其中之一。

苏州城外的虎丘山由于风景优美和文化沉淀丰厚,一直是游览胜地。东晋王珣有《虎丘记》云"两面壁立,交林上合,蹊路下通,升降窈窕,亦不卒至",可见虎丘山路之幽奇。据《艺文类聚》卷八《山部下·虎丘山》载,与王珣同时代的著

---

[1] 范摅:《云溪友议》卷六,中华书局1985年影印《丛书集成初编》本,第35页。
[2] 南京博物院:《江苏吴县张陵山张氏墓群发掘简报》,《南方文物》2005年第4期。按:张陵山张氏墓群的五座墓葬中四座为四壁外鼓的凸字形,时代属于两晋时期。另一座前后室的二号墓,根据以往的发掘情况判断,其时代可能较早,东吴时期多见。墓壁外鼓的墓葬东吴时期已见于今江苏南部,但近方形墓室则是中原地区西晋墓葬的特征。因此,可以说张氏墓群的这种墓葬形制,综合了南北两方面的特征,也反映了西晋统一后南北风俗的融合。
[3] 此节部分内容参考张剑光所著《六朝至唐代江南城市游览风尚的变化及其原因》一文,见《社会科学》2014年第5期。

名画家顾恺之也有《虎丘山序》曰:"吴城西北,有虎丘山者,含真藏古,体虚穷玄,隐嶙陵堆之中,望形不出常阜,至乃岩崿,绝于华峰。"[1]陈代的顾野王描绘了虎丘山"秀壁数寻,被杜兰与苔藓;椿枝十仞,挂藤葛与悬萝。曲涧潺湲,修篁荫映。路若绝而复通,石将颓而更缀"的优美风景后,赞其"抑巨丽之名山,信大吴之胜壤"[2]。陈代的沈炯也记载虎丘"冬桂夏柏,长萝修竹,灵源秘洞,转侧超绝,远涧深崖,交罗户穴"[3]。可见当时人对虎丘山的推崇。

东晋南朝时期到虎丘游览的人络绎不绝。如东晋时王珣、王珉兄弟各自在虎丘山营建别墅,并经常在此接待客人,《晋书》卷九四《戴逵传》记载,当时名士戴逵曾与王珣一起在虎丘山别馆中"游处积旬"[4]。刘宋时期的刘元,"少好云水",曾游虎丘山,"心欲留焉,夜临风长啸,望月鼓琴于剑池上"[5]。刘宋宗室刘义恭"游行或二三百里,孝武恣其所之。东至吴郡,登虎丘山"[6]。南朝顾协幼孤,随母养于外祖父张永家,"张永尝携内外孙侄游虎丘山,协年数岁,永抚之曰:'儿欲何戏?'协曰:'儿正欲枕石漱流。'永叹息曰:'顾氏兴于此子。'"[7]在虎丘山优美风景的熏陶下,年少的顾协竟然说出了"枕石漱流"的人生旨趣,反映了当时士大夫的崇尚目标。

唐代的虎丘山依然是著名的旅游胜地,史载其"山嵚崟,石林玲珑,楼雉叠起,绿云窈窕,入者忘归"[8],不少达官显贵都曾在这里驻足流连。如白居易就非常喜欢游虎丘山,自称"一年十二度,非少亦非多",还开凿了连接阊门和虎丘的山塘河,留下了《武丘寺路》《武丘寺路宴留别诸妓》《题东武丘寺六韵》《夜游西武丘寺八韵》等脍炙人口的诗篇。权德舆、李绅、刘禹锡、李商隐、罗隐等人也纷纷前来,竞相在虎丘题诗,所谓"归来重过姑苏郡,莫忘题诗在虎丘",以至于葬在虎丘的真娘墓也被这些风雅的"行客"们题诗题得"栉比鳞臻"。一些下层官吏及其家属也常常到虎丘游玩。如长洲县丞陆某,家素贫,三月三日,全家人游虎丘寺,其少女因无盛装而不得前往,慨叹投井而死。[9]宝历年间,曾任昆山

---

[1] 欧阳询:《艺文类聚》卷八《山部下·虎丘山》,中华书局1965年,第141—142页。
[2] 顾野王:《虎丘山序》,收入《全陈文》卷十三,见清严可均辑《全上古三代秦汉三国六朝文》,中华书局1958年,第3475页。
[3] 欧阳询:《艺文类聚》卷八《山部下·虎丘山》,中华书局1965年,第142页。
[4] 房玄龄等:《晋书》卷九十四《戴逵传》,中华书局1974年,第2458页。
[5] 范成大:《吴郡志》卷四十七《异闻》,江苏古籍出版社1986年,第614页。
[6] 李延寿:《南史》卷十三《刘义恭传》,中华书局1975年,第373页。
[7] 李延寿:《南史》卷六十二《顾协传》,中华书局1975年,第1519页。
[8] 李昉:《太平广记》卷三三八引《通幽记·武丘寺》,中华书局1961年,第2682页。
[9] 李昉:《太平广记》卷三三三引《广异记·长洲陆氏女》,中华书局1961年,第2648页。

尉的杨氏之子侨居吴郡，"尝一日，里中三数辈，相与泛舟，俱游虎丘寺"〔1〕。还有人干脆就在虎丘山隐居，据《旧唐书》记载，咸亨初年，苏州昆山人史德义"隐居武丘山，以琴书自适，或骑牛带瓢，出入郊郭廛市，号为逸人"〔2〕，曾先后被唐高宗和武则天诏征入都，名闻天下。

除虎丘外，苏州城郊的太湖、洞庭山等处也是当时著名的游览胜地，吸引了不少游人前往。《大唐传载》记载："苏州洞庭，杭州兴德寺，房太尉琯云：'不游兴德、洞庭，未见山水。'"〔3〕颍川人邓元佐，"游学于吴。好寻山水，凡有胜境，无不历览。因谒长城宰，延挹托旧，畅饮而别。将抵姑苏，误入一径，甚险阻纡曲，凡十数里"〔4〕。

有些有经济实力的苏州人也经常出去旅游。陶渊明的后代陶岘，"开元中，家于昆山，富有田业，择家人不欺能守事者，悉付之家事。身则泛游于江湖，遍行天下，往往数载不归。……自制三舟，备极空巧。一舟自载，一舟置宾，一舟贮饮馔。客有前进士孟彦深、进士孟云卿、布衣焦遂，各置仆妾共载"〔5〕。家境普通的人虽然不可能像陶岘这样奢华出游，但也有人痴迷于此。如吴郡陆凭，"家于湖州长城，性悦山水，一闻奇丽，千里而往，其纵逸未尝宁居"〔6〕。再如苏州陆畅，"在越，每经游兰亭，高步禹迹、石帆之绝境，如不系之舟焉"〔7〕。另有"家于吴"的齐君房，家境贫寒，"常为冻馁所驱，役役于吴楚间"，但在元和初年，也有"游钱塘"之举，〔8〕当然齐君房的这种旅游，也有为生活所迫的原因。

除了大自然中的真山真水，城市中的人工园林也颇受欢迎。前文所述东晋时吴郡的顾辟疆园就很为文人雅士所倾慕，连著名书法家王献之也慕名前来游览。刘宋时期吴郡的戴颙宅、闲居寺等处都是当时风景优美的园林，也是名士们饮宴、游乐、雅集的场所。

隋唐时期，苏州的不少佛寺也成为游览胜地，除了大名鼎鼎的虎丘寺外，灵岩寺、楞伽寺、开元寺、重玄寺等也吸引了不少游客。如唐代寓居苏州的南阳人张祜"性爱山水，多游名寺"，苏州的灵岩寺和楞伽寺也成为他"题咏唱绝"的目标。〔9〕

---

〔1〕李昉：《太平广记》卷三四七引《宣室志·吴任生》，中华书局1961年，第2746页。
〔2〕刘昫：《旧唐书》卷八十九《隐逸·史德义传》，中华书局1975年，第5117—5118页。
〔3〕佚名：《大唐传载》，中华书局1958年，第9页。
〔4〕李昉：《太平广记》卷四七一引《集异记·邓元佐》，中华书局1961年，第3877页。
〔5〕李昉：《太平广记》卷四二〇引《甘泽谣·陶岘》，中华书局1961年，第3421—3422页。
〔6〕李昉：《太平广记》卷三三九引《通幽记·陆凭》，中华书局1961年，第2693页。
〔7〕范摅：《云溪友议》卷四，中华书局1985年影印《丛书集成初编》本，第23页。
〔8〕李昉：《太平广记》卷三八八引《纂异记·齐君房》，中华书局1961年，第3092页。
〔9〕辛文房：《唐才子传》卷六，江苏古籍出版社1987年周本淳校正本，第191—192页。

开元寺规模宏大,寺多太湖石,峰峦奇状,甚至梁柱栾楹之间也"缀珠玑,饰金玉,莲房藻井,悉皆宝玩",以至于"光明相辉,若辰象罗列也"[1],堪称富丽堂皇,也吸引了不少人前来玩赏。而苏州的重玄寺有高阁,登高可饱览吴郡城的全景,韦应物就有《登重玄寺阁》诗云:"时暇陟云构,晨霁澄景光。始见吴都大,十里郁苍苍。山川表明丽,湖海吞大荒。合沓臻水陆,骈阗会四方。俗繁节又暄,雨顺物亦康。禽鱼各翔泳,草木遍芬芳。"[2]除此之外,重玄寺还有药圃可供游玩,《吴郡志》卷九"重玄寺药圃"条载:"唐末僧元达,年逾八十,好种名药。凡所植者,多致自天台、四明、包山、句曲。丛萃纷糅,各可指名。皮日休尝访之而题诗。"[3]

另外,当时的一些酒肆也建得如园林一般,吸引宾客前往。苏州的大酒巷中,"唐时,有富人修第其间,植花浚池,建水槛、风亭,酿美酒以延宾旅"[4]。这样的酒肆无疑也会受到南来北往的游人的欢迎。

唐代苏州的游览风气除了和经济发展水平提高有关外,文人学士的身体力行也起到了重要示范作用。中唐以后,韦应物、白居易、刘禹锡等名人先后任过苏州刺史,他们在苏州游山玩水,倡导风雅。张继、顾况、杜牧、杜荀鹤、罗隐等也都曾驻足苏州,流连歌咏,社会风气逐渐为之改观。《吴郡志》卷二《风俗》称:"吴下全盛时,衣冠所聚……来为守者多前辈名人,亦能因其习俗以成美意。"[5]使得苏州"人无贵贱,往往皆有常产。以故俗多奢少俭,竞节物,好游遨"。明人黄省曾把吴人喜游的风俗追溯到白居易,他在《吴风录》中记载:"白居易治吴,则与容满蝉态辈十妓游宿湖岛,至今吴中士夫画船游泛,携妓登山。……自是,四时游客无寂寥之日,寺如喧市,妓女如云。而它所则春初西山踏青,夏则泛观荷荡,秋则桂岭九月登高,鼓吹沸川以往。"[6]可见唐代文人士大夫的游冶之风对苏州民俗的深远影响。

第三节　宗教信仰

一、佛　教

佛教传入中国后,很快就深入了江南地区。苏州佛教史上可考的最早寺院

---

[1] 朱长文:《吴郡图经续记》卷中《寺院》,江苏古籍出版社1999年,第32页。
[2] 韦应物:《韦苏州集》卷七,上海古籍出版社1998年陶敏等校注本,第433—434页。
[3] 范成大:《吴郡志》卷九《古迹》,江苏古籍出版社1986年,第115页。
[4] 朱长文:《吴郡图经续记》卷下《往迹》,江苏古籍出版社1999年,第60页。
[5] 范成大:《吴郡志》卷二《风俗》,江苏古籍出版社1986年,第13页。
[6] 黄省曾:《吴风录》,中华书局1985年影印《丛书集成初编》本,第1页。

是通玄寺,据《吴地记》记载,该寺是"吴大帝孙权(母)吴夫人舍宅置",可见该寺出现于孙吴初年,属于江南地区最早出现的寺院之一。东晋以后吴郡地区佛寺大兴,尤其是萧梁时期,由于梁武帝的佞佛,"吴中名山胜景,多立精舍"。这种情况"因于陈隋,浸盛于唐"。[1]六朝隋唐时期,今苏州一带佛寺林立,佛学大家辈出,不少名僧都曾住锡于此,成为江南地区的佛教中心之一。

六朝时期,由于统治阶级的大力提倡,佛教在江南趋于兴盛,在今苏州一带也有了相当大的发展,成为当时的佛教中心之一。根据蒋少华在《六朝江东佛教地理研究》中的统计,六朝时期吴郡可考的寺院有76座,占全部可考寺院560座的13.6%,在六朝各郡中仅次于丹阳郡和会稽郡,其中吴县56座,在各县中仅次于建康位居第二。除了寺院的数量外,吴郡可考的名僧有89人,比丘尼有12人,僧尼到过吴郡的次数为114次,僧尼数量及活动频率分别占全国的6.9%和7.2%,均仅次于丹阳和会稽位居第三。本土僧尼数量的多寡,可以反映出该地佛教的传播状况和接受程度,还能反映出该地的经济发展水平。当时籍贯于吴郡的僧尼有32人,占六朝可考僧尼的20.3%,仅次于丹阳位居第二。单以吴县而论,六朝可考的名僧有69人,比丘尼有9人,僧尼到过吴县的次数为87次,籍贯于吴县的僧尼有20人,以上数据均仅次于六朝首都建康位居县级行政区第二。[2]

吴郡佛教的兴盛和当地世家大族的支持密不可分,当时的吴郡寺院不少都是他们"舍宅为寺"而成。吴郡四姓中均有舍宅为寺的记载,顾氏中的顾彦先舍宅为永定寺,陆氏中的陆玩舍宅为灵岩山寺、陆僧瓒舍宅为重元寺、陆杲舍宅为龙光寺、陆襄舍宅为流水寺,朱氏中的朱明舍宅为朱明寺,张氏中的张融舍宅为宴圣寺、张岱舍宅为禅房寺等。另外,寓居于吴郡的侨姓大族也曾舍宅为寺,如琅玡王氏中的王珣、王珉兄弟舍宅建造了虎丘东、西二寺及景德寺,庐江何氏中的何准也舍宅建造了般若寺。这些大族因崇信佛教,故常通过"舍宅为寺"的举动来显示自己的虔诚。

在吴郡的大族中,张氏与佛教关系尤为密切,正如张融在其所作《门律自序》中所说,"吾门世恭佛"。见于记载的张氏家族成员大多都与佛教有极深的渊源。据《高僧传》及《续高僧传》的记载,吴郡张氏与僧侣交往的事迹颇多,他们或请名僧为"戒师",或与名僧为"法友""知音",成为当时著名的佛教世家。该家族在佛学上造诣颇深,张永、张绪、张融、张镜、张演等人都是当时的佛学大家,

---

[1] 朱长文:《吴郡图经续记》卷中《寺院》,江苏古籍出版社1999年,第30页。
[2] 以上数据均见蒋少华《六朝江东佛教地理研究》,南京大学2011年硕士学位论文。

他们积极参与当时的佛学活动,在佛教界享有盛名。而吴郡陆氏中的陆澄、陆慧晓、陆倕、陆杲等人也为当时著名的佛教学者,如陆澄曾奉敕纂集汉以来的佛教著述,名为《法论》,共一百零三卷,陆杲著有《沙门传》三十卷和《系观世音应验记》。后书和张演所撰的《续光世音应验记》均为观音应验故事集,虽在中国早已亡佚,但在日本被完整地保存了下来,今藏于京都市东山区栗田口的天台宗寺院青莲院中。[1]

由于崇佛风气的兴盛,今苏州地区见于记载的出家人很多,吴郡四姓中也有不少家族成员直接出家为僧,如名僧释智藏出身吴郡顾氏,竺道壹和释道超都出身吴郡陆氏,释僧璩和释僧若出身吴郡朱氏,竺道宝出身吴郡张氏。甚至一家中同时有多位出家者,如名僧释僧若与释僧令为亲兄弟,而其叔父释僧璩也是当时名僧。妇女出家为尼者也不少,如吴郡张氏中的张牧之女就出家为尼,张瓌死后其侍妓中"善讴者"也出家为尼。当时吴郡寺院中出现了不少造诣精深的尼僧,如梁代吴郡僧人释宝唱撰写的《比丘尼传》中就记载了来自吴郡太玄台寺的玄藻尼、法相尼及吴县南寺的法胜尼三位著名尼僧。由于佛教影响的扩大,六朝时期吴郡的士族妇女与尼姑之间也颇有交往。《世说新语·贤媛》就记载了东晋时期有位济尼经常出入吴郡张玄和陈郡谢遏之家,并对双方的姊妹进行了恰如其分的评价。

当时吴郡的不少寺院实力雄厚,甚至出家人也比较富有。如《宋书》卷七十五《王僧达传》就有"吴郭西台寺多富沙门"的记载,[2]因此不少寺观都建造得规模巨大,环境优美,并塑造有高大的佛像,如般若台,"内有水池石桥,铜像一躯高一丈六尺"[3],而释僧诠也曾在虎丘山东寺"造人中金像"[4]。南朝时,虎丘山寺已建塔,陈代诗人张正见在《从永阳王游虎丘山》诗中有"洞塔耀山庄"之句,另一诗人江总在《游虎丘山精舍》诗中也有"贝塔涵流动"的描述。

当时吴郡设有僧正一职管理一郡佛教事务,名僧释智秀、释慧弥、释僧若等均担任过吴郡僧正一职,虎丘山的释僧璩还曾被宋孝武帝召入建康,担任管理全国佛教事务的僧正悦众。另外,出身吴郡陆氏的竺道壹"既博通内外,又律行清严",因此"四远僧尼,咸依附咨禀,时人号曰九州都维那"。[5]

---

[1] 张学锋:《〈观世音应验记〉的发现、研究及其在六朝隋唐时期的著录与流布》,《汉唐考古与历史研究》,三联书店2013年,第405—417页。
[2] 沈约:《宋书》卷七十五《王僧达传》,中华书局1974年,第1954页。
[3] 陆广微:《吴地记》,江苏古籍出版社1999年,第98页。
[4] 慧皎:《高僧传》卷七《宋余杭方显寺释僧诠》,中华书局1992年,第272页。
[5] 慧皎:《高僧传》卷五《晋吴虎丘东山寺竺道壹》,中华书局1992年,第207页。

除了本地僧人外，不少外地名僧曾在今苏州地区住锡弘法。如东晋名僧支遁曾隐居吴郡的秦余杭山（即今阳山），潜心研究佛经多年，并在此出家。据《广弘明集》卷三十支遁《八关斋诗序》记载，他曾在"吴县土山墓下"，和名士何充一起集"道士白衣凡二十四人"组织八关斋会，[1]后来还在吴县兴建支山寺。今苏州的饮马桥、支硎山等地名传说都和支遁有关。晋末宋初的名僧竺道生曾经在虎丘山寺宣讲佛法，"旬日之中，学徒数百"[2]，听者甚众，深受感动，传说就连顽石也为之点头。这就是今虎丘名胜"千人坐"与"点头石"的由来。另一名僧释僧业被张邵邀到吴郡后，为其造闲居寺，后来释僧业一直在吴郡讲法，"居宗秉化，训诱无辍，三吴学士，辐凑肩联"[3]，直到其七十五岁高龄去世。释僧诠被请到吴郡讲法后，"姑苏之士，并慕德归心"[4]。可见这些弘法活动都得到了当时人的欢迎，为佛教在今苏州一带的进一步传播奠定了坚实基础。

出家于外地的苏州僧人中也出了不少高僧，在中国佛教史上影响深远，梁代僧人释宝唱就是其中之一。据《续高僧传》记载，释宝唱俗姓岑氏，吴郡人，好读书，"寓目疏略便能强识，文采铺赡，义理有闻"[5]，十八岁从建康建初寺僧祐出家，住庄严寺，遍学经律，以博学多识见称，唐释智升在《开元释教录》中赞叹宝唱"博识洽闻，罕有其匹"[6]。梁武帝因此令他掌华林园宝云经藏，广搜遗逸经籍。据统计，释宝唱一生参与编辑以及独自撰著典籍达18部之多，[7]为佛教的发展做出了卓越贡献。他在梁天监九年（510）至十三年撰著的《名僧传》三十卷，集录了东汉至齐梁间高僧、硕德425人之事迹，为中国佛教史上最早以分科形式出现的综合僧传，对其后《高僧传》的编纂颇有影响。除此之外，释宝唱还在天监十六年（517）撰成《比丘尼传》四卷，辑录了晋、宋、齐、梁四朝著名的比丘尼65人，是现存最早的一部记载中国古代比丘尼事迹的佛教典籍。

值得一提的是，六朝时期吴郡还发生过著名的"石佛浮海"故事。据南朝梁僧慧皎所撰的《高僧传》记载，西晋建兴元年（313），有两尊石像浮在吴郡的松江沪渎口，渔人一开始疑为海神，"延巫祝以迎之，于是风涛俱盛，骇惧而还"。有信

---

[1] 道宣：《广弘明集》卷三十《统归篇第十》，上海古籍出版社1991年，第362页。
[2] 慧皎：《高僧传》卷七《宋京师龙光寺竺道生》，中华书局1992年，第256页。
[3] 慧皎：《高僧传》卷十一《宋吴闲居寺释僧业》，中华书局1992年，第429页。
[4] 慧皎：《高僧传》卷七《宋余杭方显寺释僧诠》，中华书局1992年，第272页。
[5] 道宣：《续高僧传》卷一《梁杨都庄严寺金陵沙门释宝唱》，上海古籍出版社1991年《高僧传合集》本，第106页。
[6] 智升：《开元释教录》卷六，《大正藏》第55册，台湾新文丰出版公司1983年影印本，第538页。
[7] 刘飒：《释宝唱著述考》，《古籍研究与整理学刊》2011年第3期。

道教的,认为是天师之神,"复共往接,飘浪如初"。后来吴县的奉佛居士朱应和东云寺帛尼及信佛者数人到沪渎口,[1]"稽首尽虔,歌呗至德,即风潮调静。遥见二人浮江而至,乃是石像,背有铭志,一名惟卫,二名迦叶,即接还安置通玄寺。吴中士庶,嗟其灵异,归心者众矣"[2]。后来梁代简文帝特意为此撰写了《吴郡石像铭》。隋唐时期,吴郡"石佛浮海"的故事传播的范围越来越广,佛教典籍中记载尤多。如隋代费长房《历代三宝记》、唐代道宣的《释迦方志》及《集神州三宝感通录》中均记载此事,并记载当时的咸阳长公主"闻斯瑞迹,故遣人往通玄寺图之,在京起模,方欲显相云",可见当时此事已经声闻宫闱,举国皆知。"石佛浮海"的故事在唐代还被绘于敦煌莫高窟壁画第 323 窟的南壁上,至今尚存。宋元以后,"石佛浮海"的故事继续传播,成为中国佛教发展史上的大事,在一定程度上甚至可以与汉明帝"夜梦金人"的神话相提并论,可见其影响之大。[3]

唐代的苏州佛教保持了良好的发展势头,尤其是安史之乱后,苏州的佛教更为繁荣,重新成为全国的佛教中心之一。据《唐代佛教地理研究》一书的统计,唐代前期高僧全国可考的有 395 人,其中江南道 85 人,而苏州有 11 人,在江南道内部居于润州(18)和越州(13)之后位居第三。而唐代后期高僧全国可考的有 215 人,其中江南道 110 人,而苏州有 15 人,位居江南道之首,约占全国的 7%。从寺院分布上来说,唐代后期全国可考的寺院有 664 所,其中苏州 31 所,在全国各大府州中仅次于京兆府位居第二。唐代后期全国弘讲佛书可考者仅有 36 人,苏州就有辩秀、长达、道遵、无作 4 人,和越州、长安一起并列全国第一。[4]唐代后期苏州佛教的繁荣由此可见。

唐代前期,苏州的地方官员不少对佛教推崇有加,如苏州通玄寺释惠旻就得到了苏州刺史李廉、薛通、王荣等人的"深相器重,永崇供觊",苏州都督武阳公李世嘉也"遣书降使频请"。[5]苏州籍的慧因、法恭、印宗、昙璀、法朗、智琰等都是当时很有影响的高僧。苏州士庶受佛法影响极深,武德七年(624),苏州总管

---

[1] 简文帝《吴郡石像铭》中"朱应"作"朱膺","东云寺"作"东灵寺","信佛者数人"作"胡伎数十人"。
[2] 慧皎:《高僧传》卷十三《晋并州竺慧达》,中华书局 1992 年,第 478—479 页。
[3] 毕旭玲:《"石佛浮海"神话与上海地域形象建构》,《华东师范大学学报》2014 年第 2 期。按:能浮在海里的石头确实存在,如火山喷发出的岩浆所形成的石头就叫海浮石,因断面粗糙有小孔,体轻,投入水中浮而不沉而得名,广东、福建、山东、辽宁等地均有所产。从这方面来讲,"石佛浮海"之事确实有存在的可能。
[4] 数字来源于李映辉《唐代佛教地理研究》,湖南大学出版社 2004 年。
[5] 道宣:《续高僧传》卷二十三《唐苏州通玄寺释惠旻传》,上海古籍出版社 1991 年《高僧传合集》本,第 298 页。

武阳公李世嘉,与内外公私同共迎请智琰法师还归苏州虎丘山寺,于是禅宾慧侣纷纷归依。智琰与州内檀越五百余人,每月一集,建斋讲观,胜轮相踵,将逾十载。[1]来自葱岭北何国的僧伽大师,"化行江表",止苏州嘉禾灵光寺。苏州乃泽国,"民家渔梁罾弋交午",僧伽苦苦敦喻,"其诸杀业陷堕于人,宜疾别图生计。时有裂网折竿者多矣"。[2]苏州的僧尼数量也很多。慧璧在法流水寺弘法,"四远承风,咸来请谒,门人来去常数百人"[3]。释慧頵住锡苏州通玄寺后,道俗倾仰,学士弟子有千余人。[4]释惠旻隐居海虞山二十余年,"远方请业,常百余人",其"受业学士传化者二十余人"。[5]贞观年间,法聪法师弘化于苏杭,"开导集众,受道者三百余人"[6]。敬宗初年,徐州节度使王智兴为聚积货财,以敬宗诞月,在泗州置僧坛,"度人资福,以邀厚利,江、淮之民,皆群党渡淮"。李德裕派人守在蒜山渡口,每天去泗州的有一百余人,仅十四人是还俗的僧人,"余是苏、常百姓"。[7]

唐后期朝廷重视佛教的发展,乾元中,诏令天下二十五寺,各定大德七人,长讲戒律。苏州开元寺辩秀当选为大德之一,于是"湖(指太湖)南北皆宗仰焉"[8]。大历年间,朝廷以道遵法师宣讲《法华》有力,特许江东地区置法华道场十七所。道遵本人则居苏州支硎山法华道场。他还"临坛度人,授心扬律,徒盈石室之筹"[9]。此后苏州佛教愈趋繁盛。天台宗九祖荆溪大师湛然弟子元浩,居苏州开元寺,曾注解《大涅槃经》,道行甚高,然"罕为人说,多辞以不能"[10]。宝历、太和年间,甄公禅师挂锡苏州楞伽山,传北宗禅法,"四远参玄者胼肩叠足矣"。时白居易为苏州刺史,"接其谈道,不觉披襟解带,心游无物之

---

[1] 道宣:《续高僧传》卷十四《唐苏州虎丘山释智琰传》,上海古籍出版社1991年《高僧传合集》本,第212页。
[2] 赞宁:《宋高僧传》卷十八《唐泗州普光王寺僧伽传》,中华书局1987年,第449页。
[3] 道宣:《续高僧传》卷十三《唐苏州法流水寺释慧璧传》,上海古籍出版社1991年《高僧传合集》本,第210页。
[4] 道宣:《续高僧传》卷十四《唐苏州通玄寺释慧頵传》,上海古籍出版社1991年《高僧传合集》本,第215页。
[5] 道宣:《续高僧传》卷二十三《唐苏州通玄寺释惠旻传》,上海古籍出版社1991年《高僧传合集》本,第298页。
[6] 道宣:《续高僧传》卷二十七《唐苏州常乐寺释法聪传》,上海古籍出版社1991年《高僧传合集》本,第340页。
[7] 刘昫:《旧唐书》卷一七四《李德裕传》,中华书局1975年,第4514页。
[8] 赞宁:《宋高僧传》卷十五《唐苏州开元寺辩秀传》,中华书局1987年,第365页。
[9] 赞宁:《宋高僧传》卷二十七《唐苏州支硎山道遵传》,中华书局1987年,第678页。
[10] 赞宁:《宋高僧传》卷六《唐苏州开元寺元浩传》,中华书局1987年,第120页。

场,得甄之闾阈矣"。[1]会昌法难之前,法相住苏州嘉禾灵光寺,擅律学,"请学者如林"。[2]藏廙禅师,得法于洪州宗马祖道一之高足,唐武宗会昌年间毁法时,避于柯山。宣宗复法,出至苏州嘉禾,"信士归依",后应刺史崔钧之请,居苏州南禅院。[3]常达法师也是如此,宣宗时重新出山,居住苏州破山寺,弘讲"南山律钞"。太守韦曙,特加崇重,"四众知归,诸方慕化"。[4]唐末彦偁住锡苏州破山兴福寺,讲导律学,"同好鸠聚,律风孔扇,号为毗尼窟宅焉"。[5]由上面的叙述可以知苏州佛教以律宗、天台宗、禅宗为主。

安史之乱以后,苏州成为大批北方移民南迁的目的地,元和年间的户数较天宝时大为增加。移民在颠沛漂泊之时,更易于相信佛法,人口和户数增加促进了苏州的经济发展,经济发展又促使佛教势力加强。许多百姓还舍宅建寺,如苏州长洲县的永寿教寺就是如此。有些寺庙规模宏大,建筑华丽,园林精美,如苏州开元寺有"金铜玄宗圣容",富商大贾"远以财施,日或有数千缗。至于梁柱栾楹之间,皆缀珠玑,饰金玉,莲房藻井,悉皆宝玩,光明相辉,若辰象罗列也"。[6]《全唐诗》卷四八二所载李绅《开元寺》诗序记载开元寺:"寺多太湖石,有峰峦奇状者。"诗中有句云:"十层花雨真毫相,数仞峰峦阕月扉","坐隅咫尺窥岩壑,窗外高低辨翠微",可见当时的开元寺景色之美。前述的重玄寺中,还建有可以饱览苏州城市风光的高阁[7],以及风景优美的药圃,吸引游人前来观赏。

晚唐苏州的一些寺院颇重视佛经的收藏,仅在《白居易集》中就记载了两例。一是苏州城北的重玄寺法华院,该院曾在其西南隅石壁东刻经于石,"以华言唐文译刻释氏经典,自经品众佛号以降,字加金焉",自长庆二年(822)冬至大和三年(829)春,历时八年,刻成《妙法莲华经》《维摩经》《金刚般若波罗蜜经》《佛顶尊胜陀罗尼经》《阿弥陀经》《观音普贤菩萨法行经》《实相法密经》《般若波罗蜜多心经》八种佛经,共十一万六千八百五十七字。"三乘之要旨,万佛之秘藏,尽矣。"该石壁"积四重,高三寻,长十有五常,厚尺有咫;有石莲敷覆其上下,有石

---

[1] 赞宁:《宋高僧传》卷十一《唐荆州福寿寺甄公传》,中华书局1987年,第257页。
[2] 赞宁:《宋高僧传》卷十六《唐吴郡嘉禾灵光寺法相传》,中华书局1987年,第394页。
[3] 赞宁:《宋高僧传》卷十二《唐苏州藏廙传》,中华书局1987年,第281页。
[4] 赞宁:《宋高僧传》卷十六《唐吴郡破山寺常达传》,中华书局1987年,第393页。
[5] 赞宁:《宋高僧传》卷十六《梁苏州破山兴福寺彦偁传》,中华书局1987年,第398页。
[6] 朱长文:《吴郡图经续记》卷中《寺院》,江苏古籍出版社1999年,第32页。
[7] 据唐人李肇记载,重玄寺阁当时曾"一角忽垫",如果雇匠修正,需花钱数千贯。有游方僧人曰:"不足劳人,请一夫斫木为楔,可止也。"得到了寺主的赞同。此僧每次饭后,"辄持楔数十,执柯登阁,敲椓其间",未到一个月,"阁柱悉正"。见李肇《唐国史补》卷中,上海古籍出版社1979年,第46页。

神固护其前后。火水不能烧漂,风日不能摇消,所谓施无上法,尽未来际者也"[1],其坚固可见一斑。二是苏州城南的南禅院,该院由白居易倡导,在僧俗的努力下,从大和二年(828)秋起,到开成元年(836)春,前后历经九年,建成了千佛堂转轮经藏,"堂之中,上盖下藏;(藏)盖之间,轮九层,佛千龛,彩绘金碧以为饰,环盖悬镜六十有二。藏八面,面二门,丹漆铜锴以为固,环藏敷坐六十有四。藏之内,转以轮,止以柅。经函二百五十有六,经卷五千五十有八"[2]。总计费钱一万三千六百缗,可见规模之庞大。

二、道 教

苏州地区的道教发端颇早,太湖中的洞庭西山因其与世隔绝的地理环境,秦汉以来吸引了不少著名道士前往,成为道教的圣地,南朝时期陶弘景的《真诰》把洞庭山的林屋洞天列为道教十大洞天之一。传说秦末汉初的商山四皓东园公唐秉、甪里先生周术、绮里季吴实和夏黄公崔广就"隐苏之洞庭,俱得长生之术,不知所终"[3]。今洞庭西山的东村、甪里、绮里等地名传说就和他们有关。

除商山四皓外,苏州的地方文献中还记载了不少汉代的道士及其事迹。如《吴地记》记载吴县西北五十步有蔡经宅,"经,后汉人,有道术,炼大丹,服菖蒲,得仙。今蔡仙乡即其隐处也"[4]。《吴郡志》记载,汉代道士丁令威宅在阳山法海寺,"有炼丹井存焉,号令威井"[5],洞庭西山中的毛公坛传说是汉代刘根的得道处,"根既仙,身生绿毛,人或见之,故名毛公,今有石坛在观傍,犹汉物也"。唐代的白居易、皮日休、陆龟蒙均有诗咏。《吴郡志》还记载了后汉王方平得道后,"东欲入括苍山,过吴,住胥门蔡经家",后度蔡经得道。另外东汉郎宗,"字仲绥,少仕为吴县令,学精道术,占候风气"。东汉李崇,"吴郡人,少好道,林屋仙人王玮玄授之以流珠丹之法"。[6]这些记载虽然不少都是传说,但从中亦可见苏州地区和道教的渊源。

汉末魏晋间,伴随着中原移民的不断迁入,道教随之在今苏州地区广泛传播。据《三国志》卷四十六《孙破虏讨逆传》注引《江表传》记载,当时有道士于

---

[1] 白居易:《白居易集》卷六十九《苏州重玄寺法华院石壁经碑文》,中华书局1979年,第1448—1449页。
[2] 白居易:《白居易集》卷七十《苏州南禅院千佛堂转轮经藏石记》,中华书局1979年,第1487页。
[3] 李诩:《续吴郡志》卷下,民国初年乌程张氏刻《适园丛书》本。
[4] 陆广微:《吴地记》,江苏古籍出版社1999年,第42页。
[5] 范成大:《吴郡志》卷八《古迹》,江苏古籍出版社1986年,第97页。
[6] 范成大:《吴郡志》卷四十《仙事》,江苏古籍出版社1986年,第556—560页。

吉,往来于吴郡会稽一带,"立精舍,烧香读道书,制作符水以治病,吴会人多事之"。孙策曾于吴郡城门楼上集会诸将宾客,刚好于吉走至门楼下,"诸将宾客三分之二下楼迎拜之,掌宾者禁呵不能止",孙策惧其"幻惑众心",便杀了于吉。而于吉的信徒"尚不谓其死而云尸解焉,复祭祀求福",[1]可见当时于吉的信徒之众和受欢迎程度。

两晋时期苏州地区活跃着不少著名道教人物,如葛洪相传曾隐居于洞庭西山,据崇祯《吴县志》记载:"葛洪宅,在西洞庭马税城南一里绿石山下,洪于此立坛炼丹,《洪别传》云隐居于此。"[2]吴人杨羲,"好学沉厚,与许先生遁、许长史谧,结神明之交"。吴人沈羲,"学道,能消灾治病,未尝饵药物也"。吴人魏伯阳,"本高门之子,好道术,与弟子三人入山作神丹"。[3]东晋初年,居于吴郡海盐县的干宝在其所著的《搜神记》一书中,对当时吴郡民间的道教信仰也多有涉及,如在该书的卷十一中记载:"何敞,吴郡人。少好道艺,隐居。里以大旱,民物憔悴,太守庆洪遣户曹掾致谒,奉印绶,烦守无锡。敞不受。退,叹而言曰:'郡界有灾,安能得怀道。'因跋涉之县,驻明星屋中。蝗蝝消死,敞即遁去。后举方正、博士,皆不就。卒于家。"该书另有记载云:"许懋,吴人,好黄白术。一日,遇一道人,将一画扇簇挂于壁。上有药炉,童子在上。道人呼童子,而童子跪于炉前。画扇频动,炉火光炎,少顷药成。道人曰:'黄白之术,役天地之数,非积功累行,不可求之。'遂告懋曰:'五十年后,当于茅山相寻。'遂不知所在。"[4]这些记载不乏附会之处,但从中也间接反映出当时吴郡民间道教信仰的普遍,及道教徒从事的禳蝗、炼丹等活动情况。

在民间传播的同时,道教也不断向上层发展。东晋南朝时期,统治阶级中有不少信奉道教者,有些家族世代信道,如吴郡钱唐(今浙江杭州)的杜氏家族就是当时著名的道教世家,在东南一带影响很大。[5]《南史·沈约传》就记载钱唐人杜炅"通灵有道术,东土豪家及都下贵望并事之为弟子,执在三之敬"[6]。这

---

[1] 陈寿:《三国志》卷四十六《吴书·孙破虏讨逆传》注引《江表传》,中华书局1982年,第1110页。
[2] 牛若麟、王焕如:崇祯《吴县志》卷二十二《宅第》,《天一阁藏明代方志选刊续编》第16册,上海书店1990年,第754页。
[3] 范成大:《吴郡志》卷四十《仙事》,江苏古籍出版社1986年,第560—562页。
[4] 干宝:《搜神记》,中州古籍出版社2010年,第193页、364页。
[5] 东晋末年,该家族的杜子恭死后,其徒孙泰传其术,"愚者敬之如神,皆竭财产,进子女,以祈福庆。……泰见天下兵起,以为晋祚将终,乃扇动百姓,私集徒众,三吴士庶多从之"(房玄龄等:《晋书》卷一〇〇《孙恩传》,中华书局1974年,第2632页)。孙泰被诛杀后,其侄孙恩借机发动了声势浩大的叛乱,加速了东晋王朝的灭亡,钱唐杜氏道教的影响由此可见。按:杜子恭,《南史》《道学传》均作杜炅。
[6] 李延寿:《南史》卷五十七《沈约传》,中华书局1975年,第1405页。

里的"东土豪家"当然也包括吴郡四姓等今苏州一带的世家大族。如《三洞珠囊》卷一《救导品》引《道学传》卷四"杜炅"条记载吴郡陆氏中的陆纳就曾因"患疮"而找过杜炅,"炅为奏章,又与灵飞散"[1]。而吴郡顾氏与道教的关系更为紧密,早在西晋时期,顾祕与著名道士葛洪有所交往,石冰之乱时,顾祕起兵攻讨,曾任命葛洪为将兵都尉。晋宋之际,顾祕之兄顾谦的曾孙名黄老。六朝人常称道教为"黄老",由顾黄老的名字可以推测其道教信仰。顾氏迁居盐官的一支也信仰道教,如《南齐书·顾欢传》云顾欢"事黄老道,解阴阳书,为数术多效验"[2],善道术,曾为人驱魅治病,他与著名道士杜京产关系密切,对上清经典也极为重视,曾多方搜寻,又曾与戚景玄、朱僧标等人共同整理上清经书,撰成《真迹》,此书成为后来陶弘景编撰《真诰》的底本。

除当地士族外,吴郡道教也得到了官府甚至皇室的大力支持。据《南齐书》记载,刘宋时期,吴郡钱唐人褚伯玉隐居剡县瀑布山修道三十余年,王僧达为吴郡太守,尊崇道教,曾"苦礼致之",力邀其到吴郡,"伯玉不得已,停郡信宿,裁交数言而退"。齐高帝萧道成继位后,还下诏令吴、会稽二郡,"以礼迎遣",褚伯玉以疾辞疾,"上不欲违其志,敕于剡白石山立太平馆居之",[3]可见对道教的尊崇。其后的萧梁皇室对吴郡道教仍然大力支持,据《吴郡图经续记》记载,常熟虞山的招真馆由汉朝天师张陵的十二代孙张道裕在天监年间所建,"植名果,尽山栖之趣",梁简文帝萧纲为之撰《招真馆碑》,并赐"玉案一面、钟一口、香百斤、烛百铤",[4]在此供奉。招真馆在当时影响很大,甚至有"仙冶之美,此焉为最"之称。[5]由于统治阶级的力挺,道教在吴郡得到了快速发展,史载"三吴及边海之际,信之逾甚"[6]。

据孙齐《唐前道观研究》统计,南北朝的道馆可考者有 65 处,其中吴郡就有 6 处之多,吴郡的包山、海虞山都是道馆密集之地。南朝籍贯可考的 36 位道馆馆主中,籍贯于吴郡的竟达 6 人之多,[7]占了六分之一,吴郡道教的发达由此可见一斑。吴郡的道士张绎"奖励学徒,整肃法事,屡讲众经,理致深密,词端华辩,

---

[1] 陈国符:《道学传辑佚》,《道藏源流考》下册,中华书局 1985 年,第 461 页。
[2] 萧子显:《南齐书》卷五十四《高逸·顾欢传》,中华书局 1972 年,第 930 页。
[3] 萧子显:《南齐书》卷五十四《高逸·褚伯玉传》,中华书局 1972 年,第 926—927 页。
[4] 朱长文:《吴郡图经续记》卷中《宫观》,江苏古籍出版社 1999 年,第 29 页。按:《吴郡图经续记》云"昭明太子为之撰碑",误,撰碑者应为梁简文帝萧纲,全文载《全梁文》卷十四。
[5] 萧纲:《招真馆碑》,收入《全梁文》卷十四,见清严可均辑《全上古三代秦汉三国六朝文》,中华书局 1958 年,第 3029—3030 页。
[6] 魏徵、令狐德棻:《隋书》卷三十五《经籍志四》,中华书局 1973 年,第 1093 页。
[7] 数字来源于孙齐《唐前道观研究》,山东大学 2014 年博士学位论文,第 102 页、113 页。

当时所宗",梁武帝也"雅相钦赏",[1]后任命其为主管全国道教的道士正一职。张绎曾于普通三年(552)在茅山立《三茅君碑》,在碑阴的103位道士中,明确籍贯吴郡的就有"前华阳馆主,吴郡陆逸仲""崇虚馆主、道士正吴郡张绎""宗玄馆主,吴郡张玄宗""招灵馆主,吴郡丁奉之""处静馆主,女官吴郡刘妙云""宗元逻主,吴郡陆僧回",另外还有"林屋馆主,剡县杨超远"等虽不是吴郡人,但来自吴郡道馆的道士多人。[2]

《道学传》《老氏圣纪》诸书中也记载了当时吴郡的其他著名道士。如吴郡嘉兴人张诜,"善玄言,屡讲老子,修行上道,讨论上经,人自远来集也。诜寻求真秘,甚识宗尚"。吴人陈景尚,"善讲诵,道释中皆不能及。制灵书经,大行于世。梁邵陵王甚重之,召景尚随王之郢,终于江夏"。吴郡人宋文同,字文明,梁简文帝时,"文明以道家诸经莫不敷释,撰《灵宝经义疏》,题曰谓之通门。又作大义,名曰《义渊》,学者宗赖,四方延请"。[3]从上述记载可见这些道士在当时的地位。

在中国道教史上,魏晋南北朝时期籍贯于今苏州一带的道士以东晋的杨羲和南朝的陆修静影响最大。杨羲字羲和,吴郡人,[4]后徙家句容,虔诚奉道。据《云笈七签》中的《杨羲真人传》记载,他少年好道,服食精思,能进灵接真,屡降玄人,并称其得仙而去。杨羲托言"众真降授",撰作了大量道教经书,其中最著名的便是《上清大洞真经》,后形成道教中的上清教派,该书被上清派奉为经典,杨羲也被视为继"第一代太师"魏华存之后,上清派的"第二代玄师"。上清派对南朝道教发展影响重大,该派后经陶弘景的阐扬,形成茅山宗之后,由于人才辈出,成为隋唐时期影响最大的道教派别。

陆修静字元德,吴郡人,[5]出身吴郡陆氏,为孙吴丞相陆凯后裔,他是刘宋时期的著名道士,曾奉敕广集道书,并将道教经书分为洞真、洞玄、洞神三部,使众多的道教经书系统化,开创了道书的三洞分类法,奠定了后世编纂《道藏》的基础。同时他还制定完善了道教戒律和斋醮仪式,整理出一套比较完整的规定,

---

[1] 李昉:《太平御览》卷六六六《道部八》,中华书局1960年,第2975页。
[2] 详见孙齐《唐前道观研究》,山东大学2014年博士学位论文,第143—145页。
[3] 李昉:《太平御览》卷六六六《道部八》,中华书局1960年,第2973、2975页。
[4] 按:《真诰》及《仙鉴》中之《杨羲传》均作"似是吴人"。详见李养正《杨羲与〈上清大洞真经〉》,《中国道教》1987年4期。
[5] 按:陆修静的籍贯一说为吴兴,但《南齐书》卷四十一《张融传》云:"张融字思光,吴郡吴人也。……年弱冠,道士同郡陆修静以白鹭羽尘尾扇遗融。"张融为吴郡人,陆修静和张融同郡,那么也应是吴郡人无疑。《南齐书》的作者萧子显仅小张融四十余岁,出生时张融尚在世,相去未远,故其记载应为可信。

使道教科仪规范化,推动了南朝旧道教的改革和士族新道教的形成。经他改革之后的天师道,史称"南天师道",与北魏寇谦之改革的"北天师道"一起,在道教史上占有重要地位和深远影响。

值得注意的是,南朝时期,伴随着道教的发展,道教和佛教开始产生矛盾,出自吴郡人之手的《夷夏论》和《三破论》正是这种并存和冲突的反映。《夷夏论》产生于刘宋末年,由吴郡顾欢所著,阐明其尊道抑佛的思想。在此书中,顾欢以儒家的华夷之辨为出发点,认为佛教是"西戎之法","下弃妻孥,上废宗祀",[1]违背了华夏传统,因此要尊崇道教,排抑佛教,借儒家"夷夏之防"的民族观否定佛教在中国传播。和陆修静为友的吴郡张融认为佛、儒、道三者彼此本身应该是一致的,所以恭佛与奉道可以各随其好,他临终时遗令"左手执《孝经》《老子》,右手执小品《法华经》",[2]可见其三教并重的立场。但张融死后,托其名撰的《三破论》对佛教大加鞭挞,认为佛教"入国而破国""入家而破家""入身而破身",如果听任佛教流行,"男不娶妻,女不嫁夫,一国伏法,自然灭尽",[3]运用儒家的伦理道德,从维护封建统治的长远利益出发来反对佛教。由此可见在当时的佛道斗争中,道教和儒家思想结合的紧密。

唐代尊崇道教,苏州的道教继续向前发展,道观纷纷建立,见于史料记载的就有神景宫、洞庭宫、上真宫、林屋洞天、致道观、仙坛观、开元观、天宝观、太和宫、洞真宫、乾元观等。苏州的洞庭山道观林立,吸引了不少人在此修道。如被江左之人称为观音的宣州女道士王奉仙在唐末就"与二女弟俱入道,居洞庭山"[4]。《吴郡志》亦载大和年间的周生,"庐于洞庭山,以道术济人,吴楚敬之"[5]。也有苏州人远赴外地学道,唐人张读所撰的《宣室志》就记载了苏州一个姓蒋的书生,"好神仙,弱岁弃其家,隐四明山下,尝从道士学炼丹"[6]。一些苏州地方官也推波助澜,故意编造老子显灵等虚假内容迎合皇帝。据《册府元龟》卷五十四《帝王部·尚黄老二》记载,天宝九载(750)二月,吴郡太守林祥上言,"所部造真符玉芝观,于李树下发得圣祖尊容,不胜大庆,请宣付史馆"[7],

---

[1] 萧子显:《南齐书》卷五十四《高逸·顾欢传》,中华书局1972年,第931—932页。
[2] 萧子显:《南齐书》卷四十一《张融传》,中华书局1972年,第729页。
[3] 刘勰:《灭惑论》引,收入《全梁文》卷六十,见清严可均辑《全上古三代秦汉三国六朝文》,中华书局1958年,第3309页。
[4] 李剑国:《唐五代传奇集》第六册,中华书局2015年,第3042页。
[5] 范成大:《吴郡志》卷四十《仙事》,江苏古籍出版社1986年,第564页。
[6] 张读:《宣室志》卷八,上海古籍出版社2012年,第60页。
[7] 王钦若等:《册府元龟》卷五十四《帝王部·尚黄老二》,中华书局1982年,第603页。

得到了唐玄宗的允许。

隋唐时期苏州比较有影响的道士为周隐遥,据晚唐杜光庭《仙传拾遗》及《吴郡志》记载,周隐遥为洞庭山道士,"自云甪里先生之孙,山上有其祖甪里村,言其世数人得道"。周隐遥"学太阴炼形",三度死而复生,"且八十岁,状貌如三十许人"。隋炀帝征召其至东郡,"寻恳还本郡"。贞观中,唐太宗又召其至长安,"馆于内殿,问修习之道"。周隐遥曰:"臣所修者,匹夫之事,功不及物。帝王一言之利,万国蒙福。得道之效,速于臣人。区区所学,非万乘所宜问也。"后恳求归山,"诏遂其所适"。[1]

三、民间信仰

秦汉至隋唐时期,江南地区民间信仰盛行,《隋书·地理志》记载江南"俗信鬼神,好淫祠"[2]。今苏州一带也不例外,史料记载多有。这些民间信仰往往因地制宜,和生产生活密切相关,带有鲜明的地方特色。

苏州地区河湖密布、水网纵横,民间对于水神的奉祀十分普遍。水神信仰中,伍子胥地位最尊。伍子胥为吴国名将,被吴王夫差所谗杀后,吴人不仅视其为江神、潮神,而且将之看作兼备呼风唤雨等多种职能的神灵。吴郡的伍子胥庙建造颇早,宋元嘉年间,吴令谢珣曾徙伍子胥庙于匠门内。当时人们相信奉祀子胥,能保涉水之平安。据《异苑》记载:"晋永嘉中,吴相伍员庙,吴郡人叔父为台郎在洛。值京都倾覆,归途阻塞,当济江南,风不得进,既投奏,即日得渡。"[3]

苏州一带的蚕桑业在六朝时期已经非常普遍,由此形成了蚕神崇拜。据南朝梁吴均《续齐谐记》载:"吴县张成,夜起,忽见一妇人,立于宅上南角,举手招成。成即就之。妇人曰:'此地是君家蚕室,我即是此地之神。明年正月半,宜作白粥泛膏于上祭我也,必当令君蚕桑百倍。'言绝,失之。成如言作膏粥,自此后,大得蚕。今正月半作白膏粥,自此始也。"[4] 由此可见当时已经有了农历正月十五日祭祀蚕神的习俗。

刘宋时期,侨居于晋陵南沙(今常熟、张家港一带)的王敬则在为暨阳令时,还曾经借助民间信仰诱杀了一伙劫盗。当时暨阳县有伙劫盗逃入山中为患,"敬则遣人致意劫帅,可悉出首,当相申论。治下庙神甚酷烈,百姓信之,敬则引神为

---

[1] 范成大:《吴郡志》卷四十《仙事》,江苏古籍出版社1986年,第563页。
[2] 魏徵、令狐德棻:《隋书》卷三十一《地理志下》,中华书局1973年,第886页。
[3] 刘敬叔:《异苑》卷五,中华书局1996年,第42页。
[4] 吴均:《续齐谐记》,上海古籍出版社2012年《拾遗记》附,第230页。

誓,必不相负。劫帅既出,敬则于庙中设会,于座收缚,曰:'吾先启神,若负誓,还神十牛。今不违誓。'即杀十牛解神,并斩诸劫,百姓悦之。"[1]

当时苏州一带的民间信仰还寄托了民众同情弱小、惩恶扬善等愿望,圣姑崇拜就是这种观念的产物。如《太平广记》卷二九三引《纪闻》记载:"吴兴郡界首,有洞庭山,山中圣姑祠庙在焉。《吴志》曰,姑姓李氏,有道术,能履水行,其夫怒而杀之。自死至今,向七百岁,而颜貌如生,俨然侧卧。远近祈祷者,心至则能到庙;心若不至,风回其船,无得达者。今每月一日沐浴,为除爪甲,每日妆饰之。其形质柔弱,只如寝者,盖得道欤。"[2]吴郡的其他地区也有类似的庙宇存在,如吴郡的桐庐县有徐君庙,为孙吴时所立。"左右有为劫道非法者,便如拘缚,终致讨执。"[3]此庙对震慑坏人无疑具有一定作用。

早在东汉初年,今苏州一带就"俗多淫祀,好卜筮",由此产生了不少巫祝,这些巫祝倡导杀牛祭神,妄言"其自食牛肉而不以荐祠者,发病且死先为牛鸣"[4],对当地民众影响很大,后来名宦第五伦任会稽太守后严加整治,方才禁绝了此陋俗。[5]但巫祝在民间仍有相当大的市场,上述借助民间信仰诱杀劫盗的王敬则之母就为女巫。唐代苏州一带巫觋众多,"成人男作觋,事鬼女为巫"[6]。在巫觋的煽动下,民风变得迷信愚昧,"民有病者,不谒医而祷神"[7]。这不仅劳民伤财,造成了极大的社会浪费,加重了百姓的负担,而且还妨害了正常的生活和农业生产。隋唐时期依旧盛而不衰,因此有见识的政治家和以儒学教化世俗的官吏,无不竭力整顿和禁绝此风。入唐以来,苏州地区大规模打击淫祀之举有三次。

第一次是武后时期。当时狄仁杰被任命为江南巡抚使,痛感"吴楚之俗多淫

---

[1] 萧子显:《南齐书》卷二十六《王敬则传》,中华书局1972年,第480页。
[2] 李昉:《太平广记》卷二九三引《纪闻·圣姑》,中华书局1961年,第2333页。按:圣姑祠中的圣姑棺在唐代大历年间方被毁坏,据唐人陆长源的《辨异志》记载:"吴郡太湖中圣姑棺在洞庭山中,有圣姑寺并祠,其棺在祠中。俗传圣姑死山中已数百年,其貌如生。远近求赛岁献衣服妆粉不绝。又有人欲得观者,巫秘密云:'慎不可,若开,便有风雨之变。'村闾皆虔事之,无敢窥者。巫又妄传云有见者,衣装俨然,一如生人。大历中,福建观察使李椅之子七郎者,性情狂肆,恃势不惧程法。因率奴辈幵棺,棺中惟朽骨骸而已,亦无风雨之变。"见《说郛》卷二十三下引《辨异志》,《景印文渊阁四库全书》第877册,上海古籍出版社1986—1990年影印本,第337页。
[3] 刘敬叔:《异苑》卷五,中华书局1996年,第42页。
[4] 范晔:《后汉书》卷四十一《第五伦传》,中华书局1965年,第1397页。
[5] 杀牛祭神之俗后来似又出现,上述刘宋时暨阳令王敬则在诱杀劫盗之事中,仍是"杀十牛解神"。
[6] 白居易:《白居易集》卷十六《东南行一百韵》,中华书局1979年,第323页。
[7] 崔龟从:《宣州昭亭山梓华君神祠记》,《全唐文》卷七二九,中华书局1983年,第7515页。

祠",断然"奏毁一千七百所,唯留夏禹、吴太伯、季札、伍员四祠"。[1]这次奏毁淫祠的行动很大,其中包括周王、楚王项羽、越王勾践、春申君、赵佗、马援、吴桓王等许多历史名人的祠宇。对一些影响深远的"淫祠",如供奉项羽的楚王庙,狄仁杰还专门撰写了《檄告西楚霸王文》,历数其兴妖作怪之罪恶,当众焚毁,当时震动很大。第二次是唐德宗时期。贞元十年(794),于頔任苏州刺史,他痛恨"淫祠废生业,神宇皆撤去,唯吴太伯、伍员等三数庙存焉"[2]。与狄仁杰的做法相同,大量捣毁淫祠。第三次是穆宗时期。李德裕为浙西观察使,"锐于布政,凡旧俗之害民者,悉除革弊"。当时"江、岭之间信巫祝,惑鬼怪,有父母兄弟厉疾者,举室弃之而去。德裕欲变其风,择乡人之识者,谕之以言,绳之以法,数年之间,弊风顿革。属郡祠庙,按方志前代名臣贤后则祠之,四郡之内,除淫祠一千一十所"。[3]李德裕在太湖地区捣毁淫祀的数量也是相当庞大的。

上述历行禁止淫祀的行动,无疑取得了积极的效果,一度对扭转社会风气,进而移风易俗起到了良好的作用。但这些举措大都没有得到持续的贯彻,不久淫祠就死灰复燃,未能改变当地的民间信仰习惯。即使在狄仁杰和于頔等人大规模废毁淫祠的过程中,被作为先贤祠特意保留下来的吴泰伯庙,也被神巫庙祝作为愚弄百姓、广辟生财之道的工具,弄得乌七八糟。据《纂异记》载,苏州阊门的泰伯庙,"每春秋季,市肆皆率其党,合牢醴祈福于三让王,多图善马、彩舆、女子以献之,非其月亦无虚日"。由于巫祝作祟,这位以"至德"见称的"三让王"居然对"艺甚精而色殊丽"的绡画美人、捧胡琴胜儿非常感兴趣,并托梦邀请进士刘景复"作胡琴一章,以宠其艺"。[4]唐代苏州人陆长源对此现象就曾产生过疑问,据其在《辨异志》中记载:"吴阊门外有泰伯庙,往来舟船求赛者常溢。谓庙东又有一宅,中有塑像,云是泰伯三郎。里人祭时,巫祝云:'若得福,请泰伯买牛造华盖。'"陆长源对此颇为不解,认为:"其如泰伯轻天下以让之,而适于勾吴,岂有顾一牛一盖而为人致福哉?又按《泰伯传》,泰伯无嗣,立弟仲雍,泰伯三郎,不知出何邪?"[5]泰伯以三让天下的美德,被尊称为"三让王",但在淫祀之

---

[1] 刘昫:《旧唐书》卷八十九《狄仁杰传》,中华书局1975年,第2887页。
[2] 刘昫:《旧唐书》卷一六六《于頔传》,中华书局1975年,第4129页。
[3] 刘昫:《旧唐书》卷一七四《李德裕传》,中华书局1975年,第4511页。
[4] 李昉:《太平广记》卷二八〇引《纂异记·刘景复》,中华书局1961年,第2236—2237页。
[5] 陆长源:《辨异志》,见《说郛》卷二十三下,《景印文渊阁四库全书》第877册,上海古籍出版社1986—1990年影印本,第338页。按:"泰伯三郎"疑为"泰伯三让"的讹传,民间可能不知"三让"的典故,因音近,误传为"三郎",并为塑像,可见当时苏州民间信仰的穿凿附会。

下,泰伯形象完全被扭曲了。[1]

民间信仰风俗之顽强,使得某些地方官员也不得不屈从于此,在苏州重修神庙祠宇。如天宝十载(751),吴郡太守赵居贞重修了春申君庙。咸通十三年(872),常熟县令周思兴建了焕灵庙以祭祀常熟的白龙神。中和二年(882),杨茂实为苏州刺史,"溺于妖巫,作火妖庙于子城之南隅,祭以牲牢,外用炭百余斤燃于庙庭"[2]。光启初,徐约任苏州刺史,建九江王庙,"殿堂屋壁,塑神龙蛟螭,绘画云雷波涛之状"[3]。面对这种屡禁不绝的淫祠之风,多数地方官采取了比较温和的办法,逐步引导人们摆脱旧俗。其中比较常见的举措就是通过举办学校,大力发展教育事业,用儒家的伦理道德观破除人们心目中的迷信观念,引导当地民俗向儒家伦理方向发展。

---

[1] 详见黄永年《说狄仁杰奏毁淫祠》,《唐史论丛》第六辑,陕西人民出版社1995年,第58—67页。
[2] 朱长文:《吴郡图经续记》卷下《杂录》,江苏古籍出版社1999年,第83页。燃炭祭拜为中亚传入的祆教(又称火祆教、拜火教)的标志性仪式之一,疑此记载中的"火妖庙"为"火祆庙"之误。
[3] 朱长文:《吴郡图经续记》卷下《杂录》,江苏古籍出版社1999年,第84页。

第五章 秦汉至隋唐时期的苏州文化

第五章　秦汉至隋唐时期的苏州文化

秦汉至隋唐时期，今苏州地区的文化和经济一样，也经历了一个从落后到渐趋发展的历史进程。秦汉时期，和中原地区相比，今苏州地区的文化相对落后。六朝时期，伴随着经济的发展以及以吴郡四姓为代表的世家大族的崛起，今苏州地区的文士不断涌现，在经学、玄学、地志以及文学艺术方面都取得了突出成就。隋唐时期，苏州已经形成了敦礼崇文的民风，官学和私学教育发达，成为全国的文化中心之一，经学方面的陆德明、陆淳，文学方面的崔国辅、张籍、陆龟蒙，书法方面的陆柬之、孙过庭、张旭，绘画方面的张璪、朱景玄，以及雕塑方面的杨惠之等人，均在各自领域取得了丰硕成果，在中国文化史上影响深远，也为后世苏州文化的繁荣奠定了坚实的基础。

第一节　学　术

西汉以前，苏州地区因为开发较晚，文化发展比较落后，仅出现了言偃、严助、朱买臣等寥寥无几的文士，其学术造诣也未见详细记载。东汉以后，伴随着北方士人的南迁，苏州地区的学术文化渐趋繁荣，涌现出了不少著名学者，他们在很多文化领域中都取得了突出成就，其影响至今未绝。

一、经　学

汉魏之际，今苏州地区在经学研究方面以陆绩最为显著。陆绩，字公纪，出身于著名的吴郡陆氏。据《三国志》记载，陆绩"幼敦《诗》《书》，长玩《礼》《易》"，成为"博学多识，星历算数无不该览"的大儒，[1]他在天文历法与《周易》《太玄》的研究方面，有着相当高的学术水准，他与虞翻同时，代表了当时江

---

〔1〕　陈寿：《三国志》卷五十七《吴书·陆绩传》，中华书局1982年，第1328—1329页。

东地域学术的风尚和水平。陆绩志在儒雅,故虽有军务,却著述不废,死时年仅三十二岁,却撰写了不少著作,"曾作《浑天图》,注《易》释《玄》,皆传于世"。《隋书》卷三十二《经籍志一》著录了他独著的《周易注》十五卷,另外还有他和虞翻同撰的《周易日月变例》六卷;《隋书》卷三十四《经籍志三》还著录了他独著的《扬子太玄经注》十三卷。就学术方法而言,陆绩受汉代今文经学的传统影响很深,在《周易》与《太玄》的注疏上比较重视象数和占卜,而与同时荆州经师宋忠所倡导的重视义理的新风尚有着明显的差异。因此当宋忠的《周易注》与《太玄经注》等著作传到江东,陆绩便与之展开论争。陆绩虽然肯定宋注"思虑诚为深笃",却认为宋注"往往有违本错误"。如陆绩认为《太玄》本是"揲著"之书,而宋忠并不讲休咎占验之术,只注重解释文字,阐发义理,背离了该书的原来宗旨,因此"纲不正",[1]故陆绩所著的《周易注》,主京房《京氏易》专讲阴阳灾异占验之术。陆绩和宋忠之间的学术分歧,主要是由于学术思想的差异引起的,从中也可以看到以吴郡为中心的江东地区学者和其他地方学者治学方法的不同。

陆绩在当时还以孝行著名,他在六岁时随父去九江拜见袁术时,因怀橘遗母被传为美谈,"陆绩怀橘"后来被编入《二十四孝》。陆绩为当时著名官吏,曾任郁林太守,任期届满返回家乡时,因家资微薄,船轻不稳,难以远航,只得装载一块巨石以镇船,后人把此石称作"郁林石",又叫"廉石",至今还保存在苏州文庙中,留下千古佳话。

东吴时期今苏州地区还有陆玑精研《诗经》,著有《毛诗草木鸟兽虫鱼疏》二卷。陆玑生平不详,据陆德明《经典释文·序录》记载,陆玑字元恪,吴郡人,曾任孙吴太子中庶子、乌程令。陆玑的这部《诗经》研究著作,另辟蹊径,独具特色,《四库全书总目》卷十五有云:"虫鱼草木,今昔异名。年代迢遥,传疑弥甚。玑去古未远,所言犹不甚失真。《诗正义》全用其说,陈启源作《毛诗稽古编》,其驳正诸家,亦多以玑说为据。讲多识之学者,固当以此为最古焉。"[2]可见其在《诗经》研究中的价值。尽管陆玑之疏比较简略,但奠定了《毛诗》博物学的基础,为义疏名书之始,后世《诗经》辨证名物一派,推其源流,皆本之陆疏。就其方法论而言,可以说陆玑的《毛诗草木鸟兽虫鱼疏》引领了一种新的学术趋向。六朝时期江东学者相关《诗经》的注疏之作不少,但流传至今,为历代学者重视者,仅此一部而已,可见其学术价值之重要。

---

[1] 陆绩:《述玄》,收入《全三国文》卷六十八,见清严可均辑《全上古三代秦汉三国六朝文》,中华书局1958年,第1423页。

[2] 永瑢等:《四库全书总目》卷十五《经部十五·诗类一》,中华书局1965年,第120页。

南朝时期,今苏州地区精研经学的也不少,据《南齐书》卷三十九《陆澄传》记载,陆澄"少好学,博览无所不知,行坐眠食,手不释卷",他自称"少来无事,唯以读书为业","家多坟籍,人所罕见",所以"当世称硕学",有"书厨"之称。他曾与王检以博学相争,"待检语毕,然后谈所遗漏数百千条,皆检所未睹",[1]王检只有甘拜下风。陆澄也精于《易》学,和当时普遍玄化的学术风尚不同,陆澄以象数为《易》学正宗,与陆绩取向一致。陆澄曾经纵论经学嬗变及学官所设经注之得失,特别指出了著名学者王弼《易》注之非,在玄学独盛的情况下,他认为应该大弘儒风,因为"玄不可弃,儒不可缺",应该给儒学与玄学并存的空间,表现出了独立的学术思想。

梁代吴郡的经学家以皇侃为首。据《梁书》卷四十八《儒林传》载皇侃少好学,师事当时名儒会稽贺玚,"尽通其业,尤明《三礼》《孝经》《论语》"[2]。起家兼国子助教,于学讲说,听者数百人,曾被梁武帝召入寿光殿讲《礼记义》,后升任员外散骑侍郎。皇侃最重要的经学著作是《礼记义疏》和《论语义疏》,这两部著作在经学史上都有着承先启后的关键地位。后世孔颖达的《礼记正义》主要依据的就是皇侃的《礼记义疏》,孔颖达在《礼记正义序》中记载:"爰从晋宋,逮于周隋,其传《礼》业者,江左尤盛。……其见于世者,唯皇(侃)、熊(安生)二家而已。"他认为皇侃的《礼记义疏》"章句详正",优于熊安生,故孔颖达的《礼记正义》以皇疏为本,"其有不备,以熊氏补焉"。[3]

皇侃的《论语义疏》可以说是魏晋南北朝经学义疏之学的代表作。该书保存了大量汉代经学对名物制度的章句训诂,以及汉代思想的某些方面,如纲常、孝道、术数等,并尝试以佛学解《论语》,不仅在经学思想史上,而且在儒佛关系史上都具有深远的影响。皇侃在《论语义疏叙》中明确指出,他的著作是为何晏的集注作疏:"今日所讲,即是鲁论,为张侯所学,何晏所集者也。"此外,皇侃还罗列了晋代十三家,其中卫瓘、郭象、孙绰、范宁等皆为玄学名家,他说:"右十三家为江熙字太和所集,侃今之讲,先通何集,若江集中诸人有可采者,亦附而申之。"[4]除此十三家外,如王弼等玄学大家的言论,在皇侃的《论语义疏》中也时常可见。与何注相比,皇疏中的玄学思想更加丰富,并保存了大量玄学名家对

---

[1] 萧子显:《南齐书》卷三十九《陆澄传》,中华书局1972年,第681—686页。
[2] 姚思廉:《梁书》卷四十八《儒林·皇侃传》,中华书局1973年,第680页。
[3] 孔颖达:《礼记正义序》,《全唐文》卷一四六,中华书局1983年,第1476页。
[4] 皇侃:《论语义疏叙》,收入《全梁文》卷六十五,见清严可均辑《全上古三代秦汉三国六朝文》,中华书局1958年,第3340页。

《论语》的阐释。皇侃的《论语义疏》为北宋邢昺的《论语正义》所继承,促进了汉学到宋学的转变。皇侃的《论语义疏》至南宋时亡佚,清乾隆间从日本引回,收进当时所编的《四库全书》中,这是南朝经疏仅存的一部。皇侃另撰有《礼记义疏》《礼记讲疏》《孝经义疏》等,均佚。

梁陈之间,吴郡经学繁荣,《陈书》卷三十三《儒林传》中,有九人入正传,其中籍贯于吴郡的就有三人。吴郡还出现了经学大师顾野王,对后世影响深远。据《陈书》卷三十《顾野王传》记载,顾野王字希冯,吴郡吴人,出身儒学世家,其父顾烜在当时就以儒术知名,并曾著有《钱谱》一卷,唐宋以来被推崇为中国第一部钱币学著作。顾野王自幼聪慧好学,长大后更是博览群书,"天文地理、蓍龟占候、虫篆奇字,无所不通",成为当时著名学者,梁大同四年(538),曾被任命为太学博士,陈时曾"领大著作,掌国史,知梁史事",[1]后为黄门侍郎。顾野王知识渊博,著作繁富,治学涉及天文、地理、经史、文字等各个学科门类。天文学方面,他著有《符瑞图》十卷、《分野枢要》一卷、《续洞冥纪》一卷、《玄象表》一卷;地理学方面,他著有《舆地志》三十卷;历史学方面,他著作有《通史要略》一百卷、《国史纪传》二百卷、《顾氏谱传》十卷。顾野王在文字学方面的成就尤其突出,他曾搜罗考证古今文字的形体和训诂,著《玉篇》三十卷,该书是根据许慎《说文解字》和吕忱《字林》而作,分部略有变动,文字音义都有增加。《玉篇》收字比《说文解字》多出6 000个,共收16 917字,分542部,是我国现存最早的一部楷书字典,为后代楷书字典的编写奠定了基础,在中国文字学史上占有重要的地位。据唐陆广微的《吴地记》记载,顾野王墓在横山东,"平陆地,遗言不起坟"[2],其墓至今犹存。[3]另外,吴江北门外三里桥东还曾建有顾公庙专祀。

隋朝统一全国后,经学的发展也呈现出南北逐渐合流的倾向,东南地区,"君子尚礼,庸庶敦庞,故风俗澄清,而道教隆洽"[4],苏州出现了不少的经学大师。吴郡褚辉,字高明,按《隋书》卷七十五《儒林传》,他以《三礼》学称于江南,著《礼疏》百卷。炀帝时,征天下儒学之士,悉集内史省,相次讲论,辉博辩,无能屈者,擢为太学博士。张冲,字叔玄,仕陈为左中郎将,对经典有着极高的造诣,不乐仕途,入关后,成为文帝少子汉王谅的并州博士,因此得以结识唐高祖李渊。

---

[1] 姚思廉:《陈书》卷三十《顾野王传》,中华书局1972年,第399—400页。
[2] 陆广微:《吴地记》,江苏古籍出版社1999年,第37页。
[3] 按:顾野王墓在今石湖畔国际教育园苏州市职业大学校园内,墓上有数块巨石,相传为陨石,故其墓俗称"落星坟",石上现尚有清嘉庆八年(1803)钱大昕所书"陈黄门侍郎顾公之墓"等字。顾野王墓曾在1957年被列为江苏省文物保护单位,现为苏州市文物保护单位。
[4] 魏徵、令狐德棻:《隋书》卷三十一《地理志下》,中华书局1973年,第887页。

其子张后胤,"以学行禅其家"[1],授李世民《春秋经》,并为之分析天下形势。苏州人朱子奢,从乡人顾彪授《左氏春秋》,善文辞,隋大业中为直秘书学士。[2]

隋唐时期,苏州经学继续向前发展,《隋书》卷七十五《儒林传》中有十四人入传,其中籍贯于苏州者有二人;《旧唐书》卷一八九《儒学传》中,有三十四人入正传,其中籍贯于苏州者有五人。以区区一州之地,儒学入传人数竟占隋唐时期全国的七分之一,其兴盛由此可见一斑。隋唐时期苏州的经学家中对后世影响最大的是陆德明与陆淳等人。

陆德明(约550—630),名元朗,字德明,以字行。苏州吴人。他生于南朝梁简文帝初,年轻时受学于当时名儒周弘正。周弘正是梁末至陈的一代学宗,"特善玄言,兼明释典,虽硕德名僧,莫不请质疑滞"[3],既通儒学又通释老,既注《周易》《论语》,又疏《老子》《庄子》。陆德明在总的治学方向上继承了周弘正的这种风格,他撰的《经典释文》,就把儒家经典和老庄著作排列在一起进行注释,同时他又兼通佛教释典,擅长于辩名析理的玄学。陈宣帝时,名儒徐孝克在承光殿讲学,年始弱冠的陆德明以其独立见解,与徐孝克进行了辩论,赢得广泛赞誉。隋朝大业年间,陆德明与鲁达、孔褒都在门下省辩论,无人出其右者,授国子助教。唐初,为秦王府十八学士之一,高祖李渊曾召博士徐文远讲《孝经》,沙门惠乘讲《般若经》,道士刘进喜讲《老子》,"德明难此三人,各因宗指,随端立义,众皆为之屈"[4]。为隋唐之际的一代大儒。

陆德明的贡献主要在于《经典释文》一书,该书一般人多误以为撰于唐初,实际此书草创于陈后主至德元年(583),隋灭陈(589)前已经成书。后来唐太宗读过此书,十分赞赏,遂使其广为流传。《经典释文》是研究中国文字、音韵及经籍版本等方面的重要参考书。该书凡三十卷,对十二部经典及《老子》《庄子》进行注音和释义。它不仅是训诂学方面的重要著作,而且是经学史上汉学系统的总结性文献。尤其是卷一《序录》,可谓是中国古代第一篇简明的经学史。其书首次明确按著述早晚次序,论述十二部经典诞生的演变史,并考察了每部经典注释的传授史,总结了两汉魏晋南北朝的经学研究成果,还对这些经典的源流作了简明的叙述。陆德明《经典释文·序录》,继承《七略》《汉书·艺文志》书录体学术史的传统,通过对每种经典演变史的研究,选用较好的流行注本,作为编撰《经典

---

[1] 魏徵、令狐德棻:《隋书》卷七十五《儒林传》,中华书局1973年,第1724页。
[2] 欧阳修、宋祁:《新唐书》卷一九八《儒学上》,中华书局1975年,第5647页。
[3] 李延寿:《南史》卷三十四《周朗传附周弘正传》,中华书局1975年,第900页。
[4] 刘昫:《旧唐书》卷一八九上《儒学上》,中华书局1975年,第4945页。

释文》的主要根据。《经典释文》采用汉魏六朝注本达一百七十九种之多,保存了大量珍贵的经学史料。《四库全书总目》赞誉这部巨著云:"所采汉魏六朝音切,凡二百三十余家,又兼载诸儒之训诂,证各本之异同,后来得以考见古义者,注疏以外,惟赖此书。真所谓残膏剩馥,沾溉无穷者也。"[1]可见此书的重要价值。

陆淳(?—806),字伯冲,号文通,吴郡人,后因避唐宪宗名讳而改名质,曾任左拾遗,官至给事中。他为梁代名儒陆澄的七世孙,自称"世以儒学著时",可知其家以儒学为业。陆淳为中唐时期著名的经学家,《旧唐书》卷一八九下载其"有经学,尤深于《春秋》"[2]。

唐代前期的经学呈现出高度封闭性,遵循"疏不破注"的原则,不允许在传注之外发挥个人的见解,严重束缚了人们的思想。中晚唐社会的动荡造就了思想领域的活跃,经学界出现了啖助、赵匡、陆淳为代表的春秋学派,他们以新的姿态研究儒家典籍,以经驳传,大胆怀疑和否定历代学者对《春秋》的解释,突破了株守章句的学风。陆淳曾师事啖助和赵匡,为该学派的集大成者。据《四库全书总目》载,陆淳曾综合啖助、赵匡关于《春秋》的学说,编撰成《春秋集传纂例》十卷、《春秋集传辩疑》十卷、《春秋微旨》三卷,"考三家得失,弥缝漏阙,故其论多异先儒"[3],开宋儒疑经风气。柳宗元在《唐故给事中皇太子侍读陆文通先生墓表》中极称其学曰:"有吴郡人陆先生质……能知圣人之旨,故《春秋》之言,及是而光明,使庸人小童,皆可积学以入圣人之道。传圣人之教,是其德岂不侔大矣哉!"[4]南宋大儒朱熹亦赞陆淳:"推言治道,凛凛然可畏,终是得圣人个意思。"[5]春秋学派的崛起,结束了自汉到唐以来三传鼎力的局面,"变专门为通学",从此治《春秋》者不再拘泥于三传,由《春秋》波及其他四经,传统的五经到宋代全被重新解释,经学完成从汉学到宋学的转变,其明显的转折点就是啖助、赵匡、陆淳的《春秋》学。陆淳的《春秋》学三部著作今存,收在清《古经解汇函》中。另外他还著有《类礼》二十卷、《君臣图翼》二十五卷,均已佚。

和陆淳同时代的著名经学家还有吴人施士匄。施士匄善治《诗》,又善《左氏春秋》,曾在国子监作四门助教,后为博士。当时唐文宗李昂喜经术,宰相李石

---

[1] 永瑢等:《四库全书总目》卷三十三《经部三十三·五经总义类》,中华书局1965年,第270页。
[2] 刘昫:《旧唐书》卷一八九下《儒学下》,中华书局1975年,第4977页。
[3] 永瑢等:《四库全书总目》卷二十六《经部二十六·春秋类一》,中华书局1965年,第213页。
[4] 柳宗元:《唐故给事中皇太子侍读陆文通先生墓表》,收入周绍良主编《全唐文新编》卷五八八,吉林文史出版社1999年,第6697页。
[5] 黎靖德:《朱子语类》卷八十三《春秋·经》,中华书局1986年,第2174页。

推荐了施士匄所著的《春秋传》,文宗看后,认为"穿凿之学,徒为异同,但学者如浚井,得美水而已,何必劳苦旁求,然后为得邪?"据《新唐书·儒学下》记载,"大历时,助、匡、质以《春秋》,施士匄以《诗》,仲子陵、袁彝、韦彤、韦荅以《礼》,蔡广成以《易》,强蒙以《论语》,皆自名其学,而士匄、子陵最卓异"[1]。韩愈在《施先生墓铭》中亦对施士匄高度评价云:"古圣人言,其旨密微,笺注纷罗,颠倒是非;闻先生讲论,如客得归,卑让朒朒,出言孔扬。"[2]可见当时施士匄在学术界的地位。

二、玄 学

玄学产生于魏晋,主要是对《老子》《庄子》和《周易》的研究和解说,是魏晋时期的主要哲学思潮,在中国史上具有重要影响。玄学家大多是当时的名士,他们以出身门第、容貌仪止和虚无玄远的"清谈"相标榜,成为一时风气,即所谓"玄风"。据《宋书》记载,元嘉十五年(438),征雷次宗至京师,开馆于鸡笼山,聚徒教授,置生百余人。"会稽朱膺之、颍川庾蔚之并以儒学,监总诸生。时国子学未立,上留心艺术,使丹阳尹何尚之立玄学,太子率更令何承天立史学,司徒参军谢元立文学,凡四学并建。"[3]可见当时玄学的地位之高。

以苏州为中心的江南地区本来玄学衰微,西晋灭吴后,江南名士纷纷入洛求仕,并开始学习北方士族中流行的玄学,其中以吴郡的陆云为代表。据《晋书》卷五十四《陆云传》记载:"初,云尝行,逗宿故人家,夜暗迷路,莫知所从。忽望草中有火光,于是趣之。至一家,便寄宿,见一年少,美风姿,共谈《老子》,辞致深远。向晓辞去,行十许里,至故人家,云此数十里中无人居,云意始悟。却寻昨宿处,乃王弼家。云本无玄学,自此谈老殊进。"[4]王弼为魏晋玄学的创始人和主要代表之一,此记载虽然荒诞不经,却反映了吴郡名士的玄学和北方玄学家的传承关系。

永嘉南渡之后,侨姓士族在政治上占据统治地位,他们擅长的玄学也因之成为思想文化领域中的主流。为了和侨姓士族交结,进而提高声望,吴郡大族的不少家族成员努力学习玄学,如吴郡顾氏中的顾和因玄学造诣精深而得到了侨姓大族的青睐,王导甚至让其"入己帐眠"[5]。不仅如此,顾和还经常在家中与诸

---

[1] 欧阳修、宋祁:《新唐书》卷二〇〇《儒学下》,中华书局1975年,第5707页。
[2] 屈守元、常思春:《韩愈集校注》,四川大学出版社1996年,第1553页。
[3] 沈约:《宋书》卷九十三《隐逸·雷次宗传》,中华书局1974年,第2293—2294页。
[4] 房玄龄等:《晋书》卷五十四《陆云传》,中华书局1974年,第1485—1486页。
[5] 刘义庆:《世说新语》卷中之上《雅量第六》,上海古籍出版社1993年余嘉锡笺疏本,第357—358页。

名士清谈玄言,并以此熏染、教育后代。《世说新语·夙惠》载:"司空顾和与时贤共清言。张玄之、顾敷是中外孙,年并七岁,在床边戏。于时闻语,神情如不相属。瞑于灯下,二儿共叙客主之言,都无遗失。顾公越席而提其耳曰:'不意衰宗复生此宝。'"[1]由此可见顾和的玄学造诣对其后人的影响。而吴郡张氏更是因玄学而光大家风,历数百年而不衰,成为六朝时期著名的玄学家族之一。

早在三国时期,张温就能"清谈干云",西晋时张翰已浸染于当时的玄风之中,能对玄学问题作深入的讨论。《艺文类聚》卷十七载有张韩(翰)《不用舌论》,即是一篇有独到见解的玄学论文。张氏的任性自适与清谈玄学最易契合,唐长孺先生曾指出:"西晋时张翰的通脱为人所习知,门风如此,所以当京洛名士带着玄学清谈和任诞之习一起渡江之后,张氏最易于接受。"[2]

东晋以后,张氏家族成员中擅长清谈者比比皆是。东晋时的张凭以长于清谈,得到清谈名家刘真长的赏识。[3]张玄年仅七岁就能领悟时贤清言,为时人所称誉。甚至到南齐时王僧虔在其著名的《诫子书》中还提到张玄善于言《老》,可见影响之深远。刘宋时期的张敷曾与南阳宗少文谈《系象》,往复数番,使得宗少文握麈尾叹曰:"吾道东矣。"[4]张镜年少时和光禄大夫颜延之邻居,"颜谈义饮酒,喧呼不绝,而镜静默无言声。后镜与客谈,延之从篱边闻之,取胡床坐听,辞义清玄,延之心服,谓客曰:'彼有人焉。'由是不复酬叫"[5]。南齐时的张绪"长于《周易》,言精理奥,见宗一时"[6]。张融"玄义无师法,而神解过人,白黑谈论,鲜能抗拒"[7]。梁代张卷、张充和张嵊三人的传记中,均有"能清言"的记载。

东晋南朝时期,上层社会中弥漫着浓厚的清谈玄学之风,擅长清谈玄学是成为名士的重要条件,也是提高声誉的重要手段。清谈也是选官的重要标准,所谓"势品上门,犹当格以清谈;英俊下僚,不可限以位貌"[8]。吴郡张氏家族的许多成员都擅长此道无疑会大大提高家族声誉,也对其仕宦大有帮助。早在东晋时期,张凭就以长于清谈,得到清谈名家刘真长的赏识,以之为太常博士。

---

[1] 刘义庆:《世说新语》卷中之下《夙惠第十二》,上海古籍出版社1993年余嘉锡笺疏本,第591页。
[2] 唐长孺:《读抱朴子推论南北学风的异同》,《唐长孺社会文化史论丛》,武汉大学出版社2001年,第76页。
[3] 刘义庆:《世说新语》卷上之下《文学第四》,上海古籍出版社1993年余嘉锡笺疏本,第235页。
[4] 李延寿:《南史》卷三十二《张邵传附张敷传》,中华书局1975年,第826页。
[5] 李延寿:《南史》卷三十一《张裕传附张镜传》,中华书局1975年,第804页。
[6] 萧子显:《南齐书》卷三十三《张绪传》,中华书局1972年,第601页。
[7] 萧子显:《南齐书》卷四十一《张融传》,中华书局1972年,第729页。
[8] 姚思廉:《梁书》卷二十一《王暕传》,中华书局1973年,第322页。

张敷因擅清谈得到了清谈名家宗少文的赞叹而"名价日重",由此而得到了刘裕的接见,被称为"千里驹",委以显职。张融在永明末年"京邑人士盛为文学清谈"的风气中和周颙一起并称为清谈二家,两人相遇"辄以玄言相滞,弥日不解"〔1〕,得到了广泛关注。

除了吴郡大族外,吴郡的名僧对玄学也有深入研究,如少时隐居余杭山(即今阳山)、后住锡吴县支山寺的名僧支遁,对玄佛理论都有很深造诣。支遁常常活跃于清谈场上,每在玄理中暗寓佛学精义,以其出色的辩才与睿智周旋于司马昱、殷浩、王蒙、刘惔等玄学名流中,使众多名士深为折服。

三、地　志

地志又称地记,一般只记载一地之疆域、山川、人物古迹和风土,是内容尚不完备的早期地方志书。汉唐时期,今苏州地区涌现出很多地志和地志学家,对后世影响深远。

西汉至东汉初,今苏州所在的会稽郡出现了《越绝书》和《吴越春秋》这两部著名的地方史志著作。《越绝书》作者众说不一,《四库全书总目》考证为会稽人袁康和吴平所著,原有二十五卷,今存十九卷。述吴越两国史地,上起吴太伯,下迄东汉光武帝,对这一历史时期吴越地区的政治、经济、军事、天文、地理、历法、语言等多有所涉及,被有些学者誉为"地方志鼻祖"。《吴越春秋》原为十二卷,今存十卷,为东汉初年会稽人赵晔撰。该书主要记述春秋末期吴越二国的杂史。前五篇为吴事,起于吴太伯,迄于夫差;后五篇为越事,记越国自无余以至勾践,注重吴越争霸的史实。此两书中涉及今苏州地区的资料颇多,对研究汉代及其以前的苏州历史具有重大价值。

孙吴时期,涉及今苏州一带的地志颇多,主要有顾启期的《娄地记》、佚名的《吴都记》、陆凯的《吴先贤传》、环氏的《吴地记》及顾微的《吴县记》等,可惜都已经亡佚。其中《娄地记》可以说是苏州历史上出现的以记载地域、风俗、物产为主要内容的最早方志,亦有学者认为此书是"最早的记述对象为县的志书"〔2〕。《娄地记》又名《吴娄县记》,作者顾启期,吴人,生平不详。当时的娄县为今太仓、昆山直至上海一带,但该书亦有记载超出娄县范围之外。该书《隋书·经籍志》有著录,但早已亡佚,仅在《北堂书钞》《太平御览》《艺文类聚》等

---

〔1〕 萧子显:《南齐书》卷四十一《周颙传》,中华书局1972年,第732页。
〔2〕 陆振岳:《方志学研究》,齐鲁书社2013年,第102页。

书中还保存有部分内容,留下了不少珍贵的史料。如其所记"娄门东南有华墩,陂中生千叶莲花。其荷与众莲荷无异,菡萏色白,岂佛经所载者也",可见当时苏州地区的莲花品种及佛教信仰。《娄地记》还记有苏州一带的溶洞结构、水文、堆积物、生物、气候现象等。书中记太湖中洞庭山石灰岩洞穴有三,其东头北面一穴,"穴里如一间堂屋,上高丈余,恒津液流润,四壁石色青白,皆有柱,似人功……有鹅管石钟乳著巅,仰如悬。洞中穴有风,气如在外也"[1],这是我国最早的地下岩溶记载,在中国地理学史上具有开创意义。

东晋南朝时期,今苏州一带涌现的地志有晋顾夷的《吴郡记》、宋董览的《吴地记》(又名《吴地志》)、宋王僧虔的《吴郡地理记》、齐陆道瞻的《吴地记》(又名《吴郡记》)、佚名所撰的《吴郡缘海四县记》等。同时,今苏州一带还出现了《地理书》和《舆地志》两部著名的地志著作,分别为吴郡吴县人陆澄和顾野王所撰。

《地理书》的作者陆澄为南齐时人,家富藏书,好学博览,当世称硕学,被称为"书厨"。《地理书》为陆澄集合《山海经》以来的地理学著作编辑而成,收书达160种之多,连同目录共达150卷。至隋朝时,其中的118种已无单行本传世。《隋书·经籍志》曾著录了当时尚存的另外42种书名,至今仅存39种,可以分为山水、风俗、宫殿、城市、行记、地志、地名、墓穴、物产、志怪十类,其中以地志与行记最多。由于个人见闻所限,也遗漏了当时的一些重要著述,如朱应的《扶南异物志》、沈莹的《临海水土异物志》等,但该书保留了不少珍贵的资料,其价值是不言而喻的。除了集成众书外,陆澄还参以己见,对相关著作进行删减合并,撰成《地理书钞》二十卷。

《舆地志》的作者顾野王为陈代人,知识渊博,著述宏富,当时就有"着脚《御览》"之称。[2]他对地志很有兴趣,早在其十二岁时跟随其父到建安,就撰写了《建安地记》两篇。《舆地志》是顾野王摘抄各种书籍材料所成的一部地理书,原书为三十卷,是我国古代第一部开地志完整体系先河的杰作,影响深远。《舆地志》作为方志佳作,既详考山川古迹之典故,又注明其文献出处,不仅在方志史上建树卓著,并且有重要的文献辑佚价值。《舆地志》中的不少记叙文字优美,如描写山阴南湖曰:"萦带郊郭,白水翠岩,互相映发,若镜若园。"其中涉及吴郡一带的资料颇多,如对当时吴郡松江一带的捕鱼工具扈记载颇详:"插竹列于海中,以绳编之,向岸张两翼,潮上即没,潮落即出,鱼随潮碍竹不得去,名之云

---

[1] 刘纬毅:《汉唐方志辑佚》,北京图书馆出版社1997年,第42页。
[2] 陆广微:《吴地记》,江苏古籍出版社1999年,第36页。

扈。"[1]为研究当时的渔业提供了珍贵的原始文献。《舆地志》在宋代已经亡佚,佚文散见于历代典籍。清代学者从《太平御览》等书中辑得一卷传世。

唐代今苏州一带可考的地志有颜真卿的《吴地记》及佚名所撰《苏州记》《苏州冢墓记》《苏州图经》等,可惜这些书均已亡佚。但尚存的只言片语也保存了重要的地方史料,如《太平寰宇记》卷九十一"长洲县"引《苏州记》载:"洞庭山出美茶,岁为入贡。故《茶说》云长洲县生洞庭山者,与金州、蕲州、梁州味同。"[2]为苏州洞庭山茶的较早记载。

唐代苏州地志留存至今的为旧题唐陆广微所撰的《吴地记》,后经宋人增辑。该书以苏州为记述范围,详载当时苏州及所辖吴、长洲、嘉兴、昆山、常熟、华亭、海盐七县的沿革、城郭、赋税、户口、山水、坊巷、桥梁、寺观、园宅等,书中虽未标门类,然所记分类而叙,呈现方志特性。苏州方志虽起源早、种类多,但此前诸书均亡佚,仅有断章残句留存。《吴地记》为现存最早的苏州方志,保留了很多珍贵史料,为后世的方志广泛引用,尤其是所载唐代的史料甚详,客观反映了当时苏州的社会经济发展状况。

第二节 文 学[3]

秦汉至隋唐时期是苏州文学史上的重要发展阶段,西汉时期的严忌、朱买臣等人已经在当时的文坛上崭露头角,东汉以后,随着吴郡四姓等文化士族的形成与发展,今苏州地区的文学创作也开始发展起来,出现了以"吴郡二陆"为代表的在当时文坛上占据重要地位的文学家。唐代的苏州文学更趋兴盛,尤其是安史之乱后,随着苏州经济的发展和社会的稳定,苏州文学家和相关苏州的文学作品灿若繁星。"吴中四士""吴中诗派""姑苏诗太守"及"皮陆唱和"等文学群体和文学事件均和苏州密切相关,《枫桥夜泊》等吟咏苏州风物的文学作品更是传唱千古,在中国文学史上影响深远,也为后世苏州文学的发展奠定了基础。

一、汉代苏州文学

西汉初年,今苏州一带的文学开始发展起来,当时的文坛上辞赋最为兴盛,

---

[1] 顾野王:《舆地志》,上海古籍出版社2011年顾恒一等注释本,第274页。
[2] 乐史:《太平寰宇记》卷九十一《江南东道三》,中华书局2007年,第1827页。
[3] 本节参考了范培松、金学智主编的《插图本苏州文学通史》(江苏教育出版社2004年)中的相关研究成果。

著籍于吴县的严忌、严助、严葱奇及朱买臣等人都为当时著名辞赋家。

严忌,本姓庄,会稽郡吴县人,生活于西汉文、景时期,《汉书》为避汉明帝刘庄讳,改其姓为严。严忌曾先后与西汉前期的著名文士邹阳、枚乘等共同游历吴王刘濞幕府,"皆以文辩著名"[1]。后游历于梁,得到梁孝王的厚遇,颇有声名。

严忌以骚体创作见长,他到北方后,促进了骚体诗风在中原的发展,对南北文化交流有一定贡献。《汉书》卷三十《艺文志》著录严忌所作赋二十四篇,但仅有《哀时命》流传下来,收入王逸所注《楚辞章句》中。该赋因严忌"哀屈原受性忠贞,不遭明君而遇暗世"而"斐然作辞,叹而述之",[2]故名《哀时命》。全文以感叹屈原生不逢时为主题,保持了由贾谊开创的西汉早期骚赋所具有的特点,感情真挚,篇幅短小精悍,是咏屈赋中的佳品和楚辞发展史上的名篇。南宋人严羽在其《沧浪诗话》中就认为楚辞自屈原和宋玉诸篇外,"唯贾谊《怀长沙》、淮南王《招隐操》、严夫子《哀时命》宜熟读,此外亦不必也"[3]。可见其对后世的影响。

严助为严忌之子,一说为严忌同族子弟,仕至会稽太守,也擅长词赋,并以此和淮南王刘安交好,后因牵连入刘安谋反事被杀。严助后人严葱奇亦有词赋创作,《汉书》卷三十《艺文志》著录了严助赋三十五篇及严葱奇赋十一篇。

严助死后葬于吴江,明人王鏊《姑苏志·冢墓》云:"中大夫严助墓在吴江县东南百里,至今呼其地为严墓。"[4]而清初徐崧、张大纯《百城烟水》记载"严墓,因汉严忌墓名"[5]。两者虽有牴牾之处,但无论如何,吴江严墓的得名是和严忌、严助分不开的。

和严助同时的吴县人朱买臣也擅作楚辞,并以解说楚辞而著称于世。朱买臣家贫好读,担薪诵书,妻因之离去。后至长安,得同乡严助所荐,蒙汉武帝召见,"说《春秋》,言《楚词》,帝甚说之"[6],因此得到了汉武帝的赏识,拜为会稽太守,后因与张汤相倾轧被杀。朱买臣对楚辞的发展也颇有贡献,故《汉书·地理志》云:"吴有严助、朱买臣,贵显汉朝,文辞并发,故世传《楚辞》。"[7]

值得一提的是,朱买臣的生平事迹以其极富戏剧性的情节广为流传,成为后

---

[1] 班固:《汉书》卷五十一《邹阳传》,中华书局1962年,第2338页。
[2] 刘向辑,王逸注,洪兴祖补注:《楚辞》卷十四《哀时命章句》,上海古籍出版社2015年,第335页。
[3] 严羽:《沧浪诗话》,见清何文焕辑《历代诗话》,中华书局2004年,第698页。
[4] 王鏊:正德《姑苏志》卷三十四《冢墓》,《北京图书馆古籍珍本丛刊》第26册,书目文献出版社1988年,第517页。
[5] 徐崧、张大纯:《百城烟水》卷四《吴江》,江苏古籍出版社1999年,第299页。
[6] 班固:《汉书》卷六十四上《朱买臣传》,中华书局1962年,第2791页。
[7] 班固:《汉书》卷二十八下《地理志下》,中华书局1962年,第1668页。

世许多文学作品及戏曲剧本的题材,其"负薪读书"的故事同李密"牛角挂书"、匡衡"凿壁偷光"、车胤"囊萤夜读"一起被视作我国古代名贤勤奋读书最有代表性的例子,"覆水难收"的典故一说也是因其而来。

东汉前期,著名诗人梁鸿携妻子孟光曾流寓于今苏州地区,梁鸿字伯鸾,扶风平陵(今陕西咸阳西北)人,曾受业太学,博览无所不通。后归乡里,娶"貌丑而贤"的同县女孟光隐居山中,以耕织为业,闲时则咏《诗》《书》,弹琴以自娱。后因作《五噫歌》讽刺统治者的奢侈,嗟叹人民劳苦,使汉廷"闻而非之",下令追捕,梁鸿乃变姓名,携妻孟光流亡。先隐齐鲁之间,后又迁吴,寄居于当地名士皋伯通家廊庑下,替人舂米,留下了举案齐眉的佳话。梁鸿在此潜心著书十余篇,死后就葬于吴,据唐李贤等《后汉书》注载:"(要离)冢在今苏州吴县西,伯鸾墓在其西北。"[1]范成大《吴郡志》也记载:"伯鸾墓,在吴门金阊亭下几一里。"[2]梁鸿寓于吴,葬于吴,因此可以纳入苏州文学家之列。他的诗歌今存《五噫歌》《适吴诗》及《思友诗》三首,反映了东汉前期一部分下层士人的不满情绪和反抗精神,具有一定的现实意义。

二、六朝苏州文学

孙吴时期吴郡文学已经有所发展,涌现出张温、韦曜及华覈等文人。张温为吴郡吴人,字惠恕,才华横溢,品行高洁,顾雍誉其"当今无辈",曾出使蜀汉,应对自如,得到诸葛亮及蜀中文人的欣赏和赞誉。史载其"弘雅之素,英秀之德,文章之采,论议之辨,卓跞冠群,炜晔曜世,世人未有及之者也"[3],可见其影响。张温的作品现仅有三篇存世,收于《全三国文》中。当时的吴郡云阳(今江苏丹阳)人韦曜擅长文史,现有《吴鼓吹曲》《云阳赋》及《博弈论》诸篇存世,尤其是《博弈论》观点鲜明,语句精炼,生动流畅,作为议论文的代表被南朝萧统收入《文选》中,这也是孙吴文士中唯一的入选佳作。另外吴郡武进(今江苏常州)人华覈研精坟典,博览多闻,前后上书、表达百余篇,陈寿认为其"文赋之才,有过于(韦)曜"[4],今存诗、赋、表、疏十余篇。

西晋时期吴郡文学家以陆机、陆云兄弟及张翰最为著名。陆机、陆云和北方文学家张载、张协、张亢、潘岳、潘尼及左思被后人并称为"三张、二陆、两潘、一

---

[1] 范晔:《后汉书》卷八十三《逸民·梁鸿传》注,中华书局1965年,第768页。
[2] 范成大:《吴郡志》卷三十九《冢墓》,江苏古籍出版社1986年,第550页。
[3] 陈寿:《三国志》卷五十七《吴书·张温传》注引《文士传》,中华书局1982年,第1332页。
[4] 陈寿:《三国志》卷六十五《吴书·华覈传》陈寿评,中华书局1982年,第1470页。

左"。陆机字士衡,吴大司马陆抗之子,史载其"少有异才,文章冠世"[1]。吴亡后闭门读书,进行文学创作。后与其弟陆云北上入洛阳,文才倾动一时,是西晋太康、元康间最著声誉的文学家,被誉为"太康之英",其文风对当时有深刻的影响。

陆机诗、文、赋兼擅,他的诗歌"才高词赡,举体华美",注重艺术形式和技巧,代表了太康文学的主要倾向,流传下来的诗有百余首,大多为乐府诗和拟古诗,其中不乏思想性、艺术性兼备之佳作,《吴趋行》《君子行》《长安有狭邪行》《赴洛道中作》等均为其代表。刘勰《文心雕龙》卷十《才略》评其诗云:"陆机才欲窥深,辞务索广,故思能入巧,而不制繁。"[2]

陆机之文音律谐美,讲求对偶,擅用典故,开创了骈文的先河,颇负盛名。《文选》收其所作表、序、文、论多篇,其中代表作有《辨亡论》和《吊魏武帝文》等。《辨亡论》是陆机脍炙人口的名篇,分上下两篇,感情充沛,行文流畅,议论精确,显示了陆机诗人的气质、思想家的睿智和史学家的见识。因此刘勰的《文心雕龙》认为《辨亡论》可与贾谊的《过秦论》相提并论,虽有所不及,"然其美矣"[3]。《吊魏武帝文》是陆机任著作郎时,在秘阁看到曹操的遗嘱而感慨万千,因此"思风发于胸臆,言泉流于唇齿",写下了这篇名作。该文序构思精巧,融事、情、理为一体,极富感染力。正文尽情铺陈,有赞颂,有同情,有婉讽,有分析,表现了陆机的独到见解和丰富复杂的思想感情。《文心雕龙》对该文有"序巧而文繁"之赞。

陆机的赋现存近三十篇,多为抒情咏物的小赋,短小精悍,文采斐然。其中《文赋》和《叹逝赋》被《文选》收录。《文赋》是陆机赋中惟一的长篇大赋,长达两千多字,文辞华美,对仗精巧,显示了陆机过人的文学才华。在中国文学批评史上,《文赋》是第一篇完整而系统的文学理论专论,该文以辩证的观点,论述了物与我、意与辞、文与质等的矛盾统一关系,从美学甚至心理学的角度,分析了文学创作的一些基本规律,如艺术构思、形象思维、缘情和灵感等,对我国古代文学理论中的一些基本范畴,如形象、心物、情性、虚实、有无、声律等,也提出了有益的见解,因此《文赋》可以视为我国文学理论的开山之作,对后世的文学创作和理论发展产生了重要影响。

陆机一生所著文章三百余篇,在当时和后世均具有广泛影响,《晋书》载:

---

[1] 房玄龄等:《晋书》卷五十四《陆机传》,中华书局1974年,第1467页。
[2] 刘勰:《文心雕龙》卷十《才略》,中华书局1985年《丛书集成初编》本,第65页。
[3] 刘勰:《文心雕龙》卷四《论说》,中华书局1985年《丛书集成初编》本,第26页。

"机天才秀逸,辞藻宏丽,张华尝谓之曰:'人之为文,常恨才少,而子更患其多。'弟云尝与书曰:'君苗见兄文,辄欲烧其笔砚。'后葛洪著书,称'机文犹玄圃之积玉,无非夜光焉,五河之吐流,泉源如一焉。其弘丽妍赡,英锐漂逸,亦一代之绝乎!'其为人所推服如此。"[1]

陆机之弟陆云,字士龙,"六岁能属文,性清正,有才理",与兄陆机齐名,"虽文章不及机,而持论过之,号曰'二陆'"。[2]吴亡后与陆机同入洛阳,后被成都王司马颖荐为清河内史,世称陆清河。《晋书》本传称其所著文章三百四十九篇,又撰《新书》十篇,并行于世。所作诗颇重藻饰,以短篇见长;为文清省自然,旨意深雅,语言清新,感情真挚。《文心雕龙》卷十《才略篇》称"士龙朗陈,以识检乱,故能布采鲜净,敏于短篇"[3]。陆云主张"文章当贵经绮",开六朝文学的先声。陆云还对《楚辞》、王粲及蔡邕作了评论,颇有独到的看法。

唐太宗在《晋书》陆机、陆云本传后高度评价了其卓越的文学才华:"观夫陆机、陆云,实荆衡之杞梓,挺珪璋于秀实,驰英华于早年,风鉴澄爽,神情俊迈。文藻宏丽,独步当时;言论慷慨,冠乎终古。高词迥映,如朗月之悬光;叠意回舒,若重岩之积秀。千条析理,则电坼霜开;一绪连文,则珠流璧合。其词深而雅,其义博而显,故足远超枚马,高蹑王刘,百代文宗,一人而已。"[4]其中不乏溢美之词,但从中可见陆机兄弟在中国古代文学史上的地位和影响。

张翰也是当时著名文学家,吴亡后曾入洛阳,担任过齐王司马冏的东曹掾,后因不愿卷入晋室内争而返乡。张翰性旷达,时有"江东步兵"之称,淡泊名利,雅好文学,《世说新语·识鉴》称其"有清才美望,博学善属文,造次立成,辞义清新"[5]。现存诗中尤以《文选》所录其《杂诗》中"黄华如散金"句最为后人所称赏。梁代钟嵘在《诗品》中赞其"文采高丽",并把"黄华之唱"与"绿蘩之章"并列,誉为"虬龙片甲,凤凰一毛"。[6]李白《金陵送张十一再游东吴》诗中亦有"张翰黄华句,风流五百年"之语。唐代还曾以此五字命题试士。张翰著有《首丘赋》等诗文数十篇行于世,惜大多散佚,其诗现存《赠张弋阳诗》《杂诗》《思吴江歌》等六首,收入《先秦汉魏晋南北朝诗》。其文现存《杖赋》《豆羹赋》《诗序》等

---

[1] 房玄龄等:《晋书》卷五十四《陆机传》,中华书局1974年,第1480—1481页。
[2] 房玄龄等:《晋书》卷五十四《陆云传》,中华书局1974年,第1481页。
[3] 刘勰:《文心雕龙》卷十《才略》,中华书局1985年《丛书集成初编》本,第65页。
[4] 房玄龄等:《晋书》卷五十四《陆机陆云传》后论,中华书局1974年,第1487页。
[5] 刘义庆:《世说新语》卷中之上《识鉴第七》引《文士传》,上海古籍出版社1993年余嘉锡笺疏本,第393页。
[6] 钟嵘:《诗品》卷中,文学古籍刊行社1954年,第8页。

三篇,收入《全晋文》。

东晋吴郡人杨羲的道教游仙诗在当时也颇具影响。魏晋南北朝时期,随着道教的发展传播,以歌咏仙真、仙境及道士隐居修炼为主题的游仙诗开始在社会上广为流传,对当时文坛影响巨大。梁朝萧统所编《文选》中,将"游仙"列为诗歌的类别之一。杨羲假托神仙之口写下了大量道教游仙诗,表达了浪漫主义的玄义,创造了神仙与灵境的意象,开启了南北朝至唐代游仙诗的道教化转换。《先秦汉魏晋南北朝诗》中共收入其诗歌八十四首,主要录自南朝陶弘景的《真诰》等书。

南朝时期,吴郡文人辈出,尤其是吴郡陆氏和吴郡张氏均出现了大批文人,如《南齐书》记载陆厥"少有风概,好属文,五言诗体甚新变"[1],曾与沈约讨论永明体;《梁书》载陆倕"少勤学,善属文",曾为当时著名的文人群体"西邸八友"之一,梁武帝曾赞扬他"辞义典雅,足为佳作"。[2]《陈书》也有陆琼、陆从典、陆瑜等人擅长文学的记载。而吴郡张氏的文学人才也大量涌现,张演、张镜、张畅、张悦、张永、张辩、张融、张率、张盾、张种均有文集传世,不少人在当时都享有高名,如梁时的张率"年十二,能属文,常日限为诗一篇,稍进作赋颂,至年十六,向二千许首",以文才颇得爱好文学的梁武帝及昭明太子萧统的赏识和器重。张率曾作《待诏赋》上梁武帝,得到了梁武帝的赞赏,并手敕曰:"省赋殊佳。相如工而不敏,枚皋速而不工,卿可谓兼二子于金马矣。"萧统也称赞张率"才笔弘雅",[3]将其召至门下掌东宫管记。但在南朝文学史上最有影响的,要数南齐时吴郡张氏中的张融。

张融(444—497),字思光,是南齐永明文学变革时期的一位重要人物,在当时文坛上以赋和文论著名。《南齐书》卷四十一《张融传》载其所作《海赋》文辞优美,气势宏大。张融曾把此赋让顾觊之看,顾觊之称赞之余提出没有写到盐,张融挥笔立就,添上了"漉沙构白,熬波出素。积雪中春,飞霜暑路"四句,由此可见张融文思之敏捷。在创作中他追求"奇变",在《门律自序》中他认为:"夫文岂有常体,但以有体为常,政当使常有其体。丈夫当删《诗》《书》,制礼乐,何至因循寄人篱下。"他认为作文当"师耳以心,不可使耳为心师",[4]强调创作中的主体作用,这些创作主张与《文赋》《文心雕龙》在精神上是一脉相通的,也反映

---

[1] 萧子显:《南齐书》卷五十二《文学·陆厥传》,中华书局1972年,第897页。
[2] 姚思廉:《梁书》卷二十七《陆倕传》,中华书局1973年,第401—402页。
[3] 姚思廉:《梁书》卷三十三《张率传》,中华书局1973年,第475—479页。
[4] 萧子显:《南齐书》卷四十一《张融传》,中华书局1972年,第721—730页。

了永明时期文学力求变革的时代呼声,无疑具有重要的意义。张融自名其文集为《玉海》,开启了文人自名文集之风。

南朝时期吴郡还出现了女作家。吴郡女子韩蔺英"妇人有文辞",在宋孝武帝时因献《中兴赋》被赏入宫,后为宫中职僚,南齐武帝时以为博士,教六宫书学,"以其年老多识,呼为韩公"[1]。韩蔺英著有文集四卷,《隋书》卷三十五《经籍志四》有著录,惜早已亡佚。韩蔺英当时和鲍令晖并为著名女作家,同时的钟嵘在《诗品》中记载:"蔺英绮密,甚有名篇。又善谈笑,齐武谓韩云:'借使二媛生于上叶,则玉阶之赋,纨素之辞,未讵多也。'"[2]可见对其评价之高。

值得注意的是,这一阶段出现了不少以描写今苏州城为对象的文学作品,如西晋陆机的《吴趋行》、左思的《吴都赋》及南朝吴均的《吴城赋》均是,这些作品不仅是文学史上的名篇,而且也反映了不少当时苏州的自然风物、城市风貌、世家大族及经济发展诸方面的情况,为研究这一阶段的苏州历史留下了珍贵的资料。

三、唐代苏州文学

唐代苏州的经济和文化均有了长足发展,尤其是安史之乱后,众多文人学士纷纷避居今苏州一带,正如苏州人顾况所言:"天宝末,安禄山反,天子去蜀,多士奔吴为人海。"[3]推动了苏州文化的进步。在文学方面也群星辈出,异彩纷呈。

首先是本土文学家众多,据景遐东《江南文化与唐代文学研究》一书统计,唐代诗人中里籍可考者有1933人,其中苏州所在的江南东道有429人,在全国15道中位居第一。而苏州一地就有69人,在江南东道中遥居第一(第二的润州仅有45人),苏州的诗人占全国的3.57%,超过了剑南道、淮南道、岭南道、陇右道、关内道、山南西道及黔中道等七个道级行政单位,唐代苏州文学的鼎盛由此可见一斑。[4]其次是以苏州为创作题材的篇章不断涌现。唐代苏州经济繁荣,交通便利,风景优美,名胜古迹众多,深受世人的青睐和神往。著名诗人崔颢在《维扬送友还苏州》中就有"羡君归老向东吴"之句,白居易在年少时的理想就是"异日苏、杭,苟获一郡,足矣!"[5]可见他们对苏州的景慕。经过苏州、游览苏

---

[1] 萧子显:《南齐书》卷二十《武穆裴皇后传附韩蔺英传》,中华书局1972年,第392页。按:韩蔺英,一作韩兰英。
[2] 钟嵘:《诗品》卷下,文学古籍刊行社1954年,第16—17页。
[3] 顾况:《送宣歙李衙推判八郎使东都序》,《全唐文》卷五二九,中华书局1983年,第5370页。
[4] 数据来自景遐东:《江南文化与唐代文学研究》,人民文学出版社2005年,第114—115页。
[5] 白居易:《白居易集》卷六十八《吴郡诗石记》,中华书局1979年,第1430页。

州和寓居苏州的外地文学家不计其数,苏州的名胜古迹、城郭园宇、水驿舟桥、先贤名人都成为他们关注的对象,留下了如李白的《苏台览古》、张继的《枫桥夜泊》、杜荀鹤的《送人游吴》、李绅的《过吴门二十四韵》等吟咏苏州的千古绝唱。再次是苏州文学各体兼备,均有长足发展。"姑苏诗太守"及"皮陆唱和"等诗歌群体,陆长源、沈既济的传奇小说,陆贽的政论文,陆龟蒙和皮日休的小品文都影响深远,奠定了唐代苏州文学在整个中国文学史上的重要地位。

1. 苏州籍著名诗人

唐代众多的苏州籍诗人中,对后世影响较大的有盛唐时期的张旭、崔国辅,中唐时期的顾况、张籍及晚唐时期的陆龟蒙等,几乎与整个唐朝相始终。

(1) 张旭

张旭(约685—759)[1],字伯高,吴县人,著名诗人和书法家,和贺知章、张若虚及包融并称"吴中四士"。由于在书法上的杰出成就,张旭的诗名一直被其书名所掩盖。张旭现存的诗仅有十首,《全唐诗》收有六首,《全唐诗补编》收有四首,虽然数量不多,但首首皆为精品佳作。他的诗以描绘家乡清丽的自然景观为主,带有浓郁的地方色彩。江南多山水,烟雨朦胧,在张旭笔下,山的苍郁,水的灵动,人的情致,成为表达的主题。如《山中留客》诗云:"山光物态弄春晖,莫为轻阴便拟归。纵使晴明无雨色,入云深处亦沾衣。"在诗中张旭以轻灵之笔描绘了一个云雾迷蒙的幽深境界,诗句明快清丽,在自然中表现出无穷的韵味。一个"弄"字,刻画出烂漫春光的活泼动态,一派生机盎然的情形跃然纸上,显示出吴越山水特有的蓬勃生机。

张旭诗的细腻精巧,体现出了吴人语言的特质。明人评价张旭说:"张颠诗不多见,皆细润有致。乃知颠者不是粗人,粗人颠不得。"[2]这种细润有致的风格和艺术表现方式正是在以精巧为特征的吴地美学中孕育出来的。[3]他的诗作继承了齐梁体中优秀的成分,是对齐梁山水诗的继承与改造,成为盛唐山水诗的先导。[4]

从诗歌的角度而言,初唐时期是宫廷诗的天下,诗歌普遍呈现典雅富丽和轻艳绮媚的风格,缺乏个人真情实感。如果说"初唐四杰"及陈子昂的诗歌革新打破了北方诗坛的沉闷,为诗歌的健康发展开拓了正确的道路,那么以张旭为代表

---

[1] 张旭的生卒年不详,此处参考阮堂明《张旭卒年考辨》,《太原师范学院学报》2004年第4期。
[2] 钟惺:《唐诗归》卷十三,《四库全书存目丛书》集部338册,齐鲁书社1997年,第242页。
[3] 吴功正:《从吴中四士看吴地美学及其史的特征》,《中国文化研究》2001年第4期。
[4] 葛晓音:《唐诗宋词十五讲》,北京大学出版社2003年,第23页。

的"吴中四士"则为盛唐气象的形成注入了新鲜的因素。"吴中四士"继承了谢朓山水诗的精神旨趣,表现为在大自然中追求任情适意、怡然自得的乐趣,领会老庄超然物外、与大自然和谐的境界;在艺术上,力求以精练短小的篇幅表现出开朗深远的意境,把面面俱到的铺叙变成捕捉主要感受的构思,从单纯追求形似发展到表现山水景物的神韵,在意境的组织提炼和虚实关系的处理上达到了相当的高度。这就为盛唐山水田园诗形成清新闲雅、空灵淡泊、富有韵外之致的特色开了先河,而意境美之所以成为盛唐诗歌的重要特征之一,[1]也与张旭等人的传承、开创之功有关。

(2) 崔国辅

崔国辅,盛唐时期著名诗人,《全唐诗》载其为吴郡人,[2]并辑录其诗一卷,计四十一首。他是开元十四年(726)进士,曾任山阴尉、许昌令等职。天宝初,入朝为左补阙,迁礼部员外郎,为集贤直学士,后因受株连被贬为晋陵(今江苏常州)司马。

在盛唐诗人中,崔国辅以五言绝句著名。他的五绝,多写宫闱儿女之情,含思婉转,深得南朝乐府民歌《子夜》《读曲》遗意,对后世产生了深远的影响。如晚唐韩偓就撰有题为《效崔国辅体》的五绝四首。唐人殷璠在《河岳英灵集》中认为:"国辅诗,婉娈清楚,深宜讽味,乐府数章,古人不及也。"[3]明代高棅在《唐诗品汇》中,认为五言绝句在开元以后,"独李白、王维尤胜诸人,次则崔国辅、孟浩然可以并驾",故以崔国辅与李白、王维、孟浩然并列为"正宗"。[4]清人宋荦在《漫堂说诗》中也认为盛唐五言绝句"李白、崔国辅号为擅场"[5]。而清人乔亿《剑溪说诗》则指出唐代擅长五言绝句的诗人中,李白、王维和韦应物都是"工古体者",只有崔国辅是"自齐、梁乐府中来"。[6]可见他在唐人五言绝句创作方面的地位之高。

---

[1] 葛晓音:《唐诗宋词十五讲》,北京大学出版社2003年,第41页。
[2] 崔国辅的籍贯另有记载为山阴,但应以吴郡为是。见万竞君《崔国辅诗注》(上海古籍出版社1982年)第1页的考证。
[3] 殷璠:《河岳英灵集》卷中,《景印文渊阁四库全书》第1332册,上海古籍出版社1986—1990年影印本,第48页。
[4] 高棅:《唐诗品汇·叙目》,《景印文渊阁四库全书》第1371册,上海古籍出版社1986—1990年影印本,第18页。
[5] 宋荦:《漫堂说诗》,《续修四库全书》第1699册,上海古籍出版社1996—2003年影印本,第624页。
[6] 乔亿:《剑溪说诗》卷下,《续修四库全书》第1701册,上海古籍出版社1996—2003年影印本,第225页。

崔国辅和盛唐时期的不少著名诗人都有交往,他曾和王之涣、王昌龄等人"联唱迭和,名动一时"[1],和孟浩然、李白也交谊甚深,而对杜甫则有知遇之恩。天宝十载(751),杜甫献《三大礼赋》以求进身,玄宗诏试文章,崔国辅与于休烈以集贤学士为试官,对杜甫大加赞赏,故杜甫有《奉留赠集贤院崔、于二学士》诗,其中最后两句云:"欲整还乡旆,长怀禁掖垣。谬称三赋在,难述二公恩。"

(3)顾况

顾况(约727—约820),字逋翁,自号华阳山人,苏州人。顾况早年学有所成,曾为精于品鉴人物的张继所赞许。[2]至德二年(757)登进士第。贞元初,顾况曾在京师担任著作佐郎等闲职,他与当时名士柳浑、崔汉衡、刘太真等人相互唱和,京城"属文之士翕然而和之"[3]。官虽微,顾况的声名却日益显赫。由于他生性诙谐而狂放,蔑视王侯,为当政者不喜,在京师任职不久就被贬回江东。顾况才华横溢,在继承家学的基础上,在诗歌、绘画、音乐等方面均有所创建。皎然的《送顾处士歌》曾称赞道:"醉书在箧称绝伦,神画开橱怕飞出。"顾况曾先后在湖州、润州、苏州、杭州、睦州、信州等地参与名士或各州刺史发起的诗会,这使得他的风流雅韵传遍大江南北,奠定了他在诗坛上的地位。大诗人白居易初至京师,即投书顾况,得到顾况的赏识而声名大振,可见顾况在当时诗坛中的名望与影响力。[4]

作为唐代由盛转衰的见证者,当众多江南诗人尚沉浸于"窃占青山白云、春风芳草以为己有"之时,[5]顾况却已经开始思考战乱的原因和国家的命运,他继承了李、杜晚期作品中揭露现实的余绪,一定程度上纠正了以裁抑物象为能、工于形似的大历诗风,为中唐的诗风变革起到了示范作用,故皇甫湜曾盛赞顾况云:"李白、杜甫已死,非君将谁与哉?"[6]他的诗作"感于哀乐,缘事而发",创作

---

[1] 白居易:《故滁州刺史赠刑部尚书荥阳郑公墓志铭》,《全唐文》卷六七九,中华书局1983年,第6939页。

[2] 张继:《送顾况泗上觐叔父》,《全唐诗》卷二四二,中华书局1999年,第2713页。诗云:"吴乡岁贡足嘉宾,后进之中见此人。别业更临洙泗上,拟将书卷对残春。"

[3] 刘太真:《顾著作宣平里赋诗序》,《全唐文》卷三九五,中华书局1983年,第4017页。

[4] 唐人张固在《幽闲鼓吹》中载:"白尚书(白居易)应举初至京,以诗谒顾著作。顾睹姓名,熟视白公曰:'米价方贵,居亦弗易。'乃披卷,首篇曰:'咸阳原上草,一岁一枯荣。野火烧不尽,春风吹又生。'即嗟赏曰:'道得个语,居即易矣。'因为之延誉,声名大振。"见《幽闲鼓吹》,中华书局1958年,第27页。

[5] 皎然:《诗式》卷四《齐梁诗》,中华书局1985年,第37页。

[6] 皇甫湜:《唐故著作佐郎顾况集序》,《全唐文》卷六八六,中华书局1983年,第7026页。

了不少反映现实的作品,成为中唐元稹、白居易创作新乐府的先导。[1]

(4)张籍

张籍(约766—830),字文昌,原籍苏州,迁居和州乌江(今安徽和县)。[2]贞元十五年(799)进士,官太常寺太祝、国子司业等。张籍为元和诗坛宗匠之一,尤长乐府,与王建齐名,人称"张王"。现有《张司业集》传世,存诗四百余首。

张籍平生交游甚广,史载"时朝野名士皆与游"[3],韩愈是其老师兼朋友,对其仕途升迁及文学成就均有重要影响,著名诗人孟郊、白居易、王建、贾岛、元稹、刘禹锡、令狐楚等与张籍均有交往唱酬,朱庆余、司空图等人还曾跟随其学诗。

张籍的诗,语言凝练而平易自然,广泛深刻地反映了各种社会矛盾,表现了对下层劳动人民的同情,代表作有《野老歌》《江村行》《征妇怨》等。其中《野老歌》云:"老农家贫在山住,耕种山田三四亩。苗疏税多不得食,输入官仓化为土。岁暮锄犁傍空室,呼儿登山收橡实。西江贾客珠百斛,船中养犬长食肉。"运用强烈对比的手法,深刻地反映出农民的艰难生活,字字血泪,震撼人心。张籍写景抒情也别有风致,其《送从弟戴玄往苏州》诗云:"杨柳阊门路,悠悠水岸斜。乘舟向山寺,著屐到渔家。夜月红柑树,秋风白藕花。江天诗景好,回日莫令赊。"描绘了苏州的美好秋色,表达了诗人对故乡的留恋。另外其《节妇吟》云:"君知妾有夫,赠妾双明珠。感君缠绵意,系在红罗襦。妾家高楼连苑起,良人执戟明光里。知君用心如日月,事夫誓拟同生死。还君明珠双泪垂,恨不相逢未嫁时。"此诗是张籍为拒绝权重一时的东平藩镇李师道收买而作,全诗以男女情事托物言志,委婉地表达了自己的政治态度,成为传颂千古的名篇。

张籍的诗不事藻饰,不假雕琢,于平易流畅之中见委婉深挚之致,卓然自成大家,在当时就名满天下,"新诗才上卷,已得满城传"。白居易在《读张籍古乐府》中赞誉其"举代少其伦",姚合在《赠张太祝》诗中更赞誉其"绝妙江南曲,凄凉怨女诗。古风无敌手,新诗是人知",甚至"李白应先拜,刘桢必自疑"。张籍为晚唐元和体中歌行诗体宗匠,故《唐国史补》云"歌行则学流荡于张籍"[4],对后世产生了重要影响。后人也不吝溢美之词,《唐才子传》赞其"自成机轴,绝世

---

[1] 葛晓音:《唐诗宋词十五讲》,北京大学出版社2003年,第99—123页。
[2] 关于张籍籍贯,《新唐书》卷一六七及《唐诗纪事》卷三四均载其为和州人,但其师韩愈在《张中丞传后序》中称其为"吴郡张籍",而宋人王安石在《题张司业集》中亦称其"苏州司业",另张籍有《送从弟戴玄往苏州》诗,其中对苏州风物的描绘颇详,可见其对苏州颇为熟悉。疑其原籍苏州,后迁居和州。
[3] 辛文房:《唐才子传》卷五,江苏古籍出版社1987年周本淳校正本,第159—160页。
[4] 李肇:《唐国史补》卷下,上海古籍出版社1979年,第57页。

独立……无愧洪河砥柱也"[1],五代人张洎在其所作《张司业集序》中认为"公为古风最善,自李、杜之后,风雅道丧,继其美者,唯公一人"[2],宋人周紫芝也认为"唐人作乐府者甚多,当以张文昌为第一"[3]。

(5)陆龟蒙

陆龟蒙(?—881?)[4],字鲁望,号江湖散人、甫里先生、天随子。居苏州临顿里,举进士不第,隐于松江甫里(今吴中区甪直)。

陆龟蒙是晚唐时期的重要诗人,因与皮日休交好酬唱,世人并称"皮陆"。他作诗博奥,力求用平常的语言表现不寻常的主题,并表达深刻的思想内容,因而有别于晚唐一般诗文浅显而明快的风格。其诗文以表现江南农村的渔耕生活为主,常见揭露时弊、同情农民疾苦的内容,如《五歌·刈刈》中的"今之为政异当时,一任流离恣征索",《村夜二篇》中的"万户膏血穷,一筵歌舞价""日晏腹未充,霜繁体犹裸"等。也有不少咏物写景的诗篇,如《自遣诗歌三十首》中的"一派溪随箬下流,春来无处不汀洲。漪澜未碧蒲犹短,不见鸳鸯正自由"等,均琅琅上口。

陆龟蒙正处于唐宋诗风嬗变的转折点上,他的一部分诗清秀悠扬、高朗杳远,甚至是慷慨激昂,带有"唐音"的余绪。陆龟蒙的主要贡献是开启"宋调"的先声。陆龟蒙早年诗风"奇峭",其七律诗即以险怪奇巧著称。清人李重华认为:"七言律古今所尚……陆鲁望自出变态,觉苍翠逼人。"[5]"变"是陆龟蒙改造唐七律的结果,使其风格"怪恶奇丑",即内容琐细不浑厚,语言浅近不含蓄,音节喑哑拙朴不婉转,"沿之宋人,遂为常调"[6]。陆龟蒙晚年的诗风趋于"平淡","皆乡村所见闻之小小景物,诗人一时兴会所至,便写以韵语,今日诵之,光

---

[1] 辛文房:《唐才子传》卷五,江苏古籍出版社1987年周本淳校正本,第160页。
[2] 张洎:《张司业集序》,见《张司业集》卷首,民国间上海商务印书馆《四部丛刊初编》本,第1页。
[3] 周紫芝:《周紫芝诗话》,见吴文治编《宋诗话全编》,江苏古籍出版社1998年,第2834页。
[4] 陆龟蒙的卒年史无明载,《新唐书》本传云:"李蔚、卢携素与善,及当国,召拜左拾遗。诏方下,龟蒙卒。"考《新唐书》卷九《僖宗本纪》,卢携为相于乾符元年(874)十月,五年(878)五月罢相(《新唐书》卷一八八《卢携传》则云"乾符五年,进同中书门下平章事",误),后虽又起复为相,但此时黄巢军已直逼潼关,不可能有召龟蒙之事;李蔚在乾符二年(875)六月为相,乾符五年(878)九月罢。以此考之,似陆龟蒙卒年不晚于乾符五年(878)。但陆龟蒙《笠泽丛书》自序有"自乾符六年(879)春卧病"之语,《自怜赋》序又云"余抱病三年于衡泌之下",以此考之,则陆龟蒙卒年不早于中和二年(881),此亦与《唐摭言》记其"中和初遘疾卒"相合,姜亮夫在《历代人物年里碑传综表》中据此定为中和二年(881)。梁超然在《唐才子传校笺》中作中和三年(882),亦备一说。
[5] 李重华:《贞一斋诗说》,见丁福保辑《清诗话》,上海古籍出版社1978年,第932页。
[6] 许学夷:《诗源辩体》,人民文学出版社1987年,第182、270页。

景犹新"〔1〕。这种带有浓郁的乡土气息的诗作,无疑成为宋人"触处成诗"在题材发掘上的先导。陆龟蒙的诗歌继承了杜甫、韩愈等人的排比气势,极力铺陈,开拓了"赋"法,使其在章法上表现出浓厚的"以文为诗"的特点。陆龟蒙博物多识,喜以生僻的典故、俗语、佛经入诗,又有自注,显示了"以学问为诗"的特征。正因陆龟蒙的诗歌具备了"宋调"的基本特征,故袁枚认为:"(唐诗)初盛一变,中晚再变,至皮陆二家,已浸淫乎宋氏矣。"〔2〕

2. 唐代郡守与苏州文学

有唐一代,大量的名士诗人在苏州担任郡守,前后累计一百二十多人〔3〕,形成了规模庞大的郡守文人群体。他们博学善文,在任职苏州前,许多人还有着参与相关诗会的经历,如大历十一年(776)参加皎然常州诗会的王遘,在建中时为苏州刺史;而建中初参与韩滉浙西诗会的李士举,在贞元九年(793)出任苏州刺史。他们担任刺史后,在政务之外,往往会效仿前贤,招致名士,雅集宴饮。如贞元元年(785),孙成任苏州刺史,其弟孙会为常州刺史,一时传为佳话。李萼有《二孙邻郡诗》,有多人唱和,所作和诗达三十七章之多。梁肃记载当时的盛况云:"《二孙邻郡诗》者,前道州刺史李萼贺晋陵、吴郡伯仲二守之作也……凡三十有七章,溢于道路,盖云盛矣。"〔4〕韦夏卿在苏州时就广揽名士,常与宴饮。据李绅回忆:"贞元中,余以布衣多游吴郡中,韦夏卿首为知遇,常陪宴席。段平仲、李季何、刘从周、綦毋咸十余辈,日同杯酒。"〔5〕后来李绅还曾在元和七年(812)和大和七年(833)重游苏州,相继与当时的刺史范传正、刘禹锡等人唱和。

唐代的苏州郡守诗人中,以韦应物、白居易及刘禹锡最为突出,三人在苏州总计创作诗歌达二百余首,留下了"苏州刺史例能诗"〔6〕的千古佳话。他们在苏州造福百姓,礼贤下士,其文采风流传播吴中,受到世代苏州人的敬仰,被合称为"三杰""三贤",并建祠纪念。

(1) 韦应物在苏州的文学活动

韦应物(737—792),长安人,诗风恬淡高远,以善于写景和描写隐逸生活著称,为唐代山水田园诗派的代表人物,后人将其与王维、孟浩然、柳宗元并称。

---

〔1〕 刘永济:《唐人绝句精华》,人民文学出版社1981年,第261页。
〔2〕 袁枚:《答沈大宗伯论诗书》,见《小仓山房文集》卷十七,《续修四库全书》第1432册,上海古籍出版社1996—2003年影印本,第175页。
〔3〕 数字见梁近飞《唐代苏州郡守文学研究》,苏州大学2010年硕士学位论文,第7页。
〔4〕 梁肃:《贺苏常二孙使君邻郡诗序》,《全唐文》卷五一八,中华书局1983年,第5263页。
〔5〕 李绅:《过吴门二十四韵》,《全唐诗》卷四八一,中华书局1999年,第5510页。
〔6〕 刘禹锡:《刘禹锡集》卷三十一《白舍人曹长寄新诗歌》,上海人民出版社1975年,第289页。

贞元四年至七年(788—791),韦应物出任苏州刺史,在苏州期间,除了勤于政务外,在文学方面也颇多建树,尤其是其发起和参与的诗会唱和活动,对后世影响深远。

据《吴郡图经续记》云:"(韦)当正(贞)元时为郡于此,人赖以安,又能宾儒士,招隐独,顾况、刘长卿、丘丹、秦系、皎然之俦,类见旌引,与之酬唱,其贤于人远矣。"[1]韦应物成为江南文士的核心,其"风流雅韵,播于吴中,或推为人豪,或目为诗仙"[2],韦应物的周围聚集了大量的南北名士,酬唱宴集广为流传。在某次诗会上,韦应物写下了传颂千载的《郡斋雨中与诸文士宴集》诗,其中有句云:"吴中盛文史,群彦今汪洋。方知大藩地,岂曰财赋彊。"[3]顾况和之曰:"好鸟依佳树,飞雨洒高城。况与二三子,列坐分两楹。文雅一何盛,林塘含余清。"[4]当时雅集的盛况由此可见。

韦应物在苏州创作诗歌达四十余首,不少都是传颂千古的名篇,他还留下了不少吟咏苏州的名胜古迹的诗篇。如《游灵岩寺》《阊门怀古》《游开元精舍》《登重玄寺阁》《鼋山神女歌》等。后来白居易担任苏州刺史时,还专门将韦应物的《郡斋雨中与诸文士宴集》诗刻之于石,传之千古,特撰《吴郡诗石记》云:"韦在此州,歌诗甚多,有《郡宴》诗云'兵卫森画戟,宴寝凝清香',最为警策。今刻此篇于石,传贻将来。"[5]并高度评价韦应物的诗作:"才丽之外,颇近兴讽;其五言诗,又高雅闲澹,自成一家之体,今之秉笔者,谁能及之?"[6]足见其对韦应物人品、诗风的仰慕。

韦应物罢官后居于苏州永定寺终老,苏州在他的人生历程和创作生涯中均占据重要地位,正因为如此,韦应物被后世称为"韦苏州",其诗集也被命名为《韦苏州诗集》。苏州人为了纪念韦应物,曾为其专门建祠,据清姚承绪《吴趋访古录》记载,此祠"在府学左,祀集贤太守韦应物,祈梦最验"[7]。

(2)白居易在苏州的文学活动

白居易(772—846),字乐天,号香山居士,下邽(今陕西渭南)人。中唐新乐

---

[1] 朱长文:《吴郡图经续记》卷上《牧守》,江苏古籍出版社1999年,第19页。
[2] 张羽:《须溪先生校注韦苏州集跋》,《韦应物集》附录,上海古籍出版社1998年陶敏等校注本,第630页。
[3] 韦应物:《韦应物集》卷一《郡斋雨中与诸文士燕集》,上海古籍出版社1998年陶敏等校注本,第55页。
[4] 顾况:《酬本部韦左司》,《全唐诗》卷二六四,中华书局1999年,第2929页。
[5] 白居易:《白居易集》卷六十八《吴郡诗石记》,中华书局1979年,第1430页。
[6] 白居易:《白居易集》卷四十五《与元九书》,中华书局1979年,第965页。
[7] 姚承绪:《吴趋访古录》卷二《吴县·韦苏州祠》,江苏教育出版社1993年,第37页。

府运动的主要倡导者,文学成就卓著,和李白、杜甫并称为唐代三大诗人,有"诗魔"之誉。

白居易和苏州颇有渊源,年少时期他曾寓居于此,晚年他曾回忆道:"贞元初,韦应物为苏州牧,房孺复为杭州牧,皆豪人也。韦嗜诗,房嗜酒,每与宾友一醉一咏,其风流雅韵,多播于吴中,或目韦、房为诗酒仙。时予始年十四五,旅二郡,以幼贱不得与游宴。尤觉其才调高而郡守尊。以当时心言,异日苏、杭,苟获一郡,足矣。"[1]由此可见少年时期的白居易对苏州的倾慕。苏州人顾况在白居易的成长过程中也起到了重要作用,白居易初至京师时正是得到了顾况的赏识而名声大振,前文已有叙及。除此之外,顾况的诗歌对元白新乐府也有着示范作用,唐人张为的《诗人主客图》以白居易为广大教化主,以顾况为升堂,即说明了二人在诗歌创作之间的内在联系。

宝历元年(825)五月,白居易到任苏州刺史,宝历二年(826)九月因病离开苏州,在苏为官仅一年多。虽然时间不长,但他在公务之余,遍访苏州名胜古迹,并与相关文士频繁交游唱和,留下的诗文达一百三十余篇之多,可以说,在苏州的这段时间是他创作的黄金时期。

白居易任苏州刺史时和名士宴饮雅集频繁,宝历元年(825),其所作《郡斋旬假命宴呈座客示郡僚》诗中有句云:"下车已三月,开筵始今晨。初点军厨突,一拂郡榻尘。既备献酬礼,亦具水陆珍。萍醅箬溪醑,水鲙松江鳞。侑食乐悬动,佐欢妓席陈。风流吴中客,佳丽江南人。歌节点随袂,舞香遗在茵。清奏凝未阕,酡颜气已春。"[2]这次在苏州郡斋的活动颇具代表性,席间有箬溪水酿制的美酒,有松江的佳肴鲈鱼鲙,并有音乐歌舞助兴,气氛热烈,其宴饮雅集情形由此可见一斑。

白居易在苏州的诗文中直接吟咏苏州风物的有数十篇,报恩寺、灵岩寺、长洲苑、白云泉、毛公坛、阊门、太湖等均见于他的诗中。白居易尤其喜游虎丘山,自称"一年十二度,非少亦非多",还开凿了连接阊门和虎丘的山塘河,留下了《武丘寺路》《武丘寺路宴留别诸妓》《题东武丘寺六韵》《夜游西武丘寺八韵》等脍炙人口的诗篇。此外,他在苏州还写下了《吴郡诗石记》和《苏州刺史谢上表》等著名散文。

白居易在苏州的诗文不仅具有文学价值,而且具有重要的史料价值,如其所

---

[1] 白居易:《白居易集》卷六十八《吴郡诗石记》,中华书局1979年,第1430页。
[2] 白居易:《白居易集》卷二十一《郡斋旬假命宴呈座客示郡僚》,中华书局1979年,第454—455页。

作《登阊门闲望》诗云:"阊门四望郁苍苍,始觉州雄土俗强。十万夫家供课税,五千子弟守封疆。阊闾城碧铺秋草,乌鹊桥红带夕阳。处处楼前飘管吹,家家门外泊舟航。云埋虎寺山藏色,月耀娃宫水放光。曾赏钱塘嫌茂苑,今来未敢苦夸张。"该诗文辞优美,不但记录了当时苏州城市的整体风貌,还充分肯定了苏州当时在全国的地位与作用,可以作苏州的史诗来读,历来受到研究者的重视。

白居易在苏州政绩颇著,受到了当地百姓的爱戴,离任之时,苏州民众倾城相送,依依不舍,以至于"苏州十万户,尽作婴儿啼",更加深了白居易的苏州情结。离苏之时,他写下了《别苏州》诗志感,在途中还"扬州驿里梦苏州,梦到花桥水阁头",后来还经常怀念苏州,自称"江南旧游凡几处,就中最忆吴江隈",多次写有回忆苏州的诗词,其中以《忆江南》流传最广。开成四年(839),白居易将自己的诗文编成《白氏长庆集》,除家藏外,别录三本,其中一本就藏于苏州南禅院千佛堂内,并撰写了《苏州南禅院白氏文集记》纪其事,可见其对苏州的眷恋之深。

(3)刘禹锡在苏州的文学活动

刘禹锡(772—842),字梦得,洛阳人。唐代著名文学家,与白居易齐名,世称"刘白",有"诗豪"之称。

刘禹锡幼年随父寓居苏州嘉兴,从诗僧皎然、灵澈学诗,熟稔江南景物。大和五年(831)冬,刘禹锡被任命为苏州刺史,大和八年(834)七月转任汝州刺史。在苏三年间,刘禹锡赈济灾民,减免赋税,政绩卓著,有"苏台籍籍有贤声"之誉。刘禹锡在苏州留下的诗文很多,洞庭山、姑苏台、灵岩山、虎丘山、报恩寺等处都留下他的足迹和诗歌。他在苏州寄赠白居易的唱和诗就有二十多首,这些唱和诗,不仅仅是文学交流之作,也可以说是两位同有浓厚苏州情结的诗人的心灵沟通。

诗歌创作之外,刘禹锡在苏州还留下了很多的奏章、表牍。今天保存下来的有《苏州谢上表》《苏州谢赈赐表》《苏州贺册皇太子表》《苏州贺册皇太子牍》《苏州谢恩赐加章服表》《苏州贺皇帝疾愈表》《苏州上后谢宰相状》《苏州举韦中丞自代状》《苏州加章服谢宰相状》等篇,具有重要的史料价值和文学价值。刘禹锡在苏州还曾自编文集,删去四分之一,成《集略》,并撰《刘子集略说》,简述其创作历程,从中可见其文学志趣。

刘禹锡与苏州结下了深厚的感情,当他任期结束离开苏州时依依不舍,特意作《别苏州二首》,其一云:"三载为吴郡,临岐祖帐开。虽非谢桀黠,且为一裴回。"其二云:"流水阊门外,秋风吹柳条。从来送客处,今日自魂销。"字里行间,充满着对苏州的依依不舍。

3. 皮陆唱和

次韵酬唱之风始于中唐时期的元稹、白居易、刘禹锡等人,白居易、刘禹锡为苏州刺史时,就留下了不少相互酬唱的篇什。晚唐咸通年间,清河人崔璞为苏州刺史,"有文采风流,与郡中秀才相从,有诗词,即命僚属及名士赓和"[1]。在崔璞帐下,从咸通十一年(870)到十二年(871),仅一年左右,以皮日休和陆龟蒙为创作主体的十二位作者酬唱频繁,创作诗歌达近七百首之多,后结集为《松陵集》。这次唱和是唐代文人唱和的大总结,对后世的文人诗歌创作影响深远。

在《松陵集》中,绝大多数是皮日休和陆龟蒙二人的唱和诗,因此这次唱和活动在文学史上被称为皮陆唱和,皮日休和陆龟蒙也因此并称"皮陆"。皮日休(834?—883?),字袭美,一字逸少,复州竟陵(今湖北天门)人。曾隐居在襄阳鹿门山,自号鹿门子。咸通八年(867)进士,咸通十年(869)被苏州刺史崔璞辟为军事判官,在此与陆龟蒙结为诗友并唱酬。后入朝任著作佐郎、太常博士。乾符五年(878)南下任毗陵副使时陷黄巢起义军,任翰林学士,起义失败后不知所踪。

皮日休和陆龟蒙结识于苏州刺史崔璞幕府中,皮日休在《松陵集》序中记载了二人相识过程:"(咸通)十年,大司谏清河公出牧于吴,日休为部从事。居一月,有进士陆龟蒙字鲁望者,以其业见造,凡数编,其才之变,真天地之气也。……余遂以词诱之,果复之,不移刻。"二人一见如故,在一年多的交往中,他们互相推崇才学,往来酬唱不绝,甚至达到了"由是风雨晦冥,蓬蒿翳荟,未尝不以其应而为事。苟其词之来,食则辍之而自饫,寝则闻之而必惊"的程度,[2]在短短一年多时间里,两人创作的各体唱和诗达六百余首。

皮陆唱和诗的内容多围绕酒、茶、渔钓、赏花、玩石等琐物碎事以及闲情逸致展开,特别注意将日常生活中的器具、景物、人事作为诗歌创作的材料。其中咏物诗占有相当的篇幅且自具特色,比较有代表性的如皮、陆二人的《公斋四咏》和《奉和公斋四咏次韵》,二人分别以松、桂、竹、鹤屏为对象展开吟唱。除此以外,集中规模较大的咏物组诗有《渔具诗》十五题、《添渔具诗》五题、《樵人十咏》《酒中十咏》《添酒中六咏》《茶中杂咏》等,所咏事物都具有隐逸之趣,从中可见皮、陆二人的隐逸思想。

---

[1] 范成大:《吴郡志》卷十一《牧守》,江苏古籍出版社1986年,第135页。
[2] 皮日休、陆龟蒙:《松陵集·序》,1931年武进陶氏影刻本。

值得一提的是,皮日休和陆龟蒙还写了不少歌咏苏州山水风光的诗篇,其中最著名的就是两人各自创作的二十首《太湖诗》。咸通十一年(870)夏,皮日休奉崔璞之命,到太湖祀祷,因此得以有机会亲历洞庭东西诸山,恣游湖中胜景,因作《太湖诗》二十首寄给陆龟蒙,陆便如数和之。这组诗以洗练、清丽、奇警的语言,写出了太湖山水的奇秀风光,受到了不少诗评家的高度赞赏。明代诗评家胡震亨在《唐音癸签》中就认为皮日休的《太湖》诸篇,"才笔开横,富有奇艳句矣"[1]。清代诗评家冯继聪在《论唐诗绝句》中咏皮日休曰:"何处为诗二十章,太湖风景入肝肠。树为蜃尾山鳖背,摩诘新图未可方。"认为其"饱食太湖精妙味,故能诗卷压人间",可见赞誉之高。

皮陆唱和的文学实践,既有开风气之先的艺术贡献,也留下了不少名篇佳作,后世评论家多对其持肯定态度。明人王鏊在《书皮日休集后》中就认为:"予观袭美与鲁望倡和,跌宕怪伟,真所谓两雄力相当者。"[2]明清之际的钱曾在《读书敏求记》中也认为:"从来唱和之作,无有如鲁望袭美,惊心动魄,富有日新者,真所谓凌轹波涛,穿穴险固,囚锁怪异,破碎阵敌,卒造平淡而后已。"[3]清人沈德潜更认为皮陆的苏州唱酬诗"另开偏涩一体"[4],可见对后世的影响。

4. 传奇与小说

传奇和志怪小说鼎盛于中唐,唐代的苏州文学在这些方面也取得了很大成就,其中最著名的是沈既济的《枕中记》及《任氏传》、陆长源的《辨疑志》、李复言的《续幽怪录》等。

(1) 沈既济及其《枕中记》《任氏传》

沈既济(?—795?),苏州吴人。大历中为江西从事,后因宰相杨炎荐为左拾遗、史馆修撰,建中元年(782)坐杨炎罪被贬为处州司户参军。后得陆贽荐复入朝,终礼部员外郎。沈既济学识渊博,《旧唐书》称其"博通群籍,史笔尤工,吏部侍郎杨炎见而称之"[5]。著有《建中实录》《刘展乱纪》等。他撰写的《枕中记》《任氏传》两篇传奇小说,具有划时代意义,影响广泛而深远。

《枕中记》是一篇寓言讽世之作,讲述了唐玄宗开元年间,有位道术高明的吕翁,于赴邯郸途中的客店,遇到了一个困顿淹蹇却又热衷于功名利禄的士人卢

---

[1] 胡震亨:《唐音癸签》卷八《评汇四》,古典文学出版社 1957 年,第 66 页。
[2] 王鏊:《震泽先生集》卷三十四《书皮日休集后》,《王鏊集》,上海古籍出版社 2013 年,第 485 页。
[3] 钱曾:《读书敏求记》卷四,书目文献出版社 1984 年,第 144 页。
[4] 沈德潜:《唐诗别裁集》卷四,岳麓书社 1998 年,第 103 页。
[5] 刘昫:《旧唐书》卷一四九《沈传师传》,中华书局 1975 年,第 4034 页。

生,吕翁给他一只青瓷枕入睡,此时客店主人正在蒸黍饭。在梦中,卢生经历了一生的功名富贵,盛衰荣辱。醒来后店主人的黍饭尚未蒸熟,身旁一切如旧。卢生顿时大彻大悟,稽首再拜吕翁而去。作品喻示的所谓"宠辱之道、穷达之运、得丧之理、死生之情",虽有人生如梦的消极遁世思想,却也是当时社会现实的真实写照,在一定程度上体现了现实主义的创作精神。《枕中记》问世后影响广泛,后世说的"黄粱梦"或"邯郸梦"都从此而出,还一再被人续写改编,如元代马致远的《邯郸道省悟黄粱梦》、明代汤显祖的《邯郸记》和清代蒲松龄的《续黄粱》均是。

《任氏传》是沈既济所著的另一部经典传奇,他在小说中塑造了一位与众不同的狐妖任氏。任氏跟其他的狐妖一样美丽动人,却与以往淫邪冶艳、伤人性命、害人家庭的狐妖不同,她是一位善良贤惠、坚贞节烈、善解人意的女性。任氏在和男主人公郑某的交往期间,并没有展露妖气,反而表现出人性化的普通妇女的面貌,这开创了人狐之恋小说的先河。相比于六朝志怪及唐初传奇,它在各个方面都达到了新的高度,无论是故事情节的安排还是人物形象的塑造都有了突出的进步,并独创了经典的狐妖形象和深刻的主题内涵,具有非常独特的史学价值和文学价值。

《任氏传》在后世广为流传,元代关汉卿《杜蕊娘智赏金线池》中提到宋代就有演任氏故事的大曲,清代崔应阶《情中幻》杂剧即为翻演《任氏传》本事而成。《任氏传》中塑造的生动美丽的狐女形象,实开蒲松龄《聊斋志异》中狐女故事之先河。

(2)陆长源及其《辨疑志》

陆长源(?—799),字泳之[1],吴人,陆余庆之孙。唐天宝中为太子詹事,后历任建州、信州、汝州刺史等职,贞元间官至御史大夫、宣武军行军司马。工诗,与孟郊交往甚密,又善书法,有行书代表作《玄林禅师碑》传世。他的文学成就突出表现在小说集《辨疑志》的创作上。

据宋人陈振孙记载,《辨疑志》共三卷,主要"辨里俗流传之妄"[2],即质疑、揭露一些"灵异"传说,这与当时流行的志怪小说大异其趣,颇有特色。《辨疑志》原书现已亡佚。其佚文《太平广记》收录《萧颖士》《李恒》《姜抚先生》《纸衣师》《明思远》《周士龙》《李长源》《双圣灯》《裴玄智》《润州楼》十条,《说郛》收

---

[1] 按:《旧唐书》卷一四五《陆长源传》称其"字泳之"(中华书局1975年,第3937页),而《新唐书》卷一五一《董晋传》附陆长源传称其字"泳"(中华书局1975年,第4822页),此从《旧唐书》。

[2] 陈振孙:《直斋书录解题》,上海古籍出版社1987年,第318页。

录《圣姑棺》《陕州铁牛》《石老化鹤》《女娲墓》《泰伯》五条,这十五条佚文全是批判揭露变怪、诞妄的"奇人""异事"的。如《姜抚先生》记述太学生荆岩运用丰富准确的历史知识,揭穿姜抚的骗人谎言;《李恒》记述了陈留县尉陈增用科学的方法,揭穿男巫李恒骗人钱财的把戏。其他如《纸衣师》《裴玄智》谴责僧人、道士的骗人勾当,《石老化鹤》揭露石老得道升天的骗局和其子杀父的罪行。这些故事虽然篇幅短小,但语言精练,结构紧凑,闪耀着朴素唯物主义思想的光辉,对中唐迷信神仙的时代风尚进行了有力的抨击。

作为苏州人,陆长源对当地关注颇多,在《辨疑志》尚存的十五条佚文中,《圣姑棺》及《泰伯》二条均为苏州掌故,为研究当时苏州的社会风俗提供了珍贵的资料。

《辨疑志》产生于小说以志怪为主流的时代,却与志怪小说同源异趣,具有鲜明的理性思辨色彩。《辨疑志》对小说志怪传统的承继与否定,是士人学风和思想转变在小说写作中的体现。对于小说发展史而言,《辨疑志》有一定的标志性意义。正因为如此,程毅中先生在《唐代小说史话》中认为,《辨疑志》"出现在唐代宗教盛行和宗教小说蜂起的时期",能够"破除迷信","揭露僧道教徒的虚伪无耻",应该给予重视。[1]

(3)李复言及其《续幽怪录》

李复言(775—833),名谅,以字行,苏州人。贞元十六年(800)进士,历任寿州、苏州、汝州刺史,后官至岭南节度使。工诗,常与白居易、元稹唱和,《宋史·艺文志》所载的《杭越寄和诗集》即为三人唱和诗结集,惜已亡佚,仅存其诗二首。但其编著的《续幽怪录》流传至今,价值颇大。

《续幽怪录》是继牛僧孺《幽怪录》之后,直接受其影响的传奇小说专集,涉及内容有仙道、鬼怪、女巫、幻化、复仇、崇佛、神医等多方面,是唐传奇小说中篇幅较多也比较重要的一部小说专集。本书不少篇幅通过讲述仙佛神怪故事,宣扬佛道思想,并影射和揭露社会现实。如《张质》篇中,借写阴司来揭露现实中的阴暗面;《李岳州》篇中以阴吏报恩的故事,揭露了科举取士中营私舞弊的现象;《辛公平》篇中,作者更是通过写辛公平借助鬼神之力目睹唐宪宗升仙登遐的故事,直接影射宦官专权弑逆。

尤其值得一提的是《续幽怪录》中的《订婚店》篇,讲述了月下老人系赤绳一

---

[1] 程毅中:《唐代小说史话》第六章《唐代中期的小说集》,文化艺术出版社1990年,第162—165页。

言定局,成就了韦固一段离奇婚姻的故事。该故事想象奇特、题材新颖,艺术上也很有特色,因而成为唐人传奇中的名篇,盛传于后世。"月下老人""赤绳系足"等也成为人人皆知、反复运用的典故,可见影响之大。另外《续幽怪录》中的另外一些篇目对后世也产生了一定影响,如《杜子春》篇被冯梦龙的《醒世恒言》改编为《杜子春三人长安》,《张老》篇被冯梦龙的《喻世明言》改编为《张古老种瓜娶文女》。

尽管《续幽怪录》题材主要是有关神仙鬼怪的,但无论是借物言情,还是托虚写实,都在一定程度上反映了唐朝中晚期的社会现实,表达了唐代文人士大夫对当时社会现状的深切关心和强烈不满,有些篇章还在客观上较为辛辣地讽刺了封建官场的黑暗腐朽。因此《续幽怪录》不仅具有较高的文学价值,还为后人了解当时的社会现状和人情世态提供了形象生动的参考,具有一定的史料价值。

第三节 艺 术

秦汉时期,今苏州一带的经济发展比较落后,艺术方面未见有大的成就,但经过秦汉两代四百余年的发展,到魏晋南北朝时期,今苏州一带在书法、绘画、雕塑、乐舞等艺术门类都出现了不少影响深远的大家,至隋唐而不衰。

一、书 法

秦汉至隋唐时期,今苏州一带出现了不少著名的书法家,对后世的书法发展影响深远。

早在东汉末年,著名书法家蔡邕就曾避难吴中达十二年之久,也把中原的书法艺术带到了江南。后来官至孙吴丞相的吴郡吴县人顾雍幼年曾拜蔡邕为师,跟随其学习琴书,因其"专一清静,敏而易教"[1],得到了蔡邕的高度称赞,顾雍字元叹,就是由于"为蔡雍(邕)之所叹,因以为字焉",可见顾雍在书法方面应该也是有相当造诣的。

除顾雍外,孙吴时期的书法家众多,《抱朴子外篇》卷二十六《讥惑》记载:"吴之善书,则有皇象、刘纂、岑伯然、朱季平,皆一代之绝手。"[2]出自吴郡富春的孙吴皇室中也有不少擅长书法者,如吴大帝孙权善行、草书,唐代张怀瓘《书

―――――――――
[1] 陈寿:《三国志》卷五十二《吴书·顾雍传》注引《江表传》,中华书局1982年,第1226页。
[2] 葛洪:《抱朴子外篇》卷二十六《讥惑》,中华书局1954年《诸子集成》本,第151页。

估》将其与谢安、王导等同列第三等。吴末帝孙皓善小篆、飞白诸体,庾肩吾《书品》谓其"体裁绵密",列品之中。另有吴郡张弘,字敬礼,"笃学不仕,恒着乌巾,时号'张乌巾',并善篆、隶,其飞白妙绝当时,飘若云游,激如惊电,飞仙舞鹤之态有类焉"。张弘还著有《飞白序势》的书法理论著作。后世书法大家欧阳询也认为"飞白张乌巾冠世"[1]。张怀瓘《书断》卷中把张弘的飞白入妙品,小篆入能品。

西晋时的陆机擅长书法,南朝书法史著作多有著录。魏晋之际,中原书法大变,行书、草书日渐流行,而陆机初入洛阳时,仍保持汉代的传统,王僧虔《论书》中说,"陆机书,吴士书也,无以较其多少"[2]。所谓"吴士书",即指陆机之书风与中原文士书风明显不同,带有浓郁的地方特色。庾肩吾《书品》将书家分为九品,定陆机为"中之下"。唐代书法评论家李嗣真在《书后品》中赞扬陆机的书法"犹带古风"。

陆机的书法现有《平复帖》存世。《平复帖》的书写距今已有1 700余年,是我国现存最早的古代名人法书真迹。它用秃笔写于麻纸之上,笔意婉转,风格平淡质朴。《平复帖》是草书演变过程中的典型书作,最大的特点是犹存隶意,但又没有隶书那样波磔分明,字体介与章草、今草之间。细观此帖,秃笔枯锋,刚劲质朴,整篇文字格调高雅,神采清新,字虽不连属,却洋洋洒洒,令人赏心悦目,字里行间透露出书家的儒雅与睿智。《平复帖》在中国书法史上占有重要地位,在研究文字和书法变迁方面也很有参考价值,现藏于北京故宫博物院。

和陆机同时的吴郡吴县人顾荣和张翰均擅长书法,《述书赋》赞顾荣书法云:"彦先尚质,无而不有。犹崆峒之上,世俗谁偶。"[3]由"彦先尚质"一语可知顾荣的书法和陆机一样也保持着江东旧风。而张翰的书法也颇有名望,《述书赋》称"季鹰(张翰)有声,古貌磅礴……如凝阴断云,垂翅一鹗"[4]。东晋陆玩喜翰墨,尤长行书,"笔力瘦硬,有锺繇法"[5]。同为吴郡吴人的张澄擅书,《述书赋》称"国明(张澄字)励功,钟氏(钟繇)余风。壮利纤薄,守雌知雄。如道门之子,仙路时通"[6]。张澄子张彭祖的书法被《书断》列为能品,并载其"善隶书",甚

---

[1] 张怀瓘:《书断》卷中,《法书要录》卷八,人民美术出版社1984年,第275页。
[2] 王僧虔:《论书》,《法书要录》卷一,人民美术出版社1984年,第19页。
[3] 窦臮:《述书赋上》,《法书要录》卷五,人民美术出版社1984年,第179页。
[4] 窦臮:《述书赋上》,《法书要录》卷五,人民美术出版社1984年,第178页。
[5] 佚名:《宣和书谱》卷七《行书一》,上海书画出版社1984年,第58页。
[6] 窦臮:《述书赋上》,《法书要录》卷五,人民美术出版社1984年,第184页。

至连"右军(王羲之)每见其缄牍,辄存而玩之"[1]。庾肩吾《书品》也称其"取羲之之道"。当时还有吴郡道士杨羲工书法,和王羲之并名海内,后归隐茅山。梁代陶弘景《真诰》载:"杨君书最工,不今不古,能大能细。大较虽祖效郗法,笔力规矩,并于二王。而名不显者,当以地微,兼为二王所抑故也。"[2]《述书赋》亦赞"杨真人之正行,兼淳熟而相成,方圆自我,结构遗名。如舟楫之不系,混宠辱以若惊"[3],可见其书法造诣。

南朝时期吴郡擅长书法者不少,如顾宝先"卓越多奇,自以伎能"[4],曾与当时的著名书法家王僧虔较量书技,后虽折服于王僧虔的飞白之术,但也说明了顾宝先的书法造诣确实非同寻常。齐梁间的陆杲也擅长书法,《述书赋》评之曰:"陆杲迅熟,骋捷遗能。任纵便,无风棱。"[5]可见陆杲书法的快捷、洒脱。张永"善隶书",庾肩吾《书品》把张永的书法列为中之中。梁代陆缮长于草书,"草字风度,亦可以见其人物之飘逸云"[6]。陈代顾野王擅长书法,唐初著名书法家虞世南曾向其学书。但在南朝时,张融的书法在吴郡最为突出。

《书断》载张融"书兼诸体,于草尤工,而时有稽古之风"。该书还认为张融的书法"齐梁之际,殆无以过",唐时就被人误认为是三国书家张芝作品,故"拓本大行于世"。[7]《南史》卷三十二《张邵传附张融传》载其"善草书,常自美其能。帝曰:'卿书殊有骨力,但恨无二王法。'答曰:'非恨臣无二王法,亦恨二王无臣法。'"[8]可见其对自己的草书颇为自得。《书断》将张融的草书与索靖、锺繇、王僧虔、欧阳询、智永等人同列妙品。

隋唐时期苏州地区出现了陆柬之、孙过庭、张旭等影响深远的名家,对中国书法的发展做出了卓越的贡献。

陆柬之(585—638),唐初书法家,其舅父虞世南擅书法,为初唐四家之一,颇负盛名。陆柬之少学于舅氏,有"出蓝"之誉,晚临二王书法,笔意古雅,飘逸无拘。张怀瓘《书断》列其隶、行书入妙品,章草为能品,并赞其"尤善运笔,或至兴会,则穷理极趣矣"[9]。宋人朱长文在《续书断》中记载其曾观陆柬之草书,赞

---

[1] 张怀瓘:《书断》卷下,《法书要录》卷九,人民美术出版社1984年,第295页。
[2] 陶弘景:《真诰》卷十九《翼真检第一》,中华书局1985年影印《丛书集成初编》本,第240页。
[3] 窦臮:《述书赋上》,《法书要录》卷五,人民美术出版社1984年,第186页。
[4] 李延寿:《南史》卷二十二《王昙首传附王僧虔传》,中华书局1975年,第604页。
[5] 窦臮:《述书赋上》,《法书要录》卷五,人民美术出版社1984年,第193页。
[6] 佚名:《宣和书谱》卷十七《草书五》,上海书画出版社1984年,第134页。
[7] 张怀瓘:《书断》卷中,《法书要录》卷八,人民美术出版社1984年,第282页。
[8] 李延寿:《南史》卷三十二《张邵传附张融传》,中华书局1975年,第835页。
[9] 张怀瓘:《书断》卷中,《法书要录》卷八,人民美术出版社1984年,第287页。

叹"意古笔老,如乔松倚壑,野鹤盘空,信乎名不虚得也"[1]。明人刘基为陆柬之所书《文赋》题跋云:"晋陆之词,唐陆之书,可谓二美。"陶宗仪《书史会要》亦云:"落笔浑成,耻为飘扬绮靡之习,如马不齐髦,人不栉沐。"[2]由此可见陆柬之书法之盛名。

陆柬之的名作如《头陀寺碑》《急就章》《龙华寺额》《武丘东山碑》等均已失传,现仅有其所书《文赋》及《五言兰亭诗》传世。《文赋》现藏"台北故宫博物院",144行,1658字,字体以正、行为主,间参草字,虽三体并用,但上下照应,浑然天成,笔致圆润,无滞无碍,平和简静,深得晋人韵味。元代书法家揭傒斯曾评曰:"唐人法书,结体遒劲,有晋人风格者,惟见此卷耳。虽若隋僧智永,犹恨妩媚太多、齐整太过也。独于此卷为之三叹。"《五言兰亭诗》书法含蓄温雅,上海图书馆藏有南宋拓本。

陆柬之书法对后世影响深远,元人欧阳玄在《题唐陆柬之文赋帖》中认为"近代米元章(米芾)书,矫亢跌宕,世咸称其自创一法,乃不知其全学柬之《头陀寺碑》耳。元章秘而不言,以陆书少传于世也"[3]。明清之际孙承泽为《文赋》题跋中也认为"赵文敏(孟頫)晚年书法全从此得力"。

陆柬之之后,其家族在唐代涌现了不少书法家。陆柬之子陆彦远,"时谓小陆,传父书法",陆彦远外甥张旭跟随其学书,最终成为中国书法史上的大家。陆彦远孙陆曾,"措隶行草,分蒙飞白,临诸家帖无不真者,评其书者,谓如惊波鱼跃,深水龙潜",[4]也是善书名家。陆柬之侄孙陆景融也以工书著称。《书史会要》称他"以博学工书擅名一时,行楷既实且美",其曾孙陆岘,被列入"工于翰墨有名当世者"之列。[5]至晚唐陆景融四世孙陆希声,复振家法,精于正书,概括性地总结出撅、押、钩、格、抵笔法,"用笔双构,则点画遒劲,而尽妙矣,谓之拨灯法"[6],为一时之绝。

孙过庭(约646—691),名虔礼,字过庭。自署吴郡人,明王鏊撰《姑苏志》亦载其为"郡人"。史载其"胸怀大志,博雅好古,工文辞,得名于翰墨间"[7]。曾

---

[1] 朱长文:《续书断》卷上,《墨池编》卷三,《景印文渊阁四库全书》第812册,上海古籍出版社1986—1990年影印本,第738页。
[2] 陶宗仪:《书史会要》卷五,上海书店出版社1984年,第146页。
[3] 欧阳玄:《题唐陆柬之文赋帖》,收入李修生编《全元文》第34册,江苏古籍出版社2004年,第476页。
[4] 陶宗仪:《书史会要》卷五,上海书店出版社1984年,第177页。
[5] 陶宗仪:《书史会要》卷五,上海书店出版社1984年,第182页。
[6] 计有功:《唐诗纪事》卷四十八,巴蜀书社1989年,第1314页。
[7] 佚名:《宣和书谱》卷十八《草书六》,上海书画出版社1984年,第140页。

任右卫胄参军,后潜心研究书法,撰写书论,未及完稿而卒。孙过庭擅长楷、行、草诸体,尤以草书著称于世。唐初大诗人陈子昂曾为他作《率府录事孙君墓志铭》和《祭率府孙录事文》,有"元常(锺繇)既殁,墨妙不传,君之逸翰,旷代同仙"[1]之语,将其与三国大书法家锺繇相提并论,可见在当时之影响。

孙过庭传世手迹有《书谱》《千字文》《景福殿赋》等,均为草书,其中成就最高、影响最大的要数《书谱》,该卷351行,3500余字,草法精绝,散朗多姿,深得王羲之精髓,为文书俱佳的不朽之作,在书法史上占有极为重要的地位。宋代大书法家米芾《书史》认为:"过庭草书《书谱》,甚有右军法。作字落脚差近前而直,此乃过庭法。凡世称右军书有此等字,皆孙笔也。凡唐草得二王法,无出其右。"[2]清人孙承泽在《庚子销夏记》中认为:"唐初诸人无一人不摹右军(王羲之),然皆有蹊径可寻,孙虔礼之《书谱》,天真潇洒,掉臂独行,无意求合,而无不宛合,此有唐第一妙腕。"[3]

除了书法价值外,《书谱》还是中国书学史上一篇划时代的书法论著,今见仅为序文,内容包括溯源流、辨书体、评名迹、述笔法、诫学者、伤知音等六个部分,通篇纵论书道旨趣,文思缜密,言简意深,见解独到而深刻。孙过庭提出了著名的"质以代兴,妍因俗易"的书法发展观,对后世影响深远,另外他总结出的学书三阶段、创作中的五乖五合等理论,至今仍有借鉴意义。

张旭在诗学方面造诣颇深,前文已述。因其官至金吾长史,世称"张长史"。张旭之母陆氏为初唐书家陆柬之的侄女,即虞世南的外甥孙女,具有相当深厚的家学渊源。张旭书法取法"二王",字字有法,楷书直入魏晋,又效法张芝草书之艺,创造出潇洒磊落、变幻莫测的狂草,其状惊世骇俗。相传他见公主与担夫争道,又闻鼓吹而得笔法之意;在河南邺县时爱看公孙大娘舞西河剑器,并因此而得草书之神,有"草圣"之誉。他把满腔情感倾注在点画之间,旁若无人,如醉如痴,如癫如狂。史载其嗜酒,"每大醉,呼叫狂走,乃下笔,或以头濡墨而书,既醒自视,以为神,不可复得也,世呼'张颠'"。[4]大诗人杜甫的《饮中八仙歌》中对此有极为形象的描绘:"张旭三杯草圣传,脱帽露顶王公前,挥毫落纸如云烟。"

唐代著名文学家韩愈在《送高闲上人序》中对张旭的草书艺术进行了高度评

---

[1] 陈子昂:《陈子昂集》卷七《祭率府孙录事文》,中华书局上海编辑所1960年,第151—152页。
[2] 米芾:《书史》,《景印文渊阁四库全书》第813册,上海古籍出版社1986—1990年影印本,第38页。
[3] 孙承泽:《庚子销夏记》,浙江人民美术出版社2012年,第5页。
[4] 欧阳修、宋祁:《新唐书》卷二〇二《张旭传》,中华书局1975年,第5764页。

价:"往时张旭善草书,不治他技。喜怒窘穷,忧悲、愉佚、怨恨、思慕、酣醉、无聊、不平,有动于心,必于草书焉发之。观于物,见山水崖谷,鸟兽虫鱼,草木之花实,日月列星,风雨水火,雷霆霹雳,歌舞战斗,天地事物之变,可喜可愕,一寓于书。故旭之书,变动犹鬼神,不可端倪,以此终其身而名后世。"[1]文宗时,诏以李白歌诗、裴旻剑舞、张旭草书为"三绝"。史载"后人论书,欧(阳询)、虞(世南)、褚(遂良)、陆(柬之)皆有异论,至(张)旭,无非短者",给予其极高的评价。

张旭喜欢奖掖后进,门下大家辈出,其草书后为怀素和尚继承,谓之"以狂继颠"。著名大书法家颜真卿更是张旭的得意门生,曾辞官"特诣东洛,访金吾长史张公旭,请师笔法"[2]。著有《张长史十二意笔法记》,回忆从学经过,留下了关于张旭的不少珍贵史料。

张旭早年曾任常熟尉,在常熟留下的遗迹颇多。旧时常熟城内曾建有"草圣祠",祠内有清人钱泳所撰楹联云:"书道入神明,落纸云烟,今古竞传八法;酒狂称圣草,满堂风雨,岁时宜奠三杯"[3],表达了对张旭的崇敬。张旭洗笔砚的池塘也曾长期保留,称为"洗砚池"。至今常熟城内方塔附近尚有一条名为"醉尉街"的老街,亦是因纪念张旭而得名。

张旭的传世墨迹有《古诗四帖》《草书心经》及《肚痛帖》等,均为难得的珍品,受到高度赞誉,如明代的王世贞就认为"张长史《肚痛帖》及《千字文》数行,出鬼入神,倘恍不可测"。

唐代中期,苏州还涌现了张从申和沈传师两位著名书家。张从申,代宗时吴郡人,官至大理寺司直,人称"张司直"。曾受业于颜真卿,师法王羲之和王献之,善真、行书。据南宋陈思《书小史》载,"弟从师,监察御史,从义、从约,灼然有才,并工书,皆得右军风规,时人谓之张氏四龙"[4]。张从申书法在当时颇有高名,唐代书法理论家窦臮的《述书赋》称赞其"右军风规,下笔斯在",朱长文《续书断》评从申书法"老硬奇谲",将其列入能品,并记载在大历后,"独从申高步江淮间,凡其书碑李阳冰多为题额,故得名益高"。[5]宋代书家米芾受张从申影响很大,清代书家翁振翼在《论书近言》中认为,米芾书"其飞扬处,全学张从

---

[1] 韩愈:《送高闲上人序》,《历代书法论文选》,上海书画出版社2012年,第292页。
[2] 颜真卿:《张长史十二意笔法记》,《全唐文》卷三三七,中华书局1983年,第3417页。
[3] 潘君明:《苏州楹联集成》卷十五,江苏教育出版社2010年,第418页。
[4] 陈思:《书小史》卷十,《景印文渊阁四库全书》第814册,上海古籍出版社1986—1990年影印本,第277页。
[5] 朱长文:《续书断》卷下,见《墨池编》卷三,《景印文渊阁四库全书》第812册,上海古籍出版社1986—1990年影印本,第747页。

申"。张从申的传世墨迹有《玄静先生碑》《修吴季子庙碑》等。

沈传师(769—827),苏州吴县人,字子言。贞元末举进士,官至尚书右丞、吏部侍郎。工正、行、草,皆有楷法。朱长文《续书断》把他和欧阳询、虞世南、褚遂良、柳公权等并列为妙品。宋代大书法家米芾极为推崇沈传师书法,赞其"如龙游天表,虎踞溪旁,精神自若,骨法清虚",并自称学大书以沈传师为主。宋人蔡絛《铁围山丛谈》记载米芾曾豪夺湘江道林寺所藏的沈传师书《道林诗》,"寺僧亟讼于官,官为遣健步追取还"[1],可见其对沈传师书法的喜爱程度。沈传师传世墨迹有《罗池庙碑》《游道林岳麓寺诗》《柳州石井铭》等。

唐代苏州民间喜欢书法的不少,据唐人张固所著的《幽闲鼓吹》记载,张旭任常熟尉时,"有老父过状,判去,不数日复至",张旭怒而责之,答曰:"某实非论事,睹少公笔迹奇妙,贵为箧笥之珍耳。"张旭问其因何爱书法,方知此人跟随其父学书,张旭取其父作品视之,"信天下工书者也",张旭从此"备得笔法之妙,冠于一时"。[2]可见当时苏州民间的书法风气。

二、绘　画

魏晋南北朝时期,我国的绘画艺术渐趋成熟,绘画名家辈出,绘画领域不断扩大,绘画理论和技法也有突破性的发展。苏州地区的绘画艺术在整个六朝时期占有举足轻重的地位,在全国具有相当大的影响,在画史公认的六朝三大家中,除顾恺之外,陆探微和张僧繇均为今苏州一带人。

陆探微是刘宋时期著名的画家,担任过宋明帝的侍从,曾师从顾恺之,善画肖像,用笔有力,线条劲健。他又能作山水画,轻勾慢勒,笔迹周密,号称"密体"。陆探微在绘画技巧上进行了新的探索,通过对草书连贯一气的行笔运势特点的敏锐把握和巧思妙琢,将其引入绘画领域,创作出前所未有的"一笔画"法,笔势连绵不断,整幅画一气呵成,在中国绘画史上影响深远。南齐谢赫给予陆探微绘画至高的赞誉,称其画"穷理尽性,事绝言象。包前孕后,古今独立,非复激扬所能称赞"[3],并将其列为第一品第一人。唐代张怀瓘也赞扬陆探微的画"参灵酌妙,动与神会,笔迹劲利,如锥刀矣。秀骨清像,似觉生动,令人懔懔若对神明"[4]。《历代名画记》著录他的绘画作品有五六十种,以人物画为主,可惜

---

[1] 蔡絛:《铁围山丛谈》卷四,凤凰出版社2005年,第143页。
[2] 张固:《幽闲鼓吹》,中华书局1958年,与《大唐传载》《中朝故事》合一册,第27页。
[3] 谢赫:《古画品录》,人民美术出版社1959年,与《续画品录》合一册,第7页。
[4] 张彦远:《历代名画记》卷六,中华书局1985年影印本,第204页。

迄今已无真迹传世,不过从这些评论家的赞词中,也可以看出他的画风特点。陆探微之子陆绥,从学于其父,在画学方面造诣颇深,谢赫《古画品录》将陆绥列入第二品,称其画"体韵遒举,风采飘然;一点一拂,动笔皆奇"[1],当时人得之为宝。陆探微另一子陆肃也擅长绘画,南朝末年姚最的《续画品录》称赞他"早籍趋庭之教,未尽敦阅之勤。虽复所得不多,犹有名家之法"[2]。

梁朝时的画家以张僧繇为首,他曾在朝廷中担任重要职位,《历代名画记》载其"天监中为武陵王国侍郎,直秘阁知画事,历右军将军,吴兴太守"[3]。张僧繇尤其擅长绘制宗教人物和飞禽走兽。梁武帝醉心佛事,每修佛寺,常令张僧繇作壁画。张僧繇绘画形象逼真,据说他曾为梁武帝分封在各地的诸王子画像,"对之如面"。据《吴郡图经续记》载,张僧繇曾奉梁武帝敕命,为昆山慧聚寺"绘神于两壁,画龙于四柱",所画之神栩栩如生,以至于"娄乡之民病疠疟者,至壁下乃愈",所画之龙每到"阴晦欲雨"时,就"鳞甲欲动",仿佛要破柱而去,张僧繇又"画锁以制之"[4]。还传说镇江兴国寺常苦鸠鸽类秽污佛像,乃请他于壁上画一鹰一鹞,侧首怒目向檐外,杂鸟不敢入。"画龙点睛"的传说也是因张僧繇而来。这些传说虽然不等于史实,但由此可见其高超的画艺在民间的广泛影响。

张僧繇对传统的绘画技法也有不少创新,他将书法用笔中的"点、曳、斫、拂"等方法运用到绘画中,给画面带来了新的形式。与陆探微紧劲绵密的一笔画相区分,张僧繇的这种画法被称作"疏体",丰富与拓展了绘画技法。张僧繇对绘画的另一大贡献是吸收天竺(今印度)佛画中的"凹凸花"技法。据《建康实录》记载,建康一乘寺,"寺门遍画凹凸花,代称张僧繇手迹,其花乃天竺遗法,朱及青绿所成,远望眼晕如凹凸,就视即平,世咸异之,乃名凹凸寺"[5]。所谓凹凸画法,就是现在所说的明暗法、透视法,这在中国本土绘画中以前是没有的,这种方法对于形体的空间塑造有很大帮助,能使画面具有立体感,收到逼真的效果。张僧繇的儿子张善果和张儒童也是当时著名的画家,张彦远在《历代名画记》中记载张善果"既渐过庭之训,犹是名家之驹。摽置点拂,殊多佳致。时有合作,乱真于父"[6]。

当时的吴郡还涌现了不少其他画家。如刘宋的顾宝光,大明中为尚书水部

---

[1] 谢赫:《古画品录》,人民美术出版社1959年,与《续画品录》合一册,第10页。
[2] 姚最:《续画品录》,人民美术出版社1959年,与《古画品录》合一册,第14页。
[3] 张彦远:《历代名画记》卷七,中华书局1985年影印本,第236—237页。
[4] 朱长文:《吴郡图经续记》卷中《寺院》,江苏古籍出版社1999年,第39页。
[5] 许嵩:《建康实录》卷十七《梁上·高祖武皇帝》,中华书局1986年,第686页。
[6] 张彦远:《历代名画记》卷七,中华书局1985年影印本,第241页。

郎,曾从学于陆探微,为当时著名画家。齐梁间的陆杲,官至特进、扬州大中正,"少好学,工书画"〔1〕,谢赫赞其画"体致不凡,跨迈流俗。时有合作,往往出人"〔2〕。陈时的吴郡吴人顾野王也是一位著名的画家,《陈书》载其"好丹青,善图写,(宣城)王于东府起斋,乃令野王画古贤,命王褒书赞,时人称为二绝"〔3〕。他尤其擅长画草虫,《宣和画谱》记载其"多识草木虫鱼之性"。《颜氏家训·杂艺》还记载吴县顾士端和顾庭父子"并有琴书之艺,尤妙丹青,常被元帝所使"〔4〕,顾士端父子画技之妙不难想象。另外,刘宋初年以善画蝉雀著称的顾景秀及不苟动笔的名画家顾骏之可能也籍贯于吴郡。

隋唐时期,今苏州一带的绘画艺术继续向前发展,除了名家辈出外,还出现了绘画理论著作,影响深远。

隋代吴郡所出的著名画家当推郑法士和孙尚子。郑法士,生活于周末隋初,吴人,仕隋为中散大夫。史载其师法张僧繇,善画人物,仪表风度,冠缨佩带,无不有法,诸如浮云、流水,率无完态,也得形容之妙。唐代张彦远认为"江左自僧繇已降,郑君是称独步"〔5〕。郑法士尤工楼台,每于其间衬以乔木嘉树,杂英芳草,形成早期山水画形式。当时壁画盛行,上都海觉寺、永泰寺、开业寺、延兴寺等均有郑法士所绘壁画。《贞观公私画史》和《宣和画谱》著录其作品有《擒卢明月像》《阿育王像》《北齐畋游像》《游春苑图》《读碑图》等。著名画家阎立本、陈善见、孙尚子等人均曾师事郑法士,其弟郑法轮、子郑德文,皆能克承家学。

孙尚子,一作尚孜,吴人,仕隋为建德县尉。师法顾恺之、陆探微、张僧繇、郑法士,其画骨气有余,尤其善画鬼神、仕女。张彦远载其"魑魅魍魉,参灵酌妙。善为战笔之体,甚有气力,衣服手足,木叶川流,莫不战动。唯须发独尔调利,他人效之,终莫能得"〔6〕。有《美人图》《屋宇》《鬼神图》等。长安定水寺、总持寺、西禅寺曾有其画迹。另外,隋代还有吴中人刘乌,人物学于郑法士,僧悰称其画"屏障有功,其于绵密,独越伦辈"〔7〕,长安兴善寺有其画。

唐代苏州的画家首推张璪(约735—785),一作张燥,字文通,官至检校祠部员外郎。张璪工画树石,创破墨法,擅名当时,开后世水墨山水的先河。张璪作

---

〔1〕 姚思廉:《梁书》卷二十六《陆杲传》,中华书局1973年,第398页。
〔2〕 谢赫:《古画品录》,人民美术出版社1959年,与《续画品录》合一册,第17页。
〔3〕 姚思廉:《陈书》卷三十《顾野王传》,中华书局1972年,第399页。
〔4〕 颜之推:《颜氏家训》卷七《杂艺第十九》,中华书局2014年王利器集解本,第547页。
〔5〕 张彦远:《历代名画记》卷八,中华书局1985年影印本,第257页。
〔6〕 张彦远:《历代名画记》卷八,中华书局1985年影印本,第259页。
〔7〕 张彦远:《历代名画记》卷八,中华书局1985年影印本,第263页。

画,唯用秃毫,或以手摸绢素,当为指画滥觞。作画时还打破常规,饱含激情,充满灵性。朱景玄在《唐朝名画录》中记载张璪"尝以手握双管,一时齐下,一为生枝,一为枯枝。气傲烟霞,势凌风雨。槎枒之形,鳞皴之状,随意纵横,应手间出。生枝则润含春泽,枯枝则惨同秋色"[1]。有"双管齐下"之誉,简直神乎其技。当时人符载等二十四人曾一起现场亲见张璪作画,并形象记载了当时的情景:"员外居中,箕坐鼓气,神机始发。其骇人也,若流电激空,惊飙戾天,摧挫斡掣,㧑霍瞥列。毫飞墨喷,捽掌如裂,离合惝恍,忽生怪状。及其终也,则松鳞皴,石巉岩,水湛湛,云窈眇。投笔而起,为之四顾,若雷雨之澄霁,见万物之情性。"并赞叹道:"观乎张公之艺,非画也,真道也……得于心,应于手,孤姿绝状,触毫而出,气交冲漠,与神为徒。"[2]五代著名画家荆浩在《笔法记》中亦认为张璪"树石气韵俱盛,笔墨积微,真思卓然,不贵五彩,旷古绝今,未之有也"[3]。可见评价之高。《宣和画谱》著录有张璪的《松石图》《寒林图》《松竹高僧图》等六件,现已失传。

张璪还撰有《绘境》,言画之要诀,惜今不传,但是他提出"外师造化,中得心源"的创作方法,主张客观物象与主观情感的统一,成为画学的不朽名言,在中国美术史上具有里程碑式的意义,对后世的绘画理论有极大的影响。

吴郡人朱审也是著名画家,《唐朝名画录》载其擅画山水、人物、竹木,在当时颇受欢迎,以至于"自江湖至京师,壁障卷轴,家藏户珍"。曾为唐安寺讲堂西壁作画,"其峻极之状,重深之妙,潭色若澄,石文似裂,岳耸笔下,云起锋端,咫尺之地,溪谷幽邃,松篁交加,云雨暗淡,虽出前贤之胸臆,实为后代之模楷也"[4]。《唐朝名画录》载其山水为妙品上,位列山水大家王维之前。

唐代封演所著的《封氏闻见记》记载大历年间,一个顾姓吴士擅画山水,并以此历托诸侯之门,还详细记载了此人绘画时的情景:"每画,先帖绢数十幅于地,乃研墨汁及调诸采色,各贮一器,使数十人吹角击鼓,百人齐声唉叫。顾子着锦袄锦缠头,饮酒半酣,绕绢帖走十余匝,取墨汁摊写于绢上,次写诸色,乃以长巾一,一头覆于所写之处,使人坐压,己执巾角而曳之,回环既遍,然后以笔墨随势开决为峰峦岛屿之状。"[5]作画的过程可谓奇特,堪与张旭写狂草时媲美,当时

---

[1] 朱景玄:《唐朝名画录》,四川美术出版社1985年,第11页。
[2] 符载:《江陵陆侍御宅燕集,观张员外画松石序》,《唐文粹》卷九七,浙江人民出版社1986年影印本。
[3] 荆浩:《笔法记》,《唐五代画论》,湖南美术出版社1997年,第257页。
[4] 朱景玄:《唐朝名画录》,四川美术出版社1985年,第16页。
[5] 封演:《封氏闻见记》卷五,中华书局2005年,第48页。

就有人认为"顾画亘古未有",可见其影响。据考证[1],此顾姓吴士即为当时苏州著名文人画家顾况,字逋翁,顾野王八世孙,有狂生之称,喜欢标新立异,与此记载相合。明人张丑的《清河书画舫》卷四载:"吴邑顾况,人品清逸,能诗画,工真行书,前惟荥阳郑虔,后惟孤山林逋,庶几近之。外是三绝,或可继响,而人品固难乎其为同调矣。"顾况的传世作品有《江南春图》,张丑赞其"画品入神,源出王洽而秀润过之",并赋《咏顾处士江南春图小本》诗曰:"逋翁诗酒外,妙写《江南春》。清逸不火食,堪为摩诘邻。"[2]另外,顾况还著有书画理论著作《画评》一卷,今已佚。

唐末吴人滕昌佑亦为当时著名画家。滕昌佑,字胜华,黄巢起义军攻克长安后随唐僖宗避乱入蜀,卒年八十五。擅作花鸟、草虫、蔬果,画鹅尤为著名。相传其曾在居屋旁栽植竹石花木,以供写生,而无师承。所写折枝花,下笔轻利,设色鲜妍,论者以为近边鸾一派。所画蝉蝶草虫,用笔点写,称为"点画"。亦工书法,号称"滕书",当时蜀中寺观牌额,多出其手笔。还善制作夹苎果实,以麻为胎骨,加漆制成果实之形,随类赋彩,宛然如生。滕昌佑一生以文学为事,不婚不仕,情性高洁,专心艺事。现"台北故宫博物院"尚留存有滕昌佑所绘《牡丹图》真迹。

唐代苏州还出现了中国绘画史上第一部绘画断代史《唐朝名画录》。该书又名《唐画断》,由吴郡朱景玄所撰。朱景玄大约活动于唐宪宗及文宗前后,元和初年应举,官至太子谕德、翰林学士。朱景玄酷爱画艺,鉴于唐代李嗣真的《画品录》"空录人名,而不论其善恶,无品格高下,俾后之观者,何所考焉"的问题,他多方寻访,遵循"不见者不录,见者必书"的原则,按照张怀瓘《画品》的体例,把唐代会昌以前的画家按成就高下分为神、妙、能三品,每品又分为上中下三等,对"不拘常法"者,特列逸品,居神、妙、能三品之外,不再分等。该书共评价唐代画家一百二十五人,依画家所擅,分为人物、禽兽、山水、楼殿、屋木等门类,先列其所擅长的门类,再记载画家生平事迹,比较公允地评论他们的技艺和成就。

在《唐朝名画录》中,朱景玄提出的"夫画者以人物居先,禽兽次之,山水次之,楼殿屋木次之"及"画者,圣也,盖以穷天地之不至,显日月之不照。挥纤毫之笔则万类由心,展方寸之能而千里在掌。至于移神定质,轻墨落素,有象因之以立,无形因之以生"等观点均为至论,[3]强调了绘画的真实性、概括性与形象

---

[1] 洪惠镇:《唐代泼墨泼色山水画先驱"顾生"考》,《美术观察》1998年第11期。
[2] 张丑:《清河书画舫》卷四,上海古籍出版社2011年,第173—174页。
[3] 朱景玄:《唐朝名画录》,四川美术出版社1985年,第1—2页。

性,重视总结"师造化"的经验,提倡形神统一,集中反映了他对绘画艺术的认识水平。

该书的史料除引自唐人有关著作外,不少为作者亲自采访收集,大多翔实可信,对与作者同时的画家记载尤多,保存了不少珍贵资料。在编写方法上,本书开创了以分品列传体编写断代画史的先例,对后世产生了深远影响,《四库全书总目》谓以四品论画"实始景玄,至今遂因之不能易"[1]。

三、雕 塑

苏州地区的雕塑艺术历史悠久,早在东晋时期,著名雕塑家戴逵父子就和吴郡关系密切。戴逵曾因不愿应征辟而逃亡于吴郡,并与担任吴国内史的王珣在虎丘山"游处积旬"[2]。其子戴颙与吴郡张邵通婚,更是出居吴郡,"吴下士人共为筑室,聚石引水,植林开涧,少时繁密,有若自然",并经常与"三吴将守及郡内衣冠"同游野泽。[3]戴氏父子以擅长佛像雕塑著称,在吴郡时曾经也进行过一些雕塑活动。如刘宋元嘉初年,由于觉得吴郡绍灵寺的"释迦文丈六金像"形制过于古朴,戴颙就对其进行了改造,"治像手面威相若真,自肩以上短旧六寸,足跌之下削除一寸"[4]。另据《吴地记》记载,当时般若寺的"铜像一躯高一丈六尺",亦是戴颙所建造。[5]当时吴郡还有一些佛寺也塑有高大的佛像,如释僧诠曾在虎丘山东寺"造人中金像",这些造像活动可能也受到戴氏父子的影响。而南朝时期吴郡著名画家张僧繇所绘佛像,自成样式,被称为"张家样",为雕塑者所楷模。

唐代苏州出现了著名的雕塑家杨惠之。杨惠之,吴县人,生卒年不详,主要活动于唐代开元、天宝年间。据宋人刘道醇《五代名画补遗》载,杨惠之早年和吴道子为画友,一同师法张僧繇,后因吴道子在绘画方面"声光独显",便放弃学画,专攻雕塑。经过不懈努力,终于将张僧繇的绘画风格成功运用于雕塑上,和吴道子并驾齐驱,名满天下,时人有"道子画,惠之塑,夺得僧繇神笔路"之语。当时在京兆府、汴州、河南府等地寺院均有杨惠之所塑佛像。其楞伽山的作品惟妙惟肖,以至于"跂行喙息,蠉飞蠕动物及飞禽悉不敢至山所",有"精绝殊圣,古

---

[1] 永瑢等:《四库全书总目》卷一一二《子部二十二·艺术类一》,中华书局1965年,第954页。
[2] 房玄龄等:《晋书》卷九十四《戴逵传》,中华书局1974年,第2458页。
[3] 沈约:《宋书》卷九十三《戴颙传》,中华书局1974年,第2277页。
[4] 道世:《法苑珠林》卷十三,上海古籍出版社1991年,第112页。
[5] 陆广微:《吴地记》,江苏古籍出版社1999年,第98页。

无伦比"之誉。除佛像外,他的人物像也因为"抑合相术",被誉为"今古绝技"。相传他曾为京兆府的倡优名角留杯亭塑像,塑后加以彩绘,放入闹市区,塑像面向墙而立,观众只能看到背影,但都能认出是留杯亭,传为一时佳话。杨惠之在当时影响极大,唐末黄巢起义时,"焚燎寺宇几尽",但对于杨惠之的作品,"惜其神妙,率不残毁"。[1]杨惠之还曾总结自己的雕塑经验,著成《塑诀》,阐述其雕塑理论,惜今已佚。

杨惠之在苏州地区也留下了不少作品。相传其在昆山的慧聚寺内塑大殿佛像,及西偏小殿毗沙门天王像,并左右侍立十余人,"皆凛凛有生气,塑工妙绝"。[2]甪直的保圣寺塑壁相传也是杨惠之所作,一说为宋代或经宋代重修。该塑壁以云气舒卷、海浪翻滚、奇峰突兀、洞窟交错为背景,九尊罗汉塑像错落有致地分布在山水云烟之间。塑像均为坐像,比例适中,神态各异,个个相貌高古,形神兼备,衣褶流利通畅。将山水画与人物画结合运用于雕塑中,具有极高的雕塑技巧。1918年,历史学家顾颉刚发现保圣寺的塑像,惊为国宝,从此引起国内关注。1928年,罗汉殿倒塌,原有十八尊罗汉仅存九尊,顾颉刚、蔡元培等文化名流为此组织发起了唐塑抢救活动,合力倡修,在原址重建了古物馆安置。殿内犹存据说是元代书法家赵孟頫所题抱柱联"梵宫敕建梁朝,甫里禅林第一;罗汉溯源惠之,为江南佛像无双",对保圣寺及塑壁罗汉地位推崇备至。保圣寺的罗汉像在1961年被列为第一批全国重点文物保护单位。

四、乐 舞

秦汉至隋唐时期,今苏州地区的音乐及舞蹈艺术也有了一定发展,涌现出了不少有独到建树的人才,奠定了以后相关艺术门类的发展基础。

古琴艺术在今苏州地区历史悠久,东汉末年,著名音乐家蔡邕在"亡命江海、远迹吴会"时,还在吴郡制成在中国音乐史上著名的焦尾琴。据《后汉书·蔡邕传》载:"吴人有烧桐以爨者,邕闻火烈之声,知其良木,因请而裁为琴,果有美音,而其尾犹焦,故时人名曰'焦尾琴'焉。"[3]后人因此称琴为"焦桐"。为纪念此事,至今常熟古城内仍有"焦桐街",虞山山麓有"焦尾溪""焦尾泉"等。吴郡名士顾雍曾跟随蔡邕学习琴书。当时吴郡也有不少人精通音乐,如孙策屯吴后的建安三年(198),二十四岁的周瑜到吴郡投奔孙策,"吴中皆呼为周郎",周瑜

---

[1] 刘道醇:《五代名画补遗》,收入于安澜所编《画品丛书》,上海人民美术出版社1982年,第103页。
[2] 范成大:《吴郡志》卷四十三《方技》,江苏古籍出版社1986年,第586—587页。
[3] 范晔:《后汉书》卷六十下《蔡邕传》,中华书局1965年,第2004页。

精通音乐,即使"三爵之后,其有阙误,瑜必知之,知之必顾",因此当时人有"曲有误,周郎顾"之谣,[1]可见其音乐水平之高。

西晋吴郡名士张翰是当时著名的音乐家,擅长弹奏古琴。他和会稽人贺循就是通过琴声而一见如故,《世说新语·任诞》载贺循赴洛阳时,"经吴阊门,在船中弹琴。张季鹰本不相识,先在金阊亭,闻弦甚清,下船就贺,因共语。便大相知说",后竟"不告家"而和贺循一同赴洛阳。[2]另一吴郡名士顾荣"平生好琴",和张翰为挚友。顾荣死后,"家人常以琴置灵床上",张翰前去吊丧,"不胜其恸。遂径上床,鼓琴,作数曲竟,抚琴曰:'顾彦先颇复赏此不?'因又大恸,遂不执孝子手而出"[3]。张翰用琴声表达了对失去音乐知音的悲痛,这也许是对顾荣的最好悼念。

张翰家族为六朝时期著名的音乐世家,《晋书》卷二十三《乐志下》记载了吴郡张氏中的张澄在成帝咸康七年(341)为侍中时曾参与议乐,提出了独到见解。南朝时期,擅长音乐甚至成为张氏的家风之一,故《南史》卷三十二《张邵传附张敷传》载"张氏自敷以来,并以理音辞、修仪范为事"[4]。吴郡张氏当时涌现了不少擅长音乐的人物,其中尤以张永最著。

张永字景云,多才多艺,史载其"涉猎书史,能为文章,善隶书,晓音律。骑射杂艺,触类兼善,又有巧思",关于其"晓音律",《南史》卷三十一《张裕传附张永传》记载了这样一段史实:"太极殿前钟声嘶,孝武尝以问永。永答钟有铜滓,乃扣钟求其处,凿而去之,声遂清越。"[5]由此可见张永对音乐的敏锐。张永是当时著名的音乐家,在中国音乐史上具有重要地位的专著《元嘉正声技录》,就出自其手。此书收录了汉、魏、六朝的相和歌材料,内容很丰富,对研究乐府中最重要的歌曲体裁相和歌的艺术形态和发展历史有重要参考价值。虽然此书已经失传,但宋人郭茂倩在《乐府诗集》中还引用了不少该书内容,如《乐府诗集》卷二十六《相和歌辞一》自《古今乐录》转引张永《元嘉正声技录》云:"相和有四引,一曰箜篌,二曰商引,三曰徵引,四曰羽引。"[6]这些记载为我们了解当时的音乐发展状况提供了珍贵的资料。

---

[1] 陈寿:《三国志》卷五十四《周瑜传》,中华书局1982年,第1265页。
[2] 刘义庆:《世说新语》卷下之上《任诞第二十三》,上海古籍出版社1993年余嘉锡笺疏本,第739—740页。
[3] 刘义庆:《世说新语》卷下之上《伤逝第十七》,上海古籍出版社1993年余嘉锡笺疏本,第639页。
[4] 李延寿:《南史》卷三十二《张邵传附张融传》,中华书局1975年,第834页。
[5] 李延寿:《南史》卷三十一《张裕传附张永传》,中华书局1975年,第805页。
[6] 郭茂倩:《乐府诗集》卷二十六《相和歌辞一》,中华书局1979年,第377页。

张永后裔中爱好音乐的很多,如其子张瓌在南齐建武末年告老还乡后"优游自乐",有人讥议他年老了还蓄养乐伎,张瓌曰:"我少好音律,老而方解。平生嗜欲,无复一存,唯未能遣此处耳。"[1]他晚年的唯一爱好是音乐,可见对音乐的感情是多么深厚。张瓌长兄张玮"善弹筝",甚至张永之妻刘氏也对弹筝颇有造诣。刘氏死后,其子张稷听张玮弹《清调》,想起母刘氏"先执此伎",于是"悲感顿绝,遂终身不听之"。[2]张稷被杀后,其子张嵊"不听音乐",以此来表示对张稷的纪念。张氏其余诸支也对音乐十分擅长,如张融"有孝义,忌月三旬不听乐"[3]。三旬不听乐都被史臣郑重地载入史册,可见张融爱好音乐的程度。

南齐时期,侨居于晋陵南沙(今常熟、张家港一带)的权臣王敬则之子王仲雄亦善弹琴,"当时新绝",在皇家的主衣库中有蔡邕留下的焦尾琴,齐明帝敕命将此琴"五日一给仲雄",王仲雄曾于齐明帝前鼓琴,作《懊侬曲歌》曰:"常叹负情侬,郎今果行许",由此齐明帝对王敬则"愈猜愧"。[4]

值得注意的是,当时的吴郡还出现了佛教音乐家,东晋孝武帝时期的虎丘山寺僧支昙籥就是其中的一位。据《法苑珠林》记载,支昙籥是月氏人,"特禀妙声,善于转读。尝梦天神授其声法,觉因裁制新梵响,清美四飞,却转反折还弄。虽复东阿先变,康会后造,始终巡还,未有如籥之妙"。支昙籥所制的六言梵呗传播甚广,"后进传写,莫匪其法"[5]。

唐代开元年间,苏州出现了一位名叫陶岘的音乐家。据唐人袁郊的《甘泽谣》载,陶岘为陶渊明的后裔,家于昆山,富有田产,经常泛舟于江湖间,有"水仙"之号。陶岘"通于八音,命陶人为甓,潜记岁时,敲取其声,不失其验"。他还撰写了《乐录》八章,"以定八音之得失",可见其音乐造诣。值得注意的是,陶岘还"有女乐一部,奏清商曲",[6]"女乐"即是家伎或家班之属,能够私人蓄养女乐,说明当时苏州一带的民间音乐已初具规模。

陶岘"女乐"所奏的"清商曲"为南朝以来江南地方乐曲,所谓"江左所传中原旧曲,《明君》《圣主》《公莫》《白鸠》之属,及江南吴歌、荆楚西声,总谓之清商乐"[7]。清商乐适合南方的风俗、习好、语音特点,因此在江南地区流行广泛,

---

[1] 萧子显:《南齐书》卷二十四《张瓌传》,中华书局1972年,第454—455页。
[2] 李延寿:《南史》卷三十一《张裕传附张稷传》,中华书局1975年,第817页。
[3] 萧子显:《南齐书》卷四十一《张融传》,中华书局1972年,第728页。
[4] 萧子显:《南齐书》卷二十六《王敬则传》,中华书局1972年,第485页。
[5] 道世:《法苑珠林》卷三十六,上海古籍出版社1991年,第287页。
[6] 袁郊:《甘泽谣》,中华书局1985年影印《丛书集成初编》本,第3页。
[7] 郭茂倩:《乐府诗集》卷四十四《清商曲辞一》,中华书局1979年,第638页。

其中吴歌尤其盛行。吴歌以歌颂爱情为主,婉转缠绵,清丽柔美,充满了生活气息,六朝以来,士大夫吸收了荆楚地区流行的"西曲"的长处,重新创作了一些琅琅上口的新民歌。据梁代沈约记载,"吴歌杂曲,并出江东,晋、宋以来,稍有增广"[1]。如曾经舍宅为虎丘寺的东晋中书令王珉就因与嫂子的一个善于唱歌的婢女有情,"爱好甚笃,嫂捶挞婢过苦"[2],婢素善歌,王珉好捉白团扇,所以就制作了《团扇歌》,以诉说男女之间因地位不同、爱情难以实现的苦衷。据《晋书》卷二十三《乐志下》载,东晋末年,王廞在吴郡起兵,临败时也制作了《长史变》歌传唱。此外民间也创作了不少新吴歌,如东晋初年,平阳襄陵(今山西临汾)人邓攸曾任吴郡太守,清正廉洁,颇得当地士人拥戴。在其称病离职时,因百姓数千人牵船挽留,致使到半夜时才开船离去。吴郡人并歌之曰:"纨如打五鼓,鸡鸣天欲曙。邓侯挽不留,谢令推不去。"[3]另外晋帝司马奕被权臣桓温废为海西公,徙居吴县,司马奕为保善终,在吴县谨小慎微,甚至有子也不抚养,免得被朝廷怀疑,当时人都很怜悯他,"为作歌焉"[4],这歌应该也是吴歌。

唐代建立后,清商乐列入宫廷十部乐之中,但由于远离南方,其特点渐趋泯灭,"乐章讹失,与吴音转远"。开元年间,江左旧工死亡殆尽,以北人而习吴音者也已凋零,太常歌工中只有李郎子能歌清商乐。李郎子的清商乐学于江都人俞才生,但因其为北方人,不擅吴音,所以其清商乐"声调已失",只能"雅歌曲辞"。为了改变这种情况,当时人刘贶认为"宜取吴人,使之传习"。但刘贶的建议可能没有被采纳,以至于"郎子亡去,清乐之歌遂阙"[5]。明人徐渭在《南词叙录》中亦记载:"隋唐正雅乐诏取吴人充弟子习之,则知吴之善讴者由来久矣。"[6]可见吴人在传承清商乐中的独特优势。

虽然北方宫廷中清商乐出现了诸多问题,但在苏州一带,清商乐仍然比较流行。李肇《唐国史补》记载当时江南一带的水上,"凡大船必为富商所有,奏商声乐"[7],可见当时在船上奏清商乐已经比较普遍。白居易在苏杭为刺史时对清商乐也非常欣赏,其诗中有"唯留一部清商乐,月下风前伴老身"[8]"一部清商

---

[1] 沈约:《宋书》卷十九《乐志一》,中华书局1974年,第549页。
[2] 沈约:《宋书》卷十九《乐志一》,中华书局1974年,第550页。
[3] 房玄龄等:《晋书》卷九十《邓攸传》,中华书局1974年,第2340页。
[4] 房玄龄等:《晋书》卷八《海西公纪》,中华书局1974年,第215页。
[5] 郭茂倩:《乐府诗集》卷四十四《清商曲辞一》,中华书局1979年,第639页。
[6] 徐渭:《南词叙录》,《续修四库全书》第1758册,上海古籍出版社1996—2003年影印本,第412页。
[7] 李肇:《唐国史补》卷下,上海古籍出版社1979年,第62页。
[8] 白居易:《白居易集》卷二十六《读鄂公传》,中华书局1979年,第584页。

聊送老,白须萧飒管弦秋"[1]"当时一部清商乐,亦不长将乐外人"[2]等句,可见其对苏州一带清商乐的喜欢。

安史之乱后,不少北方的宫廷乐工流落江南一带,正如白居易在《江南遇天宝乐叟》诗中云:"白头病叟泣且言,禄山未乱入梨园。能弹琵琶和法曲,多在华清随至尊。……从此漂沦落南土,万人死尽一身存。"[3]这些乐工把北方的乐舞也传入江南,苏州也不例外。[4]据南宋昆山人龚明之《中吴纪闻》卷五载:"昆山县西数里有村曰绰堆,古老传云,此乃黄幡绰之墓。至今村人皆善滑稽,及能作三反语。"[5]黄幡绰为唐玄宗时期的著名乐工,擅长表演参军戏,为唐玄宗所宠信。据唐人段安节《乐府杂录》记载:"拍板本无谱,明皇遣黄幡绰造谱。乃于纸上画两耳以进,上问其故,对:'但有耳道,则无失节奏也。'"[6]如今戏曲中的拍板又叫"绰板",即是因黄幡绰而来。安史之乱后,黄幡绰流落江南,把北方的参军戏也带到了苏州,据说昆曲即起源于此。明人魏良辅所著《南词引正》就记载:"腔有数样,纷纭不类,各方风气所限,有昆山、海盐、余姚、杭州、弋阳。……惟昆山为正声,乃唐玄宗时黄幡绰所传。"[7]清人刘亮采所辑《梨园原序·论四方音》则云:"至唐黄幡绰,昆山人,始变为昆腔,其取平上去入四声,正而无腔,字有肩,板有眼,阴阳清浊。"[8]明人徐渭的《南词叙录》甚至认为戏剧中"净"的角色就是"因明皇奉黄幡绰首而起"[9],可见其影响。黄幡绰葬地名绰墩山,附近的傀儡湖即是因数百年来周围村民演傀儡戏而得名、傀儡戏又名弄参军,应为黄幡绰从唐代宫廷传入江南。为纪念黄幡绰,当地人将其奉为昆曲的祖师,每年都有各地戏班汇聚绰墩山,搭台唱戏。

值得注意的是,秦汉至隋唐时期,今苏州一带的舞蹈也有所发展。《晋书》卷二十三《乐志下》记载,"拂舞,出自江左。旧云吴舞,检其歌,非吴辞也。亦陈于

---

[1] 白居易:《白居易集》卷三十一《池上闲咏》,中华书局1979年,第699页。
[2] 白居易:《白居易集》卷三十三《宅西有流水,墙下构小楼,临玩之时,颇有幽趣,因命歌酒,聊以自娱,独醉独吟,偶题五绝》,中华书局1979年,第760页。
[3] 白居易:《白居易集》卷十二《江南遇天宝乐叟》,中华书局1979年,第228页。
[4] 按:除了宫廷乐工,苏州一带还流落有宫廷乐器。韦应物为苏州刺史时,"有属官因建中乱,得国工康昆仑琵琶,至是送官,表奏入内。"见李肇《唐国史补》卷中,上海古籍出版社1979年,第35页。
[5] 龚明之:《中吴纪闻》卷五《绰堆》,中华书局1985年影印《丛书集成初编》本,第67页。
[6] 段安节:《乐府杂录》,中华书局1985年影印《丛书集成初编》本,第35页。
[7] 魏良辅:《南词引正》,吴新雷《中国戏曲史论》附录,江苏教育出版社1996年,第279页。
[8] 刘亮采:《梨园原序·论四方音》,吴新雷《中国戏曲史论》附录,江苏教育出版社1996年,第303—304页。
[9] 徐渭:《南词叙录》,《续修四库全书》第1758册,上海古籍出版社1996—2003年影印本,第414页。

殿庭。杨泓序云：'自到江南见《白符舞》，或言《白凫鸠舞》，云有此来数十年矣。察其辞旨，乃是吴人患孙皓虐政，思属晋也。'"[1]可见拂舞的产生及流行与今苏州所在的江南一带密不可分。

拂舞之外，江南当时还流行白纻舞，该舞起源于吴地，《晋书》卷二十三《乐志下》记载："《白纻舞》，案舞辞有巾袍之言。纻本吴地所出，宜是吴舞也。晋《俳歌》又云：'皎皎白绪，节节为双。'吴音呼绪为纻，疑白纻即白绪也。"[2]由此可知，白纻舞原是与吴地农作物纻麻有关的民间乐舞。纻麻用木棒捣后颜色愈白，质地愈软，因舞者穿着这种白色纻麻衣裳歌唱跳舞，故名白纻舞。郑樵在《通志》卷四十八《乐略第一》中云："《白纻歌》有《白纻舞》，《白凫歌》有《白凫舞》，并吴人之歌舞也。吴地出纻，又江乡水国自多凫鹜，故兴其所见以寓意焉。始则田野之作，后乃大乐氏用焉。"[3]范成大在《吴郡志》释"白纻舞"亦云："纻本吴地所出，宜是吴舞也。"[4]可见此类舞蹈与以苏州为中心的吴地的联系。

《乐府诗集》认为白纻舞之类的六朝杂舞，"始出自方俗，后寖陈于殿庭"[5]。可见白纻舞最初为民间乐舞，后来为乐官采撷并进行加工改造，成为宫廷宴舞。梁代吴郡人张率曾亲见此舞，并有《白纻歌》九首传世，其中有云："歌儿流唱声欲清，舞女趁节体自轻。歌舞并妙会人情，依弦度曲婉盈盈，扬蛾为态谁目成。""妙声屡唱轻体飞，流津染面散芳菲。俱动齐息不相违，令彼嘉客澹忘归，时久玩夜明星稀。""列坐华筵纷羽爵，清曲未终月将落。歌舞及时酒常酌，无令朝露坐销铄。"[6]生动地记载了白纻舞表演时的情景。

唐代北方的宫廷乐舞霓裳羽衣舞也传入苏州，霓裳羽衣舞融会了诗歌、音乐、舞蹈等多种艺术样式，是当时最著名的宫廷乐舞之一。霓裳羽衣舞之所以能够传入苏州，与白居易密切相关。白居易酷爱此舞，曾有诗云"千歌百舞不可数，就中最爱霓裳舞"，任杭州刺史时他就大力推行此舞，曾"教得霓裳一曲成"。到苏州任刺史时，"问有霓裳舞者无？答云七县十万户，无人知有霓裳舞"，因此白居易让好友元稹"唯寄长歌与我来，题作霓裳羽衣谱。四幅花笺碧间红，霓裳实

---

[1] 房玄龄等：《晋书》卷二十三《乐志下》，中华书局1974年，第713页。
[2] 房玄龄等：《晋书》卷二十三《乐志下》，中华书局1974年，第717—718页。
[3] 郑樵：《通志》卷四十九《乐略第一》，《景印文渊阁四库全书》第374册，上海古籍出版社1986—1990年影印本，第12页。
[4] 范成大：《吴郡志》卷二《风俗》，江苏古籍出版社1986年，第9页。
[5] 郭茂倩：《乐府诗集》卷五十三《舞曲歌辞二》，中华书局1979年，第766页。
[6] 郭茂倩：《乐府诗集》卷五十五《舞曲歌辞四》，中华书局1979年，第802页。

录在其中",然后让苏州歌妓李娟和张态,"亦拟随宜且教取",可见其热情之高。[1]白居易对霓裳羽衣舞的推广颇有效果,据南宋人龚明之的《中吴纪闻》记载,宋代范仲淹在游苏州府署木兰堂时,还作诗云:"堂上列歌钟,多惭不如古。却羡木兰花,曾见霓裳舞。"[2]可见其影响。

由于乐舞的发展,唐代苏州还出现了不少著名的歌舞伎,上述白居易提到的张娟和李态即是,其中最有名的是真娘和泰娘。据唐人李绅《真娘墓》诗序云,真娘是"吴之妓人,歌舞有名者",死后葬于虎丘寺前,"墓多花草,以满其上"。除李绅外,白居易、刘禹锡、罗隐、李商隐等著名诗人都曾为真娘墓题诗。李绅的《真娘墓》诗中有句云:"黛消波月空蟾影,歌息梁尘有梵声。"李商隐的《和人题真娘墓诗》中亦有句云:"胃树断丝悲舞席,出云清梵想歌筵。"真娘的歌舞之妙由此可以想见。泰娘"家本阊门西",是韦夏卿在苏州刺史任上所得的歌舞伎,容貌秀丽,擅长歌舞,"长鬟如云衣似雾,锦茵罗荐承轻步。舞学惊鸿水榭春,歌撩上客兰堂暮"。据刘禹锡记载,"泰娘本韦尚书家主讴者。初,尚书为吴郡,得之,命乐工诲之琵琶,使之歌且舞。无几何,尽得其术。居一二岁,携之以归京师。京师多新声善工,于是又捐去故技,以新声度曲,而泰娘名字往往见称于贵游之间。"韦夏卿死后,泰娘流落民间,后为蕲州刺史张愻所得,张愻后来贬死于武陵郡,泰娘颠沛流离,"地荒且远,无有能知其容与艺者,故日抱乐器而哭,其音燋杀以悲"[3]。刘禹锡为此特撰《泰娘歌》,对泰娘的不幸遭遇寄予了无限同情,成为刘禹锡的代表作之一。

第四节 教 育

一、秦汉苏州教育

秦始皇统一中国后,为了加强中央集权制度,采取了丞相李斯的建议,对春秋战国以来的私学进行了严厉禁止,甚至焚书坑儒,对文化教育事业造成了严重破坏。西汉建立后,废除了秦代对私学的禁令,比较重视地方的学校教育,曾多次颁布有关兴建地方官学的命令。汉武帝时曾下诏,"令天下郡国皆立学校

---

[1] 白居易:《白居易集》卷二十一《霓裳羽衣歌》,中华书局1979年,第458—460页。
[2] 龚明之:《中吴纪闻》卷一《木兰堂诗》,中华书局1985年影印《丛书集成初编》本,第14页。
[3] 刘禹锡:《刘禹锡集》卷二十七《泰娘歌(并引)》,上海人民出版社1975年,第244页。

官"[1]，初步建立了地方教育系统。汉元帝好儒，规定"郡国置《五经》百石卒史"[2]。汉平帝元始三年(3)，由王莽提倡和主持，颁布了地方官学制度。"郡国曰学，县、道、邑、侯国曰校。校、学置经师一人。乡曰庠，聚曰序。序、庠置《孝经》师一人。"[3]从郡县到乡聚，各级地方机构都有相应的学校设置。苏州所在的会稽郡当时可能也已经设置了这些教育机构，但因资料缺乏，对西汉时期当地的教育状况无法深入了解，但西汉二百多年间，会稽郡仅有严助、朱买臣和郑吉等寥寥数人入仕，从中可以反映出当时会稽郡教育水平的落后。

两汉之际，由于北方战乱，不少儒士纷纷避居江南。如更始元年(23)，任延为会稽都尉，"时天下新定，道路未通，避乱江南者皆未还中土，会稽颇称多士"[4]。西晋时期的大儒范平，为吴郡钱塘人，"其先铚侯馥，避王莽之乱适吴，因家焉"[5]。这些儒士的到来无疑对今苏州一带的教育事业起到了带动作用。

东汉时期，伴随着今苏州一带经济的发展，教育事业也逐渐发展起来。地方官员尊礼士人，对教育也非常重视，如任延任会稽都尉后，"聘请高行如董子仪、严子陵等，敬待以师友之礼"，对"志不降辱"的吴地士人龙丘苌，精心奉侍，终使其出仕，"是以郡中贤士大夫争往宦焉"。[6]《后汉书》卷三十六《张霸传》也载张霸于永元中为会稽太守，"表用郡人处士顾奉、公孙松等。奉后为颍川太守，松为司隶校尉，并有名称。其余有业行者，皆见擢用"。在此示范下，"郡中争厉志节，习经者以千数，道路但闻诵声"。[7]

会稽郡的地方教育机构在东汉初年已经比较完备，如会稽上虞人王充在其所著《论衡·自纪篇》中记载建武十年(34)，他八岁就学时，"书馆小僮百人以上"。会稽余姚人黄昌年少时，"居近学官，数见诸生修庠序之礼，因好之，遂就经学。又晓习文法，仕郡为决曹"[8]。当时吴郡和会稽尚未分治，由此可见会稽郡辖县已普遍有学校之设。

除了官学外，东汉时期今苏州一带还有一些儒生在民间办学传业，他们对江

---

[1] 班固：《汉书》卷八十九《循吏·文翁传》，中华书局1962年，第3626页。
[2] 班固：《汉书》卷八十八《儒林传》，中华书局1962年，第3596页。
[3] 班固：《汉书》卷十二《平帝纪》，中华书局1962年，第355页。
[4] 范晔：《后汉书》卷七十六《循吏·任延传》，中华书局1965年，第2460—2461页。
[5] 房玄龄等：《晋书》卷九十一《儒林·范平传》，中华书局1974年，第2346页。
[6] 范晔：《后汉书》卷七十六《循吏·任延传》，中华书局1965年，第2461页。
[7] 范晔：《后汉书》卷三十六《张霸传》，中华书局1965年，第1241—1242页。
[8] 范晔：《后汉书》卷七十七《酷吏·黄昌传》，中华书局1965年，第2496页。

南儒学的传播起到了重要作用。如两汉之际,著名学者桓荣"抱其经书与弟子逃匿山谷,虽常饥困而讲论不辍,后复客授江淮间"[1]。不少江南士人随其求学,吴郡人皋弘与之相善,多得其教诲。《后汉书》卷三十九《刘平传附王望传》亦载东汉初年,琅琊人王望曾"客授会稽"[2]。王充到京师求学,"后归乡里,屏居教授"[3]。会稽曲阿人包咸在王莽末年,"因住东海,立精舍讲授"[4]。

汉代今苏州一带也有不少士人外出求学。首先是到京师的太学求学。太学是两汉时期的中央官学,是政府集中培养统治人才的教育机构。太学的生源除了太常长官选送外,郡国也要推荐。《汉书》卷八十八《儒林传》载:"郡国县官有好文学,敬长上,肃政教,顺乡里,出入不悖,所闻,令相长丞上属所二千石。二千石谨察可者,常与计偕,诣太常,得受业如弟子。"[5]两汉时期今苏州一带先后所在的会稽郡和吴郡有不少人进入太学读书。如上述的王充"受业太学,师事扶风班彪。好博览而不守章句。家贫无书,常游洛阳市肆,阅所卖书,一见辄能诵忆,遂博通众流百家之言"[6]。包咸"少为诸生,受业长安,师事博士右师细君,习《鲁诗》《论语》"[7]。东汉初年吴郡由拳人张武也曾在太学受业。另有吴郡无锡人高彪,"家本单寒,至彪为诸生,游太学。有雅才而讷于言"[8]。高彪家庭"单寒",也能够被选入太学,可见当时太学选拔人才的范围之宽。

除了到京师求学外,还有人到其他地方跟随大儒游学。如东汉初年会稽山阴人赵晔,"少尝为县吏,奉檄迎督邮,晔耻于厮役,遂弃车马去。到犍为资中,诣杜抚受《韩诗》,究竟其术。积二十年,绝问不还,家为发丧制服。抚卒乃归"[9]。豫章郡南昌人程曾治《严氏春秋》,在家著书百余篇,为当时著名的大儒,顾雍之祖顾奉就曾居于其门下受业。东汉末年,广陵皇象寓居山阴,吴郡张温"来就象学,欲得所舍",而广陵人华融也寓居山阴,虽年少,但"美有令志",有人劝张温应跟随华融就学,张温后来就"遂止融家,朝夕谈讲"[10]。由此可见东汉时期今苏州一带士子外出求学的风气之盛。

---

[1] 范晔:《后汉书》卷三十七《桓荣传》,中华书局1965年,第1249页。
[2] 范晔:《后汉书》卷三十九《刘平传附王望传》,中华书局1965年,第1297页。
[3] 范晔:《后汉书》卷四十九《王充传》,中华书局1965年,第1629页。
[4] 范晔:《后汉书》卷七十九下《儒林·包咸传》,中华书局1965年,第2570页。
[5] 班固:《汉书》卷八十八《儒林传》,中华书局1962年,第3594页。
[6] 范晔:《后汉书》卷四十九《王充传》,中华书局1965年,第1629页。
[7] 范晔:《后汉书》卷七十九下《儒林·包咸传》,中华书局1965年,第2570页。
[8] 范晔:《后汉书》卷八十下《文苑·高彪传》,中华书局1965年,第2649页。
[9] 范晔:《后汉书》卷七十九下《儒林·赵晔传》,中华书局1965年,第2575页。
[10] 陈寿:《三国志》卷六十四《吴书·孙綝传》注引《文士传》,中华书局1982年,第1446—1447页。

两汉时期官吏选拔的主要制度是察举制,由地方长官在辖区内随时考察、选取人才并推荐给上级或中央,经过试用考核再任命官职。察举的主要科目有孝廉、贤良文学、茂才等。两汉时期今苏州一带有不少人被荐举。上述的包咸、张武、高彪均曾被地方郡守举为孝廉。会稽阳羡人许武,在东汉初年曾被太守第五伦举为孝廉,其弟许晏、许普也"并得选举"[1],许武的孙子许荆也被举为孝廉。另外吴郡人陆褒"力行好学,不慕荣名"[2],被多次征辟不就。陆褒子陆康年轻时在吴郡任职,"以义烈称",后被刺史臧旻举为茂才。察举制度对文化素质有非常高的要求,能有这么多人才被推荐出去,可见当时苏州一带的教育水平已经有了相当大的进步。

东汉时期,伴随着吴郡一带经济文化的发展,世家大族开始出现。如吴郡陆氏中的陆闳,在东汉初年的建武中就仕至尚书令,并得到了光武帝的赏识。到其孙陆续时,《后汉书》就记载"世为族姓"。东汉时吴郡人皋弘"代为冠族"。顾氏"世为南土著姓"。到东汉末年,吴郡的顾、陆、朱、张并称为吴郡四姓,成为势力显赫的大族。这些大族在地方享有政治、经济特权,在汉代以经术取仕的政策下,这些家族开始重视文化,教育子弟,以便能够顺利出仕,逐渐演化为文化世族。东汉时期,吴郡所出的士人及其文化业绩,绝大部分都来自上述的大族子弟,这些大族的家庭教育在当时的吴郡教育事业中占有非常重要的地位。

二、六朝苏州教育

六朝时期是吴郡教育发展的重要时期,官学、私学及家族教育都非常兴盛,为吴郡文化的飞速发展奠定了坚实基础。

孙吴政权的开创者孙权十分重视教育,早在屯吴时期,就极力劝学,据《江表传》载,孙权曾对手下大将吕蒙和蒋钦等人说:"卿今并当涂掌事,宜学问以自开益。"吕蒙辞以军务繁忙,无暇问学,孙权对吕蒙讲了一大段道理:"孤岂欲卿治经为博士邪?但当令涉猎见往事耳。卿言多务孰若孤?孤少时历《诗》《书》《礼记》《左传》《国语》,惟不读《易》。至统事以来,省三史、诸家兵书,自以为大有所益。如卿二人,意性朗悟,学必得之,宁当不为乎?宜急读《孙子》《六韬》《左传》《国语》及三史。孔子言'终日不食,终夜不寝以思,无益,不如学也'。光武当兵马之务,手不释卷。孟德亦自谓老而好学。卿何独不自勉勖邪?"由此可见

---

[1] 范晔:《后汉书》卷七十六《循吏·许荆传》,中华书局1965年,第2471页。
[2] 范晔:《后汉书》卷八十一《独行·陆续传》,中华书局1965年,第2683页。

孙权对教育的重视。在孙权的引导下,吕蒙开始就学,"笃志不倦,其所览见,旧儒不胜",取得了很大成绩,"学识英博",后鲁肃见之,有"非复吴下阿蒙"之叹。蒋钦也取得了很大成绩,孙权后来赞扬两人曰:"人长而进益,如吕蒙、蒋钦,盖不可及也。富贵荣显,更能折节好学,耽悦书传,轻财尚义,所行可迹,并作国士,不亦休乎?"[1]孙权的大力提倡,对吴郡的教育事业应该是起到了促进作用。

六朝的其他朝代也采取了不少兴办教育的措施。如东晋孝武帝太元九年(384),尚书谢石上书请求恢复国学,建议州郡普修乡校,被孝武帝采纳,并选公卿二千石子弟为学生。刘宋时期的宋武帝、文帝及明帝都曾颁布兴学诏,发展国子学和地方官学。齐武帝永明三年(485)正月,"诏立学,创立堂宇,召公卿子弟下及员外郎之胤,凡置生二百人。其年秋中悉集"[2]。天监四年(505)及天监八年(509),梁武帝两次下诏兴修学馆,设国子博士。陈朝建立后,陈文帝也接受了沈不害请立国学的建议,设立太学。

除了在都城设立太学外,六朝时期的地方官学也发挥了不少作用。吴郡当时就有乡校之设,如南齐时吴郡盐官人顾欢,"乡中有学舍,欢贫无以受业,于舍壁后倚听,无遗忘者"[3]。陈时吴郡盐官人顾越,"所居新坡黄冈,世有乡校,由是顾氏多儒学焉"[4]。可见吴郡的盐官乡校自齐至陈一直是存在的,并切实发挥了作用,由此可以蠡测乡校在吴郡地区的发展情况。

官学之外,私学在吴郡一带也比较普遍,不少人在吴郡讲学,也有吴郡人到外地跟随大儒问学。东晋时吴郡人范蔚,"家世好学,有书七千余卷。远近来读者恒有百余人,蔚为办衣食"[5]。可见当时其家的私学规模之大。上述的南齐吴郡盐官人顾欢在二十多岁时,跟随豫章大儒雷次宗"谘玄儒诸义",后来在剡县的天台山开馆聚徒,"受业者常近百人"。陈时的吴郡人孙玚即使在出镇郢州时,还"常于山斋设讲肆,集玄儒之士,冬夏资奉,为学者所称"。[6]由此可见当时吴郡私学之盛行。

六朝时期吴郡也出现了不少著名学者,其中有多人担任国学显职,甚至赴海外讲学。宋齐之际的吴郡张绪长于《易》学,"言精理奥,见宗一时"[7],长期担

---

[1] 陈寿:《三国志》卷五十四《吴书·吕蒙传》注引《江表传》,中华书局1982年,第1274—1275页。
[2] 萧子显:《南齐书》卷九《礼志上》,中华书局1972年,第143页。
[3] 萧子显:《南齐书》卷五十四《高逸·顾欢传》,中华书局1972年,第928页。
[4] 姚思廉:《陈书》卷三十三《儒林·顾越传》,中华书局1972年,第445页。
[5] 房玄龄等:《晋书》卷九十一《儒林·范平传》,中华书局1974年,第2347页。
[6] 姚思廉:《陈书》卷二十五《孙玚传》,中华书局1972年,第321页。
[7] 萧子显:《南齐书》卷三十三《张绪传》,中华书局1972年,第601页。

任国子祭酒一职。南齐时期的吴郡陆澄,"少好学,博览无所不知,行坐眠食,手不释卷"[1],有"书厨"之称,为一代硕学鸿儒,先后担任国子博士和国子祭酒。梁天监四年(505),置五经博士,广开学馆,吴郡陆琏与吴兴沈峻等五人被梁武帝任命为博士,各主持一学馆进行教学活动,稍后的吴郡人张及亦官至五经博士。梁末吴郡人陆诩少习崔灵恩《三礼义宗》,精于礼学,当时百济国上表,求讲礼博士,诏令陆诩前往讲学。[2]同时的吴郡戚衮也精于《礼》学,"梁简文在东宫,召衮讲论"[3],曾为太学博士及国子助教等职,著有《三礼义记》《礼记义》等。陈时的吴郡顾越精通《毛氏诗》,后为国子博士,深受器重,担任东宫侍读。[4]陈时还有吴郡人全缓,精于《周易》《老》《庄》,"时人言玄者咸推之"[5]。

六朝时期吴郡还出现了不少宗教私学,这些私学除了教内人士外,也向教外学者开放。如吴郡著名道士杜京产"闭意荣宦,颇涉文义,专修黄、老",他曾于"始宁东山开舍授学",还请著名学者刘瓛"至山舍讲书,倾资供待",其子杜栖"躬自屣履,为瓛生徒下食"。[6]梁时大儒何胤在吴郡,"居虎丘西寺讲经论,学徒复随之,东境守宰经途者,莫不毕至"[7]。陈时吴郡陆德明曾随大儒张讥问学,一起跟随张讥学习的还有僧人和道士等。由此可见当时僧俗之学的相通。

六朝时期吴郡的女性也在教育中起到重要作用。如孙坚吴夫人为吴县人,为孙坚生下孙策、孙权等四子一女。因孙坚长期在外征战,并且三十七岁时就英年早逝,因此教育子女主要靠吴夫人。史载吴夫人"抚育孤幼,严于母训"。正是在吴夫人的悉心教导下,孙氏兄弟后来才得以脱颖而出,名闻天下,以至于当时的枭雄如袁术、曹操等人都对其赞不绝口。史载袁术常常艳羡道:"使术有子如孙郎(策),死复何恨!"[8]而曹操也曾发出过"生子当如孙仲谋(权),刘景升(表)儿子若豚犬耳!"的著名感叹。[9]南齐时吴郡张冲之母为名士戴颙女,"有仪范,张氏内取则焉"[10]。可见张冲之母在家庭教育中所起的作用。

值得一提的是宋齐时吴郡女子韩兰英,"妇人有文辞",在宋孝武帝时因献

---

[1] 萧子显:《南齐书》卷三十九《陆澄传》,中华书局1972年,第681页。
[2] 姚思廉:《陈书》卷三十三《儒林·陆诩传》,中华书局1972年,第442页。
[3] 姚思廉:《陈书》卷三十三《儒林·戚衮传》,中华书局1972年,第440页。
[4] 姚思廉:《陈书》卷三十三《儒林·顾越传》,中华书局1972年,第445页。
[5] 姚思廉:《陈书》卷三十三《儒林·全缓传》,中华书局1972年,第443页。
[6] 萧子显:《南齐书》卷五十四《高逸·杜京产传》,中华书局1972年,第942页。
[7] 姚思廉:《梁书》卷五十一《处士·何胤传》,中华书局1973年,第738页。
[8] 陈寿:《三国志》卷四十六《吴书·孙破虏讨逆传》,中华书局1982年,第1101—1102页。
[9] 陈寿:《三国志》卷四十七《吴书·吴主传》注引《吴历》,中华书局1982年,第1119页。
[10] 李延寿:《南史》卷三十二《张邵传附张冲传》,中华书局1975年,第827页。

《中兴赋》被赏入宫,后为宫中职僚,南齐武帝时以为博士,教六宫书学,"以其年老多识,呼为韩公"[1]。以女子之身被授为博士,从事教育,为六朝史上所罕见。

三、隋唐苏州教育

隋唐是我国古代教育的大发展时期,从中央到地方,都有着比较完备的教育体系。当时的多数君主都提倡兴学,重视学校建设。[2]隋文帝开皇四年(584),"诏天下劝学行礼"[3],设立州县学。炀帝大业初年重视州县学的发展,《隋书》卷七十五《儒林传》载:"炀帝即位,复开庠序,国子郡县之学,盛于开皇之初。"[4]唐承隋制,高祖武德七年(616),下诏全国各州县及乡立学,明确设立学校的范围到乡一级基层,苏州地区的官学教育此时也有了较大发展。官学以外,苏州的私学在隋唐时期也很兴盛。

隋唐时期的地方官学主要分为州学和县学。当时国家规定的州县学主要有两种,一种是为国家和地方培养人才而学习正统儒家思想的州县经学。一般州经学学生人数在40至60人,县经学学生为20至40人。另一种是为地方培养医务人员的州医学,学生人数在10至15人。无论是州县经学还是州医学,大多均设有博士和助教。[5]开元二十六年(738)正月,唐玄宗诏天下州县每一乡之内,各设立一所学校,并为学校挑选师资,以提高教学水平,说明已经意识到学校教育的对象不仅仅只是士大夫的子弟,一般乡村有钱人的子弟亦应纳入其中。[6]从现有的史料记载来看,自陈灭亡后,苏州地区的教育体系基本就建立起来了。据《隋书》卷七十六《潘徽传》载,吴郡人潘徽习经于诸家,而兼擅三史,为时

---

[1] 萧子显:《南齐书》卷二十《武穆裴皇后传附韩蔺英传》,中华书局1972年,第392页。按:韩蔺英,一作韩兰英。
[2] 韩昇在《科举制与唐代社会阶层的变迁》一文中认为,魏晋动乱造成了学术的家族化,国家如欲获得普遍的公认,就必须取得文化的优势和主导权,因此有远见者无不竭尽全力办学兴教。见《厦门大学学报》1999年第4期。
[3] 魏徵、令狐德棻:《隋书》卷一《高祖纪上》,中华书局1973年,第19页。
[4] 魏徵、令狐德棻:《隋书》卷七十五《儒林传》,中华书局1973年,第1707页。
[5] 刘昫:《旧唐书》卷四十四《职官志三》,中华书局1975年,第1917—1921页。按:地方州经学方面,上州学生60人,设经学博士(从八品下)1人,助教2人;中州学生50人,设经学博士(正九品上)1人,助教1人;下州学生40人,设经学博士1人(正九品下),助教1人。地方县经学方面,其中上县学生40人;中县及中下县学生25人;下县学生20人。县无论等级,均设博士1人,助教1人。地方州医学方面,上州学生15人,设医学博士(正九品下)1人,助教1人;中州学生12人,设医药博士(从九品下)1人,助教1人;下州学生10人,设医学博士(从九品下)1人。
[6] 张剑光:《唐宋之际吴地学校教育的创新发展》,《吴文化与创新文化》,凤凰出版社2009年,第293页。

人所重。陈亡,被辟为州博士,可能就是苏州的州学教师。《资治通鉴》卷一八二还记载,炀帝大业九年(613)八月,昆山县博士朱燮,与数十学生一起起兵反隋,由此可见当时昆山也已经有了县学。贞观以后,地方州县普遍设立孔庙,称文宣王庙,祭祀儒家圣贤,因为孔庙常常与州、县学相连,形成了"庙以崇先圣,学以明人伦,郡邑庙学大备于唐"[1]的盛况。

但从武则天时代开始,官学就渐渐衰微,《旧唐书》卷一八九上《儒学上》就记载武则天称制后,"生徒不复以经学为意,唯苟希侥倖。二十年间,学校顿时隳废矣"[2]。官学衰微的重大原因是科举的兴起,当时最为人所重视的是进士科的诗赋之学,但官学教授内容主要以儒家经典为主,所谓"搜章摘句,不足以立功"[3]。北宋苏州人朱长文也认为:"唐之文物盛矣,而尚赋以取人,世薄经术,以文辞相夸。夫文所以宣志也,观其文则志可瘦哉。故元臣硕老,多由辞科以出。"[4]安史之乱爆发以后,中央与地方官学废毁更甚,"儒硕解散,国学毁废,生徒无鼓箧之志,博士有倚席之讥"[5]。当时全国范围内官学的零落由此可见。

值得注意的是,苏州的官学却办得有声有色,这得力于苏州地方官员举办教育的不遗余力,比较典型的有刺史李栖筠和昆山县令王纲。李栖筠为苏州刺史兼浙西都团练观察使时,非常重视教育,为州学增"学庐",扩大规模,还延聘名儒河南褚冲、吴何员等前来执教,李栖筠并"超拜学官为之师,身执经问义",在其身体力行下,苏州州学得到长足发展,"远迩趋慕,至徒数百人"[6]。上州州学按规定只能有学生60人,苏州州学的学生人数达到数百人之多,可见其兴盛。

苏州的县学也很发达。如昆山县学就有文宣王庙,庙堂后有学室,后毁于兵燹。代宗大历九年(774),太原王纲以大理寺直兼昆山县令,认为"夫化民成俗,以学为本,是而不崇,何政之为?"于是重修县学,"大启宇于庙垣之右,聚五经于其间。以邑人沈嗣宗躬履经学,俾为博士。于是遐迩学徒,或童或冠,不召而至,如归市焉"。王纲在公务之余,"往敷大猷以耸之,博考明德以翼之。优而柔之,使自求之。揭而厉之,使自趋之"。在王纲的身体力行之下,昆山形成了浓厚的好学风尚,"父笃其子,兄勉其弟。其不被儒服而行,莫不耻焉"[7]。时人梁肃为

---

[1] 单庆:至元《嘉禾志》卷七《学校》,《宋元方志丛刊》第5册,中华书局1990年影印本,第4459页。
[2] 刘昫:《旧唐书》卷一八九上《儒学上》,中华书局1975年,第4942页。
[3] 欧阳修、宋祁:《新唐书》卷一五三《段秀实传》,中华书局1975年,第4847页。
[4] 范成大:《吴郡志》卷四《学校》,江苏古籍出版社1986年,第29页。
[5] 李绛:《请崇国学疏》,《全唐文》卷六四五,中华书局1983年,第6530页。
[6] 欧阳修、宋祁:《新唐书》卷一四六《李栖筠传》,中华书局1975年,第4736页。
[7] 梁肃:《昆山县学记》,《全唐文》卷五一九,中华书局1983年,第5275页。

此特撰《昆山县学记》,详细记载了昆山县学的重建过程,从中可以看出当时的苏州地方官员和耆老对办学兴教的重视和支持。该文是现存极为稀见的唐代县学文献,弥足珍贵。

与苏州的官学相比,苏州的私学教育更为发达。私学包括各种非官方的传授方式,其中最主要的是家学。[1]苏州是文化士族聚集地,长期以来,不仅大族内部学术传承不断,而且大族间也是相互传承,有时还惠及乡里。如吴郡顾氏是当时著名的学术世家,家族支系遍及吴郡所辖诸县,世代致力于开办私学,传授儒业,培养人才。如南朝梁陈之际的顾野王是一代大儒,长期致力于学术传授,隋唐初的一些江南籍名臣曾跟随其学习儒经,贞观时期的弘文馆学士虞世南,"少与兄世基受学于吴郡顾野王,经十余年,精思不倦"[2]。唐初的太常博士陆士季,"从同郡顾野王学《左氏传》,兼通《史记》《汉书》"[3]。又如贞观时的弘文馆学士吴人朱子奢,青年时期曾"从乡人顾彪授《左氏春秋》,善文辞"[4]。事实上,自南朝以来江东文风大兴,士人求学形式多途。如仕宦三朝的鸿儒陆德明,就曾先后师从于名儒周弘正和张讥,以故善言玄理。为隋炀帝器重的吴郡人潘徽,"少受《礼》于郑灼,受《毛诗》于施公,受《书》于张冲,讲《庄》《老》于张讥,并通大义。尤精《三史》。善属文,能持论"[5]。

深厚的文化积累是世家大族维持家门不坠的重要基础,因此大族普遍重视对子弟的教育,形成了各具特色的家学。南朝政权的灭亡虽然使得江东士族丧失了原有的地位,但隋唐统治者的尊崇文学,又使他们有了充分施展才华的舞台。[6]志在重振家声的世家大族要避免家族的衰落,只有继承和发展家学文化传统,即所谓"以文承祖,以经传代"[7]。同时,像苏州的归崇敬、沈既济等所在的新兴家族,他们的父祖辈大多数凭借文学才能或博通经史以科举入仕,成为政治上的新贵,他们利用所建立起来的家学传统和获得的政治权力,使后代跻身仕途,从而保持家族政治地位的累世不衰。[8]在朝廷鼓励民间发展私学的情况下,

---

[1] 关于江东地区的家学问题可参见顾向明《唐代太湖地区家学初探》(《历史教学问题》1991年第5期);关于江东地区的私学教育形式可参见景遐东、王后卿《唐代江南地区的私学教育述论》(《沙洋师范高等专科学校学报》2005年第2期)。
[2] 刘昫:《旧唐书》卷七十二《虞世南传》,中华书局1975年,第2565—2566页。
[3] 刘昫:《旧唐书》卷一八八《陆南金传》,中华书局1975年,第4932页。
[4] 欧阳修、宋祁:《新唐书》卷一九八《儒学上》,中华书局1975年,第5647页。
[5] 魏徵、令狐德棻:《隋书》卷七十六《潘徽传》,中华书局1973年,第1743页。
[6] 李浩:《唐代三大地域文学士族研究》,中华书局2002年,第82页。
[7] 李纾:《故中书舍人吴郡朱府君神道碑》,《全唐文》卷三九五,中华书局1983年,第4019页。
[8] 顾向明:《唐代太湖地区家学初探》,《历史教学问题》1991年第5期。

苏州地区的家学教育获得了前所未有的发展。吴郡的张氏和陆氏两大家族,是其中比较典型的代表。

吴郡张氏以文学、经学、书法著称。昆山张后胤家族,为江南经学世家,其父张冲为南朝国子博士,著有《春秋义略》及《孝经义》《论语义》等经学著作。如《新唐书》卷一九八《儒学上》载,张后胤"以学行禅其家"[1],为李世民讲授《春秋》。其孙张承休,举贤良方正,为恒州长史,"传家业艺,希言笃行,去华崇实,非法不由,非礼不动,精于物理,敏于从政"[2]。其曾孙张镒,德宗朝官至宰相,撰有《三礼图》《五经微旨》《孟子音义》等。吴郡陆氏在经史、文学、书法等方面均有显著的家学优势。陆士季,入唐后为太学博士、弘文馆学士。其子陆元感,"少传其学,老而无倦,此《易》所谓'干父之蛊',《诗》所谓'聿修厥德'者也"[3]。其孙南金,开元间为奉礼郎,"颇涉经史,言行修谨,左丞相张说及宗人太子少保(陆)象先皆钦重之"[4]。而这种家学传承,还影响着越来越多的新贵家族,使他们注重建立家学传统,中晚唐苏州科举世家的大量涌现就反映了这一事实。

隋唐时期苏州的家学教育,还通过大族间姻亲等方式表现出来。这不仅使得他们的家学优势得到扩大,也使得他们能够在政治上相互提携。如会稽贺知章与吴郡陆象先是姑表兄弟,故其仕途多得象先引荐,遂得通达。[5]又如吴郡陆柬之,为越州虞世南外甥,少学于世南,晚年有"出蓝"之誉。陆柬之子陆彦远,承父书法,人称"小陆"。陆彦远外甥张旭,又学书于彦远,为盛唐草书名家,时称"张颠"。陆柬之侄孙景融"博学,工笔札",也以工书著称。至晚唐景融四世孙陆希声,复振家法,精于正书,为一时之绝。正是由于越州虞氏、吴郡陆氏、张氏之间存在着紧密的姻亲关系,才使得书法这一家学优势在三个家族之间得以延续和扩展,这成为江南大族文化兴盛不衰的内在原因。[6]

除了传统大族外,苏州一些普通家族的家学传承也值得关注。如吴县的沈传师家族原非大族,沈传师之父沈既济在唐代宗时曾任礼部员外郎,《旧唐书》

---

[1] 欧阳修、宋祁:《新唐书》卷一九八《儒学上》,中华书局1975年,第5650页。
[2] 张说:《恒州长史张府君墓志铭》,收入周绍良主编《全唐文新编》卷二三一,吉林文史出版社1999年,第2611页。
[3] 靳翰:《大唐故朝散大夫护军行黄州司马陆府君墓志铭》,《全唐文》卷二七九,中华书局1983年,第2826页。
[4] 刘昫:《旧唐书》卷一八八《陆南金传》,中华书局1975年,第4932页。
[5] 刘昫:《旧唐书》卷一九〇中《文苑中》,中华书局1975年,第5033页。
[6] 景遐东:《江南文化与唐代文学研究》,人民文学出版社2005年,第179页。

载其"博通群籍,史笔尤工"[1],德宗时曾为左拾遗、史馆修撰,主持修撰《建中实录》十卷,他还是中唐时期著名的传奇小说家,代表作有《枕中记》《任氏传》等。受家学影响,沈传师亦长于史学,曾参与修撰《顺宗实录》《宪宗实录》,并著有《元和辩谤略》等。后历任湖南、江西观察使,为官清廉。其子沈枢、沈询秉承家业,有名于时,后来都进士及第。

再如长洲归氏中的归崇敬,"治礼家学,多识容典"[2],曾举明经,天宝中又举博通坟典科,对策第一。其子归登,代宗大历中举孝廉,德宗贞元间又登贤良科。其孙归融,宪宗元和七年(812)进士及第,文宗朝为翰林学士。其曾孙归仁绍兄弟二人先后为状元,其玄孙归黯也进士及第。由此可见其家族家庭教育的发达。

安史之乱爆发后,大批士人避乱移居苏州一带,也带动了当地私学的发展。天宝末至大历间,啖助由关中客游江南,因安史之乱爆发留居于此,后在江南传其《春秋》之学,形成江南私学中的重要学派,吴郡陆质即为其得意弟子。苏州朱巨川曾师事著名文学家独孤及,苏州李观亦从学于独孤及弟子梁肃。杨收本为同州冯翊人,"家世为儒",其父杨遗直"客于苏州,讲学为事,因家于吴"。[3]杨遗直在苏州以讲学为业,当为私塾性质。后来因此举家迁居苏州。杨氏一族擅长儒学和文学,有"修行杨家"之称。杨收及其兄弟杨发、杨假、杨严四人均进士及第,杨收之子杨鉴、杨钜、杨镳、杨发之子杨乘、杨严之子杨涉、杨注后来也均中进士,可见其家向学之盛。

在当时的家庭教育中,女性也占据着重要地位,尤其是在男性家长早逝,家境不济,难以让子弟入官学又请不起私人教师的情况下,女性(主要是母亲)往往亲自承担教育子弟的责任。如陆善经女陆氏,据白居易《唐赠尚书工侍郎吴郡张公神道碑铭》记载,陆氏贤明有法度,嫁同郡张誡,生三子:平仲、平叔、平季。张誡去世,"诸子尚幼,夫人勤求衣食,亲执诗书,讽而导之,咸为令子。又常以公遗志,择其子而付之"。张平叔"能振才业,致名位,追爵命,揭碑表,继父志,扬祖德",仕至唐穆宗户部侍郎。白居易在记叙其子平叔的成就后,对陆氏的教诲之功进行了热情赞扬:"亦由夫人慈善教诱之德,浸渍而成就之,不其然乎。"[4]

---

[1] 刘昫:《旧唐书》卷一四九《沈传师传》,中华书局1975年,第4034页。
[2] 欧阳修、宋祁:《新唐书》卷一六四《归崇敬传》,中华书局1975年,第5040页。
[3] 刘昫:《旧唐书》卷一七七《杨收传》,中华书局1975年,第4595页。
[4] 白居易:《白居易集》卷四十一《唐赠尚书工侍郎吴郡张公神道碑铭》,中华书局1979年,第910页。

陆氏在诸子年幼时承担训教子弟的责任，而且教育非常成功。苏州杨收七岁丧父，母长孙夫人知书，亲自为杨收授学。杨收聪颖秀出，十三岁即"略通诸经义，善于文咏，吴人呼为'神童'……每良辰美景，吴人造门观神童，请为诗什，观者压败其藩。收嘲曰：'尔幸无羸角，何用触吾藩。若是升堂者，还应自得门。'"[1]杨收后进士及第，咸通中充翰林学士，又居相位。这种家学传统在杨家的下一代得到继承发扬。杨收兄杨发之女杨子书："自童年则不随稚辈游戏……诸兄所习史氏经籍子集文选，必从授之，览不再绎，尽得理义。勤于隶学，巧于女功。"[2]杨子书从小就与兄弟一起学习，自然会为其将来子女的教育打下基础。杨收之父杨遗直客于苏州，以讲学为生，杨家当时应为普通士人家庭，但其女性成员依然具有很好的诗书文化素养，并能进行子女启蒙与诗书教育，由此亦可管窥唐代苏州一带的整体教育水平。

隋唐时期苏州还出现了几位有影响的教育家。吴县人陆德明在隋炀帝初年被任命为秘书学士，不久升为国子助教。王世充僭号后，封其子为汉王，聘陆德明为师，"就其家，将行束脩之礼"。但陆德明耻于与其为伍，"因服巴豆散，卧东壁下。王世充子入，跪床前，对之遗痢，竟不与语"。王世充被平定后，陆德明被征召为秦王府文学馆学士，并出任中山王承乾的老师，不久补为太学博士。唐高祖李渊到国子监巡察，"时徐文远讲《孝经》，沙门惠乘讲《波若经》，道士刘进喜讲《老子》，德明难此三人，各因宗指，随端立义，众皆为之屈"[3]。唐高祖大为赏识，赐帛五十匹。贞观初年，陆德明升任国子博士。苏州人陆士季在隋末为越王侗记室兼侍读，贞观初年，为太学博士，兼弘文馆学士。吴县人朱子奢在唐初历任国子助教、国子监司业等职，长期在国子监讲学。昆山人张后胤隋末在并州向唐太宗讲授《左传》，太宗即位后，迁国子祭酒。苏州嘉兴人徐岱在德宗贞元间充皇太子及舒王以下侍读，负责皇室子弟的学习。苏州人陆质在德宗时也曾为国子博士，顺宗即位后为皇太子侍读。另一苏州人丁公著在宪宗时也曾担任皇太子及诸王侍读，并总结其教育经验，著有《皇太子及诸王训》十卷。

---

[1] 刘昫：《旧唐书》卷一七七《杨收传》，中华书局 1975 年，第 4597—4598 页。
[2] 杨检：《唐故岭南节度使右常侍杨公女子书墓志》，收入周绍良编《唐代墓志汇编》，上海古籍出版社 1992 年，第 2491 页。
[3] 刘昫：《旧唐书》卷一八九上《儒学上》，中华书局 1975 年，第 4945 页。

大事记

秦王政二十五年（前222）　秦将王翦悉定楚江南地，降百越之君，置会稽郡，并置吴县为郡治。另置娄县，属会稽郡。

秦始皇二十七年（前220）　治驰道于天下，东穷燕、齐，南极吴、楚。

秦始皇三十七年（前210）　秦始皇东巡会稽，还过吴县，登姑苏台。

秦二世元年（前209）　九月，下相人项梁、项羽叔侄杀会稽郡守殷通，得精兵八千人，起兵于吴。

秦二世二年（前208）　二月，项梁、项羽率军渡江北上攻秦。秋，项羽率军在钜鹿之战中消灭秦军主力。

汉高祖元年（前206）　二月，项羽自立为西楚霸王，王梁、楚地九郡，都彭城。

本年，项羽以故吴令郑昌为韩王，以拒汉。

汉高祖五年（前202）　十二月，项羽败于垓下，自刎死。汉将灌婴乘胜渡江，破吴郡长吴下，得吴守。

汉高祖六年（前201）　正月，分楚王信地为二国，以淮东五十三县立从兄刘贾为荆王，都吴。

汉高祖十一年（前196）　十二月，淮南王英布起兵反汉，东并荆王刘贾地，刘贾被杀，荆国亡。

汉高祖十二年（前195）　十月，刘邦讨灭英布。以荆王刘贾无后，患吴、会稽轻悍，无壮王以填之，更荆国为吴国，立侄刘濞为吴王，王三郡五十三城，国都从吴县移至广陵。

汉文帝前元九年（前171）　会稽并故鄣郡，太守由吴县迁治故鄣，都尉迁治山阴。

汉文帝前元十六年（前164）　会稽太守归治吴县，都尉迁治钱唐。

汉景帝前元三年（前154）　汉政府削吴国会稽、豫章郡书至，吴王刘濞起兵反汉。

汉武帝建元三年（前138）　闽越北击东瓯，遣中大夫严助发会稽郡兵渡海

汉武帝元狩元年(前122) 淮南王刘安、衡山王刘衡谋反,吴人严助受牵连被弃市。

汉武帝元狩四年(前119) 徙关东贫民七十二万五千口于陇西、北地、西河、上郡、会稽五郡。

汉武帝元鼎六年(前111) 秋,东越王馀善反,攻杀汉将吏,遣横海将军韩说、中尉王温舒出会稽征讨。

汉元帝永光四年(前40) 匠门外信士里东广平地的刘氏宗庙被拆除。

汉平帝元始二年(2) 会稽郡有223 038户,1 032 604口。吴人皋伯通筑塘以障太湖。

王莽始建国元年(9) 外戚王莽篡汉,改国号为新,改吴县为泰德,改娄县为娄治。

王莽天凤四年(17) 临淮人瓜田仪在会稽长州(今苏州一带)起义,所部达万余人。

王莽地皇二年(21),王莽乘瓜田仪死,特求其尸葬之,为起冢、祠室,并谥为瓜宁殇男,但其部众无肯降者。

刘玄更始元年(23) 王莽伏诛,后吴县和娄县恢复旧称。会稽太守府大殿被太守许时所烧。大司马属官任延出任会稽都尉。

光武帝建武十三年(37) 扬、徐部大疾疫,会稽、江左甚。

汉光武帝建武二十九年(53) 第五伦为会稽太守,在郡十年,勤政爱民。

汉明帝永平十三年(70) 楚王英被人以谋反罪告发,汉明帝穷治楚狱,阿附坐死、徙者以千数,而系狱者尚数千人。会稽太守尹兴也牵涉于此,兴及掾史五百余人诣廷尉就考,诸吏不胜掠治,死者大半;惟门下掾吴人陆续、主簿梁宏、功曹史驷勋,备受五毒,肌肉消烂,终无异辞。

汉安帝元初六年(119) 夏四月,会稽大疫。

汉顺帝永建四年(129) 东汉政府分会稽郡为会稽和吴郡,吴县为吴郡郡治。

汉顺帝永建六年(131) 春二月,侍御史吴郡沈景有强能,擢为河间相。

汉顺帝阳嘉元年(132) 三月,九江、丹杨、庐江、会稽、吴、豫章等六郡妖贼章河等寇四十九县,杀伤长吏。

汉顺帝阳嘉二年(133) 二月,诏以吴郡、会稽饥荒,贷人种粮。

汉顺帝永和三年(138) 五月,吴郡丞羊珍反,攻郡府,太守王衡破斩之。

汉顺帝永和五年（140）　　吴郡有户164 164，口700 782。

汉桓帝永兴二年（154）　　吴郡太守麋豹在阊门外建庙以祀泰伯。

汉灵帝熹平元年（172）　　吴郡司马富春孙坚召募精勇，得千余人，助州郡讨破会稽妖贼许昌。

汉献帝兴平二年（196）　　孙策部将朱治大破吴郡太守许贡军，占据吴郡。

汉献帝建安三年（198）　　孙策为周瑜治第于吴。

汉献帝建安四年（199）　　孙策袭取皖城，迁百工及鼓吹部曲三万余人于吴。

汉献帝建安五年（200）　　孙策死，后与其父孙坚均葬于今苏州盘门外东南二里青旸地。

汉献帝建安十四年（209）　孙权自吴郡移治丹徒。

吴大帝黄武四年（225）　　六月，以太常吴郡顾雍为丞相、平尚书事。

吴大帝赤乌六年（243）　　顾雍卒。

吴大帝太元元年（251）　　秋八月朔，大风，江海涌溢，平地深八尺，吴高陵松柏斯拔，郡城南门飞落。

吴末帝甘露元年（265）　　秋七月，吴主孙皓逼杀景皇后，迁景帝四子于吴小城，寻又杀其大者二人。

吴末帝宝鼎元年（266）　　分吴、丹阳两郡九县置吴兴郡，治乌程。

吴末帝建衡二年（270）　　章安侯孙奋因见疑于孙皓，徙还吴城禁锢，并令其男女不得通婚。

晋武帝太康元年（280）　　晋灭吴，分天下为十九州，吴郡属扬州。

晋武帝太康二年（281）　　分无锡、毗陵立暨阳县，并割原吴县司盐都尉署属之。

晋武帝太康四年（283）　　以吴县虞乡置海虞县，吴郡领十一县。

晋武帝太康十年（289）　　封皇子司马晏为吴王，食丹阳、吴兴并吴三郡。吴郡名士陆机、陆云兄弟北上入洛求仕。

晋惠帝太安二年（303）　　陆机、陆云兄弟被冤杀于洛阳。

十二月，石冰攻占扬州，诸郡尽没。前吴兴太守吴郡顾祕为都督扬州九郡诸军事，传檄州郡，杀冰所署将吏。

晋怀帝永嘉元年（307）　　吴郡顾荣等平定陈敏之乱。晋室以贺循为吴国内史，荣为军司，加散骑常侍，凡军府政事，皆与之谋议。

晋怀帝永嘉四年（310）　　吴郡司盐都尉戴逢在海边查获一船，上有男女四人，言语不通，送诣丞相府。

晋愍帝建兴元年(313)　　吴郡松江沪渎有石佛浮海,吴县华里信士朱膺等人迎入郡中通玄寺供奉。

晋元帝大兴二年(319)　　徐、扬及江西诸郡蝗,吴郡大饥,死者百数。吴郡太守邓攸开仓廪赈济饥民。

晋元帝永昌元年(322)　　叛将沈充攻占吴郡,杀吴郡太守张茂及其三子。张茂妻陆氏,吴郡人,倾家产,率茂部曲为先登以讨充。

晋成帝咸和元年(326)　　封司马岳为吴王,改吴郡为吴国,置内史,行太守事。

晋成帝咸和二年(327)　　司徒右长史庾冰为吴国内史,将兵以备苏峻。

晋成帝咸和三年(328)　　苏峻遣将张健等攻吴国内史庾冰,冰不能御,弃郡奔会稽,张健等入吴,烧府舍,掠诸县,所在涂地。峻以侍中蔡谟为吴国内史。

晋成帝咸和四年(329)　　庾亮欲遁逃山海,自暨阳东出,诏有司录夺舟船。

晋成帝咸和五年(330)　　后赵石勒部将刘徵率众数千,浮海抄东南诸县,杀南沙都尉许儒。

晋成帝咸和六年(331)　　春正月,刘徵复寇娄县。

晋成帝咸和七年(332)　　后赵石勒部将韩雍侵袭南沙、海虞,俘获五千余人。

晋成帝咸康七年(341)　　罢吴县司盐都尉署,置南沙县,属晋陵郡。

晋穆帝永和四年(348)　　以征北长史荀羡为吴国内史。

晋穆帝永和五年(349)　　十二月,以吴国内史荀羡为使持节、监徐、兖二州、扬州之晋陵诸军事、徐州刺史。

晋哀帝隆和元年(362)　　二月,以吴国内史庾希为北中郎将、徐兖二州刺史,镇下邳。

晋简文帝咸安元年(371)　　六月,丹杨、晋陵、吴郡、吴兴、临海五郡大水。

十二月,废帝司马奕封海西县公,筑第吴郡。

晋简文帝咸安二年(372)　　四月,徙海西公于吴县西柴里,敕吴国内史刁彝防卫,又遣御史顾允监察之。十一月,彭城卢悚遣弟子许龙如吴,到海西公门,称太后密诏,奉迎兴复,被拒而走。

本年三吴大旱,人多饿死。

晋孝武帝宁康元年(373)　　以吴国内史刁彝为徐、兖二州刺史,镇广陵。

晋孝武帝太元二年(377)　　沙门支慧护于吴郡绍灵寺建释迦文丈六金像。

晋孝武帝太元十一年(386)　　十月,海西公薨于吴,年四十五。在吴郡幽禁十四年,深虑横祸,专饮酒,恣声色,有子不育,时人怜之。

晋孝武帝太元十二年(387)　　诏征会稽处士戴逵,逵累辞不就,郡县敦逼不已,逵逃匿于吴。

晋孝武帝太元十五年(390)　　九月,以吴郡太守王珣为尚书右仆射。

晋安帝隆安元年(397)　　司徒左长史王廞以母丧居吴,王恭讨王国宝,任命廞行吴国内史,使起兵于东方。廞使前吴国内史虞啸父等入吴兴、义兴召募兵众,赴者万计。不久王国宝死,恭罢兵,令廞去职。廞以起兵之际,诛异己者颇多,势不得止,遂不承恭命,使其子泰将兵伐恭。五月,恭遣司马刘牢之帅五千人击泰,斩之。又与廞战于曲阿,众溃,廞单骑走,不知所在。

晋安帝隆安三年(399)　　十月,孙恩攻占会稽,吴国内史桓谦弃郡走。吴郡陆瓌起兵,杀长吏以应恩,被孙恩署为吴郡太守。十二月,诏以刘牢之都督吴郡诸军事,高素破恩党于山阴,斩陆瓌。

晋安帝隆安四年(400)　　十一月,吴国内史袁崧筑沪渎垒以备恩。

晋安帝隆安五年(401)　　五月,孙恩陷沪渎,杀吴国内史袁崧,死者四千人。刘裕破孙恩于娄县。

晋安帝元兴元年(402)　　大饥,人相食。浙江东饿死流亡十六七,吴郡、吴兴户口减半,又流奔而西者万计。

晋安帝义熙元年(405)　　三月,以魏咏之为征虏将军、吴国内史。

宋武帝永初二年(421)　　废吴国为吴郡,领县十二。

宋文帝元嘉元年(424)　　五月,废少帝为营阳王,并废皇后为营阳王妃,迁营阳王于吴,止金昌亭。六月,徐羡之等使邢安泰就弑之。王有勇力,突走出昌门,追者以门关踣而弑之。

宋文帝元嘉七年(430)　　王昙首自求为吴郡太守,不许。

宋文帝元嘉十二年(435)　　大水,吴、义兴及吴郡之钱唐,升米三百。

宋文帝元嘉十七年(440)　　以刘斌为吴郡太守。

宋孝武帝大明三年(459)　　三月,以扬州丹阳、淮南、宣城、吴郡、吴兴、义兴六郡为王畿。

宋孝武大明七年(463)　　因南徐州刺史新安王子鸾有盛宠,割吴郡属南徐州。

宋孝武大明八年(464)　　吴郡回属扬州,时有 50 488 户,424 812 口。

本年包括吴郡在内的东方诸郡连岁旱饥,米一升值钱数百。

宋明帝泰始二年(466)　　晋安王刘子勋起兵寻阳,吴郡太守顾琛据郡应之,任农夫引兵向吴郡,顾琛弃郡奔会稽。

宋明帝泰始七年（471） 明帝寝疾，召吴郡太守褚渊入京托孤，为左仆射。

宋后废帝元徽二年（474） 九月，以褚澄为吴郡太守，司徒左长史萧惠明言于朝异之。

宋顺帝升明元年（477） 吴郡张瓌奉萧道成之命，率部曲诛吴郡太守刘遐，即以瓌为吴郡太守。

宋顺帝升明三年（479） 三月，以吴郡、会稽等十郡封萧道成为齐公。

齐高帝建元二年（480） 吴、吴兴、义兴三郡大水。

齐武帝永明二年（484） 析南沙置海阳县。

齐武帝永明三年（485） 富阳民唐寓之因以妖术惑众作乱，攻陷富阳，三吴却籍者奔之，众至三万。

齐武帝永明四年（486） 正月，唐寓之攻陷钱唐，吴郡诸县令多弃城走。寓之称帝于钱唐，立太子，置百官。齐武帝发禁兵数千人，马数百匹，擒斩寓之，进平诸郡县。

齐明帝永泰元年（498） 以张瓌为平东将军、吴郡太守，置兵佐以密防王敬则。王敬则以奉前吴郡太守、南康县侯萧子恪为名起兵，张瓌遣兵三千拒于松江，闻敬则军鼓声，一时散走，瓌弃郡，逃民间。敬则以旧将举事，百姓担篙荷锸，随之者十余万众。至晋陵，南沙人范脩化杀县令公上延孙以应之。

梁武帝天监二年（503） 天师十二代孙张道裕在常熟虞山修道。

梁武帝天监四年（505） 置五经博士，广开学馆，吴郡陆琏与吴兴沈峻等五人为博士，各主一馆。

梁武帝天监六年（507） 分吴郡和晋陵郡置信义郡，属南徐州，以南沙、海阳为属县。同年分娄县置信义县，属信义郡。

梁武帝天监十一年（512） 十一月，以吴郡太守袁昂兼尚书右仆射。

梁武帝天监十六年（517） 吴郡僧人释宝唱撰成《比丘尼传》四卷，辑录晋、宋、齐、梁四朝比丘尼65人。

梁武帝普通三年（522） 正月，以吴郡太守王暕为尚书左仆射。

梁武帝普通四年（523） 何敬容任吴郡太守，为政勤恤民隐，辨讼如神，在吴郡四年，治为天下第一。

梁武帝大同三年（537） 谢举为吴郡太守，治绩卓著，与何敬容声迹略相比。

梁武帝大同六年（540） 分海虞、南沙置常熟县，在此前后分信义县置昆山县，均属信义郡。

梁武帝太清二年（548） 侯景部将于子悦、张大黑率兵入吴，吴郡太守袁君正出降。

梁武帝下诏斥临贺王萧正德在吴郡杀戮无辜,劫盗财物。

梁武帝太清三年(549) 四月,侯景遣中军侯子鉴入吴郡,以厢公苏单于为吴郡太守。

六月,吴盗陆缉等起兵袭吴郡,杀苏单于,推前淮南太守文成侯萧宁为主。陆缉等竞为暴掠,吴人不附,宋子仙自钱塘旋军击之。缉弃城奔海盐,子仙复据吴郡。侯景置吴州于吴郡,以安陆王萧大春为刺史。

九月,吴兴太守吴郡张嵊战败不屈,一门尽被侯景所杀。

临贺王记室吴郡顾野王起兵讨侯景。

梁简文帝大宝元年(550) 四月,文成侯萧宁起兵于吴西乡,有众万人,进攻吴郡。行吴郡事侯子荣逆击,杀之,子荣因纵兵大略郡境。

本年省吴州,仍为吴郡。

梁简文帝大宝二年(551) 七月,侯景杀南海王萧大临于吴郡,萧大临时为吴郡太守。

梁元帝承圣元年(552) 侯景东逃吴郡,杀前吴县令沈炯妻子,自松江沪渎入海,后被部下砍死于船中。

梁敬帝绍泰元年(555) 十月,陈霸先遣部将裴忌打败吴郡太守王僧智,攻占吴郡,即以裴忌为吴郡太守。

陈武帝永定二年(558) 十二月,割吴郡盐官、海盐、前京三县置海宁郡,属扬州。

陈后主祯明元年(587) 十一月,以吴郡置吴州,割钱塘县为钱塘郡,隶属吴州,以萧瓛为吴州刺史。

陈后主祯明二年(588) 十月,立皇子陈蕃为吴郡王。

陈后主祯明三年(589) 隋军进击吴郡,于包山(今洞庭西山)擒获陈吴州刺史萧瓛,吴州守将王褒衣道士服弃城走,隋军占领吴郡。后废吴郡,改吴州为苏州,撤昆山县。

隋文帝开皇十年(590) 苏州沈玄憎等举兵反,自称天子,署置百官,攻陷州县,越国公杨素讨平之。

隋文帝开皇十一年(591) 苏州治所迁至横山新郭。

隋文帝开皇十二年(592) 正月,以苏州刺史皇甫绩为信州总管。任刘权为苏州刺史,并赐爵宗城县公。

隋文帝开皇十八年(598) 复置昆山县。

隋炀帝大业元年（605）　苏州复称吴州。

隋炀帝大业三年（607）　吴州改称吴郡。

隋炀帝大业六年（610）　十二月，江南河正式开凿，自京口至余杭。

隋炀帝大业九年（613）　余杭人刘元进举兵反隋，昆山县学博士朱燮与隐居在常熟的晋陵人管崇响应。刘元进在苏州称天子，占有吴、晋陵等四郡，后被王世充镇压，降卒被全部杀死在黄亭涧（今苏州横山一带），死者三万余人。余党复相聚为盗，官军不能讨，以至隋亡。

隋炀帝大业十四年（618）　吴兴太守沈法兴在郡起兵，攻占了包括吴郡在内的江南十多郡，自称江南道大总管，次年称梁王。

唐高祖武德二年（619）　四月，王世充以国子助教吴人陆德明为汉王师，德明耻之，服巴豆散，卧称病。

唐高祖武德三年（620）　李子通渡江攻沈法兴，占领吴郡。

唐高祖武德四年（621）　十一月，闻人遂安据昆山降，唐军占领吴郡，复改称苏州。吴人朱子奢随杜伏威入唐，授国子助教。以乌程置湖州，并置雉州，领长城、原乡二县，苏州辖吴、昆山、常熟三县。

唐高祖武德六年（623）　改苏州总管为都督，督苏州、湖州、杭州和暨州。秋八月，杜伏威部将辅公祏率兵叛唐，在丹阳称帝，苏州被辅公祏所占，次年败亡。

唐高祖武德七年（624）　李世嘉为苏州刺史，州治从新郭迁回旧城。

常熟县治从南沙城移至海虞城。

唐太宗贞观四年（630）　经学家、训诂学家陆德明卒。

唐太宗贞观八年（634）　重置嘉兴县，苏州辖吴、昆山、嘉兴、常熟四县。

武则天垂拱四年（688）　六月，江南道巡抚大使狄仁杰以吴、楚多淫祠，奏焚其一千七百余所，独留夏禹、吴太伯、季札、伍员四祠。

武则天万岁通天元年（696）　分吴县置长洲县，以长洲苑得名。

唐玄宗开元四年（716）　吴县升为望县。

唐玄宗开元二十一年（733）　分江南道为东、西二道，江南东道治苏州。

八月，日本朝贺使真人广成与随从五百九十人舟行遇风飘至苏州，刺史钱惟正以闻，诏通事舍人韦景先往苏州宣慰。

唐玄宗开元二十八年（740）　苏州耆民请于刺史吴从众，割太湖洞庭三乡与吴兴易平望驿一带。

唐玄宗天宝元年（742）　苏州改称吴郡，有户七万六千四百余。

唐玄宗天宝十年（751）　分嘉兴、海盐及昆山三县置华亭县，属苏州。

唐玄宗天宝十二年(753)　高僧鉴真从黄泗浦(今属张家港)东渡日本传法。

唐肃宗至德元年(756)　永王李璘擅引兵沿江而下,遣其将浑惟明袭吴郡太守兼江南东路采访使李希言于吴郡,希言遣其将元景曜及丹徒太守阎敬之将兵拒之。

唐肃宗至德二年(757)　改吴郡为苏州,终唐一代未再变动,世称苏州吴郡。

唐肃宗乾元元年(758)　析江南东道设浙江西道,以苏州为治所。

唐肃宗乾元二年(759)　长洲县改为长洲军。

唐肃宗上元元年(760)　江淮都统刘展反叛,遣将张景超占领苏州,并封其将杨持璧为苏州刺史,次年被平定。

唐代宗宝应元年(762)　苏州刺史李栖筠创建学庐。苏州豪士方清在宣、歙两州发动农民起义。

唐代宗大历九年(774)　王纲以大理寺直兼昆山县令,重修县学。

唐代宗大历十二年(777)　秋七月,罢润州丹阳军、苏州长洲军为县。长洲县升为望县,昆山县升为紧县。

唐代宗大历十三年(778)　苏州升为雄州。

唐代宗大历十四年(779)　十一月,以晋州刺史韩滉为苏州刺史、浙江东西都团练观察使。

唐德宗建中二年(781)　五月,以浙江西道为镇海军。加苏州刺史韩滉检校礼部尚书、润州刺史,充镇海军节度使、浙江东西道观察等使。

唐德宗贞元元年(785)　孙成任苏州刺史,其弟孙会为常州刺史,一时传为佳话。

唐德宗贞元四年(788)　韦应物任苏州刺史,罢官后闲居苏州永定寺。

唐德宗贞元十年(794)　于頔为苏州刺史,以淫祠废生业,神宇皆撤去,唯吴太伯、伍员等三数庙存焉。

唐宪宗元和二年(807)　十月,镇海军节度使李锜反,所署苏州镇将姚志安击败苏州刺史李素,生致于锜,具桎梏钉于船舷,未及京口,会锜败,得免。

唐宪宗元和五年(810)　苏州刺史王仲舒在运河与太湖之间修筑了从苏州到平望数十里的长堤,时称吴江塘路。

唐宪宗元和十五年(820)　闰正月,唐穆宗即位于太极殿,召驾部员外郎苏州丁公著对于思政殿,欲以为相,固辞。

唐敬宗宝历元年(825)　白居易任苏州刺史,次年九月因病离职。

唐文宗大和三年（829）　春，苏州重玄寺法华院刻石壁经成，共十一万六千八百五十七字。

唐文宗大和五年（831）　苏州水灾，物力萧然，饥寒殒仆，相枕于野。

唐文宗大和六年（832）　刘禹锡任苏州刺史。

唐文宗大和八年（834）　七月，刘禹锡转任汝州刺史，在苏三年。

唐文宗开成元年（836）　春，苏州南禅院建成了千佛堂转轮经藏，经函二百五十有六，经卷五千五十有八，总计费钱一万三千六百缗。

唐文宗开成二年（837）　三月，得苏州刺史卢商状，分盐场三所，隶属本州，元籴盐七万石，加至十三万石，倍收税额。

唐武宗会昌四年（844）　昆山升望县。

唐宣宗大中元年（847）　六月，有船从苏州松江口发往日本国。

唐懿宗咸通十年（869）　苏州刺史崔璞辟皮日休为军事判官，在此与陆龟蒙结为诗友并唱酬。

唐僖宗乾符二年（875）　四月，浙西狼山镇遏使王郢劫库兵作乱，收党众近万人，攻陷苏、常，苏州刺史李绘弃城逃。

唐僖宗乾符三年（876）　苏州刺史张抟重筑亚字形罗城。

唐僖宗中和二年（882）　镇海军节度使周宝任命其子婿杨茂实为苏州刺史，杨茂实在苏州溺于妖巫，横征暴敛，民不聊生。

唐僖宗中和四年（884）　任命赵载为苏州刺史，杨茂实拒不受命，周宝上表望其留任，被唐政府拒绝，杨茂实乃残郡署、污垣牖而去。

唐僖宗光启二年（886）　十月，感化军牙将张雄、冯弘铎得罪于节度使时溥，聚众三百，走渡江，袭苏州，据之。雄自称刺史，稍聚兵至五万，战舰千余，自号天成军。

唐僖宗光启三年（887）　四月，淮南六合镇遏使徐约攻占苏州，驱逐张雄，遂有其地。

唐僖宗文德元年（888）　九月，钱镠遣其从弟钱铧将兵攻徐约于苏州。

唐昭宗龙纪元年（889）　三月，钱铧拔苏州，徐约亡入海而死。钱镠以海昌都将沈粲权知苏州。

十月，以给事中杜孺休为苏州刺史。钱镠不悦，以知州事沈粲为制置指挥使。

唐昭宗大顺元年（890）　八月，苏州刺史杜孺休到官，钱镠密使沈粲害之。会杨行密将李友拔苏州，粲归杭州；镠欲归罪于粲而杀之，粲奔孙儒。十一月，孙儒拔苏州,杀李友。儒使沈粲守苏州。

  唐昭宗大顺二年(891) 八月,孙儒自苏州出屯广德。十二月,孙儒焚掠苏、常,引兵逼宣州与杨行密决战,失利。

  唐昭宗景福元年(892) 二月,钱镠复占苏州,任命从弟钱铧为苏州招辑使。

  唐昭宗乾宁元年(894) 钱镠任命部将成及权摄苏州刺史。

  唐昭宗乾宁二年(895) 九月,杨行密遣泗州防御使台濛攻苏州,淮南将柯厚破苏州水栅。

  唐昭宗乾宁三年(896) 四月,淮南兵与镇海兵战于皇天荡,镇海兵不利,杨行密遂围苏州。五月,苏州常熟镇使陆郢以州城应杨行密,房刺史成及。台濛攻占苏州,接任苏州刺史,后由朱党守之,苏州沦入杨行密之手。

  唐昭宗乾宁四年(897) 七月,钱镠遣顾全武攻苏州,连拔松江、无锡、常熟、华亭。十月,杨行密重新以台濛代朱党守苏州,同时以张崇为苏州防遏使,和台濛一起打退了顾全武的进攻。

  唐昭宗光化元年(898) 三月,淮南将周本救苏州,两浙将顾全武击破之。淮南将秦裴以兵三千人拔昆山而戍之。九月,顾全武攻苏州,城中及援兵食皆尽,淮南所署苏州刺史台濛弃城走,援兵亦遁。全武克苏州,追败周本等于望亭,降秦裴于昆山,苏州自此归于钱镠。

参考文献

白居易:《白居易集》,中华书局1979年。

班固:《汉书》,中华书局1962年。

毕旭玲:《"石佛浮海"神话与上海地域形象建构》,《华东师范大学学报》2014年第2期。

蔡絛:《铁围山丛谈》,凤凰出版社2005年。

曹林娣、梁骥:《论茅山上清派宗师杨羲的道教诗歌》,《苏州大学学报》2003年第3期。

曹文柱:《六朝时期江南社会风气的变迁》,《历史研究》1988年第2期。

柴德赓:《从白居易诗文中论证唐代苏州的繁荣》(初稿),《江苏师院学报》1979年第1期。

陈国灿:《"火耕水耨"——兼谈六朝以前江南地区的水稻耕作技术》,《中国农史》1999年第1期。

陈国符:《道藏源流考》,中华书局1985年。

陈家红:《六朝吴郡陆氏家族文化与文学研究》,上海师范大学2013年博士学位论文。

陈梦雷:《古今图书集成·职方典·苏州府部汇考》,1934年上海中华书局影印本。

陈寿:《三国志》,中华书局1982年。

陈思:《书小史》,《景印文渊阁四库全书》第814册,上海古籍出版社1986—1990年影印本。

陈延恩:道光《江阴县志》,清道光二十年(1840)刻本。

陈寅恪:《金明馆丛稿初编》,三联书店2001年。

陈泳:《城市空间:形态、类型与意义——苏州古城结构形态演化研究》,东南大学出版社2006年。

陈勇:《唐代长江下游经济发展研究》,上海人民出版社2006年。

陈兆善:《江苏高淳固城东汉画像砖墓》,《考古》1989年第5期。

陈振孙:《直斋书录解题》,上海古籍出版社 1987 年。

陈志坚:《唐代州郡制度研究》,上海古籍出版社 2005 年。

陈子昂:《陈子昂集》,中华书局上海编辑所 1960 年。

程毅中:《唐代小说史话》,文化艺术出版社 1990 年。

船越泰次:《唐代两税法中的斛斗征科及连税钱的折籴和折纳问题》,《日本青年学者论中国史》(六朝隋唐卷),上海古籍出版社 1995 年。

道世:《法苑珠林》,上海古籍出版社 1991 年。

道宣:《广弘明集》,上海古籍出版社 1991 年。

道宣:《续高僧传》,上海古籍出版社 1991 年《高僧传合集》本。

邓名世:《古今姓氏书辩证》,《景印文渊阁四库全书》第 922 册,上海古籍出版社 1986—1990 年影印本。

丁金龙:《苏州城区发现的汉井》,《江苏省考古学会 1982 年年会论文选》,江苏省考古学会 1983 年编印。

丁应执:《苏州城市演变研究》,南京师范大学 2008 年硕士学位论文。

董诰:《全唐文》,中华书局 1983 年。

冻国栋:《六朝至唐吴郡大姓的演变》,《魏晋南北朝隋唐史资料》1997 年刊。

冻国栋:《唐代苏州商品经济的发展初探》,《苏州大学学报》1988 年第 3 期。

杜甫:《杜甫全集》,上海古籍出版社 1996 年。

杜牧:《樊川文集》,上海古籍出版社 1978 年。

杜荀鹤:《唐风集》,中华书局 1959 年。

杜佑:《通典》,中华书局 1992 年。

段安节:《乐府杂录》,中华书局 1985 年影印《丛书集成初编》本。

段成式:《酉阳杂俎》,中华书局 1985 年影印《丛书集成初编》本。

范成大:《吴郡志》,江苏古籍出版社 1986 年。

范培松、金学智:《插图本苏州文学通史》,江苏教育出版社 2004 年。

范摅:《云溪友议》,中华书局 1985 年影印《丛书集成初编》本。

范晔:《后汉书》,中华书局 1965 年。

范仲淹:《范仲淹全集》,四川大学出版社 2002 年。

方健:《两宋苏州经济考略》,《农业考古》1999 年第 3 期。

方诗铭:《"丹阳兵"与"东据吴会"——论丹阳郡在孙策平定江东战争中的地位》,《史林》1989 年增刊。

房玄龄等:《晋书》,中华书局 1974 年。

封演:《封氏闻见记》,中华书局2005年。

冯淑然:《顾况及其诗歌研究》,河北大学2007年博士学位论文。

傅璇琮:《唐代诗人丛考》,中华书局1980年。

干宝:《搜神记》,中州古籍出版社2010年。

高棅:《唐诗品汇》,《景印文渊阁四库全书》第1371册,上海古籍出版社1986—1990年影印本。

高敏:《从东汉时期入仕者与知名人士出生地的分布状况看东汉江南经济的发展》,《郑州大学学报》2003年第3期。

高敏:《隋初江南地区反叛的原因初探》,《中国史研究》1998年第4期。

高适:《高常侍集》,中华书局1985年。

高淑君:《唐代吴郡陆氏家族与文学研究》,西北大学2013年博士学位论文。

高树森:《诗篇遗爱留吴中——白居易与苏州》,《苏州大学学报》1988年第3期。

高泳源:《古代苏州城市布局的历史发展》,《中华文史论丛》1985年第3期。

葛洪:《抱朴子外篇》,中华书局1954年《诸子集成》本。

葛焕礼:《论啖助、赵匡和陆淳〈春秋〉学的学术转型意义》,《文史哲》2005年第5期。

葛剑雄:《中国人口发展史》,福建人民出版社1991年。

葛剑雄:《中国移民史》(第二卷),福建人民出版社1997年。

葛晓音:《唐诗宋词十五讲》,北京大学出版社2003年。

龚明之:《中吴纪闻》,中华书局1985年影印《丛书集成初编》本。

顾颉刚:《苏州史志笔记》,江苏古籍出版社1987年。

顾向明:《关于唐代江南士族兴衰问题的考察》,《文史哲》2005年第4期。

顾向明:《唐代太湖地区家学初探》,《历史教学问题》1991年第5期。

顾炎武:《日知录》,花山文艺出版社1990年。

顾野王:《舆地志》,上海古籍出版社2011年顾恒一等注释本。

顾祖禹:《读史方舆纪要》,中华书局2005年。

郭锋:《唐代士族个案研究——以吴郡、清河、范阳、敦煌张氏为中心》,厦门大学出版社1999年。

郭凤娟:《南朝吴郡陆氏研究》,山东大学2008年硕士学位论文。

郭开农:《论两汉时期的"火耕水耨"与"千金之家"》,《江汉论坛》1990年第2期。

郭茂倩:《乐府诗集》,中华书局1979年。

韩昇:《科举制与唐代社会阶层的变迁》,《厦门大学学报》1999年第4期。

韩昇:《南北朝隋唐士族向城市的迁徙与社会变迁》,《历史研究》2003年第4期。

韩愈:《韩昌黎文集》,古典文学出版社1957年马其昶校注本。

韩长耕:《关于古代日本称中国六朝为吴》,《历史研究》1979年第2期。

何勇强:《论唐宋时期圩田的三种形态》,《浙江学刊》2003年第2期。

何勇强:《钱氏吴越史论稿》,浙江大学出版社2002年。

何志明、潘运告:《唐五代画论》,湖南美术出版社1997年。

河南省博物馆、洛阳市博物馆:《洛阳隋唐含嘉仓的发掘》,《文物》1972年3期。

洪惠镇:《唐代泼墨泼色山水画先驱"顾生"考》,《美术观察》1998年第11期。

胡阿祥:《江南社会经济研究》(六朝隋唐卷),中国农业出版社2006年。

胡阿祥:《六朝疆域与政区研究》,学苑出版社2005年。

胡耀飞:《唐宋之际苏州军政史研究》,《苏州文博论丛》(第四辑),文物出版社2013年。

胡震亨:《唐音癸签》,古典文学出版社1957年。

华东师范大学古籍整理研究室:《历代书法论文选》,上海书画出版社2012年。

黄今言:《秦汉江南经济述略》,江西人民出版社1999年。

黄省曾:《吴风录》,中华书局1985年影印《丛书集成初编》本。

黄锡之:《太湖地区圩田、潮田的历史考察》,《苏州大学学报》1992年第2期。

黄锡之:《太湖障堤中吴江塘路的历史变迁》,《苏州大学学报》1988年第3期。

黄永年:《说狄仁杰奏毁淫祠》,《唐史论丛》(第六辑),陕西人民出版社1995年。

慧皎:《高僧传》,中华书局1992年。

计有功:《唐诗纪事》,巴蜀书社1989年。

加藤繁:《中国经济史考证》(第一卷),吴杰译,商务印书馆1959年。

贾思勰:《齐民要术》,中国农业出版社1998年缪启愉校释本。

江苏省六朝史研究会等:《古代长江下游的经济开发》,三秦出版社1989年。

江苏省文化局:《常熟清理三座汉墓》,《文物参考资料》1956年第11期。

江苏省文物工作队:《江苏吴江梅堰新石器时代遗址》,《考古》1983年第6期。

江苏省吴县文管会:《江苏吴县姚桥头唐墓》,《文物》1987年第8期。

姜光斗、顾启:《韦应物任苏州刺史时的建树和晚年概况》,《苏州大学学报》1986年第4期。

蒋少华:《六朝江东佛教地理研究》,南京大学2011年硕士学位论文。

皎然:《诗式》,中华书局1985年。

金友理:《太湖备考》,江苏古籍出版社1998年。

景存义:《太湖地区全新世以来古地理环境演变》,《地理科学》1985年第3期。

景遐东、王后卿:《唐代江南地区的私学教育述论》,《沙洋师范高等专科学校学报》2005年第2期。

景遐东:《江南文化与唐代文学研究》,人民文学出版社2005年。

孔鲋:《孔丛子》,中华书局1985年。

乐进、廖志豪:《苏州市瑞光寺塔发现一批五代、北宋文物》,《文物》1979年第11期。

乐史:《太平寰宇记》,中华书局2007年。

黎靖德:《朱子语类》,中华书局1986年。

黎沛虹、李可可:《长江治水》,湖北教育出版社2003年。

李翱:《李文公集》,商务印书馆1929年。

李伯重:《东晋南朝江东的文化融合》,《历史研究》2005年6期。

李伯重:《唐代江南农业的发展》,农业出版社1990年。

李昉:《太平广记》,中华书局1961年。

李昉:《太平御览》,中华书局1960年。

李昉:《文苑英华》,中华书局1966年影印本。

李福标:《皮陆唱和与唐末苏州藏书》,《中国典籍与文化》2007年第2期。

李根蟠:《再论宋代南方稻麦复种制的形成和发展》,《历史研究》2006年第2期。

李根蟠:《长江下游稻麦复种制的形成与发展——以唐宋时代为中心的讨论》,《历史研究》2002年第5期。

李浩:《唐代三大地域文学士族研究》,中华书局 2002 年。

李吉甫:《元和郡县图志》,中华书局 1983 年。

李剑国:《唐五代传奇集》,中华书局 2015 年。

李剑国:《唐五代传奇叙录》,南开大学出版社 1993 年。

李锦绣:《唐代财经史稿》(第 5 册),社会科学文献出版社 2007 年。

李菁:《陆龟蒙所见晚唐太湖地区的社会经济状况》,《中国社会经济史研究》2002 年第 2 期。

李匡乂:《资暇集》,中华书局 1985 年。

李林甫等:《唐六典》,中华书局 1992 年。

李培芬:《吴姓士族与东晋政治》,《晋阳学刊》1996 年第 2 期。

李颀:《李颀集》,河南人民出版社 2007 年隋秀玲校注本。

李时珍:《本草纲目》,《景印文渊阁四库全书》第 772—774 册,上海古籍出版社 1986—1990 年影印本。

李孝聪:《唐代地域结构与运作空间》,上海辞书出版社 2003 年。

李修生:《全元文》第 34 册,江苏古籍出版社 2004 年。

李诩:《续吴郡志》,民国初年乌程张氏刻《适园丛书》本。

李延寿:《北史》,中华书局 1974 年。

李延寿:《南史》,中华书局 1975 年。

李养正:《杨羲与〈上清大洞真经〉》,《中国道教》1987 年 4 期。

李映辉:《唐代佛教地理研究》,湖南大学出版社 2004 年。

李肇:《唐国史补》,上海古籍出版社 1979 年。

李重华:《贞一斋诗说》,丁福保辑《清诗话》,上海古籍出版社 1978 年。

郦道元:《水经注》,浙江古籍出版社 2001 年。

梁近飞:《唐代苏州郡守文学研究》,苏州大学 2010 年硕士学位论文。

廖志豪、陈兆弘:《苏州城的变迁与发展》,《苏州大学学报》1984 年第 3 期。

廖志豪:《苏州七子山五代墓发掘简报》,《文物》1981 年第 2 期。

林宝:《元和姓纂》,中华书局 1994 年。

林立平:《唐代主粮的轮作复种制》,《暨南学报》1984 年第 1 期。

刘安:《淮南子》,中华书局 1954 年《诸子集成》本。

刘和惠:《江苏省高淳县东汉画像砖墓》,《文物》1983 年第 4 期。

刘敬叔:《异苑》,中华书局 1996 年。

刘丽:《7—10 世纪苏州发展研究》,中国社会科学出版社 2013 年。

刘丽:《六朝江南城墙的修筑和形制》,《史学集刊》2013年第5期。

刘磐修:《两汉六朝"火耕水耨"的再认识》,《农业考古》1993年3期。

刘淑芬:《六朝的城市与社会》,台湾学生书局1992年。

刘纬毅:《汉唐方志辑佚》,北京图书馆出版社1997年。

刘向:《列仙传》,中华书局1985年。

刘向等:《楚辞》,上海古籍出版社2015年。

刘勰:《文心雕龙》,中华书局1985年《丛书集成初编》本。

刘歆撰,葛洪辑:《西京杂记》,上海古籍出版社1991年。

刘昫:《旧唐书》,中华书局1975年。

刘恂:《岭表录异》,《景印文渊阁四库全书》第589册,上海古籍出版社1986—1990年影印本。

刘飙:《释宝唱著述考》,《古籍研究与整理学刊》2011年第3期。

刘义庆:《世说新语》,上海古籍出版社1993年余嘉锡笺疏本。

刘永济:《唐人绝句精华》,人民文学出版社1981年。

刘禹锡:《刘禹锡集》,上海人民出版社1975年。

刘玉峰:《唐代商品性农业的发展和农产品的商品化》,《思想战线》2004年第2期。

刘长卿:《刘随州集》,中华书局1985年。

卢熊:洪武《苏州府志》,广陵书社2015年。

陆广微:《吴地记》,江苏古籍出版社1999年。

陆龟蒙:《甫里先生文集》,河南大学出版社1996年。

陆玑:《毛诗草木鸟兽虫鱼疏》,清光绪十四年(1888)《古经解汇函》本。

陆友仁:《吴中旧事》,中华书局1985年。

陆长源:《辨异志》,《说郛》,《景印文渊阁四库全书》第877册,上海古籍出版社1986—1990年影印本。

陆振岳:《方志学研究》,齐鲁书社2013年。

路希峦:《试论"盐铁塘"在早期历史时期的作用》,《东南文化》1990年第5期。

罗叔韶:《澉水志》,《宋元方志丛刊》第5册,中华书局1990年影印本。

马里千:《吴、苏州、苏州城》,《中国历史地理论丛》1992年第4期。

马湘泳:《江浙海塘与太湖地区经济发展》,《中国农史》1987年第3期。

马学强:《上海通史》(古代卷),上海人民出版社1999年。

马总:《意林》,《景印文渊阁四库全书》第 872 册,上海古籍出版社 1986—1990 年影印本。

毛汉光:《两晋南北朝士族政治之研究》,台湾学术奖助委员会 1966 年。

孟郊:《孟东野诗集》,人民文学出版社 1959 年。

孟诜:《食疗本草》,安徽科学技术出版社 2003 年。

米芾:《书史》,《景印文渊阁四库全书》第 813 册,上海古籍出版社 1986—1990 年影印本。

缪启愉:《太湖塘浦圩田史研究》,农业出版社 1985 年。

牟学林:《隋唐江东士族入仕研究》,曲阜师范大学硕士学位论文,2007 年。

木宫泰彦:《日中文化交流史》,胡锡年译,商务印书馆 1980 年。

南京博物院:《江苏吴县张陵山张氏墓群发掘简报》,《南方文物》2005 年第 4 期。

牛若麟、王焕如:崇祯《吴县志》,《天一阁藏明代方志选刊续编》第 16 册,上海书店 1990 年。

欧阳修、宋祁:《新唐书》,中华书局 1975 年。

欧阳询:《艺文类聚》,中华书局 1965 年。

潘吉星:《中国造纸技术史稿》,文物出版社 1979 年。

潘六坤:《浙江海宁东汉画像石墓发掘简报》,《文物》1983 年第 5 期。

潘君明:《苏州楹联集成》,江苏教育出版社 2010 年。

彭启丰等:《全唐诗》,中华书局 1999 年。

皮日休、陆龟蒙:《松陵集》,1931 年武进陶氏影刻本。

皮日休:《皮子文薮》,上海古籍出版社 1981 年。

钱曾:《读书敏求记》,书目文献出版社 1984 年。

钱公麟、徐亦鹏:《苏州考古》,苏州大学出版社 2000 年。

钱公麟:《苏州市内战国至宋代遗址》,《中国考古学年鉴》(1985 年),文物出版社 1986 年。

钱穆:《国史大纲》,商务印书馆 1996 年。

钱易:《南部新书》,中华书局 1958 年。

钱镛:《苏州市五龙山发现晋代墓葬》,《文物》1959 年第 2 期。

乔亿:《剑溪说诗》,《续修四库全书》第 1701 册,上海古籍出版社 1996—2003 年影印本。

权德舆:《权德舆诗文集》,上海古籍出版社 2008 年。

任昉:《述异记》,中华书局1985年影印《丛书集成初编》本。

阮堂明:《张旭卒年考辨》,《太原师范学院学报》2004年第4期。

单庆:至元《嘉禾志》,《宋元方志丛刊》第5册,中华书局1990年影印本。

沈德潜:《唐诗别裁集》,岳麓书社1998年。

沈秋农:《常熟乡镇旧志集成》,广陵书社2007年。

沈彤、倪师孟:乾隆《吴江县志》,江苏古籍出版社1991年影印本。

沈翼机等:《浙江通志》,台湾华文书局1967年《中国省志汇编》本。

沈约:《宋书》,中华书局1974年。

施坚雅:《中华帝国晚期的城市》,叶光庭等译,中华书局2000年。

史睿:《北周、隋、唐初的士族政策与政治秩序的变迁》,《首都师范大学学报》1998年第3期。

司马光:《资治通鉴》,中华书局1956年。

司马迁:《史记》,中华书局1982年。

斯波义信:《宋代江南经济史研究》,方健译,江苏人民出版社2001年。

宋荦:《漫堂说诗》,《续修四库全书》第1699册,上海古籍出版社1996—2003年影印本。

宋敏求:《唐大诏令集》,学林出版社1992年。

宋兆麟:《唐代曲辕犁研究》,《中国历史博物馆馆刊》1979年第1期。

苏州博物馆:《苏州北郊汉代水井群清理简报》,《考古》1993年第3期。

苏州博物馆:《苏州博物馆藏历代碑志》,文物出版社2012年。

苏州博物馆:《苏州冠鑫公司工地东汉墓的清理》,《东南文化》2003年第7期。

苏州博物馆:《苏州虎丘乡汉墓发掘简报》,《东南文化》2003年第5期。

苏州地区文化局、苏州市文物管理委员会、苏州博物馆:《苏州文物资料选编》,1980年编印。

孙承泽:《庚子销夏记》,浙江人民美术出版社2012年。

孙光宪:《北梦琐言》,中华书局1960年。

孙齐:《唐前道观研究》,山东大学2014年博士学位论文。

孙应时:《琴川志》,《宋元方志丛刊》,中华书局1990年影印本。

孙中旺:《虎丘山寺始建年代考》,《江苏地方志》2015年第1期。

孙中旺:《南朝吴郡张氏研究》,苏州大学2001年硕士学位论文。

孙中旺:《吴姓士族与刘宋建国》,《苏州大学学报》2001年第3期。

太湖地区农业史研究课题组:《太湖地区农业史稿》,农业出版社1990年。

太湖水利史稿编写组:《太湖水利史稿》,河海大学出版社1993年。

谈钥:嘉泰《吴兴志》,《宋元方志丛刊》第5册,中华书局1990年影印本。

谭其骧:《长水集》,人民出版社1987年。

唐长孺:《唐长孺社会文化史论丛》,武汉大学出版社2001年。

唐长孺:《魏晋南北朝史论拾遗》,中华书局1983年。

陶穀:《清异录》,上海古籍出版社2012年。

陶弘景:《真诰》,中华书局1985年影印《丛书集成初编》本。

陶潜:《搜神后记》,中华书局1985年影印《丛书集成初编》本。

陶宗仪:《辍耕录》,《景印文渊阁四库全书》第1040册,上海古籍出版社1986—1990年影印本。

陶宗仪:《书史会要》,上海书店出版社1984年。

田余庆:《秦汉魏晋史探微》,中华书局1993年。

脱因:至顺《镇江志》,《宋元方志丛刊》第3册,中华书局1990影印本。

万表:《灼艾余集》,《续修四库全书》第1188册,上海古籍出版社1996—2003年影印本。

万竞君:《崔国辅诗注》,上海古籍出版社1982年。

王鏊:正德《姑苏志》,《北京图书馆古籍珍本丛刊》第26册,书目文献出版社1988年影印本。

王充:《论衡》,上海人民出版社1974年。

王谠:《唐语林》,中华书局1987年周勋初校证本。

王定保:《唐摭言》,中华书局1959年。

王符:《潜夫论》,中华书局1985年。

王国平:《苏州史纲》,古吴轩出版社2009年。

王嘉:《拾遗记》,中华书局1981年。

王謇:《宋平江城坊考》,江苏古籍出版社1999年。

王铿:《东晋南朝时期"三吴"的地理范围》,《中国史研究》2007年第1期。

王鸣盛:《十七史商榷》,《续修四库全书》第452册,上海古籍出版社1996—2003年影印本。

王宁霞:《太湖洞庭山柑橘考略》,《中国农史》1995年第4期。

王溥:《唐会要》,中华书局1955年。

王钦若:《册府元龟》,中华书局1982年。

王卫平：《从尚武到尚文——吴地民风嬗变研究之一》，《苏州大学学报》1992年第3期。

王卫平：《论太湖地区文化重心地位的确立》，《史学月刊》1993年第4期。

王锡九：《皮陆诗歌研究》，安徽大学出版社2004年。

王象之：《舆地纪胜》，江苏广陵古籍刻印社1991年。

王新、叶玉琪：《吴县张陵山发现晋代铭文砖》，《东南文化》1985年第3期。

王应麟：《困学纪闻》，辽宁教育出版社1998年。

王永平、张朝富：《隋炀帝的文化旨趣与江左佛、道文化的北传》，《江海学刊》2004年第5期。

王永平：《江东士人与陈敏之乱关系考实》，《江海学刊》1997年第1期。

王永平：《两汉时期江南士人行迹述略》，《中国史研究》1997年第4期。

王永平：《六朝江东世族之家风家学研究》，江苏古籍出版社2003年。

王禹偁：《小畜集》，商务印书馆1937年。

王祯：《农书》，中华书局1956年。

王正书、杨宗英、黄根余：《川沙县、武进县发现重要古船——从独木舟向木板船的过渡形式》，《船舶工程》1980年第2期。

王仲殊：《"青羊"为吴郡镜工考——再论东汉、三国、西晋时期吴郡所产的铜镜》，《考古》1986年第7期。

王仲殊：《吴县、山阴和武昌——从铭文看三国时代吴的铜镜产地》，《考古》1985年第11期。

王子今：《试论秦汉气候变迁对江南经济文化发展的意义》，《学术月刊》1994年第9期。

韦应物：《韦应物集》，上海古籍出版社1998年陶敏等校注本。

魏收：《魏书》，中华书局1974年。

魏徵、令狐德棻：《隋书》，中华书局1973年。

吴大林：《江苏溧水出土东汉画像砖》，《文物》1983年第11期。

吴功正：《从吴中四士看吴地美学及其史的特征》，《中国文化研究》2001年第4期。

吴慧虞：《常熟唐人墓志概述》，《东南文化》1990年第5期。

吴均：《续齐谐记》，上海古籍出版社2012年《拾遗记》附。

吴奈夫、徐茂明：《试论孙吴集团对苏州经济文化的初步开发》，《苏州大学学报》1997年第4期。

吴松弟:《中国移民史》(第三卷),福建人民出版社1997年。

吴县文物管理委员会:《江苏吴县狮子山四号西晋墓》,《考古》1983年第8期。

吴新雷:《中国戏曲史论》,江苏教育出版社1996年。

吴正岚:《六朝江东士族的家学门风》,南京大学出版社2003年。

武锋:《六朝时期士人守丧不食盐习俗论析——以江浙士人为考察中心》,《江苏社会科学》2009年第3期。

西岛定生:《中国经济史研究》,冯佐哲译,农业出版社1984年。

向达:《唐代长安与西域文明》,三联书店1957年。

项公泽:淳祐《玉峰志》,《宋元方志丛刊》第1册,中华书局1990年影印本。

萧统:《文选》,上海古籍出版社1986年。

萧子显:《南齐书》,中华书局1972年。

谢赫:《古画品录》,人民美术出版社1959年。

辛德勇:《汉武帝徙民会稽史事证释》,《历史研究》2005年第1期。

辛文房:《唐才子传》,江苏古籍出版社1987年周本淳校正本。

徐坚:《初学记》,中华书局1962年。

徐茂明:《东晋南朝江南士族之心态嬗变及其文化意义》,《学术月刊》1999年第12期。

徐松:《唐两京城坊考》,中华书局1985年。

徐崧、张大纯:《百城烟水》,江苏古籍出版社1999年。

徐渭:《南词叙录》,《续修四库全书》第1758册,上海古籍出版社1996—2003年影印本。

徐用仪:《海盐县志》,上海书店1993年影印本。

许辉、邱敏:《江苏通史·魏晋南北朝卷》,凤凰出版社2012年。

许鸣岐:《瑞光寺塔古经纸的研究》,《文物》1979年第11期。

许嵩:《建康实录》,中华书局1986年。

许学夷:《诗源辩体》,人民文学出版社1987年。

严可均:《全上古三代秦汉三国六朝文》,中华书局1958年。

严耀中:《江南佛教史》,上海人民出版社2000年。

严羽:《沧浪诗话》,何文焕辑《历代诗话》,中华书局2004年。

阎文儒、阎万石:《唐陆龟蒙〈耒耜经〉注释》,《中国历史博物馆馆刊》1980年第2期。

颜之推:《颜氏家训》,中华书局 2014 年王利器集解本。

杨潜:绍熙《云间志》,《续修四库全书》第 687 册,上海古籍出版社 1996—2003 年影印本。

杨荣垓:《曲辕犁新探》,《农业考古》1988 年第 2 期。

杨衒之:《洛阳伽蓝记》,中华书局 2010 年。

杨循吉:《吴邑志》,广陵书社 2006 年。

杨玉敏等:《江苏常州南郊画像、花纹砖墓》,《考古》1994 年第 12 期。

杨煜:《膳夫经》,《宛委别藏》第 71 册,江苏古籍出版社 1988 年影印本。

姚承绪:《吴趋访古录》,江苏教育出版社 1993 年。

姚思廉:《陈书》,中华书局 1972 年。

姚思廉:《梁书》,中华书局 1973 年。

姚铉:《唐文粹》,浙江人民出版社 1986 年影印本。

姚最:《续画品录》,人民美术出版社 1959 年。

叶文宪:《再论吴越地区的汉文化》,《苏州科技学院学报》2008 年第 2 期。

叶玉奇:《江苏吴县姚桥头唐墓》,《文物》1987 年第 8 期。

佚名:《大唐传载》,中华书局 1958 年。

佚名:《山海经》,巴蜀书社 1993 年。

佚名:《宣和书谱》,上海书画出版社 1984 年。

殷璠:《河岳英灵集》,《景印文渊阁四库全书》第 1332 册,上海古籍出版社 1986—1990 年影印本。

永瑢等:《四库全书总目》,中华书局 1965 年。

游修龄:《中国稻作史》,中国农业出版社 1995 年。

于安澜:《画品丛书》,上海人民美术出版社 1982 年。

虞世南:《北堂书钞》,中国书店 1989 年影印本。

虞友谦、汤其领:《江苏通史·秦汉卷》,凤凰出版社 2012 年。

元稹:《元稹集》,中华书局 1982 年。

袁郊:《甘泽谣》,中华书局 1985 年影印《丛书集成初编》本。

袁康:《越绝书》,武汉大学出版社 1992 年李步嘉校释本。

袁枚:《小仓山房文集》,《续修四库全书》第 1432 册,上海古籍出版社 1996—2003 年影印本。

圆仁:《入唐求法巡礼行记》,花山文艺出版社 1992 年。

赞宁:《宋高僧传》,中华书局 1987 年。

臧知非等:《周秦汉魏吴地社会发展研究》,群言出版社2007年。

曾雄生:《宋代的早稻和晚稻》,《中国农史》2002年第1期。

张承宗、李家钊:《秦始皇东巡会稽与江南运河的开凿》,《浙江学刊》1999年第6期。

张承宗:《六朝民俗》,南京出版社2002年。

张承宗:《吴地人士与东吴兴亡》,《苏州大学学报》1991年第4期。

张丑:《清河书画舫》,上海古籍出版社2011年。

张春辉、戴吾三:《江东犁及其复原研究》,《农业考古》2001年第1期。

张读:《宣室志》,上海古籍出版社2012年。

张固:《幽闲鼓吹》,中华书局1958年。

张国刚:《唐代藩镇研究》,湖南教育出版社1987年。

张华:《博物志》,中华书局1985年影印《丛书集成初编》本。

张籍:《张籍诗集》,中华书局1959年。

张剑光:《唐宋之际吴地学校教育的创新发展》,《吴文化与创新文化》,凤凰出版社2009年。

张剑光:《六朝至唐代江南城市游览风尚的变化及其原因》,《社会科学》2014年第5期。

张剑光:《唐代渔业生产发展及其商品化问题》,《农业考古》1996年第3期。

张剑光:《唐五代江南工商业布局研究》,江苏古籍出版社2003年。

张维明:《吴王阖闾都城考——关于苏州木渎春秋古城遗址的讨论》,《苏州科技学院学报》2010年第3期。

张修桂:《上海地区成陆过程研究中的几个关键问题》,《历史地理》第14辑,上海人民出版社1996年。

张学锋、王亮功:《江苏通史·隋唐五代卷》,凤凰出版社2012年。

张学锋:《〈观世音应验记〉的发现、研究及其在六朝隋唐时期的著录与流布》,《汉唐考古与历史研究》,三联书店2013年。

张彦远:《法书要录》,人民美术出版社1984年。

张彦远:《历代名画记》,中华书局1985年影印本。

张又新:《煎茶水记》,《景印文渊阁四库全书》第844册,上海古籍出版社1986—1990年影印本。

张泽咸:《唐代工商业》,中国社会科学出版社1995年。

张泽咸:《张泽咸集》,中国社会科学出版社2007年。

张志新:《江苏吴县狮子山四号西晋墓》,《考古》1983 年第 8 期。

张鹭:《朝野佥载》,中华书局 1997 年。

赵超:《汉魏南北朝墓志汇编》,天津古籍出版社 1992 年。

赵晔:《吴越春秋》,江苏古籍出版社 1999 年。

真人元开:《唐大和上东征传》,中华书局 1979 年。

郑炳林:《秦汉吴郡会稽郡建置考》,《兰州大学学报》1988 年第 3 期。

郑樵:《通志》,《景印文渊阁四库全书》第 373 册,上海古籍出版社 1986—1990 年影印本。

郑望之:《膳夫录》,《说郛》,《景印文渊阁四库全书》第 814 册,上海古籍出版社 1986—1990 年影印本。

郑学檬:《中国古代经济重心南移和唐宋江南经济研究》,岳麓书社 1996 年。

郑肇经、查一民:《江浙潮灾与海塘结构技术的演变》,《农业考古》1984 年第 2 期。

郑肇经:《太湖水利技术史》,农业出版社 1987 年。

郑钟祥等:光绪《常昭合志稿》,《中国地方志集成·江苏府县志辑》第 22 册,江苏古籍出版社 1991 年影印本。

智升:《开元释教录》,《大正藏》第 55 册,台湾新文丰出版公司 1983 年影印本。

中国农业科学院等:《太湖地区农业史稿》,农业出版社 1990 年。

钟嵘:《诗品》,文学古籍刊行社 1954 年。

钟惺:《唐诗归》,《四库全书存目丛书》集部第 338 册,齐鲁书社 1997 年。

周淙:乾道《临安志》,《宋元方志丛刊》第 4 册,中华书局 1990 年影印本。

周殿杰:《唐代商税辨析》,《中国经济史研究》1986 年第 1 期。

周绍良:《全唐文新编》,吉林文史出版社 1999 年。

周绍良:《唐代墓志汇编》,上海古籍出版社 1992 年。

周世昌:万历《昆山县志》,明万历四年(1576)申思科刻本。

周天游:《八家后汉书辑注》,上海古籍出版社 1986 年。

周晓陆:《秦封泥所见江苏史料考》,《江苏社会科学》2003 年第 2 期。

周一良:《魏晋南北朝史论集》,北京大学出版社 1997 年。

周紫芝:《周紫芝诗话》,吴文治编《宋诗话全编》,江苏古籍出版社 1998 年。

朱景玄:《唐朝名画录》,四川美术出版社 1985 年。

朱薇君、钱公麟:《略谈苏州汉墓》,《江苏省考古学会 1982 年年会论文选》,

江苏省考古学会 1983 年编印。

朱长文:《吴郡图经续记》,江苏古籍出版社 1999 年。

朱长文:《墨池编》,《景印文渊阁四库全书》第 812 册,上海古籍出版社 1986—1990 年影印本。

后　记

《苏州通史·秦汉至隋唐卷》的编纂工作终于告一段落,回首这十余年的编纂历程,确实感慨良多。

2007年3月的一天,王国平先生来苏州图书馆找我,说正在筹备编写一本关于苏州的简史,因为相关秦汉魏晋南北朝时期苏州的史料和研究成果都比较薄弱,不确定能否单独成章,但若缺了这一阶段,这本简史就很不完善。王国平先生知道我硕士时的研究方向刚好集中于这一历史时期,就希望我能够承担下这个撰写任务。虽然我毕业后由于工作的原因,学术兴趣已转向明清时期苏州地方文献的整理和研究,但师命难违,却之不恭,于是就硬着头皮答应了下来。没想到这一来就是十多年,编纂的内容也从《苏州史纲》中的"秦汉魏晋南北朝"一章,扩大到《苏州通史》中的"秦汉至隋唐"一卷,成了从《苏州史纲》到《苏州通史》的全程参与者和见证者。

和其他各卷相比,《苏州通史·秦汉至隋唐卷》不但时间跨度长,而且研究基础十分薄弱,明清诸卷由于研究成果丰硕,所以编纂的难点在于如何超越现有的研究成果,而本卷由于可资借鉴的成果较少,主要任务是尽可能填补研究空白,厘清这千余年间苏州区域的发展脉络,总结出其发展特点和趋势,这就要求在编纂过程中深入挖掘和解读相关史料,而史料的缺乏正是秦汉至隋唐时期苏州史研究比较薄弱的重要原因。

有鉴于此,在本卷的编纂过程中,我把主要精力放在史料的搜集上,广泛搜集秦汉至隋唐时期正史、杂史、诗文、笔记、方志、宗教、金石等资料中和今苏州区域相关的记载,以及上世纪以来相关苏州地区该时期的考古资料,对今人的研究成果也给予了密切关注。

在搜集今人研究成果的过程中,我得知上海师范大学的刘丽博士对唐代苏州的研究比较深入,并以此为主题进行了博士论文的撰写,颇受好评,于是就产生了邀请刘丽博士参与撰写《苏州通史·秦汉至隋唐卷》的想法。辗转联系到已经到山西师范大学任教的刘丽博士后,才发现我们竟然是河南南阳同乡,缘分就是这么奇妙,刘丽博士愉快地答应了邀请,承担了本书中隋唐部分相关章节的撰写工作。

在本书的撰写过程中,参考了张承宗、张剑光、臧知非、王永平、李锦绣、吴正岚、冻国栋、曹文柱、王卫平、范培松、金学智、胡阿祥等先生的研究成果;初稿撰成后,承蒙王永平先生审阅了全稿,并提出了宝贵的修改意见;主编王国平先生十余年来,一直给予了热情的关心和帮助。在此一并致谢。

由于作者学力有限,本书的错漏及不足之处在所难免,尚望读者批评指正。

孙中旺
戊戌小满日于姑苏城南湄轩